WASEDA University Academic Series

早稲田大学学術叢書

15

平曲譜本による近世京都アクセントの史的研究

上野和昭
Kazuaki Ueno

早稲田大学出版部

A Historical Study of Pitch Accent in Early-Modern Kyoto Japanese Using Scores to Heikyoku

Kazuaki UENO is professor at the Faculty of Letters, Arts and Sciences, Waseda University, Tokyo.

An English summary of this book is on p.548.

First published in 2011 by
Waseda University Press Co., Ltd.
1-9-12-402 Nishiwaseda
Shinjuku-ku, Tokyo 169-0051
www.waseda-up.co.jp

© 2011 by Kazuaki Ueno

All rights reserved. Except for short extracts used for academic purposes or book reviews, no part of this publication may be reproduced, stored in a retrieval system or transmitted in any form whatsoever—electronic, mechanical, photocopying or otherwise—without the prior and written permission of the publisher.

ISBN 978-4-657-11707-6

Printed in Japan

はしがき

　本書は、江戸期における京都アクセントの実態を明らかにし、それをアクセント史の上に位置付けることを目的とする。それは、江戸期における京都アクセントの共時体系を明らかにするとともに、そこにどのようなアクセントの変遷があったかを考察して、室町期以後のアクセント史を鳥瞰しようとする試みである。とくに「史的研究」と称する所以はここに存する。

　日本語アクセント史の全体を手際よく紹介した論文に、金田一春彦「古代アクセントから近代アクセントへ」（『国語学』22, 1955）がある。それによると「平安末期以後、京都語のアクセントには、大きな転機が二度あった。一つは、南北朝時代、もう一つは江戸後期である」ということである。ここにいう第二の転機が、ちょうど本書の扱う時代に相当する。たしかに、アクセント型という観点からすれば、江戸後期は転機であった。しかし、動詞や形容詞のアクセント体系が組み換えられる変化はそのあとに起きたのであり、複合名詞などが現代のような様相を呈するのも、それとほぼ同時期のようである。すなわち、江戸期のアクセントには中世的なものがいまだよく残されており、アクセント史としてみれば「中世」の後半にあたる。

　近世京都アクセントを知るための資料としては、主として平曲譜本、とくに『平家正節』（安永五年〔1776〕、荻野知一撰）の譜記を用いる。なかでも音楽性のない《白声（素声）》とその希薄な《口説》の曲節を対象に、物語の詞章に施された譜記と、そこに反映するアクセントとの関係を考察するのが第1章である。

　これをもとに、第2章では単純名詞・転成名詞のアクセント型の認定を論じ、さらに複合名詞（第3章）、固有名詞（第4章）、漢語（第5章）それぞれのアクセントを考察して、アクセント体系がいかに変遷をとげて、現代に及んでいるかを問題にする。

　続く第6章と第7章では、用言（動詞と形容詞）におけるアクセント体系の変遷を跡付ける。これらは体系的変化の中心が、平曲譜本の反映するアクセントの時代よりも後にあたるため、近畿中央式諸方言のアクセントを中心資料としたところがある。動詞も形容詞も、近世から現代までの間に、その活用形のア

クセント体系が大きく変化した。その結果として、現代京都では、いずれもより単純な体系におさまっている。そこにいたるまでの変化過程を、近畿中央式諸方言の様子を比較検討することによって明確にし、動詞や形容詞のアクセント体系にどのような力がはたらいて変わってきたのかを考察する。

第8章では、以上のようなアクセント史研究の立場から、平曲研究、とくに古譜本や平曲伝書の研究に、いくつかの提案を試みる。平曲は本来、琵琶法師が琵琶を奏でながら語る芸能である。したがって、とくに音楽性のある曲節の譜記を扱う場合には、アクセントをそのまま反映していないところもあることを忘れてはならない。そこには音楽的要請による変容があるからである。

本書で扱うのは、音楽性のまったくない《白声》と、それの希薄な《口説》とである。しかし、いかに希薄とはいえ、《口説》には「特殊低起式表記」とよばれる、アクセントをそのままには反映しない譜記がある。それを前田流古譜本や他流譜本と比較して、その変化の様子を考察する。

また、平曲の伝書に『言語国訛』という「近世京都アクセント辞典」とも称すべきものがある。そこには、和語だけでなく漢語にも、線条譜や「四声」によるアクセント注記が施されている。しかし、その「四声観」は古くからの伝統的なものではなく、江戸期のあらたな解釈にもとづくものである。とくに漢語の場合は、漢音・呉音の別に注意し、韻書にみえる漢字声調との関係も勘案しなければならない。第2節では、そのような平曲伝書の読解を試みる。

さらに、第3節では、平曲伝承の実際を記した『平曲問答書』を分析する。平曲は伝承性の強い芸能であるが、言語資料として利用する場合には、その特性をよく理解しておく必要がある。とくに平曲の詞章は、中世以来のものを含むから、そのまま江戸期の話しことばと同様に扱うことはできない。したがって、平曲家の伝える伝承も、当然のことながら批判的に検討する必要がある。

以上のような考察をとおして、本書は、江戸期の京都アクセントを、アクセント史上に、いわば「中世アクセント」の後半に位置付けようとするものである。南北朝時代にあったとされる、アクセントの「体系変化」によって、アクセント史は「中世」に突入する。それは、古代からの伝統を引きずり、その矛盾を抱え続けて江戸期に及ぶ。しかし、その中世的アクセントもけっして動きのないものではない。そこには、近現代アクセントへの胎動ともいうべきものが看取される。それは、たとえば「(アクセント)型の統合」であり、複合名詞

や固有名詞などにおける「基本型」の交替であり、またアクセント体系の変容でもあった。その一つひとつについては、第3章から第7章において述べることであるが、終章ではそれらを総括して、アクセント史上に「近世アクセント」の具体的なありようを位置付けてみたい。

ただし、本書は「近世アクセント」を網羅的に取り上げることを企てたものではない。とくに第2章の単純名詞・転成名詞を扱ったところは、第1章に述べるアクセント型認定の方法を実演してみたものであって、指示詞・数詞などの除かれていることを断らなければならない。また、本書全体を見ても、一拍語を含む複合名詞や副詞類などに触れていないし、助詞・助動詞について、それだけを取り立てて論ずるところもない。ここに言及できなかった問題については、また後日を期したい。

本書では、アクセント史研究のつねとして、少なからぬ資料から用例を引用する。それらの資料名をそのつど正確に記述するのはいかにも煩瑣であるので略称を用いるが、それらは「凡例」に記す。また、アクセント表示や類別などのことについても、本書における記述の方針は「凡例」に記し、その基本的な立場を「序章」において明らかにする。

なお、本書のもとになった拙論を「本書と既発表論文との関係」のなかに掲げる。ただし、ここにまとめるに際して、多くの補筆訂正を加えた。また、本書の内容には、下記の二度にわたる科学研究費（基盤研究C）の交付による研究成果が含まれていることを付言する。

「平曲古譜本による日本語音韻・アクセント史の研究」（2002〜2004年度）
　　　　　　　　　　　　　　　　　　　　　　　　課題番号14510454
「『平家正節』の譜記による近世京都アクセントの研究」（2005〜2007年度）
　　　　　　　　　　　　　　　　　　　　　　　　課題番号17520308

目　次

はしがき

凡　例

序　章　アクセント史研究と平曲譜本────────────1

第1章　『平家正節』の譜記によるアクセント型の認定────21
　第1節　アクセント型認定の方法………………………………24
　第2節　助詞「の」接続形のアクセント──二拍名詞を例に……39
　第3節　いわゆる「特殊低起式表記」について………………57

第2章　単純名詞・転成名詞のアクセント型認定────────77
　第1節　2拍の単純名詞のアクセント……………………………80
　第2節　3拍の単純名詞のアクセント……………………………102
　第3節　転成名詞のアクセント……………………………………115

第3章　複合名詞のアクセントとその変遷──────────127
　第1節　｛2＋2構造｝の複合名詞アクセント……………………130
　第2節　｛2＋3構造｝の複合名詞アクセント……………………159
　第3節　｛3＋2構造｝の複合名詞アクセント……………………177

第4章　固有名詞のアクセントとその変遷──────────197
　第1節　姓・地名のアクセント……………………………………200
　第2節　漢字二字4拍の名乗のアクセント………………………221

第5章　漢語のアクセントとその変遷───────────241
　第1節　2拍・3拍の漢語アクセント………………………………244
　第2節　4拍の漢語アクセント……………………………………278
　第3節　漢語アクセントの諸相……………………………………298

第**6**章　動詞のアクセントとその変遷 ─────── 313
　第**1**節　三拍動詞アクセント体系の変遷……………… 316
　第**2**節　四拍動詞アクセント体系の変遷……………… 337
　第**3**節　複合動詞・接合動詞のアクセント　その1 …… 353
　第**4**節　複合動詞・接合動詞のアクセント　その2 …… 368
　第**5**節　特殊形アクセントの問題点…………………… 380

第**7**章　形容詞のアクセントとその変遷 ─────── 395
　第**1**節　形容詞アクセント体系の変遷………………… 397
　第**2**節　形容詞アクセントをめぐる問題……………… 414

第**8**章　平曲ならびに平曲伝書とアクセント史 ──── 431
　第**1**節　特殊表記からみた平曲古譜本………………… 434
　第**2**節　『言語国訛』覚え書…………………………… 466
　第**3**節　アクセント史からみた『平曲問答書』……… 479

終　章　アクセント史における「近世」 ───────── 495

　参 考 文 献　518

　本書と既発表論文との関係　526

　あ と が き　528

　事項(人名)索引・資料名索引　530

　参考文献索引　537

　語 彙 索 引　540

　英 文 要 旨　548

凡　例

(1)　本書では、アクセントを《単語ごとに定まる高低の配置》と定義する。《高低の配置》は、高・低・昇・降 4種類の「声拍」の配置とし、声拍それぞれをＨ・Ｌ・Ｒ・Ｆという記号であらわす。

(2)　アクセント型は、原則として声拍の連続として記述する。たとえば、HHH、HHL、HLL、LLH、LHL などのようである。ただし、これらをそれぞれH0型、H2型、H1型、L0型、L2型などと、補助的によぶことがある。その意味するところは、はじまりの高さ（高起式か低起式か）と、その直後にＨからＬへと下降する拍の有無、またそれが有るときにはその位置（語頭から数えて何番めの拍か）である。ただし拍内下降のあるときには、LFやLLFなどを、それぞれL2、L3などとよぶ。また、ときに後ろから数えて何拍めであるかに注目して、H(−3)型などと表記することがある。これは、高起式で、後ろから数えて3拍めの後ろで下降するということで、(H…) HLL をさす。ほかもこれと同様。なお、Ｌ系統の表示については、必要に応じて上昇位置を注記することもある。

(3)　アクセントを表示する際に、HH-HやHH-LLなどのように、区切りを挿入することがある。これは語や形態素の境界を意味するもので、必ずしも音調の断絶を指すものではない。

(4)　いわゆる類別語彙について、「早稲田語類」を w1・w2・… などとあらわす。とくに「金田一語類」をいう場合には k1 などと記すが、「早稲田語類」に認定されていないときに、それを補う場合にかぎる。なお wV1、wA2 などはそれぞれ「早稲田語類、第一類動詞」「早稲田語類、第二類形容詞」をあらわす。ほかもこれと同様。「早稲田語類」については序章に述べる。

　　なお、多拍語の場合、いわゆる類別語彙ではないものについても、古く高起式に由来するものを「第一類」、同じく低起式に由来するものを「第二類」とよぶことがあるが、これは「早稲田語類」に認定されているものではない。

(5)　動詞の類別や活用形アクセントの類型をいう場合に、その終止連体形の拍数、品詞（V）、類別、〈活用の種類〉の順に、たとえば、2V1〈1〉（終止連体形2

拍の第一類一段活用動詞)、3V2〈5〉(終止連体形3拍の第二類五段活用動詞)のように記し、形容詞の場合は、これに準じて拍数、品詞(A)、類別、〈活用種類…ク活用k、シク活用s〉の順に、たとえば3A1〈k〉などと記す。なお、拍数や活用の種類については、場合によって古代語のそれを記すこともある。

(6) 「参考文献」(引用文献)は、巻末に一括して掲げる。本文中の引用は、たとえば「上野和昭(1997:15)」などと著者名と発表年をもって論文・著書をあらわし、「：」のあとにそのページを記す。論文が著書に収められ、そこから引用する場合は、たとえば「(1957＝2001:34)」などと、＝のあとに著書の刊行年とそのページを記す。なお、引用文献のアクセント表示は、文意を損ねないかぎりにおいて声拍表示(H・L・R・F)にあらためる。

(7) 「注」は、各節の末尾に、序章と終章についてはそれぞれの章末に記す。

(8) 本書は『平家正節』の《白声》(「ハヅミ」を含む)と《口説》(「シヲリ口説(シロ)」を含む)の曲節にあらわれる詞章と譜記を主たる考察の対象とする。『平家正節』からの引用は、東京大学国語研究室蔵青洲文庫本をもとにした小編『平家正節　声譜付語彙索引』上・下(アクセント史資料研究会2000・2001)により、必要に応じて他の諸本と比較する。その場合、諸本の名称は適宜略称を用い(たとえば、尾﨑本→「尾」、京大本→「京」、早大本→「早」などのように)、それぞれ必要箇所のみを引用する。後出の「出典・準拠本一覧」を参照されたい。諸本の譜記を比較対照するときには、正節系諸本だけにとどめる場合と、古譜本・他流譜本も参照する場合と、両様ある。またその際、譜記が欠けていたりして比較対照できない場合には「譜なし」などと記すことがある。

(9) 具体的な語句に付けられた平曲譜を、とくに「譜記」とよぶ。譜記の引用に際して、文字譜を中心とする譜本の譜記は( )内に、線条譜を中心とする譜本の譜記は《 》内に記す。いずれの場合も無譜は ｜×｜ であらわす。文字譜の「上(じょう)」「小上(こじょう)」は ｜上｜ ｜コ｜ と記す。このほか「沈ミ」の譜を ｜シ｜ とあらわす。また、このように文字譜を一つひとつ記す場合に ｜ ｜ を用いることがある。線条譜は、右上がりを《上》、平らを《平》、右下がりを《下》とする。また、吟譜系譜本にあらわれる「乙」字の終画を下に延ばしたような譜を便宜《乙》とあらわす。

(10) 『平家正節』からの引用は、巻冊、章段名、表出箇所、曲節名など、上記(8)の小編索引による。このうち章段名は略称を用いるので以下にそれを

（　）に括って記す。ただし、章段名が1字または2字の場合は略称を用いない。また、本書に引用することのない章段名には下線を付す（*印の章段には、本書で扱う《口説・白声》の曲節が無い）。なお用字は、「感陽宮・惟盛〜」など、東大本にしたがった。

巻1	上	鱸、卒都婆流（卒都）、無文沙汰（無文）、厳島還御（厳還）、月見、紅葉
	下	<u>竹生島詣</u>、<u>宇佐行幸</u>、生食、海道下り（海道）、奈須与市（那須）、土佐坊被斬（土佐）
巻2	上	殿上闇討（殿上）、蘇武、足摺、鵺、文覚強行（文強）、祇園女御（祇女）
	下	青山、征夷将軍院宣（征夷）、敦盛最期（敦盛）、横笛、<u>鶏合</u>、泊瀬六代（泊瀬）
巻3	上	額打論（額打）、徳大寺厳島詣（徳大）、少将都還（少還）、<u>高倉宮園城寺入御</u>、新都沙汰（新都）、葵前
	下	<u>忠度都落</u>、水島合戦（水島）、宇治川（宇治）、<u>大嘗會沙汰</u>、先帝御入水（先帝）、平大納言被流（平流）
巻4	上	二代后（二后）、<u>一行阿闍梨</u>、<u>金渡</u>、信連合戦（信連）、都還、小督
	下	<u>経政都落</u>、那都羅（那都）、老馬、熊野参詣（熊野）、内侍所都入（内侍）、吉田大納言沙汰（吉田）
巻5	上	鵜河合戦（鵜川）、小松教訓（小松）、燈籠、厳島御幸（厳幸）、感陽宮（感陽）、喘涸声（喘涸）
	下	福原落（福原）、緒環、二度懸（二懸）、千寿、逆櫓、判官都落（判官）
巻6	上	殿下乗合（殿下）、<u>新大納言被流</u>、有王島下（有王）、宮御最期（宮最）、五節沙汰（五節）、<u>洲胯合戦</u>
	下	実盛最期（実盛）、山門御幸（山幸）、木曽最期（木最）、藤戸、次信最期（嗣信）、<u>大地震</u>
巻7	上	我身栄花（栄花）、烽火、法皇御遷幸（法遷）、競、東国下向（東下）、廻文
	下	燧合戦（燧合）、猫間、濱軍、惟盛入水（惟水）、弓流、重衡被斬

巻8	上	禿童、少将乞請（少乞）、法印問答（法印）、橋合戦（橋合）、富士川（富士）、飛脚到来（飛脚）
	下	惟盛都落（惟落）、<u>室山合戦</u>、<u>落足</u>、戒文、能登殿最期（能登）、六代被斬（六斬）
巻9	上	<u>神輿振</u>、阿古屋ノ松（阿古）、医師問答（医師）、鼬ノ沙汰（鼬）、文覚被流（文流）、<u>新院崩御</u>（院崩）
	下	主上都落（主落）、太宰府落（太宰）、三草合戦（三草）、惟盛出家（惟出）、大坂越（大坂）、<u>紺掻</u>
巻10	上	鹿谷、山門滅亡（山滅）、大臣流罪（臣流）、若宮御出家（若宮）、物怪、慈心坊（慈心）
	下	篠原合戦（篠原）、鼓判官（鼓）、<u>忠度最期</u>、北方出家（北方）、壇浦合戦（壇浦）、六代乞受（六乞）
巻11	上	妓王、願立
	下	座主流（座流）、西光被斬（西光）、小教訓（小教）、新大納言死去（納死）
巻12	上	許文、御産巻（御産）、頼豪、僧都死去（僧死）、<u>旋風</u>*、行隆沙汰（行隆）
	下	<u>大庭早馬</u>*、入道逝去（道逝）、経之島（経島）、横田河原合戦（横田）
巻13	上	北国下向（北国）、倶利迦羅落（倶利）、聖主臨幸（聖幸）、一門都落（門落）
	下	瀬尾最期（瀬尾）、法住寺合戦（法住）
巻14	上	<u>小朝拝</u>、河原合戦（河原）、<u>樋口合戦</u>、六箇度合戦（六度）、一二魁（一魁）
	下	坂落、盛俊最期（盛最）、重衡生捕（重捕）、小宰相（小宰）
巻15	上	頸渡、内裏女房（内女）、三日平氏（三日）
	下	勝浦合戦（勝浦）、志渡合戦（志渡）、遠矢、一門大路被渡（門渡）、平大納言文沙汰（文沙）、副将被斬（副将）、大臣殿誅罰（臣誅）
揃物		朝敵揃（朝敵）、源氏揃（源氏）、<u>公卿揃</u>、三草勢揃（三草）、大衆揃（大衆）

凡　例　ix

炎上物	<u>三井寺炎上</u>、清水炎上（清水）、<u>奈良炎上</u>、<u>内裏炎上</u>、善光寺炎上（善光）	
読物上	<u>八島院宣</u>、康頼祝詞（康頼）、木曽願書（願書）、文覚勧進帳（文勧）、腰越、請文	
読物下	南都牒状（南牒）、木曽山門牒状（木牒）、<u>山門返牒</u>、山門牒状（山牒）、南都返牒、<u>平家連署願書</u>、伊豆院宣（伊豆）	
五句物	大塔建立（大塔）、高野之巻（高野）、<u>元暦</u>、城南離宮（城南）、都遷	
灌頂巻	女院御出家（女出）、<u>小原入御</u>、小原御幸（原幸）、六道、<u>御往生</u>	
小秘事	祇園精舎、延喜聖代	

（「替節之句」「間之物」にみえる章段名の略称も上記のものを用いる）

(11) その他のアクセント資料の引用に際して、声点は〈　〉で、節博士などは《　》で括って示す。声点は、主にその位置によって「平・上・去・入（・平軽）」（声点を欠くところは〈○〉）であらわし、節博士の場合は上記(9)項の線条譜に準ずる。ただし、『四座講式』は《斗・十》で、『補忘記』などは《徴・角》であらわす。節博士を欠くところは《×》を記す。

(12) 本書に引用するアクセント史資料の略称ならびに準拠資料は、ほぼ『日本語アクセント史総合資料』索引篇・研究篇（1997・98）にしたがい、原則として『　』の中に資料名（略称）を示す。とくに諸本名を示すときは、その略称を（　）に括って添える場合がある。たとえば『古今（梅）』、『補忘（貞）』など。ときに『図（書寮）本名義』『前（田）本和名』などと記すこともある。本書に引用した資料・諸本の略称を以下に示す。それぞれの資料についての詳細は上記『総合資料』にゆずる。

　○資料略称

　金光明最勝王経音義（金光）、法華経単字（法華）、和名類聚抄（和名）、類聚名義抄（名義）、色葉字類抄　三巻本（色葉）、字鏡　世尊寺本（字鏡）、日本書紀（紀）、古語拾遺（古語）、倶舎論音義（倶舎）、解脱門義聴集記（解脱）、乾元本日本書紀所引日本紀私記（乾私）、御巫本日本書紀私記（巫私）、延喜式神名帳　吉田家本（神名）、古今和歌集ならびに古今和歌集注及び聞書（古今）、袖中抄（袖中）、顕昭　後拾遺抄注（顕後）、顕昭　拾遺抄注（顕拾）、浄弁本拾遺和歌集（浄拾）、西本願寺本万葉集（西万）、四座講式（四座）、補

忘記（補忘）、能本・謡本（謡曲）、名目抄（名目）、言語国訛（国訛）、和字正濫鈔（正濫）、和字正濫通妨抄（正通）、和字大観鈔（大観）、近松浄瑠璃譜本（近松）

○『紀』『和名』『名義』『色葉』の諸本略称

伊勢十巻本（伊十本）、伊勢二十巻本（伊廿本）、岩崎本（岩本）、観智院本（観本）、高山寺本（高本）、鎮国守国神社本（鎮本）、図書寮本（図本）、東京大学本（京本）、前田本（前本）

○『古今』の諸本略称

伏見宮家本（伏片）、家隆本（家）、梅沢家本（梅）、高松宮家貞応本（高貞）、平仮名本顕昭古今集注（顕天平）、片仮名本顕昭古今集注　天理本（顕天片）、片仮名本顕昭古今集注　大東急本（顕大）、顕昭古今集序注（顕府）、寂恵本古今和歌集加注（寂）、毘沙門堂本古今集註（毘）、古今秘注抄（京秘）、古今訓点抄（訓）

○『補忘』の諸本略称

貞享本（貞）、元禄本（元）

出典・準拠本一覧

以下には、本書に頻出する資料——とくに『平家正節』系の平曲譜本、その他の平曲譜本、呉音系字音資料、主な現代諸方言アクセント資料——について、その略称と準拠本を記す。

◎**『平家正節』系の平曲譜本**

(本書で譜記の比較に用いたもののみ。諸本の略号は「　」に括って示す。また、とくに準拠した刊本を記していないものは、原本ならびにその写真による。以下同様)

「東」　東大本（東京大学文学部国語研究室蔵、全41冊 13-119B）
　　　　金田一春彦編『青洲文庫本平家正節』三省堂　1998
「尾」　尾﨑本（尾﨑正忠氏蔵、全39冊）
　　　　平家正節刊行会編『平家正節』上・下　大学堂書店　1974
「早」　早大本（早稲田大学演劇博物館蔵、『平家物語 節附本』全20冊 ト27-12）
　　　　※岡正武浄書本
「京」　京大本（京都大学国文学研究室蔵、『平曲正節』全18冊 國文学Kh3）

　　　　京都大学文学部国語学国文学研究室編『平曲正節』一〜三　臨川
　　　　書店　1971
　　　　※岡正武校合本　このうちA126章段は正節系、B39章段は「江戸
　　　　初期伝播本式正節」、CD29章段は「吟譜に江戸初期伝播本式正
　　　　節を書き込んだもの」という（薦田 2003：201）。
　「芸」　芸大本（東京芸術大学附属図書館蔵、『平家正節鈔』全6冊
　　　　W768.3-H11）
　　　　※雪月花（各上下2冊）に全68曲を収める。津軽系の正節抄出本。
◎その他の平曲譜本
　前田流古譜本
　「筑」　筑波大本（筑波大学附属図書館蔵、『平家物語節付本片仮名本』全
　　　　12冊 ル140-12）
　　　　※巻一の12章段にのみ譜記あり。
　「北」　東北大本（東北大学附属図書館蔵『平家物語かたり本』全191冊
　　　　768-8-1〜5）
　「也」　也有本（横井家蔵『平語』、全15冊）
　　　　渥美かをる解説『横井也有自筆　平語』角川書店　1977
　「曲」　曲譜本（愛知県立大学附属図書館蔵、全2冊　768-1・2-16）
　　　　※（768-1-16）「竹生島詣」など10章段は正節譜。（768-2-16）「横笛」
　　　　など9章段に譜記あり。一部正節譜に改訂。ここで問題にするの
　　　　は後者の譜記。
　吟譜系譜本（江戸前田流）
　「高」　高田本（上越市立高田図書館蔵、修道館文庫本 全2冊 40-75-2）
　　　　鈴木孝庸（1995）「『琵琶平家物語』上（上越市立高田図書館蔵）」『新
　　　　潟大学人文科学研究』87
　　　　※上巻には「禿」「我身栄華」など巻一・二から9章段を収める。
　　　　下巻は灌頂巻5章段。
　「米」　米沢本（米沢市立図書館蔵、全1冊 木村198）
　　　　村上光徳（1969）「資料紹介　市立米沢図書館蔵『平志吟譜』木村
　　　　本」『駒沢国文』7
　　　　※「忠度都落」「青山」など10章段を収める。

「宮」　宮﨑本（宮﨑文庫記念館蔵、全12冊）
　　　　村上光徳・鈴木孝庸編『平家吟譜 ──宮﨑文庫記念館蔵 平家物語──』瑞木書房　2007
豊川系譜本（江戸前田流）
「豊」　豊川（勾当）本（早稲田大学演劇博物館蔵『平家物語』全24冊 ト27-13-1～24）
　　　　秋永一枝・梶原正昭編『前田流譜本 平家物語』一～四　早稲田大学蔵資料影印叢書3～6　早稲田大学出版部 1984-85
　　　　※左墨譜は線条式に改訂した正節譜
波多野流譜本
「秦」　秦音曲鈔（山口県立山口図書館蔵『秦音曲鈔』全24冊、享保十四年〔1729〕跋）
　　　　奥村三雄『波多野流平曲譜本の研究 付 秦音曲鈔影印本』勉誠社 1986
「波」　波多野流譜本（京都大学文学部蔵『節付ケ語リ本平家物語』全24冊　國文学Kh2）
　　　　渥美かをる解説『平家物語　節付語り本』一～六 古典資料類従8～13 勉誠社　1977-78

◎呉音系字音資料
『金光明最勝王経音義』承暦三年（1079）抄（古辞書音義集成12、解題・索引 築島裕 1981 汲古書院）
『法華経単字』保延二年（1136）写（古辞書叢刊別巻、解題 川瀬一馬 1973 雄松堂書店）、島田友啓『法華経単字漢字索引』（1964 古辞書索引叢刊）
『九條本法華経音』平安末期写（解説 山田孝雄 1936 古典保存会）、沼本克明「妙一記念館本仮名書き法華経の漢語声調」（沼本 1997：215-245）
『法華経音訓』至徳三年（1386）刊（『倭點法華経』下、解題 岡田希雄 1934 日本古典全集刊行会）、島田友啓『法華経音訓漢字索引』（1965 古辞書索引叢刊）
『法華経音義』永正十七年（1520）本（古辞書音義集成5、解題 築島裕 1980 汲古書院）、慶安二年（1649）刊（『倭點法華経』下、解題 岡田希雄 1934 日本古典全集刊行会）、小倉肇『日本呉音の研究』資料編二外編（1995 新典社）
『大般若経音義』無窮会本、天理本、薬師寺甲～丁本（築島裕『大般若経音義の

研究』本文篇 1977、索引篇 1983）

『図書寮本類聚名義抄』院政期（1100頃）成立（複製本文編 解説 築島裕、索引 酒井憲二 1976 勉誠社）

『観智院本類聚名義抄』鎌倉期写（天理図書館善本叢書32-34、解題 吉田金彦 1976 八木書店）、正宗敦夫『類聚名義抄』全二巻（1955 風間書房）

※上記諸文献に記載のない漢字については、以下の文献を参照した。

　　佐々木勇（1992-94）「親鸞筆『仏説阿弥陀経』『仏説観無量寿経』被字音注漢字索引」上・中・下　『比治山女子短期大学紀要』27・28・29

　　渡辺綱也（1964）「貞享元禄補忘記漢字索引」『国語研究室』別冊

※なお、漢音の字音声調は、馬渕和夫『韻鏡校本と広韻索引』（1954、新訂版 1970 厳南堂書店）、藤堂明保・小林 博『音注韻鏡校本』（1971 木耳社）によった。

◎主な現代諸方言アクセント資料

　本書で略称を用いることのあるものは、それぞれの末尾に「　」で括ってそれを示す。〔　〕内は、各文献から利用したデータの地名。このほかの文献からの引用は、それぞれの箇所に記載する。なお、下記文献に準拠する場合は、とくにそれをことわらずに、記載されたアクセントのみを地名（方言）とともに引用することがある。

　　秋永一枝（2001）編『新明解日本語アクセント辞典』三省堂〔東京〕

　　秋永一枝ほか（1997）『日本語アクセント史総合資料　索引篇』所載「京ア」（秋永調査）〔京都〕「索引篇」

　　佐藤栄作（1989）編『アクセント史関係方言録音資料』アクセント史資料研究会〔京都・大阪・徳島・田辺・龍神〕

　　杉藤美代子（1995）編『大阪・東京アクセント音声辞典』CD-ROM版　丸善〔大阪〕「杉藤」

　　中井幸比古（2002）編著『京阪系アクセント辞典』CD-ROM　勉誠出版〔京都・高知・徳島・兵庫南部〕「中井」

　　日本国語大辞典第二版編集委員会・小学館国語辞典編集部 編（2002）『日本国語大辞典』第二版　小学館〔京都〕「日国」

　　平山輝男（1960）編『全国アクセント辞典』東京堂出版〔京都・鹿児島〕「平山」

　　平山輝男ほか（1992-94）編『現代日本語方言大辞典』明治書院〔京都〕

序章　アクセント史研究と平曲譜本

序章第1項「アクセント史研究と近世アクセント」では、本書の前提として、アクセントの定義と記述方法、また「類別語彙」についての考え方を明らかにする。つづいて、アクセント史研究のなかで「近世」が、これまでどのように位置付けられてきたかについて紹介し、文献と方言両面からの研究を総合することによって、アクセント史研究が進展してきたことを述べる。

　第2項「アクセント史資料としての平曲譜本」では、本書の中心資料である平曲譜本、とくに『平家正節』の資料的性格を、先行研究を手引きとして概観する。とくに、平曲譜をアクセント史資料とすることの得失を考察し、またアクセント史資料として、古譜本や他流譜本の譜記の利用価値についても言及する。

1. アクセント史研究と近世アクセント

1.1 アクセントについて

1.1.1 はじめに、本書において、アクセントをどのように記述するかについて述べておきたい。ここでは、アクセントを「単語それぞれに定まる高低の配置」という立場をとる。「高低の配置」とは、単語を構成する一つひとつの拍が高・低・昇・降いずれかの音調を担って配置されているということであって、このような観点から拍をみるとき、それをとくに「声拍」とよぶことがある。それぞれの声拍をH（高）・L（低）・R（昇）・F（降）とあらわすことは、すでに凡例に記した。もちろん声拍は自由に配置されるわけではなく、一単語のアクセントを形成する場合には、高さが分断されないように調整されるし、RやFのあらわれ方にも制約がある。

また、アクセントは単語一つひとつについて定まるものと述べたが、助詞や助動詞をともなった文節にまで拡大してアクセントということがある。あるいは、南北朝時代にあったとされるアクセントの「体系変化」に際して、その変化を被った単位を問題にするとき、その単位の音調をアクセントとよぶことも許されてよいであろう。

本書においては、単語一つひとつについて、まずその単独形のアクセントを明らかにしようとする。しかるのちに、助辞接続形や接辞接続形のアクセントを考える。もちろん、過去の文献に記載されたところからは、単独形アクセントが分からないこともある。その場合は、助辞接続形や接辞接続形のアクセントから、単独形アクセントを推定するという手順をとる。とくに、どの程度まで単独形のアクセントが分かるのか、すなわちアクセント型までは分からなくとも、アクセントの式は特定できるとか、第二拍までの高さは明らかであるとかといったことについて、どこまで当該資料が保証しているのかを明確に示したい。

1.1.2 京都アクセントの史的変遷を問題にする本書では、たとえば「はる（春）」や「さる（猿）」のごとき語のアクセントをLFと認定する。このことについて、これらの語はいつもLFと発音されたわけではない、という反論もあろう。たしかに従属式助詞接続形はLH-Lになってきたと思われる。また、

たとえ単独形であっても、LHに実現することがなかったなどと言うつもりもない。

　しかし、これを本書においてLFと認定するというのは、これらの語が単独で丁寧に（理想的に）発音されたならLFであっただろう、ということである。なにを理想的とみるかは意見の分かれるところだが、単語単独形を基本として、それに助辞を接続させた場合、あるいは接辞を付けた場合など、それぞれにアクセントがどのようになるかを記述していくというのが本書の方針である。

　1.1.3　一文を一息に発音するような場合に、H・L（・R・F）だけでは正確に記述できないとする懸念もないわけではない。しかし、アクセント史研究においては、そこまで詳細な記述を要求されることは少ない。また、アクセント史研究に、そこまで詳細に記述した資料はないといってもよいであろう。実際には、それぞれの拍の音調をH・L・R・Fに抽象して把握し、それらの組み合わせとしてアクセントを解釈しているのであるが、アクセント史を記述するうえでは、それで特段の問題はないように思う。

　また、このようにして声拍観をとるかぎりは、低くはじまるLLHH型とLLLH型とのちがいを捨象してしまうことはしない。アクセント史という通時的観点からは、LLHHからLLLHへ変化することにも注意しなければならないと考えるからである。そして、語と語とが接合して「準アクセント」を形成する場合などに、この違いは記述しておく必要があると考えるからでもある。[3]

　さらにまた、近世京都の一拍名詞にH・F・Rの3種類のアクセントを認める。やや延ばし加減に発音されただろうことは容易に想像しうるが、だからといって2拍とはみない。これまでの史的研究の成果から考えるに、これらは二拍語の動きとは異なるからである。

　なお、本書では去声拍についても、それが拍内上昇するということから、便宜同じRの記号をもってあらわす。

1.2　類別語彙について

　1.2.1　本書では、「早稲田語類（w）」という類別語彙を用いる。[4]類別語彙とは、本来、「過去の文献、ならびに現代語諸方言の考察から、古い日本語において同じアクセントを持っていたと推定される語彙」（国語学会編 1980 : 7）のことである。祖語にあったと認められるアクセントの違いによって分けられた

語のグループとも言えるであろう。類別語彙には、ほかに「金田一語類」といわれるものがある。これは、改訂を経たのちの金田一春彦（1974：62-73）にしたがうのがよいであろう。そこに記された説明によれば、「金田一語類」の認定は、明らかに諸方言アクセントの比較を第一の作業手順としている。それに対して「早稲田語類」は、文献にあらわれたところから分類したものであって、自ずとその趣が異なる。

　もともとこの類別語彙というものは、和田実（1969：136）のように、「古代ア（クセント）の研究家が、類聚名義抄だの補忘記だのという資料で知れる古代アと現代諸方言のアとの間に、かなり整然とした対応関係が存在することを発見して、解説するに当り、その論文で扱う五十か百か範囲内の少数有限の語に仮に与えた名称にすぎない」という程度にしか評価しない立場もある。また、祖語にまでさかのぼれないような語については、その類別をいうことはできないはずのものでもある。

　1.2.2　しかし、少なくとも文献によるアクセント史研究では、「過去のある時代のある方言でも、これら同じグループの語は、同じアクセントをもっていたのではないかと推定」（金田一 1974：60）する。たとえ「類別語彙表」にない語であっても、ある時代において、しかるべき類別語彙と同じ様相がうかがえれば、その語もまた、アクセント史の上で同様の動きをしていたのではないかと考える。もちろん、古くまでさかのぼることのできる語であるかどうかについては考慮しなければならないが、その一方で、類別語彙は、ある時代、ある方言のアクセントにおいて、ともに同様な動きをする単語の集まりであり、アクセント史の流れのなかでは、原則として同一の歩調で変化する単語群であるということも認めなければならない。「早稲田語類」とは、主としてそのような点を根拠に、古い文献資料をたどりながら「類別」を考察したものと理解される。本書においては、「類別語彙」を、このような考え方にもとづいて扱うので、たとえ祖語にさかのぼるかどうか分からない語であっても、「第〇類（相当）」などということがある。

　また、「早稲田語類」が文献から知られるアクセントによる語の類別であることから、現代に聞かれないものであっても、院政期以前のアクセントを反映していると考えられる資料に確例（2資料以上が原則）が認められる場合には、「早稲田語類相当」という分類（#を付して表示）をしている。「金田一語類」

では、諸方言アクセントの対応を第一に考える（少なくともそのように説明されている）ので、逆に「平安朝の文献でまだ例証されていない語」には*印が付されることになるが、これは「早稲田語類」には必要のないものである。それに「現代諸方言の比較からその類に入っていることが期待されるにもかかわらず、平安時代にはその類に入っていない語」（金田一語類では★印）という括り方も「早稲田語類」とは見方を異にしている。

　アクセント史的にみて同一の歩調で変化してきた語群にも、もちろん現代諸方言において日常的に聞かれる語が含まれている。「早稲田語類」の中核となるものは、そのような諸語であること言うをまたない。しかし、なかには中近世まで一緒に変化してきた語であっても、現代京都においてアクセント対応の例外をなすことがある。それらについては、一応史的変化の経緯にもとづいて類別はされるが、現代のアクセント型を考慮して類別番号に△印が付される。同様に東京アクセントとの対応が思わしくないときには×印が付けられている。△×の印の付け方は「金田一語類」のそれにならったものであるが、特殊拍・連母音・母音の無声化のために対応しない型になる場合、「早稲田語類」ではその印を（　）で括ってある。

　ただし「早稲田語類」が古い時代のアクセント資料をもとにしていると言っても、その資料はせいぜい平安後期か院政期くらいまでしかさかのぼれない。したがって「早稲田語類」は、平安後期または院政期に同じアクセントであったと認められる語を、その後の史的変化を考慮して分類したものである、とも言うことができる。いかに京都・東京以外に数地点の方言アクセントとの対応を見ているとはいえ、それらが平安後期ないし院政期をさかのぼる時代の中央語アクセントから分かれ出たなどとは考える必要がなかった、ということである。こうしてみると、「早稲田語類」を認めるにしても、その延長線上に平安中期以前のアクセントを推定することはあってよいことであって、たとえば本書第6章第5節に述べる動詞アクセント体系が第三類型から第二類型に置き換わったのではないかという推定とて、必ずしも「早稲田語類」に抵触するものではないと考えられる（上野和昭 1998：535、中井幸比古 1999：59-60参照）。

1.3　文献アクセント史研究における近世アクセント

　1.3.1　　京都アクセントの歴史において、江戸時代のアクセントはどのよ

うに位置付けられるか。これについて、金田一春彦（1955b=2001：294-298）は、文献資料を研究した成果をもとに、京都アクセントが「語の意義の区別に役立つ」アクセント（メキシコ型アクセント）から「一語としてのまとまりを示す」アクセント（ギリシャ型アクセント）へと変化してきていることを指摘した。そして江戸時代はこの変化の過渡期にあたるとして、次のように言う。

> 平安末期から鎌倉期に至る時期は、……メキシコ型アクセントの時代である。これは《古代アクセント時代》と呼んでよかろう。それが、南北朝時代という過渡期を経て室町時代に入り、古代・近代中間の、いわば《中世アクセント時代》になった。これが江戸初期まで続く。そうして、その後江戸後期にまた新たな変化が起って、現代のギリシャ型アクセントになり、《近代アクセントの誕生》ということになった。

金田一によれば、江戸後期のアクセント変化は、HHL型がHLL型と統合する方向に進み、またLHH型がLLH型に変化することに代表されるものである。これは、たしかに「一語について高いところは一か所だけ」という方向に変化しようとしているものであって、その点では、完全な「ギリシャ型」に向けて、さらに一歩を進めたということになろう。

金田一（1960=2001：320）はまた、「江戸のはじめにはHHL型の語彙はかなりLHL型に移って」おり、「一方HHL型からHLL型への変化」は、「明治時代に移るころに京都方言の上に起こった」としている。さらにLHH型がLLH型に変化したのは「江戸時代に入るか入らないかのころ」とみていたものと考えられる。

1.3.2　また、奥村三雄（1981：557）は、平曲譜本にあらわれた近世京都アクセントと、現代京都アクセントとを比較して、金田一とは違った観点から、その特徴を以下のように述べている。

> ここで特に注目すべきは、平曲譜本に反映したアクセントの場合、……類推的体系性の類よりも、むしろ中世初期アクセントからの伝統的型式が優先している事だろう。その様な伝統的アクセントの絆を断ち切った面が多い点に、近代京都語アクセントの特徴が存する。つまりは平曲資料以前のアクセント変化が、いわゆる音韻論（或いは音声学）的変化を中心としたのに対し、平曲資料以降のそれは、形態音韻論的な性格が著しい事になろう。

金田一が主として1〜3拍の語を中心に史的変遷を考えているのに対して、奥村の場合は、体言の助詞接続形や用言の活用形を念頭においていることに注意する必要があるが、江戸時代の京都アクセントと現代のそれとの間に大きな違いを見ているという点では、金田一も奥村も共通するところがある。

　1.3.3　　ここまでのところ、近現代のアクセントとの違いばかりが強調された嫌いがあるが、その一方で、近世アクセントが室町期のアクセントと連続的であることも確認しておく必要があろう。

　かつて南北朝時代にあったとされるアクセントの「体系変化」により、LL＞HL、LLL＞HHL、あるいはLLH＞HLL、LLHL＞HLLLなどの変化が起こった。これによって、はじめから2拍以上低拍の続くアクセント型（低く平らなアクセント型も）は姿を消し、前部の高いアクセント型へと規則的に変化した。室町期は、このアクセント変化によって古代アクセントの体系が崩壊したあとを受け継いだ時代である。

　たとえば、三拍動詞二段活用の「うくる(受)」などは、終止連体形ウクルHLLとなったのに、過去形はウケタLHLのままであった。江戸期もこれを継承する。不整合を解消するには「体系変化」からおよそ五百年後の「近代」を待たなければならなかった。いな、むしろ不整合が解消されたのちのアクセント体系を「近代アクセント」と称するのである。

　また｛2＋3構造｝の複合名詞のうち、前部成素が古く低起式のもの、たとえば「ものがたり（物語）」のごときは、アクセントの「体系変化」によってLLLHL＞HHLLLの変化を経たとみられる。そして室町期から江戸期にかけて、ずっとこの型が保持されたらしい。それが、現代京都と同じHHHLL型になるのも、やはり江戸後期から明治期のことであろう。このように、アクセント史における「近世」は、中世的な面を色濃くもつ。

　1.3.4　　しかし、アクセント史における「近世」は、決して平穏な期間ではなかった。それはただ、中世的なものをそのまま受け継いで、次代の変化を待っていた時代ではない。奥村も述べるように、音韻変化としてのアクセント変化はあまり認められなかったが、これに準じる「型の統合」が随所に見受けられる。「型の統合」とは、たとえばHHHL（H3）型とHHLL（H2）型とが、一方のH2型に統合する現象のことである。

　その例をあげれば、名乗の「むねもり（宗盛）・とももり（知盛）」のアクセン

トは、室町期から江戸期においてHHHL型からHHLL型に転じたと推定される。複合名詞の「かたびら（帷子）、そらごと（虚言）」なども、これと同様の統合を経たであろう。また四拍動詞「かなしむ（悲）・あらはす（表）」の連用形も、HHHL型とHHLL型との「型の統合」を契機として、動詞アクセント体系の再編に加わっていったものと思われる。

このように、アクセント史上の「近世」は、中世的なものを継承していた一方で、「型の統合」による体系の組換えや類推変化などが進行していた時代であったということができる。

1.4　近畿中央式諸方言アクセントと近世アクセント

1.4.1　江戸時代から現代にいたる間の京都アクセントを知ることのできる文献資料は数少ない。その欠を補うのが、近畿中央式諸方言のアクセントである。とくに金田一（1974：142-146）のいう「京阪式方言」のうち「〔A〕京都語・大阪語とよく似たアクセントの方言」および「〔B〕京都語・大阪語とやや異なるアクセントをもつ方言。ただし、同じ系統と見られるもの、第1種」がこれにあたる。概略をいえば、〔A〕は「京都府〔山城地域全部・丹波の東南半〕」・「大阪府〔全域〕」など、〔B〕は「徳島県〔西部の山地を除く一帯の地域〕」「和歌山県〔日高郡の東南部〕」「高知県〔幡多郡以外の諸郡の海岸地帯〕」「和歌山県〔西牟婁郡大部〕」「兵庫県〔播磨のうち加東・加西・美囊の諸郡、多可郡南部・神崎郡南部〕」などである。このうち、とくに〔B〕については、以下のような解説が加えられている。

　　これらの地域のうち、(5)の地域（引用者注：上記の徳島県、和歌山県日高郡）の方言のアクセントは、江戸時代中期の京都アクセントによく似たものであり、(6)の地域（引用者注：上記の高知県、和歌山県西牟婁郡、兵庫県播磨諸郡）の方言のアクセントは、室町時代の京都アクセントをほうふつさせるアクセントであることが知られる。

このような考え方は、金田一（1977b：158-159）や秋永一枝（1986：105-109）にもはっきりと見て取れる。これらの地域の方言アクセントを考察すれば、すべてとは言わぬまでも、かつての京都アクセントの変遷をたどることができるということである。

こうしたアクセント史と方言アクセントとの関係に配慮した録音資料に佐

藤栄作（1989）があり、また一連の「方言アクセント小辞典」に続いて刊行された中井幸比古『京阪系アクセント辞典』（勉誠出版 2002）も、このような観点から「中近世の京都ア（ク）セントの特色をよく残すとされる」（はしがき）高知市・徳島市・兵庫県南部などの地域を取り上げている。

1.4.2 　上記のような観点に立てば、京都アクセントの変遷過程を考察するのに、近畿中央式諸方言のアクセントは大いに参照すべきものである。これら方言アクセントを比較することにより、近世と近代との違いは徐々に明らかにされてきている。HHL型とHLL型との統合、LLHH型からLLLH型への変化、あるいは、いわゆる三拍第二類動詞のうち一段活用のものは、終止連体形がHLL型からLLH型に、五段活用のものは同じくHLL型からHHH型に転じたこと、三拍形容詞が終止連体形HLL型に統一されたことなどがすでに指摘されている。しかしその経緯は、文献資料を見ているだけでは分からない。それらの多くは、近世アクセントの資料とされる平曲譜本の時代よりもあとに起こった変化だからである。

　しかし、平曲譜本のような文献資料がなければ、江戸期以前のアクセントの動きを跡付けることはできないし、また方言アクセントをその流れのなかに位置付けることもむずかしいであろう。とくに「体系変化」以降（室町期以降）のアクセント史を考えるについては、文献と方言はつねに車の両輪でなければならない。

2. アクセント史資料としての平曲譜本

2.1　平曲と平曲譜本

2.1.1　本書は平曲譜本、とくに『平家正節』の譜記から江戸中期以前の京都アクセントを推定し、それをもとに室町期から現代にいたるアクセント史を考察しようとするものである。ここにいう平曲とは、『平家物語』の詞章を、琵琶を奏でながら語る芸能のことで、これまでに「平家」「平家琵琶」「平語」などともよばれてきたが、ここでは「平曲」という呼称を用いる。

　以下には、館山漸之進（1910）、渥美かをる（1962）、冨倉徳次郎（1964）などの記述にしたがって平曲史を追いながら、アクセント史との関係、とくに本書に取り上げる意義を略述する。譜本の書誌などのことは、奥村三雄（1981）、鈴

木孝庸（2002）、薦田治子（2003）に詳しく記されているので、ここには必要なこと以外は繰り返すことをしない。

2.1.2 　　平曲は、おもに盲人の琵琶法師の間に伝承されたが、南北朝時代に当道の一派、一方流に出た明石検校覚一によって語りの正本である覚一本『平家物語』が作成される（応安四年〔1371〕）に及んで、一応の達成をみたと言われる。しかし、兵藤裕己（2000：49-75）の言うように、中世における流儀や流派が、近世からみた「幻想」であるとすれば、「ほんらい個人芸である語り物」のありようも、あらためて考え直す必要があろう。たとえば、《折声》の曲節が覚一検校当時のアクセントを伝えているかどうか、などということについては、きわめて慎重に検討する必要があるということになろう。

しかし、アクセント史研究の立場からいえば、たとえば複合名詞のアクセントなどには、むしろ古代アクセントと対応のよい伝統的な姿をうかがうことができるのであるし、総じて『平家正節』の譜記から推定される近世アクセントは、「中世的な面を色濃くもつ」こと、前項に述べたとおりである。もちろん、『平家正節』など平曲譜本の譜記に反映した京都アクセントが伝統性の強いものであるということと、室町期の平曲伝承が必ずしも師資相承されるというものではなかったということとは、たがいに相容れないことがらではないが、平曲に反映するアクセントがいつの時代までさかのぼるものかということと深く関係する問題である。

2.1.3 　　江戸時代になって一方流に内部対立が起こり、前田流と波多野流に分かれたころには、詞章や旋律もある程度の固定化が行われたことであろう。波多野流は京都を中心に活動した。一方、前田検校は江戸に下り、そこから前田流が全国に広がったという。また波多野流を復古的革新主義、前田流を保守主義と評することも行われている。

平曲の譜本は、もと晴眼の平曲愛好家の備忘録に発したらしいが（薦田治子 2003：138）、それとよべるものが作成されたのは、両派が分立した江戸前期をさかのぼらない。書写年代のはっきりしている最古の譜本は、故高橋貞一氏蔵の五つの章段からなる抄出本である（薦田 2004）。書写年は、奥書に「右前田流之平家吉沢検校門弟石原氏雅賢以相伝之本地字節目詳写之者也　貞享四天初冬日」とあるところから貞享四年（1687）と知られ、謡曲式の譜記を有する。アクセント史との関わりについては石川幸子（2007）に詳しいが、いわゆる「特

殊低起式表記」(第1章 第3節、第8章 第1節を参照)や一二の語の譜記にも古態がうかがえる。

　また、同じ前田流譜本で、文字譜を用いながら譜本としての古態を見せるものに、筑波大本と東北大本とがある。これに次いで也有本・曲譜本が注目され、『平家正節』へと連なる流れを形成している。アクセント史の観点からするならば、これら古譜本の譜記は『正節』の譜記を検証するうえできわめて重要である。とくに『正節』譜が不規則なアクセント型と対応するような場合には、これら古譜本の譜記によって疑問が氷解することもままある。

　一方、江戸前田流では、晴眼の愛好家の間に、岡村玄川撰『平家吟譜』(元文二年〔1737〕)が用いられていた。これまで同書の詳細は分からなかったが、村上光徳・鈴木孝庸(2007)によって宮﨑本が影印刊行され、ようやくにしてその全貌が明らかになった。影印本の解説によれば、「この書は、享保十六年(1731)に、岡村玄川から「西尾氏」に託され……『吟譜』の完本とみなしてもよい」ものだという。

　江戸の当道平曲においては、豊川(勾当)本系の譜本が18世紀後半には用いられており、それを『正節』編纂時に参考にしたという説(渥美かをる 1980)がある。豊川本の原譜と『正節』の譜記とを対照すると、たとえば「特殊低起式表記」などにその影響の強いことが分かる。

　波多野流譜本として本書に取り上げることがあるのは、山口県立山口図書館蔵『秦音曲鈔』と京都大学文学部蔵『節付ケ語リ本平家物語』の二本である。波多野流の諸譜本には、前田流ほどに譜記の違いはないというが、一般的な波多野流譜本とは譜記の異なる『秦音曲鈔』が、奥村三雄(1986a)により同流の古譜本として影印紹介された。跋文には「繁澤一外翁……嘗為余親自舐筆寫譜本一部……享保拾四年(1729)歳己酉孟春日粟屋右近源元忠謹書」とある。線条譜の解釈なども《上》が《下》よりも常に高い音を示すとはいえ、そのような記譜法は「必ずしも定着していなかったのか」(同：61)と奥村は言う。ここではアクセント解釈の上で問題のないところだけ比較に用いたが、いわゆる「特殊低起式表記」には、明らかに古態が認められる。また、奥村は金田一本(『平家書』)と似た傾向があることを指摘するが、金田一本の譜記は扱いがむずかしく、本書に取り上げることはしなかった。

　以上、『平家正節』成立以前の古譜本、および他流派の譜本について述べて

きたが、これらを近世における京都アクセントの資料として利用することを妨げる材料は何一つ見あたらない。ときどきに参照して、『正節』の不審な箇所について検討を加えるには、いずれも有効なものである。反映するアクセントも、大きくは江戸時代前期あるいは中期の京都アクセントとみて誤らないであろう。

2.2　アクセント史資料としての『平家正節』

2.2.1　平曲譜本をアクセント史の資料として活用することには、その質・量ともに豊富であること、また「話線的関係」においてアクセントが捉えられること（奥村 1981：11-12）など、ほかのアクセント資料に比較して有利な点が認められる。

しかし、平曲譜本は原則として平曲演奏のための譜（墨譜群）が記されているのであり、たとえ「全編が殆んどアクセント資料となる」（同）としても、その手続きを明確にしなくてはならない。音楽的曲節の譜記を用いてアクセントを論ずる場合には、その譜記とアクセントとの対応関係に細心の注意が必要であって、そのことは古譜本や他流譜本の場合も同様である。

音楽的曲節の譜記とアクセントとの関係を取り上げた研究には、奥村（1981）のほかにも石川幸子（1989・1995b）や上野和昭（1986）などがある。金田一春彦（1959・1974）の記述にも音楽的曲節の利用を促すところがあるが、本書では、音楽性が皆無の《白声》とその比較的希薄な《口説》に考察の対象をしぼった。伝承された実際の平曲については、東京芸術大学附属図書館蔵『平曲五線譜』をはじめ、藤井制心（1966）、近藤正尚・中村正巳（2009）などの採譜も公表されているが、その音楽的変容をつぶさに説明することは筆者の手にあまることもあって、ここでは研究対象を譜本に限ることにした。

譜本の中でも《口説》《白声》の両曲節だけを取り上げるのは、もちろん譜記とアクセントとの対応の明確であることが一番の理由であるが、その一方で、他の曲節の音楽的旋律を指示する「墨譜群」をそのままアクセント資料として利用することに一抹の不安を感じるからでもある。[15]音楽的旋律の豊かなところを利用する場合は、その旋律の特徴をよく把握したうえでなくては、安心して譜記を抽出することなどできないであろう。本書の第1章に記すような手続きを、それぞれの曲節について、さらに細かく検討しなくてはならないからであ

る。

　それよりは、そのような研究のより所となる近世アクセントを、まずは《口説》《白声》にあらわれる詞章と譜記とから明らかにしておく方が先である。それだけでも分量は相当に多い。これを《拾》《指声》などの音楽的曲節に順次広げて、アクセント資料を補っていくことが、アクセント史研究にどれほどの価値をもつのかは、本書の成果を基準にしてはかることができよう。

　2.2.2　つぎに、本書において、数ある平曲譜本のなかから、なぜ『平家正節』（安永五年〔1776〕、荻野知一撰）を研究対象にしたのか、について説明する。それは、平曲譜本のなかで詞章と曲節や譜記との対応が吟味されていて明瞭であり、その成立事情についても序文などから直接に知ることができるからにほかならない。また『平家物語』のほぼ全巻に節づけがなされていて、それが完全なかたちで残っているという点も見逃せない。とくに《白声》は、音楽性が皆無で、アクセント資料としては好都合な曲節であるが、これに譜記が細かく施されているという点でも『正節』の右に出るものはない。

　以上のようなことから、平曲譜本をアクセント資料として取り上げるならば、まずは『平家正節』を調べ、もし必要があれば、そののちに古譜本その他と比較するのがよいと考える。本書において『平家正節』を中心資料にすえた理由は以上のとおりである。

　2.2.3　平曲が中世以来京都を中心に行われ、宮廷・公家また上級武士の間に好まれたこともよく知られているが、その基調となるべきことばが、総じて京都方言に準拠することを疑う必要はないであろう。また、そう解釈してなんら支障はない。ただし、詞章にあらわれる一つひとつのことばは、鎌倉期以来のものを含むであろうから、当然江戸期にあっては、すでに日常的なものばかりではなかったに違いない。

　荻野検校が伝えた前田流平曲もそのような京都方言を基調として語られたものである。江戸前期に江戸に下って平曲を広めたという前田検校の平曲も、やはり京都方言を基調としていたことはもちろんである。そう考えなければ、江戸前田流の吟譜系譜本の譜記が、およそ京都アクセントの流れを汲むものであることなどの事実は説明がつかないであろう。

　そもそも『平家正節』は、江戸中期に途絶えそうになった京都前田流の系譜を継いだ荻野検校が、尾張藩からの非公式の求めに応じて名古屋に移住し、そ

の整譜事業に尽力した成果であって、何人かの藩士の協力を得て完成したものであるという（尾﨑正忠 1976：93-98）。渥美かをる（1974：37）によれば、荻野知一は享保十六年（1731）に広島で出生、六歳にして失明して針医となり、宝暦三年（1753）に二十三歳で上京した。ときあたかも京都前田流は存亡の危機に瀕していたので、総検校の勧めにしたがい、寺尾勾当について前田流を学んだが、いまだ秘事を授からないうちに寺尾が没したので、波多野流の河瀬検校に小秘事と大秘事を学んだという。名古屋へは、明和七年（1770）に数日滞在して平曲を教え、翌年再び下って定住した。尾張侯にも謁見を許され、弟子は千人を越えたという。没年は享和元年（1801）、渥美にしたがって七十一歳であったとしておく（尾﨑1976：7-9は生年を享保十七年とし、享年七十歳とする）。

2.2.4 『平家正節』が完成したのは安永五年（1776）であるが、同書の丹羽敬中の序文は二種類あって、同年六月のものと九月のものとがそれぞれ知られている。『正節』は安永五年六月に稿本としてまとまり、それに丹羽敬中が序文を書いたが、九月完成のとき、さらにその序文を書き改めたものがもう一つの序文であるとされている（尾﨑 1976：98）。薦田治子（2003：208）に、六月の序文を丹羽敬中の養子あるいは孫による改作とする説があるが、いまは通説にしたがう。尾﨑本は、その完成浄書本の一つであろう。

本書で『正節』の底本としたのは、東京大学国語研究室蔵の青洲文庫本であるが、この本は上記の六月序文の方をもつもので、首巻末尾に天保六年八月の大木弁庵による、以下の識語を有する。それによると、同書は尾張藩士羽鳥松逵の所持した本（六月稿本）を書写したものであるらしい。

　　天保六年乙未八月
　　　尾州卿侍臣羽鳥松逵子者平曲皆傳也　直荻野檢校之
　　　門人也　仍而余受十二調羽鳥姓傳焉　　　大木辨菴

薦田（同：202-207）は東大本（青洲文庫本）を「江戸改訂本」の一つに数える。江戸に『正節』を本格的に導入したのは麻岡長歳一で、麻岡は天保三年と五年に上京し、『正節』による平曲を学んで江戸に持ち帰ったとされている。薦田は「江戸では麻岡に至って、ようやく、『平家正節』が、前田流平家の語りの正本としての地位を獲得した」と述べる。そして、江戸と京都とでは、「同じ前田流でも多少の差異が生じていたようである」として、「麻岡は、京都へ行ったとしても、本来が豊河の弟子なので、基本的には江戸の語りを身につけ

ていたと思われる。江戸の語りとは、豊川本の原譜に示されたような語りである。したがって、江戸では、晴眼の弟子たちが、稽古の折に麻岡の江戸の語りに合わせて荻野編纂本を書き換えていったのではないだろうか」と推測した。その一つが、本書で底本に使用した東大本だというのである。

　ただし平曲そのものは、京都のことばを基調としているのであり、『平家正節』もまたその流れのなかで編纂されたとみてよい。本書で、京都アクセントの史的研究の資料として、『平家正節』の譜記を用いたのも、それを理由としている。東大本であれ、尾﨑本であれ、その点について変わるところはない。

　ところで、奥村三雄『平曲譜本の研究』(1981)におけるアクセント史研究は、九月浄書本の一つとみなされる尾﨑本を用いた。本書は、その奥村の研究を批判的に継承するものであるから、同じ正節譜を用いるにしても違った種類の譜本（東大本）を用いて、これと比較してみることとした。とくに東大本を選んだのは、同譜本が詞章と譜記との対応によく注意して記載されているからでもある。そのうえで、必要に応じて、尾﨑本のほかに、岡正武の校合本（京大本）と浄書本（早大本）、また津軽系統の譜本（芸大本）とを参照することにする。これによって『正節』系譜本の異同をある程度まで把握することができるものと思う。

　アクセント史資料として《口説》《白声》二曲節の譜記を取り上げたかぎりでは、東大本にどれほど「江戸の語り」が反映しているのかは分からなかった。たとえ、それがあったとしても、「江戸の語り」は、江戸のことばを基調とした語りであると認定するには程遠いものであったと思われる。

　江戸後期の江戸市中のことばを基調とした「江戸の語り」があって、それによって『正節』の譜記が改訂されることがあったとすれば、それはアクセント史資料としても重大な問題であるが、音楽的旋律を反映するところ（本書の対象外）はいざ知らず、こと《口説》と《白声》をアクセント史資料としてみるかぎり、江戸改訂本もまた京都のことばを基調とした語りを伝えているとみてなんら問題はない。むしろ、全体としてみれば、尾﨑本と同じ譜記のところがほとんどである。その改訂の方針によっては、しかるべき伝統、あるいは同時代の京都のことばに、より忠実な譜記が施された可能性もないとはいえない。

　このことは、江戸前田流の豊川本にしてみたところで事情は同様なのであって、たしかに『正節』譜との異同は認められるが、さればとて、その理由を

「江戸のことば」に求めるには、いまだ十分な材料をもたない。もとより「江戸の語り」と「江戸のことば」とは同義ではないから、今後も「江戸のことば」がその「語り」にどのような影響を与えたのかについては検討を続けなくてはならない。

2.2.5　つぎに、平曲譜本の譜記、とくに『平家正節』の譜記は、いつの時代の京都アクセントを反映しているのであろうか。京都・名古屋系統の前田流古譜本とみられる筑波大本・東北大本・也有本などの譜記と『正節』譜とを、わずかながら比較してみるに、その反映するアクセントとしての伝統性は古譜本の方にある。本書は、それを目的にして詳細に研究したわけではないので、十分な材料をもって言うことはできないが、すくなくとも古譜本の譜記から推定されるアクセントの方に古態性が認められるようである。そのような古譜本の譜記が反映するアクセントは何時ごろのものか。江戸の吟譜系譜本との一致などをもとに考えると、その淵源は江戸前期、前田検校の時代にさかのぼるのではないかと想像する。

しかし、『正節』成立時の整譜事業によって、伝統的な譜記が保たれたかどうかは明確でない。江戸の当道系に伝わった豊川（勾当）本の譜記などの影響があったとすれば、『正節』の譜記は江戸前期の京都アクセントを反映するとばかりは言えない。

古譜本の譜記で比較対照したのは《口説》に相当するところであって、『正節』であらたに施されたかと思われる《白声》の譜記は、他本との比較もままならない。これは、荻野検校が習得していた京都アクセントをもとに付けられたのではないかと想像したとて、さほど誤ってはいないであろう。

本書において、《口説》と《白声》とで反映するアクセントに著しい違いがみられたのは、たとえば名乗のアクセントである。それをもとに推定すれば《口説》は伝統的、《白声》は当代的（江戸中期）アクセントを反映するという理解にいたる。しかし、｛2＋2構造｝｛2＋3構造｝の複合名詞にあらわれる譜記は、《口説》《白声》にかかわらず、きわめて伝統的なものであった。それは、取り上げた語が「伝統的複合語」（古くすでに複合していて、江戸期にはそれぞれの構成成素に分解されることなく、一まとまりの語として使用されている複合語）であることからくることでもあろう。

平曲の譜記に反映するアクセントには、その詞章の古さから伝統性が強調さ

れる場合もあるが、総じて古譜本の譜記とのつながりのある《口説》は江戸前期ころ、《白声》は江戸中期、すなわち『正節』編纂当時に近い京都アクセントを基調としていたのではないかと考えられる。[16]

ただし『正節』所載語が、江戸時代にあって日常的なものとばかりもいえないことについては、とくに注意しておかなくてはならない。それが『平家物語』の詞章であることを思えば、語だけでなく文体も、日常的なものではない。もちろん重要な語についてはそれぞれに伝承もあり、師資相承された語りの伝統も認めなければならないだろうが、たとえば助動詞ベシやシ・シカなどの接続するアクセントに伝統性を求めるのは無理なことが多いようである。平曲が伝承されてきたという事実と、それが伝統的アクセントによって語られたかどうかは、必ずしも同じレベルでは論じられないであろう。

注

1 金田一春彦（1974：5）には「《一つ一つの語句についてきまっている高低の配置》、これが《日本語のアクセント》と言われるものである」とある。
2 秋永一枝（1986：99-100）にしたがう。
3 ここまでの内容は、上野和昭（2003）と重なるところがある。なお、同論文については、川上蓁（2003）も参照されたい。
4 類別は名詞・動詞・形容詞について第一類、第二類などと数字をもってよぶが、詳細は秋永一枝ほか（1998）ならびに坂本清恵ほか（1998）を参照されたい。二拍名詞第五類LFを認定するところは「金田一語類」と同様であるが、古くは桜井茂治（1966）から近くは宮澤俊雅（2007）にいたるまで疑問視する向きも多い。この問題については、仮にLHからLFが分かれ出たとしても、その経緯の説明にいまだ十分納得できないところがあるので、ここでは第五類LFを認める立場をとる。
5 この変化の時期については、教育大（筑波大）本『平家物語』の譜記をどう解釈するかという問題が付随している。私見は、第8章 第1節に記した。
6 このような現象を、楳垣実（1963：23）は「昇核現象」とよんだ。本書では「核観」をとらない立場から「型の統合」とよぶ。HHL型とHLL型とが統合してHLL型になる現象は、その代表的なものである。このときHHLL型もHLLL型と統合したとみられる。
7 文献資料によって近代のアクセントをうかがうには、牧村史陽（1955）など、アクセント記号付きの辞書類にたよらざるをえない。牧村（1955）については中井幸比古（2007）に詳しい考察がある。文献資料というわけではないが、中井幸比古（1998b・2000）で取り上げられた明治期の大阪アクセントを反映する落語の録音資料も、京都

アクセントの変遷をみるうえに有効であろうが、平曲などと同様に、これら芸能関係の資料を扱う場合には、師資相承の事情をよく検討する必要がある。
8 ほかにも、たとえば奥村三雄（1990）などの研究がある。杉藤美代子（1995）は、大阪アクセントと東京アクセントとを対照したものであるが、平安時代のアクセントも併記している点に、同様な考え方をうかがうことができる。
9 ほかにも「平曲とは平家物語を琵琶の間奏に合わせて語る音曲の称」（奥村三雄1981：11）、「琵琶に合わせて語る『平家物語』」（山下宏明 1984）、「平家物語を琵琶の伴奏で語る語りもの音楽」（薦田治子 2003：1）などの説明がみられる。
10 金田一春彦（1959=2001：20）に「ここに更に驚くべきことがある。というのは折声と呼ぶ曲節があるが、ここの初めの部分では『命』『思う』『山は』というような語句がHLH型になっており、これは南北朝時代のアクセントを反映していると見られることである。折声は大体歌詞に聖賢の言が入っていたりして尊敬すべき箇所である。とすると、これはこういうところだけ明石検校の曲をそのまま残しているものと見られ、アクセント資料としての価値はここにきわまる」とある。しかし、石川幸子（2009）のようにこれを疑問視する考えもある。
11 「消息」という語は呉音読みならば〈去入〉の声調であるから、漢語アクセントはLHLLと対応するはずであるのに、『正節』には、江戸前田流の豊川本《上上上上》あたりを継承したのであろうか、（上上上コ）と施譜されている。その点、貞享本の《下上××》は、東北大本《中上××》などと同様に本来のアクセントを伝えていて、大いに評価できる。また貞享本の「忠度都落」には「ひた甲」に《上下〜××》という譜記がある。この複合名詞の前部成素「ひた（直）」については、金沢文庫蔵『解脱（文義聴集記）』に声点が〈平平〉と差されているという、築島裕（1970）による報告がある。古く低起式の前部成素をもつ|2＋3構造|の複合名詞は、鎌倉時代にLLLHLというアクセントであった可能性が高く、アクセントの「体系変化」後の『正節』では、この類にHHLLL型と対応のよい譜記を付けている。ところが、この「直甲」ほかわずかな語にかぎって、『正節』はどうしたわけかHHHHL型に解釈できる（上上上コ×）などという譜記を施しており、東北大本以下ほかの譜本もみな同様である。しかし、ここに貞享本の譜記を見ると《上下〜××》とある。これがHHLLLと対応する譜記であるとすれば、こちらの方が由緒正しいアクセントであることは動かないところで、貞享本の古態性を言うのには重要なことであろう。
12 奥村三雄（1983）は「節ハカセ付き語彙集成」を作成するについて筑波大本を加えている。しかし、筑波大本はその節付き章段が少ないので、今後は東北大本、也有本（原譜）ほかの諸本を参照する必要があろう。本書では、『正節』の譜記に疑義ある場合にだけ、これらの諸譜本を参照したが、たとえば第3章 第2節に注記した古譜本・他流譜本の譜記は、『正節』譜を補うだけでなく、その編纂過程までうかがわせるところがある。

13 第8章 第1節に詳述するように、「特殊低起式表記」との関係からいえば、吟譜は前田流古譜本に類似し、豊川本は『正節』に近い。
14 奥村和子（1991b）にさらなる考察がある。
15 その一端は、第1章 第3節および第8章 第1節に述べた。音楽性の希薄な《口説》にしても「特殊低起式表記」があるのであるから、より複雑な音楽的曲節では細心の注意が必要であろう。そのようなことからも、本書では、現行平曲の旋律を利用することはほとんどない。
16 金田一春彦（1959＝2001：19-20）は、曲節によって反映するアクセントの時代が異なるとして、たとえば《折声》は南北朝時代の、《口説》は「『正節』成立時代のアクセントを反映し」、また《指声・初重》は「一時代前のアクセントを保存している」という。また、同（1974：18）には以下のように述べられている。

> 平曲は、現行のものは、いろいろな時代に出来た旋律を総合しているようで、「折声」と呼ばれる部分は、あるいは南北朝時代に作られたものを写していると見られ、注目される。「指声」の部分は室町時代、他の「三重」「中音」「初重」の類も同類かと見られる。「口説」「拾」には江戸時代に出来たものがまじり、「素声」は江戸中期のものと判定される。

> 同（1997：37）には「〔アクセントが〕一番明瞭なのは……素声、それに次いで口説で、江戸後期のアクセントを反映しており、拾の類もこれに準じる。これは大体荻野検校の時代のアクセントをそのまま歌っていたものであろう」とあって、いささか趣は違うが基本的な考え方は同じである（小編索引上巻の「序にかえて」にも同趣の記述がある）。

> これに対して奥村三雄（1981：526）は一貫して「実際問題として、その様なはっきりした区別は認められない」という立場をつらぬく。

> 本書はわずかに《口説》《白声》の二曲節しか扱っていないので、金田一・奥村と同じレベルで、この問題に発言することはできないが、《口説》の譜記には古譜本などを参照したように見受けられるところがあるので、《白声》よりは伝統的なアクセントを伝えているものと考える。それに対して《白声》は江戸中期の当代的なものを反映するとみる。細かく比較すれば、奥村は曲節による違いを認めないのであるから本書の立場とは異なる。また、金田一も《口説・白声》ともに荻野検校の時代のアクセントを反映するというのであれば、本書の見解とは一致しない。

第1章 『平家正節』の譜記によるアクセント型の認定

本章では、『平家正節』の《口説》と《白声》の曲節にあらわれる譜記と、その反映するアクセントとの対応関係を論じ、これをアクセント史資料として用いる方法を述べる。

　一般的にいえば、譜記とアクセントはよく対応する。《白声》ならば無譜に対して｜上｜譜の付けられたところを、《口説》ならば｜上｜譜と｜コ｜譜の付けられたところを、それぞれ高拍と考えれば済む。しかし『平家正節』の詞章は、辞書の見出しのように単語をただ並べただけのものではなく、文・文章として提示されている。したがって、単語一つひとつは文脈を背負ってあらわれてくるので、さまざまな助辞や接辞の付いた形で実現していることが多い。そこに、実際にあらわれる形から、単語単独形のアクセント型を考察する方法が必要になる。

　第1節では、そのようなアクセント型認定の基本的な考え方と方法を述べる。とくにアクセント史資料として用いるには躊躇されるものを「前高低平形」「低平後高形」と名づけて明確にし、このほかのものを a 単独形、b 従属式助辞接続形、c 低接式助辞接続形、d 助詞「の」接続形、e 接辞接続形（e1 接頭辞「おん」前接形、e2 接尾辞「ども」後接形）に分けて、そこに付けられた譜記と想定されるアクセントとの関係を一覧表にして示す。もちろん平曲譜は、下降拍や上昇拍などを直接にあらわすものではないから、譜記からアクセントを考察する場合には、これまでに得られたアクセント史の知見と整合するように解釈を加えなければならない。そのような考察の一例を、ここでは一拍名詞を素材にして述べる。一拍名詞を素材としたのは、ほかに比べてその解釈がむずかしいからである。二拍名詞や三拍名詞については、第2章で扱う。

　第2節は、単独形アクセントとの対応が必ずしも明確でない助詞「の」接続形アクセントを取り上げ、二拍名詞について考察する。とくに、江戸期の単独形アクセントがともにHL型である、いわゆる「第二類」「第三類」の名詞を取り上げ、その助詞「の」接続形について、前者（第二類）はHL-Lに、後者（第三類）はHH-Hになりがちという違いのあることなどを述べる。

　助詞「の」接続形は、二拍名詞にかぎらずよくあらわれ、かつそれだけしかあらわれない語も多い。したがって、この形のアクセントが単独形の

それとどのような関係にあるのかを明らかにすることは、単語一つひとつのアクセント型を特定しようとする場合には重要な意味をもつことになる。
　第3節は、音楽性のある《口説》の譜記に見られる、いわゆる「特殊低起式表記」の類型を示し、アクセント史資料として平曲譜を利用する際には、このことにとくに注意しなければならない、ということを述べる。「特殊低起式表記（特殊表記）」とは、ことばの音調としては高拍の連続であるところを、低起性旋律で語る場合の譜記をいう。これまでにも「特殊表記」は指摘されてきたが、譜記とアクセントとの対応関係について、整理して示されることはなかった。
　ここでは、「特殊表記」のいくつかの類型を提示し、また「特殊表記」ではない譜記の見分け方についても言及する。これによって、《口説》の譜記をアクセント資料とする場合の大きな障害が解消する。
　第1章に述べることは、平曲譜を用いてアクセント史を考察する基本的な考え方とその方法についてである。したがって、ここに取り上げることは、第2章以下の具体的な問題において応用されるであろう。また、第3節に述べる「特殊低起式表記」については、平曲譜本相互の比較をするうえに重要と思われるので、第8章 第1節でふたたび取り上げ、平曲史的な観点から考察を加えることにする。

第1節
アクセント型認定の方法

1. はじめに

　安永五年（1776）に荻野検校によって作成された『平家正節』の譜記は、江戸中期あるいはそれ以前の京都アクセントの資料として長く利用されてきた。これを早く紹介した金田一春彦（1959=2001：2-20）、奥村三雄（1981）ほかの業績については、いまさら言うまでもないことであるが、近くは石川幸子（1995b）によって音楽的曲節の「墨譜群」も検討され、この方面の研究は新たな進展を見せるにいたっている。
　ところで、奥村三雄が平曲譜を精査し、施譜された語のアクセントを推定して、近世京都アクセントの体系をほぼ明らかにしたことは周知のことで、その功績は高く評価される。しかしなお、平曲譜からのアクセント推定がすべて終わったというわけではない。譜記解釈にはいくつかの問題があり、一々の語のアクセント型認定において、それがすべて説明し尽くされてはいないように思われる。
　たとえば、複合語からその構成要素である単純語のアクセントをいかに抽出するかという問題がある。これについて奥村は一貫して「分析的立場」を貫いているが、それがいつも適切であるとは言いかねるようにみえる。また、いわゆる「低起無核」語の遅上がり現象を反映した譜記であるかどうかを判定する場合も、これを積極的に認定するかどうかで、結論にはいくつかの違いが出てくる。さらにはまた、当時の京都にそのような区別があったかどうかはともか

く、少なくとも施譜者の意図として、同じ「おほや(大矢)」という語に「大きな(長い)矢」HHL型と「長い矢を使う武者」HLL型、それに姓名LHL型とで、そのアクセントに違いがあったらしいことなど、補うべき情報もまだまだあろう。

　本節では、一拍名詞を素材にして、そのアクセント型認定の問題を検討する(語彙一覧などは後出)。また、ここでは主として音楽性のない《白声》(ハヅミを含む)と、その希薄な《口説》(シヲリ口説を含むが、下ゲの類は除く)の曲節にあらわれる用例だけを扱う。このことは、さらに音楽的曲節にまで解明の手が及ぼうとしている現状に鑑みて後退だという批判もあろう。しかし音楽的曲節からアクセントを推定する研究も、中世から近世にかけての京都アクセントがある程度分かったうえで、それとの相互参照によってはじめて進展するものであるから、いま一度基礎的な作業を確認しておくことの意味はあるものと考える[1]。

　《白声》と《口説》を扱う理由は、もちろんこれらが音楽性に乏しく、話しことばの音調と比較的よく対応する譜記をもつことによる。音楽性に富む曲節は、その定まった旋律の制約からアクセントを生かさない場合もあるので、まずはこれら《白声》と《口説》の曲節から用例を集めて、それぞれの語のアクセントを推定するのが順序として適切であろう。

　とはいえ、《口説》の音楽性は皆無ではなく、譜記と音調との対応には特別な注意が必要である。音楽性のない《白声》とて、無譜部分をいつもアクセントの低い部分と解釈してよいとばかりはいえず、そこに実際上の問題が潜むことは言うまでもない。本節では、その点に注意しつつも両曲節の譜記から具体的に語単独のアクセント型を認定する経緯を明らかにして、平曲譜の、アクセント資料としての効用と限界とを論ずる[2]。

　ところで、《白声》と《口説》とはアクセント史の上で一様のものか、という問題がある。本節ではひとまず、これを区別しつつも同等に扱う。そして、この両者の間に対立がみられる場合にのみ、その違いを指摘する。

　具体的にはそれぞれの語について、a 単独形、b 従属式助辞接続形、c 低接式助辞接続形、d 助詞「の」接続形、それに e 接辞接続形などの譜記から、語単独のアクセント型を認定する。もちろん『正節』の譜記は、一次的には《口説》では旋律を、《白声》では文音調をあらわしている(石川幸子 1995a)の

第1節　アクセント型認定の方法　　25

で、そこからいかに語アクセントを導くかが問題になる。とくに譜記そのものから直接的に拍内上昇や拍内下降を知ることなどはできない。したがって『正節』の譜記から、そこにあらわれるさまざまな文脈の音調を考察して、上記ｂｃのごとき語句の「準アクセント」を把握し、それをもとに語単独のアクセント型を推定することになる。

　ただし、問題となる語が複合語の一部になりきっている場合、そこから抽出してアクセント型を論ずることは差し控える（金田一 1982：88参照）。

2. 単独形および助辞接続形

　『正節』においては、各々の語がそれぞれの文脈の中で、さまざまな助辞（助詞・助動詞）をともなってあらわれる場合がほとんどである。したがって、語単独のアクセント型を特定する場合は、そのような助辞との関係を考慮したうえで、型の特定が可能な場合と、可能性の域にとどまる場合とを、明確に把握しておかなければならない。

　はじめに、助辞などの付かない a 単独形（一語一文節の形）について簡単に触れておきたい。『正節』の《白声》と《口説》の譜記では、単独形の場合には、どのような語であれ┆上┆または┆コ┆いずれかの譜が付けられる。たとえば、下記の例がそれである。

　　　毛生つ゚（コ××××）　　11下納死3-1口説
　　　日暮れぬ（上コ××）　　1下那須2-2口説
　　　火出ル程に（上上×××××）　　8上橋合24-2口説

　ただし次のような例は、語単独形が無譜部分と対応していて例外となる（下線部）。しかし、これらはたとえ一語一文節ではあっても前接語との繋がりが強く、直前の高拍に対して低拍をあらわしているとも理解できるところである。江戸時代でも「日」はFであったろうから、「七日の日」をHHH-H-Lと解しては問題かもしれないが、HHH-H-Fからの変化形とみれば理解できなくはない。第二例の「或る夜」は「或る」LHと「夜」Rとが接合した「準アクセント」（LHL）に対応する譜記とも理解できるから、「夜」の低起性を反映しているとみなすこともできよう。

　　　七日の<u>日</u>（上上上上×）　　1上厳還17-1素声

或ル夜（×上×）　　7上東下6-4口説

　しかし、このような直前の高拍に低接する例は、一拍名詞に限らず数多くあらわれ、また単独形ばかりか各種の助辞接続形にも出現する。そして直前に音調の切れ目があるかどうか、意味的な続き具合はどうか、句読点や琵琶の手の指示があるかどうか、などの点にも注意して分析しなければならない。さらには、施譜者の意図を斟酌する場合も出てくる。このような「前高低平形」は、アクセント型を特定するに際して扱いがむずかしく一律に処理することはできないので、本書では、これらを、アクセント型を認定するうえに、積極的に利用することはしない。

　しかし、b 従属式助辞（が・に・は・を……）接続形となると、その文節アクセントの違いがはっきりする。これは、施譜者がその語に対し積極的に施譜していれば（以後、このことは一々断らない）、必ず下表（次頁）のように区別されると言ってよい。

　また、c 低接式助辞（か・ぞ・と・へ・も・まで・より……）接続形では、一拍名詞第一類相当の語と、第二類相当の語の場合、H-LとF-Lのアクセントの違いは、譜記上にあらわれない。第二類相当の語は、現代京都のようにH-Lであったかもしれないが、それを特定できないのは、平曲譜がFとHとを区別しないからである。

　さらに第三類相当のものは、R-Lを反映するように施譜すれば（上×）または（コ×）となって、一見複雑にみえるが、b 従属式助辞接続形によって類別の明確になる場合が多く、実際にはさほど問題にならない。そのうえ、歴史的にも方言対応の上からも類別が確かな語についてみるかぎり、R-Lの反映と思しきものは、『正節』の《口説》と《白声》の譜記にただ1例（下記第一例）しか認められない。このほかの例はL-Hと解釈できるものである。したがって、後ろに続く助辞を「低接式」とよぶのは、この場合にはあたらないということになろう。《白声》の（上×）は、いま近畿中央式諸方言に聞かれるR-Lと解釈した（奥村 1981：445-446）。

　　目も（上×）　　15上内女15-3素声
　　　〔尾京A早（同）、秦「目も当られず」《下下上下×××》、ほか譜なし〕
　　目も（×コ）　　3下先帝4-1口説
　　野も（×上）　　8上富士8-3口説・19-5口説

d 助詞「の」接続形でも問題になるのは第三類相当の語である。『正節』からは以下のような譜記が採集できる。

　　　火の中（上上××）　　五句高野5-3素声
　　　目の前に（上上×××）　　5上燈籠2-1口説
　　　手の舞ィ（上×××）　　12上行隆17-3口説
　　　目の様ゥなる（×上コ×××）　　10上物怪7-4口説

「木の葉を（上×××）」（1上卒都6-4口説）、「木の実を（コ×××）」（2上蘇武6-5口説）のような例は古く複合し一語相当になってL-L-F／L-L-H＞HLLの変化を経たものと考えられるから、あらゆる場合に文節単位にのみ考えて、L-L＞H-Lの変化ばかり想定しなくとも説明できるのではないか。とすれば、「火の中」や「目の前」のごときも、L-L-LH＞HHLL、あるいはL-L-LF＞HHLLのような変化を経たと考えてよいであろう。「目の前」は現代京都でもHHLL（日国）である。文節単位で考えれば、「目の」R-Hは、後にL-Hになりこそすれ、H-Hへ変化することはなかったはずである。[4]

　いまひとつHL…となる例についてであるが、これも「手の舞」という、「足の踏所」と対比的に用いられた慣用的な語句であるから、L-L-HH＞HLLLの

一拍名詞の各形別譜記とアクセントとの対応表（助辞は1拍のもので代表させた）

	a　単独形		b　従属式助辞接続形		c　低接式助辞接続形	
第一類相当	H	（上）・（コ）	H-H	（上上）・（上コ）	H-L	（上×）・（コ×）
第二類相当	F	（上）・（コ）	F-L／H-L	（上×）・（コ×）	F-L／H-L	（上×）・（コ×）
第三類相当	R	（上）・（コ）	L-H	（×上）・（×コ）	R-L／H-L	（上×）・（コ×） （×上）・（×コ）

	d　助詞「の」接続形		e1　接頭辞「おん」前接形		e2　接尾辞「ども」後接形	
第一類相当	H-H	（上上）・（上コ）	LH-H	（×上上）・（×上コ）	H-HL	（上上×）・（上コ×）
			LL-H	（××上）・（××コ）		
第二類相当	H-L	（上×）・（コ×）	LH-F	*（×上上）・*（×上コ）	F-LL	（上××）・（コ××）
			LL-F	*（××上）・*（××コ）	H-LL	
第三類相当	(R-H)／ H-H H-L L-H	（上上）・（上コ） （上×）・（コ×） （×上）・（×コ）	LH-L	（×上上）・（×コ×）	L-HL	（×上×）・（×コ×）
			LL-L	（××上）		

（*は施譜例を確認できないもの）

変化を経たと考えられる。あくまで文節単位の変化を想定して、「手の」L-L＞HLに固執する必要はあるまい。しかし、ほかの第三類相当と考えられる語（鹿(か)、紀伊(き)、摂津)にはHLもある。これらはL-L＞HLという変化を経たと解釈するしかないであろう。

以上の検討から一拍名詞第三類相当の語に「の」が接続する場合はHLのほかにLHやHHが聞かれたと理解してよいようである。ただし、HL・HHについては、それぞれに「の」を越えて後接の語と早く複合していた可能性も考える必要がある。

3. 接頭辞前接形・接尾辞後接形

つづいて、e1 接頭辞「おん」や、e2 接尾辞「ども」の接続した形の譜記から、その語単独のアクセント型を推定する方法を検討する。もともとこれらは結合が緩く、複合語よりは、中核となる語のアクセントを抽出しやすい。

接頭辞「おん(御)」の前接した形には、LH…または高さを次に送ったLL…に対応する譜記が見られる。はじめに二拍名詞に前接した代表的なものを、それから解釈されるアクセントとともに例示すれば、以下のような違いが確認できる。

「御様」LH-HH〜LL-HH ／「御事」LH-HL〜LL-HL ／「御船」(LH-LH＞) LH-LL

これらから一拍名詞の接頭辞「おん(御)」前接形のアクセントを推定すると、第一類相当の語はLH-H〜LL-H、第二類相当の語はLH-F〜LL-F、第三類相当の語は(LH-R＞)LH-Lとなるであろう。そこで、実際に『正節』にあらわれるものを検討してみると、下記のような例を拾うことができる。第二類相当の例は確認できない。

　　御ン子と（×上コ×）　　7上廻文11-4口説
　　御ン身を（××上コ）　　10下北方4-4口説
　　御ン手とこそ（×上××××）　6下木最12-3白声
　　御ン目も（××上×）　　12上許文19-1素声
　　〔尾京A早（同）、北（×中××）、也（××中×）、宮《××上コ下》〕
第三類相当の語にはLL-Hという形が出てきてLH-Lばかりではない（東北大

本の譜記が本来のものだったのではないか。豊川本や波多野流系譜本には譜記がない）が、少なくともLH-Lに対応する譜記があれば、第三類相当であることは明確である（「御ン乳」LH-Lからは「ち（乳）」Rが抽出できる）。しかし「おん〜」形が（×上上）・（×上コ）や（××上）・（××コ）という譜記をもつというだけからどのグループなのかを確定することはできない。

　つぎに、接尾辞「ども」（複数の意）が二拍名詞に接続した例を検討する。

　　「首ども」HH-HL　／「馬ども」HL-LL　／「船ども」LH-HL〜LL-HL

　二拍名詞第一類相当のHH型の語に「ども」が後接すると、「ども」自体のアクセントHLも生かしてHH-HLとなる。第二・三類相当のHL型の語に後接する場合は、これに従属してHL-LLとなり、「ども」自体のアクセントは抑えられる。また第四類相当のLH型に後接する場合は「ども」のアクセント（-HL）も生かされて、（LL-HLのように）中核となる語の高さがそこに送られることもある。第五類相当の語は『正節』から採集できなかったが、あればLF-LLまたはLH-LLであろう。総じて従属式助辞と同じ接続のしかたをする。

　これに類推して一拍名詞に後接する形のアクセントを推定すると、第一類相当の語はH-HL、第二類相当の語はF-LL（H-LL）、第三類相当の語はR-HL（L-HL）となろう。

　そこで、実際に『正節』を検討してみると、次のような例を拾うことができる。

　　　屋ども（上××）　　4上都還6-2口説
　　　矢ども（上××）　　14上一魁30-2素声
　　　田ども（×コ×）　　13下法住1-4口説
　　　句ども（×コ×）　　12上御産18-3口説

したがって「屋・矢」は第二類相当、「田・句（漢語）」は第三類相当と結論して誤るまい。ただし、第一類相当のものに付いた「子ども」HHHは特例である。本来ならばHHLとなるところ、複合が進んで「ども」の接尾辞としての機能が希薄になり、さらに「ども」が添加された「子供ども」という形さえ『正節』には存在する。

　このほかの接尾辞「たち（達）」、接頭辞「み（御）」が付く場合も検討したが、中核となる語のアクセントを推定するには結合の度合いが強すぎる（秋永1980：430–433も参照）。漢語に付く接頭辞「ご（御）」「ぎょ（御）」、また和語に付く「お」

前接形も変化形が多く、ここでの素材にはしにくい（「お」前接形は秋永 1980：434-435 参照。「ご」前接形には規則的な対応をみせるものもある）。

4. 一拍名詞のアクセント型認定

4.1　以上のことから、『正節』の譜記によって一拍名詞単独のアクセント型を認定し、それを第一類から第三類に分類するには、以下のような原則を立てればよいことになる。なお、漢語の場合は第一類相当と第三類相当のものしかないようである。

1. a 単独形の譜記は各類みな同じであり、それだけから類別することはできない。
2. b 従属式助辞接続形の譜記からは、明確な分類ができる。
3. c 低接式助辞接続形に（×上）または（×コ）の譜記があれば、その語は第三類相当の語である。
4. d 助詞「の」接続形に（×上）または（×コ）の譜記があれば、その語は第三類相当の語である。
5. e2 接尾辞「ども」後接形からは、分類が可能である。また e1 接頭辞「おん」前接形は、（×上×）・（×コ×）の譜記があれば、その語は第三類相当の語である。

4.2　ところで、単独形または助辞接続形にまったく譜記がなく、後続する語が高く始まっている場合（以下「低平後高形」とよぶ）、これを第三類相当の語とみなしてよいか、という問題がまだ残っている。次のような譜記から「手・火」を第三類相当と結論できるであろうか。

　　手は利ヶて（候ふと）（××上××―）　　1下那須6-5白声
　　火をたきあぶりなんど（しければ）（××コ×上×××××―）
　　　　　　　　　　　　　　　　　　　　　　　　2上文強10-1口説

『正節』において、低く始まり下がりめのない語は、3拍め以降に上昇する音調と対応する譜記をもつことがあるから、このようなものも一応は「手は」「火を」（R-H＞）L-H の高さを次に送ったとして理解することはできる。
　しかし、上記第二例は「焚き、炙り」という二つの動詞に焦点をあてた施譜

とも考えられ、「火を」の部分はアクセントが抑えられたと解釈する余地も残る。第一例も「利いて」を強調した施譜という理解ができよう（石川幸子 1997：10）。

　また次のような例は「木へ」であるから低接式助辞が付いているので、現代京都ならばRLまたはHLとなるべきところながら、『正節』にはLHと対応する譜記の多いこと、すでに見たとおりである。とすれば、ここは「木へ」LHであるところに、高起式の自立語が接続したので、LL-H…と高さを送ったということを示しているのであろうか。しかし、一方では「魚の……上ったるでこそ」という文脈を鮮明にするために、「木へ」の部分のアクセントを抑えて施譜したとも解釈することは可能である。

　　魚の木へ上ったるで社（上上コ××上上コ×××××）10下壇浦4-4口説
　　　　　ノボ

4.3　また2拍以上の名詞では次のような例も見られ、譜記のまとまりをよく理解しないと思わぬ誤認をしかねない。たとえば下記第一例からは「くゝりを」に前接する「袖の」に譜記がないから、あるいは「袖」が低起式の語かと疑いたくなるが、古来HHであって合致しない。施譜者の意図としては、おそらく「狩衣の袖の」と「くゝりを解いて」の二つの句に分けたものであろうから、ここは「袖のくくりを」という句を抽出して考えてはいけないのである。名詞の例ではないが、下記第二例も、そこに施された譜記からすれば、「また」を低起式と理解したくなる。しかし、文脈上直接「仙洞に」に続かないから、そのような解釈はできないし、この語が古来HLであることにも抵触する。

　　狩衣の袖のくゝりを解いて（上コ××××××上上上コ×××）
　　　　　　　　　　　　　　　　　　　　　　　　　　　7下重斬30-3口説
　　忠盛また仙洞に（最愛の女房をもつて）（上上××××コ××××－）
　　　　　トウ
　　　　　　　　　　　　　　　　　　　　　　　　　　　1上鱸3-3口説

　このように、無譜部分をアクセント資料として利用することは、一律にはできない。前述の「前高低平形」と同様、ここに説明した「低平後高形」も、それだけからアクセント型を認定することは危険である。

5. 各語の検討

　和語と漢語をあわせて『正節』から採集できる一拍名詞は55語である。和語は第一～第三類相当まで3グループに分かれる。漢語は、和語の第一類相当と第三類相当に所属するものがあるだけである。
　以下、『正節』の譜記から分類可能な語を先に記し、他のアクセント史資料から推定したところに、『正節』の譜記が抵触しないというだけのものを（　）内に記す。／の後ろは漢語である。

5.1　第一類相当　　語単独でH型　　確定17語、推定7語、計24語

　子、此、巣、瀬、誰、身、世、緒／儀、赦、書、祚、他、地、非、理、櫓（蚊、毛、血、戸／医、無、余）

◆「毛」は『正節』の譜記からは類別を特定できない。「毛の」がH-Hであらわれるので、まだ第一類相当であった可能性が高いと考え、ここに入れる。ところで「身の毛」はすでに一語並みだったらしく、HHLと対応する譜記が施されている。現代京都はHLL型で、HHL型から変化したとみられる。

　　　身の毛（上上×）　　2上鵺10-1白声・2上文強12-1白声

◆「瀬」には次の第一例（「機会」の意）のように低起かと疑われる譜記がある。本節では、このような譜記から「瀬」のアクセントを認定することはしないが、波多野流譜本（京大本）には第二例と同じく、HH-H-HLという音調が反映している。

　　　此瀬にも（上コ×××）　　6上有王4-4口説
　　　〔尾早芸（同）、京B《平コ×××》、北也（上中××××）、宮《上上下××》、豊《上平×××》、波《上上上平×》〕

　　　此瀬にこそ（上上上上上×）　　2上足摺17-4白声

　『正節』では、連体詞「この」「その」を冠した場合には、続く語に施譜されないことがある。これは《白声・口説》の違いによることではない。また、「此の界・其の儀・此の度・此の後・其の後」など比較的頻用される語句ばかりでなく、必ずしもそうではない語句（「此の状・此の仁・其の間・其の料」など）にもあらわれる。どうして「此の～」または「其の～」について、HH-L…な

どと後部のアクセントが抑えられるのか解釈しづらい。しかし「此の度」は現代京都HHLLであって、『正節』の譜記と対応する。HHHLからの変化形であろうか。「此の頃」は連濁もするが、『正節』HHHLに対して『近松』はHHLLである。

◆ 「無」は呉音ム去声で、『正節』に次のようにある。低接式助辞接続形であるから類別は特定しがたいが、字音声調を参照して、いまここに載せる。

　　　無といふ（文字斗゛）（上×××－）　　12下道逝13-2口説

◆ 「地」は「天地」の「地」である。「地に」（上コ）の施譜例が《口説》にあるから、第一類相当と判定される。しかし次の例は、そのままアクセント型の認定はしないまでも、低拍を思わせる譜記ではある。

　　　胡の地スに（上上××）　　2上蘇武12-1口説〔尾京B早（同）〕
　　　九条の地を（上上上コ××）　　3上新都2-4口説
　　　　　　　　　　　　　　　〔尾早（同）、京A（同、朱「地ス」）〕

もちろん、上記の例はいずれも「前高低平形」であるから「地」のアクセントを反映するとにわかには言えない。「地」には、チと読みながら呉音声調（平声）を注する資料もある。[8]「九条の地を（割られけるに）」には、京大本に漢音チと読むよう指示が加えられている。呉音ヂであれば、金田一（1980b）のいわゆる「b類」（第三類相当）の語である。

◆ 第一類相当の語には「め（女）」を「女の童」から抽出することも考えた。「わらは（童）」は近世HLLであるから、この語はH-H＋HLLが熟して用いられるようになってHHLLLに転じたものか。

しかし、古く「め（女）」がRで、「わらは（童）」がLLHであった時代、すでに〈平平平上平〉（図本名義126-7）と一語化したアクセントがあった様子だから、これから規則的に変化してHHLLLになったと考えた方が自然だろう（秋永1980：27）。したがって『正節』における「女の童」の施譜例から、いわゆる「体系変化」後の「め（女）」のアクセントを直接知ることはできないものと判断する。

　　　女の童ッに（上上××××）　　7上法違2-3口説

5.2　第二類相当　語単独でF型　　確定5語、推定3語、計8語
　　名、日、歯、矢、屋（江、音、葉）

◆「屋」は「早稲田語類」〔w4→1#〕とされるもので、「古くはRのちにH」と推定されるが、今日単独で使用されることは少ない。現代京都はFともHとも、またRとも（日国）。『正節』には3例あって、次のとおり。

　　好ｷ屋作ッて（とらせ）（×上×コ×××－）　　11上妓王3-3口説
　　　　　　　　　　　　　　　　　　　　　　　　〔尾京Ａ早芸（同）〕
　　屋を（コ×）　　7上栄花10-4口説〔尾京Ａ早芸（同）〕
　　　　　　　　10上慈心20-5口説〔尾京Ａ早（同）〕

　第一例は、形容詞連体形「好き」（×上）に続いて「前高低平形」であるが、これが低起性を反映するのなら、契沖『和字正濫通妨抄』（坂本清恵 1994）の〈去〉と符合する。第二例は、第二類相当の語にあらわれる譜記で、これはFと推定してよいものである。前掲「屋ども」の譜記からしても、『正節』の譜記からは、この語をFとするのがふさわしいであろう。

5.3　第三類相当　　語単独でR型　　確定15語、推定8語、計23語

　木、田、乳、手、野、火、目、湯、夜、輪、吾／苦（か）、句（き）、座、絵（鹿、紀伊、津、摂津／賀、胡、妓、期）

◆「手」は一般的な意味のほかに、『正節』では、「手傷・手勢・方面」の意味で用いられたものにも施譜されている。いずれも第三類相当であることは動かないが、「手傷」の意味では次のような例がある。「手負ひ」を、名詞に動詞が続いたものとみれば、R-LFからR-LLと動詞部分が低く続いた音調を反映した譜記と考えられる。

　　手負ｨ（上××）　　12下横田24-5素声
　　　〔尾京Ａ早（同）、北也（中××）、宮《乙××》、豊《平××》、波《コ××》〕
　　手負たるか（上×××××）　　14上一魁29-3素声
　　　〔尾京Ａ早（同）、北也（上×××××）、宮《上下××××》、豊《上平××××》、秦《下？上ハ下××××》〕
　　手負ひ（コ××）　　揃物大衆25-5口説
　　　〔尾京Ａ朱早（同）、早左（上××）、北也（中××）、宮《乙××》、豊《平××》〕

　また「手負ふ」という四段動詞がすでにあって、その連用形ということであ

ればHLLであったかもしれないが、下記のようにHHLを思わせる譜記もある（東北大本にはHLLに対応する譜記が施されている）。

　　手負ひ（上上×）　　8下能登18-4素声
　　　〔尾早（同）京B《平平×》、北（上××）、宮《上下×》、豊《上平×》、秦《上上下》怒下、波《平平下》怒下〕
　　手負ひ（上上×）　　15下遠矢7-2素声
　　　〔尾京A早（同）、北（上××）、也（上上×）、宮《上下×》、豊《上平×》〕

◆　「鹿」は他資料から第三類相当と考えられるが、『正節』では助詞「の」接続形が1例あるばかりで、それもH-Lと対応する譜記であるから、直ちに第二類相当ではなかったとまでは断言できない。現代京都は伝統を失ってH0型（日国）という。
　　鹿の角の（コ××××―）　　14下盛最6-2口説

◆　「妓」は呉音ギ平声で、文字そのものを指して用いられたc形「妓と（いふ文字）（上×―）」（11上妓王7-2口説）の1例のみ。漢語の場合、この譜記からは第一類相当とも第三類相当とも言えるが、呉音声調を考慮して第三類相当に分類した。

◆　「期」は呉音ゴ平声であるが、現代京都ではH0型。次の例も低接式助辞接続形であるから、この譜記からは第一類・第三類いずれの可能性もある。しかし第三類相当であれば、《口説》の場合はむしろL-Hになりがちではあるが、呉音声調との対応を優先して、ひとまず第三類相当としておく。
　　期として（コ×××）　　8下戒文23-1口説

5.4　以上のほか「穂、尾／気、四、字、地」は、『正節』に「前高低平形」の譜記が見られはするが、語単独の型を特定することはしなかった。ただし、いずれも他のアクセント史資料から第三類相当とみるのに支障はない。

6. おわりに

　以上、一拍名詞を中心に検討したが、それを奥村三雄（1981：262）の認定した語彙一覧と比較してみる。

まず第一類相当のものは、奥村が《白声・口説》以外の曲節も渉猟して語彙を採集し、またいわゆる連体詞の一部を分割して採録したので、「柄(え)・其(そ)」が加えられている。「毛」がないのは不審。「女」は「女の童」から抽出したものであること、奥村(1983)の語彙集成から知られる。しかし、すでに複合したものであることから、このような切り出し方をしないのが本節の立場である。「屋」はむしろ第二類に属させる方が『正節』の実情にあう。「猪」を「猪」HLLL（動物名）や「猪熊」HHHH（地名）などから抽出することもしなかった。「猪(ゐ)」は第一類相当なので、後者は「猪の」の部分だけは規則的である。しかし、前者は例外処理が必要になろう。

　第二類相当のものに「彼(あ)・彼(か)」を本節で落としているのは、連体詞の処理が異なるためである。また本節では、第三類相当に「乳・輪」を加えた。「乳」は「おんち（御乳）」からの推定である。「穂」の類別に躊躇したのは、『正節』（「穂にあらはれて（××上コ×××）」4上二后10-4口説）が、その語に積極的な施譜をしたかどうかを疑ったからで、理由なきことではない。「山ヾの根をまはり（×××××上コ×）」（7下燈合6-4口説）から「根」を切り出さないのも同様である。「根の井」HLL（人名）から「根の」のアクセントを抽出することもしない。もちろん「分析的立場」に立っても説明はつくが、古くすでに一まとまりの姓名になりきっていたのではないかと考えたからである。このことは、同様な構成の「瀬の尾」HLLを分析しては説明できないこととも関係する。

　「二・四」を「二の宮・四の宮」HLLLから抽出しなかったのも、これを一拍名詞のd助詞「の」接続形とみなすよりも、それぞれ4拍の名詞とみた方がよいと考えたからである（L-L-HH＞HLLL）。しかし、いずれも呉音平声であるから、文節単位に切り出してL-L＞HLの変化を経たとも説明できなくはない。これについては奥村(1993)にも言及されている。

　『正節』の詞章からも明らかなように、その語彙は江戸中期の京都語として、必ずしも生きて用いられていたものばかりではない。また、現代京都でも伝統性を失い、類別の異例をなすようなアクセントの語があることに注意しなければならない。ここでは、『正節』の譜記から推定できる範囲を明らかにして、当時のアクセント型を確定できるものと、他資料からの推定に『正節』の譜記が抵触しないという程度のものとを、はっきりと分けて考えてみた。本節で提示した認定の原則とは、そうした検討のための方法である。

注―――

1 　音楽的曲節からの推定を不可能だというわけではない。しかしそこには手続きとして、平曲の旋律と「墨譜群」（石川幸子 1995b）との対応を確認し、その旋律的制約とことばの音調との対照をつぶさに行うことが求められる。金田一春彦（1982：84-85）も指摘するように「旋律の推定」も必要になるであろう。

2 　この点、奥村（1981）などの立場とは違いがある。たしかに奥村も《白声・口説》を中心にしている点では変わらないが、一方で他の音楽的曲節の例も採用しており、またそれのみから立論することも少なくない。また、いかに音楽性が乏しいとはいえ《口説》には旋律的な問題がある。それは奥村が「特殊低起式表記」「語頭低下」とよんだものであり、のちに石川（1991）が低く始まるアクセント型の認定に注意を促したところでもある。そのことについては、本章第3節に詳述する。

3 　このほかに（上中上）の譜記が付けられたものが、一拍名詞では「日」に1例ある（「日出ダいたるを（上中上×××××）」1下那須4-1口説）。（上中上）はヒィイダイタルのヒィイにあたる。

4 　これについて、桜井茂治（1984：148-149, 998, 1184-1185）また同（2000：262-274）は、L-HからH-Hへの変化を「個別的変化」として認めている。

5 　奥村（1981：328）は地名「田の浦」から「田の」を抽出しているが、地名などの固有名詞は別に変化している可能性もあるので、「木の下」（馬名）とともにしばらく検討対象から外す。

6 　接頭辞「おん」は、そのアクセントの面で独立性の強いことが次のような譜記からも知られる。

　　　　御ン後なる（×上×コ×××）　　10上鹿谷12-1口説
　　　　御ン声をも（×上×コ××）　　12上僧死29-1口説
　　　　御ン精ゥ進ンの（×上×コ×××）　　12上御産19-3口説

7 　なぜ文脈を鮮明にする必要があったかとなれば、それは平曲を聴く人に理解しやすい語り方が求められたからである。平曲家がそのように施譜して、聴衆の耳に理解しやすくしたとも言える。すべての語や文節のアクセントを明確に語っては、細切れの音調でまとまりがないこと甚だしい。平曲家がその解釈によって、どこを明らかにし、どこを抑えるかを決定した。譜本は、その一つの解釈を、演奏家に対し規範として示しているものと考える。

8 　小林芳規（1967：592）によれば、『金沢文庫本春秋』鎌倉期点に「地〈平〉」の例があるとのことである。

第2節
助詞「の」接続形のアクセント
——二拍名詞を例に

1. はじめに

　二拍名詞の助詞「の」接続形アクセントは、その名詞の類別によって複雑な様相を呈する[1]。たとえば、第二類名詞の場合は、古来HL-Lだったものが、室町期以降、語単独のアクセントが同じHL型になった第三類名詞における助詞「の」接続形HH-Hに類推して変化したと説かれる。また、この形の連体的表現効果をあげるためにアクセントが平板化したということも言われている。
　一方、第三類名詞はLL-LからHH-Lに変化したが、これも後続する語によって、低起式の語が続く場合にはHH-Hになり、高起式の語が続く場合にはHH-Lになったとされる。そののち表現効果に優れるHH-Hが盛んになって今日にいたると説明される（金田一春彦 1971：11-14）。
　『平家正節』の《白声・口説》に載る二拍名詞は助詞「の」接続形アクセントの変遷のなかで、どのような位置を占めるのであろうか。また、類別を決定するうえに、助詞「の」接続形はどこまで有効なのか。このような問題を明らかにするために、『正節』の用例を整理して検討する。
　同様な問題は、第四類名詞の助詞「の」接続形アクセントにもあって、LH-LからLL-Hへと置き換わるのも平板化で説明される（同：16）。とくに第四類相当の語の場合は和語と漢語の区別があり、和語はLH-L、漢語はLH-H～LL-Hになることが言われている（桜井茂治 1958b=1976：280-306）。その流れのなかで『正節』所載例の占める位置、また第五類名詞との違いなどについても言

及する。

2. 第二類相当の語における助詞「の」接続形のアクセント

2.1　問題となる語がアクセント史上、第二類相当の語であるか、それとも第三類相当の語であるかは、『正節』の譜記を検討するかぎり、単独形はもちろん、助辞や接辞が接続した形からも、これを区別することはできない。しかし、助詞「の」接続形は、すでに語単独の場合に失われた区別を残している可能性がある。

　そこでまず「早稲田語類」第二類〔w2〕と認定された（「2×」「2か」なども含む。以下同様）もので『正節』《白声・口説》にあらわれる語彙について検討する。このうち助詞「の」接続形であらわれるものは26語ある。曲節・アクセント型別の例数を示せば【表1】のとおり。「奈良」も地名ながら一応数に加えてある。そのほか助詞「の」をはさんで複合語的になっているものや特別な意味になっているものの数（外数）を＋のあとに追記した（「北の方、北の政所、奈良の帝、上の袴」、また三井寺を指す場合の「寺」）。なお、類別の欄は「早稲田語類（w）」による。【表2】以下では、「金田一語類（k）」によって、これを補うところもある。

2.2　延べ語数とアクセントとの関係は全110例中、HL-L：HH-Hが88例：20例（その他2例、追記分を加えると143：20）である。曲節別にみると、《白声》28例：13例（40：13）に対して《口説》60例：7例（103：7）で、断然《口説》におけるHL-Lの比率が高いが、《白声》でも6割から7割はHL-Lである。HH-Lの例のうち、「岩」1例は、下記のように他本によって訂正されてよいものであるから、実際には「供」1例が例外となる。

　　　岩の挟にてそ（上上×上上××××）　　灌頂女出20-3素声
　　　　　　　　　　　　　　　　　　　　　〔尾京Ａ「岩の」（上上上）〕

「内」のHH-H 1例は「身の内の」という例で、4拍の連語が助詞「の」を接続させていると考えるべきか。「蟬」の例は、いわゆる「特殊低起式表記」（次節参照）の譜記であって、旋律的な制約が加わったものである。アクセントとしてはHH-Hとみてよいであろう。

【表1】『平家正節』所載の二拍名詞第二類相当（和語）の助詞「の」接続形アクセント

語	漢字表記		類別	HL-L		HH-L		HH-H	
				白声	口説	白声	口説	白声	口説
いし	石		w2	1	1				
いは	岩		w2			＊1			
かた	形		w2	1	3				
きた	北		w2	3+12	1+38				
くら	鞍		w2					2	
たび	旅		w2		2				
ため	為		w2	1					
つぎ	次		w2	1	7				
なつ	夏		w2		2				
はし	橋		w2					1	
ひぢ	肘		w2	1					
ひる	昼		w2	1	1				
ふみ	文		w2						2
ふゆ	冬		w2		1				
みつ	三		w2		3				
やへ	八重		w2		1				
ゆき	雪		w2					1	
うち	内・中		w2×	3	5			＊1	
かど	門		w2×	1					
ころ	頃		w2×					1	
せみ	蟬		w2×					＊1	
なら	奈良	地名	w2×	1	3+1				
ひと	人		w2×	12	30			4	1
うへ	上		w2か	1	＋2			2	4
てら	寺		w2か		＋2				
とも	供		w2か	1			1		
延語数合計				28＋12	60＋43	1	1	13	7
				88＋55		2		20	
異語数合計				13	13＋2	1	1	8	3
				18＋1		2		9	

身の中ヂの熱キ事（上上上上上上××××）　12下道逧6-2白声
〔尾京A早（同）〕

蟬の如ʼくに（××上コ×××）　揃物大衆28-5口説〔尾京A早（同）〕

異なり語数をみると29語中18語（追記分を加えると30語中19語）までがHL-Lと解釈すべき譜記しか記されていない。HL-LとHH-H両方の譜記が見られるのは「内、上、人」の3語、「供」はHH-LとHL-Lとが各1例、HH-Hだけなのは「岩、鞍、橋、文、雪、頃」の6語、これに「蟬」を加えれば7語である。このうち「うへ（上）」は〔w2か〕とされるもので、古来HL型とHH型とが並存した模様。現代京都ではH0型（索引篇・日国・中井による）。「供」HH-Lの1例は第二類相当の語にあっては例外的である。東北大本には第三譜※に線条譜《下》があり、宮崎本の譜記とともに古い姿を伝えているのかもしれない。

　　　供ㇾの宮人（上上×××××）　　2下青山2-1口説
　　　〔尾早芸（同）、北（上上※××××）、宮《上上下××××》、豊波《上
　　　上×××××》、秦《上下×××××》〕

　第二類相当の語に助詞「の」が付けば、本来はHL-Lであるところ、後続する語と連接して平板化が進行し、HH-Hも聞かれるようになったと考えられる。これについてはまた、語単独のアクセント型がHLで第三類相当の諸語と同じであることから、それへと類推したという面もあることは既に述べた。『正節』は、その過渡的な様子を見せている。

3. 第三類相当の語における助詞「の」接続形のアクセント

3.1　　つづいて「早稲田語類」第三類〔w3〕と認定されたもので『正節』《白声・口説》に助詞「の」接続形であらわれる語彙（48語）について検討する（「金田一語類」で〔k3*〕とされる「孫」も含む）。この中には漢語3語「かち（褐）・きん（琴）・びは（琵琶）」もあるが、ひとまず和語（45語）を対象にして【表2】にまとめてみた。なお「うま（午）」は「馬」〔w3〕と同じ類別として扱い、山名「富士」も加えてある。

　これによると第三類相当の語の場合は、ほとんどがHH-Hである。HL-Lはきわめて少ない（6語7例）。第二類相当の諸語にみられた様子とは著しく異なった傾向を見せている。

　【表2】で「その他」としたもののうち、「麻」は〔w3△〕で古くはLLながら、中世後期以降はLHに転じ、現代京都も同様らしい（中井、索引篇。ただし日国はH0型とする）ので、ここでの検討から除外する。また「事」の異例は、

【表2】『平家正節』所載の二拍名詞第三類相当（和語）の助詞「の」接続形アクセント

語	漢字表記	類別	HL-L 白声	HL-L 口説	HH-L 白声	HH-L 口説	HH-H 白声	HH-H 口説	その他
あす	明日	w3						3	
いけ	池	w3					+4	1+3	
いぬ	犬	w3						+5	
いへ	家	w3			+2	+14	2	2	
うま	馬	w3					14	5	
うま	午	w3						+4	
おや	親	w3					1	2	
かみ	髪	w3					1		
きし	岸	w3					1	1	
くさ	草	w3					1	1	
くら	蔵	w3					+1	+3	
こけ	苔	w3					2		
こと	事	w3		1			5	5+3	＊1
こと	言	w3			+1				
した	舌	w3					1		
しほ	潮	w3					1		
しま	島	w3					2	1	
つき	月	w3						2	
つち	土	w3						1	
つな	綱	w3						1	
とき	時	w3					7	2	
とし	年	w3					2	2	
なみ	波	w3			＊1	4	3		
はか	墓	w3						1	
はま	浜	w3					1		
ふし	節	w3						1	
みみ	耳	w3						＊1	
もと	元・本	w3					2	4	
もの	物・者	w3			+8	+16	2	6	
やま	山	w3				+1	+4	3+2	
ゆみ	弓	w3					6	1	
ゆめ	夢	w3					3	3	
くも	雲	w3×					1	2+1	
しし	鹿	w3×					1+1	+1	

せき	関		w3×		1			1	1	
たち	太刀		w3×						1	
との	殿		w3×						1	
はと	鳩		w3×		1					
ふじ	富士	山名	w3×	1						
あさ	麻		w3△							*1
たま	玉		w3△				+2			
のち	後		w3△					1		
おき	沖		w3△					1	3	
もも	百		w3#		1					
まご	孫		k3*		1					
延語数合計				1	6	1+11	4+33	62+10	57+22	2
					7	5+44		119+32		
異語数合計				1	6	1+3	1+4	24+3	27+4	2
					6	1+5		35+3		

他の正節系諸本に譜記のないところで、東大本の誤記と思われる[2]。

　　麻の衣を（×上×××××）　　読上康頼10-5シロ
　　事の出来よかし（×上××コ××××）　　揃物朝敵1-4口説
　　　　　　　　　　　　　　　〔尾京Ａ早「事の」（譜なし）〕

　また「波」にはHH-Lの例（白〈声〉1ロ〈説〉4、以下用例数を曲節別にあらわすときは、このように表示する）と、HH-Hの例（白3）がある。下記第一例は東大本と芸大本とがHH-Lを反映する施譜で、尾﨑本や岡正武校合本（京大本）・浄書本（早大本）はほかの箇所の《白声》3例と同譜である。もし尾﨑本ほかの譜記によって東大本などの譜記を訂正するならば、《口説》の4例のみがHH-Lと解せられるから、この「波の上」という句にかぎっては、《白声》HH-H：《口説》HH-Lという対立があるということになる。《口説》の譜記は、平曲草創期以来の「波の上」LL-L-HL＞HHLLLという伝統的音調が残ったのかもしれない。また単に「波の」がLL-L＞HH-Lと変化したものとも考えられる。しかし、文節単位で変化を経たならば、第三類相当の語にHH-Lと対応する譜記がもっと多く見られてよいのではなかろうか。それであるのに、和語ではあまりあらわれない。あっても熟語や地名・人名などのなかにみられる程度でしかない（「家の子・言の葉・玉の井・物の具・山の内」など）。

波の上に（上上××××）　　6下山幸18-1白声
　　　　　　　　　　　　　　　〔芸（同）、尾早京A（上上上上××）〕
　　　浪のうへに（上上上×××）　15上三日25-2素声
　　　浪の上へに（上コ××××）　15下門渡2-1口説

　いま一つことわっておかなければならないのは、「耳」に「特殊低起式表記」（次節参照）があらわれることである。下記の例がそれであるが、下線部の譜記がその「4-2類型」にあてはまる。

　　　御ン耳の余所にぞ（××××上コ×××）　5上厳幸3-2口説

　このほか、【表1】と同様に助詞「の」をはさんで複合語になっている例や特別な意味になっているものの数（外数）を＋のあとに追記してある（「池の大納言、池の中納言、池の禅尼、戌の刻、家の子、午の刻、内蔵の頭、言の葉、物の具、物の怪、もののふ（武士）、山の内（人名）、山の手、雲の上人、鹿の谷（地名）、玉の井（人名）」、また延暦寺を指す場合の「山」、など）。

3.2　さて助詞「の」接続形HL-Lをとる6語のうち「富士」はよく知られた山の名であるから一緒に扱うことは控える。「関」の例は「関の戸」で、函谷関を指すことから、あるいは「クヮン」を意図した施譜がなされていたのを、のちに「せきのと」と読んで、譜はそのままにした可能性はないかと疑う。東大本・尾﨑本は本文に「関の戸」とあるが、岡正武系の二本には「せきのと」と仮名書きされている。「関」は漢音クヮン（平軽声）であるから、近世HLであって問題ない。『(言語)国訛』に「関東ナトノ類上ニアル関ハ去声ニ響　函谷関ナトノ類下ニアル関ハ平声ニ響クナリ」（4ウ9）とあるのは、『正節』の譜記から解するに「関東」HLLL、「函谷関」HLLLLLであるから、下線のようなHLを「去声」、LLのような平らな音調を「平声」といったものであろう（秋永一枝 1983：75）。残る「鳩・百」はいずれも「鳩杖・百媚」の訓読に由来する語であるから、あまり日常的でない語句を語って聞かせる場合には語単独のアクセントを生かすようなことがあったとしても不思議ではない。また「孫」は「金田一語類」で「平安朝の文献でまだ例証されてない語」として第三類に所属しており、鹿児島でもB型（平山輝男 1960）である。しかし、ここは下記第四例に示すように「孫である〜」という同格の用法であることに注目したい。このことが、一般的な所属・所有などとは異なる語単独のアクセントをとらせ

たのであろう。

  関の戸を（上××××）　　揃物大衆21-2口説
         〔尾（同）、早京Ａ「せきのとを」（コ××××）〕
  鳩ﾄの杖に（上×××××）　　揃物大衆34-1口説
  百の媚ヒ（コ××××）　　7上烽火28-4口説
  孫ｺﾞの右少将雅ｻ方（コ××上××××）　　10上臣流25-2口説

4. 類別のできない語における助詞「の」接続形のアクセント

　以上の和語についての考察から、助詞「の」接続形アクセントにおいては、第二類とはっきりしている語の場合、HL-Lが優勢であった。また第三類とはっきりしている語の場合は、とくに理由のあるもの以外すべてHH-Hであった。一部HH-Lがあったが、それは「供の宮人」「波の上」あるいは熟語、人名・地名などにあらわれる。

　それでは同じ和語でも類別のはっきりしない語はどうであろうか。『正節』にあらわれる形によってHL型であることがすでに分かっている語（しかも助詞「の」接続形をとる語）は、地名・人名などの固有名詞を除くとわずかに7語、「うは（上）・だけ（嶽）・とみ（富）・とよ（豊）・なぎ（梛=植物名）」（以上、助詞「の」接続形HL-L）と「おひ（笈）・とき（鬨）」（同じくHH-H）だけである。

　これまでの考察からするとHL-Lは原則として第三類相当の語にはないから、「上・嶽」などはもと第二類だったと一応は考えられる。これに対して「笈・鬨」は第三類であった可能性が高い。

　「笈」は、語源を「負ひ」とみるなら第二類動詞の連用形が名詞化したもので、第三類相当と考えられるから問題ない。「鬨」の語源は明らかでないが、鹿児島Ｂ型であることから方言アクセントの対応はもと第三類相当とみるのに支障はなさそうである。

　一方「うは（上）」は「うはの空とや（上×××コ××）」（4上小督23-3口説・37-2口説）から抽出した。独立した語とはみなせないが、「空」に卓立した施譜がなされているので、ここで扱うことにしたものである。「うへ（上）」の母音交替形であるから、「うへ」と同じ第二類相当のものとみておく。

　「嶽」は古くLH（図本雄略紀136ほか）である。現代京都はH1型（索引篇・日国）

で、中世以降いずれかのときに第二類相当へ移行したと思われる。奥村（1993：48・53）に引かれる「富・豊」は、それぞれ「富の小路（人名）・豊の明り」から抽出したものである。いずれも第三類相当であり、ここで扱うならば助詞「の」接続形がHL-Lであることは動かないが、それは人名や熟語の一部になりきっているからではないか、という疑いも残る。「梛」については不明。

以上の考察から、特に事情がないかぎりは、類別の不明な普通名詞にも「第二類相当HL-L（一部HH-Hも）：第三類相当HH-H」という対応は、ほぼあてはまるとみてよいであろう。[4]

5. 固有名詞における助詞「の」接続形のアクセント

次に固有名詞（国名・姓地名・人名・植物名など）についてもみておこう（一部【表2】に追記したものは除く）。これらも、まずは語単独でHL型と分かっているものを扱う。このうち助詞「の」接続形がHL-Lをとるものは「安摩・伊勢・鹿瀬・狩野・気比・佐渡・志保・出羽・土佐・土肥・丹生・仁井・沼田・能美・氷見・堀・依田」の17語、同じくHH-Hをとるのは「木曽・嵯峨・那智」の3語である。固有名詞でもHH-Hをとるものは、第三類相当である可能性が高い（「嵯峨」は古くLL、『袖中』高松宮本、五112-2鎌倉期写部分）。

ただし、『正節』の譜記からは語単独のアクセント型が不明で、ただ助詞「の」接続形にだけHH-Hに対応する譜記が見られるものは、第一類相当の場合も、第三類相当の場合も両方の可能性があり、さらにわずかながら第二類相当である場合さえある。以下の諸語がそれである。

　　重・坪・御簾・椋（植物名）・旨・盛・痴癲　　以上普通名詞
　　安藝・安部・阿野・壱岐・伊豆・宇多・江見・蒲・多田・那須
　　　　　　　　　　　　　　　　　　　　　　　　以上固有名詞

普通名詞に扱った「重」「盛」はともに、その文字のことを指して用いた例。「旨」は『正節』にHH型（《白声・口説》とも）とHL型（《白声》のみ）との例がある。古来HH型であったところ、近世以降HL型もあらわれ、現代京都はH1型（索引篇・日国、中井はH0型も掲載）。「坪」は現代京都H0型（索引篇・日国・中井）、「御簾」もH0型（索引篇・日国・中井はH1型も）、一方「痴癲」はH1型（日国）である。

6. 漢字一字2拍の漢語における助詞「の」接続形のアクセント

6.1 それでは、つぎに漢語の場合はどうか。2拍の一字漢語で、もと漢音平重声・入重声、呉音平声または呉音入声であったものは、和語の第三類相当の変化を遂げたと思われる。金田一春彦(1980b)に掲げられた漢語のうち「b類」とされるものと特殊拍などの関係で東京において下がりめが1拍前にずれて対応する「b'類」とがこれにあたる《表3-1》以下ではともに「k補3」)。「早稲田語類」でも一部日常漢語を類別している。

なお「京・天」は金田一(1980b:96)で「x類」とされたが、その諸方言アクセントの対応から「b'類」に似るのでいましばらくここに掲げておくが、「天」は漢音平軽声・呉音去声で、第三類相当とはしにくいものである。「天」は、『国訛』に「天ノ字平声ニ唱ベキ事ナレ共大署去声ニ唱来レリ天道天下天地ノ類ナリ　天上ハ上ニ響カシテ平」(4オ7)とあり、秋永(1983:75)に詳しい解説があるが、「天上」は『正節』ではLHLLに対応する譜記が見られる。これは、呉音にもとづく。「上ニ響カシテ平」とは一旦LHと上昇して、後は低く平らということであろう。「上」に傍線があるのは、文字ではなく音調を指すと解する。「京」は熱田本に〈平〉(九16オ7ほか、山田俊雄 1960)とあるので、呉音平声であった可能性が高い。

「陣」は、諸方言アクセントの対応から金田一(1980b)で「b'類の語」とされたものであるが、以下に掲げるように、「陣」にはLH型と思しき譜記が認められる。ただし、現代京都はH1型(索引篇・日国・中井)。もっとも『正節』でLH型と推定する根拠となったものはみな《口説》の例で、《白声》の唯一の例はHL型に対応する譜記である。また「陣」は、呉音ヂン去声(〈去濁〉色葉上65ウ2・古今(尊経閣蔵堯恵本古今集声句相伝聞書)(天理図書館蔵堯恵本古今集聞書)85、「地人〈平濁去〉反」法華経単字128-4)であるから古くはLHだったと思しく、《口説》の譜記はそれを伝えているのであろう。LHと考えれば、いまここに問題とするところには含まれない。

　　　陣のあはひ　(××上×××)　　6下藤戸17-3口説・13上倶利1-3口説
　　　陣ンの座に　(×上コ××)　　11下座流6-4口説
　　　陣ならば　(上××××)　　12上御産17-4素声

【表3-1】漢字一字2拍の漢語（第二・第三類相当）における助詞「の」接続形のアクセント

語	漢字表記	類別	HL-L 白声	HL-L 口説	HH-L 白声	HH-L 口説	HH-H 白声	HH-H 口説	その他
きん	琴	w3（×）						1	
かち	褐	w3#		3					
いち	一	k補3			+1	+4	2+11	1+15	
もん	門	k補3					4	11	
きゃう	京	k補x						1	
てん	天	k補x					1	1	
ぢん	陣	k補x							5
あん	案				1	6			
えん	縁							2	
かう	剛						2	2	
きゃう	卿			1					
くわん	官							1	
こう	功			1					
しう	周	国名	1	1					
しゅう	主						2	3	
しん	秦	国名		1			1		
せい	勢			2			5	9	
ぢゃう	錠		1						
べん	弁								
りう	龍			1					
ゐん	院						2+7	6+17	
延語数合計			2	10	1+1	6+4	19+18	39+32	5
			12		7+5		58+50		
異語数合計			2	7	1+1	1+1	8	12	1
			8		1+1		13		

〔早京A（同）、尾京〈野朱注〉（×上×××）〕

　つぎに「一」の「HH-L欄」の追記5例のうち「一の御子」の例は下記のとおり。「一の」にLL-L＞HH-Lの変化を考える向きもあろうが、和語では第三類相当の諸語がほとんどHH-Hで、一部特別な語句にのみHH-Lがあらわれたことを勘案すれば、「一の御子」という熟語であるから、古くすでに複合してLL-L-HHだったと推定される。そこから、この語全体がアクセント変化の単位になってHH-L-LLに変わったと考えてよいのではないか。

一の御子（上上×××）　　4下那都13-5素声・20-2口説・20-5口説
　ここに説明した「陣」「天」の全例と「一」の一部を除けば、漢字一字2拍漢語で、第三類相当と認定される語における助詞「の」接続形アクセントはHH-Hが優勢であること、和語の場合と変わらない。ただし、「褐」（「褐衣 カチ〈平平〉」色葉上98ウ6）は古くLLであるが、『正節』では助詞「の」接続形HL-Lであって、例外となる。諸本も譜記に異同はない。

6.2　これ以外の一字2拍の漢語で『正節』の譜記から第二・第三類相当と推定されるものには「案・縁・剛・卿・官・功・周・主・秦・勢・錠・弁・龍・院」がある。この場合、語単独形HLであれば、古くからHL（漢音平軽声）の語か、古くLL（漢音平重声または入重声、呉音平声または入声）の語と思われる。したがって助詞「の」接続形がHL-Lであれば第二・第三類相当にほぼ定まる（第一類相当ならHH-H、第四類相当ならLH-H）。またHH-Lのごときも第一・第四類相当の語にあらわれようはずがない。
　「案」は「早稲田語類」に類別認定されていないが、古くはLLかと思われる（「案 アンス〈平平平〉」色葉下36ウ4）。『正節』には、助詞「の」接続形HH-L（「案の如く」）と対応する譜記ばかりで、古くLLであれば説明に都合がよい。現代京都H1型（索引篇・日国・中井）とも符合する。
　HH-Hは「剛」（漢音平軽声）、「官」（漢音平軽声）、「主」（呉音資料にシュ平声とある。熱田本〈平〉八7ウ2・10)、「弁」（呉音平声か）、「院」（観本名義「俗云キン〈平平〉」法中22オ5）にあらわれる。「院」は『国訊』に「院《上下》平ヲ兼　院《平平》宣」（6ウ4）とある。秋永(1983:72)は「「院」は去声だが「院宣」の時の「院」は平ら故、「平ヲ兼」というか」と解説する。この場合の「去声」はHL、「院宣」は『正節』ではHHHLであるが、『国訊』は「院」の部分HHだけを線条譜《平平》と記した。[7] 単字声調が平軽声のものも、助詞「の」接続形がHH-Hとなることがある（「剛」「官」）。
　助詞「の」接続形がHL-Lのみの語は次の5語である。「龍」（呉音去声）は、むしろ漢音リョウ平重声で読まれたのではないか。「卿」（下記第一例「頼朝の」の部分は、いわゆる「特殊低起式表記」）は『国訊』(4ウ1)に《上下》の譜もある。「功」と「周」は漢音平軽声である。「錠」（呉音ヂャウ）は、助詞「の」接続形としてはHL-Lだけであるが、単独形としてはHL型のほかにHH型もあらわれ

る。『近松』も語単独でHH型とHL型の両様だという。現代京都はH1型〈索引篇・日国・中井〉。

　助詞「の」接続形にHL-LとHH-Hとの両様にあらわれるものには、「秦」〈漢音平重声、《白声》HH-H：《口説》HL-L〉と「勢」〈呉音平声、《白声・口説》HH-H：《口説》HL-L〉がある。

　　頼朝の卿の　（××××上コ××）　　4下吉田2-5口説
　　錠さゝれなんず（上上上×××××）　　4上小督35-4素声
　　〔尾芸（同）、早（上上××××××）、京B〈野本朱注、都アリ〉《（平平）平×××××》、京B〈墨〉《平平××××××》〕
　　勢の付ヵぬ先キに（上××コ×××××）　　7上東下1-3口説

7. 漢字二字2拍の漢語における助詞「の」接続形のアクセント

　漢字二字2拍の漢語は、類別が明確なものに「琵琶」〈図本名義〈平濁平〉170-5、京本和名〈平平〉6-50ウ9ほか〉がある。助詞「の」接続形はHL-L。
　そのほか「倚廬（いろ）・奇異・供奉・化度・御所・後世・*五位・左右・座主・*入御・守護・衆徒・*修理・*諸衛・四位・遅々・二位・*無二・*無始・*流布・衛府」21語（ほかに「*義家」人名）は、『正節』に〈助詞「の」接続形HL-Lに対応する譜記であらわれるか〉、または〈語単独でHL型の確かな例があり、かつ助詞「の」接続形HH-Hがあらわれるか〉のいずれかである（*印は、第二類相当と推定されるもの、それ以外は第三類相当と推定されるもの）。なお人名「義家（ぎか）」はともに漢音読みで〈去平〉から変化した第二類相当のHLであったであろう。
　気付くことは助詞「の」接続形HH-Hをとる漢語は、その出自アクセント型がLLだったものに限られていることである。ただし第三類相当の二字2拍の漢語がすべてHH-Hをとるというわけではない。また一方助詞「の」接続形HL-Lは第二・第三類相当いずれの漢語にもあらわれるアクセントだが、第二類相当の漢語はHL-L以外のアクセントはとらない。この点、和語の傾向が逆転している（【表3-2】参照。「修理」の＋以下の数字は「修理の大夫」の例数）。

【表3-2】 漢字二字2拍の漢語（第二・第三類相当）における助詞「の」接続形のアクセント

語	漢字表記	類別	HL-L 白声	HL-L 口説	HH-L 白声	HH-L 口説	HH-H 白声	HH-H 口説
びは	琵琶	w3×	1	1				
きい	奇異		1					
ぎか	義家	人名	1					
ぐぶ	供奉		2	4				
けど	化度			1				
ごしょ	御所		1	4			2	3
ごせ	後世			1				
ごゐ	五位		1	3				
さう	左右						4	1
ざす	座主			2				
じゅぎょ	入御		1	2				
しゅご	守護						5	9
しゅと	衆徒						2	2
しゅり	修理		1+2	2+1				
しょゑ	諸衛			1				
しゐ	四位		3	1				1
ちち	遅遅			1				
にゐ	二位						3	6
むに	無二			1				
むし	無始			1				
るふ	流布			1				
ゑふ	衛府						1	
延語数合計			12+2	26+1	0	0	17	22
			38+3				39	
異語数合計			9	15	0	0	6	6
			17				7	

8. 助詞「の」接続形の譜記からはアクセント型を決定できない漢語

　それでは『正節』の譜記からは類別を明らかにできず、ただ助詞「の」接続形にHH-Hをとるだけの漢語はどう処理したらよいであろうか（すでに単独形などからHH型であることが分かっているものは除く）。
　いま一字2拍の漢語で、そのような例を挙げるならば「客(かく)・漢・*庄・俗(しょく)・*新・帥(そつ)・大・答・*壇・庁・朝・頭・*牢・臈・寮」（*印を付したのは固有名詞）15語である。このうち「漢」「大」は呉音平声による（熱田本「大〈平濁〉ノ眼」五16ウ5）。「庁」も「庁〈平〉ノ使」（熱田本二1オ4）とある。「朝」は朝廷の意ならば漢音テウ平重声、「頭・寮・庄」も漢音平重声によるか。「壇」をもし仮に「壇の浦」から切り出すとすれば、「音但〈平〉俗云本音之濁」（図本名義224-4）とあるから古くは低平だったであろう。また「俗」は漢音入重声。以上は第三類相当とみられる。「客・帥・答」はHHか。「牢・臈」は未詳。
　二字2拍の漢語には「右馬・左馬・儒家・従下(じゅげ)・主馬(しゅめ)・修羅・他家・頭陀(づだ)・度々・武家・父母(ぶも)」の11語がある。このうち「主馬・度々・父母」などは第三類相当であろう。

9. おわりに

　『平家正節』所載の二拍名詞、とくに第二類・第三類相当の語における助詞「の」接続形アクセントについては、以下のようなことが明らかになった[8]。第四類・第五類相当の語についても、結論のみここに記す。これらはほぼ江戸中期以前の京都アクセントを反映するものとみてよいであろう。

1．第二類相当の和語はHL-Lが多いが、HH-Hもある（同じ語で両様も）。HH-Lはほとんどない。
2．第二類相当の二字2拍の漢語はHL-Lだけである。
3．第三類相当の和語は、特別な場合（固有名詞や漢文訓読に由来するものなど）以外ほとんどHH-Hである。
4．第三類相当の和語にはHH-Lをとるものもあるが、それらは複合語や固有名詞の一部になりきったものがほとんどであり、古く複合した形で「体

系変化」を経た可能性をうかがわせるものもある。
5．第三類相当の一字2拍の漢語はHH-Hが多いが、HL-Lもある（同じ語で両様も）。HH-Lもあるが数は少なく、古い複合を思わせる。
6．第三類相当の二字2拍の漢語はHH-HとHL-Lとがともにあらわれる（同じ語で両様も）。
7．第四類相当の和語はほとんどがLH-Lであるが、一部にLH-H〜LL-Hもあらわれる。
8．第四類相当の一字2拍の漢語も二字2拍の漢語も、ほとんどLH-H〜LL-Hである（一部はLH-Lも）。
9．第五類相当の和語はすべてLH-Lであらわれる。

以上の1〜6のことから、第二・第三類相当の語について助詞「の」接続形だけから類別を決定するためには、以下のことが言える。

10．和語の場合HL-Lであれば第二類相当、HH-Lであれば第三類相当と考えられる。HH-Hはいずれにもあらわれる（さらに第一類相当の場合も）。
11．一字2拍の漢語の場合は、HH-Hでは第一類と区別できないが、HL-Lであれば第二類・第三類両方の可能性があり、HH-Lであれば第三類相当である。

また、上記7〜9のことから、第四・第五類相当の語について助詞「の」接続形だけから類別を決定するためには、以下のことが言える。

12．和語も漢語もLH-H〜LL-Hであれば第四類相当である（漢語に第五類相当のものはない）。

注────
1　第二類と第三類それぞれに相当する語の、助詞「の」接続形アクセントについては、早く金田一春彦（1963＝1967：351-352）に指摘がある。
2　ほかにも、「苔」は第三類相当の語であるが、単独形に以下のような第一類相当かと思わせる譜記がある。助詞「の」接続形はHH-Hで、第一類・第三類いずれとも解釈可能である。「苔むす」「苔深し」という一まとまりの音調を伝えたものか。
　　　苔むしたるが（上コ××××）　14下坂落13-3口説
　　　　　　　　　　　　　　　　〔尾早京B（同）、芸「苔蒸（こげむし）たるが」（同）〕
　　　苔ヶ深し（上上コ××）　3上少還18-3口説
3　奥村（1993：53）では、この箇所の「関（上×）」の譜記を誤記と解することを穏

当かとしながらも、なお第二類相当の語が助詞「の」接続形でHL-LのほかにHH-Hもとることをもって、第二・第三類の「合併に関する類推的体系性の所産」と考えている。

4　奥村（1981：328-329）は、本節でいう第二・第三類相当の語における助詞「の」接続形のアクセントを問題にして次のように述べる。

　　「2n2類＋助詞ノ」の形には、「石の＝上××」の如きHL-L型の他、「池の＝上上上、家の＝上上×」など、HH-H型やHH-L型の例も存する。従って二拍名詞に助詞「ノ」の付いた形のHH-H型例は、2n1類・2n2類〔筆者注：それぞれ本節でいう第一類相当、第二・三類相当にあたる〕両様の解釈が可能である。〔筆者注：例示された譜記の箇所表示は省略した〕

　第二・第三類所属語を一まとめ（2n2類）にして論ずればこのような理解もできようが、これを区別した方が、その傾向が明確になる。この点については、奥村（1972：160-161）の記述の方が理解しやすく、京大本をもとに、本節とほぼ同じ数値を得ている。

　また「池の」にHH-H、「家の」にHH-Lがあらわれるというが、その場合の「池の」には「池の大納言」「池の中納言」や「池の禅尼」の例が含まれているようである（普通名詞で助詞「の」接続形HH-Lの例があるのは、《白声・口説》の範囲では「波の」があるのみ）。本節では、このような「の」をはさんで複合しているものを、ほかの例と一緒にして数えることはしない立場をとる。「家の」HH-Lは「家の子」の例で、ほかはHH-Hである。「家の子」は4拍の名詞として扱ったので、【表2】においては追記にまわした。「一の」も同様。熟語その他、固有名詞的なものを除くと、HH-Lは、第二類相当語では「供の」に、第三類相当の語では「波の」「案の」にしかあらわれない。

　もちろん、江戸中期に一語並みであったかどうかは、判定がむずかしい。秋永（1980：53）は「物の名・玉の緒」を挙げて、「複合が強く一語のようになったために」全体としていわゆる「体系変化」を経た結果「直接HHLL型に変化したらしい」という。その推定はおそらく当を得たもので、ほかにもいくつかの例は挙げられよう。『正節』では、たとえば「言の葉（端）」「物の具」「物の怪（気）」「もののふ」などみな揃ってHHLL型だが、「気」が1拍第三類相当であること（秋永1996：38-39）を考えると、すべてを一律に古く複合した結果だとばかりは言えないであろう（「物の怪」はLL-L-L＞HHHLとなってしかるべきで、HHLLはそこから変化したと解釈せざるをえない）。

　しかし、これらから「言の」「物の」を抽出して論ずることにも躊躇する。それならば、「の」をはさむ全体を一語並みに扱えそうなものは一旦除外して、それ以外のものの傾向を調べ、しかるのちにこれらに立ち戻るのがよいであろう。

　「山の内」（人名）HHLLL、「山の手」HHHLなども、2拍第三類相当の助詞「の」

接続形はほぼHH-Hであるから、「山の手」は奥村のいう「分析的立場」でも説明はできるが、人を指して用いられた「山の内」をこれと一緒に扱っては、アクセント変化の実際とは違うのではないか。

「戌の刻」「午の刻」はLLLLL＞HHHHLなのか、HH-H＋HLによるものなのか判定はむずかしいが、「卯の刻」「子の刻」がともに近世HHHLであり、また1拍第三類名詞の助詞「の」接続形が必ずしもH-Hを一般的なアクセントとしないことを思うと、これら「～の刻」という語のアクセントにH(-1)型という定型化があったとも考えられよう（「亥子の刻」もHHHHL）。

5　この点、奥村三雄（1974：27）が「陣」を第四類相当に入れているのと一致する。同（1981：579）にはこの語の記載がない。

6　ここに「一の御子」だけを取り上げたが、ほかにも【表3-1】に追記した「一の上」HHHLLも同様に考えられる。これは後部成素の「上（かみ）」LHによって（LL-L-LH＞）HHHLLのように変化した結果と解釈できるから、「一の」HH-Hの例にはしづらい。「一の人」HHLLLは後部成素「人」HLが関係しているとみられよう（LL-L-HL＞HHLLL）。「一の宮」にはHHLLLとHHHLLと両様ある。ただこのような「一の」HH-Lは《口説》にしかあらわれない。《白声》はみなHH-Hである。

このことは和語についてもおよそ共通していて興味深い。なお「一の谷」（地名）はHHHHL。

7　本節では、それぞれ全体で一語並みとみて追記にまわしたが、「院」には「院の庁」HHHLL、「院の御所」HHHHLもある。もちろん、全体を一語並みとみたからといって「院の」という文節を切り出しては説明できないというのではない。

ただ「庁」が古くLL（『俗音長〈平〉』観本名義、法下54オ4）であるとした場合に、「院の」の部分を扱うかぎりでは問題なくても、なぜ「庁」が～-HLとならずに～-LLと接続するのかは、変化形なのか複合の問題なのか、いまだ判然としない。「御所」も古くLLと思しく（室町期以降はHL）、この場合は「院の」と「御所」とに分けて考えても、「院の御所」を一まとまりに考えても、結果として問題はないようである。

8　助詞「の」が所有格の場合と主格の場合とで、アクセントが異なるのではないかという懸念もあろうが、これらを分けて分析してみても、アクセントのあらわれ方は変わらない（早稲田大学大学院文学研究科学生であった石川奈緒子氏・市村太郎氏・渡辺由貴氏の調査2004による）。

第3節
いわゆる「特殊低起式表記」について

1. はじめに

　平曲譜から、そこに反映する江戸期の京都アクセントを抽出する試みはすでに多くの成果を生んでいるが、譜のない部分をどう解釈するかという問題にはなお検討すべきところがある。そのうちの一つに「特殊低起式表記」と言われる施譜のされ方があることには、早く奥村三雄（1981）が言及している[1]。ここでは、その無譜部分をアクセントとの対応上どのように考えるかについて問題にしたい。

　平曲譜の場合、それをアクセントとの対応という観点から見直すとき、たとえ音楽性の少ない《口説》であっても、無譜部分が必ずしもアクセントの低拍とばかりは対応しないということは、すでに奥村（同：305）が指摘するところである。

　それによれば、「人嫌ふに及ばず（上××××××××）」（1上鱸1-3口説）の「嫌ふに」以降のように「顕在的な文アクセントとしての低音連続型を反映する」ものを除いても、無譜部分がアクセントを反映しない例、たとえば「其子共ゞは皆（××××××上×）」（同1-2口説）のごときがある一方で、「特殊低起式表記」ともよぶべき、平曲の語り方に起因するものがあるという。その例は次のようなものである。

　　　宵の事なるに（××上コ××××）　　　2上祇女3-1口説
　　　位をすべつて（××上上コ×××）　　　5上厳幸15-2口説、18-4口説

築地ﾞを越へ（××上上コ×）　　9上毓6-1口説

　これらは、それぞれ平曲の旋律としては低く始まったものであろうが、アクセントとの対応ということからすると、譜記そのままに「よひ（宵）」をLH、「位」や「築地」をLLHとは処理できないものである。なぜなら、同じ『正節』のほかの部分に下記のような例があり、これにはそれぞれHHまたはHHHと解釈できる譜記が施されているからである。またさらに現代京都アクセントも含めて、アクセント史上これらの語は江戸中期でもHH型またはHHH型であったとみるほかはなく、両型並存の可能性もなかったと思われる。

　　　宵よりよとぞ（上上×××××）　　　14上一魁14-3素声
　　　位をすべつて（上上上上上×××）　　3上葵前7-3素声
　　　築ｨ地ﾞをこえ（上上上上上×）　　　2下泊瀬8-5素声

　しかし、そのような「特殊低起式表記」がアクセント資料として頻用される《口説》にあるとなると、平曲の譜記から江戸中期以前の京都アクセントを考える際に大きな問題が立ちはだかっていることになって、とくに低起式アクセントを推定する場合は、そのつどこの危険性に注意しなければならなくなる。[2]

2. 先行研究における問題点

2.1　　たとえば金田一春彦（1986：23）は、「佐々木の四郎（××上上コ××）」（3下宇治1-2口説）の譜記について、次のように述べたことがある。

　　　写真の箇所は、「宇治川」の曲の「口説」と呼ばれる曲節の一部で、このようなところでは、上・コ上・黒丸〔引用者注：無譜に同じ〕・無譜で歌詞の旋律を表わしている。したがって「佐々木の四郎」は、ササが低く、キノシが高く、ローがまた低く唱えられたと見られるが、この高低の姿は、江戸時代中期のアクセントを反映したと考えられる。

　およその旋律については、ここに述べられたとおりであると思う。しかし、これをそのまま「江戸時代中期のアクセントを反映した」とは考えがたい。なぜなら「佐々木」の施譜例は、《白声》に4例、《口説》に5例あるが、そのうちの8例までは、たとえば下記のように、HHH型を反映する譜記をもつからである。

　　　佐々木は（上上上上）　　1下生食14-4白声

現代京都はL0型であるが、東京0型、鹿児島A型である[3]。むしろ近世京都に『正節』の譜記から推定されるHHH型を認めてもよいように思われる。その場合、金田一の取り上げた「佐々木の四郎」の譜記は、いわゆる「特殊低起式表記」で記されたということになろう。

2.2　奥村三雄（1981：268）は、「雲居」という語をLHH型と認定しているが[4]、これは次の第一・第二例によるものである。

　　雲井の余所に（××上上コ××）　　10下六乞68-2口説、読上腰越2-1口説
　　雲井の余所に（××上上コア×）　　灌頂六道18-3シヲリ口説（以下、シロ）
　　雲井に（上上××）　2上鵺21-4口説／（上コア×）　五句城南3-1シロ

しかし一方にHHLと対応する譜記をもつものがあり（上記第三例）、これが助詞「の」に接続するときにはHHH-Hになるから、「雲井の余所に」はHHH-H-HL-Lという音調であったことは明らかである。したがって、この場合の低起の譜記は、次のように解せられる。すなわち、言語としての高拍連続を、音楽的要請から低く始まる旋律で語ることがあり、それが上記第一・第二例のような譜記にあらわれた、と。

　『正節』の反映する「雲居」のアクセントはHHL型と認定してよい。現代京阪はその後に変化したH0・L0型が主流であるが[5]、京都の高年層にわずかに聞かれるH1型はこのHHL型がHLL型と型の統合を経た結果と考えられよう。

　また以下に示す「ゆかり（縁）」という語なども、LHH～LLH型の一つに数えられるが、これも単独ではむしろHHL型と考えるべきものであろうし、「おとな（大人）・かりば（狩場）」についても、特殊表記でないという保証（たとえば、特殊表記のない《白声》の譜記に低起式アクセントを反映するものがある、など）が得られないかぎりは、『正節』の譜記だけからアクセント型を認定することなどできないのである。

　　ゆかりの者共ゞぞ（××上上コ××××）　　11上妓王33-1口説
　　おとなども（××上コ×）　7下弓流16-4口説
　　狩リ場ゞの供モして（××上上コ×××）　　2下泊瀬3-2口説

2.3　このように平曲譜からアクセント型を認定する場合に、いわゆる「特殊低起式表記」によってあらわされる音楽的変容は、なおざりにできない問題

である。そのようなことから、アクセント資料として利用するについて、《口説》は「三音節名詞第六類に関して、時代とアクセント型を決定する資料を持たない」という指摘（石川幸子 1991）も出てくるのである。この言うところは、三音節名詞第六類相当の語は、江戸中期ころ LHH ＞ LLH という変化を被りつつあったが、《口説》のような音楽的曲節の譜記には、いわゆる「特殊低起式表記」もあったので、譜記の上に（××上）とあるからといって、直ちに第六類相当のアクセント型を反映するかどうかを、少なくとも《口説》の譜記だけからは決定できない、ということである。

　もちろん、平曲譜をアクセント史の資料として利用する場合には、《口説》の曲節だけから型を認定することは少ないし、またほかの資料や現代京阪アクセントなどとも勘案したうえで考えるから、この指摘によって必ずしも大きな改変を迫られることはないが、平曲譜からアクセントを推定する原理的問題として、音楽上の低起性旋律と、低起式アクセントとの、譜記上の区別は、できるかぎり明確にしておく必要がある。

3.「特殊低起式表記」例の特定とその類型

3.1　そこでまず、いわゆる「特殊低起式表記」のたしかなものを調べ上げて、その性質を明らかにしなければならない。されば、なにをもって「特殊低起式表記」のたしかなものとみなすか。それには、『正節』において低起表記の譜記と、その低い部分を高く表記した譜記とを併せ持つ語句を取り上げるのがよいであろう。幸い『正節』には音楽性のない《白声》の曲節がある。そこには「特殊低起式表記」はあらわれない。もちろん《口説》にも、高拍に対応する譜を連ねたものもある。これらが低起表記と共存する場合、その低起表記は、いわゆる「特殊低起式表記」の確例とみて差し支えないと思われる。

　もちろん《白声》と《口説》とは、まったく同じアクセント体系を反映しているというわけではない。しかし、アクセントの低起と高起とが異なってあらわれることはほとんどないであろう。またそのような疑いがあれば、他資料から、異同の経緯を推定することも可能であるし、さらに疑問なものは「特殊低起式表記」の確例からひとまず除外して検討すればよい。

3.2　上記のような条件をみたす例とは具体的にどのようなものか。たとえば、下記のような例がそれである。

　　赤地の錦の（上上上上上×××）　　8下能登17-2素声、14上河原16-4素声
　　赤地の錦の（××上上コ×××）
　　　　　　　　　　　　　　　5上小松1-4口説、6下実盛1-5口説 ほか

「赤地」は他文献に記載がないが、助詞「の」を後続させてHHH-Hと、アクセントとしては高拍が連続していたものと推定される。それがあたかもLLH-H-HLL-Lという音調を反映するかのような旋律で語られた。これは高拍が5拍連続するところに、はじめの2拍分だけ低く語るというものである。

　下記の例も同様に処理することができよう。体言だけでなく用言にも区別なくあらわれる。「致す」の例は、高拍6連続を回避して、はじめの4拍分を低く語ることを示したものである。

　　余りの嬉しツメさに（上上上上上××××）　　14上河原15-2素声
　　あまりの事なれ（××上上コ××）　　8下六斬2-3口説
　　いたさるゝ事（上上上上上上×）　　10上慈心5-3白声
　　致さるゝ事（××××上コ×）　　12下横田11-1口説

　これについて奥村（1981：344）は以下のように説明している。

　　　ともあれこれら両表記の併存現象は、種々の面から見て、アクセント自体の揺れを反映するとは考え難いわけだが、しかしまた一方、単なる表記面の揺れとも見なし難いものがある。即ちそれらの低起式表記については、（中略）《平曲の旋律における語頭低下傾向が譜記面に反映したもの》という解釈ができそうなのである。

　この考えはおおむね妥当なものであるが、「語頭低下傾向」というのは必ずしもあたらない。「語頭」以外にも旋律的な低下が譜記にあらわれたものを指摘できるからである。

　しかし、奥村はこの現象を旋律に由来するものとしながら、実例の分析は、語あるいは文節を単位にして行なったようであって、たとえば「よひ（宵）」については「上上→××（〜の上）」、「ひたひ（額）」については「上上上→××上」などという提示のしかたしかしていない。たしかにアクセントが問題になるのは、先頭の語についてではあるが、これでは「特殊低起式表記」の特徴を把握することはできないのではないか。なぜなら、この場合は語や文節につ

いてではなく、下記のように、「宵」や「額」を先頭に据えた句全体に対して、これら「一連の譜」に対応する旋律が被さっているものと解釈できるである[7]。

　　　宵の事なるに（××上コ××××）　　　2上祇女3-1口説
　　　額に当テ（××上上コ×）　　　14上一魁34-4口説

3.3.1　このように高平調が期待されるところに、低起の「一連の譜」が施されるときには、その旋律全体は句を単位として被さっている場合もあるが、ときには語や文節の範囲におさまるとみられる場合もある。たとえば、下記第一例は、低起性旋律が語にかかる場合である。第二例は文節にかかると言えよう。もちろん、語とはいってもある程度の長さが必要なので、複合語や派生語の形にならざるをえない。

　　　鎌倉殿゛（××上上コ×）
　　　　　　　　　　　　1下生食7-4口説、5下判官2-5口説、8下六斬2-4口説
　　　候にこそ（××××上コ×）
　　　　　　　　　　　　3下平流7-4口説、8上少乞27-5口説、15上三日29-5口説

　このような低起性旋律が、ある程度の長さをもつ語や文節、ときには句にかかるとすると、それを抽出して類型を問題にする場合には、旋律のかかる語や文節で取り出したのでは不十分で、むしろ「一連の譜」を単位として問題にしなければならないことが分かる。

　そこで先述のように、音楽性のない《白声》で高起式のアクセントと対応する譜記があり、かつ《口説》に低起性旋律を反映する譜記があらわれるものを取り上げ、それを低起性旋律と対応する「一連の譜」によって分類すると、「5-2（××上上コ×）類型」と「6-4（××××上コ×）類型」の多くあらわれることが明らかになる[8]。

3.3.2　「5-2（××上上コ×）類型」は、直接アクセントを反映した譜記が施されれば（上上上上コ×…）となるところ、音楽的要請などからはじめの2拍が低下して低起性旋律で語られたために、それが譜記に反映したものと解せられる。上記「鎌倉殿」にも、《白声》には以下のような高起式アクセントを反映した譜記が確認できる。

　　　鎌倉殿゛（上上上上上×）

　　　　　　　1下土佐4-4白声、4下吉田3-4素声、12下横田7-1白声
　ただしこのような低起性旋律を反映する譜記は、必ずしも語頭からあらわれるというものではない。たとえば以下のようなものは語頭から数えれば一見「7-4類型」にみえるが、いずれもアクセントは「おん有様ども」LLHHHHHL、「馳せ向かはんずらん」LLHHHHHLLと考えられ、低下の始まる位置から数えて「5-2類型」の一種とみるのがよいであろう。旋律は高拍が五つ連続することを回避したものであって、それが語頭からはじまるかどうかは問題ではないと考えられる。

　　　御有様どもにてか（××××上上コ×××××）　　3下平流7-2口説
　　　馳向はんず覧（××××上上コ××）　　揃物大衆3-1口説
　またこのような高拍5連続は、必ず回避されるというわけのものでもない。『正節』の《口説》には次のように（上上上上コ×）の譜記もまま見られる。これらはそのままアクセントも高起式と解釈できる。

　　　行はるべき由（上上上上コ×××）　　　11下座流4-1口説
　　　所為にてか（上上上上コ×）　　1上紅葉18-3口説
　3.3.3　つぎに「6-4（××××上コ×）類型」は、これも直接アクセントを反映した譜記が施されれば（上上上上上コ×…）となるところ、はじめの4拍が低下して低起性旋律で語られたために、それが譜記に反映したものと考えられる。上記3.3.1の「候にこそ」にも、《白声》には下記のような高起式アクセントを反映したものがある。

　　　候ふにこそ（上上上上上上×）　　8上少乞34-5素声
　また、このような低起式の譜記は必ずしも語頭からあらわれるものではないこと、前記「5-2類型」と同じである。下記「御請文」の場合は、接頭語「おん（御）」が高起式の語に前接するが、その場合は多くLL-H…となるから、「御請文」は単独ならばLL-HHHL、従属式助詞を従えれば下記第二例のようにLL-HHHL-Lとなる。第一例の方は助詞「の」接続形であるから高平化し、さらに「やう（様）」HLに続いて、全体としての音調はLL-HHHH-H-HL-Lとなったであろう。その高拍連続のはじめの4拍が低下したとみられるから、これは「6-4類型」の一種である。

　　　御ン請文の様ゥを（×××××上コ××）　　読上請文13-1口説
　　　御ン請文に（××上上コ××）　　読上請文12-3口説

さきの「5-2類型」の譜記が、言葉の音調としては高拍5連続になるのを、そのままの旋律で語るのを回避したと同様、この場合も高拍6連続を回避したという説明は有効である。しかし、それにもかかわらず高拍6連続に相当する譜記も、下記のようにわずかながら認められる。
　　　一の谷の後ロ（上上上上上コ×××）
　　　　　　　　　　　　　　　　　　4下老馬5-5口説、12-4口説、21-5口説
　　　おこなはるべかりしかども（上上上上上コ××××××）
　　　　　　　　　　　　　　　　　　　　　　　　　　1上厳還19-4口説
　　　桜本トの邊ンにて（上上上上上コ××××）　　揃物大衆3-2口説

3.3.4　いわゆる「特殊低起式表記」のほとんどは、以上の「5-2類型」か「6-4類型」かのいずれかであるが、このほかのタイプがあるかどうか検討しておく必要があろう。
　その一つが「4-2（××上コ×）類型」である。下記の2例がそれであるが、このタイプに数えられる譜記は、上記「5-2類型」・「6-4類型」に比べればきわめて少なく、反対に（上上上コ×）のごとく高拍4連続のように施譜された例が多い。
　　　別ノムの子細（××上コ××）　　　11下座流32-3口説
　　　由シを申す（××上コ××）　　1下土佐12-4口説
　もちろん《白声》には、それぞれ低下していない例が拾えるので、上記2例は「特殊低起式表記」の確例に数えられるものである。
　　　別の子細も（上上上上×××）　　10下六乞30-3白声
　　　由を申す（上上上上××）　　5下千寿21-3素声
　また、この類型にも語頭からの低下とは言えないものが含まれる。下記の「西国」も「人間」も、『正節』の《白声》にはLLHHと対応する譜記があるからである。
　　　西国の方へ（××××上コ××）　　8下惟落4-3口説、9下主落15-2口説
　　　人間の事は（××××上コア×）　　灌頂六道20-3シロ

3.3.5　同様に「6-2類型」かと疑われるものに下記の例がある。第二例の｛コ｝の連続は『正節』では多くはなく、二つの｛コ｝の間に句切れがあろう。
　　　十一月ツメ十一日（××上上上コ×××××）
　　　　　　　　　　　　　　　　　1上厳還22-1口説、8上禿童1-2口説

十一月ツメート日の日（××上上上ココ××××）　　10上臣流7-4口説
「十〜」という語の場合は、この「十一月」にかぎらず、たとえば「十一歳（××上上コ×）・十二ン月ツメ（××上上上コ）・十八ッ歳（××上上上コ×）」などのように「十」の部分を低く語る例がある。一方、当時のアクセントは、「十二ン月ツメ（上上上上上上）・十八ッ歳（上上上上上×）」などの《白声》の譜記から高起式と知られる。

3.3.6　　つぎに掲げる3例は、数こそ少ないが「7-5類型」として一応は認められるものである。とくに第一例は《白声》に高起式アクセントを反映する譜記があって、これを「特殊低起式表記」と認定するになんの支障もない。第二例も、これと同じ本文には《白声》の譜記こそないが、動詞「亡ぼす」は第一類相当（古く高起式で、江戸期には終止連体形HHHH）であって、言葉のアクセントとしてはHHHH-H-H-HL-LLという高拍7連続になる。それが低起性旋律で語られたものと理解できる。

　　御゛宝殿゛ンの中チより（×××××上コ×××）　　五句大塔13-3口説
　　亡さんがためなり（×××××上コ×××）　　2上鵺12-1口説
　　伊豆の国の者にて（×××××上コ×××）　　5下千寿26-1口説

しかし第三例には別の解釈も可能で、施譜者が「伊豆の国の者」というまとまりで捉えていたか、「国の者」という短い句に旋律を付けて語ったか、にわかには判断できない。後者とすれば「4-2類型」である。

3.4.1　　以上の類型にあてはまらないにもかかわらず、「特殊低起式表記」らしき譜記がある程度認められる。そのいくつかについて、以下に検討する。
　　康頼入道殿や（××××××上上コ××）　　2上足摺2-1口説

上記の例は、一見して「9-6類型」のようではある。しかし一まとまりの語句に、このような譜記が施されたものは、この1例しかない。『正節』の譜記から江戸中期以前の京都アクセントを推定するに、「康頼」はHHLL、「康頼入道」はHHHHHHHLと考えられる。とすれば「康頼入道殿」にはHHHH-HHHH-HLに対応する譜記があってよいはずであるが、それでは「9-6類型」をただ1例認めなければならない。

しかし、これはおそらく「入道殿」という部分にだけ施された譜記であろう。『正節』には無譜部分が、アクセントを反映していないところもある。それは

施譜者（あるいは平曲家）が、詞章の或る部分に注目して、独自の区切り方で語り、それにもとづいて施譜したからであると思われる。この場合は、「康頼入道殿」という詞章に対して、「入道殿」の部分のみに注目して、それを低起性旋律で語ったものと解釈したい。ここの譜記は、その反映であろう。したがって、この例は「5-2類型」の一つに数えるべきものと思われる。

　　　候らはんずる者か（×××××上上コ××）　　6上殿下17-2口説
　また上記の例は「8-5類型」に数えられる譜記であるが、譜記そのものに疑問があるので、ここでは除外した方がよさそうである。なぜなら、『正節』では助動詞ムズの連体形ムズルは、HLLと対応する譜記の施されることが普通であるからである。たとえば以下の第一例がそれで、第二例は他の正節系諸本（尾﨑本・京大本・早大本）の本文と譜記によるべきものである。

　　　候らはんずるか（上上上上上×××）　　　読上請文7-1白声
　　　候らはんず物を（上上上上上×上××）　　7上競38-2白声
　　〔東〈欄外注〉尾京A早「候らはんずる物を」（上上上上上××上××）〕
　これらとは別に、以下のような例もある。これは「ばかり」という助詞を卓立した旋律で語ったとみなされる。

　　　一万騎斗にぞ（×××××上コ×××）　　14上河原24-2口説
　　　御ﾞ対面斗ﾞﾘは（×××××上コ××）　　11上妓王15-5口説

3.4.2　ところで奥村三雄（1981 : 286, 357）は「僉議（せんぎ）」という語について、名詞形ではHHH、サ変動詞形ではHHLという対立があるという。『正節』では「公卿僉議」に《白声（上上上上上×）：口説（×××上上コ）》という譜記の対立がある。「僉議」だけの場合は、《白声》も《口説》もHHLに対応する譜記ばかりで、「僉議の庭に（上上上上上上上）」（揃物大衆5-1白声）は助詞「の」接続形であるからHHH-Hと対応する譜記があっても怪しむ必要はない。その他の「僉議」は奥村のいうようにサ変動詞の語幹であるが、活用する部分に独立した譜記のあるものもある。

　いずれにしても「僉議」はHHLで動かず、問題は「公卿僉議」であるが、《白声》の場合は前後のアクセント型を生かしたHHH-HHLを反映したものとみられる（下記第一例）。《口説》はむしろ「僉議」が「あり」に続く場合の接続型の音調を旋律に反映させたのではないか（第二例）。もしそうでないとすれば、これも「特殊低起式表記」の一例となり「6-3類型」とすべきであろうが、ほ

かにこの類型の確例を見ない。

　　公卿僉議ありしかば（上上上上上×上××××）　　6上五節11-4素声
　　公卿゛僉議有ッて（×××上上コ×××）　　　　7上東下1-2口説

3.5　　以上の検討から、いわゆる「特殊低起式表記」の類型には、いく種類かのものがあって、ただ高拍が連続しさえすれば、語頭を低下させた旋律になるというものではないことがはっきりしてきた。

　すなわち、「特殊低起式表記」については、以下のようなことが確認できるのである。

　ア．「特殊低起式表記」が譜記にあらわれるのは、音楽的曲節だけである。音楽性のない《白声》には認められない。音楽性が弱いとはいえ《口説》には見られる。

　イ．このような譜記は、詞章の言葉としての音調が高拍連続になるとき、それを旋律に反映しようとした場合、音楽的要請からはじめの何拍分かを低く語るように、旋律が付けられたことを反映したものと解せられる。ただし、その場合の高拍は4連続以上である。

　ウ．ただし、このような場合に、譜記上に残される高拍に対応する部分は、けっして1拍ということはない。かならず2拍以上はある（ただし4拍以上はあまりない）。その場合、譜記の末尾はかならず（…上コ×）となる。

　エ．このような旋律がかかる対象は、句のこともある。もちろん、ある程度長い語や文節にかかることもある。

　オ．また、旋律の低下は必ずしも語頭からとは限らない。語中から高拍が連続する場合にもあらわれる。

　カ．言葉のうえでの高拍連続のはじめから数えて、旋律的に低下する部分の拍数と、高く残る部分の拍数には、ある程度の規則性が認められる。《口説》の場合、「特殊低起式表記」の類型には、主として次のようなものがある。

　　　言葉の高拍連続が4拍以上のものに対して、旋律的に低下する部分は2拍、または4拍であることが多い[11]。

　　(1)　「5-2（××上上コ×）類型」
　　(2)　「6-4（××××上コ×）類型」

(3) 「4-2（××上コ×）類型」
(4) ほかに「6-2類型」・「7-5類型」なども少数ながらありそうである。

4.「特殊低起式表記」と 音楽上の問題

4.1 　奥村三雄（1981：305）は、このような「特殊低起式表記」を、文頭の無譜記連続とともに「位語りの端的な姿が譜記面に反映したもの」と考えた。石川幸子（1991）はこれを「語りの習慣」としての「高くなる部分を後へ移すという現象」だと述べ、薦田治子（1984）の言う、「位語」の「オクリ類型」に相当するものとみる。そして岡正武著『平曲問答書』（文政三）の記述をも勘案して、近世期にもこの語り方があったとし、荻野検校によるこの種の語りを記録したものが『正節』の譜記にも含まれていると主張した。
　館山漸之進（1910=1974：814）は、「素語」が「平家を学ぶ者の初心、即ち初学に教ふるもの」であるのに対して、「位語」を「素語を学び得て、高尚に語る演体」だとし、《口説》における「位語」の語り方について次のように述べている。

　　節の一つ上は、其の上を、上の発音を為さずして、上の節の下を、上の発音を為す。例せば「寿永三年（××上××××）」の、「永(×上)」のイの上を、発音せずして、三年のサの字を、上の発音を為すなり。是れは上の下の声を動し、上の発音の余韻を引き上げ、上の節の趣きを為すなり。平家曲節考に「ヒビキ」を上るといふものなり。二つ上は、二つ共に上の発音を為し、三つ上は、一二の上を低く、三つ目の上を高くするなり。而して、上コは中の発音を、出さずして、上コの下に中る。即ち正月（上上上コ）の三つ上は、「シヨヲクワ」の三つを上とし「ア」を中とし一日の「ヒ」を中なり。（同：815-816）

　金田一春彦（1952=高木ほか 1977：216-217、1957：80、1997：130）は、漸之進の平曲を継承した館山甲午の《口説》の ｜上｜ および ｜コ｜ にかかわる語り方を、概略次のようであったという。すなわち、(1)｜上｜一つはそのまま高く、(2)｜上｜二つは低高に、(3)｜上｜三つは低低高に語り、それ以上｜上｜が連なっても同様に末尾を高くするのみ、また(4)｜コ｜はその部分は低く、次を「アタル」という。金田一（1957：80）はこれを「館山〔筆者注：甲午〕氏の今の曲調は

『平家音楽史』にいう位語りの語り方を伝えているものであろう」と推定している。

　佐竹悦子・長谷川健三郎（1973）は、東京芸術大学附属図書館蔵の『平曲五線譜』[12]と上記の『平家音楽史』の記述とを比較検討して、両者がほぼ一致することを報告しているが、ただ（上上）および（上上コ）の下線部の場合は、むしろ館山甲午の伝えるごとく低高〈e'a'〉であるという。さらに、『平家音楽史』には記載がないが、『平曲五線譜』の「四つ上」は〈g'g'a'H'〉または〈g'g'a'a'〉であったと述べている。また、名古屋の平曲については藤井制心（1966）の採譜本があるが、それによっても、はじめを下げる傾向が看取されることは石川（1991：30）に指摘がある。[13]

　奥村三雄（1981：345-346）は、「館山氏の平曲と名古屋三検校のそれとでは、いろいろ旋律の差が存するが、（中略）語頭の上昇調という点は、おおむね共通している故、この傾向はかなり古く（少なくとも平曲資料当時）まで溯り得ると考えられる」とする。そして、これを「位語」の旋律と関係づける説が有力だと紹介しながらも、この傾向が「口説に限らず種々の曲節に認められる故、この種の語頭低下傾向は《口説の位語り》という様な限られた現象でなく、かなり一般的だったとも思われる」とし、また、このような低下傾向を「発音労力の経済という点からもごく自然な変化と言えるが、（中略）更に現行平曲におけるこの傾向は或意味で、いわゆる乙種系アクセント（つまり江戸や名古屋等のアクセント）の影響とも考えられる」（同：258）と述べている。

4.2　これらの議論を整理してみると、以下のようなことが確認できる。
(A)　現行平曲には、高く語るべき譜記のあるところを低起性の旋律で語ることがある。
(B)　『正節』には、「特殊低起式表記」とよばれる、低起性旋律を反映する譜記がある。
(C)　現行の津軽系平曲には、譜記のとおりに語る「素語」と、一段高尚な「位語」とがある。

　そして、(A)現行平曲の低起性旋律については、これを「位語」の旋律とする考え（金田一説）と、乙種系アクセントの影響とする考え（奥村説）がある。また、(B)いわゆる「特殊低起式表記」については、低起性旋律あるいはその

演奏法の反映とみる立場が有力である（奥村・石川説）。

　本節でも「特殊低起式表記」を音楽的な要請によるものであるという立場をとる。これらの譜記をアクセントなどの言語的な面から説明することはできない。しかし、それが「位語」の低起性旋律と同質のものかどうか、また「乙種系アクセント」によるものかどうかについては、なお疑問とせざるをえない。

　「特殊低起式表記」については、すでに譜本の譜記にあらわれているものであって、（上上上…）などとある譜記をどう語るかという伝承とは、それが「位語」か「乙種系アクセントの影響」かにかかわらず、ただちに同一視することはできない。

　館山漸之進『平家音楽史』にいう《口説》の「位語」は、ここに提示した『正節』の「特殊低起式表記」の類型とは必ずしも一致していない。｜上｜一つの場合に、それが1拍分後に移動したと解釈できる譜記などほとんどないからである[14]。ただし｜上｜三つの（上上上コ×）のような場合、はじめの二つの｜上｜を低く唱えるとすれば、それはここにいう「4-2類型」と類似する。

　また、館山甲午の語りは｜上｜二つを低高と語る由であるが、このような類型を「特殊低起式表記」の確例に認めることはできない。また｜上｜が四つ以上連続する（上上上上コ×）のごとき譜記の場合は、最後の｜上｜以外低く語るというが、それは「5-3類型」に相当する。「5-3類型」もないわけではないが、きわめて数が少なく[15]、最多の「5-2類型」には及ばない。その点、佐竹・長谷川（1973：10）に報告される館山漸之進の演奏の方が「5-2類型」とみるには相応しいであろう。

　しかし、たとえ「特殊低起式表記」が、そのような平曲演奏上の旋律の反映したものであるとしても、なぜその旋律が譜記にあらわれたり、あらわれなかったりするのかなど、説明すべき問題も残っている。

5.「特殊低起式表記」とアクセント型認定の実際

5.1　「特殊低起式表記」の類型が明らかになれば、これまでアクセント型の認定に躊躇していた語についても、さらに踏み込んだ考察が可能になる。そこでアクセント型を認定する場合に、この「特殊低起式表記」がどのように影響してくるかを、いくつかの例をあげて検討する。

たとえば「いさご（砂）」は、『正節』の《口説》に下記のような例が1例だけある。これをもって、この語のアクセント型を譜記にあるとおりLLH型と認定できるであろうか。「いさご」は「早稲田語類」で第一類相当とされるもので古来中世まではHHH型、現代京阪でも伝統的なアクセントは同様という。したがって江戸期でもHHH型とみるのが穏当であろう。
　しかし『正節』の譜記は、先にみた「5-2類型」の「特殊低起式表記」と解釈できるものである。したがってここはHHH-H-HL-Lの可能性も考えられ、むしろその方がアクセント史の教えるところと一致する。

　　砂のうへに（××上上コ××）　　7下重斬30-2口説
　　　ｲｻｺﾞ

　また「つばさ（翼）」の助詞「の」接続形も下記のように施譜されており、「いさご」と同様に音楽性のない《白声》の曲節にはその注記例がない。「つばさ」は「早稲田語類」〔w2△×〕で古くHHL型、近世以降変化型のLHL型もあらわれる。下記の例は、そのまま解釈すればLLHであるが、やはり「特殊低起式表記」の類型に合致するから、その可能性を考慮すると、「つばさの〜」はHHH-Hとなり、HHL型の助詞「の」接続形としてみれば理解しやすく、アクセント史上に位置付けることも容易である。

　　翅ｻの如くに（××上上コ×××）　　読下南牒1-4口説

5.2　しかし、下記第一例の「あそこ」に施された譜記は、先にみた「特殊低起式表記」の類型にないもので、これは譜記そのままにLHH型またはLLH型と認定すべきものである。
　また、第二例は一見して「特殊低起式表記」らしき譜記である（「4-2類型」と一致）。もしそうであるとすれば、「けん（劒）」は高起式アクセントとみなければならない。しかし、第三例は高拍と対応する譜が一箇所にしかない。このような特殊表記は存在しないこと、すでに述べたとおりである（3.5）。であれば、第三例は特殊表記ではないから、このまま「けん（劒）」をLH型と認定してよいことになる。当然、第二例は外見上「特殊低起式表記」の類型にあてはまるが、実際にはそのように考えてはならない。「劒」は漢音ケン（去声）であり、現代京都でもL0型であるから、この認定を支持している。[16]

　　あそこ爰よと（×上コ××××）　　6上有王11-4口説
　　劒を帯し（××上コ××）　　7上烽火7-3口説

第3節　いわゆる「特殊低起式表記」について

剱ンをもつて（××コ×××）　　五句大塔13-5口説

5.3　　しかしなお「特殊低起式表記」の類型におさまる譜記があっても、そのように解釈できないものも少なくない。それらは、『正節』以外のアクセント資料によって、いずれであるかを推定する以外に方法はないであろう。

　たとえば次にあげる譜記から、「侍従」をLLH型と認定することが許されるであろうか。『正節』の譜記だけからすれば、それはできない。なぜならこれを「特殊低起式表記」(4-2類型)ではないと断定できないからである。しかしまた、逆に「特殊低起式表記」であるとも言えない。

　そのような場合には、ほかの文献資料に助けを求めることになるが、この語に限っては残念ながらその注記例をみない。残された推定のよりどころは現代方言アクセントでしかなく、これを調べると、現代京阪アクセントはL0型であるという。そこで『正節』の譜記の解釈も、現代京阪アクセントに寄り掛かってLLH型、すなわち「特殊低起式表記」ではないと、ひとまずは推定することになる[17]。

　　　侍従がもとに（××上コ×××）　　1下海道9-1口説
　　　侍従が何ニとおもふやら（××上コ×××−）　　1上月見15-4口説

　しかし同じ漢語でも、下記「従上」などという語は現代語ではないから方言アクセントの助けは得られない。『正節』《白声》に例はあるものの諸本に譜記の異同があり、東大本以外の諸本によってHHH型とすべきかもしれないが、東大本の譜記はHHL型と対応する。このように音楽性のない《白声》の譜記が疑わしい場合には、「特殊低起式表記」の認定を控えるべきであろうか。

　　　従上ゞとぞ（上上×××）　　1上厳還18-1素声〔尾京A早（上上上××）〕
　　　従上ゞの五位（××上上コ×）　　1上厳還5-3口説

　だが、この場合は「従上」がHHH型であってもHHL型であっても、助詞「の」接続形は等しくHHH-Hであるから「特殊低起式表記」と認定するうえに問題はない。むしろ問題とすべきは「従上」の読み方とそのアクセント型である。

　幸いなことに、この語については山田俊雄（1960：54）によって『熱田本平家物語』に「従〈平濁〉上〈平濁〉」（巻4、6ウ2）と声点のあることが報告されている。これによって、「従上」がジュジョーと読まれるのであればLLL＞

HHLの変化を経て、助詞「の」接続形においてHHH-Hとなっていたことが明らかになる。したがって上記第二例は特殊表記とみなしてよいであろう。

6. おわりに

　平曲譜をアクセント史資料として活用しようとする場合に、音楽的な曲節にあらわれる、いわゆる「特殊低起式表記」が支障となることは、いままでにも注意されてきた。が、そのように言われてもなお、一部の語は譜記そのままに解釈されて、不用意にも、あらぬアクセント型と認定されてしまうことがあった。それは、「特殊低起式表記」と認定するときの原則がたしかなものではなかったからである。

　本節では、「特殊低起式表記」が施された確例を取り上げて、その類型を明らかにした。それは、「5-2（××上上コ×）類型」や「6-4（××××上コ×）類型」であり、また「4-2（××上コ×）類型」などであった。そしてさらに、これらに高拍と対応する譜が一箇所のものがないことも確認できた。これらの事実は、平曲譜からアクセント型を認定する場合には有力な知見である。

　それでも「特殊低起式表記」なのかどうか迷う譜記は、少なからず残る。しかし、これまで、アクセント史の知識や現代方言アクセントとの対応だけから、それを判定してきたのと比べれば、譜記解釈の実際に与える便宜は大きいものと思う。

　ただ、このような低起性旋律を音楽的にどう位置付けるかは、本書の範囲を越える問題である。とくに、ここに指摘したいくつかの類型が、実演上どのような旋律と対応するものなのかなどは、その方面の研究に教えを請いたい。また、いままでアクセント資料として扱われてきたいろいろな芸能の譜と、どのような関係になるのかなども残された問題であろう。

注────────
 1　「特殊低起式表記」という用語は、奥村の創始にかかるものである。ただしアクセントの低起式とは違って、「表記」すなわち譜記上のことを指す点で紛らわしく、その使用には注意が必要である。ここでは混乱を避けて別語を用いることはしないが、ただ「特殊表記」とだけよぶこともある。
 2　東大本『平家正節』《口説》の「特殊低起式表記」はどれほどの程度にあらわれる

ものか。試みに巻1上下全12章段にある、42箇所の《口説》、全409行の譜記を検討すると、26例の特殊表記がある。およそ《口説》3箇所について2例の割合で、また《口説》本文の行数にして15〜16行に1例の割合で特殊表記があらわれる。

3　現代京都は主に中井幸比古（2002）に、東京・鹿児島はそれぞれ秋永一枝（2001）・平山輝男（1960）による。

4　奥村はLLH型とLHH型とを区別しないで、前者を後者の変容形とみなす（奥村1981：342）。

5　現代京阪は中井（2002）・杉藤美代子（1995）による。以下同様。

6　「時代」を決定できないというのは、《口説》にはLHH相当の譜記とLLH相当の譜記とがあって、この型の違いを時代差としてみると、《口説》の反映するアクセント体系をアクセント史上に位置付けることは必ずしも容易でない、ということであろう。

7　このような観点から早く旋律との関係を取り上げたのが、前掲の石川（1991）であったが、学会発表という制約もあって、問題点を指摘するにとどまった。

8　いま仮に「5-2類型」というのは、高拍が5連続するところに、はじめの2拍分だけ低下するような旋律をあらわす譜記のこと、「6-4類型」も高拍6連続のはじめの4拍が低下するように施譜されているもののことである。以下同様の数え方で示す。

9　いずれも以下に「〜日」と続く例。

10　この場合、「康頼」の部分は低平に語られ、アクセントを反映しない。

11　「3-1（×上コ×）類型」は、その特殊表記の確例を見出せない。おそらくは高拍3連続は音楽的にも許容されたからと思われる。4.1に引く館山漸之進『平家音楽史』の、位語における「二つ上」に関する記述も参考になるか。

12　『平曲五線譜』は、東京音楽学校において明治40年から同44年までの間に、館山漸之進の平曲演奏を五線譜に採譜（蠟管録音も）した際の記録の一部で、明治末期津軽系平曲を知ることのできる唯一の手がかりだという（薦田治子 2003：9-10）。館山漸之進（1910=1974：737ff.）および薦田（1982）によってこの間の事情が明らかにされている。

13　金田一春彦（1952=1977：217）は、名古屋の《口説》の語りについて「井野川氏等の平曲では、大体館山氏に似るが、上は原則としていくつ続いてもすべてaの音、コ上や中のアタリは、原則としてｈｅになっている点がちがう」という。石川は名古屋の検校の語りにも「始めの一音を、基本となる音（中心音）より低くしている例がある」とする。

14　そのような譜記があっても、誤記として処理できる程度のものでしかない。

15　「祈禱の為に（×××上コ×××）」（読上願書9-5口説）、「果報の程こそ（×××上コ×××）」（7上烽火10-4口説〔尾京A早（同）、芸（××上上コ×××）〕）が確例として指摘できる程度。

16　もっとも現代大阪は高年層もH1型である。現代京都でも『日国』第二版はL0型

ながら、『楳垣京都アクセント基本語資料』(秋永一枝 1998) はH1型とする。中井 (2002) の注記には、H1型を共通語化あるいは基本アクセント化と説明している。
17　しかしこれとて全く不安がないわけではない。「侍従」は呉音〈平去〉であるから古くLLHであったと思しく、もし和語と同様な変化をしていればHLL型であってよいはずだからである。
18　ただし単字としては呉音それぞれ「従〈去〉」「上〈平〉」である。なおまた、この語については秋永一枝（1981：67）に言及するところがある。

第2章 単純名詞・転成名詞の アクセント型認定

ここで扱うのは、和語の単純名詞（2拍・3拍）と動詞からの転成名詞である。複合名詞・固有名詞や漢語については、それぞれ章を改めて述べることにする。本書ではとくに固有名詞に一章を立てるので、本来なら普通名詞という括り方が必要になるが、普通名詞の中を単純名詞・転成名詞・複合名詞などに分けて章立てした。

　さて、本章では、前章で述べた『平家正節』の譜記によるアクセント型認定の方法を、具体的に単純名詞や転成名詞に適用して、それぞれをアクセント型別に分類し、さらにいささかの説明を加えたい。型認定の基本となることは、それぞれの語について単独形以下の表出形の譜記とアクセントとの関係を把握することであり、かつそれがどの程度までアクセント型を特定しうるかを理解することである。

　実際のアクセント型認定においては、いかに平曲譜本が豊富な語彙量をほこるといえども、十分な情報を与えてくれない場合に少なからず遭遇する。そのとき、助詞「の」接続形や「特殊低起式表記」の性質をわきまえておくことは重要である。これらについての知見を駆使して、『正節』所載語のアクセント型認定は可能になる。そしてまた同時に、その方法の限界も明らかになるのである。

　また、本書では、「前高低平形」「低平後高形」からアクセントを推定することはしていない。また複合語の構成成素を取り出して、その譜記からアクセントを論ずることには慎重な立場をとる。このようなことも、実際の認定をすすめるうえには重要な問題となる。本章の記述が先行研究との違いを追うのも、アクセント型認定の方法とその成果、ならびに限界を明らかにしたいためである。

　このようにして『平家正節』の譜記からアクセント型を認定してみると、たとえば2拍の単純名詞の第四類相当（単独形LH）の従属式助辞接続形は、《白声》LL-Hであることが明らかになった。《口説》も同様であろう。たしかにLH-Hを思わせる譜記もあるが、その多くはLL-Hとみてよいようである。

　また3拍の単純名詞でLLL＞HHLという変化を被った語群（第四類相当）は、『正節』でも多くはHHL型に対応する譜記をともなってあらわれる。それが現代までの間にいかに変化したか。『正節』でHHL型であることの

明らかな語彙が定まれば、現代までの変化を追うことも容易になる。それによると、大勢はHHL→HLLであるが、一部にLHLがあり、またHHHにもなっている語があることが分かった。そして、現在の京都市内高年層においては、これらLHL・HLL・HHHなどのアクセント型がいろいろな組み合わせで聞かれることがある。そのようなことも、江戸時代の京都アクセントが明確になれば、より確実な知見として受け入れられるようになるであろう。

　また、動詞連用形からの転成名詞は、たとえば連用形が3拍の動詞アクセントは、高起式動詞ならば古来HHH型、低起式動詞ならばLLL＞HHLの変化を経たであろうことが知られている。しかし、4拍の動詞ともなると、江戸期には動詞そのもののアクセント体系が混乱するので、その転成名詞形もHHHH型とHHHL型の間でゆれをみせるものが出てくる。その様子は、本書によって、ある程度明らかになるであろう（第6章 第2節）。

　本章に述べようとするところのいくつかをあげれば以上のようであるが、本章はあくまでも前章に論じた「アクセント型認定の方法」を、2拍・3拍の単純名詞（指示詞・数詞などを除く）と、動詞からの転成名詞について、実際に適用するのが本旨である。

第1節
2拍の単純名詞のアクセント

1. はじめに

　二拍名詞のa単独形は〔第一類HH、第二・三類HL、第四類LH、第五類LF〕を反映する譜記が付けられているものと推定する。とくに第五類単独形をLFとするについては、その第二拍がFであることを譜そのものが教えているわけではないが、現代京都ほか近畿中央式諸方言の実態などから、そのように考える。そこに施されている譜記は、a単独形の場合には第四類と第五類とで異なるところはない。

　同じく、b従属式助辞接続形は〔第一類HH-H、第二・三類HL-L、第四類LL-H、第五類LF-L/LH-L〕に対応する譜記が付けられているものと推定する。第四類の場合は第二拍の高さを助辞の部分に送ることの方が普通である。とくに《白声》の場合はそのような傾向が著しい。一方《口説》の場合、事情はいささか複雑であるが、これについては4.4で述べる。

　c低接式助辞接続形は〔第一類HH-L、第二・三類HL-L、第四類LH-L、第五類LF-L/LH-L〕であろうから、それに対応する譜記があらわれるとすれば、譜記に第四類と第五類の区別はない。

　d助詞「の」接続形はほぼ〔第一類HH-H、第二類HL-L/HH-H、第三類HH-H、第四類LH-L/LH-H、第五類LF-L/LH-L〕のようにまとめられるが、これについては第1章 第2節にも述べた。

　e1接頭辞「おん」前接形は〔第一類LH-HH/LL-HH、第二・三類LH-HL/

LL-HL、第四類LH-LL、第五類LH-LL〕、e2 接尾辞「ども」後接形は〔第一類HH-HL、第二・三類HL-LL、第四類LH-HL/LL-HL、第五類LF-LL/LH-LL〕のような音調に対応する譜記が施されているものと推定する。

以上が、二拍名詞の類別を検討する際の目安になる。

2. 第一類相当の語

〔a=HH、b=HH-H、c=HH-L、d=HH-H、e1=LH-HH/LL-HH、e2=HH-HL〕

あし（芦 w1△×）、あだ（仇）、あね（姉 w1）、あり（蟻 w1）、いそ（磯 w1）、いた（板 w4）、えだ（枝 w1*）、かぜ（風 w1）、かね（金・鉄 w1）、かね（鉄漿）、かね（鐘 w1）、かひ（効・甲斐 k1*）、かほ（顔 w1）、かま（釜 w1）、きず（疵 w1）、きみ（君 w1）、きり（霧 w1）、くち（口 w1）、くに（国 w1）、くび（首 w1）、けた（桁 w4△×）、こけ（苔 w3）、こし（腰 w1）、さき（先 w1）、さぎ（鷺 w1）、さけ（酒 w1）、さと（里 w1）、さま（様 w1△）、した（下 w2△×）、しな（品 w1）、すそ（裾 w1）、すゑ（末 w1）、そこ（底 w1）、そで（袖 w1）、ちり（塵 w1）、とり（鳥 w1）、にし（西 w1）、には（庭 w1）、ぬえ（鵺）、ぬの（布 w1）、はこ（箱 w1）、はし（端 w1）、はじ（櫨）、はな（鼻 w1）、ひげ（鬚 w1）、ひざ（膝 w1）、ひし（菱 w1）、ひま（隙 w1）、ふえ（笛 w1）、ふた（蓋 w1）、ふだ（札 w1）、ふで（筆 w1）、ほら（洞 w1#）、まと（的 w1）、まれ（稀 w1）、みち（道 w1）、みづ（水 w1）、みね（峰 w1）、みや（宮 w1）、むね（旨）、むね（宗）、よし（由 w1△×）、よね（米 w1#）、よひ（宵 w1）、をぢ（伯父・叔父 w1）、をひ（甥 w1）

（　）内は宛漢字と類別、以下同様。

2.1　『正節』の譜記だけから第一類相当の語と特定できる和語の単純名詞は上記66語である。d 助詞「の」接続形は第二・三類相当の語との間で紛れることがあるから、d 形の譜記だけからすぐに類別を認定することはできない。

また、とくにここではHF型を想定しなければならないものもないと思われるので、a 単独形に（上上）または（上コ）の譜記があれば第一類相当と認定した。c 低接式助辞接続形の場合も（上上×）などの譜記をHF-Lとは解釈す

る必要はないものとする。[1]

　このうち「かひ(効)」は転成名詞とせず、また「札・筆・宮」なども複合名詞とはしないで、ここに収める。「鉄漿」の「かね」は、「金(金銭)・鉄」のそれとは別に扱う。

　ただし「をひ(甥)」は、『正節』には以下に掲げる2例があって、ここでは第一例のc形からアクセント型を認定したが、第二例e1接頭辞「おん」前接形には正節系譜本ならびに豊川本には低起式のLHまたはLFに対応する譜記が施されている。江戸の吟譜 (宮﨑本) はHH型で第一例と合致する。この箇所、古譜本類には施譜されていない。

　　　甥ィなれば（上上×××）　　揃物源氏26-4白声〔尾京A早（同）〕
　　　御ン甥（×上××）　　炎上清水18-2白声
　　　　　　　　　　　　　　　〔尾京A早（同）、宮《下下上乙》、豊《×上××》〕

2.2　　d形だけからの認定は、第二・第三類相当との区別ができないことから危険をともなうが、奥村三雄（1981：262-263）が第一類相当として掲げる語で、ここに扱わないもの「牛・魚・柿・滝・竹・坪・虎・蜂・右・椋・森・藪」については、他資料から明確にそれと推定される語であるから、そうすることに異論はない。しかし、それはあくまでも他資料を援用して認定しているのであって、『正節』の譜記だけからそのように言えるわけではない。また「釘」は「釘付け」、「横」は「横紙」から抽出したものらしい。「岡」も《白声・口説》の範囲では「岡の御所」の例しかなく、別に扱う方がよいように思う。

　上記のほか、「うへ（上 w2か）」と「ほど（程 w2か）」については『正節』でも多くはHLに対応する譜記が付けられているが、一部「そのうへ」「このほど」の例にかぎってHHを反映する譜記があらわれる。全体として副詞的にはたらくことによるアクセントの変容か。ここでは、ひとまず次の第二・第三類相当に送って検討する。

　奥村の一覧には載っていないが、「桁」は「早稲田語類」〔w4△×〕で現代京都はL0とH0の両様（索引篇H0、日国はH0にL0を追記、中井両様）。高知・徳島L0、兵庫南部も両様であるというから、このL0型は古く「計太〈平上〉」（前本和名三51オ7、高本和名 十97ウ2）とあるのに対応するものであろう。『正節』の例は、計算の桁ではなく建築の桁の意で、早くHH型に変化したものか。

桁梁に渡し（上上コ××ー）　　12上僧死2-4口説〔尾京B早芸（同）〕

　また「あだ（仇）」HHは、『正節』に「鼬ヂと」（14下小宰52-2指声）と濁音化した例があるのでアダとして掲出する。よく問題にされる「あだ（徒）」HLとの区別については、平曲の伝承過程では以下のように意図的に施譜されていたとみられる。

　　あだなる習ひ（上×××ー）　　灌頂六道12-4シロ　←あだ（徒）
　　仇なし（上コ××）　　7上烽火29-2口説　←あだ（仇）

　「板」は以下の例からここに分類したが、他の文献資料はLH、近畿中央式諸方言みなL0型で『正節』だけがHHなのは疑わしいが、正節系譜本はすべて同譜である。しかし東北大本や吟譜系譜本（宮・京D）、豊川本などには、「板」をHHとまでは特定できない譜記が付いている。

　　鉢付の板に（上上上上上上上上）　　5下二魁24-2素声
　　〔尾早芸（同）、北（上上上上中×××）、京D《平乙平平乙×××》、同朱《平平平平平平平平》、宮《上乙上上乙×××》、豊《上上上上平×××》〕

　「した（下w2△×）」は、『正節』では以下のように〔白声HL：口説HH〕という対立をみせる。この語は古来第二類相当のところ、後に第一類相当に移行したらしく、近畿中央式諸方言もH0型である。『正節』では一般に《口説》の譜記が伝統的、《白声》が当代的アクセントを反映すると解釈されるが、ここはむしろ逆の様相をみせている。下記第一例については、諸本の譜記にHLとHHとが混在しているとみてよいであろう。第二例はHHにほぼ定まる。それにすぐ続いてある「下なるは」に施譜した譜本があるので、その譜記も比較のために書き添えておいた。豊川本の《×上》は誤写であろう。

　　下ヵよりも（上××××）　　読下腰越11-4素声
　　〔尾早芸（同）、北（上中×××）、也（中×××）、宮《上乙×××》、京B豊《平××××》、秦《上下×××》、波《上平×××》〕
　　下ヵに（上上コ）　　10上物怪5-5口説
　　〔尾京A早（同）、北也（上上中）「下なるは」（上上×××）、宮《上上乙》「下成ハ」《上乙×××》、豊「下なるは」《×上×××》、波《上上平》「下なるは」《上上×××》〕

　秋永一枝（1980：41）は「現代京阪アクセントでHH型なのは、㈢類「舌」がLL型からHL型に変化して同じ型になったこと、「下の……」のような用法が

多くHH-H型に発音することが多いことなどから変化を遂げた」とする。また、桜井茂治（1984：154-156,1224-1226,1227）は『仮名声』に《徴徴》の節博士があることを指摘し、これ以降、現代に連なるHH型は意味的に対をなす「上」のアクセントへの類推作用が相互にはたらいたことによると説明している。

「旨」は古来HHのところ近世以降HLがあらわれて、現代京阪ともにH1型（索引篇・日国・中井・杉藤、ただし中井には一部H0型も）である。『正節』では〔白声HH/HL：口説HH〕というような対応を示す。HLは《白声》にしかあらわれない。変化期の様相を反映したものであろう。

2.3　「さき（先・前）」については秋永（1980：71-72）が「『名義抄』以来現代京都まで、「先・崎」は㈠類〈上上〉型で問題はない。ところが「以前」の意をもつ「さき」は……〈上上・上平〉両様があらわれる」として、現代京都に連なる「以前」の意味をもつ「さき」HLが古今和歌集声点本までさかのぼることを述べている。そこでも指摘されているように『補忘』には「前ｷ《徴角》／前ノ《徴角角》」（貞享本46-5／元禄本121-4）の例があり、「時間的にそれより前」の意味では、現代京都H1型と『日国』第二版に追記されている。

『正節』にみえる「さき（先・前）」の意味とアクセントとの関係は、大略以下のように区別される。

① 空間的にまえ
　　先が暗ゥて（上上上上上××）　　13下瀬尾33-3素声
　　先ｷに蹴立られて（上××一）　　11下座流21-5口説
　　先ｷに追ッ立テて（上××一）　　4下老馬16-5口説

② 一番乗り・先頭
　　さき駈たればこそ（上××コ×××××）　　14上一魁16-2口説
　　誰先ｷといふ事も（上上コ××一）　　14上一魁1-5口説……

③ 先陣・先鋒
　　先として（上上×××）　　8上飛脚7-4素声
　　　　　　（上××××）　　13下法住59-5素声
　　　　　　　　　　　　　　14上河原21-3素声

　　〔尾芸（同）、京A（上上×××）第二拍朱「・」、早（上上×××）〕

④ 第一・重要

慈悲を先とし（上上上上×××）　　5上小松19-5素声
　　　人梟悪を先ｷとする故也（〜上コ×××―）　　4上二后6-3口説
　　　　　　　　　　　　　　　〔早京Ａ（同）、尾（上××××）〕
　⑤　前任・先代
　　　前ｷの右兵衛の佐（コ××－）　　2下征夷1-2口説
　　　先ｷの腹ﾗの姫君゛（上××－）　　15下文沙7-1素声……
　⑥　時間的にまえ
　　　先ﾉごとく（上×××××）　　1上卒都6-1口説
　　　先ｷのより（上××××）　　1上紅葉21-2口説
　　　今一日も先に（〜上××）　　7上廻文9-3白声
　『正節』の譜記から推定されるアクセントは、空間的な「さき」の方がHL型とHH型と両様で、時間的な「さき」はHL型であるらしい。明らかに時間的な⑤⑥の例からすれば、この用法ではHL型が一般的であったと思われる。②の「一番乗り・先頭」は時間的に捉えられ、③「先陣・先鋒」は両様か、あるいは空間的に捉えられたのであろう（HL型に対応する譜記は、京大本・早大本で訂正されるべきか）。さらに抽象的な概念をあらわす④「第一・重要」は時間的な用法の延長線上に用いられたものとみえる。

2.4　　また、「よし（由 w1△×）」が、『正節』に低起式のアクセントをあらわす譜記もあるように紹介されていることについて、問題となる例は、下記のようなものであって、すべて《口説》の例である。
　　　上ｽ洛の由を申す（×××××××上コ××）　　2下征夷17-3口説
　　　此由を申す（××××上コ××）　　5下千寿22-1口説
　一方《白声》はすべてHHに直接対応する譜記であって、たとえば以下のようなものがある。この比較から、《口説》に見られる譜記は「特殊低起式表記」と判断できる。とすれば『正節』の反映するアクセントでは、「由」という語はHH型であったということができよう。
　　　此よしを申す（上上上上上上××）　　8上少弍22-5素声
　　　　建立の由を奏聞す（上上上上上上上上上上上上）　　12上頼豪5-2素声
　しかし現代諸方言では、京都L0型（索引篇・日国L0、中井L0多・L2・若H1も）、大阪・徳島はH1型、高知L0型、兵庫南部H1型（L2型も）であり、伝統的な

第1節　2拍の単純名詞のアクセント　　85

HH型を継承するものが一つもない点不審である。

奥村(1981：263)は、ここに注意して「由(2n3類式も)」と記したのであろう。すなわち上記のような《口説》の例をみなb形LL-Hと解釈したものと思われる。そうすれば〔白声HH：口説LH〕という対立を想定することになるが、先の「下」と同様、《口説》の方に新しい様相があらわれたものか(なお「苔」〔w3〕については、第1章 第2節の注2を参照)。

3. 第二・三類相当の語

〔a＝HL、b＝HL-L、c＝HL-L、d＝HL-L/HH-H、e1＝LH-HL/LL-HL、e2＝HL-LL〕

あし(足 w3)、あす(明日 w3)、あだ(徒 w2)、あひ(間)、いけ(池 w3)、いし(石 w2。)、いは(岩 w2)、いへ(家 w3。)、いろ(色 w3)、うた(歌 w2)、うち(内 w2×。)、うで(腕 w3)、うは(上)、うへ(上 w2か。)、うま(馬 w3)、うら(裏 w3)、うら(浦 w3)、おき(沖 w3△×)、おと(音 w2)、おに(鬼 w3)、おや(親 w3)、かさ(嵩)、かた(方 w2)、かた(形 w2。)、かど(門 w2×。)、かは(川 w2)、かひ(貝 w3 (×)、かみ(紙 w2)、かみ(神 w3)、かみ(髪 w3)、かみ(守・頭 w4#)、かめ(亀 w3△×)、きし(岸 w3)、きた(北 w2。)、きは(際 w3)、きも(肝 w3)、くさ(草 w3)、くし(櫛 w3)、くつ(靴 w3)、くも(雲 w3×)、くら(鞍 w2)、くら(蔵 w3)、こし(輿 w2×)、こと(事 w3。)、ころ(頃 w2×)、さが(性 w3×)、さき(先 w1)、さね(札)、さを(棹 w3)、しし(鹿 w3×)、した(下 w2△)、した(舌 w3)、しほ(潮 w3)、しま(島 w3)、しも(下 w2)、しも(霜 w3)、しり(尻 w3)、せい(背)、だけ(嶽)、たに(谷 w3)、たび(旅 w2。)、たま(玉 w3△。)、ため(為 w2。)、つか(柄 w3)、つき(月 w3)、つぎ(次 w2。)、つち(土 w3)、つの(角 w3)、つま(端 k2)、つま(妻 w2×)、つら(面 w3か)、つる(弦 w2)、てら(寺 w2か。)、とき(時 w3)、とき(鬨)、とし(年 w3)、との(殿 w3×)、とも(供 w2か。)、とも(艫 w3)、なぎ(梅)、なつ(夏 w2。)、なみ(波 w3。)、ねこ(猫)、のち(後 w3△)、はか(墓 w3)、はし(橋 w2)、はし(階)、はた(旗 w2)、はと(鳩 w3×)、はな(花 w3)、はら(腹 w3)、ひぢ(臂 w2。)、ひと(人 w2×。)、ひめ(姫 w2×)、ひる

（昼 w2。）、ふみ（文 w2）、ふゆ（冬 w2。）、ほこ（鉾 w3×）、ほど（程 w2か）、ほね（骨 w3）、まご（孫 k3*）、まね（真似 w1△）、まま（儘）、みな（皆 w2）、みみ（耳 w3）、むち（鞭 w3×）、むね（胸 w2）、むね（旨→HH）、もと（元・本 w3）、もの（物・者 w3。）、やま（山 w3。）、やみ（闇 w3）、ゆみ（弓 w3）、ゆめ（夢 w3）、ゆゑ（故 w2）、よそ（余所 w2）、わき（脇 w3）

3.1 『正節』の譜記から第二・第三類相当と認定できる語は、上記117語である。このうち「うは」は「上の空」に前後独立したアクセントを反映する施譜がなされており、そこからそれぞれを抽出したことによるものである。「せい」は「せ（背）」Hの長音化とみてここに収めるが、アクセントはHH型ではなくHL型である。これは、むしろ「勢」のアクセントと同じであって、この文字をもって背丈をあらわしたところもある。

　　うはの空とや（上×××コ××）　4下小督23-3口説、37-2口説
　　背(セイ)（上×）　2下征夷13-4白声、10下壇浦5-3口説
　　勢(チイサ)う（上×××××）　4下那都21-4口説

また、すでに述べたようにa単独形以下、第二類と第三類とはその区別を失っているが、わずかにd助詞「の」接続形には一部の例外を除き〔第二類 HL-L/HH-H：第三類 HH-L/HH-H〕という対立がある。すなわち、d形がHL-Lならばそのほとんどは第二類相当であり、同じくHH-Lならば第三類相当である。HH-Hはいずれとも決しがたい（第1章 第2節参照）。

このようなことからd形に譜記がある場合には、その類別を特定できることがある。上記語群の語類表示の末尾に丸印を付したものがそれである。第二類ならばd形HL-Lに対応する譜記のあるもの、第三類ならばd形HH-Lに対応する譜記あるもの、ということである。これ以外に第二類と第三類とを区別することは、『正節』の譜記からはできない。

奥村（1981：263）が掲げる語でここに扱わないもののうち、「雪・綱・浜・節」については、《白声・口説》の範囲ではd形HH-Hばかりで、他資料を援用しないかぎり第一類相当と区別のできないものである。[4]

3.2　「くし（櫛 w3）」は、下記第一例のようにHL型に対応する譜記があるのも当然だが、第二例のe1接頭辞「おん」前接形は、これと整合しない譜記が

付けられている。

　　櫛（上×）　　5下千寿18-4素声
　　〔尾芸早（同）、京B《平×》、北（上×）、宮《上下》、豊《上×》〕
　　御ン髪を乱り（××××上コ××）　　4上信連5-5口説
　　〔尾早（同）、京B《××××平コ××》、北（××上中上中××）、宮《××上乙上乙××》、豊波《××××上平××》、秦《下イ上×××××》〕

とくに後者は、e1形LL-HLに対応する譜記が期待されるところであるが、この譜記ではむしろLL-HHのb従属式助辞接続形に「特殊低起式表記」の施されたものと解せられる。現代でも「おぐし」は京阪L2・L0両様（日国L2、中井・杉藤ともL2・L0）ということからすれば、これが「櫛」を離れて「髪」の意味に用いられるときには、LL-HLではなくLL-HHであったらしい。

3.3　「うへ（上 w2か）」は、2.2にも述べたように『正節』《口説・白声》ではほぼHL型であるが、《白声》で副詞的に「そのうへ」という場合にのみHHとなる。《口説》には、このような詞章も譜記もない。修飾語が付いた場合でも、形式名詞として用いられた場合でも、すべてHLに対応する譜記が見られる。

　　其上へ御ゆるされもなきに（上上上上―）　　2上足摺15-4白声
　　上へなるは下ヶになり（上××××―）　　10上物怪5-4口説
　　膝の上に（上上上上××）　　6上有王21-2素声
　　遁るまじう候上（××上上コ×）　　10上若宮11-5口説

この語は古くHFから出て、『日国』第二版〈ア史〉に「平安〜江戸HHとHLの両様か」とされるが、秋永 (1980:73-74) は助詞「の」の付き方に注目して平安末はHFとHLの両様、鎌倉はHHとHLの両様とされた。桜井 (1984:447-448) は「おなじ論議の譜本でも『釈論三重』『大疏談義』『開合名目抄』そして『補忘記』では、すべて《徴徴》型、これに対して、『仮名声』では《徴角》型に表記されている」と、この語に両様の節博士が付けられていることを説明したのち、「両方にゆれていたために、論議でこの語を曲節として唱える場合の高低が注目され、それが、こうした読みくせ類に節博士の付けられる一つの動機となった」と説く。『大疏談義』では修飾語の付く場合も付かない場合も

《徴徴》であり（同：629）、「『補忘記』の例をみるかぎり、単独でもおなじ、《徴徴》型であるから、当時は、すでに、……第一類相当のアクセントになっていたものと推定される」として、現代京都方言に直接続くもののように説明する（同：1001）が、『正節』の譜記を見ると、室町期からHH型に収まっていたとは考えられない。

　江戸前期の大坂も『近松』では両様。それも坂本清恵（1987：30）の掲げる7例を検討すると、修飾語の付くものはHL、付かないものはHHになりがちである。現代京阪はいずれの場合もH0型という。

3.4　「ほど（程 w2か）」も『正節』ではHLが《口説・白声》ともに大勢を占めるが、わずかに「このほど（此程）」という句に対して〔白声HHHH／HHHL：口説 HHHL〕というアクセントの対応がみられる。一方「これほど（是程）」とある場合はHHHH（d形を除く）であって、このほか「いかほど（如何程）・なにほど（何程）・くれほど（暮程）」なども高起・低起の違いこそあれ平らな音調であらわれるので、これらと同様にHHHH型に転じたか。現代京都はH0型（索引篇・日国、中井は「する～」H0）、大阪はH1型とH0型の両様であり、『正節』の譜記に反映したHH型はその萌芽的なものであろう。下記の第二例（紅葉）の芸大本はこのことに配慮して訂正したか。

　　此程は（上上コ××）　　11下納死10-2口説
　　此程やうやうに（上上上上×上×××）　　1上紅葉16-1白声
　　　　　　〔芸（上上上××上×××）、尾早（上上上上×××××）〕

3.5　「はは（母）」は〔w4か〕とされるもので、現代では京阪ともにH1、高知L0、徳島H1（L2古）、兵庫南部H1である。『正節』の例は以下のとおりで、a 単独形ではHH、d 助詞「の」接続形ではLH-L（譜記からはLF-Lの可能性も残る）のアクセントを反映する譜記であらわれるが、下記第二例には早大本・京大本の様子から岡正武関係の本がHL型を採用したことが分かる。東京の伝統型が2型であるから、これとの対応からすれば京阪はH1型が相応しく、近世においてもHL型がなかったわけではあるまい。

　　母是をあやしんで（上上上上上－）　　5下緒環5-1素声〔尾早京A（同）〕
　　母のをしへに（×上×××××）　　5下緒環6-1素声

第1節　2拍の単純名詞のアクセント　　89

〔尾京Ａ（同）、早京Ａ〈野朱注〉（上××ー）〕

3.6　「もと(元・本)」は『正節』の譜記からするにほとんどHL型であるが、「もと(許)」にはLF型とHL型の両方に対応する譜記が見られる。
　この二つの「もと」の区別については、『四座』の「もと（故）」に付けられた節博士を説明した金田一春彦（1964：335）の見解に従うべきである。それによれば、『観本名義』のモトは「本・元・原・基・幹・旧・故」などの訓の場合には〈平平〉型に、「下・底・脚」の訓の場合には〈平上〉型に声点が差されていることから、「元来意味のちがう二つのモトという語があったことが分かる」としている。これをうけて『日国』第二版の〈ア史〉は、前者を〔[本]平安・鎌倉LL 江戸HL〕とし、後者を〔[許] 鎌倉LHかLFか 江戸LFか〕とした。
　『正節』の譜記から知られるアクセントについて、表出形別・曲節別に、その用例数を数えると以下のようである。〔許A〕はb形において助詞が低く付くので、その語単独形のアクセント型はLFと解せられる。

　　〔本・元〕　a形HL（白1口1）　　b形HL-L（白4口6）　　c形HL-L（白2口4）
　　　　　　　d形HH-H（白2口4）
　　〔許A〕　b形LH-L（白1口6）　　c形LH-L（白2口6）
　　〔許B〕　b形HL-L（口1）　　c形HL-L（白2口1）　　e1形LL-HL（白1口3）

しかし〔許〕には、以下のようなHLと解釈できる譜記も見られ、正節系の諸本に異同もない。これを〔許B〕として加える。

　　侍゛の許に（××××上コ××）　　8上少㐂18-5口説〔尾早京Ａ（同）〕
　　汝が許へ（上上上上上××）　　5下緒環5-2素声〔尾早京Ａ（同）〕
　　妓王が許へ（××××上××）　　11上妓王35-5素声〔尾早京Ａ芸（同）〕
　　傾城の許へ（××××上コ××）　　7上競20-1口説〔尾早京Ａ（同）〕

またさらに、e1 接頭辞「おん」前接形「おんもと（御許）」は全5例中4例までがHLに対応する譜記である。これまた諸本に異同はないが、ただ下記第三例の尾﨑本の｜上｜譜のみ他本よりやや上寄りに付けられているのが注意される。もしこれがLH-LLを意図した施譜であるとすれば、「もと（許）」LFを反映したと解することができよう。また、第四例はLFを意図したものであろうが、e1形としては変則的なものである。

御ン許に（×上コ××）　　12上僧死12-2口説〔尾早芸（同）〕
　　　　　　　　　　　　27-2口説〔尾早芸（同）〕
御ン許トに（×上コ××）　　6上有王4-3口説〔尾早芸（同）〕
御ン許へかと（××上××××）　　15下副将21-4白声
　　　　　　　　　　　　〔早京A（同）、尾（×上?×××××）〕
御ン許より（×××コ××）　　12上僧死12-3口説〔尾早芸（同）〕

　現代の京阪ではいずれの「もと」もH1型になっている[11]。「許・元・本」のどれも高知ではH1型、徳島ではH1型とL2型の両様であるが、兵庫南部では「許・元」H1型、「本」H1型とL2型の両様という。現代では近畿中央式諸方言いずれも伝統的なアクセントの使い分けを残してはいない。

3.7　「かみ（守・頭）」は古くLH型の語で、現代京都H1型[12]。「かみ（上）」は古来LH（現代京阪L0型）。両語とも同源であるが、のちに「長官」の意では、「〜の守・頭」という場合以外は独立して用いられることが少なくなり、これだけH1型に転じたものであろう。

　『正節』東大本には「長官」の意で独立して施譜された例は以下の3例である。すでにHL型と対応する譜記が認められる。しかし他本にこれを支持するものは少なく、ただ一箇所、尾﨑本の譜記に同様なものが認められるばかりである。

当国゛の守ミにて（××××上コ×××）　　1下海道12-2口説
　　　　　　　　　　　　〔尾早京A（譜なし）〕
陸奥（ミチノク）の守ミになり（上××××上××××）　　2下征夷15-2白声
　　　　　　　　　　　　〔尾（同）、早京A（譜なし）〕
常陸（ヒタチ）の守ミに成ッて（上×××上×××××）　　2下征夷15-2白声
　　　　　　　　　　　　〔尾早京A（譜なし）〕

　上記第一例の場合、「当国」は《素声》の例（15上勝浦8-2素声）からd助詞「の」接続形HHHH-Hと考えられるので、ここの譜記は音楽的な要請から生じた「特殊低起式表記」である。あとの2例は「守」を卓立させたものであり、現代京都に連なるH1型があらわれているのであろう。

　ところで近世「守」のアクセントを記したものに『国訛』がある。そこには「守」に対して「平上ノ間ヘ響」と傍書されていて、秋永（1983：74）は「著者は上昇の調子が緩いととったものか」と解説した。これは語単独ではLH（『国

訛』のいう「上」）、b形ではLL-H（下線部分は国訛のいう「平」）になることを（『国訛』はこれらを「兼」という）述べたものと解せられる。解説の「緩い」とはそのような意であろう。[13]

3.8 「まね（真似）」は古くHHで、近世以降は京阪ともにHL型に転じたと思われる。現代もともにH1型。『正節』には以下のような例がある。

　　　下﨟の真似を（上コ××コ××）　　11上願立19-1口説
　　　　　　マネ

4. 第四類相当の語

　〔a=LH、b=LL-H、c=LH-L、d=LH-L/LH-H、e1=LH-LL、e2=LH-HL/LL-HL〕
　あま（尼 k4*）、いき（息 w4）、いと（糸 w4）、いま（今 w4）、うみ（海 w4）、かず（数 w4）、かた（肩 w4）、かみ（上 w4）、かり（雁 w4△）、きぬ（衣 w4）、けふ（今日 w4）、そば（側 w4）、そら（空 w4）、ちち（父 w4（×））、とが（咎 w4）、なか（中 w4）、はは（母 w4か）、はり（針 w4）、ふち（淵 w4（×））、ふね（船 w4）、よる（夜 w4）、われ（我 w4）

4.1　『正節』の譜記から第四類相当と認定できる語は、上記22語である。第四類相当と第五類相当との区別はb形とe2形、それにd形の一部からしか分からない。奥村（1981：264）の語例の中には、『正節』以外の資料から推定したものが多く含まれている。とくに「しる（汁 w4）、わら（藁 w4）」は、同（1983：114, 297）によれば以下の例から認定したようであるが、第四類相当と特定することについて、『正節』の譜記からはその低起性すら言えそうもない。これらは結果的には、他資料だけから認定したと言っても過言ではないであろう。

　　　平茸の汁にて（上上×××××××）　　7下猫間7-1白声
　　　小麦のわらが（コ××××××）　　2上祇女11-1口説

また「さや（鞘 w4）、ほか（外・他 w4×）」も、以下のように「前高低平形」の例からの認定であるから、本書の方針からすれば、除外すべきものである。

　　　打物の鞘を（上上上上上×××）　　6下嗣信27-2白声

都の外ヵへぞ（上上上上××××）　11上妓王44-5素声

このほか「側」はb形・c形は第四類の型通りで認定に問題はないが、e1形に以下の第一例のような変則的な譜記が《口説》に3例あらわれる。しかし、これらは「側近し」という複合形容詞に「おん(御)」が前接したものとして扱うべきであろう。また第二例には東大本のほかは芸大本にしか譜の記載がなく疑問を残す。このほか「母」は3.5に、また、第四類相当には含めなかったが「由」は2.4に述べた。

御ン側近ふ（××上コ×××）　10下六乞71-3口説
御ン側に（シ××××）　14下小宰28-4口説〔芸（同）、尾早（譜なし）〕

4.2　「父」は〔w4（×）〕であるが、『正節』でLH型とLF型の両様、現代では京都L0、大阪L0（H1若）、高知L0、徳島L0（H1も）、兵庫南部L0・H1であって、H1型は新しい型と思われる。しかし近畿中央式諸方言にL2型を報告するところはないようである。

第四類と第五類とを区別できるのは、『正節』にあらわれる譜記からは、ほぼb従属式助辞接続形だけと言える[14]から、この用例数を数えると、b形〔白声LL-H₁/ LH-L₂：口説LL-H₄ /LH-L₂〕（小書きの数字が用例数）となる。このうちLH-L（LF-L）に数えた以下の例だけが東大本のみの譜記であるが、あとの例には諸本異同なく、曲節によって異なることもない。現代に聞かれるH1型も『大観・近松』には記載されているから、これもあったとなると、江戸期は三様だったのではないかと思われる。

父に（×上×）　9下太宰10-5口説〔尾早京C（譜なし）〕

4.3　「ふち（淵 w4（×））」はd形からの認定である。すでに述べたように第四類相当の和語の場合は、d形にLH-LとLL-Hとに対応する譜記があらわれる。そして前者は第五類相当の語にも見られるが、後者は第四類にかぎられる。したがって以下の例は、1例だけではあるが「淵」を第四類相当と考える根拠になるものと考える。

淵の有ヵ所へ（××上××－）　13下瀬尾29-4口説〔尾早京A（同）〕

4.4　ところで、第四類相当のb形はLH-HかLL-Hかについて、『正節』の譜

第四類相当の語に付されたb形の譜記

語形	漢字表記	用例数	(×上上/コ×)		(××上コ×)	(××上/コ×)		計	
			白声	口説 A	白声	口説 B	C	白声	口説
あま	尼	2			1	1		1	1
いき	息	2			1	1		1	1
いと	糸	1		1				0	1
いま	今	21		3	8	6	4	8	13
うみ	海	2					2	0	2
かず	数	3		2				1	2
かた	肩	2			1	1		1	1
かみ	上	1			1			1	0
きぬ	衣	3			1	2		1	2
けふ	今日	5			1	1	3	1	4
ここ	此処	6			3		3	3	3
そこ	其処	6			1		5	1	5
そば	側	2				1	1	0	2
そら	空	1				1		0	1
ちち	父	5			1		3	1	4
つゑ	杖	3				3		0	3
とが	咎	1				1		0	1
なか	中	39		2	5		32	5	34
なに	何	7		4	3			3	4
はり	針	1			1			1	0
ふね	船	7			3	3	1	3	4
よる	夜	2			1		1	1	1
われ	我	11		1	3	3	4	3	8
計		133	0	13	36	25	59	36	97
			13		120			133	

　記の実態を明らかにしておきたい。いま、「早稲田語類」と「金田一語類」とのいずれかで第四類に分類される二拍名詞のうち、例外的な譜記のものを除き、[15] 特殊表記の疑いは残るが「杖」を加え、さらに指示詞・疑問詞の「此処・其処・何」をも加えて一覧にすれば上の表のようである。

　これによると《白声・口説》全体では、LH-HとLL-Hそれぞれの例数は13：120である。そしてLH-Hは《白声》にはあらわれない。すべて《口説》

の例であることが分かる。しかし、《口説》ならばすべてLH-Hかというとそうではなく、《口説》97例中84例までがLL-Hであって、LH-Hは《口説》の一部に過ぎない。

たとえば次のような例を比較すると、《白声》と《口説》との違いがはっきりとして、時代的な相違を反映しているようにみえるし、このような曲節による傾向はこれまでにも指摘されてきた。

　　　かずのみ（×上コ×）　　　4上小督3-2口説
　　　数而巳（××上×）　　　14下小宰44-3白声

しかし、このようなLH-Hと対応する譜記[16]が《口説》にしかあらわれず、しかも《白声》にはLL-Hと解釈できる譜記しかない、ということをもってしても、すぐには両曲節間の時代性の反映とまでは言えないようである。いま同じ《口説》であっても両者相対立する例を掲げる。

　　　今は今（×上コ××）　　　9下太宰11-1口説
　　　今は只（×上コ××）　　　11上妓王58-2口説
　　　今は入゛御も（××上コ××）　　　4上小督47-3口説
　　　今は皆（××上コ×）　　　6上五節15-5口説

これらの譜記からすると「今は」という文節に後続する語が低起式のものであれば、「今は」の第二・第三拍に高拍をあらわす譜（上コ）が付き、一方頭高のものであれば、（上コ）の位置は一つ後ろに移動するということである。これを原則どおりに解釈すると、前者はLH-H、後者はLL-Hとなるかのように考えられる。さらに後続する語が低起式の場合でも、LL-Hと対応する譜記が《口説》に付くこともある。以下の例はともに《口説》の例であるが、低起式の語が後続するとき、二つ（上）が続くものはなく、一箇所に（上）または（コ）が付けられるか、または（×上コ×…）のようになるかのいずれかである。

　　　今ははや（×上コ××）　　　10下六乞24-4口説
　　　今は早ヤ（××上××）　　　9上阿古5-5口説

そこで《口説》の譜記を〔A（×上コ×）、B（××上コ×）、C（××上×）または（××コ×）〕の三つの類型に整理して、全97例を分類してみるとA13例、B25例、C59例となる。《口説》にも《白声》と同様にLL-Hと解釈できる[17]譜記があり、それがほとんどであること（BとC）、また（…×上コ×…）の譜

第1節　2拍の単純名詞のアクセント　　95

記については、当該の語に後続する語のアクセントによって（上コ）の位置が移動すること（AとB）を勘案すると、《口説》もb形はLL-Hと解釈すべきで、（×上コ×…）と（××上コ×…）とは旋律の下降する箇所を音調上の下降位置と合わせるために生じた差異に過ぎないのではないか、と考えられもする。

4.5　次に《口説》にあらわれる、いわゆる「特殊低起式表記」とアクセント型認定との関係についても検討する必要がある。ここに問題となるのは、b形ならば上記4.4に述べたB類型（××上コ×）が「特殊低起式表記」かどうかということである。もちろん当該の語に《白声》の譜記があり、それによって認定できる場合、あるいは類別認定はできなくとも低起性だけは確認できる場合は問題ない。また同じ《口説》でも「特殊低起式表記」は1拍だけ低いということはないから、a単独形（×上）（×コ）、c低接式助辞接続形（×上×）（×コ×）のような譜記があれば（それだけから第五類相当との区別はできないが）低起式であることは明確であって、これと並んでb従属式助辞接続形や、d助詞「の」接続形に（××上コ×）などの譜記があっても、これを「特殊低起式表記」ではないかと疑う必要はないことになる。

　たとえば「そら（空 w4）」は以下の用例から認定したが、その経緯は次のようである。まず第一例から低起式であることが分かり（譜が一つである場合は「特殊低起式表記」はない。ただし第四類か第五類かはc形「空と」だけからは不明）、低起式とすれば第二例を特殊表記と考える必要はなくなるから、そのままあらわれた譜記をb形のアクセントとして処理できることになり、LL-Hすなわち第四類相当と認定した。

　　　うはの空とや（上×××コ××）　　　4上小督23-3口説・37-3口説
　　　空ヲを翔けり（××上コ××）　　10上慈心24-5口説

　また「とが（咎 w4）」についても、下記第一例だけでは特殊表記の可能性を残すが、第二例e1 接頭辞「おん」前接形が低起式であることを示しているので、第一例を特殊表記とみる必要はなくなり、第四類相当と認定するのに支障はなくなる。

　　　科^{トガ}にはあらず（××上コ×××）　　　1上無文13-1口説
　　　御ン咎^{トガ}（×コ××）　　　7上法遷3-5口説

　しかし「つゑ（杖 w4）」は以下の例から判定するかぎり、「特殊低起式表記」

の可能性は払拭できない。もちろん「早稲田語類」〔w4〕と認定されていることでもあり、他資料から第四類相当と推定することはできるが、残念ながら『正節』の譜記だけから類別を特定することはできない。

　　杖につき（××上コ×）
　　　　　　　　　　　7下弓流1-4口説、11下座流47-4口説、揃物大衆8-3口説
　なぜこのように厳密に『正節』の譜記を検討する必要があるかとなれば、たとえば「せみ（蟬 w2×）」に次のような「特殊低起式表記」の例があるからである。これを譜記のうえから第四類相当のものと区別することは難しいが、だからといって「蟬」をこの例から第四類相当と認定することもできないのである。

　　蟬の如ゞくに（××上コ×××）　　揃物大衆28-5口説

5. 第五類相当の語

〔a=LF、b=LH-L/LF-L、c=LH-L/LF-L、d= LH-L/LF-L、e1=LH-LL、e2=LH-LL/LF-LL〕

　あき（秋 w5）、あに（兄 k5*）、あめ（雨 w5）、こゑ（声 w5）、たち（館）、ちち（父 w4（×）、つね（常 w5）、はる（春 w5）、まへ（前 w5）、むこ（婿 w5）、もと（許 w4△）

　『正節』の譜記から第五類相当と言えるのは上記11語である。「ちち（父）・もと（許）」についてはそれぞれ4.2と3.6に述べたので繰り返さない。問題になるのは「まへ（前 w5）」のe1接頭辞「おん」前接形にLL-HHに対応する譜記が見られることくらいである。規則どおりならばLH-LLに対応する譜記が期待されるところであるが、下記第一例のような譜記があらわれる。LH-LLはただ1例（第二例）あるにすぎない。もと「ごぜん（御前）」LLHと読まれていたものを、譜記はそのまま残し、読み方だけ「おんまへ」に変えた可能性も検討しなければなるまい。

　　御ン前を（××上上上）　　1下那須13-4白声
　　御ン前に（×上×××）　　12上許文21-2素声

6. アクセント型を特定できない場合

　『正節』の譜記から二拍名詞のアクセント型を特定できないというときには、いくつかの場合がある。まず高起式であることは分かるがその語がHH型かHL型か特定できないという場合で、これは第一類相当と第二・三類相当とのd助詞「の」接続形が、同じHH-Hに対応する譜記であらわれるからである。もしある語がd形でしかあらわれず、そこにHH-Hに対応する譜記がある場合には、その語を第一類相当とも第二・三類相当とも特定することはできない、ということである。
　次に低起式であることは分かるがその語がLH型かLF型か特定できないという場合で、これは第四類相当と第五類相当とのa形、c形、e1形が譜記のうえでは同様にあらわれるからである。
　もちろん、4.5に述べた「特殊低起式表記」かどうかの判定ができない場合には、類別認定も控えなければならないし、すでに述べたように「前高低平形」がアクセントを推定するうえに生かしづらいことも想起しなければならない。

6.1　いま述べたように、d助詞「の」接続形がHH-Hの場合は、第一類相当の場合と、第二・三類相当の場合がある。たとえ他資料から第一類と認定できる語でも、『正節』においてはこのHH-Hの譜記だけであれば、ここでは類別の認定を控えることとした。
　まず他資料から第一類相当とみられるものであるが、『正節』の譜記からは高起式であることまでしか分からない単純名詞（HX）を以下に掲げる。
　　うし（牛 w1）、うし（丑 w1）、うを（魚 w1）、かき（柿 w1）、たき（滝 w1）、たけ（竹 w1）、とら（虎 w1）、はち（蜂 w1）、ふぢ（藤 w1）、みぎ（右 w1）、もり（森 w1）、やぶ（藪 w1）
　同じく他資料から第二・三類相当とみられるはするが、『正節』の譜記からはHXとしか認定されない単純名詞を以下に掲げる。
　　つな（綱 w3）、はま（浜 w3）、ふし（節 w3）、ゆき（雪 w2）
　このほかに「つぼ（坪）、むく（椋）、をこ（痴癡）」がd形にHH-Hと対応する

譜記を見せる。

またd形以外に「ちり（塵 w1）」1例があって以下のとおりであるが、「ほど」HLの接続の具合が不審であるため類別認定を保留した。

　　塵リ程モ（上上×××）　　11上妓王87-3素声〔尾早京A芸（同）〕

6.2　　低起式の場合は、第四類にしても第五類にしてもa形だけから特定することはむずかしく、またc形もd形もともにLH-Lに対応する譜記があらわれるだけあるから、それだけでは両類を区別することなどできない。このような事情で類別認定を保留している語のうち、他資料から第四類相当とみられる単純名詞は以下のとおり。

　　あさ（麻 w3△）、あと（跡 w4）、おび（帯 w4）、けさ（今朝 w4）、こぞ（去年 w4#）、さや（鞘 w4）、つみ（罪 w4）、ぬし（主 w4か）、はし（箸 w4）、はた（畑 w4）、はは（母 w4か）、まつ（松 w4）

このうち「母」は3.5で述べた。「麻」はd形（×上×）が《口説》に1例のみ。古く平安・鎌倉LLながら、早く『袖中』に〈平上〉（京大本、九191-11）とあり、現代京阪L0（索引篇・中井・杉藤による。日国はH0）であるが、近畿中央式のほかの方言では高知L2、徳島L0、兵庫南部L0（L2も）とある。早い時期に第三類相当から第四類または第五類相当に移行していたらしいので、ここに掲げておく。

同様な譜記で、他資料から第五類相当とみられる単純名詞は以下のとおり。

　　あぶ（虻 w5）、かげ（影・陰 w5）、こと（琴 w5）、しづ（賤 w5#）、つゆ（露 w5）、つる（鶴 w5）、まど（窓 w5）

このほか低起式であることは確認できたものに「おく（奥）、から（唐）」がある。「奥」は現代京阪・徳島H1、高知L0、兵庫南部H1（L0も）で、文献資料からも比較的古くからLL＞HLとLHとの二つの流れがあったかと考えられることがすでに指摘されている[18]。これ以外に類別認定を保留した「前高低平形」については一部4.1に述べたが、ここではとくに取り上げない。

注
1　ただし接辞接続形「みな（御名）」のような場合は個別にその可能性を検討すべきである。

2　中井幸比古（2002）は京都府中川などに「下の」HHLが聞かれることを報告しているが、もと第三類相当でない語のd形に、このような音調が聞かれるのは珍しい。中井のいう「3拍2型の残存度」との相関もさることながら、その成立経緯はどのようなものか興味深い。

3　桜井茂治（1984：156,450-451,629,819-821,1001）も繰り返し「先・前」の意味とアクセントとの関係を論じているが、それによれば、「先端」と「時間的、空間的な前後関係」という意味の違いによるにアクセントの分化が室町時代以降には起こっていたという（同：1226）。

4　また「町・朝・犬・墨・芹・豊」はそれぞれ「桜町・朝夕・戌の刻・墨染・根芹・豊の明り」から抽出したものと思しく、これらはひとまず検討対象から除く。このほかに「民」の例として奥村（1983：144）が数える尾﨑本（236-2口・～も）の例は「臣」の誤認か。「熊」は教育大本によるとされるが、「猪の熊」からの抽出。『正節』の「猪熊」にはHHHHに対応する譜記がある。

5　『補忘』にも「此ノ上ヘニ《徴徴徴徴徴》」（貞42-1元110-4）、「其ノ上（ヘ）《徴徴徴徴》」（貞27-4元75-2）とある。ただし単独での「上《徴徴》」（元84-4）は『正節』と異なる。『正節』では修飾語の付かない場合もHLである。

6　金田一春彦（1964：334-335）による。

7　これに関連して、中井（2002）によれば京都府中川などに「上の」HH-Lの音調があるとのことである。単独では第二拍の拍内下降はないという。平安以来のものとも思えないが、第二類相当のd形HH-Lをどう説明するか。

8　桜井（1984：1225）はまた、ゆれの原因について、意味的に対をなす「した（下）」との関係において論じ、さらにHLは室町時代において「前代のアクセント」だという。「下」との相互作用はあったかもしれないが、HLとは別にHHが出てきた事情については依然として不明である。

9　「うへ（上）」として掲げられた7例のうち、「上は《ウ××》」（心中天の網島22ウ6）は「かみ」と読むべきものと思われる。もっともアクセントは「うへ」のつもりか。後出の「下は」のアクセントに影響されたのかもしれない。これを除けば、「いろざとのうへ《上上》にあがれば」（心中刃氷の朔日23オ5）1例が例外になる。

10　鹿児島はA型（平山1960）でLHとは対応が悪い。

11　中井（2002）では「許（親の～・花の～［下］）」・「元（～に戻る・～横綱）」・「本（根本・原因）」の三様のモトのアクセントを報告しているが大勢はすべてH1型。ただ「元・本」の一部にL2型も聞かれるという。「本」についてL2はある種のイントネのせいか」との注記もある。「杉藤」も「元・本・基・素・因」など多くの項目を掲げているが、これらは高年層HL・LF両様、対して「許・下」はHLばかりである。

12　「索引篇」による。同じく中井（2002）は「稀」として掲げる。「日国」はL0型。

13　また「～の守・頭」の場合、その「守・頭」の部分は『正節』では低平と解せられ

る譜記以外にはない。

14　d助詞「の」接続形もLH-Lだと両類を区別できないが、LH-H〜LL-Hに対応する譜記が付いているならば、その語は第四類相当と言える。このことは4.3にも述べる。

15　例外となるのは「海・父」の一部にみえるb形LH-L（LF-L）と対応する譜記である。また「板・守・許」は『正節』で類別を異にするものであるから除いた。さらに|シ|（沈ミ）の譜を語頭に付する例も、その高まる位置が不明確であるので除いてある（「中・船」各1例）。ほか一部他本によって東大本の譜記を訂正したところがある。

16　上記の例はb従属式助辞接続形とはいっても2拍の助詞「のみ」HL接続形であるから、LH-HLとした方が適切であるが、ここでは1拍の助詞で代表させている。

17　助詞が「こそ・にぞ・にも・のみ・をば・をも」HL、および「にかは」HLLの場合はAまたはCになり、「には」HHおよび「にこそ・をこそ」HHLはBにしかならない。

18　秋永一枝（1980：78,322-333）による。ただし『正節』で「奥」をHLとするのは誤りであろう。

第2節
3拍の単純名詞のアクセント

1. はじめに

　ここでは三拍名詞の単独形および助辞・接辞接続形から、施譜された語の類別を考える。まず、a 単独形は《第一類HHH、第二・第四類HHL、第三・第五類HLL、第六類LLH、第七類LHL》を反映する譜記が付けられている。b 従属式助辞接続形は《第一類HHH-H、第二・第四類HHL-L、第三・第五類HLL-L、第六類LLH-H、第七類LHL-L》、c 低接式助辞接続形は《第一類HHH-L、第二・第四類HHL-L、第三・第五類HLL-L、第六類LLH-L、第七類LHL-L》となる。
　ところが、d 助詞「の」接続形は《第一類HHH-H、第二・第四類HHH-H、第三・第五類HLL-L、第六類LLH-H、第七類LHL-L》が一般的なようである。とくに第二類相当のものと第四類相当のものとの間の違いはなく、第三類相当と第五類相当との間も同様である。
　e1 接頭辞「おん」前接形の場合は、《第一類LL-HHH、第二・第四類LL-HHL、第三・第五類LL-HLL、第六類・第七類LH-LLL》が原則である。またe2 接尾辞「ども」後接形も《第一類HHH-HL、第二・第四類HHL-LL、第三・第五類HLL-LL、第六類LLH-HL、第七類LHL-LL》となって、b 従属式助辞接続形のアクセントに準じる。

2. 第一類相当の語

〔a=HHH、b=HHH-H、c=HHH-L、d=HHH-H、e1=LL-HHH、e2=HHH-HL〕

2.1 上記のアクセントに対応する譜記があれば、第一類相当の語と認定できるが、d形は第二・四類相当の語に紛れることがあるから、これだけから単独形のアクセントを特定することはできない。また、d形を中心に「特殊低起式表記」も多くあらわれる[1]。

『正節』《口説・白声》の譜記だけから第一類相当の語と特定できる和語の単純名詞は以下の22語である。

あさり（浅）、あらし（嵐 w4×）、いとま（暇 w4△）、うるし（漆 w1）、おのれ（己 w1か）、かたち（形 w1）、かばね（屍 w1）、かぶら（鏑 w1△）、くらゐ（位 w1）、くるま（車 w1）、ここち（心地）、ころも（衣 w1）、しうと（舅 w1）、たから（宝 w4）、ついで（序 w1）、つつが（恙）、ところ（所 w1か）、ひたひ（額 w1）、みなみ（南 w1△）、みやこ（都 w1）、むかし（昔 w1）、をつと（夫 w1）

なかには「都・夫」など複合語起源であることが明らかなものも含まれるが、便宜ここに掲げることにする。なお「みつか（三日）、みとき（三時）、やうか（八日）」は数詞、「こごゑ（小声）、こぶね（小船）、みうら（御占）、みかど（帝）」は接辞接続形であるので、ここでは扱わない。

2.2 「早稲田語類」が〔w1〕以外の「嵐（w4×）・暇（w4△）・宝（w4）」の3語は第四類出自のものである。このうち「嵐」はLLL＞HHLからHLLへという規則的な変化の流れをもつ一方で、室町期以降、その傍流としてHHH型（補忘・大観）へも変化していたようである。『正節』の譜記はその系統のものと思われる。秋永一枝（1980：88）が言うように動詞「荒らす」の転成名詞形に類推した可能性が高い。

「暇」も同じような事情があったらしく、こちらは『補忘』以降HHH型が主流になった模様（中井は一部にH1型もあると報告する。『正通・大観』も同様か）。『正

節』には《口説》《白声》両曲節に、HHHとHHLと両様あらわれるが、HHHになるのは「〜申して／乞うて」の場合で、「〜給うで」には《口説》HHH：《白声》HHLのごとき曲節による対立があったとみられる。

「宝」は典型的な第四類所属語で、現代京都もH1型で動かない。古く『九条本文選』保延（1136）点には〈上上上〉とある（小林芳規 1967：574）が、後世のものにHHHを思わせる資料はない。ここは、e1接頭辞「おん」前接形から推定したものを採った。

　　　御ン宝三ッ有リ（××上上上コ×××）　　揃物三草2-1口説

2.3　「早稲田語類」〔w1〕の「漆・形」は助詞の付き方に問題が残る。「形」は他本によって訂正すべきもの、「漆」も東大本・尾﨑本の誤記かと思われる。
　　　形を（上上上×）　　灌頂女出20-1素声〔尾京A（上上上上）〕
　　　漆 シにてぞ（上上上×××）　　15下遠矢9-3素声
　　　〔尾（同）、北（上中上中××）、也（××上上中×）、波《上上上上平×》、早京A宮豊秦（譜なし）〕

「早稲田語類」〔w1か〕とする「所」については、中近世を通じてHHHとHHLとの両様であったと言われる。現代京都はH0（索引篇・日国・中井。ただし中井に、場合によってはH1も聞かれるという注記あり）。金田一春彦（1964：346）は古くHHFだった可能性を述べ、秋永（1980：84-85）はそれを承けて、形式名詞HHL：実質名詞HHHという対立を想定して、「連体修飾語とHHH(-H)との複合が強くなってきて、それが一まとまりの連語であるという意識から、終りの拍が下がるという結果になったのではあるまいか」とする。『正節』ではHHLが多く、HHHは劣勢である。そして以下のように「所なし・所あり」と連続する箇所や「所しもこそあれ」のような一連の形式にあらわれる。

　　　（子細を）申すに所なし（上×××上上上××）　　4上二后17-3素声
　　　（一條より五條迄は）其所有ッて（××上上コ×××）　　3上新都2-5口説
　　　所しもこそあれ（上上コ×××××）　　12上許文26-1口説

2.4　ここには挙げなかったが、『正節』にはd形のみであらわれる語も多数ある。これらは次に考察する第二・第四類相当のものと、それだけでは区別ができないという事情があるので、一括して別に扱いたい。奥村三雄（1981：

264-265)が挙げた諸語にはその類が多く含まれるが、同じ『正節』でも《白声・口説》以外の曲節にあらわれる譜記や他のアクセント資料を利用して類別していることに注意が要る。

　奥村が掲げる和語の単純名詞のうち「なのめ(斜)」は、ここでは「斜ならず」という連語として処理したいのであらわれないが、音変化形「ななめ」は古く〈平平平〉(高本名義26ウ2)で、現代京都はH1(索引篇)・H0(日国)の両様。中井(2002)の注記には「0か1［2出自］のどちらが本来か不明」とある。『索引篇』の「なのめ」の項は奥村と同じ立場にたって抽出したものだが、近世HHLの可能性を捨てきれない。その場合「なのめならず」の「なのめ」HHHはHHLの接続型と考える。[3]

3. 第二・第四類相当の語

〔a=HHL、b=HHL-L、c=HHL-L、d=HHH-H/HHL-L、e1=LL-HHL、e2=HHL-LL〕

3.1　第二・第四類相当の語は上記のようなアクセントと対応する譜記であらわれる。a 単独形から e2 接尾辞「ども」後接形まで、そのいずれの形であらわれても類別の特定はできるが、ただ d 助詞「の」接続形ばかりはこれだけだと第一類相当の語との区別がつかない。すでに見たように、二拍名詞の場合は第二類と第三類のアクセントにそれぞれの傾向が認められたので、少なくとも d 形が HL-L に対応する譜記をもつならば、ほぼ第二類相当と特定することはできた。三拍名詞の場合はどうであろうか。

　そこでまず三拍名詞第二類相当のd形にあらわれる譜記について調べることにする。この場合、ここでいう単純名詞に範囲を限定せずに、複合名詞や数詞などをも含めて〔w2〕とされる諸語のうち、『正節』にd形であらわれるものは次の7語である。

　　あふち(棟)、<u>いはき(岩木)</u>、<u>きのふ(昨日)</u>、つばさ(翼)、ふたつ(二)、<u>みどん(緑)</u>、むすめ(娘)

　このうちd形にHHL-Lを反映する譜記をもつものは下線を施した3語で、ほかの4語はHHH-Hとみられる譜記が付いている。対して第四類相当の語とさ

れるもの18語は、すべてd形HHH-Hを反映する譜記であらわれる。
　このことから次のことが一応は言えよう。三拍名詞のd形がHHL-Lであれば、その語は第二類相当の語であり、d形がHHH-Hであれば、第一類相当はもちろんのこと、第二類相当または第四類相当の場合もありうる、と。
　以上の考察は類別の明確な和語を対象としたものであったが、それ以外の語でd形HHL-Lに対応する譜記をもつもの（国名・地名なども含む）は、全14語（うち和語9語、漢語5語）である。下線はHHH-Hと両様。

うつて（討手）、きりふ（切斑）、くらま（鞍馬）、しろの（白箆）、たんば（丹波）、みくさ（三草）、<u>むかひ（向）</u>、むねと（宗徒）、<u>めのと（乳母）</u>／いつせ（一世）、<u>げらふ（下﨟）</u>、じふに（十二）、じんぎ（神祇）、べつしよ（別所）

しかし、これらがみな第二類相当であるとは決して言えない。明らかに古く低起式であると思われる語が含まれるからである。したがって三拍名詞第二・第四類相当の場合は、d形からその類別を特定することはできない、としておくのが穏当である。[4] ただし、これらに単純名詞が含まれていないことには注意したい。

3.2

『正節』《口説・白声》の譜記から第二・第四類相当の語と認定できる和語の単純名詞は、以下の31語である。

あした（朝 w4△）、あたり（辺 w2×）、あひだ（間 w2△×）、あふち（楝 w2△×）、いくさ（戦 w4△）、いとま（暇 w4△）、おとと（弟 w4#）、おもて（面 w4）、かがみ（鏡 w4）、かしら（頭 w4）、かたき（敵 w4）、かたな（刀 w4）、きのふ（昨日 w2か）、こぶし（拳）、こほり（郡 w4#）、すずり（硯 k4*）、つぼね（局）、つるぎ（剣 w4）、ところ（所 w1か）、なぎさ（渚 w4）、なごり（名残 w4△）、はかま（袴 w4）、ふくろ（袋 w4）、ふもと（麓 w1△×）、ほとけ（仏 w4）、みどり（緑 w2△×）、むしろ（筵 w4）、むすめ（娘 w2）、よはひ（齢 w4△（×））、をとこ（男 w4）、をんな（女 w2）

このうち「暇・所」については、2.2と2.3で取り上げた。「緑」はミドンとしてあらわれる。「名残」はひとまずここに含める。

「麓」は古く『図本名義』などの声点からHHHと知られるが、のちにHHLからHLLとなることもあったらしい。しかし一方で『観本名義』に「脚下 フモト〈上上平〉」（仏中68オ2）とあるほか、〈上上○〉のように第三拍の声点を

欠く例が『観本名義』に2例あり、秋永（1980：86）は「第三拍のアクセントのゆれを意味している」という。近世以降は『正節・近松』ともHHL、現代は京都H1（索引篇・日国・中井）、徳島H2、中井（2002 中川）もH2というから、近世資料と同じ流れを汲むものと考えられる。これとは別に、大阪・高知にH0も報告されている。これらのことからすれば、古来両様という可能性もある。

奥村（1981：265-266）は「ここち（心地）・つぶて（礫）」を、それぞれ「人心地・向ひ礫」から抽出するが、ここではそのような「分析的立場」は取らない。またこの類に「あそん（朝臣）・くびす（踵）」を加えるのも、「朝臣」はアソンとは読まず、4拍のアッソンHHLLとすべきであろう。《口説》の例に（上ᴴ上××）の譜記が付けられている。《白声》は（上上×）のようにもみえるが、「上上」の譜は本文「朝」の右に記されているので、やはりアッソンと読んだと思われる。また「踵」は他譜本・他曲節の譜記によって推定されたアクセントを優先しているが、《白声・口説》の範囲では以下の例があるのみ。

　　朝臣（上ᴴ上××）
　　　　　　2上鵐9-1口説、4下吉田6-3口説、6上殿下10-1口説・13-4口説
　　朝臣（上上××）　　2上殿上23-1白声、11上願立10-3素声
　　踵を（コ×××）　　11上願立2-5口説
　　　ｸﾋﾞｽ

3.3　第二・第四類相当の語は近世以降現代にいたるまでにHHLからHLL・LHL・HHHなどの型に変わると言われる。上記の「踵（くびす）」などは『正節』で変化した型であらわれる数少ない例の一つであるが、このようにすでに類別されている語が、『正節』と現代京都でどのような型をとるかを類型別に提示する。

『正節』所載の〔w2〕と〔w4〕の名詞（一部に形容動詞語幹や指示詞も含む）は35語である。その多くは『正節』でHHLに対応する譜記であらわれる。しかし、そのほかに一部、すでにHLLまたはLHLに変化しているものがある。HHHとなっている「たから（宝）、たはら（俵）」については、前者は『正節』が例外的で現代に連なる様子もないし、後者は姓であるからここではしばらく除外する。「いとま（暇）」だけは室町以降HHHの方が主流らしいこと、すでに述べた。むしろ『正節』のHHLの方が例外的でさえあるが、中井幸比古（2002）がHLLも報告するので、近世は両様とみるのが穏当であろう。

『正節』でHLLに対応する譜記であらわれるものは、「くびす(踵)」のほかに「うてな(台)、かはら(瓦)」がある。「台」は『謡曲・近松』HHLで、現代京都は「日国」・「中井」ともにその直接の変化型であるLHLを報告することを思えば、『正節』のHLLはやや早いようであるが、諸本に異同もない。「瓦」の変化が早いことも不審。

　またLHLに対応する譜記であらわれるものは「うしろ(後)、とねり(舎人)」の2語のみ。「後」は「宇志呂〈平平平〉」(金光13オ3) ほか『北野本斉明紀』・『古今(毘)』の声点から古くはLLLと考えられるが、鎌倉時代の『四座』では大慈院本《十斗十》、文明本ほかは《十斗斗》に統一されている由 (金田一1964：227) で、「語源および変化の原因は不明」(秋永 1980：90) とされる。室町期以降はLHLで動かない。

　「舎人」は現代では使用されないが、「日国」・「中井」にH0、ただし「中井」は稀にH1もあるという。大阪でも「杉藤」がH1を報告するから、近世HHLもあったとみてよいであろう。

　このほか「しとみ(蔀)、つばさ(翼)」には次のような譜記があって、諸本に異同はない。「蔀」は古くLLLで、京阪ともに現代H0と報告されるが、近世大坂の『近松』にはHHLと解釈される胡麻章が付けられている。『正節』には助詞「の」接続形が1例あるのみ。これだけから類別を特定することはできないが、第四類相当とみることを妨げはしない。ただし江戸中期の京都で現代と同様の第一類相当に移行していた可能性を否定することもできない。

　また「翼」は現代では京都でLHLまたはLLHが主流という。大阪は高年層でLHL。しかし古くは平安・鎌倉HHLで第二類相当であるから、LHLはこれからの直接の変化型であろう。『近松』にある「つばさ《下××》」(薩摩歌40ウ5) のような例を低起式とみることができるとすれば、江戸期の京都でもすでに変化していた可能性が高い。『正節』の例はLLH型のd助詞「の」接続形とも考えられるし、あるいは「特殊低起式表記」とみることもできるが、おそらくは後者であろう。

　　蔀ミのもとに（上上上上上××）　　6上宮最33-4素声
　　翅サの如くに（××上上コ×××）　　読下南牒1-4口説

④LHL型　いくさ（戦）、みどり（緑）

③④HLL/LHL型　おろか（愚）

（①LLL型）→　②HHL型　→　③HLL型※　　③④⑤HLL/LHL/HHH型　なぎさ（渚）

④⑤LHL/HHH型　よはひ（齢）

③⑤HLL/HHH型　あふち（楝）、うなじ（項）

⑤HHH型　あした（朝）、あひだ（間）、つぼね（局）、なごり（名残）

※あなた（彼方）、おもて（面）、かがみ（鏡）、かしら（頭）、かたき（敵）、かたな（刀）、きのふ（昨日）、すずり（硯）、つるぎ（剣）、はかま（袴）、ふくろ（袋）、ほとけ（仏）、むしろ（筵）、むすめ（娘）、をとこ（男）、をんな（女）　16語

　以上のような例外的な譜記があるにはあるが、これ以外の第二・第四類の語は『正節』においてはHHL型に対応する譜記であらわれ、現代京都ではHLL型になるものが多い。これに対して現代京都でLHL型になるものは2語、同じくHHH型になるものも4語である。このほか、これら三つのアクセント型がいろいろな組合せであらわれる。それを図示したのが上図である。

4. 第三・第五類相当

〔a＝HLL、b＝HLL-L、c＝HLL-L、d＝HLL-L、e1＝LL-HLL、e2＝HLL-LL〕
　あぶら（油 w5×）、あるじ（主 w5か）、いのち（命 w5）、うつつ（現 w5×）、うてな（台 w4×）、うるふ（閏）、かはら（瓦 w4×）、かひな（腕 w5）、くびす（踵 w2×）、こころ（心 w5（×））、こしき（甑 w5#）、すがた（姿 w5）、たぬき（狸 k5か/k7か）、ちから（力 w3×）、なさけ（情 w5）、なほし（直衣 w4#）、なみだ（涙 w5）、にしき（錦 w5）、はしら（柱 w5×）、まくら（枕 w5）、むくろ（躯）、わらは（童 w5△・妾）

　この類に相当する和語の単純名詞は上記の22語である。このうち「うてな（台 w4×）、かはら（瓦 w4×）、くびす（踵 w2×）」については前項で述べた。HHLからHLLへの変化が、これらの語について先行したものと解する。
　「むくろ（躯）」は古来アクセント型が揺れて特定できない語の一つ。現代京阪も同様。「たぬき（狸 k5か/k7か）」も、古く「多奴岐〈平平上〉」（伊十本和名

7-13オ8)、「同〈○平平〉」（前本和名7-12ウ4)、「狸タヌキ〈平上？上〉」（観本名義仏下本65ウ1）などとあって型の特定がむずかしい。現代京都もH1・L2両様（「索引篇」・「中井」による。「日国」はH1のみ）。中井（2002）の注記ではH1が本来だろうとする。大阪は高年層でもL2。高知H1、徳島L2、兵庫南部H1（古）・L2。

5. 第六類相当の語

〔a=LLH、b=LLH-H、c=LLH-L、d=LLH-H、e1=LH-LLL、e2=LLH-HL〕
かうべ（頭）、かぶろ（禿 w6）、はだか（裸 w6）、ひだり（左 w6）、まこと（誠 w6）

5.1 第六類相当の単純名詞は上記の5語である。「左」はすべてヒダンとしてあらわれる。この類には「特殊低起式表記」との関係で、一見してLLHに対応する譜記であっても、にわかにアクセント型として認定するわけにはいかないという『正節』独自の事情がある。「おとな（大人 k6*)、きつね（狐 w6）」の認定を控えるのもそのためである。また、奥村（1981：268）がこの類に数える「ゆかり（縁）」は次の例によるらしい。この語のアクセントを推定できる近世の文献資料は、『正節』以外は『近松』だけであるが、そこにはHHLと解釈できる胡麻章がある。現代は京阪ともH0（索引篇・日国・中井・杉藤）という。こうしてみると『正節』の例は「特殊低起式表記」によるものであること明らかであろう。この例をもって「ゆかり（縁）」を第六類相当と判定することはできない。

　　ゆかりの者共ぞ（××上上コ××××）　　11上妓王33-1口説

さらに「低平後高形」の低平部分の語をこの類に数えることもしない。たとえば以下のようなものである。これだけから「からす（烏）」を『正節』でLLHとは認定しない。

　　烏の頭（××××上コ×)　　5上感陽3-3口説

5.2 またこれらをLHHとせずにLLHとしたことについては、《白声・口説》にLHHと認定できる譜記が一つとしてなかったからである。ただし、以下の

例は他本によって訂正されるべきものであろう。

　　頭ベを（×上上上）　　11下小教4-5素声
　　　　　　〔尾早（××上上）、京A（×上上上）の第二拍の ╎上╎ を墨消〕
　　助詞が接続した場合にはLLL-Hとなる場合もあるが、これら5語にかぎって調べてみても全33例（白声11例、口説22例）中、LLL-Hと解釈できる譜記はわずかに5例でしかない。もっともc低接式助辞接続形11例（白声2例、口説9例）は後ろに高さを送ってみようがないから、これを除くとしても、LLL-Hとなるのは全体の20％程度である。ほとんど《白声》の例であり、下記第二例のように諸本間で譜記に揺れの見られるものもある。[7]

　　左ンの手にて（×××上×××）　　7上競16-3白声〔尾早京A（同）〕
　　左ンの手には（××上上×××）　　6下嗣信29-1白声
　　　　　　〔早京A（同）、尾（×××上×××）〕
　　　　　　9上文流7-5素声
　　〔尾（×××上×××）、早京A（××上××××）、芸（上上上×××）〕[8]

　しかし、同じ《白声》でも以下のようにLLH-Hと対応する譜記もあり、《白声》だけでみればc形を除く9例中5例（上記「左」の第二例を除けば3例、前出「頭」の例を含む）はそれである。《口説》の場合には、第1節2.4に述べたように（×上コ×）という譜記の問題はありはするものの、全22例中21例までがLLH-Hである（例外となる1例は下記第三例）。

　　誠に（××上上）　　2上足摺14-2白声〔尾早（同）〕

第六類相当語の表出形・曲節別分布（括弧内はLLL-Hで内数、ほかはLLH-H）

表出形		a		b		c		d		計		
曲節		白	口	白	口	白	口	白	口	白	口	
かうべ	頭	0	0	1	4	0	0	0	0	1	4	5
かぶろ	禿	0	0	0	0	1	1	0	0	1	1	2
はだか	裸	0	0	0	1	1	0	0	0	1	1	2
ひだり	左	0	0	0	0	0	0	5 (3)	3	5 (3)	3	8
まこと	誠	0	0	2 (1)	5 (1)	1	8	0	0	3 (1)	13 (1)	16
計		0	0	4 (1)	10 (1)	2	9	5 (3)	3	11 (4)	22 (1)	33

裸に（××上上）　　6下藤戸23-1白声〔尾早京Ａ芸（同）〕
　　　実ﾄを申したれ（×××上コ××××）　　11下西光23-4口説
　　　　　　　　　　　　　　　　　　　　　　　　〔尾早京Ａ（同）〕

6. 第七類相当の語

　〔a=LHL、b=LHL-L、c=LHL-L、d=LHL-L、e1=LH-LLL、e2=LH-LL〕
　　あづま（東）、うしろ（後 w4△×）、えびら（箙）、かぶと（甲 w7）、きさき（后 w7△）、くすり（薬 w7×）、たらひ（盥 w7×）、とねり（舎人 w4#）

　第七類相当の単純名詞は上記の8語である。「うしろ（後 w4△×）、とねり（舎人 w4#）」は「早稲田語類」第四類相当ながら、『正節』ではすでに第七類相当のアクセント型に移行しているものである。

7. アクセント型を特定できない場合

7.1　『正節』の譜記から、その語のアクセント型を特定できない場合は、すでに述べたように次の二種類である。その第一は、d助詞「の」接続形のみから語単独の型を特定できない場合で、d形HHH-Hと対応する譜記があるときには、その語の単独形にHHH型とHHL型の二つの可能性がある。これは『正節』の資料性によるものではなく、江戸期の京都アクセントがそのような様相をみせるためであって、それが『正節』の譜記に反映しただけのことである。「えびす（夷）、続み（鼓 w1×）」も『正節』には下記のようなd形の例があるのみで、それぞれの語のアクセント型を特定することはできないが、ただHHH型かHHL型か、そのいずれかであることは確かである。

　　　えびすの軍（上上上上上×）　　2上蘇武4-5白声
　　　鼓ﾐの上手ｸにて（上上上上上×××）　　10下鼓3-5白声
　「夷」は『袖中』〈上上平〉（高松宮本、十八422-16鎌倉写部分）、『近松』《ウ××》（薩摩歌24ｳ2）などの例があり、現代京都はH0・H1両様（索引篇H0、日国H1、中井H0・H1）ながら、大阪の高年層はH1であるから、少なくとも江戸期までは第二類相当の動きをしてきた模様である。『正節』の例はHHL型の語がd形で平板化したものと解釈される。

「鼓」は第一類相当の語であるが[10]、d形は第一類相当の場合と第二・第四類相当の場合とで区別できない。このようなときは他資料からHHH型の語と推定することはできても、『正節』だけから型を特定することは控えなければならない。3.3に述べた「しとみ(蔀)」も同様。

7.2 『正節』の譜記から、その語のアクセント型を特定できない場合の第二は、『正節』の音楽的性質によるもので、「特殊低起式表記」とよばれる譜記とかかわるときである。以下の「いさご(砂 w1#)」の例がそれにあたる。このような譜記からただちに第六類相当と判定することはできない。現代ではすでに古語に属して大阪若年層はL0型になっているというが、高年層はH0であり(杉藤 1995)、京都でも「謡曲でくらい」とはいえH0という(中井 2002)から、『正節』の譜記も「砂の上に」HHH-H-HL-Lという音調が音楽的な要請から変容したものと理解できる。3.3に述べた「つばさ(翼)」、5.1に述べた「ゆかり(縁)」も同様。

　　砂のうへに（××上上コ××）　　7下重斬30-2口説

なお、以下のような場合は当該の語（この場合は「ほとり(辺)」）のアクセントが反映しているかどうか疑わしいので（前高低平形）、ここでは扱わない。

　　池のほとりを（上上コ××××）　　3上少還18-3口説

注────────

1 たとえば、「かはら(川原)」はb形とc形に譜記があって第一類相当であることが明確であるが、d形には「河原の御°所にて（××上上コ×××）」(揃物源氏3-4口説)のような「特殊低起式表記」があらわれる。

2 奥村三雄（1981：366）では「平曲資料当時においては、(中略) HHL→HHHの傾向も相当認められる」として、「所」の例も挙げている。『正節』の「所あり」の例がすべてHHHLLと解釈できる譜記ばかりというわけではない。

3 ただし近畿中央式の高知・徳島・兵庫南部ではH0、一方京都周辺部ではH2も聞かれるという（中井 2002：105ほか）。また「うつほ(空)」「ゐなか(田舎)」はそれぞれ「空柱・空船」「田舎合子」から抽出したものらしい（奥村 1983：27, 298）。

4 しかしHHL-Lであれば、第一類相当の可能性はなく、必ず第二・第四類相当であるとは言える。

5 もし「翼」が近世中期の京都でHHLから変化していたとすれば、直接にはLHLになるはずである。LLHはさらなる変化型と思われる。高知がLHHらしいのは気がか

りであるが、徳島や兵庫南部、現代大阪などみな伝統的にはLHLとみてよさそうである。とすればLHLのd形は「特殊低起式表記」の対象にならないから、『正節』の例はHHL型の語がd形でHHH-Hとなり、それが音楽的に変容したものと理解するのが穏当であろう。

6 　中井（2002）によれば現代京都でHHL型はごく限られた語（数詞など）にしか聞かれないという（「オンナ」の注記）。『正節』所載のHHL型の単純名詞で現代京都にHHL型が報告されているものは「みどり（緑）」1語（ただし『正節』ではミドン）。

7 　b形は「まことに」（副詞）の例のみ。

8 　「早京A」は「尾」の譜記から位置のずれたものであろう。「芸」は続いて出る「右の」の譜記の影響か。

9 　「あはひ（間）、やまひ（病）」は次節の転成名詞に送った。

10 　現代京都は「索引篇」・「日国」ともH0、「中井」はH0・H1両様とするが「少なくとも旧市内ではツツミ0が本来か」と注記する。しかし「杉藤」によると、大阪では高年層もH0・H1・H2など一定しないという。

第3節
転成名詞のアクセント

1. はじめに

　ここでは、動詞連用名詞形を転成名詞とよんで、それだけを取り上げる。2拍の転成名詞は、その由来する動詞が古く高起式の場合（第一類動詞）にはHH型、同じく低起式の場合（第二類動詞）にはLL型から変化したHL型になる。『正節』の譜記からはいずれかを特定できないものや、規則どおりに対応しないものは「その他」として別に扱うことにする。

　HH型と認定されるものは2拍の単純名詞第一類相当であり、HL型は同じく第二・第三類相当（その出自を問えば第三類相当）であるから、それぞれに認定のしかたも単純名詞の場合に準ずる。ただし、ともにd助詞「の」接続形はHH-Hで異なるところがないから、d形だけからの認定はできない。

　3拍の転成名詞は、その由来する動詞が第一類動詞ならばHHH、第二類動詞ならば（LLL＞）HHLとなる[1]。それぞれ3拍の単純名詞第一類、同第二・四類相当（その出自を問えば第四類相当）であるから、アクセント型の認定もそれにならう。

　基本形4拍の動詞に対応する転成名詞も原則としては第一類動詞ならばHHHH型、第二類動詞ならば（LLLL＞）HHHL型となる。後者は型の統合を起こしてHHLL型に施譜されることもあったと考えられるが、これらは動詞連用形アクセントによるものかもしれない。基本形5拍の動詞に対応する転成名詞は2語だけなので、末尾に加えることとする。

『正節』では、動詞アクセントも多拍に及ぶと類の混同が起こっているが、対応する転成名詞にも一部に規則的でない譜記がみられる。現代京阪では、その後動詞アクセントが類の合同を起こしたことによって、多拍の転成名詞もこれに連動して混乱することもあったか。中井幸比古（2002）によれば一部に古型も残る模様であるが、連用形アクセントの影響も考えなければならない。

2. 2拍の転成名詞

2.1 HH型（二拍名詞第一類相当）の語

かり（狩）、つげ（告）、まひ（舞 w1）、ゑみ（笑）

2.1.1 このほかに「かひ（効 k1˙）」があるが、これは単純名詞の項で扱ったので、ここに属するものは上記4語である。これらと対応する動詞「告ぐ、舞ふ、笑む」はみな第一類動詞であるが、「狩る」については、古く「〈狩〉加留〈平上〉」（巫私32オ5）、「かるや（矢）の〈平上上○〉」（浄拾15-954）のような例があることから、第二類動詞相当と考えられる。しかし現代京阪ではH0で対応しない。「刈る〔wV1〕」と混同したものであろうか。

これに対応する転成名詞「狩り」は古くLHとLLの両様だったとされるが、現代では京都H0・H1両様らしく（索引篇H1、日国H1にH0追記、中井両様）、大阪ではH1（杉藤）という。現代アクセントとの対応からすれば近世にHH型もあってよく、『正節』の下記の例は、室町期以降のほかの文献にアクセント注記例が見あたらないだけに貴重である。

　　　狩りをもせよ（上上コ×―）　　4下老馬16-3口説

2.1.2 「笑む」も第一類動詞〔wV1△×〕とされるが、早く『四座』にすでに「エマン《十十十》」（文明本涅槃19-1）とあって、室町期以降は第二類動詞相当に移行していたかとも考えられる。しかし転成名詞「笑み」については『四座』以来『補忘・国訓』みなHH型を保ち、『正節』も以下のようにb従属式助辞接続形であらわれてHH-Hと対応する譜記が付く。

　　　笑を（上上上）　　7上烽火26-4白声、揃物源氏2-1口説
　　　エミ

ただし、現代では京阪ともに動詞「笑む」はL0、転成名詞「笑み」はH1である。杉藤美代子（1995）によれば、現代大阪では動詞「笑む」はL0からH0（若年層）に転じているらしい。

2.1.3 「告げ」は、e1形「おん告げ」から抽出したものである。動詞「告ぐ」は古来第一類であり、下記第一例は転成名詞HHに接頭辞「おん」が前接した譜記としては型通りの規則的なものである。しかし、第二例は他本に譜記のないところで、東大本の誤記であろう。

　　御ン告有ッて（××上コ×××）　　五句高野9-2口説
　　御ン告ヶの（×上上××）　　5上喘涸4-4素声〔尾早京Ａ（譜なし）〕

2.2　HL型（二拍名詞第三類相当）の語

　　おひ（笈）、せき（関 w3×）、せめ（責 w3）、たち（太刀 w3×）、はぢ（恥 w3）、はて（果 w3△）、はれ（晴 w3）、ほり（堀 k3*）

上記8語がHL型と特定できるものである。「笈」は「おふ（負 wV2）」、「太刀」は「たつ（裁 wV2）」からの転成名詞形であろう。「関」は「せく（塞・堰 wV2）」の転成名詞形であるが、d助詞「の」接続形にHH-Hのほか、HL-Lに対応する譜記もあらわれることなどすでに述べた（第1章 第2節3.2）。

2.3　その他

　　いで（出）、すけ（亮・佐・典侍）、つて（伝）、もり（盛）、わき（分）、をり（折 w4×）

2.3.1　転成名詞ではあっても、d助詞「の」接続形ばかりで、HH型かHL型か特定できないものがある。

「すけ（亮・佐・典侍）」はd形ばかりで型を特定できないが、動詞「すく（助 wV1）」との対応からすればHH型とみられる。「もり(盛)」は「盛の字は」という漢字そのものを指す例であるが、これも動詞「もる(盛 wV1)」との対応からすればHH型であろう。

2.3.2　「いで(出)」は下記のように「御出あって」から抽出したもので、対応の例外をなす。動詞「いづ（出）」は第二類動詞であるからe1形ならばLL-HLに対応する譜記が期待されるところだが、『正節』には下記のようにLL-HHと解釈される譜記であらわれ、諸本に異同もない。後続する「有り」との結合が強くなって単独のアクセント型を保たなかったものか。

　　御ン出デ有ッて（××上コ×××）　　2下横笛2-5口説〔尾早京Ａ芸（同）〕

2.3.3　動詞からの転成名詞とするかどうか迷うものに「つぎ（次 w2）」が

ある。古来二拍名詞第二類に属すが、動詞「つぐ（次）」は第一類動詞であるから対応の例外をなす。転成名詞ならばHHが期待されるところ、古くからHLで動かない。といってこのHL型は第二類動詞の転成名詞（LL＞）HLとは異なり、古くLLであったという痕跡もないので、ここでは単純名詞として扱った。「おび（帯 w4）」も対応する動詞の類別こそ違うが、ほぼ同様な理由で単純名詞に含めた（第1節6.2）。

2.3.4 「つて（伝）」に対応する動詞「つつ」は『古今』に「つてまし〈上上上平〉」（毘・訓30）とあって第一類動詞相当であるから、転成名詞は古くHHであった（「つてに〈上上〇〉」袖中、京大本 九193-13）。『正節』には動詞の例はなく、転成名詞には下記の2例が認められる。いずれも諸本みな同譜である。

　　つてにだに（コ××××）　　1下海道9-3口説〔尾早京A芸（同）〕
　　伝ｧの情をだにも（×上×－）　　4上小督6-3素声〔尾早京A芸（同）〕

転成名詞「伝て」は、上記の譜記からHLまたはLFと解釈されるが、現代京阪ではL2が古く、H1は新しい型である。このL2が『正節』《白声》の流れを汲むものであろう。京阪の新型H1とは別に、《口説》のHLにも「つてやる〈上平上上〉風の」（浄拾 九573）のような例があって、これも新奇な型とは考えられない。

2.3.5 「わき（分）」は、『正節』の譜記こそ転成名詞としての対応からは外れているが、かつて「和岐〈平平〉」（巫私12ｳ3）のようにLL型であったことが明らかである。のちに動詞連用形のアクセントが影響したものとみられる。譜記からはLHかLFかは定かでない。

　　分きも見えぬ（×上×－）　　灌頂原幸19-2素声〔尾京A（同）〕

2.3.6 「をり（折 w4×）」は秋永（1980：100）が、古く一般の「折り」LLとは別に、機会・場合の意ではLHであって、両者の間にアクセントの区別があったという見解を述べている。『正節』の例はすべて後者の意で、下記のごとくc低接式助辞接続形に譜記があるのみ。この譜記からはLHかLFか区別できないが、他資料の例からみてLHであったことは間違いなかろう。

現代京都は「箱の一種」はH1、「時」はL0と区別されるが、大阪はじめ近畿中央式諸方言ではいずれもH1という。

　　通夜する折ﾘも（～×コ×）　　1上卒都1-3口説〔尾京B早（同）〕

3. 3拍の転成名詞

3.1　HHH型（三拍名詞第一類相当）の語

いかり（怒 w1）、いさみ（勇）、いたみ（痛 k4*）、いはれ（謂）、かため（固）、きこえ（聞）、くくり（括）、けぶり（煙 w1）、こほり（氷 w1）、さかり・さかん（盛 w1）、しるし（印 w1）、そしり（謗）、たづね（尋）、つかひ（使 w1）、のこり（残 w4）、のぞみ（望 w1）、のぼり（上 k1*）、はじめ（始 w1）、まうけ（設）、まはり（廻）、むかひ（迎）、むくひ（報）、よろひ（鎧 w1）、わたり（渡 w1）

3.1.1　『正節』から明らかにHHH型と分かる語は上記24語である。このうち「謂れ」は《動詞未然形「いは」＋助動詞「れ」》と分析されて他と異なるが、ここに含める。「尋ね・残り・設け」以外の語については、対応する動詞の類別は規則どおりである。「廻り」は以下の例によるが、尾﨑本によって訂正すべきものと思われる。

　　廻りに（上上上×）　　8下六斬6-2素声〔早京A（同）、尾（上上上上）〕

3.1.2　例外となる3語は第二類動詞と対応するもので、ここに属しているのにはそれぞれに事情がある。まず「残り」HHHは以下の例からも明らかなように修飾語として次へ連なっていくことによる変容型とみられる。「尋ね」は「おん〜有り」の例ばかりであるが、後続する「有り」に結合して個別的にアクセントが変化したか。もちろん「尋ね」本来のアクセントはHHLであろう。「設け」にもなんらかの事情があるものと思うが、いま明らかにできない。

　　残り四騎は（上上上×××）　　7下弓流10-1口説〔尾早京A芸（同）〕
　　御ン尋有つて（××上上上×××）　　4下内侍11-1素声〔尾早芸（同）〕
　　御ンまふけに（××上上上上）　　1上厳還10-2素声〔尾早京A（同）〕

3.1.3　ほかに「飾り」には、以下のe1接頭辞「おん」前接形の1例がある。これはいわゆる「特殊低起式表記」による譜記であって、もともとは（××上上上上コ××）と施譜されるべきものが、下線部に音楽的理由で低起性旋律が要請されて、ここに見るような譜記が施されたものと解釈する。したがって「飾り」はHHHと認定して誤らないと思うが、『正節』の譜記だけからアクセント型を特定することは控えておきたい。

　　御飾りをおろし（××××上上コ××）　　　間物宇佐6-4口説

3.2　HHL型（三拍名詞第四類相当）の語

あふぎ（扇 w4）、あまり（余 w4）、いのり（祈 k4*）、うらみ（恨 w4）、うれへ（憂 w4△（×））、おそれ（恐 k4*）、おほせ（仰）、おもひ（思 w4（×））、かかり（掛）、かぎり（限 w4）、かくれ（隠）、かぶり（冠 w4△）、くもり（曇）、さかひ（境 w4（×））、さだめ（定 k4*）、さわぎ（騒 w4×）、すまひ（住 w4×）、たすけ（助 w4）、たのみ（頼 k4*）、ためし（試 w4）、ちぎり（契）、つとめ（勤 w4）、とがめ（咎）、ながれ（流 w4か）、なげき（嘆 w4か）、ならひ（習 w4か）、にほひ（匂 k4×*）、ねがひ（願 w4（×））、ひかり（光 w4）、へだて（隔）、まぎれ（紛 w4か）、みだれ（乱 w4△）、むかひ（向）、もみぢ（紅葉 k5*）、やどり（宿 w4△）、わかれ（別 w4）

3.2.1　『正節』にHHLを反映する譜記であらわれる転成名詞は上記36語である。このうち「隠れ」は対応する動詞「隠る」が第三類から第二類動詞へと移行したが、転成名詞のアクセントは第二類動詞のそれと対応する。「紅葉」は「金田一語類（k）」で第五類（「命」類）に含める。しかし、「モミツ〈平○上濁〉」（観本名義 僧上2オ8）、「もみちつつ〈平平上濁平平〉」（古今 毘187）などから、動詞モミツは第二類動詞相当であると考えられる。したがって、転成名詞のアクセントはLLL＞HHLの変化を経たとみられ、『正節』の譜記もそう考えるに支障はない。

　　　紅ミ葉を（上コ××）　　　1上紅葉9-1口説

　また、現代京都はH1、京都府下中川や高知・徳島などでH2、大阪もH1（高年層はH2も）というから、近畿中央式諸方言ではHHLからHLLへの変化をたどりつつあるものと考えられる。

　ただし、『正節』には、動詞としての「もみづ」の連用形が、第一類動詞相当の譜記をともなってあらわれる。すでに動詞としては日常語ではなくなって、譜記に伝統性を保ちえず、「紅葉」のアクセントに引かれたということは十分考えられる。

　　　もみぢたるを（上上××××）　　　1上紅葉4-2口説〔尾早芸（同）〕

3.2.2　「仰せ」と「嘆き」にはHHL型のほかにHHH型と対応する譜記も見られる。「仰せ」の譜記に対応するアクセントは〔白声 HHL6 HHH2：口説 HHL7 HHH5〕のようである（数字は用例数。以下同様）が、HHHはすべて「仰せあり」「仰せなり」の形に限られ、後続の「あり」または「なり」との結合

が進んで個別的に変化したものと思われる。現代京阪ではH0のほかにL0も聞かれるが、『正節』にL0型を反映する譜記はない。また「嘆き」は〔白声 HHL5 HHH2：口説 HHL4 HHH5〕のようであるが、HHHは「おん嘆きあり」の形に限られる。これも後続する「あり」との結合によってアクセントが変化したものと理解できる。現代京阪ではH0に変わりつつある模様。

3.3 このほかに以下のような3拍の転成名詞があらわれるが、そのアクセント型を『正節』の譜記だけから特定することはできない。
あはせ（袷 w4△）、あはひ（間 w7#）、いほり（庵 w4△×）、うつし（移）、おぼえ（覚）、おほひ（覆 w4）、くだん（件）、さとり（悟 w1）、しのび（忍 w1か）、たたみ（畳 w1）、やまひ（病 w7）

3.3.1 d助詞「の」接続形にHHH-Hを反映する譜記があり、かつそれだけしか『正節』に用例がない場合には、HHHかHHLかの判定はできない。「悟り、忍び、畳」は『正節』にd形HHH-Hでしかあらわれないが、いずれも対応する動詞が第一類相当であるから、語単独のアクセントはHHH型であろう。同じく「袷、移し、覚え」もd形HHH-Hばかりであるが、こちらは第二類相当の動詞に対応しているから、語単独ではHHL型と推定される。

3.3.2 「覆ひ」HLLは『正節』では以下の1例あるのみで、正節系諸本同譜である。現代京阪はH1が古い。早くHHLから変化したものか、それとも連用形アクセントをそのまま生かしたものか。
覆もなく（コ×××―）　3上少還18-1口説〔尾早京B芸（同）〕

3.3.3 このほか、「あはひ（間）」も「やまひ（病）」もLHLを反映する譜記であらわれる点、転成名詞としては特異である。それぞれの動詞アクセントとの対応もよいとは言いがたい。仮に第三類動詞としても、いわゆる特殊形はLHHが本来であろう。秋永一枝（1980：108）は、「病」について「「ヤミ（病）＋アヒ（合）」による母音連続のiaのiが脱落して、名詞「病」ができた、その後動詞第㈢類LHLが派生したもので名詞先行と考える」と説かれた。「あはひ」も「動詞「あふ（合）」に接尾語「ふ」の付いた「あはふ」の名詞化か」（『日国』第二版）という説に立って、一応は転成名詞として扱うが、「病」と同様に名詞先行の可能性が高い。

4. 4拍・5拍の転成名詞

4.1 HHHH型の語

あざけり（嘲）、あはれみ（憐）、うたがひ（疑）、おとづれ（訪）、くはたて（企）、こころえ（心得）、さいはひ（幸）、さぶらひ（侍）、たはぶれ（戯）、なぐさみ（慰）、はぐくみ（育）、はばかり（憚）、ふるまひ（振舞）、ゆるされ（被許）、わづらひ（煩）

4.1.1 『正節』にあらわれる4拍の転成名詞でHHHHを反映する譜記をもつ語は、上記15語である。このうち「幸ひ」は動詞「さきはふ（さいはふ）」と対応する転成名詞として扱った。『正節』には動詞にそれらしい語形があって（正節系譜本では、東大本以外には芸大本にしか譜がない箇所）、連用形にLHLLを反映する譜記を付けている。動詞「さきはふ」は「サキハヒタマフニ［祚］〈上上上平平平上上〉」（前本仁徳紀17）の用例によって、高起式の第一類動詞相当（古く高起式を第一類、同じく低起式を第二類とよぶ）であることが分かるから、『正節』の譜記を直ちに信ずるわけにはいかない。それをそのまま解すれば接合動詞並みのものとみられるが、どのような語に分析されていたのかも不明である。むしろこれは「最愛」をハ行五段に活用させたと考えた方が当を得ているのではないか。[11]

　幸　給へり（×上××―）　　7上栄花8-3口説
　（サイハイ）
　　　　　　　　　　　　　　　〔芸（同）、尾早京A（譜なし）〕

4.1.2 「ゆるされ（被許）」は、動詞に受身の助動詞が付いた形の転成名詞として扱う。しかし、「許す」は第二類動詞であるから古く低起式であって、それに対応する転成名詞のアクセントとしては、必ずしも規則的でない。『正節』には下記の例などがあって〔白声　HHHL$_2$：口説　HHHH$_5$〕のような曲節による対立もうかがえる。《白声》の譜記は規則的なものであるが、いま《口説》の数が多いのでHHHH型に含めて掲げる。

　ゆるされなければ（上上上コ××××）　　11下納死12-4口説
　御ンゆるされも（××上上上コ×）　　1下生食20-3口説、8上少乞27-4口説
　御ンゆるされを（××上上上××）　　15上内女15-5素声

4.1.3 「心得」は複合名詞として扱うこともできるが[12]、『正節』で「ここ

ろう（心得）」が動詞として一語並みにあらわれるので、それに対応する転成名詞として扱うことも許されるであろう。下記第一例は一般の動詞連用形と同様の譜記であって、第二類動詞相当に数えてよい。これに対応する転成名詞は、規則的にはHHHL型になるべきである。しかし、実際にはe1接頭辞「おん」前接形で下記第二例のようにHHHH型に対応する譜記をともなってあらわれる。後接する「あり」に結合してアクセントが変化したものか。

　　心得て（上コ×××）　　2下泊瀬4-1口説
　　御ン心得有て（××上上上コ×××）　　8上少乞7-3口説

4.1.4　　下記「訪れ」の第一例はd助詞「の」接続形であるから、HHHH型かHHHL型かの特定はできないが、「特殊低起式表記」であらわれた第二例から前者であることが知られる。

　　音ト信レのなきは（上上上上コ×××）　　12上僧死6-3口説
　　音信をも（××上上コ×）　　7下惟水8-1口説

4.1.5　　「慰み」は下記第一例を「特殊低起式表記」とみて、この例だけからHHHH型と認定した。動詞「慰む」は第二例などから第一類動詞相当と知られるから、転成名詞形はHHHHであれば対応規則にあう。

　　慰みなくして（××上上コ×××）　　7下重斬6-1口説
　　慰みける（上上コ×××）　　10下篠原4-1口説

4.2　HHHL（HHLL）型の語

あやまち（過）、あらそひ（争）、いさかひ（諍）、いつはり（偽）、いとなみ（営）、うかがひ（伺）、おもむき（趣）、かなしみ（悲）、こころみ（試）、ことわり（理）、たたかひ（戦）、たのしみ（楽）、とどまり（留）、はからひ（計）、まじはり（交）、よそほひ（粧）、よろこび（喜）

4.2.1　　上記17語のうち、「うかがひ(伺)、かなしみ(悲)」は対応する動詞が第一類動詞相当ながら転成名詞はHHHL型である。しかし、「伺ひ」の例は動詞連用形のアクセントに対応する譜記が付けられたものと考えられよう。ここは、むしろ動詞連用形とみるべきである。また「悲しみ」の第一例は、他本の注記のように形容詞連体形「悲しい」の譜記とみれば、ここでは問題にはならない。しかし、それ以下の例はHHHLに対応する譜記であって対応規則にはずれる。連用形アクセントあるいは形容詞アクセントの影響か、またすでに

終止連体形4拍の動詞類別に混乱があったことと関係するか（第6章 第2節参照）。
　　院宣伺ひに京へ上るに（〜上上上××－）　　10下六乞50-3白声
〔尾早京A（同）〕
　　悲ひも（上上上××）　読上請文7-1白声
〔尾「悲しひ〖「イ」傍書〗も」（同）、早「悲いも」（同）〕
　　悲とこそ（上上コア×××）　灌頂六道20-2シロ〔尾京A（同）〕
　　悲は（上上コア×）　灌頂六道4-4シロ〔尾京A（同）〕

4.2.2　「たたかひ(戦)」には下記の例などから《白声 HHHL$_2$ HHLL$_2$：口説 HHHL$_2$》のような曲節による傾向がうかがえる。《白声》のHHLLは、HHHL型がHHLL型と、アクセント型の統合を起こしつつあったことの反映と思われもするし、動詞連用形のアクセントとも理解できる。
　　味方戦ひ勝ちぬと（上上上上上×××上××）　　2上蘇武14-1白声
〔尾早（同）〕
　　戦に（上上コ××）　9上医師19-3口説〔尾早（同）〕
　　戦ひに（上上上××）　灌頂六道25-5白声〔尾京A（同）〕

4.2.3　「たのしみ(楽)」には下記のように〔白声 HHHH$_1$：口説 HHHL$_1$〕の例がある。『正節』では動詞「楽しむ」にはすでに第一類動詞相当の譜記がある（下記第三例）から、転成名詞もまたそれにならったと理解できよう。
　　楽み（上上コア）　灌頂六道4-2シロ〔尾京A（同）〕
　　楽みに（上上上上上）　7下惟水13-2白声〔尾早（同）〕
　　楽み栄え侍らひし事（上上コア×××－）　灌頂六道17-4シロ
〔尾京A（同）〕

4.2.4　「いさかひ(諍)・おもむき(趣)」はHHLL型に対応する譜記のみがあらわれる。「趣き」については複合名詞として扱うこともできようが、いま転成名詞としてここに掲げる。[13]
　　いさかひ（上上××）　15下志渡23-2口説〔尾早京A（同）〕
　　趣ｷ（上上××）　8上法印16-2素声〔尾京A（同）〕

4.3　そ　の　他
　　あづかり（預）、もよほし（催）／いきどほり（憤）、こころざし（志）

4.3.1　ほかに第二類動詞に対応する転成名詞形に「あづかり(預)」と

「もよほし（催）」とがあるが、いずれもd助詞「の」接続形だけしかなく、HHHH-Hを反映する譜記があるのみであるから、規則的には単独形HHHL型ではあるが、この譜記からはHHHH型でなかったということまでは言えない。

　　預りの武士（上上上上上上×）　　9上阿古15-2素声

　　催ヲしのなからんに（上上上上上上××××）　　1下土佐15-4白声

4.3.2　　このほか5拍の転成名詞もここに触れておきたい。5拍のそれは上記2語が認められる。「いきどほり（憤）」は古くすでに「イキトホリ〈平平平濁平平〉」（図本名義251-5）などとあり、動詞も古くは低起式の第二類相当であるが、『正節』には第一類動詞に相当する譜記も見られる。転成名詞「憤り」の譜記は第二類動詞に対応するものとしては規則的である。

　　憤りに依って（上上上上×××××）　　10上山滅5-3素声

「こころざし（志）」も古く「コヽロサシ〈平平平平濁平〉」（図本名義258-2）などとある。『正節』の譜記は、この変化形HHHHL型に対応するものである。中井（2002）によれば現代京都ではH0のほかにH3・H4もあるという。

　　志（上上上コ×）　　10上鹿谷13-5口説

注────
1　秋永一枝（1980：93ff）、中井幸比古（2001：10）などを参照。
2　秋永（1980：99-100）に詳しい。
3　『正節』でも接合動詞「うちゑむ」の連用形にLHLLに対応する譜記があるので、後項の動詞「笑む」は低起式であると知られる（第6章 第3節参照）。
4　『正節』の譜記からは第二拍をFとまでは特定できないが、「索引篇」の「京ア」LFに従う。
5　杉藤美代子（1995）によれば、大阪に高年層LF：若年層HLの対立がはっきりしている。また中井（2002）は「L2が本来かも」と注記する。
6　『浄拾』の例は「伝て遣る」という動詞（「伝て」は連用形）の例とみるべきか。しかし、高知などでもH1が聞かれるという。また、東京の2型もこれと対応する。
7　このうち「まはり（廻）・よろひ（鎧）」は「早稲田語類」にないが、ともに『正節』では第一類動詞相当の譜記が施されている。
8　このほかに「嘆き」HLLに対応する譜記が1例（灌頂六道7-4シ口）ある。なおd助詞「の」接続形HHH-H（口説2例）は数えていない。
9　「くだん（件）」については、「下り」に由来するのでここに含める。「くだんの」の形で現代京都H1とH0両様（中井、索引篇と日国はH0のみ）。中井（2002）の注記に

「「の」付きでしか使わないので揺れるか」とある。大阪はH1のみ。
10 　上野和昭（1993：27、第6章 第1節）に述べるように、第三類動詞の特殊形は古くLLLよりもLHHが適当と考える。
11 　「最愛」も『正節』にはLHLLを反映する譜記がある。「最愛す（×コ×××）」（2下横笛7-1口説）ほか。
12 　秋永（2001：285）では結合名詞とする。
13 　秋永（2001：121）では「動詞・形容詞などとの和語の癒合名詞」とする。また『名義』には「おもむく」の「おも」だけに部分差声したものが多い。室町期になると、『補忘』に、動詞は「趣モムク《徴徴角角》」（貞18-7）、「趣ムク《徴徴角角》」（元57-3）とあり、転成名詞は「趣ヲモムキ《徴徴徴角》」（元57-3）とあって、もとLLLLから変化したHHHLであるとみることができる。『正節』の譜記はそれのさらなる変化型HHLLか。あるいは連用形アクセントの影響か。

第3章 複合名詞のアクセントと その変遷

本章では、複合名詞のアクセントについて、とくに和語から成る╎2＋2構造╎╎2＋3構造╎╎3＋2構造╎のものを順に取り上げて考察する（数字は前後の構成成素の拍数）。『平家正節』にあらわれる複合名詞はこれらの構造のものにかぎるわけではないが、史的変遷を考察するために重要なところを取り出してみた。

　総じて『正節』所載の複合名詞は、その詞章の性格上、伝統的な複合語が多く、平曲伝承の強固なことも手伝って、古代アクセントとの対応がよいという顕著な特徴をもつ。それがそのまま江戸期の京都における日常語の実態とは言えないであろうが、平安・鎌倉期に複合して「体系変化」を経た伝統的複合語のアクセントは、『正節』の譜記から推定されるところに近かったであろう。

　しかしその一方で、江戸期においても、あらたに出現する語があり、またあらためて複合しなおす語があったはずである。それらは、いわば『正節』と同時代の複合語（同時代的複合語）である。従来、「複合規則」という場合は、そのような同時代的複合語のアクセントが問題にされてきた。したがって、江戸期の京都における「複合規則」を『正節』所載語に求めることは必ずしも適切とは言えない。

　それでは『正節』の譜記にうかがうことのできる伝統的複合語の実態はどうであったのか。また、それらは現代にいたる間に、どのように変わったか。そして、『正節』所載語だけからは分からないにしても、同時代的複合語の「複合規則」はどう変化したのであろうか。本章では、そのような問題を取り上げてみたい。

　『正節』所載語について、その譜記から推定される複合語のアクセントに、その前部成素との間の「式一致（式保存）」を認めることはほとんどできない。もちろん「式」は、高起式・低起式の二つしかないのであるから、「式一致」が認められないというのは、その一方（高起式）にまとまっている、すなわち、前部成素低起式の複合語であっても、そのほとんどが高起式のアクセントを反映する譜記をともなってあらわれるということである。この点からすれば、『正節』所載のアクセントは伝統性が強く、当代性（同時代性）は弱いといえる。このことは、これまで江戸中期のアクセントを反映するとされてきた《白声》にしても同じである。それは、『正節』所載の

複合語アクセントが前代のものだからであろうか。それとも江戸中期にも伝統的複合語はそのようなアクセントをもっていたと解すべきであろうか。

　ここでは、両方の可能性を認めたいと思う。平曲伝承は中世以来のものであるから、そこには室町期あるいは江戸初期のアクセントが伝えられる可能性が高い。しかし、その一方で、江戸中期であっても伝統的な複合語については、前代からのアクセントを保持し、同時代的な「式一致」などの力をしりぞけていただろうという解釈も成り立つ。

　しかし、伝統的複合語であっても、それが現代にいたるまでには、基本型に落ち着こうとする傾向がみられる。｛2＋2構造｝であればHHHH型またはLLLH型への移行は顕著である。｛2＋3構造｝の場合は、多く…HLL型になろうとしている。｛3＋2構造｝においては、…HLL型とHHHHH型・LLLLH型との両方に動いているようにみえる。このような史的変遷を追うのも本章の目的である。

第1節
{2+2構造} の複合名詞アクセント

1. はじめに

　本節は、近世京都アクセントの資料とされる『平家正節』の譜記を用いて、その時代に、和語から成る4拍 {2+2構造} の複合名詞がいかなるアクセントであったかを考察し、さらにそれを、古代あるいは現代のそれと比較対照して、日本語アクセント史上に位置付けることを目的とするものである。もちろん『正節』の詞章は江戸時代における京都の口語そのままではなく、原則として中世以来のことばによって伝えられたものであり、さらには軍記物語であることによる語彙的性格も、当時日常の口語とは隔たるものであった。これらのことには、アクセント史を考える場合にも十分に注意しなくてはならない。そのうえで、なお明らかになったところを記せば、次のようである。

　イ．『正節』に記載されるような複合名詞（古語的・文語的文脈の中にあらわれる複合名詞）について、江戸時代の京都のアクセントを推定してみると、同時代における前部成素との間の「式一致(式保存)」は、前部低起式の語については認めがたい。低起式の語を前部成素とする複合名詞のほとんどは、高起式のアクセントであらわれる。

　ロ．『正節』所載語の多くについては、平安・鎌倉時代におけるアクセントからの変化の跡を、おおよそ追うことが可能である（後掲の変遷図を参照）。すなわち、近世京都における {2+2構造} の複合名詞アクセントは、同時代的な「式一致」よりも「伝統性」の方を重んじる傾向が強かったものと

解釈できる。

ハ．近世から現代京阪アクセントへの過程で、HHHH型への移行は顕著である。ただし近世HHLL型などについては、現代においてそのままのものも、ある程度認められる。

　上野善道（1984：12）は、かつて京都アクセントにあった「体系変化」を複合語が被って、そこに「式保存が破られることになった」ことについて、そのような複合語アクセントの変化は、「日常語として子供の頃に無意識にそのまま習得する形で、即ち、分析して単純語と関連づけることなしに伝承された単語が受けた変化である」と述べ、これとは別に「各構成素に分けてその組み合わせから随意にアクセントを付与する複合語も当然多くあったはずで、そこでは式保存規則が依然として生産力を持っていた」ということを明言している。なるほど、そのような事情は、現代のみならず近世にあっても十分想定できることではある。

　しかし、少なくとも ｛2＋2構造｝ の複合名詞について『正節』所載語の譜記を見るかぎり、「体系変化」をそのままに被った伝統的なアクセントがほとんどの語の譜記に反映していることは、以下に述べるとおりである。[1]　それは、おそらく伝承芸能の譜本という特殊性がしからしめたものであろう。しかし一方では、当代的な江戸中期の京都アクセントを反映すると判断される《白声》において、伝統的アクセントと対応する譜記が施されていることにも注意しなければならない。

2. 4拍｛2＋2構造｝の複合名詞アクセントと型・構成別語数

2.1　　はじめに4拍｛2＋2構造｝の複合名詞アクセントをアクセント型と構成成素の品詞性から検討する。『正節』の《口説》と《白声》の譜記によってこれを整理すると【表1-1】が得られる。それによれば、アクセント型を特定できる4拍｛2＋2構造｝の複合名詞は170語（異なり語数）である。これらをアクセント型別にみると、HHHH（H0）型は34語で全体の20％、HHHL（H3）型は46語で27％、HHLL（H2）型は63語で37％、HLLL（H1）型は17語で10％である。低起式の型は10語6％にすぎないが、そのなかではLHLL（L2）型が6語、LLHH（L0）型とLLHL（L3）型とが2語ずつであった。高起式のアクセント型

【表1-1】『平家正節』｛2＋2構造｝の複合名詞アクセントと型別・構成別語数
（数字は語数、N名詞・V動詞（転成名詞を含む）・A形容詞語幹、以下同様）

構成＼ア型	H0	H3	H2	H1	L0	L3	L2	計
N+N	9	19	39	11	1	1	4	84
V+N	4	8	9	1		1		23
A+N	6	5	6	3			1	21
N+V	11	10	8	1		1		31
V+V	3	1		1	1			6
A+V		2						2
N+A	1	1						2
V+A			1					1
A+A								0
計	34	46	63	17	2	2	6	170
％	20.0	27.1	37.1	10.0	1.2	1.2	3.5	

だけをみると、その構成比はほぼ〔H0：H3：H2：H1＝2：3：4：1〕であるから、江戸期の京都においてはH2型に発音される語がもっとも多かったことがうかがい知られる[2]。

2.2 ただし『正節』所載語のなかには、二つのアクセント型であらわれるものが2語ある。それらは、それぞれの型に重複して数えた。その2語とは「おちうと・おちうど(落人)」と「そらごと(虚言・空言)」である。それぞれの用例を以下に掲げる。

　　　落人ᵈと（上上コ××）　　9下主落4-1口説〔尾早（同）〕
　　　落人と（上コ×××）　　5下緒環2-4口説〔尾京A早（同）〕
　　　落人ᵘᵗと（上コ×××）　　5下逆櫓2-3口説〔尾京A早芸（同）〕
　　　虚ソラゴト言なり（上上コ×××）　　12下横田15-5口説〔尾京A早（同）〕
　　　虚ヮ言ᵗ（上上上上）　　6下嗣信18-4白声〔尾京A早芸（上上上×）〕
　　　空ヮ事ᵈなりとて（上上××××××）　　4上小督53-4素声
　　　　　　　　　　　　　　　　　　　　〔尾京B早芸（同）〕

「おちうと・おちうど(落人)」は《口説》の曲節にH3型とH2型それぞれに対応する譜記を施されてあらわれる。正節系諸本いずれも同譜であるから、この語はH3型とH2型と両型に数えることとした。

「そらごと（虚言・空言）」は〔口説 H3型：白声 H3型・H2型〕というあらわれ方をする。第二例はH0型をあらわす譜記ではあるが、他の正節系諸本みなH3型であるから、ひとまず東大本の誤写とみなし、H3型に訂正して処理する[3]。

「そらごと」におけるアクセント型のあらわれ方からすると、H3型から「型の統合」によってH2型に移行するものがあったようであり、「おちうと・おちうど」の譜記の違いも、同じ曲節内のことではあるが、そのような動きを背景にもつものと解釈できよう。

2.3　次に構成成素の品詞性によって、｜名詞(N)＋名詞(N)｜｜名詞(N)＋動詞(V)｜などと分類してアクセント型をみると、｜N＋N｜では全体の構成比に比較してH2型をとる語の比率が高く、H0型が低い。｜V＋N｜ではH3型とH2型の両型が拮抗し、H0型はやや少なく、H1型はほとんどない。｜A＋N｜と｜N＋V｜とではH0・H3・H2の三型が拮抗し、H1型は少ないという結果が得られた。このほかにも｜V＋V｜｜A＋V｜｜N＋A｜｜V＋A｜にそれぞれ若干の語が数えられるが、十分な数とは言いがたいので、ここでは直接の考察対象にしない。

2.4　さらに、これらを《口説》《白声》に分けて曲節別に検討する。言うまでもなく《白声》は旋律がなく、ただ語るだけのものであり、その曲節の成立も新しいものであるから、『正節』成立当時の京都アクセントを反映するものと考えられる。それに対して《口説》はわずかながらも音楽性をもち、その譜記は『正節』成立以前からの伝承や諸譜本との比較のうえに記されたものと思われる。したがって、そこには《白声》よりはやや古い京都アクセントが反映しているものと、ひとまずは推定される。

このような前提に立って、【表1-2】において曲節の違いとアクセント型とを交差させてみるならば、【表1-1】でみた全体の構成比に対して[4]、《口説》ではH3・H2両型の比率がやや高く、H0型の比率が低いことが分かる。これに対して《白声》では、逆にH0型の比率が高く、H3・H2両型のそれがやや低くなっている。このことは、江戸期おいて、この類の複合名詞アクセントにH0型への動きがあったことを示唆する。単純にアクセント型をその語数の比で示せば次のようになろう[5]。

第1節　｛2＋2構造｝の複合名詞アクセント　133

【表1-2】『平家正節』｛2＋2構造｝複合名詞のアクセント型別・曲節別語数ならびに現代との比較

ア型	H0	H3	H2	H1	L0	L3	L2	計
口説	13	41	56	14	2	1	6	133
%	9.8	30.8	42.1	10.5	1.5	0.8	4.5	
白声	25	17	23	6	2	1	4	78
%	32.1	21.8	29.5	7.7	2.6	1.3	5.1	

	H0	H3	H2	H1	L0	L3	L2	計
全体	34	46	63	17	2	2	6	170

現代京都								
H0	16	18	15	5	1	0	1	56
H3	0	8	6	0	0	0	0	14
H2	0	9	12	3	0	0	1	25
H1	1	1	10	6	0	0	0	18
L0	4	13	4	1	2	0	2	26
L3	0	3	4	0	0	1	0	8
L2	0	3	12	2	0	0	3	20
／	16	10	27	6	0	1	2	62

（近世のL0型がLLHH型であるのに対して、現代のそれはLLLH型である）

《口説》　H0：H3：H2：H1 ＝ 1：3：4：1

⇩

《白声》　H0：H3：H2：H1 ＝ 3：2：3：1

また、「おちうと・おちうど（落人）」「そらごと（虚言・空言）」2語にH3型からH2型への変化を見て取ったことも考えあわせるならば、数量的にはあらわれてこなくとも、一部にはH3型からH2型へ移行したものもあったに相違ない。このような動きは、漢字二字4拍の名乗のアクセントにもみられる現象である[6]。

　H3型からH0型へと移行した形跡のある語を『正節』所載語の中からあげるならば、「くろがね（鉄）」と「ともづな（纜）」がそれにあたる。

　　鉄を（上上上上上）　　灌頂六道26-5白声〔尾京Ａ（同）〕
　　ともづな（上上上コ）　　5下逆櫓15-5口説〔尾京Ａ早芸（同）〕

　これらはともに古くLLLL型であったことが明らかであり[7]、「体系変化」によって室町以降はHHHL（H3）型になっていたものと推定される。しかるに上記の正節譜のみならず、現代京阪でもHHHH（H0）型に発音されており、近世

以降現代にいたるまで、そのアクセント型がH0型であることに疑いをはさむ余地はない。[8]

　一方H3型からH2型への移行については、さきに挙げた「おちうと・おちうど(落人)」「そらごと(虚言・空言)」のほか、「かんどり(楫取)」にもその動きがうかがえる。すなわち、『正節』には下記のようにHHLL(H2)型と対応する譜記があるが、この語は「かぢとり」「かんどり」いずれの語形でも古くHHHL(H3)型もあったことがすでに明らかなものである。[9]さらに現代京阪でも「かじとり」は老若ともにH3型であって動かない。これらのことを勘案すると、『正節』にみられるH2型は、H3型から一時的に移行したものを採用したかと思われる。

　　　揖ン取゙ッリの（上上×××）　　14下小宰32-4口説〔尾早芸（同）〕

2.5　【表1-2】の下段は、中井幸比古(2002)による現代京都のアクセントデータから、京都在住高年層12人のうち二人以上に報告されたアクセント型を数えたものである。たとえば、『正節』の譜記から近世京都でH0型とされる34語について、現代でもほぼ同音形・同意義で用いられる場合、そのうちの16語に近世と同じH0型が聞かれるということである。ほかにL0型やH1型も聞かれるが、その数は少ない。[10]この比較からは、以下のことが言えよう。

（1）　近世H0型の語は、現代でもほぼH0型のアクセントである。
（2）　近世H3型の語は、現代では多くH0型またはL0型に移行するが、H3型のままのものと、H2型に移行するものとがある程度認められる。
（3）　近世H2型の語は、現代では多くH0型に移行するが、H2型のままのものと、H1型・L2型に移行するものも多い（H1型への移行は「型の統合」によるとみられる）。
（4）　近世H1型の語は、現代ではH1型のままのものと、H0型に移行するものとが多いようである。
（5）　近世低起式アクセントの語は、現代でも低起式アクセントのままである。

2.6　以上の考察から、近世から現代にいたる｛2＋2構造｝の複合名詞アクセントの変遷を仮に図示すれば、以下のようなものになろうか。これに、平

安・鎌倉期の複合名詞アクセントの情報を加えて、さらに詳しい変遷図を描いてみたい。

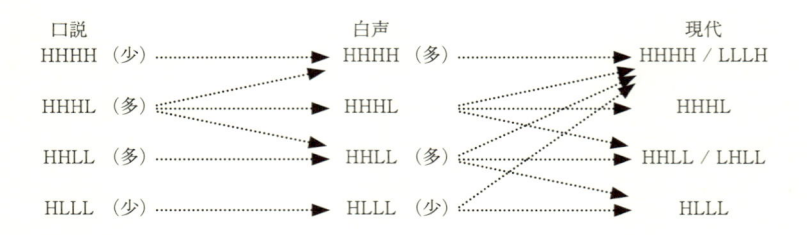

```
    口説              白声              現代
  HHHH（少） ────▶ HHHH（多） ────▶ HHHH / LLLH
  HHHL（多） ────▶ HHHL      ────▶ HHHL
  HHLL（多） ────▶ HHLL（多） ────▶ HHLL / LHLL
  HLLL（少） ────▶ HLLL（少） ────▶ HLLL
```

3. 複合名詞アクセントの変遷図と｛体言2拍＋体言2拍｝のアクセント

3.1 平安・鎌倉期の文献資料によって複合語のアクセントを整理した場合、｛体言2拍＋体言2拍｝の複合名詞が「もっとも多く、型の種類も豊富」ということであるから、まずはこの類の複合名詞をもとに検討を加える。[11]

秋永一枝（1980：158表③）によれば古今和歌集声点本にあらわれる、この類の複合名詞は、HHHH型（17）、HHHL型（21）、HHLL型（9）、HLLL型（1）、LLLL型（16）、LLLH/LLLF型（23）、LLHL型（15）であるという。木部暢子[12]（1978：43）は主に『観本名義』を調査して、四拍名詞全体ではLLLL型がもっとも多く、これにHHHH型が続くとも述べている。[13]

また秋永（同：156-157）は、その構成成素のアクセントと複合名詞のそれとの間には、次のような傾向がみられるという[14]（〔　〕内は引用者注、以下同様）。

① 前部成素のアクセントの式をよく保存する。
② 全体に、安定型…HL（高起式はHHHL・低起式はLLHL）になる傾向がみられるが、〔古今和歌集声点本〕諸本によって多少のかたよりがみられる。
③ 後部成素が平ら型のものは、その部分を平ら型もしくは〔一般の助詞付きで〕…LH-Hに保とうとする傾向がみられる。なかんずく、後部成素がLL型のものはLLLL型になる傾向が強い。
④ 前部成素が低起式、後部成素がLH・LF型のものはその高さを保ってLLLH・LLLFになる傾向が強い。

3.2　これらのことを念頭において、『正節』《口説》《白声》の譜記にみられる4拍｜2N＋2N｜の複合名詞アクセントを、前部成素の高起式・低起式の別、および後部成素のアクセント型によって整理したものが【表2-1】である。この表から分かることは以下のとおり。

(1)　4拍｜2＋2構造｜の複合名詞全体【表1-1】と比較して、H2型の比率が高く、H0型が低い。H3型もやや低い（H0型は後述する｜2N+2V｜などで高い値を示すことに注意）。

(2)　前部成素が古く高起式であったか低起式であったかに分けてみると、いずれもH2型が多いことは同じであるが、高起式がH0型を担っていることは顕著である（H3型とH1型とは低起式の方がやや多いか）。

(3)　H3型において前部成素が「第三類」所属語(w3)であるものがない。

　これは一見して、この類の名詞がLL＞HLの変化を経てから複合したような印象を与えるが、｜2N+2V｜の場合にはそのようなことはなく、語類認定を控えた「かた(片)～」「ひが～(＜ひがむ？)」が古くLLであった可能性もあるので、あるいは偶然のことかもしれない。

(4)　複合語アクセントが『正節』において低起式の語は、その前部成素も古く低起式である。

　低起式6語の内訳はLLHH（L0）型が「あとかた(跡形)」1語、LLHL(L3)型が「ははとじ(母刀自)」1語、LHLL(L2)型が「ただいま(只今)、つはもの(兵)、みみづく(木菟)、をりふし(折節)」の4語である。このうち、古来LHLL型で動かない「ただいま、をりふし」は、「複合語を作る時に先部成素が全平化するという一般的特色」[15]に従わない点において、ここに扱う複合語とは違った範疇に属するものであろう。「ははとじ」も近世になってからの接合か[16]。「つはもの」は前部成素が明確でなく、「みみづく」はLLLH＞HHLLからLHLLへと変化したのではないか。すなわち、新しくできた低起式と考える。「あとかた」もアクセントは室町期以降にあらためて付与されたものであろう（LHHH＞LLHH＞LLLH現代京都）。

(5)　前部成素の式と後部成素の型（類別）から近世における複合名詞のアクセントをみると、

　1)　H0型は、前部高起式のものに偏るが、後部成素には多くの型がある。

　2)　H3型は、前部成素の式にかかわらず、後部成素にLH/LF型（w4/

【表2-1】『平家正節』｛2N＋2N｝複合名詞のアクセント型（前部成素の式・後部成素の型）
（数字は語数。高起式・低起式の別は、古代アクセントによって分けた。
wは「早稲田語類」、ただし△×などの付帯事項はすべて除いて処理した）

全体	H0	H3	H2	H1	L—	計
	9	19	39	11	6	84
％	10.7	22.6	46.4	13.1	7.1	

（w2）（w3）の数字はそれぞれの内数。

	H0	H3	H2	H1	L—	計
高起式	7	7	18	3	0	35
（w2）	(2)	(3)	(6)	(3)	(0)	(14)
低起式	2	11	20	7	5	45
（w3）	(1)	(0)	(9)	(5)	(1)	(16)
？	0	1	1	1	1	4

前部	後部	H0	H3	H2	H1	L—	計
高起式	w1	2		5	2		9
	w2	1	3	4			8
	w3	2	1	4	1		8
	w4	2		4			6
	w5			1			1
	？		3				3
	計	7	7	18	3		35
低起式	w1		2	5	3	1	11
	w2		3	3	2	1	9
	w3	1	5	4		1	11
	w4			5	1	1	7
	w5			3			3
	？	1	1		1	1	4
	計	2	11	20	7	5	45

　　w5）のものがない。秋永の傾向④とも関係があろう。
　3）　H2型は、前部成素の式にかかわらず、後部成素にいろいろな型のものがある。「型の統合」や類推によるものを含んで、多数型になっているのであろう。

3.3　【表2-2】は曲節別に、前部成素の高起式・低起式を分けてみたものである。この表からは、以下のようなことが読み取れよう。
　（6）　曲節別にみても、全体的傾向（H2型が多く、これにH3型が続き、H0型・H1

【表2-2】『平家正節』{2N＋2N}複合名詞のアクセント型（曲節 と 前部成素の式）

口説	H0	H3	H2	H1	L	計
	4	18	34	8	6	70
％	5.7	25.7	48.6	11.4	8.6	

前部成素　（w2）（w3）の数字はそれぞれの内数。

	H0	H3	H2	H1	L	計
高起式	3	6	16	2	0	27
（w2）	(1)	(3)	(5)	(2)	(0)	(11)
低起式	1	11	17	5	5	39
（w3）	(1)	(0)	(9)	(4)	(1)	(15)
?	0	1	1	1	1	4

白声	H0	H3	H2	H1	L	計
	6	8	15	4	4	37
％	16.2	21.6	40.5	10.8	10.8	

前部成素　（w2）（w3）の数字はそれぞれの内数。

	H0	H3	H2	H1	L	計
高起式	5	1	7	2	0	15
（w2）	(1)	(0)	(3)	(2)	(0)	(6)
低起式	1	7	7	2	3	20
（w3）	(0)	(0)	(3)	(1)	(0)	(4)
?	0	1	0	0	1	2

型は少ない）は同じである。

1) 《白声》に比較して《口説》ではH3型・H2型に属する語の比率がやや高く、その分H0型の比率が低い。
2) 逆に、《口説》に比較して《白声》ではH0型の比率が高く、その分H3型・H2型の比率が低い。
3) 両曲節とも、H3型の語に、前部が古く低起式であったものが多い。

なお、とくに数値を示すことはしないが、現代京都アクセントと比較した結果は、ほぼ【表1-2】に示した全体的傾向と同じであった。

3.4　次の図は、『正節』所載の4拍{2＋2構造}複合名詞のうち、主として{2N＋2N構成}の語について、アクセントの変遷を図示したものである。平安・鎌倉から室町への変化はそのほとんどがいわゆる「体系変化」によるものであるが、このほかにHHHL→HHLLあるいはHHLL→HLLLという「型の

4拍｛2+2構造｝の複合名詞アクセント　変遷図

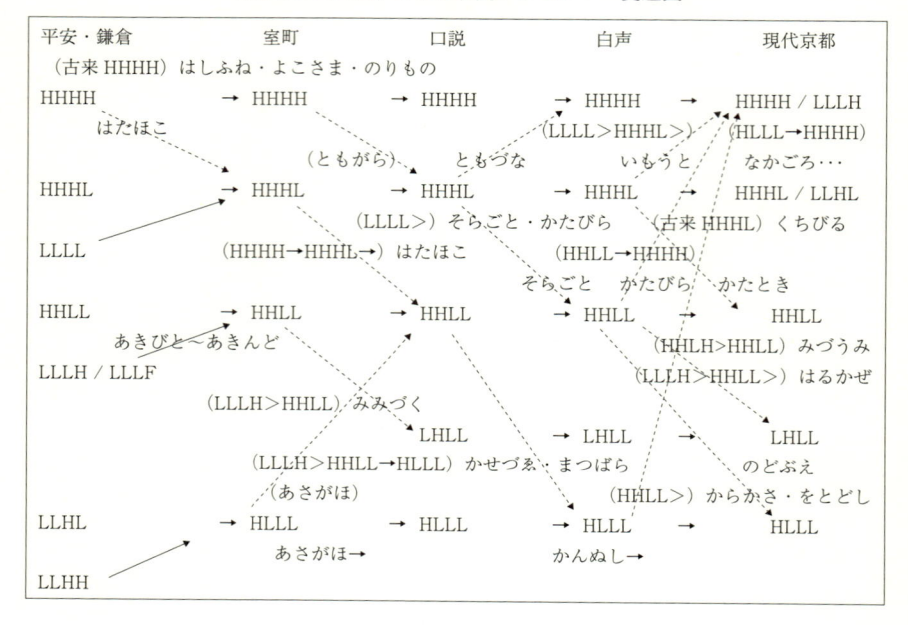

平安・鎌倉	室町	口説	白声	現代京都
（古来HHHH）はしふね・よこさま・のりもの				
HHHH →	HHHH →	HHHH →	HHHH →	HHHH／LLHH
			（LLLL＞HHHH＞）	（HLLL→HHHH）
	はたほこ	（ともがら）	ともづな	いもうと　なかごろ…
HHHL →	HHHL →	HHHL →	HHHL →	HHHL／LLHL
		（LLLL＞）そらごと・かたびら		（古来HHHL）くちびる
LLLL →	（HHHH→HHHL→）はたほこ		（HHLL→HHHL）	
			そらごと　かたびら　かたとき	
HHLL →	HHLL →	HHLL →	HHLL →	HHLL
				（HHLH＞HHLL）みづうみ
LLLH／LLLF	あきびと〜あきんど			（LLLH＞HHLL＞）はるかぜ
	（LLLH＞HHLL→HLLL）あさがほ	みみづく		
		LHLL →	LHLL →	LHLL
		かせづゑ・まつばら		のどぶえ
			（HHLL＞）からかさ・をとどし	
LLHL →	HLLL →	HLLL →	HLLL →	HLLL
LLHH	あさがほ→		かんぬし→	

統合」があり、またそれぞれの時代における多数型への類推がはたらいたものと思われる。

　以下に変遷の類型をいくつか挙げる。まず、古来HHHL型の語には「くちびる(唇)」があるが、LLLL＞HHHLの変化を経たと思われる語には「もとどり(髻N+V)」がある[17]。

　さらにHHHL→HHLLの「型の統合」を経たかと思われるものに、たとえば「かたびら(帷子)」がある。『正節』にはH3型であらわれるが、『名目』や『近松』にH2型がみえるのが、この動きを反映しているものであろう。現代ではすでに伝統性を失い、多数型H0型に類推している。「いもうと(妹)」はH2型への「型の統合」過程を経ていないものと推定する。

　もと｛HH＋LH｝からH2型を保ったものに「みづうみ(湖)」があるが、多くはLLLH＞HHLLの変化を経たものらしく、さらにH2型からL2型に転じたものに「はるかぜ(春風)」があり、H1型と「型の統合」を果たしたものに「からかさ(唐傘)」「をとどし(一昨年)」がある。後者は前部成素が「をち(遠)」に

由来するとすればもともと高起式であったかもしれない。多数型にならえば、「すみぞめ(墨染N＋V)」のように現代H0型に移行しているものもある。「あさがほ(朝顔)」は、その指す対象が変わったこととかかわるのかもしれないが、主流はLLHL＞HLLLの変化を経たであろう。ところが『正節』にはH2型であらわれる。これは、アクセントの変遷としてはいわば傍流であろうが、一時的に多数型H2型への類推がはたらいたか。

3.5　古く多数型の一つであったHHHH型が、『正節』《口説》で必ずしも多くなく、《白声》になって少しばかり数を増やし、さらに現代ではもっとも勢力ある型になっていることを考えると、この型は室町期から江戸前期のころ、なんらかの理由でその数を減らしたものと推定される。しかし、『正節』所載語には、それらしい形跡がなかなか見つからない。[18]
　たとえば「ともがら(輩)」は、古来現代までHHHH型であるのに、ひとり『正節』にのみHHHL型と対応する譜記をともなってあらわれるが、接辞「ども」を後接する形に「特殊低起式表記」がほどこされた例(下記第二例)があり、これを解釈すれば「ともがら」はHHHH型と考えてまず間違いない。第一例については、「間物」の例なので他の正節系諸本に確かめることは難しいが、尾﨑本には東大本と同じ譜記がある。もし『正節』のHHHL型を当時のアクセントと考えるならば、HHHH型が数を減らした形跡がわずかに認められるということになろうか。

　　　輩は（上上上××）　　間物鵜川8-5白声〔尾（同）〕
　　　輩共こそ（××上上コ×××）　　11下西光17-4口説、24-1口説
　また「はたほこ(幢)」は前部成素が「はた(旗)」〔w2〕とみられるから、古く低起式の『和名』の例は不審。『名義』の例に従うべきであろう。そうであれば、「はたほこ」は古くHHHH型であったものが、『正節』の譜記から推定されるHHLL型に移行した例と考えることができる。

　　　寶幢　…訓波多保古〈平平平平〉　京本和名5-28ウ5
　　　幢　…ハタホコ〈上上上上〉　　観本名義　法中54オ3
　　　幢を（上上×××）　5上感陽27-3口説〔尾京A早（同）〕

4. ｛動詞2拍＋体言2拍｝のアクセント

4.1　4拍｛2V＋2N｝の複合名詞で、『正節』《口説》《白声》の譜記からアクセントを推定できるものは、すべて23語である。全体としてみれば、H2型とH3型が多く、H0型がこれに次ぎ、H1型はほとんどない（2.3）。また全体が低起式になる語は、「くちなは（蛇）」ただ1語である[19]。

　つぎに前部成素を高起式と低起式に分けてみると、前部が高起式動詞に由来する場合は、全体の数が少ないのが気がかりだがH0型が多いか。同じく低起式動詞に由来する場合は、H3型またはH2型になるようであり、H0型はまったくない。

　さらに後部成素のアクセント型をあわせてみると、とくに前部低起式の場合には、H3型になる語に後部成素がLH型（w4）やLF型（w5）のものはあらわれない。一方、H2型になる語は後部成素にいろいろな型のものをとる、ということが分かる。

4.2　このような『正節』の譜記から推定されるアクセントの様相は、なにに由来するものなのか。秋永（1980：177）は平安・鎌倉期のこの種の語のアクセントを以下のようにまとめている[20]。

　　　このグループに所属する語はあまり多くない。……〔和名抄・名義抄〕古今集ともに高平型・低平型が大部分を占める。ついで、高起式ではHHHL型が、低起式ではLLLH型が少しみられるが、これらは全平型と両様用いられるものが多い。HHLL型・LLHL型は稀に現れる。

これによると、前部成素のアクセントと複合語のそれとの間の関係は、以下のようであるという。

　　前部成素＝高起式動詞　　複合語アクセントHHHH型またはHHHL型
　　後部成素＝低起式動詞　　複合語アクセントLLLL型またはLLLH型

古くこのような傾向がみられるとすれば、「体系変化」を経たのちの近世では、LLLL型はHHHL型に、LLLH型はHHLL型になっているのであるから、前部成素が高起式動詞に由来する複合語はH0型かH3型、同じく低起式動詞なら複合語はH3型かH2型であらわれるはずであろう。

【表3】『平家正節』｛2V＋2N｝複合名詞のアクセント型（前部成素の式と後部成素の型）

	ア型	H0	H3	H2	H1	L3	計
	全体	4	8	9	1	1	23
	前部成素						
	高起式	4	1	2	1	0	8
	低起式	0	7	7	0	1	15

前部	後部						
高起式	w1	2			1		3
	w2						0
	w3	2	1				3
	w4			2			2
	w5						0
	?						0
	計	4	1	2	1	0	8
低起式	w1		1	1			2
	w2		2	2			4
	w3		3	2		1	6
	w4			2			2
	w5						0
	?		1				1
	計	0	7	7	0	1	15

（曲節別の表、および現代京都アクセントとの比較表は省略）

4.3　そのような観点から『正節』所載語のアクセントをみると、およそ古代アクセントの傾向に対応する型であらわれていることが確認できる。

　H3型については、古代アクセントの傾向からすれば、前部高起式のものと低起式のものとがともに含まれていてよいはずである。前者は古来HHHL型であり、後者はLLLL＞HHHLの変化を経たものと推定される。しかし実際には全8語中前部低起式が7語であり、高起式はわずかに1語である。高起式の1語「うきくさ（浮草）」は古くHHHL型が確認でき、これは秋永や木田章義（1979：51-56）の言うように「〜草」の類型的アクセント（…HL型）に収まるものである。ほかはすべて前部成素が低起式動詞に由来する。おそらくは古くLLLL型のものであろう。『正節』所載語のなかでは「ありさま（有様）」について、それを確認することができる。[21] ほかも同様の経緯をたどったものと推定する。

なお、後部成素にLH/LF型（w4/w5）のものがないのは、この類が低起式の前部成素に付くとLLLH型またはLLLF型になったであろうこととよく符合している。これらの変化型はH2型にこそなれ、H3型にはならないからである。
　次にH2型9語については、前部高起式2語に対して、前部低起式は7語である。後者はLLLH/LLLF＞HHLLという変化を経たものであろうが、あるいは一旦は（LLLL＞）HHHL型に収まったものが、さらに「型の統合」を起こしてH2型に移行した可能性もある。さきに挙げた「おちうと・おちうど(落人)」が『正節』にH3型とH2型と両様あらわれるのは、そのような流れを反映したものであろう。
　これに対して前部高起式の2語「たいまつ(松明)」「ゆきげた(行桁)」については、古来HHLL型か、あるいはHHHL型から移行してきたものか、そのいずれとも特定することはできない。

5. ｛形容詞語幹2拍＋体言2拍｝のアクセント

5.1　4拍｛2A＋2N｝の複合名詞で、『正節』《口説》《白声》の譜記からアクセントを推定できるものは、すべて21語である。ただし前部高起式のものは2語（「あかはた(赤旗)」H3型、「くらやみ(暗闇)」H0型）しかみられなかった。前部低起式の場合はいろいろなアクセント型であらわれる。複合語アクセントが低起式のものも1語（「たかひも(高紐)」L2型）あった。【表4】を参照。

5.2　古代アクセントについて、秋永（1980：195ff）は、「(二)類形容詞が前部成素のものは、後部成素によってLLLL・LLLH・LLLF・LLHH・LLHLの五型が推定された。前部成素のアクセントは動かないが、後部成素によって全体の型が決定されるよう」だとして、以下のようにまとめている。
　①　後部成素全平型（HH型・LL型）……「名義抄・和名抄」では低平型（LLLL型）になる傾向が強い。「古今集」など、LLLL型が保ち切れずにLLLH型になる傾向もある。複合の度合が強くなると、安定型LLHLになる傾向があり、特に後部LL型はその傾向が甚だしい。
　②　後部成素LH型・LF型……前部成素の式、後部成素のアクセント型を生かし、それぞれLLLH型・LLLF型となる傾向が強い。

【表4】『平家正節』{2A＋2N} 複合名詞のアクセント型（前部成素の式と後部成素の型）

	ア型	H0	H3	H2	H1	L2	計
	全体	6	5	6	3	1	21
	前部成素						
	高起式	1	1	0	0	0	2
	低起式	5	4	6	3	1	19

前部	後部						
高起式	w1						0
	w2		1				1
	w3	1					1
	w4						0
	w5						0
	?						0
	計	1	1	0	0	0	2
低起式	w1	3		4	2	1	10
	w2		1		1		2
	w3	2	3				5
	w4			1			1
	w5						0
	?			1			1
	計	5	4	6	3	1	19

③　後部成素HL型……前部成素の影響の強いLLLL型と、前部成素の式、後部成素のアクセント型を生かした安定型LLHL型になる傾向がある。

④　一般に複合の弱いものは、前部成素の式、後部成素のアクセント型を生かすが、その際は連濁しない傾向がある。

これらのことに照らして『正節』の譜記から推定されるアクセントをみると、後部がHH型(w1)にH0型・H2型・H1型が認められるのにH3型がないのは、そのもととなったアクセントがLLLL型ではなかったことを示唆するようであるが、H3型のものはすでにH0型に移行してしまっているのかもしれない[22]。ほかの型は古くLLLHまたはLLHL型であった可能性が高い。後部が古くLL型(w3)であるものは、『正節』にH0型とH3型とであらわれる。これも古くはLLLL型に由来するものであろう。

後部LH型(w4)ではH2型に「しらつゑ(白杖)」1語がある。LLLH＞HHLLとみれば秋永の傾向②に符合する。また後部HL型(w2)ではH3型に「しらは

た(白旗)」1語が、H1型に「ちかごろ(近頃)」1語があるが、それぞれLLLL型とLLHL型からの変化型であろう。これは、傾向③に符合するものと思われる。

5.3　とくに数値は示さないが曲節別にみた場合と、現代京都アクセントと比較した場合には、以下のようなことが言える。
　(1)　《口説》ではH3型やH2型がやや多い。《白声》はH0型が多い。
　(2)　近世H2型のものは、現代でもH2型またはL2型である。ほかはH0型またはL0型になることが多い。

6. ｛体言2拍＋動詞2拍｝のアクセント

6.1　4拍｛2N＋2V｝の複合名詞アクセントについては【表5-1・2】において大勢を見ることができる。二つの表から分かることは以下のとおり。
　(1)　全体としてみるとH0型・H3型・H2型が拮抗し、H1型が少ないことは既に述べた (2.3)。
　(2)　前部高起式はH0型が多く、前部低起式はH3型・H2型が多い。L2型「まへだれ(前垂)」1語とH1型「かちだち(徒立)」[23]1語は例外である。
　(3)　《口説》に比較して《白声》にはH0型の語が多いが、たまたま前部高起式の例が多かっただけともみられる。
　(4)　現代京都と比較してみると、
　　　1)　近世H0型の語は、現代でもH0型であることが多い。
　　　2)　近世H3型の語は、現代H3型のままのことも、その低起式L3型のこともあり、またH2型・L2型・H0型に移行したものもある。
　　　3)　近世H2型の語は、現代H0型に移行したものと、H3型・L3型に移行したものとがある。

6.2　古代語における｛2N＋2V｝複合名詞アクセントの様子も、秋永 (1980: 182ff) の述べるところから知ることができる。そこには以下のようにある。
　　前部成素の式を保存し、殆どが高平型、低平型の平ら型になる。このグループが全平調になりやすいことについては、「名義抄」における木部暢子氏の調査〔木部1978〕にも既に指摘されている。……「すみぞめ・はな

【表5-1】『平家正節』{2N＋2V} 複合名詞のアクセント型（前部成素の式・後部成素の型）

全体		H0	H3	H2	H1	L2	計
		11	10	8	1	1	31
	％	35.5	32.3	25.8	3.2	3.2	
前部成素　（w2）（w3）の数字はそれぞれの内数。							
	高起式	9	2	2	0	0	13
	（w2）	(3)	(0)	(0)	(0)	(0)	(3)
	低起式	2	7	6	1	1	17
	（w3）	(1)	(4)	(4)	(0)	(0)	(9)
	？	0	1	0	0	0	1
前部	後部						
高起式	H-	3	0	1	0	0	4
	L-	6	2	1	0	0	9
	計	9	2	2	0	0	13
低起式	H-	0	1	4	0	0	5
	L-	2	6	2	1	1	12
	計	2	7	6	1	1	17

「後部」のH-は高起式動詞に由来するもの、L-は低起式動詞に由来するもの。

　ぞめ・ときもり」ともに〈平平平上〉型である。このグループとしては『名義抄・和名抄』の「はらまき・ゆびまき」の例が挙げられる。「すみぞめ」における『平家正節』のHHLL型もLLLH型からの変化型であろう。
　すなわち、近世にいたるまでの変化過程には、古来HHHH型、LLLL＞HHHL型（→HHLL）、LLLF/LLLH＞HHLL型の三つの類型がある、ということである。
　上記の傾向からすると、近世H0型は古く前部高起式であることが予想される。そこで、『正節』にH0型であらわれる全11語を調べると、そのうちの「あしだち（足立）」と「ふなづき（船着）」の2語が、古く前部低起式であって例外となる。

　　足立゛ヂよき（上上上上××）　　7下燧合8-3白声〔尾京A早芸（同）〕
　　船着゛ギ（上上上上）　　9上阿古15-3素声〔尾京A早（同）〕

　同じく『正節』にH3型のものは、古くはLLLL型に由来すると考えられる。そして、『正節』にH3型であらわれる全10語のうち「うしかひ（牛飼）」「みづつき（承鞆）」の2語がともに前部高起式で例外となる。

第1節　{2＋2構造}の複合名詞アクセント　　147

【表5-2】『平家正節』{2N＋2V} 複合名詞のアクセント型（曲節と前部成素の式）

口説	H0	H3	H2	H1	L2	計
	2	8	8	1	1	20
%	10.0	40.0	40.0	5.0	5.0	

前部成素　　（w2）（w3）の数字はそれぞれの内数。

	H0	H3	H2	H1	L2	計
高起式	2	1	2	0	0	5
(w2)	(0)	(0)	(1)			(1)
低起式	0	6	6	1	1	14
(w3)		(3)	(4)	(0)	(0)	(7)
?	0	1	0	0	0	1

白声	H0	H3	H2	H1	L2	計
	9	4	3	0	0	16
%	56.3	25.0	18.8	0.0	0.0	

前部成素　　（w2）（w3）の数字はそれぞれの内数。

	H0	H3	H2	H1	L2	計
高起式	7	1	1	0	0	9
(w2)	(3)	(0)	(0)			(3)
低起式	2	3	2	0	0	7
(w3)	(1)	(2)	(2)			(5)
?	0	0	0	0	0	0

全体	H0	H3	H2	H1	L2	計
	11	10	8	1	1	31

現代京都

	H0	H3	H2	H1	L2	計
H0	6	3	3	1	0	13
H3	0	3	2	0	0	5
H2	0	2	0	0	0	2
H1	0	0	0	0	0	0
L0	0	0	0	1	0	1
L3	0	2	2	0	0	4
L2	0	1	0	0	0	1
／		5	3	3	0	1	12

　　牛飼なんど（上上コ××××）　　15下門渡13-5口説〔尾京A早（同）〕
　　水ッ付ｷに（上上上××）　　6下木最32-2白声〔尾早芸（同）〕
　　また、『正節』にH2型であらわれる8語のなかでは、「かんどり（楫取）」「く

づまき(沓巻)」の2語が高起式出自で例外となろう[24]。これらはHHHL→HHLL という「型の統合」を経たか。ほかはLLLH または LLLFに由来するものと思われる。

7. 後部成素と複合名詞のアクセント型

7.1　現代京阪系方言の場合、｛2＋2構造｝のような短い複合語については、そこに規則性を見出すことはむずかしいとされている。しかし、早く前田勇(1953)は、大阪アクセントを当時の師範学校生徒について調べた結果、「式をきめるのは上接語(先行語)である。すなわち上接語の式が揚式〔高起式〕であれば、熟語も揚式であり、抑式〔低起式〕であれば抑式となる」「型をきめるのは下接語(後続語)である」という二つの原則を提示した。そして、その下接語と複合語との関係について、たとえば単独でHH型の語に「コヤ(小屋)類」「フエ(笛)類」「ミズ(水)類」の三つの類を分け、「コヤ類」は複合語をHHHH型またはLLLH型にし、「フエ類」は複合語をHHHL型またはLLHL型にし、「ミズ類」はHHLL型またはLHLL型にするという。単独でHL型の語、LH型の語、LF型の語についても同様に三類に分けて、それぞれの類に属する語を列挙している。そのうえで「すべて二音節無活用語は自己の型の如何にかかわらず、下接語となるにあたっては三系列の中のどれかに所属し、揚式に付いて熟語を全高型にするものは抑式につけば熟語を尾高型にし、連三高型〔HHHL型〕、連二高型〔HHLL型〕にするものは、それぞれに三高型〔LLHL型〕、二高型〔LHLL型〕にするのである」(同：16)と述べた。のちに村中淑子(1999：24)は、杉藤(1995)CD-ROM辞典について前田の調査結果を検証し、「多少のずれはあるものの、現在の大阪アクセントにかなりよく一致する」と評価している。

7.2　前部成素と複合語の「式一致(式保存)」は、少なくとも『正節』所載語の場合には、その低起式においてほとんど成立しないことを考えると、これとは相容れないこと言うまでもない。また、後部成素が複合語のアクセント型を決定するかどうかは、『正節』所載語の場合、必ずしも十分な数の複合名詞を得られないこともあって、明確な傾向は見出しがたい。

　次々頁以下の図表は、『正節』所載の複合名詞をその譜記から推定されるア

クセントによって、A【HHHH型】、B【HHHL型】、C【HHLL型】、D【HLLL型】、E【L－型(低起式の型)】に分け、それぞれの語を、後部成素の（近世～現代における）単独のアクセント型ごとに四角の枠に囲って示したものである。その枠内には、後部成素をなす単語ごとに、複合名詞の語形が示してあるが、点線の上には『正節』に同じ後部成素の複合名詞が複数あるものを、また点線の下には1語しかあらわれないものを記した。1語しかあらわれないものについては、原則としてその複合語形を省略してある。

　さらに前田のそれぞれの類に掲げられた語については、その所属が合致していれば○印を、合致していなければ×印を付けた。×を付けた場合は、前田の類別に照らして、複合語アクセントがA～Cのいずれになるとされているかを、→のあとに記した。なお、このとき前田のいわゆる「抑式」に付いた場合はしばらく除外し、「全高型」「連三高型」「連二高型」をそれぞれABCとして処理している。

7.3　　以上のようにして作成された図表を見るとき、たとえば後部成素を「かね(金)」とする複合名詞は、『正節』に「くろがね(鉄)」と「しろかね(銀)」の2語があらわれ、前者はその譜記から江戸期の京都でA【HHHH型】、後者は同じくD【HLLL型】のアクセントであったことが分かる。そして、それを前田説に照らしてみると、「かね(金)」は「揚式全高型」の「コヤ(小屋)類」として掲げられている。すなわち、その複合語は「揚式」の前部成素に付けば「全高型」、「抑式」に付けば「尾高型」になるというのであるから（いま「抑式」は除外して）、A型すなわち「全高型」にあらわれる「くろがね」を○、D型にあらわれる「しろかね」を×として、さらに「しろかね」の×印のあとに「→A」と注記したのである。「？」は、前田がその所属に躊躇したものに付した。ほかの語についても同様である。

　このようにして『正節』所載のアクセントを整理してみると、上記の「かね(金)」のみならず、「さま(様)」「とり(鳥)」「くち(口)」など多くの語も、後部成素になった場合の複合語アクセントは必ずしも一定しないことが見てとれる。木田章義 (1979：51-57) が『図本・観本名義』を調べて指摘した「～鳥」「～虫」「～草」の類、また秋永 (1980：157) が「同一の後部成素をもつものは類推して同じアクセント型になろうとする」として注意した「ナントカ草・ナント

カ川・ナントカ山」のごときを、ここに確認することは困難である。

　『正節』所載語の範囲では、わずかに「かぜ(風)」を後部成素とする「きたかぜ・しほかぜ・はるかぜ」がHHLL(H2)型であらわれて前田説にも符合する。「かげ(影)」を後部成素とする「おもかげ・つきかげ」はともに『正節』にはHHLL型であらわれるが、前田説ではHHHL型またはLLHL型になるものとされていて、これに合致しない。ほかには「ふし(伏)」「ふみ(文)」「かど(門)」「さと(里)」「ころ(頃)」を後部成素とする複合名詞が複数あらわれ、その複合語のアクセント型もそれぞれに一定してはいるけれども、前田論文に掲げられていない語であるために○×の判定はできない。

　さらに、このような比較から言えることは、『正節』の譜記から推定される複合語アクセントがA【HHHH型】である系列には○印が多く×印がないのに対して、ほかの系列には×が多いことである。すなわち江戸期にHHHH型の複合語は、現代(大阪)でもHHHH型またはLLLH型であり、江戸期においてHHHH型以外の型であった語は、現代その姿を変えている場合が多いということである。とくに「→A」が目立つのは、すでに中井データとの比較によっても確認したとおり、現代にいたる過程でHHHH型へ移行する傾向が顕著であることを物語っている。

近世　　A【HHHH型】　　　　B【HHHL型】

```
┌─────────────────────────────┐  ┌─────────────────────────────┐
│ HH型                         │  │ HH型                         │
│ ○かね（金）　　くろがね       │  │ 　さま（様）　　　ありさま    │
│ 　さま（様）　　よこさま・おつさま・│  │ …………                        │
│ 　　　　　　　　あしざま       │  │ ×そこ（底）→A                │
│ ○とり（鳥）　　かけどり       │  │ ×はた（端）→A                │
│ …………                        │  │ ○かり（刈・狩）               │
│ ○さき（先）○やき（焼）向き・伝て……│  └─────────────────────────────┘
└─────────────────────────────┘

┌─────────────────────────────┐  ┌─────────────────────────────┐
│ HL型                         │  │ HL型                         │
│ 　かた（形）　　くはがた       │  │ ×はた（旗）→A　　あかはた・しらはた│
│ …………                        │  │ ×ひと（人）→A　　いもうと・おちうと・│
│ 　ほや（寄生）                │  │ 　　　　　　　　　かたうど・ただびと・│
│ 　////////////// 以下第三類   │  │ 　　　　　　　　　まらうど・みやうど│
│ ○もの（物・者）のりもの       │  │ 　ふみ（文）　　　うけぶみ・たてぶみ│
│ 　たち（立）　　あしだち       │  │ 　////////////// 以下第三類   │
│ 　つき（付）　　はなつき       │  │ ×あし（足）→A　　かたあし    │
│ 　ふし（伏）　　うへぶし・やまぶし│  │ ×こと（言・事）→A　そらごと・ただごと・│
│ …………                        │  │ 　　　　　　　　　ひがごと    │
│ ○いろ（色）○くも（雲）○やみ（闇）│  │ 　との（殿）　　　はしどの    │
│ ○つけ（付）綱・角・波・出で・打ち・│  │ ×はら（腹）→A　　ふとはら    │
│ 　　　　　　攻め・着き         │  │ ×もの（物・者）→A　うちもの・きりもの・│
└─────────────────────────────┘  │ 　　　　　　　　　くひもの・ただもの・│
                                  │ 　　　　　　　　　わかもの    │
┌─────────────────────────────┐  │ 　かひ（飼）　　　うしかひ・くさがひ│
│ LH型                         │  │ 　たち（立）　　　やまだち    │
│ ○いた（板）　　はたいた       │  │ ○たれ（垂）　　　ひたたれ    │
│ ○ふね（船）　　はしふね       │  │ 　つき（付）　　　みづつき    │
│ …………                        │  │ ○とり（取）　　　もとどり    │
│ 　布                         │  │ …………                        │
└─────────────────────────────┘  │ ×うま（馬）→A　×くさ（草）→A　○きり（切）│
                                  │ ○さし（指・差）　×とき（時）→C　交ひ│
                                  └─────────────────────────────┘
```

C【HHLL型】

HH型
○ かぜ 風　　　きたかぜ・しほかぜ・はるかぜ
○ くち 口　　　きどぐち・たきぐち・ひざぐち
○ たけ 竹　　　ふえたけ
× まき 巻→B　くづまき・さやまき・
　　　　　　　はらまき・ひるまき
…………
× つぼ（壺）→A?　× ふえ（笛）→B?
× ふた（蓋）→A　○みち（道）
　顔・首・君・宮・染め

HL型
　かど（門）　　　ひらかど・むなかど
× てら（寺）→A?　うぢでら
× ひと（人）→A　あきんど・おちうと・
　　　　　　　　きりうと・くらんど
…………
× かみ（紙）→A　楫・沓・年・橋
　　　　　////////////以下第三類
× あし（足）→A　おちあし・かけあし
× こと（言・事）→A　そらごと
× はら（腹）→A　みやばら
　との（殿）　　　ゆばどの
× とり（取）→B　かんどり
…………
× かみ（神）→A　茸・鉾・守り・愛で

LH型
× いた（板）→A　むないた
　つゑ（杖）　　しらつゑ・ゆんづゑ
× ふね（船）→A　あまぶね
…………
× おび（帯）→A　× かみ（上）→A
× きぬ（絹・衣）→A　× すぢ（筋）→B?
○ うみ（海）　笠・鎌・屑・桁・松
　　　　　////////////以下第五類

LF型
× かげ（影）→B　おもかげ・つきかげ
…………
　葛・楯

D【HLLL型】

HH型
× かね 金→A　しろかね
× くち 口→C　やまぐち
　さと 里　　やまざと・ふるさと
　さま 様　　うちさま・かたさま
× たけ 竹→C　よりたけ
× とり 鳥 →A?　やまどり

HL型
　ころ（頃）　　ちかごろ・なかごろ
× てら（寺）→A?　やまでら
　　　　　////////////以下第三類
　との（殿）　　きたどの
　たち（立）　　かちだち

LH型
　つゑ（杖）　　かせづゑ
…………
× ぬし（主）→A?

E【L－型】

HH型
…………
× ひも（紐）→A?　たかひも LHLL

HL型
　かた（形）　　あとかた LLHH
　　　　　////////////以下第三類
× もの（物・者）→A　つはもの LHLL
× たれ（垂）→B　まへだれ LHLL
…………
× なは（縄）→A　くちなは LHLL/LLHL
　節　　　　　をりふし LHLL

LH型
…………
　今　ただいま　LHLL

第1節　{2+2構造}の複合名詞アクセント　153

8. おわりに

　本節の結論は、すでに冒頭に記したイ～ハの三つに尽きるので、あらためてまとめることはしない。最後に、本文中に語例を一つひとつ挙げられなかったので、ここに一覧して参考に供する。
　各アクセント型のあとの〔　〕内は所属語数、また平仮名語形に続く（　）内はその語の漢字表記である。

《平家正節にみえる和語｛2＋2構造｝の複合名詞》全170（168）語
N+N〔84語〕
　　H0型〔9語〕　いはさき（岩先）、いはなみ（岩波）、くはがた（鍬形）、ともづな（艫綱）、はしふね（端舟）、はたいた（端板）、ははしろ（母代）、まろほや（丸寄生）、よこさま（横様）
　　H3型〔19語〕　いもうと（妹）、かいしろ（垣代）、かたあし（片足）、かたうど（方人）、かたとき（片時）、かたびら（帷子）、くちびる（唇）、そらごと（虚言）、ただごと（徒事）、ただびと（徒人）、ただもの（徒者）、たてぶみ（竪文）、ともがら（輩）、はしどの（橋殿）、ひがごと（僻事）、ふなそこ（船底）、ふなばた（船端）、まらうど（客人）、みやうど（宮人）
　　H2型〔39語〕　あきんど（商人）、あさがほ（朝顔）、あまぶね（海士舟）、いとくず（糸葛）、うぢてら（氏寺）、うはおび（上帯）、おにかみ（鬼神）、おもかげ（面影）、かいだて（垣楯）、かみすぢ（髪筋）、からかさ（唐傘）、かりぎぬ（狩衣）、きざはし（階）、きたかぜ（北風）、きどぐち（木戸口）、くびかみ（頸上、首のまわりの衣服の襟）、くらんど（蔵人）、しほかぜ（潮風）、そらごと（虚言）、たきぐち（滝口）、たきつぼ（滝壺）、つきかげ（月影）、のうぶえ（喉笛）、はたほこ（幢）、はるかぜ（春風）、ひざぐち（膝口）、ひらかど（平門）、ひらたけ（平茸）、ふえたけ（笛竹）、みづうみ（湖）、みやばら（宮腹）、むないた（胸板）、むねかど（棟門）、ゆばどの（弓場殿）、ゆんづゑ（弓杖）、よこがみ（横紙）、わいかぢ（脇楫）、

わらんづ（藁沓・草鞋）、をとどし（一昨年）

- H1型〔11語〕うちさま（内様）、かせづゑ（鹿杖）、かたさま（方様）、かんぬし（神主）、きたどの（北殿）、なかごろ（中頃）、まつばら（松原）、やまぐち（山口）、やまざと（山里）、やまでら（山寺）、やまどり（山鳥）
- L0（LLHH）型〔1語〕あとかた（跡形）
- L3（LLHL）型〔1語〕ははとじ（母刀自）
- L2型〔4語〕ただいま（只今）、つはもの（兵）、みみづく（木菟）、をりふし（折節）

V+N〔23語〕
- H0型〔4語〕おつさま（追様、〜に）、かけどり（翔鳥）、のりもの（乗物）、まけいろ（負色）
- H3型〔8語〕ありさま（有様）、うきくさ（浮草）、うけぶみ（請文）、うちもの（打物）、おちうと・おちうど（落人）、きりもの（切者）、くひもの（食物）、なぎなた（薙刀）
- H2型〔9語〕えりくづ（選屑）、おちあし（落足）、おちうど（落人）、かけあし（駆足）、きりうと（切人）、たいまつ（松明）、ないがま（薙鎌）、ほりくび（掘首）、ゆきげた（行桁）
- H1型〔1語〕よりたけ（寄竹）
- L3（LLHL）型〔1語〕くちなは（朽縄、蛇）

A+N〔21語〕
- H0型〔6語〕あしざま（悪様）、くらやみ（暗闇）、くろがね（鉄）、くろくも（黒雲）、しろぬの（白布）、たかづの（高角）
- H3型〔5語〕あかはた（赤旗）、しらはた（白旗）、はやうま（早馬）、ふとはら（太腹）、わかもの（若者）
- H2型〔6語〕くろぽろ（黒母衣）、しらつゑ（白杖）、ひろぶた（広蓋）、ほそみち（細道）、わかぎみ（若君）、わかみや（若宮）
- H1型〔3語〕しろかね（銀）、ちかごろ（近頃）、ふるさと（故郷）
- L2型〔1語〕たかひも（高紐）

N+V〔31語〕
- H0型〔11語〕あしだち（足立）、うへぶし（上臥）、かどいで（門出）、くぎづけ

　　　　　　　（釘付）、さきうち（先打）、にしむき（西向）、はなづき（鼻付、〜
　　　　　　　に）、ひとづて（人伝）、ひらぜめ（平攻）、ふなづき（船着）、ゆ
　　　　　　　ふさり（夕去）
　　H3型〔10語〕うしかひ（牛飼）、くさがひ（草飼）、くさかり（草刈）、すぢかひ
　　　　　　　（筋交、筋違、斜め）、なかざし（中指）、のこぎり（鋸）、ひたたれ
　　　　　　　（直垂）、みづつき（承鞴）、もとどり（髻）、やまだち（山賊）
　　H2型〔8語〕かんどり（楫取）、くづまき（杳巻）、さやまき（鞘巻）、しまもり
　　　　　　　（島守）、すみぞめ（墨染）、はらまき（腹巻、武具の一）、ひるまき
　　　　　　　（蛭巻）、ものめで（物愛）
　　H1型〔1語〕かちだち（徒立）
　　L2型〔1語〕まへだれ（前垂）
V+V〔6語〕
　　H0型〔3語〕いでたち（出立）、えりうち（択討）、のりがへ（乗替）
　　H3型〔1語〕いけどり（生捕）
　　H1型〔1語〕うせはて（失果）
　　L0（LLHH）型〔1語〕うちじに（討死）
A+V〔2語〕
　　H3型〔2語〕ながもち（長持）、ふかいり（深入）
N+A〔2語〕
　　H0型〔1語〕うまづよ（馬強）
　　H3型〔1語〕はらぐろ（腹黒）
V+A〔1語〕
　　H2型〔1語〕きせなが（着長）

注────────
　1　ここに取り上げる複合名詞は、その構成成素が江戸中期に独立して用いられないも
　　のも少数ながら含んでいるが、ほとんどが秋永一枝（1958）にいう「癒合名詞」「結
　　合名詞」にあたるものであって、畳語・並立語・反対語、数詞・地名を含むもの、「〜
　　やか・らか」などの形容動詞語幹や派生語の類を除いてある。
　2　坂本清恵（2000：414）によれば、4拍体言（構造は不問）における「体系変化後」
　　のアクセント型構成比（語数）はおよそ｜H0：H3：H2：H1 = 12：20：25：18｜であ
　　るから、ほぼ｜4：7：8：6｜とみることができよう。『正節』に比較してH1型の構成

比が高い。低起式ではLHLL型が10%を占めて最多である。
3 《白声》においてH0型が少しく増加していることを勘案するならば、東大本の譜記は必ずしも誤写とばかりも言えないのであるが、しばらく他の正節系諸本にしたがうことにする。
4 《口説》と《白声》とを合わせた語数が全体の語数と異なるのは、両方の曲節にあらわれる語について、そのアクセント型をそれぞれの曲節に数えたからである。
5 ただし同じ語において｛《口説》H3型またはH2型｝に対して｛《白声》H0型｝などというものは認められない。ただ《白声》にだけあらわれる語にH0型のものが多いというにすぎず、それが《口説》には少ないということである。もちろん両曲節間に、語彙的性格を左右する要因などはとくに認められない。
6 第4章 第2節を参照。
7 「鐵 久路加袮〈平平平平〉」前本和名3-64オ2、「クロカネ〈平平平濁平〉」観本名義 僧上58オ8、「纜 度毛都奈〈平平平平〉」伊廿本和名11-4オ4、「纜 度毛都奈〈平平平濁平〉」図本名義289-2などの例がある。
8 現代京都は『日本語アクセント史総合資料』索引篇所載の「京ア」、中井幸比古（2002）による。現代大阪アクセントは杉藤美代子（1995）による。現代大阪では、「ともづな」は老若ともにHHHH、「くろがね」は老若ともLLLHとある。なお「索引篇」には「くろかね」HHHHに『謡曲』があがっているので、すでに中世からHHHL型からHHHH型へと移行する語はあったらしい。
9 「（句）師　カチトリ〈上上濁上平〉」観本名義 仏下本57オ8による。『和名』は「梜抄　加知度利〈上上上〉」前本和名1-15ウ9とあるが、高松宮本・林羅山書入本（佐藤栄作2000）には〈上上上平〉も。『解脱』には「カンドリ〈上上上平〉」の例がある。
10 中井（2002）所載データのうち「M（使用稀）」は数えたが、「X（聞かない）」は外した。また、現代では用いられないことから中井データに載っていない語の数は「／」の欄に記した。なおアクセント表示については、中井データのそれを本書のあらわし方に改変してある。
11 秋永（1980：156）によるが、同趣のことは『観本名義』を調べた木部暢子（1978：42）も言及している。
12 （　）内はその型に注記された語数。佐藤栄作（1998：553表1）によれば、「体系変化前」における4拍｛2＋2構造｝の体言のアクセントには、HHHH型（342）、HHHL型（221）、HHLL型（70）、HLLL型（13）、LLLL型（358）、LLLH（LLLF）型（220）、LLHL型（166）、LLHH型（92）ほかの型があらわれるという。数字は『日本語アクセント史総合資料』索引篇所載語の数。佐藤（同：552）はまた、LLHH型やLLLH型が「かなり有力な型と認められること」、HLLL型が「極めて少数であること」などを指摘している。

13　木田章義（1979）も参照。
14　引用に際してアクセント表示をHL式に改め、助詞のアクセント表示も「-」のあとに記すこととした。以下同様。なお、秋永は「しかしこれは数字の上だけということも言える。たとえば、同一の後部成素をもつものは類推して同じアクセント型になろうとするから、ナントカ草・ナントカ川・ナントカ山のような数の多いものをひとしなみにそれぞれの単語数で加算するのは危険である。その上、諸本の傾向を無視することはできない」とも述べている。
15　このことは、すでに金田一春彦（1937）が挙げた例からも明らかであるが、木部（1978：42）に明示的な記述があるのによる。
16　たとえば「をりふし」を構成成素に分ければ「をり（折 w4）」と「ふし（節 w3）」であるから、「をりふし」は複合の弱い並立語のごときものか。「ただいま」も複合の弱い段階で定着したか。
17　中井（2002）による。「索引篇」はH0。
18　坂本（2000：436）は、｜2+2構造｜で古くHHHH型であったものが、「体系変化」後にHHHL型またはHHLL型へ転じた例に「笹原・爪櫛・旅人・二年」などがあることを報告している。
19　「くちなは（蛇）」については、坂本（2000：438）に考察がある。
20　秋永は｜動詞連体形＋体言｜の構成のものも含めて考察しているが、ここでは｜動詞連用形(転成名詞も含む)＋体言｜の語にかぎる。
21　たとえば『図本名義』237-4「消（息）」の項に〈平平平平〉とあることなど。
22　後部HH型の一つ「くろがね（鉄）」がLLLL＞HHHLの変化を経て、さらに中世後期にはHHHH型に移行していたことは、すでに2.4に述べた。
23　衣類の意味ならばLLLF＞HHLLの変化ののちLHLLに転じた可能性もあるが、『正節』での用例は「前下がり」の意。現代のL3型へは直接つながらない。衣類の一つとしての意味ならば、古く「マヘタレ〈平平平濁東〉」図本名義340、「マヘタレ〈平平平上〉」観本名義 法中72オ4などの例がある。
24　このうち「かんどり（楫取）」は前部成素「かぢ（楫 w2×）」で高起式であるから「和名抄」のHHHH型は一般的傾向にそうものであろう。これとは別に『和名』にみえ、『名義』『解脱』にもみられるHHHL型は多数型への類推であろうか。現代京阪もH3型。

第2節
{2+3構造}の複合名詞アクセント

1. はじめに

　アクセントの複合規則とは、《複合語のアクセント》と《その構成成素となる語の長さやアクセントなど》との対応規則のことをいう。ここにいう複合語ならびにその構成成素のアクセントは、ともに同じ時代、同じ地域におけるものであることは言うまでもない。

　しかし、歴史的にみた場合に、たとえば江戸中期以前の京都アクセントを反映するとされる『平家正節』の譜記から、当時の複合名詞のアクセントを推定すると、同時代における構成成素のアクセントとの対応よりも、古代アクセントとの関係の強いことが分かる。だが、従来そのようなものは複合語のアクセントではあっても、複合規則を導き出す対象とはされてこなかったようである。

　われわれは、ここに「複合アクセント規則」なるものの性格を確認しなければならない。それはすなわち「各構成成素に分けてその組み合わせから随意にアクセントを付与する」(上野善道 1984：12) 場合の複合語アクセントを対象とするのであって、「日常語として子供の頃に無意識にそのまま習得する形で、即ち、分析して単純語と関連づけることなしに伝承された」(同前) 複合語アクセントは、いわゆる「複合アクセント規則」の対象から外されるということである。外されるべき複合語をいま仮に「伝統的複合語」とよび、「複合アクセント規則」の対象となるべきものを「同時代的複合語」とよぼうと思う。

　同時代的複合語から導かれる「複合アクセント規則」の一つとして、前部

成素アクセントの式と複合語アクセントの式とが一致するという「式保存の法則」が言われて久しい。古代アクセントについては金田一春彦（1937・1953）、また現代京阪アクセントについては和田実（1942）の研究があり、いずれもその規則的であることが確認されている。

　しかし、中世後期から近世までの間、「式保存（一致）」は「複合アクセント規則」の一つとして成立していたのであろうか。さらには、その時代の京都を中心とする地域の複合語アクセントはいかなるものであったのか。そこからは、いかなる「複合アクセント規則」が導き出せるのか。このような問題意識のもとに、とくに和語から成る｛2＋3構造｝の複合名詞を対象として、そのアクセントの史的変遷を考えようとするのが本節の目的である。

2.「体系変化」前の複合名詞アクセント規則

　院政・鎌倉期における複合名詞アクセントを詳しく研究したのは、桜井茂治（1958a=1975）と秋永一枝（1980）である。ここに問題とする後部3拍の複合名詞にかぎれば、桜井（1975：169）は「先部成素の原アクセントが、高起式のときは…HHL型、低起式のときは…LHL型となって、後から二番目の音節に"核"を有する型になり、最も例が多い。これは当時の「基本アクセント」に実現した例である」（アクセント表示を、高拍H・低拍Lに改変、以下同様）と述べている。秋永（1980）もまた、「体言二拍＋体言三拍」の複合名詞では「前部成素の式を保存し、後部成素のアクセントの型にかかわらず殆どが安定型のHHHHL・LLLHL型である」（同：231）と述べ、「体言二拍＋動詞三拍（派生名詞を含む）」では「前部成素の式を生かし安定型である□□□HL型になる傾向が強」いとする（同：238-239）。

　これらの研究によれば、院政・鎌倉期においては、前部成素が高起式ならば、複合名詞は後部成素のアクセントにかかわらずHHHHL型、同じく低起式ならばLLLHL型が基本型であったということである。これは、複合語アクセントを、その構成成素である語（語基）の、同時代・同方言におけるアクセントから説明できるという点で、「複合アクセント規則」とよぶにふさわしいものであろう。

3. 『平家正節』から推定される複合名詞アクセント

3.1 さて、江戸中期以前の京都アクセントを反映するとされる『正節』《口説・白声》から｛2＋3構造｝の複合名詞を抜き出し、前後それぞれの品詞性と、その譜記から推定される複合名詞アクセントとの関係を示したのが【表1】である。ここに複合名詞というのは、前後が和語から成り、数詞・固有名詞（人名・地名）を含むものや並立語・対立語・畳語を除いたものである。ただし、構成成素のごく一部に複合語や派生語を含んでいる。また、連濁はもちろん、前部成素末尾に音変化のみられるものもあるが、ここでは特に区別せずに考察する。表中、Nはその成素となっている語が体言であることを、V・Aは動詞（転成名詞を含む）・形容詞にそれぞれ由来するということをあらわす（数字は語数、語例は末尾に一括掲載）。

【表1】『平家正節』｛2＋3構造｝の複合名詞アクセントと語構成

構成 ＼ ア型	H4	H3	H2	L2	計
N+N	10	2	6	1	19
N+V	7		16		23
V+N	4		4		8
V+V		1		1	2
A+N	2		5	1	8
計	23	3	31	3	60
%	38.3	5.0	51.7	5.0	

『正節』の譜記からアクセント型が推定される複合名詞は、すべて60語である。ただし「うちがたな（打刀）・ものがたり（物語）」は、二つの異なるアクセント型であらわれるので、それぞれに数えた（実際は58語）。また《口説》と《白声》とはほぼ同じ傾向をみせることから、以下の考察ではとくにこれらを区別しない。【表1】から分かることは、つぎの（1）（2）である。[3]

(1) アクセント型別にみると、H4（HHHHL）型が23語（38.3%）、H2（HHLLL）型が31語（51.7%）であり、ほかはH3（HHHLL）型に3語、L2（LHLLL）型に3語を数えるのみ。

(2) 前部成素・後部成素それぞれの品詞性からみると、N+N・N+V・V+N・A+Nの場合には、H4型とH2型に集中するという傾向が認められる。V+Vの場合はH3型とL2型という多数型以外の型をとる。

3.2 つぎに、複合名詞とその前部成素、それぞれのアクセントの相互関係を示した【表2】を検討する。前部成素は、その品詞性で三大別したのち、「早稲田語類（w）」によって分類した（類別されていない語については推定されるアクセント型を記載、XはHかLか不明ということ）[4]。【表2】から明らかになることは、次の(3)～(5)である。
 (3) 前部成素が高起式（w1・w2・wV1・wA1）の場合、複合名詞はそのほとんどがH4型である[5]。
 (4) 前部成素が低起式（w4）の場合、複合名詞はそのほとんどがH2型である[6]。

以上(3)(4)から、前部成素が古来高起式の複合名詞はH4型、同じく低起式のものはH2型という原則のあったことがうかがえよう。それでは、院政・鎌倉期と室町・江戸期との間で、前部成素となる語がアクセント変化を起こした場合はどうであろうか。これについては、前部成素がLL＞HLの変化を経た第三類〔w3〕相当の語と、動詞の転成名詞形や形容詞語幹がかつてLL型であった〔wV2〕〔wA2〕とを、あわせて考える必要がある。【表2】において、前部成素がNの「w3／LL」の段、さらにVの「wV2」およびAの「wA2」の段からは、以下のようなことがみてとれるであろう。
 (5) 前部成素が古くLL型であり、室町期以降HL型になった語の場合、複合名詞のアクセントは原則としてH2型である。これについては、前部成素が〔w3〕に属する体言ばかりでなく、動詞〔wV2〕や形容詞〔wA2〕に由来するものであっても、およその傾向は同じである[7]。

3.3 「前部成素が古来高起式の複合名詞はH4型、同じく低起式のものはH2型」という原則があり、また「前部成素が、古くLL型から室町期以降HL型になった語である場合、複合名詞のアクセントは原則としてH2型」であるとすると、『正節』にみられる複合名詞アクセントは、古く前部成素が高起式であったか低起式であったかによってH4型とH2型とに分かれるということに

【表2】『平家正節』{2＋3構造}の複合名詞アクセントと前部成素

前部成素		ア型 H4	H3	H2	L2	計
N	w1	5		1		6
	w2	5		1		6
	w3/LL	4	2	12		18
	w4	1		5	1	7
	w5					0
	LX	1		2		3
	N類別不明	1		1		2
V	wV1	1				1
	wV2	1	1	4	1	7
	V類別不明	2				2
A	wA1	2				2
	wA2			5	1	6
計		23	3	31	3	60

【表3】『平家正節』{2＋3構造}の複合名詞アクセントと後部成素

後部成素		ア型 H4	H3	H2	L2	計
N	HHH/w1	4		5	1	10
	LLL＞HHL/w4	4		4		8
	LLH＞HLL/w5		1	1		2
	LHL/w7	3		1		4
V	wV1	4		6	1	11
	wV2	3	1	9		13
	wV3			1		1
その他		5	1	4	1	11
計		23	3	31	3	60

なる。このことはとりもなおさず、『正節』所載の複合名詞の多くは鎌倉期までに複合していたものが多く、その譜記に反映したアクセントも、室町期以降になってアクセントが付与されたものではない、ということを意味するであろう。これらのうちには、『正節』編纂当時(江戸中期)の京都で使用されていた語もあったであろうが、それらとて「分析して単純語と関連づけることなしに伝承され」てきたものが多かったにちがいない。

　ところで「分析して単純語と関連づけ」られると、複合名詞アクセントはど

うなるのか。古くは前部高起式ならばHHHHL型、低起式ならばLLLHL型であった。それがいわゆる「体系変化」を経てH4型とH2型になった。そのときに「分析して単純語と関連づけ」られれば、当然「式一致」の力がはたらき、あらためて前部成素の式にしたがうということになるであろう。あるいはまた、後部成素のアクセント型が関与することもあったかと思われる。

　しかし大勢において、『正節』所載の複合名詞アクセントには、そのような様子はみえないようである。L2型も、その3語だけを取り出してみれば、たしかに前部低起式ではあるが、逆に前部低起式ならばL2型になっているかとなると、そうは言えない。むしろ前部低起式のものはH2型に多く集まっているのである。このようなしだいであるから、『正節』にみえる複合名詞アクセント全体に「式一致」を認めることはむずかしい。また、後部成素のアクセント型が複合名詞アクセントに関与しているかどうかについては【表3】に示したとおりで、全体としてみれば、その関与を認めることもできないであろう。

3.4　院政・鎌倉期のアクセントにおける高起・低起の別が、複合語アクセントの型を決定しているということについては、もちろん『正節』所載語の性格や平曲伝承の厳格さを考える必要があろう。たしかに、これらの多くは伝統的複合語である。しかし翻って考えてみるに、いわゆる「体系変化」以後の同時代的複合語のアクセントとて、『正節』の譜記にあらわれた様相に近い状態であった可能性もなしとしない。もちろん低起式どうしの「式一致」のような動きは実際にはあったであろうが、後述する「近松世話物浄瑠璃譜本」の例から考えるに、少なくとも近世前期までは、(低起式の)「式一致」がさほど表面化していたとは思えない。むしろH4型とH2型とに二分される体系が室町期から江戸初期の基本にあって、そこに同時代的要素(式一致や後部関与)がいくらかあらわれ、さらにまた基本体系の変遷(H2型への統合、2型から3型への移行)があって、それとの関わりから同時代的要素のあらわれ方が定まってくるということではなかったかと想像する。「体系変化」以後の京都アクセントの世界は、一面において、古代からの伝統をひくアクセント型を、同時代的な「式一致」などの力が徐々に突き崩していく過程とみることができよう。

4.「近松世話物浄瑠璃譜本」から推定される複合名詞アクセント

4.1 　　上述のように『正節』所載の複合名詞は、平曲伝承のなかで前代からのアクセントを伝えてきたものと思われる。とくに、院政・鎌倉期のHHHHL型・LLLHL型それぞれに対応するH4型とH2型とが、ほとんど規則的に出現することは重要である。しかしその複合名詞アクセントをもって、ただちに近世京都の実態とみなすには慎重でなければならない。当時の「複合アクセント規則」は、平曲譜本にみられるような伝統的複合語にではなく、日常的に使用された同時代的複合語にこそ求められるべきだからである。

　そこで、上記の条件を満たし、かつ傾向を観察するだけの語数を採集できるアクセント史資料として、『近松(世話物浄瑠璃譜本)』にみえる胡麻章付語彙を検討しようと思う。幸いにして同資料には、坂本清恵による『近松世話物浄瑠璃　胡麻章付語彙索引』体言篇(1987)があるので、そこに採られた見出し語の中から、和語から成る{2＋3構造}の複合名詞を取り上げて検討する。

　ただし坂本(2002：3-4)によれば、「近松浄瑠璃譜本の初演当時であっても、義太夫の生前と死後では胡麻章の役割が大きく変化」していて、義太夫死後になると、「義太夫節の胡麻章は、語アクセントの高低を示すことよりも、語の開始だけを示す役割が課されるようになった」ということである。具体的には、たとえ低く始まる語であっても、語頭表示のために上げ胡麻が一つ施されることがあったと指摘されている。そこで索引所載の複合名詞から、義太夫死後の作品にあらわれるもののうち、語頭に上げ胡麻が一つ施されている語を除いて傾向を考察した。[8]

4.2 　　【表4】～【表6】は、『近松』所載の複合名詞に施された胡麻章から推定されるアクセント型を、上記の『正節』にならって整理したものである。これらから分かることは以下のとおり。なお『近松』からアクセント型が推定される複合名詞はすべて65語であった。[9]

(1)　アクセント型別にみると、H2（HHLLL）型が32語（49.2％）と断然多く、H4（HHHHL）型・H3（HHHLL）型・H1（HLLLL）型がそれぞれ10語足らず（10％程度）、ほかに低起式のアクセント型があわせて10語（15％）あった。[10]

【表4】「近松世話物浄瑠璃譜本」{2+3構造}の複合名詞アクセントと語構成

構成＼ア型	H4	H3	H2	H1	L4	L2	LX	計
N+N	2	2	12	1			1	18
N+V	3	3	12	2		1		21
V+N	1	1	5	2				9
V+V			1	1	1		2	5
A+N	2	1		2			2	7
A+V			2			1	2	5
計	8	7	32	8	1	2	7	65
％	12.3	10.8	49.2	12.3	1.5	3.1	10.8	

【表5】「近松世話物浄瑠璃譜本」{2+3構造}の複合名詞アクセントと前部成素

前部成素		H4	H3	H2	H1	L4	L2	LX	計
N	w1/HH	1		4	1				6
	w2	3	2	2	1				8
	w3/LL			12	1				13
	w4		2	4			1		7
	w5			1				1	2
	LX			1					1
	N類別不明	1	1						2
V	wV1	1		3	1				5
	wV2		1	3	2	1		2	9
A	wA1	1			1				2
	wA2	1	1	2	1		1	4	10
	計	8	7	31	9	1	2	7	65

(2) 前部成素・後部成素それぞれの品詞性からみると、とくにN+N・N+V・V+NにおいてH2型が優勢である。

(3) 前部成素の、近世における高起式・低起式にかかわらずH2型が多くの語にあらわれている。

(4) 前部成素が二拍名詞第三類〔w3〕相当の場合は、とくにH2型への集中が目立つ（13語中12語）。

4.3 『正節』と『近松』とにいかなる違いがあるのか。まず、『正節』において

【表6】「近松世話物浄瑠璃譜本」{2＋3構造}の複合名詞アクセントと後部成素

後部成素		ア型	H4	H3	H2	H1	L4	L2	LX	計
N	HHH/w1		1	1	2	1		1		6
	HHL/w2				1				1	2
	LLL＞HHL/w4		1	1	4	1				7
	LLH＞HLL/w5		1	1	3	1				6
	LHH/w6			1	2	1				4
	LHL/w7								1	1
V	wV1		2	1	9	2			1	15
	wV2		1	2	7	1			1	12
	wV3				1					1
	その他		2		2	2	1	1	3	11
	計		8	7	31	9	1	2	7	65

はH4型とH2型とが、それぞれに古代アクセントとの対応よろしく対立していたのに対して、『近松』はH2一型に偏っていることがあげられる。『正節』において前部成素が古来高起式のものは、そのほとんどがH4型であった。ところが、【表5】によれば『近松』ではH2型にも同じようにあらわれる。

つぎに、『正節』と『近松』の共通するところは、低起式の複合名詞アクセントが少ないということである。『正節』は60語中の3語、『近松』は65語中の10語でしかない。これらはすべて、前部成素が低起式のもの（いわゆる第二類動詞・第二類形容詞に由来するものも含む）である。しかし、前部成素が低起式であっても、複合語がすべて低起式になるというわけではない。

4.4 以上の考察から、『近松』の複合名詞アクセントは、およそのところ《その時代（江戸前期）に前部成素が高起式の場合にはH4型とH2型、同じく低起式の場合にはH2型》であったと推定される。また、前部成素が古くLL型であったものはほとんどH2型のままであった。そこに、ある程度の語が、H4型から「型移行」してH2型に合流しつつあったとみられる（たとえば「ふぢばかま（藤袴）」などは古くHHHHL型であるのに『近松』ではH2型）。『近松』において、前部成素がもともと高起式の複合名詞がH4型とH2型とに分かれているのは、『近松』所載のアクセントが、H4型からH2型への「型移行」の途中にあることを反映し

ているものと解する。

　この段階で、「式一致」の力もはたらいていたであろうことは、複合語アクセントに低起式のものが認められることからうかがえよう。しかし、『近松』の時代に前部低起式とみられる29語中、複合語アクセントも低起式であるものは10語しかない。この時代には、同時代的な「式一致」の力よりも、多数型であるH2型(基本型)の力が強かったとみるほかないであろう。

5. 京阪式諸方言の複合名詞アクセントと複合名詞アクセントの史的変遷

5.1　中井幸比古(1998a：10)によれば、「高知方言の古い段階」における複合名詞アクセント(後部成素3拍)の下降位置について、「Yが無核(H0・L0)の場合には、@1ではなく、−1が優勢である。さらに、−1は、Yが無核でなくても、H1でなければ、かなり多く現れる」とのことである(Yは後部成素のこと。本節のアクセント表示に改めれば、@1は複合語アクセントが…HLL型、−1は…HLLL型)。

　いま本節で問題としている「和語から成る｜2＋3構造｜」に限定して、中井論文に掲げられた語例を検討してみると、[11]「式一致」はほぼ成立しており、後部成素H2型(「紙袋」など)およびL2型(「風邪薬」など)の場合には比較的よく「後部関与」が認められる(12語中8語)。後部成素H1型については、「和語から成る」という条件を満たすものは「種油」しかあがっていないが、その他の「朝御飯、胡麻油、鍋料理」などから推定するに、この場合の「後部関与」も成立しているようである。後部成素H0型の場合(10語)にも、複合語H2型がよく聞かれる(8語)。また、複合語アクセントがH2型優勢のもの(「花畑・山男」など6語)には、前部成素に第三類相当のものが目立つ。

　中井(同：10-11)はまた、「下降位置についてのみ、概略を述べ」るとして「近世初頭には、平曲譜本などによると、本稿報告の高知方言にかなり近い形で落ち着いたようである」と推定している。「和語から成る｜2＋3構造｜の複合名詞」という限定を加えれば、『正節』所載の複合名詞アクセントはH4型とH2型とに規則的に分かれる一方、『近松』では明らかにH2型への集中が見てとれるので、下降位置について「高知方言にかなり近い」(傍点筆者)という推定はある程度まで的中している。とくに前部成素が第三類相当の語の場合、複合

語アクセントにH2型が多いという点もよく似ているようにみえる。

　また、中井（同：6）の掲載する表によれば、高知高年層における複合語アクセント（前部低起式2拍で後部3拍以上）の式一致率は85％程度であるという。和語から成る｛2＋3構造｝の複合名詞という限定を加えたとしても、高知高年層の式一致率は『近松』よりもかなり高いものになるであろう。

　後部成素が複合語アクセントに関与することについても、高知高年層のような傾向を、『正節』や『近松』に見てとることはむずかしい。

5.2　　『近松』と、「高知高年層」を含む「中央式周辺部諸方言」の複合名詞アクセントとを比較すると、以下のことが言えるように思う。
 (1)　「式一致」は『近松』には一部にしか認められないが、高知高年層にはある程度まで認められる。
 (2)　「後部成素関与」も『近松』にはとくに認められないが、高知高年層にはある程度まで認められる。

　これらのことを総合すると、（低起式の）「式一致」や「後部成素関与」が進行するのは、複合名詞アクセントの史的変遷の順序としては、『近松』の段階よりも後のこととみなくてはならない。

5.3　　和田実（1942：11）によれば、本稿で扱う｛2＋3構造｝を含む「二, 三, 四, 五音節プラス三, 四音節」の複合名詞について、「近畿地方の中央部, 京都大阪神戸の三大都市中心に行はれるアクセント」は「後部成素の部分はもとのアクセントに拘らず, HLL, HLLLになるのが原則であ」って、「先部成素が高起式の複合語は高起式に, 先部成素が低起式の複合語は低起式にさだまる」という。すなわち、｛2＋3｝構造の複合名詞ならば、複合語アクセントの式は、その前部成素の式と同じになり、末尾から3拍めの後ろに下がりめのあるアクセント型になるというわけで、原則として、高起式ならばH3型、低起式ならばL3型があらわれるというのである[12]。

5.4　　高知高年層を含む「中央式周辺部諸方言」および現代京都方言の検討から、中井（1998a：11）は概略次のような複合名詞アクセントの史的変遷を想定する。ただし、中井説は、後部成素が2拍の場合などにも及ぶ視野の広いも

のであり、さらに下降位置についてのみ論じられたものであるが、ここではとくに ｛2＋3構造｝の複合名詞にかぎり、本節のアクセント表示に改変して、それをまとめなおしてみた。

(1) 古くは前部成素の式と一致するHHHHL型とLLLHL型とが複合語アクセントとして優勢であったが、南北朝時代のアクセント変化によって、HHHHL型（無変化）と（LLLHL＞）HHLLL型などとなってしまい、「一時的に混乱状態に陥った可能性が高い」。

(2) 近世初頭には、「高知方言にかなり近い形……で落ち着いた」。すなわち、①「後部が無核の場合」、複合名詞アクセントは…HLLL型が優勢。②「後部語中核」（HHLまたはLHL）の場合は下降位置保存（…HL型）か…HLLL型。③後部成素がHLLの場合、複合名詞アクセントは…HLL型。

(3) その後、…HLLL型から下降位置が後退して…HLL型が優勢になったが、「この変化は徹底せず」…HLLLほかも「ある程度残った」。

5.5 本節では、『正節』『近松』を検討したうえで、次のような複合名詞アクセントの変遷を考える。

(1) いわゆる「体系変化」以後の室町期には、『平家正節』にみえるような基本体系があった。すなわち「前部成素が古く高起式の複合名詞はH4型、古く低起式のものはH2型」であった。これは伝統的複合語に想定されるものであるが、同時代的複合語も、はじめは同様な状態だったと推定する。なお、『正節』にわずかにうかがえる「後部関与」（注7など参照）は、編纂時のアクセントが混入したものと解する。

(2) 『近松』にみられるように、H4型からH2型へと類推が進み（第一次の「型移行」：H2型への移行）、同時に「式一致」も少しくあらわれる。『近松』の胡麻章には、第一次「型移行」の途中段階が反映しているものと解する。

(3) 基本型のH2型化がほとんど完了したのち、高知高年層にみられるように、その基本型をもとにして、同時代的な「式一致」「後部関与」がある程度あらわれる（後部0型の関与は基本型と一致）。

(4) 各地の「中央式諸方言」にみられるように、基本型が2型から3型へと移行し（第二次「型移行」）、「式一致」「後部関与」の力もはたらく（後部H1

型の関与は基本型と一致)。さらに、H2型とH1型との「型の統合」により「後部関与」はほぼ解消する。現代京都でも、「式一致」の例外はある程度認められるが、そのうち、前部成素低起式でありながら複合語が高起式の語に「室町時代以降、数百年を経て、現代の老年層に至るまで、伝承されてきた可能性」(中井1996:1034)があるとすれば、それは「伝統的複合語」であって、現代における複合規則を考察する対象からは外されることになる。

6. おわりに

　以上、中井説に導かれながら、江戸期の文献資料をとおして室町期以降現代にいたる複合名詞アクセントの史的変遷を推定してみた。「式一致」や「後部関与」といった同時代的な面がある程度あらわれるようになるのは、京阪では江戸中期ころからではないかと考える。なぜなら江戸前期の大坂アクセントを反映するとみなされる『近松』に、そのような傾向があまりみられないからである。その『近松』の複合名詞アクセントも、『正節』のそれと比較してみると、H4型・H2型が並び立つ体系からH2型だけの体系に移行が進みつつある様子を反映しているものとみられる。そして、つぎには基本型がH2型に統合して、徐々に「式一致」や「後部関与」が優勢にはたらいてくるのではないか。
　一方、本節の考察により、『平家正節』《口説・白声》所載のアクセントを、すべて江戸中期に措定することについては、いささか考え直す余地があることも明らかになった。「近松世話物浄瑠璃譜本」の胡麻章から推定される江戸前期の大坂アクセントとの関係も、地域や成立年代を超えて、その資料性や、扱う内容によって問い直さなければならないようである。

《平家正節にみえる和語{2+3構造}の複合名詞》全60(58)語
N+N〔19語〕
　　H4型〔10語〕うちかぶと(内甲)、かさじるし(笠印)、かたをりど(片折戸)、つきがしら(月頭)、つるぶくろ(弦袋)、ひたかぶと(直甲)、ひとごこち(人心地)、ひるいくさ(昼戦)、ほしあかり(星明)、まんどころ(政所)

H3型〔2語〕　あまをぶね（海士小舟）、つかばしら（束柱）
　　H2型〔6語〕　うまいかだ（馬筏）、おにあしげ（鬼葦毛）、かたほとり（片辺）、かたゐなか（片田舎）、たまだすき（玉襷）、ふないくさ（船戦）
　　L2型〔1語〕　なかづかさ（中務）
　N+V〔23語〕
　　H4型〔7語〕　きたまつり（北祭）、つまはじき（爪弾）、ひたさわぎ（直騒）、まなはじめ（真魚始）、みやうつし（宮遷）、みやづかへ（宮仕）、ものがたり（物語）
　　H2型〔16語〕　あさがへり（朝帰）、いままゐり（今参）、うらづたひ（浦伝）、かどたがへ（門違）、ことはじめ（事始）、さいづかひ（先使）、しまづたひ（島伝）、つきまうで（月詣）、つみつくり（罪作）、なかなほり（仲直）、ねこおろし（猫下）、ふなぞろへ（船揃）、ものおもひ（物思）、ものがたり（物語）、ものまうで（物詣）、やまづたひ（山伝）
　V+N〔8語〕
　　H4型〔4語〕　うちがたな（打刀）、しゃれかうべ（曝首）、のけかぶと（仰甲）、やいじるし（焼印）
　　H2型〔4語〕　いでどころ（出所）、うちがたな（打刀）、とりばかま（取袴）、ねりばかま（練袴）
　V+V〔2語〕
　　H3型〔1語〕　にげまうけ（逃設）
　　L2型〔1語〕　めしづかひ（召使）
　A+N〔8語〕
　　H4型〔2語〕　あかじるし（赤印）、あらひじり（荒聖）
　　H2型〔5語〕　くろくりげ（黒栗毛）、くろけぶり（黒煙）、くろつきげ（黒月毛）、しらあしげ（白葦毛）、たかやぐら（高櫓）
　　L2型〔1語〕　たかいびき（高鼾）

《近松世話物浄瑠璃にみえる和語｛2+3構造｝の複合名詞》全65語
　N+N〔18語〕
　　H4型〔2語〕　しもをとこ（下男）、ひぢまくら（肘枕）

H3型	〔2語〕	いとざくら（糸桜）、かどばしら（門柱）
H2型	〔12語〕	あきなすび（秋茄子）、あさあらし（朝嵐）、いとずすき（糸薄）、うまじるし（馬印）、きぬばかま（絹袴）、たまかづら（玉蔓）、たまだすき（玉襷）、なつこだち（夏木立）、はなあやめ（花菖蒲）、はなうさぎ（花兎）、ひなをとこ（雛男）、ふぢばかま（藤袴）
H1型	〔1語〕	ひとごころ（人心）
LX	〔1語〕	あゐばたけ（藍畑）

N+V〔21語〕

H4型	〔3語〕	ひとごろし（人殺）、ひらづつみ（平包）、みやづかへ（宮仕）
H3型	〔3語〕	いなびかり（稲光）、えりざかひ（襟境）、かどおくり（門送）
H2型	〔12語〕	いきづかひ（息遣）、かみまゐり（神参）、くちずさみ（口遊）、こしあふぎ（腰扇）、さとがへり（里帰）、つかまはり（柄廻）、はなざかり（花盛）、ふなあそび（舟遊）、ほほかぶり（頬被）、ものおもひ（物思）、ものがたり（物語）、ゆめちがへ（夢違）
H1型	〔2語〕	いかのぼり（烏賊幟）、かみかざり（髪飾）
L2型	〔1語〕	そらとぼけ（空惚）

V+N〔9語〕

H4型	〔1語〕	もみまわた（揉真綿）
H3型	〔1語〕	くみがしら（組頭）
H2型	〔5語〕	おきどころ（置所）、かけすずり（掛硯）、かへたたみ（替畳）、こひごろも（恋衣）、しにすがた（死姿）
H1型	〔2語〕	すみどころ（住所）、むらがらす（群烏）

V+V〔5語〕

H2型	〔1語〕	すりちがひ（摺違）
H1型	〔1語〕	とりあはせ（取合）
L4型	〔1語〕	まちぼうけ（待惚）
LX	〔2語〕	すりがらし（擦枯）、つけとどけ（付届）

A+N〔7語〕

H4型	〔2語〕	うすけぶり（薄煙）、ながばおり（長羽織）
H3型	〔1語〕	しろぎつね（白狐）
H1型	〔2語〕	かたむくろ（堅軀）、しろがしら（白頭）

LX〔2語〕　　たかいびき（高鼾）、ふるけぬき（古毛抜）
　A+V〔5語〕
　　H2型〔2語〕　しろなめし（白鞣）、ながばなし（長話）
　　L2型〔1語〕　わかざかり（若盛）
　　LX〔2語〕　　たかからげ（高絡）、たかわらひ（高笑）

注────────

1　複合アクセント規則を見出しやすい構造は後部成素3・4拍であることが言われているうえに、文献資料からある程度の数のデータを採取できるという点で¦2+3構造¦の複合名詞は最適である。また和語は、複合語であれ構成成素であれ、歴史的にさかのぼってそのアクセントを確認しやすい。

2　桜井は「赤小豆 安賀安都妓〈上上上濁平〉」（図本名義128-4）、「裘 加波古路毛〈平平平濁上平〉」（同342-3）などの例を名義抄のほか『日本書紀』古写本などにも求めて分析した。秋永は、とくに古今和歌集声点本から、「ふちころも〈上上濁上濁上平〉（藤衣）」（古今 毘307）「たまたすき〈平平平濁上平〉（玉欅）」（古今 梅1037）、あるいはまた「みをしるし〈上上上濁上平〉（澪標）」（古今 顕天平567注釈）「すみなかし〈平平平上濁平〉（墨流）」（古今 伏片465題）などの例を加えて詳細に検討している。秋永（1980：243）には、ほかにも「形容詞語幹二拍＋名詞三拍」について言及がある。なお、木部暢子（1978）や佐藤栄作（1998）も参照した。

3　『正節』所載58語のうち、現代京都でもほぼ同じ意味に用いられる24語について、中井幸比古（2002）の報告する京都市内高年層データでは、そのほとんどがH3型になっている。24語のうち現代において前部成素低起式のものは「船戦、罪作り、仲直り」の3語のみ。このうち「船戦」はH3型、「罪作り」はL3型、「仲直り」は両様。なお『正節』所載の¦3+3構造¦の複合名詞は、全14語中H5型に8語、H3型に4語を数え、ほかはH0型とH4型とに1語ずつ。このうち現代京都でも用いられるのは4語（「黄金作り、心変り、昔語り、忘れ形見」いずれもH4型）である。

4　「早稲田語類」は、秋永一枝ほか編（1998）による。

5　例外は「かどたがへ（門違）」「さいづかひ（先使）」の2語。それぞれの前部成素は「かど（門）」〔w2×〕、「さき（先）」〔w1〕で高起式。「門違」については、芸大本にH4型を反映する譜記があり、也有本の原譜にはH4型に相当する譜記があったらしい。さらに、豊川勾当本・東北大本にもH4型を思わせる譜記がある。また「先使」についても、京大波多野流譜本にH4型と対応する線条譜が見られる。

○門違にてもや（上上××××××）2下横笛15-3素声〔尾京B早（同）、也（同）塗消痕、芸（上上上上×××××）、北（上中上中××××）〕、豊《上上上平×××××》》○前使ィ（上上×××）6上殿下27-2口説〔尾京A早（同）、也（中中××

×)、豊《上上×××》、波《上上上平×》〕

6　例外は「かさじるし（笠印）」「なかづかさ（中務）」の2語。それぞれの前部成素は「かさ（笠）」「なか（中）」ともに〔w4〕。「笠印」には也有本、東北大本などH2型に対応する譜記をもつものもあり、『秦音曲鈔』もこれと同様に解釈できよう。「中務」もあるいはHHLLLから変化したか。豊川本にH2型の線条譜あり。○笠印゛が（上上上コ××）14上河原13-3口説〔尾京A早芸（同）、北（上上××××）、也（上上×××)、宮《上上上乙××》朱第三・四譜を消して《下》、豊《上上上平××》、秦《上下××××》、波《上上上平××》〕○中務゛の権の少輔（セウ）（×上××××―）11上願立11-4素声〔尾京A早（同）、北（×中××××―）、也（中×××××―）、吟《下上下×××―》、豊《上上××××―》〕

7　例外は、H4型の「つきがしら（月頭）」〔w3＋w4〕、「ひたかぶと（直甲）」〔古くLLか＋w7〕、「ひたさわぎ（直騒)）」〔古くLLか＋wV2〕、「ものがたり（物語）」〔w3＋wV1〕の4語と、H3型の「あまをぶね（海士小舟）」〔w3×＋？〕、「つかばしら（束柱）」〔古くLLか＋w5×〕の2語である。ほかには、前部成素が低起式動詞に由来する「うちがたな（打刀）」H4型と「にげまうけ（逃設）」H3型がある。

「月頭」は、也有本にもとH2型であったことを思わせる塗消痕がある。「直甲」も、譜本によってはH2型と対応する譜記をもつ。後部成素「かしら（頭）」「さわぎ（騒）」が中世後期以降（LLL＞）HHL型となり、「かぶと（甲）」も古来LHL型であることが関与したか。なお「物語」にはH4型とH2型と両様の譜記がある。もとH2型であろう。○月頭゛ヲには（上上上コ×××）6下藤戸21-4口説〔尾京A早芸（同）、北（上上中×××）、也（同）塗消痕、宮《上上上乙××》、豊《××上平×××》〕○混甲（上上上コ×）14上河原10-4口説〔尾京A早芸（同）、北（上上×××）、也（上上上中×）、宮《上乙×××》、豊《上上上平×》〕○御゛物語共゛（××上上上コ×××）読下伊豆2-2口説〔尾京A早芸（同）、北也（中中上中××××）、宮《×乙上乙××××》、豊《××上上上平×××》、秦《下上上下××××》、波《××上上××××》〕

H3型の「海士小舟」は、東北大本をはじめ、京大本や吟譜、それに『秦音曲鈔』の譜記はむしろH2型に対応している。「束柱」は、特欠表記が也有本・東北大本・吟譜に見られる。後部成素のアクセントが関与してH3型になったか。
○海士小船に（上上上×××）9下太宰28-3白声〔尾早也（同）、北（上上××××）、宮《上乙××××》、京C墨《平乙××××》、同朱《平平平×××》、豊《上上平×××》、秦《上下××××》〕○短柱（ツカバシラ）（上上上××）7上法遷13-5白声〔尾早京A（同）、北也（×中上中×）、宮（平乙平乙×）、豊《上上平××》〕

8　『近松』の胡麻章とアクセントとの関係については坂本清恵（2000：181-220）にゆずるが、ここに取り上げた語の典型的な施譜例は、たとえばH4型「しもをとこ《××××下》」「人ごろし《上上上上×》」、H3型「いとざくら《×××下下》」「いな光

《上上上××》」、H2型「あきなすび《××下下下》」「いきづかひ《上上×××》」、H1型「いかのぼり《上下×××》」「かみかざり《×下×××》」、L2型「そらとぼけ《下上×××》」などである。もちろんアクセント型を特定できない施譜もあるが、それらはここに用いていない。

9　ここに取り上げた65語のうち、現代京都でほぼ同じ意味に用いられる33語について、京都市内中高年層12人のアクセント（中井 2002）の多くはH3型である（前部低起式のものはL3型・L0型にも）。H3型が聞かれる語のうち、現代京都で前部成素が低起式の体言である複合語は「秋茄子、息遣ひ、糸桜、稲光、舟遊」の5語。ほかに、「組頭、付届け」のように低起式動詞に由来するものもある（下線の語はH3型のみ）。

10　『正節』の場合に比して、『近松』から推定されるアクセント型がH4型・H3型・H1型に分散する傾向を見せていることも見逃せないところである。しかし、いまこのことに適切な説明を与えることはできない。注8に記すように『近松』所載の胡麻章の解釈には特段の注意をはらったが、なお問題を残しているかもしれない。そうであるにしても、H2型への集中傾向は認められよう。

11　中井（1998a：13-14）所載の語例のうち「和語から成る｜2＋3構造｜」という条件にあう語は、「秋祭、糸車、色男、裏通り、風車、風邪薬、紙袋、粉薬、米俵、白兎、炭俵、種油、夏祭、庭仕事、花畑、花祭、針仕事、蛇苺、麦畑、八重桜、山男、山桜、山仕事」の23語。

12　中井（1987：48）、上野善道（1997：247）なども参照した。

13　現代京都における「式一致」については、中井（1996）を参照した。もとより考察の範囲が異なるのでそのまま比較することはむずかしい面もあるが、同論文によれば、たとえば前部成素独立語型で｜2＋3構造｜の複合語の場合、前部低起式の「式一致」率は平均85％であり、同じく前部高起式のそれは90％程度という（同：1019）。前部低起式でありながら複合語が高起式になる場合は、「量が多い」、「和語に多い」、「複合語全体が短い単語に多い」、「高齢の話者に多い」、「先部成素末尾に母音交替が見られるものはこれに該当することが多い」。この逆に前部成素が高起式で複合語が低起式の場合は、「量がやや少ない」「漢語外来語、特に非伝統的・非日常語的な語に多い」「複合語全体の長さはあまり関係がない」「世代差は見られない」「先部成素末尾に母音交替が見られるものはこれに該当することは稀である」という。

第3節
{3+2構造}の複合名詞アクセント

1. はじめに

　複合語の後部成素が2拍であるとき(前部成素は3拍以上)、後部成素の古いアクセント型にもとづいて、複合語のアクセントが定まるという仮説がある。それが成り立つとすれば、その複合語はいったい「同時代的複合語」なのであろうか、それとも「伝統的複合語」なのであろうか。
　複合規則は一般に同時代的複合語について、同時代における、その成素のアクセントや長さと、複合語のアクセントとの間に成立する規則的対応をいう。それにしたがわないような対応を、複合規則とよぶことの是非は、あらためて論ぜられてよいことであろう。
　たとえば、現代ともに単独形HL型である、いわゆる2拍第二類名詞と同第三類名詞とが、複合語の後部成素となったときに、その複合語アクセントのあらわれ方が、類によって異なるというようなことがあった場合、その淵源は、かつて両類に区別のあった平安・鎌倉の昔にさかのぼるとみるのは理の当然である。そうであれば、そのような規則は伝統的複合語にこそあってしかるべきものと考えられる。
　ここに、伝統的複合語を多く擁するアクセント資料として『平家正節』を取り上げる。この資料に、古代アクセントとの対応のよい伝統的複合語があらわれることは、本章の各節で論じてきたところである。
　上記の仮説が成り立つとすれば、『正節』所載語に施された譜記から推定さ

れるアクセントにこそ、顕著に見て取れるはずであろう。それを検証するのが、本節の一つの目的である。

また『正節』の譜記に反映したアクセントが主に伝統的複合語のものであるとすれば、むしろ古代語からの流れをさかのぼって、その実態にも迫ることができるかもしれない。あるいはまた、近畿中央式諸方言アクセントや現代京都アクセントとの関係を考察すれば、中世後期以降現代にいたる流れを追うことができるであろう。この点も本節の目指すところである。

2.「和田仮説」とは

和田実（1942：11）は「近畿地方の中央部、京都大阪神戸の三大都市中心に行はれる」いろいろな構造の複合語のアクセントを検討して、いち早く「名詞複合の法則」を提示した。その論文において和田は、下記（a）のごとき複合のしかたを「移動性辞的複合」、（b）のごときを「固定性辞的複合」、（c）のごときを「語的複合」と名づけている（後部2音節の場合の記述についてその意を採って引用。甲種などの呼び方は和田1943による。アクセント表示は改変した）。

（a）　先部成素が高起式のときは（複合語の後部が）HHに、低起式のときは同じくLHになるもの。（乙種）

　　　色（H1）……　栗色 H0（栗 H1）、桜色 H0（桜 H0）、緑色 L0（緑 L2)、紅色 L0（紅 L0）

　　　的　…………　相対的 H0（相対 H0）、一時的 H0（一時 H2）、絶対的 L0（絶対 L0）、同時的 L0（同時 L2）

（b）　常に（複合語の後部が）LLになり、その前の音節が山の下りめになるもの。（甲種）

　　　牛（H0）……　飴牛 H2（飴 H0）、赤牛 L2（赤 L2）、朝鮮牛 H4（朝鮮 H2またはH3）、台湾牛 L4（台湾 L0）

　　　県　…………　静岡県 H4（静岡 H1またはH2）、兵庫県 L3（兵庫 L0）、滋賀県 L2（滋賀 L2）、佐賀県 H2（佐賀 H1）

（c）　常に（複合語の後部が）HLになり、この第一音節が山の下りめになるもの。（丙種）

　　　猿（L2）……　括り猿 H4（括り H0）、手長猿 L4（手長 L0）、知恵無

　　　　　　　　　　し猿 H5（知恵無し H3）、芸無し猿 L5（芸無し L0また
　　　　　　　　　　はL3）
　　菓子…………　餅菓子 H3（餅 H0）、蒸し菓子 L3（蒸す L0）、西洋菓
　　　　　　　　　　子 H5（西洋 H1またはH0）、ロシヤ菓子 L4（露西亜 L2）
　さらに和田は、これに続く論文（1943：20）において、「複合名詞の二音節後
部成素にはいろんなものが」あるが、「そのうちで特に，国語の二音節名詞に
ついて詳しく調べてみると……所謂第一類から第五類までの分類，この分類
と，今の甲種・乙種・丙種への分属との間に，或る関係があるのではないかと
感じられる点がある」として、第一類・第二類の名詞は東京も近畿も「甲種」
の「固定性辞的複合」、第三類は同じく「乙種」の「移動性辞的複合」、第四
類・第五類は「丙種」の「語的複合」になるのではないかという仮説を提出し
た（「出来上つた全体の複合名詞で音節の数が五音節以上にならないと……規則的に行かな
いものが割に出て来」るという制約もある）。そして、「六百年ばかり以前の京都アク
セントで既に失はれてしまつた型の区別が，複合語の後部成素になる時の性質
としては，現代に至るまで，東京アクセント体系に於ても近畿アクセント体系
に於ても保存されづけてきたといへはしないか」と、この仮説の意味すると
ころを述べている。

3. 古代における｛3＋2構造｝の複合名詞アクセント

3.1　これをうけて、桜井茂治(1958a＝1975：142ff)は『類聚名義抄』や『日本書紀』
古写本などの声点から古代における5音節の複合名詞アクセントを検討した結
果、当時の5音節語の「基本アクセント」は「終わりから二音節目に"核"の
ある型」であること、また複合語アクセントの式は、その前部成素の原アクセ
ントの式にしたがうということを確認した。そのうえで、｛3＋2構造｝の複合
名詞における後部のアクセントには大別して以下の4種類があるという。
　（a）先部成素の如何にかかわらずHL型に実現するもの。
　（b）先部成素が高起式のときHH型に実現するもの。
　（c）LL型に実現するもの。
　（d）LH型になるもの。
　しかしてこの（d）の場合は、語例が少ないとはいうものの、「ミジカギヌ

〈平平濁平平濁上〉」(観本名義 法中75オ7)、「新羅(琴)之良跂古度〈平平平平上〉」(図本名義170-1)などの後部成素が「平上型」であることから、「多分に原アクセントを残した公算が大である」とする。

　つぎに桜井は、「全体的傾向として……後部成素が如何なる型になるかは、その原アクセントに無関係である」(同：162)と述べ、このことは、複合語がHHHHL型のものに「～むし(虫 w1)」「～いし(石 w2)」「～くさ(草 w3)」「～ふね(船 w4)」など異なったアクセント型の後部成素があらわれることだけからも明らかだと断じている。

　また、(b)の後部HH型の複合語は、前部成素が高起式(とくにHHH型であることが多い)のときにしかあらわれず、したがって、複合語のアクセントはHHHHH型ということになる。さらに(c)は、HHHLL型もないわけではないが、前部成素が低起式で、複合語アクセントのLLLLL型であるものが多く、とくに前部・後部ともに原アクセントが低平型の組合せのもの、また後部成素が接尾語的なもの(「～こと」「～もの」)が多いという。

　桜井は、概略以上のような検討のうえに立って、和田(1942・1943)の研究で指摘された甲乙丙3種の複合形態について「平安時代から院政時代にかけての時代も同様であったようである」(同：165)と述べて、上記の(a)を「語的複合」、(b)(c)を「移動辞的複合」、(d)を「固定辞的複合」と位置付けた。

3.2　古代語における複合名詞のアクセントについて、さらに詳しく考察したのは秋永一枝(1980：217ff)である。秋永は、古今和歌集声点本にあらわれる複合語の前部成素と後部成素とを、それぞれ品詞性と拍数によって分類した。以下、「和語から成る｛3＋2構造｝」の複合名詞にかぎって、簡潔に紹介する(語例はそれぞれの注を参照)。

　「体言3拍＋体言2拍」については、まず複合語アクセントの式は前部成素の式と一致するとして、さらに、高起式の複合語の場合、後部成素が第一類HH型のときは、複合語アクセントがHHHHH型またはHHHLL型になる語がある。また第三類LL型のときは、HHHHH型とHHHHL型になる語がある。後部成素が第二類HL型のときは、HHHHH型、HHHHL型、HHHLL型いずれのアクセントの語もあらわれる、という(後部成素が第四類LH型と第五類LF型の語は例がない)。

低起式の複合語の場合、複合語アクセントの上昇位置は、前部成素の上昇位置をよく保存する。また、後部成素が第四類LH型と第五類LF型の複合語はみられないが、他資料（和名抄・名義抄）によるとLLLLH型またはLLLLF型であったであろう、としている。後部成素がその他の類の場合はL…HL型またはL…HH型になりがちだが、L…LL型（LLLLL型、LLHLL型、LHHLL型、LHLLL型）には、後部成素HH型の複合語はみられない、と述べる。

　前部成素のアクセントが高起式の場合には、複合語アクセントにHHHHH型とHHHHL型が多く、低起式の場合にはLLLHL型が「最も安定した多数形」で、とくに「前部成素が（四）類LLL型のものにこの型が多いが、それ以外のものも……この型に統合される傾向がある」（同：226）ともいう。

　つぎに「動詞3拍＋体言2拍」については、前部成素の式を保存することももちろんであるが、さらに「原則として平ら型……の傾向がかなり高い」（同：235）とし、また「体言3拍＋動詞2拍」については、前部成素の式を保存し、高起式ではHHHHL型とHHHHH型、低起式ではLLLHL型とLLLLL型であるという。

4.『平家正節』における{3＋2構造}の複合名詞アクセント

4.1　ここまで古代における{3＋2構造}の複合名詞アクセントについて先行研究の概略をみてきたが、和田仮説そのものに対応する法則が古代語に認められるというような報告を聞くことはできなかった。桜井（1958a）のいうところは、同じように見受けられる3種の複合形態があるということであって、それぞれがどのように現代京阪アクセントと対応しているかにまで言及してはおらず、むしろ後部成素の原アクセントと複合語後部のアクセントとに関係はないということを明言していた。

　それでは『平家正節』《口説》《白声》の譜記から推定される、江戸期の京都における{3＋2構造}の複合名詞アクセントはどのようなものであろうか。ここでは和語から成るものにかぎって、構成成素との関係を検討してみたい。

4.2　【表1】は、そのアクセント型別に異なり語数を数えたものである。それぞれの語数が全体に占める百分率と、曲節を分けて数えた語数とを併記した。

【表1】『平家正節』{3+2構造} 複合名詞のアクセント型別語数と前部成素の式別語数

	HX			H0			H4			H3			H2			H1			L4			L0			計		
全体	2			9			12			10			1			4			1			1			40		
%	5.0			22.5			30.0			25.0			2.5			10.0			2.5			2.5			(38)		
前部ア式	2	0	0	6	2	1	3	7	2	3	6	1	0	1	0	0	4	0	0	1	0	0	1	0	14	22	4
口説	0			1			9			4			0			4			1			1			20		
%	0.0			5.0			45.0			20.0			0.0			20.0			5.0			5.0					
前部ア式	0	0	0	0	1	0	2	6	1	1	3	0	0	0	0	0	4	0	0	1	0	0	1	0	3	16	1
白声	2			8			7			7			1			1			0			0			26		
%	7.7			30.8			26.9			26.9			3.8			3.8			0.0			0.0			(25)		
前部ア式	2	0	0	6	1	1	1	5	1	2	4	1	0	1	0	0	0	0	0	0	0	0	0	0	11	12	3

さらに、それぞれを前部成素アクセントの式によって、左から〔高起・低起・不明〕の順に分けて語数を記してある。高起・低起の別は古代語におけるそれにしたがい、語例は末尾に掲げた。

4.2.1　「まつりごと(政)」は《白声》に2種類の譜記(それぞれH4型とH0型とに対応)をともなってあらわれる。また「ひきでもの(引出物)」は、《口説》H4型、《白声》H0型という対立をみせる。したがって、両曲節全体を問題にするときは2語それぞれについて、《白声》だけを問題にするときには「まつりごと」1語について、二つのアクセント型に数えることにした(表の( )内がそれを差し引いた語数)。

　　引キ出゛物（上上上コ×）　　10上慈心26-1口説
　　　〔尾京A早（同）、北也（上上上上中）、宮《上上上上乙》、豊《上上上平×》ほか譜なし〕
　　引出物（上上上上上）　　15上三日25-1素声
　　　　　　〔尾京A早（同）、豊《上上上平×》ほか譜記なし〕
　　御ン政事とこそ（××上上上上上×××）　　8上法印28-2素声
　　　〔尾京A早（同）、北（××上中上上中×××）、也（××中中上中×××）〕、宮《××上乙上上乙×××》、豊《××上上上平××××》〕
　　御ン政リ事゛とこそ（××上上上上××××）　　11下小教33-5素声
　　　〔尾京A早（同）、北也（××上中上上中×××）、宮《××上乙上上乙×××》、豊《××上上上平××××》、波《××上上上上平×××》〕

「引出物」は、曲節による譜記の対立ともみられるが、第一例など古譜本に

H0型に対応する譜記がある。豊川本は、第一例・第二例ともにH4型である。一方、「政事」は接頭辞「おん」前接形であらわれるが、正節系譜本においてはH0型とH4型と各1例ずつある。いずれも《白声》の例ではあるが、古譜本・他流譜本と比較するに、全体としてみればH0型が優位で、正節系譜本と豊川本にのみH4型を反映する譜記があらわれる。

4.2.2　アクセント型が一定しない、上記2語については、ひとまずそれぞれのアクセント型に重複して数えることとし、そのうえで《口説》《白声》両曲節を一括してみると、そこにみえるアクセント型別語数は、高起式にH0（HHHHH）型9語、H4（HHHHL）型12語、H3（HHHLL）型10語、H2（HHLLL）型1語、H1（HLLLL）型4語があり、ほかに高起式でありながら型を特定できないもの（HX）が2語ある。対して低起式ではL4型とL0型にそれぞれ1語ずつ認められる。

　これによると、『正節』の譜記に反映している、和語から成る｛3＋2構造｝の複合名詞アクセントは、H0型(22.5%)、H4型(30.0%)、H3型(25.0%)が多く、H1型(10.0%)がこれに次ぐということが分かる。H2型や低起式の型はほとんどない。前部成素低起式の語が22語もありながら、低起式アクセントの複合語が2語しかないというのであるから、「式一致(式保存)」を認めることはできない。

4.2.3　ただし曲節別に分けると、《口説》においてはH4型が断然多く、H3型とH1型とがこれに続くが、《白声》においてはH0型・H4型・H3型が多い。《口説》に目立つH1型は《白声》に少なく、逆に《白声》に多いH0型は《口説》にはほとんどない。全体が40語ほどであり、曲節別に分けると重複するものがあるうえに、それぞれが20語をやや上回る程度の語数であるから、アクセント型別に所属語数の多寡を言うには不安な面もあるが、H4型とH3型はともかくとして、曲節によって顕著な違いをみせるH0型とH1型については、その出現する事情を検討しておかなければならない。

　まず、《白声》にH0型が多いことについてであるが、これは《口説》にそれが少ない理由を述べる方がたやすい。すなわち、全体としてみるとH0型には古く前部成素高起式のものが多い。ところが、《白声》に比べて《口説》には、前部高起式のものが極端に少ないという事情がある。これがH0型が《口説》に少なく、《白声》に多くみえる理由であろう。すなわち《口説》から採集した語例のなかにたまたま前部成素高起式のものが少なかったという偶然による

ものと思われる。

　これに対して《口説》にH1型が多いことについては説明がむずかしい。全体をみるとH1型をとる複合語は、前部成素がすべて低起式である。しかし、前部成素が低起式の複合語は、《口説》に16語、《白声》に12語あるから、前部成素アクセントの式という観点からすれば、《白声》にH1型が少なくなるような理由はないであろう。

　これに関連して、さらにH1型の前部成素をみると室町期以降HLL型になったものが含まれている。「おほいどの(大殿)」「ほのほもと(炎元)」がそうであるし、「なげきじに(嘆死)」も3拍第二類動詞「なげく」の連用形はLLF＞HLLの変化をとげた。してみると、これらH1型の語のなかには、前部成素のアクセント型を生かした弱い複合形態のものがあるのではないかと考えられる。

　そのように考えるなら、ただ1語H2型であらわれる「かがみぐら(鏡鞍)」も、前部成素は第四類でLLL＞HHLの変化を経ていたから、複合語がH2型であるのは、H1型と同様に前部成素のアクセント型を生かしたものということになろうか。もちろん、LLLHL＞HHLLLという変化を経た可能性もなしとしないが、LLLHL型は古く「最も安定した多数型」と言われる。その規則的な変化型(H2型)が、『正節』にただ1語しか認められないというのは解せないところである。きっとLLLHL型から規則的に変化したものは、一旦はH2型になったとしても、そのあとH4型あるいはH3型に吸収されたのではなかろうか。もしそうだとすれば、「かがみぐら」がその流れに乗らなかったのは、前部成素のアクセント型を生かした複合形態であったから、あるいはそのように複合しなおしたから、と考えられる。

　4.2.4　さらに、低起式の2語についても述べておくならば、それはL0型の「まゐりうど(参人)」とL4型の「にはかごと(俄事)」とである(前部成素はいずれもLHL型)。下記「まゐりうど」の正節譜は特殊表記の可能性が高い。もともと接尾辞「ども」後接形としてLHHHH-HLまたはLLHHH-HLであるところを高拍5連続あるいは4連続をきらって、上昇を後ろに送るように語ったことから、このように施譜されたものとみられる。下記の古譜本・他流譜本の譜記もほぼそう解することができよう。ただし豊川本の譜記は明らかにHHHHLというH4型を指示しているし、『秦音曲鈔』もそれに音楽的変容の加えられた譜記と解釈できるものである。H4型はLLLLL型からの変化型であろう(語構成が

〔動詞＋体言〕で、後部成素が前部成素の主語）。正節譜などから復元されるLHHHHないしLLHHH型のアクセントは、H4型に比すれば新しいものであろうか。宮﨑本の譜記は第三譜と第四譜が墨で消されている。

　　参ﾘ人共ﾞの（××××上コ××）　　11上願立22-2口説
　　　〔尾京A早（同）、筑北也（××中中上中××）、宮《平平干下上乙××》、豊《上上上平××××》、秦《上下上下××××》、波《××上平上平××》〕

「にはかごと」は、波多野流系統の本文が「俄の事」であって、自ずと譜記も異なる。前田流系統の「にはかごと」という本文では、『正節』の譜記を、特殊表記とみるかどうかでアクセント型の認定も違ってこよう。ここでは、仮にLLHHL型とみた。しかし、特殊表記（4-2類型）と考えるのならば、本来は、豊川本の譜記から推定されるHHHHL（H4）型であったということになる。東北大本や也有本の譜記がH4型を支持するかどうかはよく分からない。宮﨑本の譜記はH0型を反映するとみるべきであろう。

　　俄事ﾞでは（××上コ×××）　　読下南牒4-1口説
　　　〔尾早（同）、京B《××平コ×××》、北也（×中上中×××）、宮《上下上上乙××》、豊《上上上平×××》、秦「俄の事にて」《上下上下×××》、波「同」《×上××コ×××》〕

4.2.5　【表1】には、前部成素アクセントの式によって、語数を数えたものが併記されている。その場合のアクセントの式は、古代語のそれである。平曲譜本では、これまでの研究から、伝統的なアクセントが反映していることが分かっているので、古代語のアクセントとの対応をみるために、そのように設定した。

　両曲節全体を見ると、古く前部成素高起式のものは14語、同じく低起式のものは22語である。この全体的な比率に対して、H0型の複合語は古く高起式のものに偏り、H4型とH3型の複合語は、やや低起式のものに傾くが、高起式のものもある程度含まれている。

4.3　次に【表2】によって語構成の観点から分析する（Nは体言、V・Aはそれぞれ動詞・形容詞に由来することをさす。各枠の下段、左は《口説》右は《白声》の語数）。全体としてみると、N＋NとV＋Nのものが多く、ついでN＋Vもある程度あ

るが、N＋AとV＋Vとはきわめて少ないので、その構成からなる複合語アクセントの傾向を言うことはできない。

　N＋N構成の複合語はH3型が多く、H4型とH1型とがこれに次ぐようである。また、とくに《口説》でH1型になるものが3語あるが、複合形態の違いにもとづくであろうことはすでに述べた。

　N＋V構成にH0型が多いのは、とくに《白声》に「車寄せ、心馳せ、衣替へ、鎧突き」の4語がまとまってあることが影響している。N＋V構成のものは、古く高起式ならばHHHHH型またはHHHHL型、低起式ならばLLLLL型またはLLLHL型になることが多いとされている。前部成素のアクセントが高起式の「車寄せ、衣替へ、鎧突き」3語はH0型で問題はない。

　前部成素が古く低起式の「心馳せ」は、下記例などから古くはLLLLF型であったかと思われるが、ほかにも古今集声点本にLLLHL型を思わせる声点がある。LLLLF型から規則的に変化すればHHHLLとなり、LLLHL型から変化すればHHLLL型になるはずであるが、すでに江戸期にはH0型になっていたものであろう。『秦音曲鈔』などにはHHHHL型に対応するとみられる譜記がある。豊川本墨譜は正節譜を線条譜に改変したものとされるが、この箇所ではH0型ではなく、H4型に相当する譜記が付けられている。

　　　心（操）コヽロハセ〈平平平平上〉　　観本名義 仏下本29ウ3
　　　心ロばせ（上上上上上）　　1上厳還12-5素声
　　　〔尾京A早（同）、豊墨《上上上平×》、宮《上乙上上乙》、秦《上下上下×》、ほか譜なし〕

　つぎにV＋N構成のものについては、すでに述べたように、古くNがVに対して主語となる場合とそれ以外の目的語などになる場合とを分けて、前者は「全平調になる場合が多く、」後者は「さまざまである」と分析されている（木部1978：44）。『正節』所載の語を検討すると、NがVの主語になるものは「あそびもの（遊者）」HXと「まゐりうど（参人）」L0型（H4型か）くらいしかないが、一応は古く全平型の可能性はあろう。

　しかし、この種の構成の複合語にH4型が8語あって、そのうち前部成素である動詞のほとんどが第二類動詞であることには注意が要る（「おとしあな（落穴）、かへりこと（返事）、はかりごと（謀）、まうしごと（申事）、まうしぶみ（申文）、ゆるしぶみ（許文）」の6語）。これらはLLLLL＞HHHHLの変化を経たものであろう。「かへり

【表2】『平家正節』｛3＋2構造｝複合名詞の語数 と アクセント型・語構成との関係

語構成 ＼ ア型	HX	H0	H4	H3	H2	H1	L4	L0	計
N＋N	 0　1	1 0　1	3 2　1	5 2　3	1 0　1	3 3　1	1 1　0		14 8　7
N＋V		4 0　4	1 1　1	1 0　1					6 1　6
N＋A		1 1　0							1 1　0
V＋N	2 0　2	2 0　2	8 6　5	4 2　3			1 1　0		17 9　12
V＋V		1 0　1				1 1　0			2 1　1
計 口説　白声	2 0　2	9 1　8	12 9　7	10 4　7	1 0　1	4 4　1	1 1　0	1 1　0	40 (38) 20　26

こと（返事）」と「はかりごと（謀）」については、その変化を文献資料に追うことができる。

  カヘリコト〈平平平平平〉　　鴨脚本神代紀2-38左、前本仁徳紀182・256
  加倍利己止〈平平平平平〉　　巫私19ウ4、20オ1、23オ5
  返り事（上上上コ×）　　15上内女31-5口説
  　　　（上上上上×）　　10下六乞32-3白声
  ハカリコト〈平平平平平〉　　観本名義 仏下本31ウ6
  計 ハカリコト《徵徵徵徵角》　補忘 貞享本7-1、元禄本31-1
  謀トに（上上上コ××）　　13上倶利19-5口説
  謀ことに（上上上上××）　　8上禿童7-3素声

前部成素が高起式動詞に由来する「ひきでもの（引出物）」と「まつりごと（政）」に、H0型に対応する譜記も見られることはすでに述べたとおりであるが(4.2.1)、とくに後者の古譜本・他流譜本にH0型と対応する譜記があらわれるのには注意が要る。前部成素が高起式で、後部成素が形式的なものである場合には、古くからHHHHH型をとることもあったということであろう。

H3型に数えた「たすけぶね（助舟）、たたうがみ（畳紙）、つくりみち（作道）、むかひかぜ（向風）」の4語には、第一類動詞・第二類動詞がともに前部成素として認められる。このようなV＋N構成の複合名詞では、この当時、まずは前部

成素が古く高起式であればH0型、低起式であればH4型という原則があったと思われるが、さらにそれぞれからH3型になるものがあったということであろうか。前部成素が低起式動詞の場合には、後部成素がLH型であれば、古くそれを生かしたLLLLH型から規則的に変化したものもあったはずである。

4.4　【表3】は、複合語のアクセントと、後部成素のアクセントとの関係をみたものである。後部2拍の類別を「早稲田語類（w）」によって示した。各欄の下段左側が、古くから前部成素高起式の語数、同じく中が古く低起式の語数である（右は不明のもの）。

4.4.1　これを見てまず気づくことは、後部成素が〔w3〕相当の複合語が全40語中に18語あるということである。全体の半分ちかくにのぼる。そのなかには「こと（事）」を後部成素とするものが5語、同じく「もの（者・物）」が3語も含まれており、さらには複合語アクセントがH4型をとるものの半分以上にあたる9語（うち「〜こと」4語、「〜もの」2語）が集中している。これらのうち6語がV＋N構成であるから、古くLLLLL型を想定できるものは、確証のある「かへりこと（返事）、はかりごと（謀）」だけにとどまらず、「おとしあな（落穴）、まうしごと（申事）」もそれと同様の変化を経たものと思われる。このことは、NがVの主語でなくとも成り立っていたのではないか。

和田仮説によれば、現代京阪神では、これら第三類所属語を後部成素とする複合語は、いわゆる「移動性辞的複合」により前部成素の式にしたがってHHHHH型またはLLLLH型をとるというのであるが、古代からの流れを汲むH0型やH4型が、それに直接つながるとは思えない。

4.4.2　つぎに後部成素が〔w4〕相当の複合語がすべてH3型に収まっていることも注目される。「いちめがさ（市女笠）、いつつぎぬ（五衣）、うつほぶね（空船）、たすけぶね（助船）、まくらがみ（枕上）」の5語がそれである。「うつほぶね」以外、前部成素アクセントは古く低起式とみられる。これらは、LLLLH＞HHHLL の変化を経たものであろう。この規則は相当強くはたらいていた模様である。[11]

和田仮説によれば、後部成素がLH型の場合は「語的複合」をして、現代京阪神の複合語アクセントはHHHHL型またはLLLHL型をとるというのであるが、これもまた『正節』の譜記にうかがうことはできない。

【表3】 『平家正節』{3+2構造} 複合名詞のアクセント型と後部成素のアクセント

後部類別＼ア型	HX	H0	H4	H3	H2	H1	L4	L0	計
=w1				2					2
				1|1|0					1|1|0
=w2			2	2	1			1	6
		0|2|0	1|0|1	0|1|0				0|1|0	1|4|1
=w3	2	3	9			3	1		18
	2|0|0	2|0|1	3|4|2			0|3|0	0|1|0		7|8|3
=w4				5					5
				1|4|0					1|4|0
=wV1		3		1		1			5
		3|0|0		0|1|0		0|1|0			3|2|0
=wV2		2	1						3
		1|1|0	0|1|0						1|2|0
=wA2		1							1
		0|1|0							0|1|0
計	2	9	12	10	1	4	1	1	40
前部ア式	2|0|0	6|2|1	3|7|2	3|6|1	0|1|0	0|4|0	0|1|0	0|1|0	14|22|4

4.4.3 　和田仮説のいうところでは第一類・第二類所属語が後部成素となる場合は、「固定性辞的複合」をして、複合語アクセントはHHHLL型またはLLHLL型になるという。これについては、数が少ないとはいえ、後部成素が〔w1〕のときはH3型に「つくりみち(作道)」と「むかひかぜ(向風)」があるだけでほかにはないから、一応は和田仮説に抵触しないと言えようか。

　また、後部成素が〔w2〕の語は、「かがみぐら(鏡鞍)、こしばがき(小柴垣)、たたうがみ(畳紙)、まうしぶみ(申文)、まゐりうど(参人)、ゆるしぶみ(許文)」の6語である。このうち複合語アクセントがH2型の「かがみぐら」と、L0型かと推定した「まゐりうど」についてはすでに述べた。また「まうしぶみ、ゆるしぶみ」の2語がH4型であるのは、V＋N構成であることを考えると、古くLLLLL型にさかのぼるためであろう。

4.4.4 　後部成素が動詞に由来するものを以下に掲げる。もし後部成素が転成名詞で古くHH型やLL型に由来するとすれば、〔wV1〕の場合は〔w1〕と同じ様子をみせそうなものであるが、H3型は1語しかない。むしろN＋V

構成の多数型（H0型）にしたがったと理解した方がよさそうなものもある。H0型の3語は、前部成素もHHH型である。H1型は、前部成素の新しい型を生かしたものと思われる。後部成素〔wV2〕でH0型の「おくればせ」については、助詞「に」をともなって副詞的に用いられたことと関係するか。H4型の「ゆみやとり」は、古くLLLLL型であった可能性もあろう。

　　後部成素〔wV1〕5語　　H0型　くるまよせ（車寄せ）、ころもがへ（衣替）、
　　　　　　　　　　　　　　　　　よろひづき（鎧突）
　　　　　　　　　　　　　H3型　ひだりまき（左巻）
　　　　　　　　　　　　　H1型　なげきじに（嘆死）
　　後部成素〔wV2〕3語　　H0型　おくればせ（後馳）、こころばせ（心馳）
　　　　　　　　　　　　　H4型　ゆみやとり（弓矢取）

5. 現代京阪式諸方言アクセントとの比較

5.1　　近畿中央式諸方言における複合名詞のアクセントについて、後部2拍の場合を検討した中井幸比古（1998a：9）は、その下降位置について以下のように述べている。

　　　和田（1943）によると、Yが類別語彙の場合、1・2類体言 -1、3類体言 0、4・5類体言 @1とされる。しかし、1類（H0）-1だけは非常に規則的であるが、それ以外はかなりばらつく。2・3類の区別は語による出入りや揺れ（0,@1,-1）が目立ち、今回のような少数項目の調査から結論を導き出すことは困難である。ただ、高知に@1が皆無なのが注目される。4・5類も@1と-1が相半ばする。特に、高知と播磨で-1が優勢。4類と5類で差があり、5類に@1が多い地域が目立つ。

ここにいう「Y」は後部成素をさす。後部2拍の場合、複合語アクセントが「-1」というのは…HLL型のこと、同様に「0」とは…HH型または…LH型、「@1」とは…HL型のことである。下波線部が後部成素に相当する。

中井の調査は、この場合、前部成素3拍以上で後部2拍の複合語を対象とし、さらに構成成素の語種も多様であるから、ここに問題とする「和語から成る ¦3＋2構造¦」という狭い範囲のものとは異なるが、「1類（H0）-1だけは非常

に規則的」というところは、『正節』所載語の場合、語数がきわめて少ないながらも、一応は抵触しない。また「4・5類も＠1と-1が相半ばする。特に、高知と播磨で-1が優勢。4類と5類で差があり、5類に＠1が多い地域が目立つ」という記述についても、『正節』には後部成素〔w5〕がないので比較はむずかしいが、〔w4〕のときH3型（-1）というところは共通する。

『正節』においては、後部成素〔w3〕の場合、H4型とH0型とはあるが、H3型はない。後部〔w2〕の場合は、H4型とH3型とはあるが、H0型はない（いずれもH1型・H2型・L-型は別に扱う）。語数が少ないとはいえ、これらも傾向としては見てとれることである。

5.2 また村中淑子(1999)は、杉藤美代子『大阪・東京アクセント音声辞典』CD-ROM（丸善 1995）を用い、大阪高年層のアクセントについて和田仮説を検証した。取り上げた語は前部成素3拍以上ということであるから、「和語から成る ¦3＋2¦ 構造」を含んで、さらに広い範囲をおおっている。その検証の結果のみ抜き出し、本節のアクセント表示に改めて記せば以下のようになろう。

　A　個人差や語による違いはあるが、1類・2類については和田仮説がかなり当てはまる。すなわち複合語アクセントはたいてい…HLL型である。
　B　3類については、和田仮説はほとんどあてはまらない。
　C　4類・5類については、複合語アクセントが…HL型のものもあるが、…HLL型も半数以上で、和田仮説のとおりではない。ただし「4類・5類だからといって①になるとは限らないが、①になるのは4類・5類である可能性が高い、といっていいかもしれない」（同：26、①は複合語アクセント…HL型のこと）

もちろん扱う範囲が異なるうえに、語も違うのであるから、単純に比較はできないが、下降位置についてのみおおよその比較をすれば、Aは『正節』所載語と共通するところがあるのかもしれない。ただし、2類については異なる。Bについて、和田仮説が成り立たないというところは『正節』所載語と同様。Cについては、『正節』に後部成素〔w5〕の複合語はないが、大阪高年層で…HLL型から…HL型になりつつあるのであれば、あるいは『正節』に大阪高年層の古い段階のアクセントが認められるのかもしれない。

6. おわりに

『正節』所載語のうち、和語から成る¦3+2構造¦の複合名詞について、その譜記から推定される近世京都アクセントを考察してみると、以下のことが言える。

(1) いわゆる「和田仮説」は、『平家正節』の譜記から推定されるアクセントに、そのままあてはまるものではない。ただし『正節』では、後部成素が〔w1〕の場合にのみ、複合語アクセントがH3（HHHLL）型になるので、一部符合するところはあるか。

(2) 『正節』の譜記から推定される複合語アクセントが、古代語のアクセント法則と顕著に対応することがある。すなわち、前部成素低起式で後部成素が〔w4〕LH型のとき、古くはLLLLH型であるが、これらは『正節』にHHHLL型であらわれて例外がない。これはLLLLH＞HHHLLの規則的変化を経たもので、伝統的な複合語アクセントということができる。

(3) V＋N構成の複合語で、前部が低起式動詞に由来するものは、古くLLLLL型であったらしく、『正節』にはその規則的な変化型H4（HHHHL）型があらわれる。これも伝統的複合語である可能性が高い。古くは、LLLHL型もあったとされるが、LLLLL型の方が後世との対応はよい。前部成素が高起式の場合も、おそらくはH0（HHHHH）型が多かったであろう。

(4) N＋V構成の複合語は、前部成素の式にもとづいて、古くからHHHHH型またはLLLLL型であったか。これも『正節』との対応関係からすれば、古く安定型とされる…HL型であったと考えるよりも全平型とみた方がよい。

(5) N＋N構成の場合は、古くから多様なアクセント型があらわれたようであるが、『正節』の譜記から推定されるアクセントも多様である。

ここに取り上げた語については、現代京都の高年層では3型と0型に動く様子がみられるが、近世ではH4型とH3型が多くあり、H4型は「型の統合」によって、『正節』の時代にはH3型へと動くことがあったであろう。《口説》と《白声》の数字の違いは、それを反映しているのかもしれない。また、『正節』

にH0型であらわれる複合語は現代でもH0型であるらしい。[12]

《平家正節にみえる和語 {3+2構造} の複合名詞》全40（38）語

N+N〔14語〕
    H0型〔1語〕　あこめだけ（衵丈）
    H4型〔3語〕　ちからあし（力足）、はしたもの（端者）、ひじりづか（聖柄）
    H3型〔5語〕　いちめがさ（市女笠）、いつつぎぬ（五衣）、うつほぶね（空船）、こしばがき（小柴垣）、まくらがみ（枕上）
    H2型〔1語〕　かがみぐら（鏡鞍）
    H1型〔3語〕　おほいどの（大臣殿）、ひはだいろ（檜皮色）、ほのほもと（炎元）
    L4型〔1語〕　にはかごと（俄事）

N+V〔6語〕
    H0型〔4語〕　くるまよせ（車寄）、こころばせ（心馳）、ころもがへ（衣替）、よろひづき（鎧突）
    H4型〔1語〕　ゆみやとり（弓矢取）
    H3型〔1語〕　ひだりまき（左巻）

N+A〔1語〕
    H0型〔1語〕　かしらだか（頭高）

V+N〔17語〕
    HX〔2語〕　あそびもの（遊者）、あらひかは（洗革）
    H0型〔2語〕　ひきでもの（引出物）、まつりごと（政）
    H4型〔8語〕　おとしあな（落穴）、かへりこと（返事）、はかりごと（謀事）、ひきでもの（引出物）、まうしごと（申事）、まうしぶみ（申文）、まつりごと（政）、ゆるしぶみ（許文）
    H3型〔4語〕　たすけぶね（助船）、たたうがみ（畳紙）、つくりみち（作道）、むかひかぜ（向風）
    L0型〔1語〕　まゐりうど（参人）

V+V〔2語〕
    H0型〔1語〕　おくればせ（後馳）
    H1型〔1語〕　なげきじに（嘆死）

注―――――

1　カツラヲムシ〈上上上上平〉観本名義　僧下12ウ3／サヽレイシ〈上上濁上上平〉図本名義156-4／ヒツシクサ〈上上上濁上濁平〉観本名義　僧中48ウ8／和太之布祢〈上上上上濁平〉図本名義29-1／エヤミクサ〈平平平上濁平〉観本名義　仏中64ウ1

2　イカリツナ〈上上上上濁上〉観本名義　僧上41ウ3／ミツキモノ〈上上上上上〉前本雄略紀413

3　ニオヒウマ〈平平平平平〉観本名義　僧中51ウ4／コヽロサシ〈平平平平濁平〉世尊寺本字鏡35ウ3

4　すべらぎみ〈上上濁上上濁上〉天皇　古今（顕府）60／みかはみづ〈上上上平平濁〉御溝水　古今（訓）81

5　かはなぐさ〈上上上上濁上〉川菜草　古今（京秘）449／さくらあさ〈上上上上平〉桜麻　古今（高貞）892

6　えびすうた〈上上濁上上上〉夷歌　古今（顕府）6／さざれいし〈上上上上上平〉細石　古今（毘）343／かみやがみ〈上上上平濁平〉紙屋紙　古今（顕天平）476

7　あづまうた〈平平濁上平上平〉東歌　古今（寂）1087／なみだがは〈平上濁上平濁平〉涙河　古今（顕天平）598／あやめぐさ〈平上上上濁平〉菖蒲草　古今（毘）469／やまとまひ〈平平平上上〉大和舞　古今（顕天片）1070／あづまうた〈平平濁平平平〉東歌　古今（顕天片）1087／やまとうた〈平上平平平〉大和歌　古今（梅）1／あやめぐさ〈平上去平濁平〉菖蒲草　古今（高貞）469

8　いはひうた〈平平平平平〉祝歌　古今（寂）22／けづりばな〈上上濁上上濁上〉削花　古今（訓）445　なお、これについては、すでに木部暢子（1978：44）が「後部が先部の主語となるもの」と「後部が先部の目的語などとなるもの」とに分けて、前者は全平調（すなわちHHHHH型またはLLLLL型）になりがちで、後者は多様になると指摘している。

9　みかきもり〈上上上上平〉御垣守　古今（顕天片）1003／えびすがけ〈上上濁上上濁上〉夷掛　古今（顕天平）487／こころがへ〈平平平平濁平〉心替　古今（毘）540／こころばせ〈〇〇〇上濁平〉心馳　同上454

10　仮に「たすけぶね」を加えるにしても、それはLLLLH＞HHHLLの変化を想定すべきであろう。「あそびもの」は古来H0型かもしれない。また「まゐりうど」はLLLLL＞HHHHLの変化を経た可能性もある。

11　前部成素が数詞の「いつつぎぬ」を例外的にここに収めたのは、とくに前部成素の影響がないとみなしたからである。

12　ここに取り上げた『正節』所載語のうち、現代京都でも、同じ語形で、かつほぼ同じ意味に用いられる語について、京都市内高年層に聞かれるアクセントと比較してみると（中井 2002による）、近世H0型の語は現代でもH0型であることが多く、近世H4型の語は現代ではほぼH0型とH3型の併用、近世H3型の語は現代ではH3型を基本と

して、さらにいくつかの併用型が聞かれるようである。併用型には、ほとんどの語に低起式アクセントも聞かれる。このうち、複合語が低起式アクセントで、前部成素が現代において低起式のものは、わずかに「左巻き」（L0・H0併用）くらいのものである。

第4章 固有名詞のアクセントとその変遷

本章では、固有名詞のアクセントについて検討する。第1節は、姓と地名について、そのアクセントの変遷を考察する。これらを一括して取り上げるのは、姓か地名かを明確に分けることに、語によって無理があると考えたからである。もちろん人名、とくに漢字二字をそれぞれ2拍、計4拍に読む名乗などは紛れようもない。それらは第2節で扱う。
　ここにとくに固有名詞を取り上げて一章を設けるのは、これらが普通名詞とはいささか異なる動きをすると思われるからである。しかし、本章における考察の範囲では、『平家正節』の反映するアクセントの時代、すなわち江戸時代までは、これらの変化もおよそはアクセントの「体系変化」に相当する動きである。それに対して江戸期から現代にいたる変化は、基本型化が目立つように思われる。
　第1節は、2拍と3拍の姓・地名を対象としたが、基本型化が近代以降に顕著であることは、末尾の変遷図を見れば明らかであろう。2拍の場合は、HH型は残しながらもHL型とLF型とに移行しようとする動きがあるようにみえる。また3拍の場合は、一部にHHH型やLLH型への動きも見てとれるが、HLL型とLHL型とが基本型のように思われる。
　第2節は4拍からなる名乗のアクセントを取り上げる。HHHL型とHHLL型との「型の統合」によってHHLL型がHLLL型よりも優位に立ち、江戸期には多数型としての地歩を固めるが、その後現代までの間に、基本型としてのHLLL型とHHHH型とに分かれる。
　従来、《口説》ではHLLL型とHHLL型が拮抗しているのに、《白声》ではHHLL型が多数を占め、さらに現代ではHLLL型が基本型となるという複雑な動きを、どのように解釈するかが問題になっていた。ここではそれについて一つの解答を提出する。
　《口説》にみえるHHLL型は、古来高起式のものと、低起式から変化したものとが混在しているのに対して、《口説》《白声》のHLLL型は、ほとんどが古く低起式の型（LLHL型など）から変化したものである。しかし、現代のHLLL型は、その前部成素に高起・低起の区別はない。そのことを糸口にして、名乗アクセントの変遷を図示してみれば、そこに《口説》《白声》の譜記から知られるアクセントを位置付けることができる。
　これを、普通名詞である｛2＋2構造｝の複合名詞と比較してみると、普

通名詞の場合はHHHH型やLLLH型への移行が目立ったのに対して、固有名詞（名乗）はHLLL型とHHHH型とに集中する。そのような傾向がみえはじめるのは、『平家正節』の時代よりも後のことで、近世アクセントの段階では、いまだ「体系変化」の余韻を残しながらHHHL型とHHLL型との統合が進み、多数型に変化が生じることによって、HHLL型への類推が進んでいくような状況である。

　それが、近代にいたると、HHLL型とHLLL型とが統合してHLLL型になろうとする動きが顕著になり、さらに基本型（HLLL型とHHHH型）化が起こって、現代のような姿に落ち着いたのではないかと想像する。

　本章第2節には、そのような固有名詞アクセントにおける変遷の構図を描いてみたいと思う。

第1節
姓・地名のアクセント

1. はじめに

　従来日本語アクセントの史的研究において、固有名詞について検討されることは少なかった。しかし、たとえば平安時代の『源氏物語』の頃のアクセントを復元するような試み[1]もなされるにいたり、地名・人名のアクセントが問題にされるようになってきた。また秋永一枝（1980）では、この検討に一章をあて、「地名」「姓」「名」「神名」に分類して、語源や複合形式などの面から考察を加えている。[2]

　和語の固有名詞のアクセントは、『古事記』『日本書紀』ほかいくつかの資料に少しずつあらわれるが、いわゆる「体系変化」以前の資料としては、古今和歌集声点本から多くのデータが得られ、一方「体系変化」以後においては、平曲や浄瑠璃の譜本が注目される。とくに平曲譜本は、『平家物語』所出語彙の多くに平曲譜を付けたもので、それらから江戸期の京都における固有名詞のアクセントも少なからず知ることができる。本節ではそのうちの、主に和語から成る姓と地名のアクセントを整理・分類し、あわせてそのいくつかに考察を加える。ただし、ここでは三拍語までを取り上げる。また、『平家物語』所出の姓と地名は、そのいずれかを区別することの難しいものが多いため、ここでは一括して扱うことにする。

2. 一 拍 語

　1拍の姓・地名は、つぎの「き(紀)」と「つ(津)」である。「紀」の語源は「木」〔w3〕、「津」もまた『前本和名』『図本・鎮本名義』に〈平〉とあることから、これも古く一拍名詞第三類相当〔w3#〕とみられる。

　　　紀　〜の　（上×／コ×）　〜の守（上×××）　〜の国（上×××）
　　　津　〜の　（上×）　　　　〜の守（上×××）　〜の国（上×××）

　したがって「紀の国」「津の国」は、「紀の」「津の」がL-L＞HLの変化を経たと思われ、平曲の（上×××）は、変化後のかたちに「国」が低く接続したものであろう（『国訛』「摂津国」HLLL）。もちろん古く一まとまりになってL-L-HH＞HLLLの変化を経たという解釈もできる。

　しかし、「紀の守」「津の守」は、「かみ(守)」が『観本・高本名義』で〈平上〉であることから古くはL-L-LHと推定されるが、それが一まとまりになって「体系変化」を経たのであれば、HHLLになるはずであるから、『正節』の譜記から推定されるアクセントとは合致しない。ここは、むしろ「紀の」「津の」という文節単位のアクセント変化L-L＞HLを想定すべきである。

　氏姓の場合も、古くは「紀の」L-Lであったことが『古今（毘）』によって知られるが、平曲では以下のように、みなHLに対応する譜記をともなってあらわれる。

　　　紀僧正　（上×××××）　　　4下那都14-1素声
　　　紀の古佐美（コ××××）　　　五句都遷27-2口説
　　　　　コサミ

　また国名「紀伊」は、『国訛』・現代京都ともHLであることなどから、秋永(1980：296)はこれも古くLLと推定した。「木」の方はLからRとなるが、「紀伊」は好字二字であらわされるようになって、二拍語として変化したことになる（LL＞HL）。

　ただし下記の例は、譜の数からして「キイノ」ではなく「キノ」と読まれたことは疑いなく、それがH-Hに相当するものであるのはほかと一致しない。これは、「二位」が前後とも呉音平声字であることを考えると、L-L-LL＞HHHLであったのかもしれず、あるいは「紀伊の」「二位」それぞれに変化したHL-HLが結合を強くしてあらわれたのかもしれない。

第1節　姓・地名のアクセント　201

紀伊の二位（上上コア）　灌頂原幸21-2シロ

　一拍語の場合、助詞「の」接続形だけから、その単独形のアクセント型を特定することはむずかしいが、「紀の（紀伊の）」がHLにもHHにもあらわれるとすれば、それは第一類や第二類相当の語にはないことである。

3. 二　拍　語

3.1　HH型

（安藝）　〜の（上上上）　〜の守（上上上××／上上コ××）
　　　　　〜の国（上上上上上／上上上上コ）
（安部）　〜の（上上コ）
（壱岐）　〜の守（上上上××）　〜の判官（上上上××××）
（伊豆）　〜の（上上上）　〜の守（上上上××／上上コ××）
　　　　　〜の国（上上上上上／上上上××）
　宇佐　　〜へ（上コ×）
（隠岐）　〜の国（上上上上コ／上上上××）
　甲斐　　〜（上上）　〜の（上上上）
　勢田　　〜の（上上上）　〜より（上上××）
　鳥羽　　〜に（上上コ）　〜の（上上上／上上コ）　〜へ（上上×）
　　　　　〜まで（上コ××）
　長谷　　〜へ（上コ×）
（飛騨）　〜の守（上上コ××）
　日野　　〜と（上上×）引用の「と」　〜へ（上上×）
　美濃　　〜（上上）　〜の守（上上上××）

「安藝」は、『正節』の譜記だけから単独形HHということはできない。「安藝の守」「安藝の国」の譜記から助詞「の」接続形はHH-Hと知られるが、これは単独形HHのほかに、第三類相当のものもこのようなアクセントをとる（第1章 第2節）。しかし、ここでは『国訛』にHH型であらわれるので、ひとまずこうしておく（現代京都はHL）。

「安部」は『(延喜式)神名(帳)』「阿拜郡」(伊賀)の傍訓「アヘ」に〈上上〉、「安倍郡」(駿河)に〈上上○〉とあり、『古今（毘）』〈上上濁平〉、『同（訓）』〈上上

濁〉、『同（伏片）』〈○上濁〉とある。ほかに『色葉』「阿拝」（伊賀）の傍訓「アヘ」に〈上平濁〉とみえる。秋永（同：298）は『古今（毘）』の例からHF型を想定しながらも、「一応、（一）類HH型か、としておく」と処理したが、はじめにHFを想定すれば、それからHH、HL両様になることが考えられ、『色葉』の例も説明がつく。その後HH型が優勢になって、平曲に受け継がれたと考えたい。

「壱岐」は、『国訓』・現代京都ともHL型。しかし古く『前本継体紀』〈上上〉とあり、平曲でもHHの可能性は残る。

「伊豆」は、『国訓』HH型、現代京都LF型。「伊豆の国」に二種の譜記があらわれるが、HHHLLに対応する譜記は下記1例に見られるのみである。しかし前田流古譜本（東北大本・也有本）には、特殊表記ながらHHHHH型に施譜したものがあり、こちらをとるべきであろう（第8章 第1節参照）。

　　伊豆の国と（上上上×××）　　11下座流17-3素声
　　〔尾京A早（同）、北（上中上上中×）、也（中中上上中×）、豊《上上平×××》ほか譜なし〕

「隠岐」も同様。『国訓』HH、現代京都HL。「隠岐の国」はHH-H-HHと考えられるが、HHHLLに対応する譜記も1例見られる。他の譜本を見ると、江戸前田流譜本は「国まで」にだけHHLLに対応する譜記を付けているが、東北大本・也有本といった古譜本や波多野流譜本にHHHHH型に対応する譜記（これも特殊表記を含む）がある。

　　隠岐の国まで（上上上××××）　　8下六斬19-4素声
　　〔尾京A早（同）、北（上中上上中××）、也（中中上上中××）、宮《×××上乙××》、豊《×××上上××》、波《上上上上上××》〕

「甲斐」は、『正節』の譜記から単独形HH型であることが判明する。『国訓』もHH型。現代京都はHL型が多いようだが、LF型も報告されており、中井幸比古（2002）は「L2が本来かも」と注記する。しかし、LFはあまり古くはなさそうである。『前本・図本雄略紀』には〈上上〉とあってHH型を支持し、『古今（伏片・家など）』でも「甲斐が嶺」「甲斐歌」は高起式に差声する。語源が「峡」であるとすれば、「峡」は『字鏡』（世尊寺本）・『図本・観本名義』、『古今（伏片・寂・毘)』に〈上上〉とあり、アクセント史ならびに語源の面からも古来HHであって問題ない。

第1節　姓・地名のアクセント

「長谷」は、『前本・図本雄略紀』に〈上上〉とあり、この語の古形とされる「泊瀬（初瀬）」も、『前本・図本雄略紀・継体紀』『西（本願寺本）万（葉集）』、『古今（毘・訓・寂）』に〈上上上〉とある。HHHの縮約形がHHであるのは理解しやすい。現代京都はHHとHLと両様。『正節』には、低接式助辞接続形であらわれ、その譜記はHH型と対応する。

　「飛騨」は、『国訛』にHH型であらわれる。現代京都はHLが優勢だが、HH型もある。『正節』には「飛騨の守」の例しかなく、アクセント型の特定はできないが、ひとまずここに掲げておく。古くは『浄拾』〈上上〉。『神名』「非太神社」（尾張）、「斐多神社」（越後）〈上上○○〉が同源ならば、やはりHH型だったことの証になろう。

　「美濃」は、『正節』に単独形の譜記があってHH型であることがほぼ確定する。『国訛』もHH型。現代京都はHH型とLF型の両様。中井（2002）はHH型の方を「本来のア（ク）セントかも」とする。

　以上のHH型とみられる姓・地名のうち、『正節』の譜記から単独形のアクセント型が特定されるものは、「宇佐、甲斐、勢田、鳥羽、長谷、日野、美濃」の7語で、ほかの「安藝、安部、壱岐、伊豆、隠岐、飛騨」6語は、型の特定ができないというだけで、助詞「の」接続形がHH-Hであることは分かっているのであるから、単独形はHH型かHL型かのいずれかである。いま他資料によって、仮にHH型として掲げたが、この点に配慮して（　）で括っておいた（以下同様）。

3.2　HL型

安摩　　～の（上××）
伊勢　　～（コ×）　～に（コ××）　～の（上××）　～の国（上××××）
蝦夷　　～が（上××）
加賀　　～（上×）　～の守（上××××）　～の国（上××××）
鹿瀬　　～の庄（上××××）
狩野　　～の介（上××××／コ×××××）
木曽　　～（上×／コ×）　～の冠者（上上上上上コ／上上上上上×）
　　　　～義仲（上上上上××）
気比　　～の宮（上××××／コ××××）

嵯峨	〜の在家（上上上コ××）　〜の辺（上上上××）　〜へ（上××）
佐渡	〜の（上××）　〜の国（コ××××）
志渡	〜の浦（上上上上×／上上上コ×）　〜へ（上××）
志保	〜の（上××）
出羽	〜の（上××）　〜の国（上×××）
土佐	〜の（上××）　〜の国（上×××）
土肥	〜の（上××）
那智	〜新宮（上×××××）　〜の沖（上上上コ×）
奈良	〜（コ×）　〜にも（上×××）　〜の（上××）　〜へ（上××）
	〜を（上××）　〜をも（コ×××）
丹生	〜の四郎（上×××××）
仁井	〜の紀四郎（上××××××）
沼田	〜の（上××）
能美	〜の庄（コ××××）
氷見	〜の湊を（上××××××）
堀	〜の（上××）
依田	〜の城（コ××××）

「伊勢」は、『国訓』・現代京都ともHL型。『正濫』〈上平³〉、『近松』はHL型（「〜の」HHLか）。古くは、『前本・図本雄略紀』〈上上〉、『神名』「伊勢命神社」（隠岐）〈上平○○○〉とある。『古今（毘・訓・梅）』では〈上上〉、『同（毘・高貞）』〈平上〉、『同（訓）』〈上平〉と三種あらわれ、秋永（1980：282）は「古くはHH型（時にLH型）が優勢だが、中世以降は次第にHL型がとってかわったといえそうである」と述べる。

「加賀」は、『近松』・『国訓』・現代京都ともにHL型。

「木曽」は単独形にもHL型がみられる。名などが下接すると、結合して平板化するのであろう。現代京都HL型。

「気比」は「けいひ（飼飯）」の縮約形。『神名』「気比神社」（但馬）に〈去平○○〉、『古今（顕天平）』に〈上平〉とあるところから、秋永（同：279）は古くRL＞HLの変化を想定する。「食」と「笥」とは同源（R）とされるが、のちにアクセントが分かれて、「食」の方は『観本・鎮本名義』〈平〉とあるようにL、一方「笥」は『京本和名』『観本・鎮本名義』〈上〉となる（『図本雄略紀』41

第1節　姓・地名のアクセント　205

の〈平〉は名の一部)。江戸前期、契沖の『正通』は、両者ともに〈去〉すなわち上昇調とするが、現代京都「笥」はHである。「飯」は『岩本推古紀』〈上上〉〈平平〉両様、『図本武烈紀』〈平上〉、『観本・鎮本名義』〈平平〉などとあり、古く三種類のアクセントが考えられるが、のちLL型が優勢になって、現代京都のHL型に連なる。かくて「飼飯」はL＋LLが縮約して、さらにLL＞HLの変化を経たと想像される。

「嵯峨」は、古く『袖中』〈平平〉でLL型とみられ、現代京都はHL型。『正節』は低接式助辞接続形に施譜されていて、単独形はHL型とみられる。助詞「の」接続形はHH-Hで、二拍名詞第三類相当の語に多くあらわれるアクセントである。

「佐渡」は、『近松』・『国訛』・現代京都ともHL型。

「志渡」は、助詞「の」接続形にHH-Hがあるから、もとLL型であった可能性が高い。

「出羽」は、『国訛』HL、現代京都HL・LF両様。

「土佐」は、『近松』・『国訛』・現代京都ともHL型。

「那智」は、現代京都HL。近世も「那智新宮」の譜記からしてHL型とみてよいであろう。「那智の沖」の例からすると、古くLL型であった可能性が高い。

「奈良」は、『近松』・現代京都ともHL型。古くは、『岩本推古紀』〈平上〉、『神名』「奈良神社」(遠江・武蔵)〈平上○○〉とある。また『図本武烈紀』『前本仁徳紀』、『古今〔顕府・訓〕』は〈上平〉、『同〔伏片〕』は〈上○〉。さらに『同〔訓〕』『西万』には〈平平〉も見られる。『西万』には「奈良比等(人)」に〈上上上上〉とも。

秋永(1980：283)は「〈上平〉〈平平〉両様が鎌倉期の比較的確実な文献にあり、中でも〈上平〉が平安末のアクセントを示す文献にある時、同じ型から変化したことを疑ってもよいのではなかろうか」として、RL型からの変化を想定する。そうであれば、平安RL・LH両様、鎌倉以降LHが廃れてLL・HL両様となり、「体系変化」後はHLとなったとみることができる。

「堀」は、「掘る」の転成名詞形LLから変化したものであろう。

ここには、助詞「の」接続形がHL-Lであれば、単独形もHL型であるとして掲出した。古く単独形がLL型から変化してHL型になったものは、助詞「の」接続形においてHH-Hになることが多い〈第1章 第2節参照〉。もちろん、

助詞「の」接続形がHH-Hであれば、必ず単独形がもとLL型であったとは言えず、古来HL型の語もHH-Hとなることはある。

このことを考慮してみると、古くLL型であったかと思われる「木曽、嵯峨、丹生、沼田、氷見、堀」のような語の助詞「の」接続形に、必ずしもHH-Hに対応する譜記をともなわないものがあるのは、これらが固有名詞であることから、単独形のアクセントに強く影響されたためであろう。

3.3 HH型かHL型か

江見　　〜の次郎（上上上コ××）
多田　　〜の蔵人（上上上上上××）
那須　　〜の太郎（上上上上××）

HL型でも「木曽・嵯峨・志渡」のように平板化することがあるから、これらの例だけから、それぞれのアクセント型を特定することはできない。現代京都は「多田」HH、「那須」HL。「江見」もHL（上野調査）らしい。他資料から推定することもできないので別項とした。

3.4 LF型

伊予　　〜の（×コ×）　〜の国（×上×××）　〜へ（×上×）
　　　　〜を（×コ×）
宇治　　〜と（×上×）並列の「と」　〜の（×上×／×コ×）　〜へ（×コ×）
　　　　〜も（×上×）

「伊予」は、『国訓』LHまたはLF、現代京都LF（HLも）。『神名』「伊与神社」（伊予）〈平上○○〉とある。古くからLFだったものか。

「宇治」も現代京都LF。古く『前本仁徳紀』〈上上平〉〈平上〉とあり、『神名』「宇治神社」（山城）〈平上○○〉、同（大和）〈上平○○（線点）〉とある。『古今（顕大）』〈上平〉（宇治）、〈平上〉（菟道）とあって、やはりこれも一致しない。「宇治山」に、『古今（訓）』〈平平上平〉や『古今（梅）』〈平平○○〉とあるのは〈平上〉の複合型とみられる。秋永（1980：279）は中世に「LFから変化したHL型も」認めようとするが、『前本仁徳紀』の〈上上平〉を信ずれば、院政期にHFとLFとの両様を考えることができる。HL型はHFの流れを汲むものであろう。あるいはそれぞれ別の地名であったものが、のちに一つのアクセン

トにまとまったとみるべきか。ここは、並列の助詞「と」が従属式であること（奥村1981：433）からLFと認定する。

3.5 LH型かLF型か

阿波　　〜の（×上×）　〜の国（×上×××／×コ×××）
伊賀　　〜（×上）　〜の（×上×）
加茂　　〜（×上）　〜の（×上×／×コ×）
吉備・信太(しだ)・楯・茅野　〜の（×上×）
能登　　〜（×上）　〜の守（×上×××）　〜の国（×コ×××）
比企　　〜の（×上×）
熊野(ゆや)　〜が娘（×コ×―）
淀　　　〜の　（×コ×）

「阿波」は、『近松』LH（またはLF）、『国訛』には「阿房」と書かれてHH（「安房」もHH）、『正濫』は〈去平〉でLF（「安房」〈上上〉）、現代京都LF。『国訛』は「安房」と混同したものか。

古く『神名』「阿波神社」（伊賀）〈平上〇〇〉、同（伊豆）〈上上〇〇〉、「阿房神社」（下野）〈平上××〉とあり、『古語（拾遺）』「阿波国」に〈平平〇〉とある。また『古今（毘）』に〈平上〉、『古今（訓）』に〈平平〉と見える。『神名』の〈上上〇〇〉は「安房」の方であろう。古くLL型とLF（またはLH）型があったことは確かのようである。室町期以降HL型をみないから、LL型の流れは跡を絶ったらしく、以後はLF型だけが行われたのではなかろうか。

「伊賀」は、『国訛』LH（またはLF）型、現代京都LF型。

「加茂」は、現代京都LF型。古く『神名』には、「賀茂別雷神社」（山城）、「賀毛神社」（伊勢）、「加毛神社」（伊豆）などみな〈平上…〉とある。

「吉備」も、現代京都LF型。古く『神名』「吉備津彦神社」（備中）〈平平平〇〇〇〉、『乾（元本日本紀）私(記)』に〈平平〉と見える。また『古今（顕天片・顕大・訓）』に〈平上〉とある。これらから判断するに、「吉備」も古くLL・LF（またはLH）両様で、「阿波」と同じ変遷をたどったのではないかと思われる。

「信太」は、『神名』「信太郡」（常陸）の傍訓「シタノ」に〈平平〇〉とある。

「楯」については、道具の「楯」ならば、『前本仁徳紀』『京本・伊十本・伊廿本和名』『観本名義』に〈平上〉、平曲でも「楯を（×上×）」（7下弓流12-2白

声）などとある。おそらくは古くからLF型だったものであろう。姓も同じか。

「能登」は、『国訓』になく、現代京都LF型。『神名』「能登比咩神社」（能登）には〈平上上○○○〉とある。

「比企」は、『神名』「比企郡」（武蔵）の傍訓「ヒキ」に〈平平〉とある。

「淀」は、普通名詞としては、『観本・鎮本名義』『古今（顕天平・毘・高貞・梅）』に〈平上〉、『古今（顕天平）』に〈平平〉ともあり、さらに『顕拾』には「ヨドノ」〈平上濁○〉、『顕後』には「淀野」〈平上濁平〉とあるが、LHかLFかは特定できない。「ヨドミ」は『観本名義』〈平平平〉、『鎮本名義』〈平上平〉。「ヨドム」は『観本名義』〈平上○〉〈平平○〉、『古今（顕天平）』〈平平上〉。これらから秋永（同：79）は「LH型の他にLL型があったか」とする。「淀川」は『古今（伏片）』〈平平濁平平〉、『同（家）』〈平平濁平濁平〉、『同（京秘）』〈平平濁○○〉、『同（訓）』〈平平濁上上〉とあって、古くLLLL型またはLLHH型のようだが、「体系変化」の後はHHHL・HHLLなどになったであろう（現代京都HHHH型）。『正節』には「淀川」の例なく、

　　　淀河尻（××上上上×）　　9下大坂7-2白声

という例があるだけだが、これは「河尻」に施譜したものかもしれない。地名「淀」の方は現代京都LF型。

上記の姓や地名は、『正節』に単独形と助詞「の」接続形の譜記しかあらわれず、それらからLH型かLF型かを特定することはできないものである。

4. 三　拍　語

4.1　HHH型

```
荒田　　　～まで（上上上××）
追津　　　～に（上上上コ）
おひつ
金子　　　～（上上上）　～の（上上上上）
（河内）　～の守（上上上コ××）　～の国（上上上上上上／上上上上××）
小嶋　　　～まで（上上上××）
昆陽野　　～を（上上上コ）
こやの
（相模）　～の国（上上上上上上）
佐々木　　～（上上上）　～四郎（上上上上××／上上上コ××）
```

```
              ～ぞ（上上上×）  ～に（上上上上／上上上コ）
              ～の四郎（××上上コ××）  ～を（上上上上）
  （佐竹）   ～の（上上上上）  ～の太郎（××上上コ××）
   八幡     ～（上上コ）  ～へ（上上上×）
```

「河内」は、『国訓』・現代京都ともHHH型。『古語』『古今（顕府）』『浄（弁本）拾（遺和歌集）』に〈上上上〉とあって、古くからHHH型だったと思われる。『正節』には助詞「の」接続形だけしかなく、これだけからアクセント型を特定することはできないが、他資料によって、ひとまずここに掲げる。

「小嶋」は、普通名詞も地名も、現代京都ではHHH型。古く『古今（訓）』〈上上濁上〉、『古今（毘・高貞・寂）』〈上上濁○〉、『同（毘）』には〈○上濁上〉とあり、また『同（伏片）』に〈上上平〉とある。これからすると、古くHHH・HHL両様ということらしい。「まで」は低接式助詞であるから、『正節』の譜記からはHHH型と認定される。

「相模」は、『国訓』HHH型、現代京都HHHとHLL両様。中井（2002）はいずれを本来とするか迷う様子であるが、おそらくHHH型であろう。

「佐々木」は、『正節』の譜記からはHHH型とみるのが妥当である。「佐々木の四郎」の譜記は、「特殊低起式表記」とみられる。金田一春彦（1986：23）は、この例を取り上げて「この高低の姿は、江戸時代中期のアクセントを反映したと考えられる」と述べたが、このかたちは『正節』に1例しか見られない。つぎの「佐竹の太郎」と同様に、これは「特殊低起式表記」とみなすべきであろう。現代京都はLLH型であって揺るがないが、これはのちの変化型とみたい。

4.2　HHL型

```
   熱田     ～の（上上××／×上××）
   今井     ～（上上×／上コ×）
            ～の四郎（上上上上上××／××上上コ××）
   愛宕     ～（上上×）
  （上総）  ～の守（上上上上××／上上上コ××）  ～の国（上上コ×××）
            ～の太郎判官（上上上上上上上××××）
   草津     ～（上上×）
   熊野     ～（上上×／上コ×）  ～の（上上上上）
```

鞍馬	～（上上×）
信濃	～（上上×）　～に（上上××／上コ××）　～の（上上上上）
	～の国（上上コ×××／上上××××）
	～の次郎蔵人（上上上上上上上上××）　～へ（上コ××）
塩津	～（上上×）
（駿河）	～の国（上上上上××）
名草	～に（上上××）
難波	～（上上上）　～が（上上××）　～も（上上××）
	～の次郎（上上上上××／××上上コ××）
引田	～と（上上××）引用の「と」
三草	～の（上上××）　～の山（上上××××）
横江	～（上上×）
（尾張）	～の（上上上上）　～の守（上上上コ××）
	～の国（上上上上上上）

　「熱田」は、語構成からしてLLL＞HHLと変化したものであろう。（×上×）の譜記は、HHLからの変化型LHLを反映するものとみる。現代京都もLHL型。
　「今井」は、現代京都HHH型。しかし、江戸時代まではLLL＞HHLの流れにのっていたものと思われる。助詞「の」接続形はHHH-Hで、「今井の四郎」（××上上コ××）の譜記は特殊表記である。
　「愛宕」は、この母音交替形「アタゴ」が『解脱』に〈平平平〉とあるので、これもおそらくはLLL＞HHLの変化を経たものであろう。
　「上総」は、『国訛』HHL型、現代京都はLHL型とHLL型の両様。『古語』に〈○平濁平〉とあり、「上」は二拍名詞第四類LHであることを考えあわせると、古くLLL、のちHHLからLHLまたはHLLに変化したとみることができる。『正節』の譜記は助詞「の」接続形ばかりで、これらからアクセント型を特定することはできない。
　もっとも「上総の国」に施された次のような譜記は、「上総の」LLL-L＞HHHLという文節単位の変化、あるいはまた「上総の国」LLL-L-HH＞HHHLLLという全体一まとまりの変化を反映するかとも考えられる。そうであれば、この助詞「の」接続形の譜記は、単独形（LLL＞）HHL型を示唆するものである。

上総の国（上上コ×××）　　3下平流2-3口説
　「熊野」は、『近松』HHL型、現代京都HLL型。下記例は東大本を他本によって訂正すべきであるが、この箇所の訂正は直接「熊野」のアクセントにはかかわらない。
　　　熊〽野の権現の（上上上上×××上×）　　1上鱸13-1白声
　　　　　　　　　　　　　　　　　　　〔尾京Ａ早（～×上×××）〕
　「信濃」も、『国訛』はHHL型、現代京都はHLLとHHHの両様。中井（2002）は「或は0が本来？」と注記するが、『正節』の譜記は、単独形・従属式助辞接続形・低接式助辞接続形のいずれもHHL型を支持している。助詞「の」接続形はおよそHHH-Hであるが、下記第一例は、「上総」の項において述べたように、古くLLL型であったことを物語るものであろう。第二例は単独形のアクセント型を反映したものと解せられる。
　　　信濃の国に（上上コ××××）　　炎上善光1-2口説
　　　信濃の国の（上上××××）　　　3下水島2-4口説、7下弓流5-4白声、
　　　　　　　　　　　　　　　　　　9上文流9-1口説
　「駿河」は、『国訛』HHH型、現代京都はHLL型。秋永ほか（1997：269）によれば『謡曲』にHHL型であらわれるという報告がある。現代京都とのつながりは、『国訛』よりもこちらの方がよい。
　「難波」は、牧村史陽『大阪ことば事典』（講談社学術文庫版 1984）にHLL型とあり（現代京都も同様）、一方もとのかたちとされる「ナニハ」は同書にLLH型とある。「ナニハ」は現代京都もLLH。古くは『前本仁徳紀』に〈平平平〉とあり、『古今（訓）』には〈平上上〉とある。
　秋永（1980：302）は「ナニハ」について、「中世は地名の場合も伝統的な型の〈平平平〉の他に、個別的変化をとげた〈平上上〉の両様が行われていたと思う」として、「鎌倉期には既にLLL型よりLHH型の方が優勢で、室町期の変化の頃には伝統的なLLL型は既に姿を消していたものと考えられる」（同：304）と述べている。現代京都がLLHであるから、LHH＞LLHの変化を考えれば、室町期以降の説明はつく。
　平曲の「ナンバ」はHHL型であるから、古くLLL型からの変化を想定しなくてはならない。現代京阪のHLL型は、HHL型と型統合したものと考えられる。なお「難波の次郎」（××上上コ××）の譜記は「特殊低起式表記」と解

すべきものである。

「尾張」は、『国訛』《？平下》とあって第一拍の節博士がよく分からない。現代京都はHLL型。契沖の『正通』には〈上平平〉とあるが、これはHLL型を意図するか。『正節』には助詞「の」接続形しかあらわれず、すべてHHH-Hと対応する譜記が付けられている。

　　美濃尾張の源氏共﹅に（上上上上上上上上上××）　揃物源氏25-2白声

『浄拾』の「尾張米」〈平平平平上〉の例からすると、古く低起式であった模様であるから、LLL＞HHLの変化を被って、単独形HHL、助詞「の」接続形HHH-Hとなっていたものと推定する。

4.3　HLL型

明石	〜の（上×××）　〜の浦（上×××××）
穴生	〜の（上×××）
淡路	〜の守（上×××××）　〜の国（上×××××）
近江	〜（コ××）　〜の（上×××）
	〜の国（上×××××／コ×××××）
岩戸(いはど)	〜の（上×××）
内海	〜（上××）
春日	〜（上××）　〜の（上×××／コ×××）
梶井	〜の宮（上×××××）
河野(かはの)	〜か（上×××）　〜が（上×××）　〜をば（上××××）
佐原	〜の（上×××）
敷名	〜（上××）
周防	〜（上××）　〜の国（上×××××）　〜の介（上×××××）
瀬尾・高雄	〜（上××／コ××）
高野	〜（上××）
平(たひら)	〜の（上×××）
土田(つちだ)	〜（コ××）
長井	〜（上××／コ××）
新野(にひの)	〜が池（上×××××）
根井(ねのゐ)	〜の（上×××）

第1節　姓・地名のアクセント　213

野井与　〜（コ××）
播磨　　〜の（上×××／コ×××）　〜の守（上×××××）
　　　　〜の国（上×××××／コ×××××）
樋口　　〜（上××／コ××）
常陸　　〜の（上×××）　〜の国（上×××××）
八嶋　　〜（上××／コ××）
大和　　〜の国（上×××××）
湯浅　　〜の（上×××）
吉野　　〜（上××）
岡部　　〜の（上×××）
小原　　〜（上××）

「淡路」は『近松』HLL型、『国訛』HHL型、現代京都HLL型。『神名』「阿波遅神社」（播磨）に〈上平上○○〉、『古今（寂）』〈上平平〉、『同（伏片・毘・訓）』〈上上上〉とある。秋永（1980：291）によれば、〈上上上〉の方は「淡路島（山）」のアクセントを注記したもので、〈上平平〉が現代まで続く「淡路」のアクセントだという。『正節』の譜記からも、江戸期はHLLと解せられるが、『国訛』とは一致しない。

「近江」は『国訛』・現代京都ともにHLL型。古く『前本・図本継体紀』『古今（毘）』『顕後』に〈平平上〉とあって、LLH＞HLLの変化を経たものと思われる。

「春日」は、現代京都でHLL型とLHL型の両様。古く『前本継体紀』〈上平平〉とあるので、古来HLL型とみられるが、LHL型の由来は不明。

「周防」は、『近松』・『国訛』・現代京都ともにHLL型。『岩本推古紀』には「周芳」〈上平〉とある。

「播磨」も、『国訛』・現代京都ともにHLL型。古く『前本仁徳紀』〈平平上〉とあるので、LLH＞HLLの変化を経たものと思われる。

「常陸」も、『国訛』・現代京都ともにHLL型。しかし、「常陸歌」に『古今（顕天片・顕大）』〈平平平上平〉、『同（毘）』〈平平平○○〉、『同（訓）』〈平平平—〉のような声点がみられるという。秋永（同：229）は、『古今（訓）』の例は「ひたち」のアクセントか、「ひたちうた」のそれか疑問としながらも、「ひたち」は『国訛』・現代京都でHLLであるから、『古今（訓）』にみられるようなLLL型か

らの変化を経たものであろうと推定した。もちろんそのような経緯も考えられるが、いま一つLLH＞HLLの可能性もあろう。秋永の「直道」語源説は、古くLLH型とした方が理解しやすくはないか。

「大和」は、『近松』・『国訓』・現代京都ともにHLL型。古く『岩本皇極紀』『前本仁徳紀』『前本・図本雄略紀』『古語』『古今（顕府）』などみな〈平平上〉とあり、LLH＞HLLの変化を経たものと思われる。

「吉野」も現代京都HLL型。古く『古今（顕大）』〈平平上〉であるから、これもLLH＞HLLとみられる。

4.4　HHH型かHHL型か

芦屋　〜の津（上上上コ×）
会津　〜の乗丹坊（上上上上上上上上上）
有木　〜の別所（上上上上上×）
石田　〜が郎等（上上上上上上×）
　　　〜の次郎（上上上上上××／××上上コ××）
稲津　〜の新介（上上上コ××××）
宇度野　〜の辺（上上上コ××）
河原　〜が下人（上上上×―）　〜太郎（上上上コ××）
鎌田　〜兵衛（上上コ×××）
熊井　〜太郎（上上上コ××）
児玉　〜の（上上上上）
薩摩　〜の守（上上上上××／上上上コ××）
讃岐　〜の守（上上上上××）　〜の七郎（上××××××）
　　　〜の中将（上上上上××××／上上上コ××××）
　　　〜の八嶋（上上上上××／××上上コ××）
渋谷　〜の右馬の允（上上上上上上××）
園辺　〜の兵衛（上上上コ×××）
筒井　〜の浄妙（上上上コ××××）
長野　〜の城（上上上コ××）
奈古屋　〜が奥（上上上コ××）
新田　〜の入道（上上上上上上×）

伯耆　　〜の守（上上上コ××）　〜の判官（上上上コ××××）
日吉　　〜の社司（上上上上上×）　〜の神輿（×××上コ××）
三浦　　〜の石田の次郎（上上上上上上上上××）
御(三)笠　〜の郡（上上上上×××）
三河　　〜の守（上上上上××／上上上コ××）
安田　　〜の三郎（上上上上上上×）
吉田　　〜の大納言（上上上上上上×××）

「石田の次郎」「讃岐の八嶋」「日吉の神輿」の譜記には、特殊表記が見られる。

「薩摩」は『国訛』・現代京都ともにHHH型。「薩摩の守」の譜記からでは、アクセント型を特定できない。

「讃岐」は、『国訛』HHH型、現代京都HHH型。『古今（毘）』には、人名ながら〈上上平〉とある。「讃岐の守」「讃岐の中将」の譜記からはHHH型またはHHL型が考えられる。姓になると「讃岐の七郎」のようにHLL型があらわれる。

「奈古屋」は、『国訛』HHL型（「名護屋」HLL）。

「伯耆」は、『国訛』HHH型、現代京都はHHH型とHLL型の両様。

「御(三)笠」は『古今（顕天片・顕大）』に〈上上上〉とある。

「三河」は、『国訛』・現代京都ともにHHH型。『古今（訓）』にも〈上上上〉とあり、古くからHHH型と思われる。しかし、『正節』所出の「三河の守」の譜記からは単独形のアクセント型を特定できない。

4.5　LHL型

生田　　〜の森（×上××××／×コ××××）
鵜川・臼杵　〜（×上×）
海野　　〜（×上×）
　　　　〜の（コ×××）　　3下水島2-5口説〔尾京A早（×コ××）〕
大庭・大矢・御田　〜（×上×）
菅生　　〜（×上×）
田代　　〜（×上×／×コ×）
田中　　〜の庄（×上××××）

千島・秩父　〜（×上×）
対馬　　　〜の守（×コ××××）
手塚　　　〜が（×上××）　〜の（×上××）
成田　　　〜五郎（××上コ××）　〜が（×上××）　〜も（×上××）
庭瀬　　　〜の郷（×上××××）
猫間　　　〜の（×上××）
野尻　　　〜の次郎（×上×××××）
真下（ましも）　〜の（×上××）
松浦（まつら）　〜（×上×／×コ×）
武蔵　　　〜（×上×）　〜の守（×上××××／×コ××××）
　　　　　〜の国（×上××××）
若狭　　　〜（×コ×）　〜の守（×上××××）
井戸田（ゐどた）　〜（×上×）
緒方　　　〜の（×上××／×コ××）

「対馬」は、『国訛』LHL型、現代京都はLHL型とHLL型の両様。
「成田」は『正節』の譜記から考えると単独形はLHL型であるが、「成田五郎」に付せられた譜記が「特殊低起式表記」であれば、「成田」はHHL型であった可能性もある。そうでなければ、江戸期にLLH型も認めなければならない。「成田」は語の構成からするに古く低起式であったろうから、LLL＞HHLからLHLへという変化を経たかとも疑える。その場合、「成田五郎」の譜記は、HHHHLLと対応する特殊表記と解釈する。「成田」のHHHは、単独形HHLが、そのあとに「五郎」HLLを連接させたときの変容形とみなせよう。
「武蔵」「若狭」は、『国訛』・現代京都ともにLHL型。

4.6　その他

阿古屋　〜の松（××上コ××）
長門　　〜より（×上コ××）
　　　　長門の国は（××上上上上）　　9下大宰27-5白声
原田　　〜の大夫（××上上×××／××上コ×××）
人見　　〜の浦（××上上コ×）
吹井　　〜の浦（××上上コ×）

第1節　姓・地名のアクセント　　217

股野　　～の五郎（××上上コ××）
結城　　～の浦（××上上コ×）
小胡麻　～の郡司（××上上コ××）

　これらは一見してみなLLH型を思わせる譜記が施されているが、LHH＞LLHの変化を遂げた本来のものと、特殊表記のために、見かけだけ低起式のようにみえるものとに分けられよう。
　「長門」は、『国訓』LHH型、現代京都HLL型。「長門より」の譜記は、特殊表記の類型にあてはまらないもので、「より」は低接式助詞であるから、「長門」単独形のアクセントはLHH型またはLLH型と確定する。
　「結城」は、古く『神名』「結城郡」（下総）の傍訓「ユフキ」に〈上上平〉とあって、古来江戸期まではHHL型か（現代京都はHHH）。したがって「結城の浦」は、本来のことばの音調はHHHHHLであるところに、平曲の音楽的な要請から低起性旋律で語られたものと思われる。
　「原田」には《白声》の例があるから、それは特殊表記ではないので、助詞「の」接続形とはいえ、『正節』の譜記からLLH型であることが確定する。現代京都もLLH型。

5. おわりに

　以上、『平家正節』《口説》《白声》の曲節にみられる姓・地名（1～3拍）の

【図1】『平家正節』にあらわれる2拍の姓・地名アクセント変遷図

HH		HH	HH
甲斐、長谷、壱岐		勢田、日野、美濃、鳥羽、宇佐	長谷、鳥羽、飛騨	安部、勢田、日野、美濃
HF			美濃	
		伊豆、飛騨、隠岐、安藝	壱岐、甲斐、宇佐	
安部、宇治	安部、宇治		伊豆　隠岐、安藝	
HL		HL		HL
伊勢		加賀、佐渡、出羽、土佐		伊勢、加賀、佐渡
RL		気比、奈良	出羽	出羽、土佐、奈良
奈良、気比	志渡、堀	丹生、沼田、氷見		嵯峨、木曽、那智、志渡
LL				
嵯峨、木曽		伊予、宇治、能登、阿波、吉備	伊予	伊予、宇治、能登、
		淀、信太、伊賀、加茂、比企		
LF (LH?)		LF (LH?)		LF
伊予、宇治		楯、茅野、熊野	阿波、吉備、淀	伊賀、加茂

218　第4章　固有名詞のアクセントとその変遷

アクセントについて検討した。一拍語は2語、二拍語は53語、三拍語は113語、計168語になる。最後に、本節で扱った二拍語・三拍語について、そのアクセントの変遷を図示する。語例は代表的なものを挙げるにとどめる。

【図1】から分かるように、古代（左）から江戸期（中央）までの変遷は、同じアクセント型の継承と、少数型の解消（HF→HH/HL、RL→HL）という変化である。したがって、LL＞HLという、いわゆる「体系変化」はあったが、江戸期まではほぼ伝統的アクセントを伝えているということができる。しかし、江戸期から現代への変化は、HH型を残しはしながらも、この種のものの基本型ともいうべきHL型とLF型とにまとまろうとする様子がみられる。なお、古くはLF型であるのか、LH型であるのか判断できないものがある。

つぎの【図2】は三拍語についての変遷図である。『正節』所出の語にかぎっているので、古く語例のないアクセント型は（　）で括った。こちらも江戸期までの変化はほとんど「体系変化」に相当するもので、江戸期以降現代にかけての変化には、基本型と思われるHLL型やLHL型への集中が読み取れる。また姓を中心に「佐々木、佐竹、金子、長井、梶井」などがLLH型にまとまろうとする様子もうかがえよう。このような動きは、近世アクセントと近現代アク

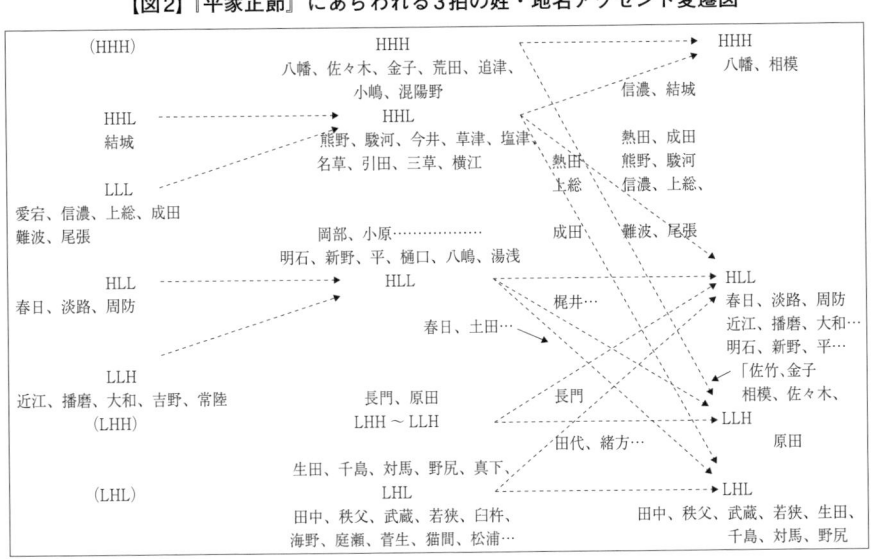

【図2】『平家正節』にあらわれる3拍の姓・地名アクセント変遷図

（図の内容）

古代：
- （HHH）
- HHL　結城
- LLL　愛宕、信濃、上総、成田、難波、尾張
- HLL　春日、淡路、周防
- LLH　近江、播磨、大和、吉野、常陸
- （LHH）
- （LHL）

江戸期：
- HHH　八幡、佐々木、金子、荒田、追津、小嶋、混陽野
- HHL　熊野、駿河、今井、草津、塩津、名草、引田、三草、横江
- 岡部、小原……明石、新野、平、樋口、八嶋、湯浅
- HLL
- 春日、土田…
- 長門、原田　LHH〜LLH
- 生田、千鳥、対馬、野尻、真下…LHL
- 田中、秩父、武蔵、若狭、臼杵、海野、庭瀬、菅生、猫間、松浦…

現代：
- HHH　八幡、相模
- 信濃、結城
- 熱田、成田、熊野、駿河、上総、信濃、上総
- 成田、難波、尾張
- 梶井…
- HLL　春日、淡路、周防、近江、播磨、大和、明石、新野、平…
- 「佐竹、金子、相模、佐々木、LLH　原田
- 田代、緒方…
- LHL　田中、秩父、武蔵、若狭、生田、千鳥、対馬、野尻

セントとを分かつうえに重要なことである。

注————————
1　金田一春彦（1972）および同（1986）における試みを指す。
2　秋永一枝（1979）に初出。
3　契沖の声点の解釈については、金田一春彦（1943）および前田富祺（1962）による。
4　山口佳紀（1986：71）に「意味分化に伴って生じたアクセントの分化」と説明されている。
5　秋永一枝（1986：111）表7による。

第2節
漢字二字4拍の名乗のアクセント

1. はじめに

「清盛・頼朝・義経」など漢字二字から成り4拍（2拍＋2拍）に読む男性の「名（名乗）」の京都アクセントについては、はやく楳垣実（1946：120）が、現代「男の名には、平板型と頭高型との二種があ」るとし、平板型の例にマサシゲ、ヨリトモ、マサカズを、頭高型の例にヨシイエ、タカノリ、イエヤスをそれぞれ挙げて、「この二つの型が最も多いが、どんな場合に平板型になり、どんな場合に頭高型になるかは、結局よく分からない。非常に複雑なのだ」と述べている。また、若年層の変化については、中井幸比古（2001：9）が「4拍の姓・名（名には歴史上の人物のもの多し）には、老1若L2のものがかなり目立つ。名では老0若L2（信彦，信広……）、老1,0若L2（典明，範正……）も目立つ」という指摘をしている。

若年層の変化はともかくとして、楳垣が言うように現代京都高年層の、4拍（2拍＋2拍）に読む男性の名乗はHHHH型（平板型）またはHLLL型（頭高型）に発音されるが、本節では、これらがさかのぼった時代にどうであったのか、それがどのようにして現代の様相になったのかを考察し、そこに『平家正節』所載の名乗に付けられた譜記を解釈して位置付けてみたい。

このことについては、すでに秋永一枝（1980：323-340）が古今和歌集声点本にあらわれる名乗に差された声点を研究して、アクセント構成上のおよその傾向を明らかにし、さらに現代にいたるまでの変遷のさまを推定している。ま

た、そこに中近世のアクセント資料として用いられた『正節』の諸例についても、中村萬里（1986）が整理して示しており、奥村三雄（1986a・1993）もそのアクセント変化についてたびたび言及してきた。加えて筆者自身（上野和昭 1988）も、かつてこの問題を論じたことがある。

いま再び『正節』所載の名乗のアクセントを取り上げるのは、《白声・口説》という音楽性が皆無または希薄な曲節だけを対象にして、その譜記に反映する名乗のアクセントを検討した結果、秋永の変遷図をいくぶんなりと補足できるかと考えたからであり、またここに述べる見解をもって旧稿で論じた筆者の解釈を訂正したいと思うからでもある。

ところで、『正節』所載の名乗のアクセントについては、普通名詞などにみられるものとはやや異なる様相が指摘できる。すなわち京都アクセントの変化の一般的な傾向として、HHLL型はHLLL型と「型の統合」を起こして、ともにHLLL型にまとまる、ということが言われる。また、『正節』の《白声》には施譜当時（江戸中期）の京都アクセントと対応する譜記が施されており、《口説》の譜記にはそれよりも以前の様相が反映しているともされている。これらのことと、名乗のアクセントに《口説》HLLL型：《白声》HHLL型という対立傾向がみられることとは、一見するところまったく整合しない。まして現代京都でこれらが多くHLLL型になっていることを思うと、この謎はますます深まる。ここに想定される変化は《口説》HLLL→《白声》HHLL→現代HLLLとなるが、このような変化はふつうには理解しがたいものだからである。

この問題について、奥村（1986a：364）は、とくに現代京都には触れずにHLLL→HHLLを「語頭下降調回避現象」と名付けて、《白声》のHHLL型を新しい型と認定した。それに対して筆者は旧稿（1988：16-17）で、《白声》の施譜者が、よく京都アクセントを知らない名乗にも、一律にHHLL型に対応する譜記を付けたのではないか、という趣旨のことを述べた。普通名詞ならぬ固有名詞、それも類型化しやすい漢字二字4拍の名乗ならば、そのような可能性もあろうかと思ったのである。しかし、いま考え直してみると、奥村（1993：41-45）の筆者に対する反論にはしたがうべきところもあり、とくに「《平家正節における白声部分のハカセのみを、前田流平曲の伝承とは無関係のものと見なし、口説の部分のそれと峻別する》考え方には、にわかに従い難い」とする批判はたしかに拙稿の弱点を衝いている。

奥村（1993：38-45）の主張は、次のようにまとめられよう。
① 4拍の名乗にみられるHHHL（白声以外の曲節）→HHLL（白声）の変化は「近世中期頃以前（平家正節成立期以前）」にあった（奥村1990：668も同様）。
② HHHL→HHLLは「語末下降調回避現象」として一般化できるものである（同：665-667）。
③ HLLL（口説）→HHLL（白声）の変化は「語頭下降調回避現象」として一般化できるもので不自然なものではない（同：645-646）。
④ 《白声》と《口説》との区別は、前田流平曲ではかならずしもはっきりしたものではなかった。
⑤ のちにHHHHとHLLLとに収まるのは「基本型化」として捉えられる（同：669）。

これに対して、筆者の考えは次のようである。
① は、旧稿においても賛成している。
② については、「型の統合」として③の問題とまとめて考える立場をとるが、この変化を一般化して捉えようとするところには同調する。
③ については、考え方を異にする（第6章 第2節4項および第7章 第1節4.1参照）。
④ については、『正節』以前の前田流諸譜本において《白声》と《口説》との区別がはっきりしないからといって、正節系譜本における施譜の経緯まで規定しうるかどうかは別の問題だと考える。
⑤ には賛成する。このように考えれば、近世以来HLLL→HHLL→HLLLなどという無理な想定をしなくともすむ。ただしHHLL→HLLLという「型の統合」（「昇核現象」と言われることも）によって「基本型化」が進んだものと考える。

2. 名乗の同定と前・後部成素のアクセント

2.1　『正節』にあらわれる名乗には異なる漢字表記をしたものがある。たとえば五條大納言「邦綱」（新都沙汰・洲胯合戦）は「国綱」（御産巻）とも書かれるが、これは和語としてそれぞれの構成成素「くに」と「つな」に違いはないから、ここでは同じものとして扱うことにする。比企藤四郎「能員」（征夷将軍院宣）は「義員」（大臣殿誅罰）とも、信西の子息「成範」（我身栄花・小督）は「重

教」(厳島御幸)とも、同じく「長教」(厳島御幸)は「修範」(法住寺合戦)とも、安田三郎「義定」(富士川)は「義貞」(河原合戦)とも書かれているが、これらもそれぞれ同じに扱う。信太の三郎先生「義憲」(源氏揃)については、「義教」(判官都落)と表記されていても同様に扱うべきであろうが、讃岐の七郎「義範」(六箇度合戦)の場合も、和語としての構成上は「義憲・義教」と同じである(「のり」はいずれの表記でも「則・法」の意味で「早稲田語類」第二類と考えられる)から別人のこととはいえ、ここでは一つに扱うことにする。同じく「重能」も阿波民部(先帝御入水・壇浦合戦など)、畠山庄司(聖主臨幸・篠原合戦など)、中原康定の弟(征夷将軍院宣)の三者の名乗としてあらわれるが、同一人を指すかどうかはいま問題にしない。なお阿波民部「重能」には「成能」(経之嶋・大坂越)という表記もあらわれる。同様なことは、福井の庄の下司「友方」(奈良炎上)と三條の大納言「朝方」(法住寺合戦)にも言える。

　ここでは名乗の構成成分が和語として同じであるならば、漢字表記やそれの指す人物は問題にしないで一つに扱う、という方針で用例を処理することとするが、一つ問題となるのは大納言資賢の孫に少将「雅賢」(法住寺合戦)という人がいて、これが「雅方」(大臣流罪)とも書かれていることである。後部成分の「かた(方)」は「早稲田語類」第二類で古来HL型、一方「かた(賢)」は漢字「賢」に「かたい(堅)」の意味があるから、その形容詞(第一類)語幹でHHと考えられる。したがって、「方」と「賢」とは読みは同じであっても、アクセントの構成にまでさかのぼって考えるときは、それぞれ別に扱うべきものと考える。

2.2　つぎに、名乗の構成成分のアクセントについて説明する。「名乗」の構成成分が、二拍名詞と等しい場合には、「早稲田語類」に照らしてその類別から、古くどのようなアクセント型をとったかを確定する。「早稲田語類」にないものは『日本語アクセント史総合資料』(索引篇)に載る資料からアクセント型を推定した。2拍の動詞は、それが連用形相当の形ならば高起式HL、低起式LFと推定する。基本形相当の場合も同様に扱う。2拍の形容詞もLFとする。ただし、動詞語幹・形容詞語幹は、高起式ならばHH、低起式ならばLLとみる。たとえば「さだ(定・貞)」は「さだむ」LLFの語幹であろうからLL、「とほ(遠)」は「とほし」HHFの語幹であろうからHHと推定するがごときである。

このようにして推定された各成素を一覧すると以下のようになり、ほぼ秋永（1980：324, 334-335, 337）の推定に一致する。動詞連用形相当の形の場合は、転成名詞形であるとも考えられるが、ひとまず連用形のアクセント型で分析する。なお、以下にwとあるのは「早稲田語類」を指す。

2.2.1 古くHHと推定される成素

きん（公＝きみ君 w1）、くに（国・邦 w1）、これ（惟＝是 w1）、さと（郷・里 w1）、すゑ（季＝末 w1）、とも（朝・知＝友 w1△×）、ふぢ（藤 w1）、みち（道 w1） 以上「早稲田語類」第一類名詞として所載の語／あつ（敦＝厚・篤 wA1）、かた（賢＝堅 wA1）、とほ（遠 wA1） 以上「早稲田語類」第一類形容詞として所載の語（語幹）

2.2.2 古くHLと推定される成素

うぢ（氏 w2×）、かた（方 w2）、ため（為 w2）、のり（教・憲・範＝法・則 w2）、ひと（人 w2×）、ふん（文ふみ w2）、むら（村 w2） 以上「早稲田語類」第二類名詞として所載の語／あき（顕＝明 wV1）、すけ（助 wV1）、つぎ（嗣 wV1）、もり（盛 wV1）、ゆき（行 wV1）、より（頼＝拠・寄 wV1） 以上「早稲田語類」第一類動詞として所載の語（連用形）／ひで（秀）「ひづ（秀）」〈上平濁〉（観本名義 法下9オ3）より推定

2.2.3 古くLLと推定される成素

いへ（家 w3）、さね（実 w3×）、つな（綱 w3）、とき（時 w3）、ふさ（房 w3）、もと（基＝本・元 w3） 以上「早稲田語類」第三類名詞として所載の語／さだ（定・貞 wV2）、なほ（直 wV2） 以上「早稲田語類」第二類動詞として所載の語（語幹）／きよ（清 wA2）、しげ（重・成＝繁 wA2）、たか（高 wA2）、たけ（武＝猛 wA2）、ただ（忠＝正 wA2）、ちか（親＝近 wA2）、なが（長・修 wA2）、ひさ（久 wA2）、ひろ（広 wA2）、まさ（正 wA2#）、やす（康＝安 wA2） 以上「早稲田語類」第二類形容詞として所載の語（語幹）

2.2.4 古くLHと推定される成素

なか（仲＝中 w4）、かず（員＝数 w4）、たね（種 w4） 以上「早稲田語類」第四類名詞として所載の語

2.2.5 古くLFと推定される成素

かげ（景＝影・蔭 w5）、つね（経＝常・恒 w5）、はる（春 w5） 以上「早稲田語類」第五類名詞として所載の語／あり（有 wV2）、かね（兼 wV2）、すみ（純・

澄 wV2)、なり（成 wV2)、はれ（晴 wV2)、もち（茂＝持 wV2)²、もり（守 wV2#）
　以上「早稲田語類」第二類動詞として所載の語（連用形）／かぬ（兼 wV2)、たふ（任＝堪 wV2)、のぶ（信＝延 wV2)、みつ（光＝満 wV2)　以上、同（基本形）／よし（義・能＝良 wA2)、とし（俊＝利・疾 wA2)　以上「早稲田語類」第二類形容詞として所載の語

2.2.6　その他

　つら（連）これを語幹とする動詞「つらぬ」「つらなる」が高起式動詞であることから、「つら（連）」も高起式HXと推定／むね（宗）『正節』の「宗と（上上×）」5下判官22-4素声などからHHと推定／もろ（師＝諸）これを前部成素とする『日本語アクセント史総合資料』（索引篇）に所載の語からHXと推定（秋永1980：337参照）／ひら（衡＝平）不明（同：334ではHL？とする）

3.『正節』における名乗のアクセントの概観

3.1　まず『正節』所載の「名乗」が、どのようなアクセント型にどれほどの数だけ分布しているのかを概観する。ここで扱う名乗の語数（異なり語数）は303語、また例数（延べ語数）は1,142例である（以下の表を参照）。

　3.1.1　《白声》の曲節にあらわれる「名乗」は全部で167語（型の重複を除いた数）である。そのうちHHHH型は12語、HHHL型は1語、HHLL型は127語、HLLL型は34語で、その他（LLHH型）が1語である³。これらの間にはアクセント型相互の重複があって、HHLL型に属するもののうちの8語はそれぞれほかの型としてもあらわれる。型別にみればHHLL型が断然多い。対して《口説》の曲節にあらわれるものは全部で238語（型の重複を除いた数）であるが、型相互の重複はHHHH型とHHLL型との間に1語あるのみ。型別にみるとHHHH型は17語、HHHL型は7語であり、HHLL型とHLLL型とはそれぞれ105語と110語で拮抗している点、《白声》の場合とは様相を異にする。

　《白声・口説》両曲節をあわせてみると（当然両曲節に同じ型であらわれる名乗は、そのアクセント型に属する語数としては一つに数えられる）、HHLL型とHLLL型との違いはさほど明確でなくなるが、曲節によって様相が異なることは上述のとおりである。型別にみると、HHHH型は24語あり、そのうちの5語についてはいずれかの曲節でHHLL型でもあらわれる。HHHL型の7語は《口説》だけをみ

『正節』《白声・口説》所載の名乗のアクセント型と語数・例数（括弧内は型の重複を除いた数）

		HHHH	HHHL	HHLL	HLLL	その他	計
白声	語数	12	1	127	34	1	175 (167)
	前部高起式	12	1	52	2	0	(65)
	前部低起式	0	0	75	32	1	(102)
	型の重複	1	1	8	6	0	
	例数	26	1	268	60	1	356
口説	語数	17	7	105	110	0	239 (238)
	前部高起式	17	7	38	9	0	(70)
	前部低起式	0	0	67	101	0	(168)
	型の重複	1	0	1	0	0	
	例数	31	94	345	316	0	786
白声・口説	語数	24	7	186	121	1	339 (303)
	前部高起式	24	7	72	11	0	(100)
	前部低起式	0	0	114	110	1	(203)
	型の重複	5	7	36	24	0	
	例数	57	95	613	376	1	1,142

ると型の重複もないが、《白声》ではそれらのすべてにHHLL型と対応する譜記が施されている。またHHLL型とHLLL型の両型に対応する譜記のある語は両曲節を通じて24語であるが、《白声》HHLL型：《口説》HLLL型という対立をみせる語は18語、《白声》のなかで同じ名乗に両型があらわれるものが6語ある。《口説》においては、そのような型の重複はない。

3.1.2　つぎに、それぞれの型別に検討を加える。まずHHHH型については問題が多く、ここでは疑問のものも含めて数えていることを断らなければならない。《白声》の12語26例についてみても、明らかなHHHH型と、そのように推定したものとが混在する。すなわち下記第一例のごときはアクセント型をHHHH型と確定できる。しかし第二例のように助詞「の」接続形しかあらわれないものについては、実際にはHHHL型の可能性を否定することはできないけれども、一応いまはここに含めてある。

　　公朝急ぎ鎌倉へ下る（上上上上上××〜）　　13下法住63-1素声
　　輔仁トの親王と（上上上上上×××××）　　10上若宮27-3白声
このほかにも「資行」と「判官」とが連なって「資行判官」となった場合に、

《口説》で単独形HHLL型もとる「資行」がHHHHのようにあらわれるのは、あるいは接続型として全体のまとまりを優先した音調とみるべきかもしれない。

　　　資行は（上コ×××）　　9上阿古2-3口説
　　　資行判官が（上上上上×上×××）　　9上文流6-1素声

この点では《口説》17語31例も事情は同様であって、確定的なものは「季貞・宗実」くらいしかない。そしてさらに《口説》には、いわゆる「特殊低起式表記」の問題が加わる。たとえば以下の例がそれであるが、いずれも「特殊低起式表記」の類型に合致する譜記である。したがって、ことばの音調としては、それぞれに句頭から高平調となるものと考えられるので、単独形ではHHHH型と認定してよいものであろう。

　　　為義斬られ（××上上コ××）　　4上二后2-2口説
　　　憲貞に仰せて（××××上コ×××）　　10上臣流25-5口説

以上から『正節』所載のHHHH型の「名乗」を曲節別にすべて掲げれば以下のようである（括弧内は疑問の残るもの）。このうち、《白声・口説》それぞれの曲節内において「行隆」と「資行」だけがHHLL型にもあらわれる。

《白声》公朝、行隆、行綱、頼朝、頼政（国綱、惟高、惟仁、資賢、輔仁、資行、朝方）

《口説》季貞、季重、為義、憲貞、宗実、宗通、師高、頼兼、頼綱、頼朝、頼政（国綱、資賢、資方、資行、師家、頼資）

3.1.3　《白声》のHHHL型は以下の例があるのみだが、これは京大本の朱注記および尾崎本にあるようなHHLL型と対応する譜記にしたがうべきものであろう。

　　　知盛の（上上上××）　　10下壇浦7-1白声
　　　〔早（同）、京Ａ（上上上××）第三譜に朱「野无」墨「非」、尾（上上×××）〕

《口説》のHHHL型には「惟盛、惟義、知教、知盛、教盛、宗盛、頼盛」の7語があり、それぞれが《白声》ではHHLL型の譜記をともなってあらわれる。

3.1.4　また《白声》においてはHHLL型が他を引き離して断然優勢である。全167語のうち型が重複するものを含めて127語がこの型であらわれる。これは全体の7割以上である。

《白声》HHLL型

有国、家衡、家房、景清、景時、景正、兼綱、兼雅、清国、清親、清房、清盛、公長、公茂、惟村、惟盛、惟義、貞任、貞光、貞盛、実平、実光、実基、実盛、実康、重資、重房、重藤、重盛、重能（成能）、資高、祐経、資時、助長、資盛、季貞、季重、季範、季康、季頼、高家、高直、武久、武衡、忠景、忠親、忠綱、忠信、忠度、忠盛、種直、為清、為俊、為成、為久、親家、親清、親能、嗣信、経遠、経房、経政、時忠、時成、朝親、朝綱、知時、友信、知教、知盛、朝泰、長方、仲綱、仲成、仲頼、直家、直実、成経、信隆、信成、信基、信康、信行、憲方、則綱、教盛、教能、範頼、秀郷、秀衡、広綱、将門、通資、通盛、光長、光房、光盛、光能、宗清、宗高、宗任、宗信、宗盛、宗康、基宗、盛国、守重、盛澄、盛続、盛俊、盛教、康国、康定、泰定、泰経、康頼、行家、行隆、義綱、義経、義朝、義仲、義教（義憲・義範）、義盛、頼方、頼春、頼盛　　以上127語

（下線は同じ《白声》でほかの型にもあらわれるもの。以下同様）

《白声》でほかの型と重複するもの8語については、HHHH型にもあらわれる「行隆」、HHHL型にもあらわれる「知盛」を除けば、残る6語はHLLL型にもあらわれるもので「実基（1/2）、重能（成能 1/5）、種直（1/3）、時忠（3/5）、仲頼（1/2）、信隆（1/5）」がそれである（数字は、《白声》においてそれぞれの語の施譜された全例数に対する、HLLL型に対応する譜記を施された例数）。次項に述べるように《白声》でHLLL型だけをとる名乗が28語もあることから、これらHLLL型と対応する譜記を疑う必要はないようであるが、ただ一つ「実基」には下記のようにHHLL型に相当する譜記をもつ正節系譜本がある。

　　実基ㇳを（上××××）　　1下那須4-4白声

　　　　　　　　　　〔尾早（同）、京A芸（上上×××）〕

《口説》では105語がこの型に数えられ、他の型と重複して施譜されているものはHHHH型との間で「資行」ただ一つあるのみである。

《口説》HHLL型

敦盛、有綱、有教、有盛、景清、景広、兼雅、兼光、兼盛、清家、清宗、清盛、伊長、定長、貞盛、実基、実盛、重藤、重盛、助氏、資澄、資時、助長、資成、助茂、資盛、資行、季成、季通、高綱、忠清、忠綱、忠光、忠宗、忠盛、親家、親清、親業、親宗、経俊、経政、経宗、経盛、時政、友方（朝方）、朝

綱、知時、朝泰、仲家、長方、仲綱、修範（長教）、仲光、長盛、直実、成氏、成景、成澄、成綱、成経、業盛、信盛、教経、教光、教能、範頼、秀国、秀郷、広綱、正綱、通盛、光隆、光長、光直、光能、宗清、宗任、宗信、宗光、宗茂、宗康、盛国、盛澄、守澄、盛続、盛俊、盛長、守教、師純、師直、師盛、泰定、泰親、泰経、康頼、義員（能員）、義経、能遠、義朝、義仲、義成、義教（義憲・義範）、良道、義盛、頼業　　以上105語

3.1.5　　HLLL型は《白声》に34語、《口説》に110語が数えられるが、《白声》の34語のうち6語は前項に述べたようにHHLL型にも施譜されており、《口説》110語にはそのようなものはない。

《白声》HLLL型

家貞、景季、兼遠、兼平、定房、貞能、実基、重兼、重衡、重能（成能）、季仲、隆房、武里、忠文、種直、為房、時実、時忠、時晴、仲国、仲頼、成忠、成親、信隆、信連、信俊、信頼、広嗣、元方、基房、義兼、義定（義貞）、義久、義基　　以上34語

《口説》HLLL型

顕季、顕頼、家貞、家忠、家長、家成、家光、景家、景季、景高、景親、景経、景時、景久、兼遠、兼平、兼康、清定、清房、定高、貞任、定成、貞能、実家、実平、重景、重兼、重国、重貞、重忠、重親、重俊、重直、成範（重教）、重秀、重衡、重房、重行、重能、高家、隆季、高直、隆房、武里、忠純、忠親、忠成、忠信、忠度、忠房、忠文、忠康、忠頼、種直、為員、為久、親忠、親俊、親雅、親能、嗣信、経遠、経房、時家、時員、時実、時忠、時光、時頼、俊通、仲兼、仲国、仲信、仲政、成忠、成親、信隆、信綱、信連、信俊、信成、信房、信基、晴信、秀遠、秀義、広嗣、雅賢、雅方、将門、光広、茂遠、以仁、茂頼、基兼、基親、基房、基道、基康、盛定、盛遠、義賢、義清、義定、義重、義高、義連、義平、義康、能行　　以上110語

3.2　　以上、曲節別にアクセント型を検討したが、ここにいくつかの問題点を指摘できる。

3.2.1　　第一は《口説》にのみHHHL型があり、それらは《白声》では例外なくHHLL型をとるということである。ただしHHHL型をとる語例は『正節』にあらわれる303語の「名乗」のうち、わずかに7語しかない。

3.2.2 つぎに《白声》ではHHLL型が優勢であり（127語）、HLLL型はその四分の一程度（34語）しかなく、しかもその両型が一つの語にあらわれることもある（6語）ということが指摘できる。これらのことは、HHLL型とHLLL型との間に時間的前後関係を思わせる。しかし、この状況だけからは、HHLL型からHLLL型への変化が始まったところとみるべきか、逆にHLLL型からHHLL型への変化が進行して大勢が決した段階とみるべきかは即断できない。

一方《口説》ではHHLL型（105語）とHLLL型（110語）とが拮抗しており、その間に重なりがないことも注意をひく。重なりがない、すなわち同じ名乗が二つの型をとることがないということは、おそらく平曲の伝承が尊重されてきたことによるものであろう。その点《白声》が伝承というよりはむしろ江戸中期の京都アクセントを反映しているのと対照的である。

3.2.3 すでに3.1.1に述べたように、《白声》と《口説》との対応をみると、<u>《白声》HHLL型：《口説》HLLL型</u>という様子が看取される。この対応を明確にみせる名乗は「景時、清房、貞任、実平、重房、高家、高直、忠親、忠信、忠度、為久、親能、嗣信、経遠、経房、信成、信基、将門」の18語、「重能（成能）、種直、時忠、信隆」の4語は<u>《白声》HHLL型／HLLL型：《口説》HLLL型</u>、「仲頼」は《白声》だけにHHLL・HLLL両型であらわれる。「実基」だけは<u>《白声》HHLL型／HLLL型：《口説》HHLL型</u>となって例外であるが、3.1.4に記したように《白声》のHLLL型はHHLL型に訂正されてしかるべきものであろう。《口説》のHHLL型を反映する譜記は正節系諸譜本を見ても誤記とは考えられない。

　　実基は（上コ×××）　6下嗣信8-2口説
〔早尾京A（同）、芸（×コ×××）〕

4.『正節』所載の名乗アクセントとアクセント構成

4.1 　　秋永（1980：335）は古今和歌集声点本によって平安・鎌倉期の様相を次の4項目にまとめている。
（1）　後部成素がHL型（下降型）のものは、そのアクセントを生かして□□HL型になることが多い。この場合、前部成素が高起式ならばHHHL、低起式ならばLLHLとなる。

(2) 後部成素がHH型（高平型）のものは、そのアクセント型を生かして□□HH型になることが多い。この場合、前部成素が高起式ならばHHHH、低起式ならばLLHHとなる。
(3) 後部成素がLF型・LH型（昇降型・上昇型）で前部成素が低起式のものは、後部成素のアクセントを生かしてLLLF型・LLLH型になることが多い。
(4) 後部成素がLL型（低平型）のものは、多数型□□HL型、後部平ら型のいずれかになることが多い。

『正節』は古今和歌集声点本とならぶ名乗のアクセントの宝庫であるが、そのアクセントはいわゆる「体系変化」を経たものである。したがって古くは前部高起式ならばHHHL型、前部低起式ならばLLHL型が多数型であるとされるが、そのまま変化していれば、後者は近世ではHLLL型になっているはずで、前者も「型の統合」によってHHLL型と合流する場合があろう。また、このような規則的変化にしたがわないものもあるだろうことは想像に難くない。とくに多数型への類推はときどきに、ある程度はあったであろう。このような見通しのもとに、以下に京都における名乗のアクセントの変遷を検討する。

A段階		B段階		C段階		D段階		E段階
			▽		▽			
HHHH	=	HHHH	=	HHHH	=	HHHH	=	HHHH
HHHL	=	HHHL				⇑		
(LLLL)	↗		↘			⇓		⇑
(HHLL)	=	HHLL	=	HHLL	=	HHLL		
LLLF	↗						↘	⇓
LLLH	↗			⇑	↗			
LLHL	⇒	HLLL	=	HLLL				HLLL
LLHH	↗							

4.2 そこでいま名乗のアクセントの史的変遷に、上図のような仮説を提出する。古くは、秋永が明らかにしたA段階で、多数型であるHHHL型とLLHL型とを中心にHHHH型などがあった。そこにいわゆる「体系変化」が起こってB段階になる。つづいてHHHL型はHHLL型との間に「型の統合」を起こしてHHLL型の方にまとまり、そのHHLL型が多数型として勢力をもつよう

になる。古く前部成素低起式のものがおさまるHLLL型などからも、その一部はHHLL型に類推して、自らのアクセント型を変えるものがあらわれただろう。その結果、C段階が成立する。《口説》はB段階からC段階への変化過程を反映しているのであろう。D段階は、HLLL型の語がHHLL型（多数型）へと類推し徐々に数を減らして、HHLL型の優勢が決定的なものとなった状況をいう。最後のE段階は現代の様相をあらわしたもので、その所属する名乗の一つひとつを検討しても、すでに古く高起式か低起式かなどという伝統性は保たれていない状態である。名乗のアクセントの変遷はこのようなものだったのではないか。こう推定すると、《白声・口説》の譜記から推定されるアクセントを、古代と現代のアクセントの間に、適切に位置付けることができると考える。《白声》の様相は、さきにも述べたようにC段階からD段階への過程なのか、D段階からE段階への過程なのか、数のうえから判断することはできない。しかし、そのアクセント構成を調べるとおよその推定は可能になる。

4.3 そこで、それぞれの型に属する語がアクセント上どのような構成になっているのかを検討することによって、この仮説を検証してみよう。その際よりどころとなるのが、秋永のいう四つの傾向である。

4.3.1 はじめに、HHHL型に属する語は、秋永の傾向(1)によると後部成素がHL型で前部成素が高起式であることが多く、また傾向(4)から前部成素高起式で後部成素LL型の場合にもあらわれるという。

いまこの観点から《口説》にHHHL型であらわれる7語を検証してみると、1語を除いて傾向(1)で説明できるものばかりであった。すなわち、さきに示した構成成素のアクセント型によってみると「惟盛（HH+HL）、知教（HH+HL）、知盛（HH+HL）、教盛（HL+HL）、宗盛（HH+HL）、頼盛（HL+HL）」の6語は傾向(1)に合致するが、ただ一つ「惟義（HH+LF）」だけは例外となる。

ちなみにHHHL型の語には平氏に多い「盛」という系字が目立つが、前部高起式で後部成素が「盛（HL）」の名乗は『正節』に9語あらわれる。そのうち5語は《口説》でHHHL型、《白声》でHHLL型という上述の「惟盛、知盛、教盛、宗盛、頼盛」であるが、ほかは「敦盛、資盛、通盛、師盛」であって両曲節いずれかでHHLL型をとる。

前部低起式の場合も「有盛、兼盛、清盛、貞盛、実盛、重盛、忠盛、経盛、長盛、業盛、信盛、光盛、義盛」の全13語はいずれも両曲節いずれかでHHLL型をとる。これらは傾向(1)によるならば一旦はLLHL＞HLLLと変化したであろうが、さらに多数型への類推によってHHLL型に収まったものと思われる。[7]

　4.3.2　HHHH型として数えた語に問題のあることはすでに述べたところであるが (3.1.2)、古くは傾向(2)から前部成素高起式で後部成素がHH型の場合、また傾向(4)から前部成素高起式で後部成素がLL型の場合にもあらわれやすい型であると考えられる。

　いま『正節』《白声・口説》いずれかに確例のある14語「公朝、季貞、季重、為義、憲貞、宗実、宗通、師高、行隆、行綱、頼兼、頼綱、頼朝、頼政」を取り上げると、前部高起式であることには例外なく、後部成素HH型（朝、通）あるいはLL型（貞、重、実、高・隆、綱、政）が大部分を占めて、例外となるのは「為義（HL+LF）、頼兼（HL+LF）」だけである。

　4.3.3　つぎに《白声》でHLLL型をとる34語について検討する。これらがLLHL＞HLLLの変化によるものなのか、それともあらたにHHLL型から変化したものなのかについて考えてみたい。もしこれら34語が前者の変化の結果としてあるならば、傾向(1)および(4)から前部成素低起式で後部成素がHL型またはLL型の場合に多く、また傾向(2)から前部成素低起式で後部成素HH型の場合にLLHH＞HLLLという変化が想定され、この条件にあてはまるものが多く含まれているであろうと推定される。また一方、新しい「型の統合」によってできたHLLL型ならば、さまざまな構成のものが一旦はHHLL型にまとまったのちの変化ということになるから、それらのアクセント構成はまちまちなものになるであろう。

　そこで問題の34語を調べると、まず前部成素高起式のものが「季仲（HH+LH）、為房（HL+LL）」の2語あるが、ほかの32語はすべて、古く前部成素低起式であることが明らかになる。前部高起式の2語2例がなぜあらわれるのか疑問であるが、これら両例が「11上願立5-1・5-2」に連続してあらわれることとなんらかの関係があるのかもしれない。[8]

　残る32語は前部成素低起式であるが、そのうち後部成素HL型またはLL型、あるいはHH型のものはすべて23語で全体の7割以上にのぼる。「信連」も後

部HXと推定したのであるからここに含めてよいであろう。「兼平、重衡」の後部成素のアクセントは古く不明なので除外するとすれば、8割の語にLLHL＞HLLLまたはLLHH＞HLLLの変化を想定できることになる。

　　後部成素HH型：景季、兼遠、武里、仲国／**後部成素HL型**：忠文、仲頼、信頼、広嗣、元方／**後部成素LL型**：家貞、定房、実基、隆房、種直、時実、時忠、成忠、成親、信隆、基房、義定（義貞）、義久、義基

　例外は、後部成素LF型の「貞能、重兼、重能（成能）、時晴、信俊、義兼」の6語である。このうち「貞能、重兼、重能（成能）、信俊」は《口説》にあらわれるHLLL型に引かれた可能性も考えられる。「時晴」は前部成素の変化型HLに引かれた可能性もあろうか。しかし、これらは同じ前部成素低起式のもので、秋永の傾向(3)によれば古くLLLF型であった可能性が高いものである。この段階で多数型LLHL型に類推していたとすればどうであろうか。ことさら後部成素LF型と推定される6語を例外扱いしなくてもすむわけである。古く前部成素低起式の名乗の中には多数型LLHL型に類推するものもあり、室町期以降はHLLL型に変化していたとも考えられよう[9]。

　このことは、《白声》のHLLL型はほとんどが古く前部成素低起式のもので、《白声》に反映した名乗のアクセントは、C段階からD段階への過渡期のものであるという推定を支持する。ののち、これらの名乗は多数型HHLL型に合同し、さらに「型の統合」によって現代のHLLL型へと姿を変えるが、その場合のHLLL型は前部成素高起式のものも含むので、それとは性質の異なること、以上の考察から明らかであろう[10]。

　4.3.4　それでは《口説》のHLLL型110語はどうであろうか。《口説》の譜記に反映したアクセントは、《白声》のそれが江戸中期における京都アクセントと考えられるのに対して、一時代前のものが伝承されたと考えられる。

　とすれば、前項の考察から《白声》のHLLL型所属の名乗が古く前部成素低起式で、伝統的な流れを汲むものであることが言えるのであるから、《口説》のそれも同様なものであると予想される。

　実際は《口説》のHLLL型110語のうち前部成素高起式のものはわずかに9語で1割にも満たない数であった。全体としては、考察の対象とした303語において、前部成素高起式の名乗は100語、同じく低起式は203語であるから、この数値はいかにも少ない。このことは《口説》のHLLL型もまた伝統的な流

れを汲むものであることを明示している。例外となる9語とは、「顕季、顕頼、為員、為久、嗣信、秀遠、秀義、盛定、盛遠」であるが、これらにどのような事情があるのかいま明らかにはしえない。[11]

4.3.5　HHLL型については《白声・口説》ともに古く前部成素高起式のものと低起式のものとが混在している。HLLL型は古く前部成素低起式の名乗にほぼ統一されている[12]のに、HHLL型はなぜ両者が含まれているのであろうか。

　それは、『正節』のHLLL型は伝統的な低起式アクセントLLHL型やLLHH型から規則的に変化したものが中心であり（その点で現代京都のHLLL型の名乗とは性質が違う）、一方HHLL型は多数型として、それぞれの前部成素の式などには関わりなく、この種の名乗を自らのアクセント型に引き付けたからである。換言すれば《白声・口説》のHHLL型は他の型からの類推変化を受け入れた多数型である。HLLL型は《口説》の時代から《白声》の時代へと進むうちに、多数型であるHHLL型へと類推するものを手放しつつも、なお《白声》においてもその型を保つもの（34語）を残していたということになる。

　しかし、その後現代にいたるまでに、こんどはHHLL型の方が「型の統合」によって、そのままHLLL型に転換するという事態になる。この結果成立したのが現代京都のHLLL型であるから、そのアクセント構成が多様であるのも当然であろう。対して《白声・口説》に施譜されたところから推定されるHLLL型の名乗は古く前部成素低起式という点において、現代のそれとは異質のものである。

　かつて《口説》HLLL型：《白声》HHLL型という対立のある名乗があることを、筆者はアクセント変化として解釈しづらいことから、施譜時の類推を考えた。しかし《口説》のHLLL型は、古く前部成素低起式のものでLLHL型などからの変化型と考えられる。これが先述のB～C段階において多数型HHLL型へと類推して型を転換しはじめた。その様相を端的に反映しているのがこの対立であると考えられよう。

　ところで《口説》のHHLL型と《白声》のHHLL型とは同質のものなのだろうか。もし《口説》がB段階からC段階にいたる過程を反映しているならば、高起式のHHHL型・HHLL型はもちろん、LLLH型やLLLF型が合流して成立していたに相違なく、一方《白声》のHHLL型がC段階からD段階にいたる過程を反映しているとすれば、さらにLLHL型やLLHH型の変化したHLLL型か

ら転換したものも内包しているに相違ない。

　そこでまず《口説》のHHLL型105語をアクセント構成別に整理すると、前部成素高起式のもの38語、同じく低起式のもの67語であり、前部低起式に続く後部成素はHH型8語、HL型19語、LH・LF型15語、LL型25語となった。秋永の傾向からすると、むしろ（LLHL・LLHH＞）HLLL型になっていてよさそうなものが多いことに気づく。

　対する《白声》のHHLL型127語についてもほぼ同様で、前部成素高起式のもの52語、同じく低起式のもの75語であり、前部低起式に続く後部成素はHH型7語、HL型15語、LF型15、LL型35語（ほかに型不明3語）となる。これらの数値からすると、《口説》のHHLL型も《白声》のHHLL型も特別取り立てていうほどの差はなく、両者が（LLHL・LLHH＞）HLLL型から多数型への類推によって型を取り換えてきたHHLL型をも含んでいる可能性は高い。《白声》ならばともかく《口説》にそのような傾向がみられるということは、《口説》をB段階からC段階への過渡期に位置付けるとはいえ、それはHHHL型を残すという点ではB段階に近く、HHLL型がHLLL型から変化してきたものを含むという点ではC段階に近いといえよう。

5. おわりに

　『正節』《白声・口説》のHLLL型の名乗が、古く前部成素低起式であったという伝統性を維持し続けているのに対して、HHLL型の方は前部成素の式とは関わりないことを、どのように解釈するか。また、現代京都に聞かれるHLLL型が古い時代の前部成素の式とは無関係であることと、近世における《白声・口説》のHLLL型との不連続性をどのように考えるかが本節の中心的な問題であった。これまでは《白声》HHLL型：《口説》HLLL型という対立に気をとられて、現代京都のHLLL型にすっきりと繋がらない点をどう説明するかに目を向けてきたが、その底には名乗のアクセントの変遷図に示した流れがあり、この対立はそのなかの一面を見ていただけだったと考えられる。変遷図のおおよそは秋永（1980：338）によったが、本節ではとくに近世から現代にかけてのところをやや詳しく記した。また奥村（1993）などに言われる「基本型」という考えが、近世と現代との不連続を解く鍵になったように思う。

動詞や形容詞アクセントにもみられるように、近世までのアクセントは伝統性の色濃いものである。たとえ「体系変化」を経たとはいえ、直接の変化型を比較的よくとどめていた。そのことは名乗のアクセントの変遷の過程でも一層明らかになったように思われる。

　《口説》から《白声》へという近世の流れは、HLLL型が減少しHHLL型が比重を増す方向にあった。対して、その後の近現代への動きは、HHLL型がHLLL型へと統合する方向に向かった。その流れの転換点を明示的にあらわしたかったので、本節ではD段階を設定した。これはある程度の期間、京都の人が等しくそのようなアクセントで話していたという意味では必ずしもない。

　《白声》と《口説》との違いは歴然としている。《口説》にはHHHL型があり《白声》ではそれらがHHLL型になっているというのは、時間的な前後関係とみてよいであろう。また《口説》から《白声》へと移行する間にHLLL型の占める割合が減っていくこともはっきりと看取できる動きである。奥村（1986aなど）はこれを「語頭下降調回避現象」として捉えるが、ここでは多数型への類推と考えた。しかし、その類推が働くのはC段階以降のことと推定する。古く多数型であったLLHL型から直接変化したHLLL型も、その当初は多数型で安定していたに相違ない。ところがC段階になって一方の多数型HHHL型がHHLL型と合流するに及んで、俄然HHLL型の力が増したのであろう。そのような状況のもとでHLLL型はしだいに数を減らしたものと推定される。それが《口説》と《白声》の数値の違いにあらわれていると解釈する。

　注

　1　秋永一枝（1980：337）によれば、京都中心部の高年層で従来HLLL型とされてきたものにはHHLL型と認められるものもあるという。中井幸比古（2002）のデータにもそれらしい様子はみられる。このような高年層に聞かれるHHLL型はおそらく、のちに述べるD段階のそれが部分的に残ったものであろう。若年層のは共通語の影響か。

　2　『観本名義』（僧上18オ2）「茂」の字に「モツ〈平上〉」の訓がある。

　3　その他の1語1例は以下のとおり。実際の人名ではなく、「親家」という武士の名を義経が茶化して言ったものである。もちろんこれは考察の対象から外す。

　　　　　何ニ家にても（××上上×××）　　　15下勝浦8-4素声

　4　第1章 第3節を参照。

　5　芸大本は、はじめの譜が脱落したものであろう。豊川本の原譜には《平××××》

とある。ただし曲節は「口説白声」。かつて筆者は「逆の変化を示唆するもの」（上野1988：16-17）としてこの例を扱ったが、なにも《口説》にHHLL型がないわけではなく、そのように解釈する必要はなかった。また、そこに掲げた「忠信」は誤りである。

6　この変遷図は、秋永（1980：338）の図にD段階を加えて「現京都」の部分を二つに分け、さらに《白声・口説》の譜記から知られるアクセントを変遷図の中に位置付けたものである。

7　秋永（1980：337）は「盛」を、前部成素が低起式の場合にはLLLH型を形成する後部成素とする（傾向3）が、そうであればこのような説明は不要になる。

8　　為房（上×××）　　11上願立5-1素声
　　　　　　　　〔尾京A早（同）、豊《平×××》、筑北也宮波（譜なし）〕
　　季仲の卿（上××××××）　　11上願立5-2素声
　　　　〔尾京A早（同）、筑北也（××上中上中×）、宮《上上上上乙××》、豊《××××上平×》、秦《上下××××》、波《譜なし》〕
　　上記2例について古譜本・他流譜本の譜記を見比べると、「為房」はもともと譜記のなかったところに、豊川本などを参考にして正節譜を定めたようである。「季仲の卿」は特殊表記が古いようである。すなわちHHHHかHHHLが本来であろう。豊川本も特殊表記か。

9　秋永（1980：334）によれば、後部成素LF型のものには必ずしも傾向（3）によらずに、多数型LLHL型になるものもあったらしい（《□□上平》をつくるものとして掲げられたLF型の構成成素）。

10　中井（2002）に採録された4拍（2拍＋2拍）の名乗について調べると、検討の対象となる名乗は約350語、そのうち前部成素が高起式のものが約20％であった。また京都生育の明治・大正生まれ（採録語数の少ない2人を除いて）9人について集計してみると、HHHH型とHLLL型それぞれの前部成素高起式の割合もやはり20％前後であった。これは現代京都の名乗に聞かれるHHHH型とHLLL型には、古い時代の前部成素の式は関与していないということを意味する。

11　このうち「盛定」の例は以下のようである。あるいは「成定」のアクセントが紛れ込んだかとも疑われる。
　　　　盛定（コ×××）　　9上文流2-2口説
　　　　　〔尾早（同）、京A「もりさだ」の「も」を朱で消して墨「な」と訂正、朱「盛定 板」〕

12　すでに秋永（1980：338）に、『正節』でHLLL型のものは、鎌倉時代ほとんどLLHL型であるという指摘がある。

第5章 漢語のアクセントとその変遷

本章では、漢語のアクセントを問題とする。第1節では漢字一字または二字から成る3拍以下の漢語を、また第2節では漢字二字から成る4拍の漢語を扱う。また第3節では、第1節と第2節において明らかにする知見をもとに、音韻や語構成、数詞との関係を取り上げて論じる。
　第1節と第2節は、近世京都における漢語アクセントの実態を『平家正節』の譜記をもとに推定し、それを字音声調ならびに現代京都アクセントと比較して、日本語アクセント史上に位置付けることを目的とするものである。
　『正節』の譜記に対応するアクセント型と漢字声調との関係をまとめると、おおよそは以下のようになる。またそれぞれに現代京都アクセントへの変化の傾向も見てとることができる。
　漢字一字2拍の漢語は、多くの語がHL型をとり、伝統的な漢字声調とよく対応する。漢字二字2拍の漢語は、それにもましてHL型への集中が著しい。
　漢字二字3拍│1＋2構造│の漢語は、HLL型が多くを占め、低起式はきわめて少ない。〈漢音読み漢語（漢音＋漢音）〉はHLL型に集中すること著しいが、前後の漢字声調の組合せからアクセント型を説明することはむずかしい。一方、〈呉音読み漢語（呉音＋呉音）〉は約半数の語がHLL型をとり、漢字声調の組合せに対応するアクセント型が比較的多く認められる。
　それに対して、漢字二字3拍│2＋1構造│の漢語はHLL型が所属語数の比率を減らし、代わりに20％強の語がLHL型をとる。〈漢音読み漢語〉では、とくに前部が去声字あるいは上声全濁字の場合に、低起式アクセントをとる。ほかはHLL型に集中する。〈呉音読み漢語〉のうち半分以上は、漢字声調の組合せに対応するアクセント型が認められる。
　漢字二字4拍の漢語は、HHHL型とHLLL型とが30％程度、HHLL型とLHLL型とが15％程度である。とくに〈呉音読み漢語〉はHHHL型が多く、〈漢音読み漢語〉はHLLL型が多い。〈呉音読み漢語〉は前後の漢字の単字声調の組合せによってアクセント型を説明しやすいが、〈漢音読み漢語〉はそのような組合せによって説明することはむずかしい。しかし、前部成素が去声字または上声全濁字のときは、LHLL型になることが多い。
　第3節では、以上のことをもとに、漢語アクセントにかかわるいくつか

の問題に焦点をあてて検討する。たとえば、前部去声字（漢音のときは上声全濁字も）のときは、漢語アクセントが低起式であらわれるということに着目する。また舌内入声字とアクセント型との関係にも言及し、さらには数詞・畳語・対立語・並立語の譜記に反映するアクセントについても考察する。

第1節
2拍・3拍の漢語アクセント

1. はじめに

　本節は、近世京都における2拍と3拍から成る漢語アクセントの実態を『平家正節』の譜記をもとに推定し、それを字音声調ならびに現代京都アクセントと比較して、日本語アクセント史上に位置付けることを目的とするものである。字音声調との関係をみるのは、近世漢語アクセントの伝統性を質すことにつながり、現代京都との比較は、近世以降現代にいたるまでのアクセント変化を捉えたいからである。

　『正節』の譜記から漢語アクセントを推定するとき、まずは対象となる漢語一つひとつの読みを決定する必要がある。『正節』は語り物の譜本であるから、発音注記も振り仮名も一般の文献よりは多く付けられているが、そのすべてを確定できるかとなると、それは必ずしも容易でない。その場合は、しばらく金田一春彦・近藤政美・清水功編『平家物語総索引』（学習研究社 1973）、すなわち「日本古典文学大系」本の読み方にしたがうこととする。

　漢語の読み（音形）が定まれば、それを構成する漢字一つひとつについて辞書記載音形と対照し、その音形のよった字音体系（漢音か呉音か）と声調にたどりつくことができる。漢音形の場合は『広韻』『韻鏡』などの韻書にさかのぼり、呉音形の場合は「呉音系字音資料」（凡例）にそれぞれの声調を徴することになる。もちろん漢・呉同音形のときはいずれかを特定できないし、当然その属する調類も細かくは分からない。また、求める漢字が二字漢語の後部に位置

するときは、連濁との関わりを考慮しなくてはならない[1]。これらのことに注意しながら、その漢字のよった字音体系と所属する調類とを決定する。字音体系が特定できない場合は、それを「不明」として処理する。

　なお、ここでは漢音に対して呉音という字音体系を設定するが、それは「非漢音」というほどの意味に用いる。すなわち、漢音形以外の、慣用音などをも含めて、いま仮に「呉音」とよぶ。

　呉音読み漢字の声調は「呉音系字音資料」に求めるが、それでも分からないときは「未詳」とする。ただし、これらの資料に漢音形がそのまま記され、調類のみ漢音とは異なるような場合は、それをそのまま「呉音形」として採った。

2. 漢字一字2拍漢語のアクセント[2]

2.1　漢字一字2拍の漢語のアクセントを、そのよった字音体系、ならびにその属する調類ごとに整理して示せば【表1】のようである。全体としてみれば、アクセント型を特定できるもの（HXを除く）の7割までがHL型である。またHX（第二拍がH・Lいずれであるか特定できないもの）とせざるをえなかった15語も、その多くはHL型であると推定できる。このような傾向は、《口説》《白声》それぞれに分けて調べてみても大きく変わることはない。

2.2　その音形が漢音の場合、平声のものは軽重にかかわらずほとんどがHL型である。HXと認定したものは助詞「の」接続形ばかりが『正節』《口説・白声》に認められ、そこにHH-Hに対応する譜記が付けられていることによるのであって、「琴・頭」の2語（いずれも平重）がそれにあたる。漢音平重は、古く単独形LL型であるので、近世においてはHL型であって特段問題はない。それが、和語の二拍名詞第三類相当のものと同様、助詞「の」接続形においてHH-Hにあらわれたものと思われる。

　例外ともいうべきは、平声重でありながらHHに対応する譜記をもつ「亭」である。しかし、これは下記例のように「邸」（漢音テイ上声）と混同した可能性がある。

　　入道相国の亭ィへ入らせおはします（上上上××××××上上×—）
　　　　　　　　　　　　　　　　　　　　　　　　5上厳幸22-2素声

入道相国の邸ィへ行ヵ向ッて（上上上コ××××上上×―）
10上物怪19-2口説

　表中の□は、その漢字の属する字音体系が不明のもの。○はその漢字の字音声調が未詳のもの。

　同一の漢語でも二種のアクセント型であらわれることがあるので、合計と語数は一致しないことがある。

　このほか漢音平軽の5語「優、剛、金、功、兵」も例外なくHL型に収まっているし、上声の4語「感・邸・体・礼」もみなHHである（いずれも全濁字以外）。去声のものはLH型にまとまっているが、なかに1語HL型の「行」（漢音カウ去声）がある。この箇所は、本文に諸説（「功」「孝」など）あって一定しない。譜記と本文とが対応していないものと考えられる。

　　仁ッン徳の行ゥを（上××××コ××）　1上紅葉2-1口説
　　〔尾（同）、京B早（同）「カウ」と読みあり、芸（同）「コウ」と読みあり〕

　漢音入声の場合、重声は（LL＞）HL、軽声はHHとされる。そのとおりであれば「益」（漢音エキ入軽）が下記のように施譜されるのも肯けるところで、現代京都では若年層にHL型、高年層はHH・HL両様であるという（中井、なお府下中川はHH）から、江戸時代にはHH型であった可能性が高い（助詞「か」は低接

【表1】　漢字一字2拍の漢語のアクセント

アクセント型		HH	HL	HX	LH	合計	語数	
漢音形	平重	1	7	2	0	10	10	30
	平軽	0	5	0	0	5	5	
	上声	4	0	0	0	4	4	
	去声	0	1	0	6	7	7	
	入重	0	0	2	0	2	2	
	入軽	1	0	1	0	2	2	
呉音形	平声	0	9	2	0	11	11	39
	去声	0	4	1	7	12	10	
	入声	1	11	1	0	13	13	
	○	1	5	0	0	6	5	
□	○	4	31	6	7	48	47	
合計		12	73	15	20	120	116	

式が一般的であるから、その点では譜記に疑問が残る）。

　何の益かあらんや（×××上上上コ×××）　　9上医師20-2口説
　HXに数えた入声の3語「俗」(漢音ショク入重)・「敵」(漢音テキ入重、現代京都HH)・「客」(漢音カク入軽)は、助詞「の」接続形だけにHH-Hと対応する譜記があるところから単独形HXとした。すなわち『正節』の譜記だけでは、それらが単独でHHであるかHLであるかを判定できない、ということである。ただし「敵」は現代京都HHでゆるがないけれども、もとをただせば重声である。[4]

2.3.1　　呉音形の場合は、平声・入声（LL＞）HL、去声LHとすれば、説明に困るのは、まずは去声でありながらHL型であらわれる4語「庄（荘）」（呉音シャウ去声)、「陣」(呉音ヂン去声)、「門」(呉音モン去声)、「龍」(呉音リウ去声)である。
　このうち「門」は漢音平重声によるものであろう（有坂秀世 1940=1957：369-374)。また、「陣」はほとんどLH型に対応する譜記が施されており、HL型と考えられるものは下記1例だけであるが、これも尾﨑本、京大本朱注によって訂正されるべきであろう。

　陣ならば（上××××）　　12上御産17-4素声
　　　　　　　　〔京A早（同）、尾京A朱「野」注（×上××××）〕

2.3.2　　「城」(呉音ジャウ去声)をHXとしたのは次の譜記によるもので、漢字に濁点を付すからジャウのよみを指定したものであることは動かないが、譜記については訓読みの「しろ（城 k1*）」と混同したかと想像する。[5]

　城゛の内には（上上上上×××）　　14上一魁12-5素声
　　　　　　　　〔尾京A早（同）、芸（同）「セウ」〕
　城゛の内を（上上上上××）　　14上一魁30-3素声
　　　　　　　　〔尾早（同）、京A（上上上上××）のはじめの3譜に朱「野无」、芸（同）「ゼウ」〕
このほかに「城」には下記のような譜記もあり、これらからはジャウをLH型と認定できるのであるから、上記の譜記はなんとも解せない。

　城ゥの後ロの（××上上×××）　　4下老馬15-3素声
　　　〔尾（××上×上?××）、早京A（××上上上××）、芸（××上×上××）〕

第1節　2拍・3拍の漢語アクセント　　247

城を出デテ（××上×××）　　5上喘涸5-2素声
　2.3.3　　呉音入声の場合は（LL＞）HLとなるのが一般的である。HXとした1語「別」は、『正節』には「の」接続形HH-Hでしかあらわれない。またHH型とした1語は「縛(バク)」である。
　2.3.4　　呉音形でありながら声調未詳とした5語は「京・卿・准・錠・封」である。そのうち「錠」には近接したところに二種のアクセントを反映するかと思われる譜記があらわれる。下記第一例のようにHL型をあらわす譜記はほかにも見られるが、第二例のようなHH型かと思われるものは、この1例だけである。「錠差す」と一語化したアクセントを伝えたものであろうか。そうであるとすれば、この部分だけを取り出してHH型と認定することは適当でない。
　　　錠ゥを（上××）　　4上小督34-3素声
　　　錠さゝれなんずとや（上上上×××××××）　　4上小督35-4素声
　　　〔尾芸（同）、早京B〈墨〉《上上×××××××××》、同〈朱注〉第三譜
　　　　に「野本《上》都アリ」〕

　2.4　　『正節』の譜記から推定される、江戸期における漢字一字2拍の漢語のアクセントについては、以下のようなことが言えよう。
　　（1）　『正節』でHL型に対応する譜記を付けられた語は、漢音形・呉音形を問わず平声または入声である可能性が高い。
　　（2）　『正節』でLH型に対応する譜記を付けられた語は、漢音形・呉音形を問わず去声である可能性が高い。
　　（3）　『正節』でHH型に対応する譜記を付けられた語は、漢音形の上声である可能性が高いが、入声軽にもHH型をとる語がある。

　2.5　　最後に、漢音・呉音いずれの字音体系に属するか判定できないもの48語（型の重複を除けば47語）を検討する。当然、その声調も細かくは問えないものであるが、上記の傾向を踏まえて考えてみたい。
　2.5.1　　まず、LH型をとる7語はいずれも漢呉同音形の語であるが、上記(2)からして、漢音・呉音いずれかの声調が去声であり、それによって近世もLH型になっているものと思われる。このうち数詞の「三・千」は伝統的な呉音声調の流れを汲むものであろう。「僧・王」も呉音去声にもとづくと思われ

る。「論」（漢音去声、呉音平声）は『法華経音義』（永正十七年本）に去声点が、『法華経音訓』には平・去両声が差されている。さらに『毘沙門堂本古今集註』にも去声点があるという（秋永一枝 1974、斎藤文 1999）から、古くから去声が行われていたものと推定される。「運」も同様であろう。

2.5.2　残る「辺」（漢音平軽、呉音去声）には以下の2例があって、いずれを誤記ともしがたい。現代京都はHH型である。

　　　局の邊ンン御簾のあたりを（上上上上上上上上上上××）
　　　　　　　　　　　　　　　　　4上小督5-2素声〔尾京B早芸（同）〕
　　　吉田の邊なる所にそ（××××シコアウ—）　灌頂女出1-3シ口
　　　　　　　　　　　　〔尾（同）、京A（××××シコア×—)〕

2.5.3　つぎにHH型をとる4語には「楽（ガク）・詮・法・辺（上記第一例）」が含まれる。上記(3)によれば、この類は漢音上声か入声軽のはずである。

　『正節』にみえる「法」（漢音ハフ入軽、呉音ホフ入声）は以下の例のようにすべてHH型と対応する譜記が施されている。すでに『正節』の成立した江戸中期にあってはハフもホフも発音上の区別はなく、とくに仏教関係の語の場合に呉音声調にしたがって読まれなければならないということはなかったということか。しかし一方この語には、『色葉』（上43ウ2）に「法　ホウ〈平平〉」とあり、江戸前期の大坂アクセントを反映する『近松』には「法も《×下下》」（鑓の権三重帷子5ウ3）、「法を《ウ××》」（女殺油地獄24ウ6）とあるので、古来LL＞HLの流れもあったものと思われるが、『正節』にはHH型ばかりがあらわれる。

　　　法遁れがたふして（上上上上上×××××）　　8下戒文10-4白声
　　　孔雀ヅメ経の法を以て（上×××××上上コ×××）　12上許文10-1口説
「楽」（ガク 漢音入軽）には漢音声調を反映してかHHに対応する譜記が付けられている。ちなみに「楽」（ラク呉音入声）は『正節』ではHLであらわれる。こちらは呉音声調によるのであろう。

　「詮」（セン 漢音平軽、呉音未詳）の用例は、下の1例である。譜記どおりHH型とみたいところだが、従属式助詞「に」の低接しているところが気になる。その点では、宮﨑本以外の譜記にも問題がある。

　　　何ンの詮にか立ッせ給ふべきと（×××上上××—）　4下老馬8-1素声
　　〔尾京A早芸（同）、北《中中上上中××》、宮《×××上上乙×》、豊《×××上上××》〕

2.5.4　HXとしたものは6語ある。そのうち「漢」（カン　漢音去声、呉音平声）は漢音によればLH型が期待されるから、HXということは呉音形によったと考えられる。「帥」（漢音ソツ入軽、呉音ソチ入声）、「答」（漢音タフ入軽、呉音トフ入声）、「臈」（ラフ　漢音入軽、呉音入声）はみな、漢音によっていれば単独形HH型か。呉音によっていればHL型であろう。「寮」（レウ　漢音平重、呉音未詳）も漢音ならば説明はつく。

　「節」（漢音セツ入軽、呉音セチ入声）の場合は、下記の例にあるように助詞「を」に連声したところの譜記である。漢音声調によってHHとみれば譜記と合うが、従属式助詞「を」が低接する理由に困る。ここは呉音声調によって、もともと（LL-H＞）HL-Lであったところが、連声を伝承する関係で第二拍の促音相当のところを注意して読まねばならず、そこまで第一拍の高さが保たれることがあったのではないか。京大本の朱の書入れにその形跡がうかがえよう。

　　　相撲の節ツメを（××××上コ×）　　4下那都16-3口説
　　〔尾（同）、京Ｃ「節を」右朱（上中上ツメ×）左朱「セエット都」（上コ×）、早「節ツメを」（コ－コ×）、北也（中中×）、宮《乙××》、秦《上下×》、波《～中～×》〕

2.6.1　以上の検討のうえに、『正節』の譜記から推定される漢字一字2拍の漢語をアクセント型別に一覧し、奥村三雄（1981：263）の認定と比較してみたい。（*印は二種のアクセント型がみられるもの）

◎HH型（12語）
　益、楽ガク、感、詮、錠、亭（邸か）、邸テイ、体、縛バク、法、辺*、礼

◎HL型（73語）
　案、優、一イチ、一イツ、縁、戒、界、行カウ、剛カウ、褐、甲カチ、急、京、卿、行ギャウ、金、官、願、群クン、兼、功、獄、劫、相、像、十、荘、賞、酌、主シュウ、衆シュウ、宿、准、臣、信、神、人ジン、仁ジン、勢、切、奏、息、俗ゾク、損、党、塔、壇、忠、誅、錠、陣*、天、東、毒、難、任、方、八、罰バチ、封、仏、兵ヘイ、弊、弁、銘、門、様、用、廊、楽ラク、龍リウ、霊レイ、院

◎HX（HH型またはHL型）（15語）
　客カク、漢、琴、城*ショク、俗セツ、節ソツ、帥、大、答、庁、敵、頭、別、臈、寮

◎LH型（20語）

運、経、興(キョウ)、剣、三、生、城*、性(セイ)、千、僧、陣*、殿(テン)、人(ニン)、坊、辺*、命、例、論、王、怨(ヲン)

2.6.2 奥村による類別認定との相違について、以下に簡単に説明する。助詞「の」接続形がHH-Hであっても、そのことだけから単独形をHH型とは特定できないことはすでに述べた。HL型の場合もある。このように第二拍を特定できない場合に、ここではHXという仮の分類をしている。《口説・白声》以外の音楽的曲節に施された譜記を援用することもあるとはいえ、奥村が助詞「の」接続形からHH型に認定したと思われる語は4語「漢、俗、別、寮(ショク)」である。

もちろん、それぞれのアクセントのもととなった日本漢字音の声調などを考慮すれば、このような推定も可能ではある。ただし「漢」(漢音去声、呉音平声)は、助詞「の」接続形がHH-Hであるのだから、単独形のアクセントが漢音去声にもとづくLH型とは考えられず、呉音平声から変化したHL型と推定した方が自然であろう。現代京都もHL型である。

「寮」(漢音平重、呉音未詳)について、奥村も「2n2類かもしれない」と注記するように、2拍の場合、呉音には高平型になる声調は考えられず、漢音に準拠したとすれば古くLL型であったと推定するのが穏当である。そうだとすれば、「寮」は単独で近世HL型と考えた方が理解しやすい。これもまた現代京都HL型である。

2.6.3 また、本節のアクセント型認定は、奥村のそれと比較してみると、いわゆる「前高低平形」や「低平後高形」の処理に大きな立場の違いがある。奥村(1981)の根拠となる用例を集めた同(1983)によれば、下記のごとき用例をもって、「恩(オン)」「輪(リン)」をLH型と認定したらしい。もちろん、それぞれ音楽的曲節や他譜本の譜記も加えて考察しているので、その結論は妥当なものかもしれない。

　　父母の恩(上上コ××)　　5上小松29-5口説

　　指貫のりんに至る迄(××××××××上上コ××)　　8上禿童5-3口説

しかし本節では、『正節』《口説・白声》のみを考察の対象とし、「前高低平形」や「低平後高形」については、その無譜部分のアクセントの推定に、これを積極的には利用しないという立場をとる。もちろん「恩」(漢音平軽、呉音去声)、「輪」(漢音平重、呉音去声)とも呉音によったとみれば説明は一応つくので

あるが、ここではそのような推定をひとまず差し控えた。⁶ なぜなら、それはあくまでも呉音声調からの推定であって、『正節』の譜記からのものではないと考えるからである。

2.7 さて、以上のようにして認定された江戸期の京都における漢語のアクセントは、どのように現代にまで継承されているのであろうか。これを中井幸比古（2002）の京都高年層のアクセントデータによって集計したものが【表2】である。

【表2】 近世と現代における漢字一字2拍の漢語アクセントの比較

現代＼近世	HH (12)	HL (73)	HX (15)	LH (20)
HH	5	5	2	3
HL	7	53	5	7
LH	1	5	0	8
／	3	17	8	4

表中「／」の欄は、すでに現代京都では聞かれなくなった語の数。近世のアクセント型の（ ）内の数字は、それぞれのアクセント型に属する語数（重複を含む）。

これは、本稿に扱われた116語のうち現代でもほぼ同じ意味、同じ音形で用いられるものについて、それがどのようなアクセント型をとっているかを示したものである。近世の場合も、現代の場合も、それぞれに複数のアクセント型であらわれる語があり、それらはそれぞれの型に繰り返して数えたから、全体としては実際に扱った語数を上回る数になっている。⁷

2.7.1 まず、近世京都においてHH型であった漢字一字2拍の漢語12語についてみると、現代すでに用いられなくなってデータが得られないものが3語ある。したがって、実際には残る9語に聞かれる現代京都（高年層）アクセントを、近世のそれと対照してみたということである。そうしてみると、近世と同じHH型に発音され、あるいはHH型にも発音されているもの5語（「益、楽(ガク)、法、辺、例」）、HL型に、あるいはHL型にも発音されているもの7語（「益、楽(ガク)、感、詮、錠、法、縛(バク)」）、LH型にも発音されているもの1語（「詮」）ということが分かった。近世HH型の語は、現代では徐々にHL型へ変化しているようである。

2.7.2 また、近世京都でHL型であったもの73語は、そのうちの53語が

252　第5章　漢語のアクセントとその変遷

同じHL型で発音されていることも、この表から分かる。もっとも、現代そのままには用いられず、データが得られない語も17語あるのであるから、残る56語のうちの53語について、現代京都の高年層では、近世と同じHL型のアクセントが確認できる、ということである。

2.7.3　さらに、近世LH型であった20語についてみると、そのままLH型のものは8語であるが、HL型にほぼ同じ数の語が変化している。そのような傾向は「性(セイ)、僧、陣、命」に顕著であり、「王」にもそれらしい様子がうかがえる。

3. 漢字二字2拍の漢語のアクセント

3.1　漢字二字から成る2拍の漢語のアクセントについては、まず、前後の漢字の読みが漢音・呉音いずれであるかを特定し、その声調の組合せと漢語アクセントとの対応を検討する。【表3-1・2】にそれを集計した結果を示す。全体としては、HL型がアクセント型の明確な語の約8割を占める。したがって、第二拍をHかL決定できないHXの9語も、その多くは単独形HL型に属するものであろうと推定される。

3.2.1　このようにHL型が多いのは、はたしてそうなる必然性があったのであろうか。いま比較的数の多い「呉音+呉音」の場合について、平声をL、去声を（R＞）Hとして単純に組合せを考えてみるに、LL＞HL（平-平）、LH（平-去）、HL（去-平）、HH（去-去）のような組合せがすべて同じ確率で実現したとすれば、HL型が半分を占めるのも一応は肯けるところである。

しかし、すべてが声調の組合せどおりというわけではなく、「去-去」の「牛頭、不和」は予想されるHH型ではなく、多数型HL型に収まっており、HH型であらわれるのはわずかに「公家」（〇-去）1語だけである。

3.2.2　次に「呉音+□」、すなわち後部の属する字音体系が不明のもの21語についてみると、HH型に2語、LH型に4語挙がっている。

HH型は「慈悲」と「公事」である。前者は、「慈」（呉音ジ去声）と「悲」（ヒ　漢音平軽、呉音去声）から成り、その後部については音形だけから漢音・呉音の違いを特定できないが、呉音であれば「去-去」→HHの公式に符合する。

【表3】漢字二字2拍の漢語のアクセント

	HH	HL	HX	LH	合計（語数）
漢-漢	0	3	0	1	4
平重-平重		1			1
上声-上濁		1			1
去声-平軽				1	1
○-○		1			1
漢-呉	0	2	2	0	4
平重-去			1		1
平重-○		1			1
上声-去			1		1
○-○		1			1
漢-□	0	1	0	1	2
平軽-○		1			1
上濁-○				1	1
呉-漢	0	2	0	0	2
○-平重		1			1
○-去声		1			1
呉-呉	1	20	4	0	25
平-平		8	2		10
平-○		2			2
去-平		3	1		4
去-去		2			2
去-○		1			1
○-平		2			2
○-去	1				1
○-○		2	1		3
呉-□	2	14	1	4	21
平-○		6	1	4	11
去-○	1	6			7
○-○	1	2			3
□-漢	0	1	0	0	1
○-去声		1			1
□-呉	2	7	2	0	11
○-平		4	1		5
○-去	2	1	1		4
○-○		2			2
□-□	1	11	0	1	11
合計	6	63	9	7	84

「公事」(「公」呉音ク声調未詳、「事」漢音シ去声、呉音ジ平声) は未詳。

　LH型と認定したものは「下知、御書、自余、所為」であり、いずれも前部は呉音平声である。後部は漢音の可能性も否定しきれないが、それぞれ呉音去声とみて誤るまい。「平-去」→LHの公式で説明できるからである（加藤大鶴2009には『尾張国郡司百姓等解文』早大本にも「自余」〈平濁上〉、「所為」〈平上〉の例のあることが報告されている）。

　もっとも、「御書」については、下記のように従属式助詞を低接させることから、奥村 (1981：264) は「無下」とともにLF型と認定した。しかし、「書」が拍内下降したかどうかは疑問である。それよりは、もと「おんふみ」と読んだときの譜記がなんらかの事情で残ってしまったという可能性は考えられないものであろうか。

　　　御ｷ書を（×上×）　　4上小督23-4口説、37-3口説

3.2.3　　また「□＋呉音」でHH型としたものは「医家（イケ）」「社家（シャケ）」の2語である。いずれも後部「家」は呉音ケ去声であり、「医」は漢音平軽よりも呉音去声によったとみれば「去-去」→HHの公式にあてはまる。「社」は漢音シャで上声全濁字であるが、『観本名義』に「禾シヤ〈○上〉」(法下3ウ8)とあるのによってみれば、呉音とみても、「去-去」がHH型に対応する例に数えられよう。

3.3.1　　つぎに漢音形のかかわるものに目を転ずると、HH型はまったく認められず、LH型も「御衣」(漢-漢)、「父子」(漢-□) の2語を数えるにすぎない。「御衣」は「御」(ギョ漢音去声) と「衣」(イ漢音平軽)、並立語「父子」も「父」(フ 漢音上濁) と「子」(シ 漢音上声、呉音平声) から成り、いずれも前部は上昇調の去声字と上声全濁字である (RH＞LHか)。ただし『尾張国郡司百姓等解文』(早大本) を検討した加藤大鶴 (2009：33) によれば、漢音漢語の一つに「父子」〈上上〉があるという。

　　　御ギョイ衣や候ふと（×コ×―）　　1上紅葉21-1口説
　　　父子（×上）　　4下那都4-1素声、14上六度3-3口説

3.3.2　　漢音「上声-上濁」の構成の漢語がHL型であらわれる語に「武士」がある (「武」ブは漢音上声、「士」シは漢音上濁)。

　　　武士には（上×××）　　4下内侍6-1素声、五句都遷8-5素声

また「漢音＋呉音」の組合せにおいても、「儒家」（「儒」ジュ 漢音平重、「家」ケ 呉音去声）が高起式アクセントを思わせる譜記を伴ってあらわれるのにも注意したい（助詞「の」接続形なのでHXと認定）。
　儒家(ジュケ)のものなり（上上上上×××）　　読上願書12-4白声

3.4.1　以上の検討のうえに、『正節』所載の漢字二字2拍の漢語をその譜記から推定されるアクセント別に一覧し、奥村（1981）の認定と比較してみたい。

◎HH型（6語）
　医家(イケ)、公家、公事、使者、慈悲、社家

◎HL型（62語）
　意趣、倚廬(イロ)、奇異、帰依、綺羅、供御、供奉、希有、下鞋(ゲゲ)、夏衆(ゲシュ)、化度、五騎、御後(ゴゴ)、御座、御所、後世、牛頭、五位、左右、座主、沙汰、社司、入御、守護、数珠、呪詛、衆徒(シュト)、修理、諸寺、諸事、諸社、所所、諸衛、思慮、四位、世世(セセ)、他所、持者、尼衆(デシュ)、遅遅、知恵、通夜、弟子、二度、二位、琵琶、武士、扶持、不慮、不和、本意、無始、武者、無二、無位、馬部(メブ)、文字、留守、流布、衛護(エゴ)、穢土、衛府

◎HX型（9語）
　儒家(ジュケ)、従下、主馬、他家、度々、武家、父母(ブモ)、木工、会者

◎LH型（7語）
　御衣(ギョイ)、下知(ゲヂ)、御書(ゴショ)、国府(コフ)、自余、所為(ショヰ)、父子

3.4.2　奥村（1981：263-264）の認定と本節のそれとを比べてみると、いわゆる「特殊低起式表記」が疑われる譜記からの推定を、本節では差し控えたという点が大きな相違点となっている。
　　後家(ゴケ)の尼公（××上コ××）　　14下重捕11-5口説
　　護持(ゴヂ)の為に（××上コ××）　　10上慈心22-3口説
奥村がLHと認定した「後家」「護持」の2例は、「特殊低起式表記」の4-2類型にあてはまるので、この例だけからLH型と認定することはできない。ただ「後家」は「後」（呉音ゴ平声）と「家」（呉音ケ去声）から成り、「護持」も「護」（呉音ゴ平声）と「持」（呉音ヂ去声）とから成るのであるから、いずれもLH型であることはまず動かないところであろう。

3.4.3 また「前高低平形」や「低平後高形」からの推定を控えたこともすでに述べたとおりである。奥村は「祖父」「死去」をLH型と認定するうえに、下記の譜記を証とするようであるが、本節ではこれに慎重な立場をとる。

　　四代の祖父゛（××上コ××）　　7上廻文11-3口説
　　偏に死去の思ひを（上××××～～上コ××）　　10上慈心7-2口説

3.4.4　奥村はまた「武家、父母」をHH型と認定するが、本節では助詞「の」接続形HH-Hだけから、アクセント型を特定することもしなかった。「武家」は「武」（漢音ブ上声）、「家」（呉音ケ去声）であるから、組合せ上はHHの可能性もあるが、ここではHXとした。

　　武家の塵リ芥タと（上上上××××××）　　読上願書15-2白声
　　武家の塵ン芥ディとぞ（上上上××××××）　　読上願書14-3白声

また「父母」は「父」（呉音ブ平声）と「母」（呉音モ平声）から成るので、単独形HL型の可能性が高い。しかし、ここでは助詞「の」接続形だけからの推定であるからHXとした。

　　父母の恩（上上コ××）　　5上小松29-5口説

3.5　それではつぎに、これらの語は、現代京都の高年層でいかなるアクセント型に発音されているのかを検討する。さきの一字2拍の漢語の場合と同じように、中井（2002）の京都高年層のデータと対照してみることにする。【表4】がその結果である。

これによって、近世以降の変化傾向が大略つかめよう。まず、近世HH型のものはHL型に、またHL型にも発音されるようになった模様で、「公事、使者」にその傾向が顕著であり、さらには「公家、慈悲、社家」にもそのような動きがみられる。また近世LH型の語も今日用いられないものが多いとはいえ、口頭にのぼる3語（下知、自余、父子）にはHL型への変化がうかがえる（「下知」は

【表4】近世と現代における漢字二字2拍漢語アクセントの比較

現代＼近世	HH (6)	HL (62)	HX (9)	LH (7)
HH	3	2	0	0
HL	5	37	3	3
LH	2	5	1	1
／	1	24	6	4

清濁が異なり、別に考えるべきか)。

　一方、近世において多数型であったHL型は現代にいたってもその勢力は衰えず、今日使用される38語のほとんどにこの型が聞かれる。

4. 漢字二字3拍の漢語のアクセント

　この類の漢語は、前後の漢字の拍数によって|1＋2構造|のものと|2＋1構造|のものとに分けられる。そして、アクセント型のあらわれ方も、この構造による違いが顕著である。

4.1　漢字二字3拍の漢語のアクセント　その1　|1＋2構造|の場合

　4.1.1　次の【表5】をみると、|1＋2構造|の漢語においては、HLL型の語が断然多くて60％に迫り、HHH型およびHHL型がそれぞれ10％台で、低起式のLHH-LLH型とLHL型はそれぞれ数パーセントにすぎない。

　以上の傾向は《口説・白声》それぞれの曲節を別々に検討しても大きく変わることはないが、《口説》では、全体の比率に対してややHLL型が高くなり、HHH型が低くなるのに対して、《白声》ではそれが逆になる。しかし、それは率にして5％程度のわずかな差でしかない。

【表5】漢字二字3拍の漢語のアクセント|1＋2構造|

	HHH	HHL	HLL	HXX	LHH-LLH	LHL	合計	語数
漢-漢	3	6	13	0	0	1	23	22
漢-呉	1	0	8	0	0	1	10	10
漢-□	3	1	8	0	1	0	13	13
呉-漢	4	1	11	2	0	0	18	18
呉-呉	18	14	45	1	4	0	82	78
呉-□	6	6	26	1	2	2	43	41
□-漢	2	0	11	1	1	2	17	16
□-呉	8	7	29	7	0	0	51	50
□-□	9	5	16	0	2	2	34	34
合計	54	40	167	12	10	8	291	282

4.1.2　つぎに、これらの漢語を構成する漢字声調の組合せと、近世の漢語アクセントとの対応関係を検討する。

　はじめに、前後部ともに漢字声調がはっきりしているものの中から、「漢音＋漢音」の漢語を取り上げる。それをアクセント型別にみると、都合22語にそれぞれのアクセント型と対応する譜記が認められ、そのうちの1語「扈_{ショウ}従_{ジュウ}」が《口説》HHL型、《白声》HLL型という具合に二つの型であらわれるので、それらをそれぞれの型に数えた結果、合計は23になっている。全体の6割がHLL型で、この型に属す語が断然多い。合計23のうちの22語までが高起式であるのに、ただ1語LHL型にあらわれるのは「故郷」（去声＋平軽）であるが、この語は『近松』にもLHL型の胡麻章が付けられているので、このアクセント型は近世においては信頼できるものと思われる（現代京都はHLL型）。

　　故郷ゥに（×上××）　　13上聖幸9-1口説

　またHHH型のうち、下記の「土_{サン}産」は「上声＋上声」→HHHという公式どおりの結果であるが、「徒_{トゼン}然」「無_{イン}音」のごときは「平重＋平重」でありながらHHH型であらわれる。後続するナリとの結合の具合によるものであろうか。

　　土産（上上上）　　9上文流24-4素声
　　徒然ゞなるによとぞ（上上コ××××××）　　3上徳大4-3口説
　　無音なりければ（上上上×××××）　　8上法印15-5素声

　残るものはみなHHL型かHLL型かに属すが、これらすべてを前後の声調の組合せから単純に説明することはむずかしい。漢音声調は呉音のそれに比べて定着が遅かったので、その漢語アクセントの成立も複雑な経緯があったのであろう。

4.1.3　つぎに「呉音＋呉音」の場合を検討する。前後の声調が明らかなものをみれば、およそ半数は規則的なアクセント型をとっていると言える。しかし、個別的には問題もある。

4.1.3.1　まず「平声＋平声」であるのに、HHL型でなく、HHH型やHLL型をとる語がある。

　　HLL型をとる語：　化導、後陣、後院、所領、二陣、二品、女性
　　HLL型とHHL型と両様の語：　御願、御領
　　HHH型をとる語：　受領
　　HHH型とHHL型と両様の語：　御悩、二万

【表6】{1+2構造}の漢語「漢音＋漢音」「呉音＋呉音」のアクセント

	HHH	HHL	HLL	HXX	LHH-LLH	LHL	合計	語数
漢-漢	3	6	13	0	0	1	23	22
平重-平重	2						2	2
平重-去声			2				2	2
平軽-平軽		1					1	1
平軽-去声			1				1	1
平軽-入重			1				1	1
上声-平重			2				2	2
上声-上声	1						1	1
上声-去声			1				1	1
上濁-平重		1	1				2	1
上濁-平軽			1				1	1
去声-平重		1	2				3	3
去声-平軽		1	1			1	3	3
去声-去声		1	1				2	2
去声-入軽		1					1	1
呉-呉	18	14	45	1	4	0	82	78
平-平	3	11	9				23	19
平-去	1		9		4		14	14
平-入	3	2	3				8	8
平-○			1				1	1
去-平	2	1	6	1			10	10
去-去	4		3				7	7
去-入	2		6				8	8
去-○			3				3	3
○-平			2				2	2
○-去	1		2				3	3
○-入	1		1				2	2
○-○	1						1	1

　とくに数字の「二」(呉音ニ平声)を前項にとり、後部も呉音平声字であるのに、HHL型のほかにHLL型やHHH型があらわれるのはなぜであろうか。
　　HHL型　二歳、二万、二領　　　HLL型　二品　　　HHH型　二万
　　このうち「二万」HHHは下記の例から抽出したものであるが、続く「二万余騎」「二万余人」の譜記から推定するに、「二万」は単独の場合にはHHL型

であったものであろう。HHH型らしくあらわれたのは、以下に「八千余騎」などと続く場合にあらわれる、いわゆる接続形アクセントとおぼしい。

　　二万八千余騎の（上上上××上上×××）　　6上宮最6-1素声
　　二万余騎にて（上上××××）　　13上倶利19-1口説
　　二万余人（上上××××）　　13下法住6-1口説

すると、むしろ「二品」がなぜHLL型なのかを問うべきであろうか。室町期から江戸前期にかけてのアクセント資料とされる『名目(抄)』（言説162）をみると、「二品」に対して、内閣文庫本、陽明文庫本、多和文庫本などみな〈上平〉の声点を差している。これはHLL型を意図した差声と思われる。しかし、神原文庫本には「ニホム」という仮名に〈上上平〉と声点があって、こちらはHHL型をあらわしていること明らかである。

おそらくは『正節』の時代、またはそれよりも一時代前あたりから、「二品」の語はHHL型のほかにHLL型にも発音されることがあったのではないか。ほかにも「二」を前項とする漢語には「二京・二十」などが出てくるが、これらもHLL型と対応する譜記をもつ。

　　二京の（コ×××）　　3上額打8-3口説
　　二十に（上×××）　　13下瀬尾31-4素声

「京」は漢音ケイ平軽、呉音キャウ声調未詳であるが、単独でHL型であらわれることから呉音平声とみれば、LLL＞HHLの変化を経たはずで、HLL型はそのさらなる変化型かとも思われる。「二十」（「十」呉音ジフ入声）は「平＋入」でLLL＞HHLの変化を一旦は経たのかもしれないが、『観本名義』には「廿……禾又ニシフ〈上平濁〇〉」（仏上44ウ5、高山寺本も「ニジフ〈上平濁平〉」）とあって説明がむずかしい。

一方これと同じ組合せの「四十」の場合は（「四」は漢音去声、呉音平声であるが、数詞であることを考えれば呉音とみられる）、下記の例のように規則的なアクセント型であらわれる。

　　四十に（上上××）　　11下小教23-2素声

また同じ「平声＋平声」の組合せでも「御願」「御領」はHHLとHLLとの両型であらわれるが、古譜本・他流譜本などを見比べるとHHLが本来のようにもみえる。「御悩」もHHHとHHLの両型であらわれるが、これもHHLに対応するのが本来の譜記であろう。

御゛願は（上コ××）　　12上頼豪15-2口説
　　　〔尾京A早（同）、北也（上中××）、宮《上乙××》、豊《平×××》〕
　　御゛願も（上×××）　　12上許文23-3素声
　　　〔尾京A早（同）、北也（上上××）、宮《上上下×》、豊《上×××》、
　　波《平上平×》〕
　　御゛領に（上コ××）　　6下実盛22-1口説
　　　〔尾早芸（同）、北（上中××）、京C朱《平コ××》、宮《上下××》、
　　豊《上上××》〕
　　御゛領で（上×××）　　読上願書8-4口説
　　　〔尾早芸（同）、北（上上××）、京C朱《平××》、宮《上上下×》、豊
　　《上上××》、秦《上上××》か〕
　　御悩（上上上）　　2上鵺10-2白声
　　　〔尾京B早芸（同）、北（上上×）、曲（上上上）、宮《上乙×》、豊《上
　　平×》、秦「御悩は」《上上上下》〕
　　御゛悩ゥとて（上上×××）　　7上法運24-5白声
　　　〔尾京A早芸（同）、北（上中×××）、也（上上×××）、宮《上乙××
　　×》、豊《上平×××》〕

「平声＋去声」の組合せのものは順当に変化していれば近世において（LLH＞）HLL型と考えられ、およそはこれにしたがうものの、「御前、御免、二丈、二人」の4語にだけLHH型ないしLLH型があらわれる。このうち前部が数詞のものは、前部の漢字単独のアクセントが強くはたらくことがあったのであろう。

　これについて蒲原淑子（1989：39）は、「二人、二代、二丈」の3語が「1声＋3声」（ここにいう「平声＋去声」）という構成であるにもかかわらず、『正節』にLLH型を反映する譜記をともなってあらわれることを取り上げ、

　　「二人」・「二代」・「二丈」は、和語と同様のアクセント変化（引用者注：
　　LLH＞HLL）を生じなかったという事になり、これらの漢語が、当時極め
　　て漢語らしい漢語であった為、いつまでも字音の調値を背景として保存し
　　ていたのではないかと思われる

と解釈した。音韻変化であれば、原則として一律に起こるものなのに、これら「二〜」の語はその変化にしたがわず、もとの姿を保ち続けた。それは、これ

らが「漢語らしい漢語」であったからだと言うのである。

いま『正節』にあらわれる「二〜」の漢語とその譜記から推定される当時のアクセントを掲げれば以下のようである。

　　HL型　二度・二位　　／　　HHL型　二歳・二万・二領　　／　　HLL型　二京・二十・二陣・二品

「二」は先にも述べたように呉音平声であり、それを前部に据える二字2拍の漢語「二度」(「度」漢音ト去声、呉音ド平声)、「二位」(「位」ヰ　漢音去声、呉音平声)には、いずれもHL型を反映する譜記が付されているのであるから、これらは呉音どうしの組合せでLL＞HLの変化を経たものとみることができよう。

二字3拍の漢語も、HHL型をとるものの後部は「歳」(呉音サイ平声)、「万」(呉音マン平声)、「領」(呉音リャウ平声)のように平声であり、HLL型をとるものは「京」(呉音キャウ平声か)のほか、「十」(呉音ジフ入声)、「陣」(呉音ヂン去声)、「品」(呉音ホム平声)のように、その単字声調は古くLLとLHとに分かれる。前者ならばHHL型を経由したものか。後者ならばLLH＞HLLの変化を経た可能性がある。

しかるに「二丈・二人」[10]には、後部去声でHLL型が期待されるにもかかわらず、低起式アクセントに対応する譜記が施されているのであるが、これらだけが「漢語らしい漢語」であるとも言いづらいように思われる。むしろ漢数詞「二」の低起性が、これらの語において強くあらわれたということであろう。

接頭語「御」の場合は、「御前・御免」の2語においては、むしろ後部成素となった漢字のアクセント (いずれも呉音去声LH) が強くはたらき、それに後から「御」(呉音平声) が添えられたというようなことはなかったのであろうか。

4.1.3.2　前部が「去声」の場合には、低起式の型はあらわれない。とくに「去声＋去声」の場合は、その後部が高くなってR-LH＞HHHという変化を経たと推定される。ところが、この組合せの7語にはHLL型が3語あった。それは「無間、無残、無文」であって、前部がすべて「無」であること一目瞭然である。ほかの「無〜」の漢語もHLL型以外には、「無窮」HHH型がただ1語あるのみ。

「去声＋平声／入声」の場合はR-LL＞HLLになって当然であるが、これらには一部にHHH型であらわれるものがある。すなわち「修行、修造 (以上、去-平) ／家嫡、不足 (以上、去-入)」である。事情は明らかにしがたい。なお唯

第1節　2拍・3拍の漢語アクセント　　263

一HHL型になる「従上」は以下の例であるが、これはおそらく前部と後部の複合が緩かったために、後部の「上」（呉音ジャウ平声）が単独で変化し、変化したのちのHL型が、「従」（呉音ジュ去声）に接続したのであろう。

　　　四位の従上̇とぞ（上××上上×××）　　1上厳還18-1素声

4.1.4.1　　『正節』の譜記から推定される{1+ 2構造}の漢語のアクセントを示す。

◎HHH型（54語）

異国、起請、気色（キショク）、祈禱、御出、御寝、公卿、愚老、解脱、家嫡、家人、下洛、御禊（ゴケイ）、五常、五節、五代、御悩*、後日（ゴニチ）、資財、四面*、赦免、修行（シュギャウ）、熟根（ジュコン）、修造（シュザウ）、衆生（シュジャウ）、手跡、受禅、受領、叙爵、所詮、死霊（シリャウ）、他国、智水、都合、土産、徒然（トサン）、二万*、破戒、披見、無音（ブイン）、不吉、不審、不信、不足、不敵、不同、夫人、無窮、夜半、余年、離宮、流人、位階、威勢

◎HHL型（40語）

忌日（キジツ）、供養、九郎*、果報、下向、気色（ケシキ）、外道、下﨟、御願*、故山、扈従（コショウ）*、御詑、御悩*、御覧、御領*、砂金、作法、四国、自害、四歳、四十、子孫、次第、四品、四面*、従上（ジュジャウ）、所願、諸願、訴訟、地獄、地頭、二歳、二万*、二領、悲願、秘法、無塩（ブエン）、奉行、歩行、魔王

◎HLL型（167語）

衣冠、衣装、以上、医術、衣食、以前、夷賊（イゾク）、医道、異朝、医療、歌人、歌道、家門、奇怪、儀式、寄進、祈誓、擬勢、希代（キタイ）、御遊、御剣、居住、御簾（ギョレン）、公宴（クエン）、九月、九歳、公請（クジャウ）、弘誓（グゼイ）、具足、九重、功徳、九日、供仏、九品、九郎*、過怠（クヮタイ）、過分、化身、化導、下人、御運、御恩*、五戒、御会、五月、御棺、御願*、御骨、五劫、五歳、御菜、後生、扈従（コショウ）*、後陣、御殿、五日、御拝、御坊、御辺、御領*、御例（ゴレイ）、御霊、胡王、故院、後院、座上（ザシャウ）、四恩、寺官（ジクヮン）、伺候、時刻、自今、子細、死罪、時日、始終、自然、子息、氏族、師壇、四陣、四天、四男、次男、死人、四方、耳目、社参、社壇、舎弟、思惟（シユイ）、修因（シュイン）、主上（シュシャウ）、衆病（シュビャウ）、所縁、諸縁、諸卿、諸侯、諸国、所従、諸仏、所望、所労、所領、四郎、次郎、数万、世間、素懐、素絹、多少、多年、太郎、知行、地神（ヂジン）、除目、地類（ヂルイ）、二京、尼公、二十、二陣、二品、女性、如法、秘蔵、美人、悲嘆、非愛、悲涙、美麗、披露、尾籠、浮雲、舞楽、武官、武藝、浮言、風情、無勢、不肖、風俗、不退、不忠、普通、不便（ブメイ）、父命、母后、牡丹、魔

道、未来、無官、無間、無残、無実、無道、謀叛、無文、無益(ムヤク)、余慶、余念、理運、流罪、和尚(ワジャウ)、遺恨、違勅*、囲繞、違乱、違例

◎HXX〈12語〉
有験(ウゲン)、議定(ギヂャウ)、九代、五色(ゴシキ)、五十、作善(サゼン)、他生、他人、治山、非常、不快、違勅*

◎LHH-LLH型〈10語〉
御感(ギョカン)、帰洛、御幸、御前、御免、知性(チセイ)、二丈、二人、不覚、余寒

◎LHL型〈8語〉
畿内、火宅、御恩*、故郷、所当(ショタウ)、余薫、余党、離山(リサン)

4.1.4.2 つぎに奥村（1981：265）の認定との違いについて述べる。奥村は、教育大本などの譜記を参照し、音楽的曲節をも扱う点でその考察した対象は、本節に比べて格段に広い。しかし、「特殊低起式表記」「前高低平形」「低平後高形」の扱いにおいて本節の方がより慎重な態度をとることなど、その立場の違いは再々述べてきたところである。

また考察の基礎に据えた正節本が彼は尾﨑本であり、此は東大本であることもあって、いささかの譜記の違いから異なる認定にいたるところがあった。ここでは、その例を挙げて説明する。

まず「無塩」であるが、助詞「の」接続形がHHH-Hの形をとるのであるから、この語のアクセントを尾﨑本の譜記によってHLL型とするよりも、東大本などによってHHL型と考えた方が説明しやすい。正節系の譜本を比較してみても、HHL型と対応する譜記をもつのは東大本のほかに早大本・京大本があり、尾﨑本のみが異なる。

　　無゜塩ンと（上上××）　　7下猫間6-1白声
　　〔早（同）、京A（同）上欄外墨「無塩（上××）野」、尾（上×××）〕
　　無塩の平ヲ茸(タケ)（上上上上上××）　　7下猫間6-2白声〔早尾京A（同）〕

「畿内」は尾﨑本がHLL型、東大本がLHL型をそれぞれ反映する。京大本はB類で線状譜であるが原譜は尾﨑本と同じく、朱書された「都」本の譜は東大本と同じである。現代京都はHLL型であるが、近世のLHL型も、この語がもとHHL型であったとすれば、まったく無理な型というわけではない。

　　畿内の（×上××）　　10上山減9-2口説
　　〔尾（上×××）、早（譜なし）、京B墨《平××》朱「都」《×平×》〕

しかし、「火宅」は東大本が誤写らしく、他本みなLLH型を反映する譜記をもつので、それにならうべきであろう。

　　火宅なり（×上×××）　　9上文流14-1白声〔尾京A早（××上××）〕

このように底本とした譜本の違いを反映して、奥村（1981：267-268）とは、一部に型認定の違いがある。

4.1.5　つぎに、これらの語が現代京都の高年層に、いかに発音されているかを調べてみる。以下の【表7】にそれを示した。

これによると、近世にHHH型であった54語のうち41語が現代でも使用されており、そのうち23語には同じHHH型が聞かれるが、一部にHLL型に、あるいはHLL型にも発音されるものが13語あり、さらにLLH型に発音されることがあるものはHLL型を上回る23語あるということである。

【表7】近世と現代における漢字二字3拍{1＋2構造}の漢語アクセントの比較

現代＼近世	HHH (54)	HHL (40)	HLL (167)	HXX (12)	LHH-LLH (10)	LHL (8)	合計 (291)
HHH	23	6	31	4	0	0	64
HHL	0	0	0	0	0	0	0
HLL	13	23	69	2	5	3	115
LLH	23	10	43	3	7	2	88
LHL	2	0	3	0	1	0	6
／	13	10	71	4	2	3	103

同じく近世HHL型であったもの40語は、そのうちの30語に現代語のアクセントが確認できて、HLL型になることのあるものが23語あり、LLH型になることのあるものが10語ある。

以下これらに準じて比較検討することができるが、全体を見てとくに目立つのはLHH-LLH型がその姿を現代に比較的よくとどめていることである。

これまで見た2拍の漢語は、総じてHL型にまとまる傾向があった。一方3拍{1＋2構造}の場合は、HLL型に多くの語が収まりはするが、しかしそればかりではなくて、HHH型とLLH型への動きもはっきりと見て取れる。ただ、近世のHHL型だけはその姿を保つことができず、それぞれの型に移行してしまっている。

4.2 漢字二字3拍の漢語のアクセント　その2 {2＋1構造}の場合

4.2.1
次の【表8】は{2＋1構造}の漢語について、{1＋2構造}の場合と同様に整理したものである。{1＋2構造}と比較して気づくことは、LHL型にたくさんの語が所属し、その分だけHLL型の比率が減っているということであって、ほかに特段の違いはない。もちろんこれは、前部が2拍であるために、漢音・呉音ともに去声字がLHの音調を漢語アクセントのはじめに残しやすくなったからである。また漢音の上声全濁字が前部に位置する場合も、これに準じて考えられよう。

さらに曲節別にみると、《口説》においてはHLL型に属する語数の比率が高い分、HHH型に属するものが比較的少なく、《白声》においては逆にHHH型が多く、HLL型が少なくなっている。このことは必ずしも《口説HLL型：白声HHH型》というような対立があるということまで明確には示していない。一語でありながら二つの型であらわれるものを調べると、たしかに「日数(ニッシュ)、一所」においてはそのような傾向をもつが、「妻子、皇子」は逆の様子を見せる。それでは、なぜこのような傾向が数の上にあらわれたのかというと、《白声》だけにあらわれる{2＋1構造}の漢語に、HHH型が多いというのが実状である。

【表8】漢字二字3拍漢語のアクセント{2＋1構造}

	HHH	HHL	HLL	HXX	LHH-LLH	LHL	合計	語数
漢漢	1	2	13	0	1	5	22	22
漢呉	0	3	3	0	1	1	8	8
漢□	8	9	16	2	0	7	42	42
呉漢	1	1	5	0	1	1	9	9
呉呉	6	7	15	1	0	15	44	43
呉□	8	23	15	2	0	16	64	63
□漢	3	0	11	1	1	2	18	18
□呉	6	4	6	1	3	11	31	30
□□	9	8	24	2	3	13	59	59
合計 ％	42 14.1	57 19.2	108 36.4	9 3.0	10 3.4	71 23.9	297	294
口説 ％	22 9.2	50 21.0	94 39.5	4 1.7	8 3.4	60 25.2	238	234
白声 ％	32 20.1	34 21.4	42 26.4	6 3.8	7 4.4	38 23.9	159	155

このような傾向は|1＋2構造|の場合にもわずかながら見られた。

4.2.2　前部が2拍であるから、漢語アクセントに低起式があらわれやすいと述べたが、しかしそれでもなおLHH-LLH型はあまり多くないようである。これにはいささか事情がある。それは、多少なりとも音楽性をもつ《口説》に、いわゆる「特殊低起式表記」かと疑われる譜記がある場合は、型認定を控えたからである。この理由によって、|1＋2構造|・|2＋1構造|それぞれ19語ずつを除外した。

　　LHH-LLH型の場合、助詞「の」接続形が音楽性のない《白声》にあらわれると（《白声》には「特殊低起式表記」がない）、下記のようにLLH-Hのアクセントを反映する譜記が付けられる。

　　　出家の功徳（××上上上××）　　7上惟水17-5白声

　　　天狗の所為と（××上上上××）　　12下経嶋4-2素声

しかし、同様な譜記が《口説》にあると、ここに「特殊低起式表記」5-2類型の疑いが出てくる。すなわち、HHH-Hが音楽的変容を遂げたために、このような譜記が施されている可能性もあるということであって、たとえば下記のごときを見ればそれは歴然としている。「源氏」は単独形HHH型、助詞「の」接続形もHHH-Hであり、《白声》にもそのアクセントを反映する譜記が認められるが、《口説》には問題の「特殊低起式表記」が施されている。したがって、下記第二例のような《口説》の譜記を見て、直ちに単独形もLLH型であるとは断定できない。

　　　源氏の方は（上上上上××）　　14下盛最11-4白声

　　　源氏の方は（××上上コ××）　　10下篠原4-3口説

4.2.3　さらに助詞「の」接続形がHHH-Hであるからといって、単独形がHHH型である保証もなく、下記のようにHHL型である場合も想定しなくてはならない。[11]

　　　宣旨（上上×）　　炎上清水17-2白声

　　　宣旨の御使と（上上上上×××××）　　4上信連33-4素声

こうなると《口説》に（××上上コ×…）のごとき譜記があるとき、その語の単独形アクセントは、高起式ならばHHH型やHHL型の可能性を考えなければならず、一方で低起式LLH型の可能性も否定できないということになる。

　　下記例に施された譜記だけから判断するならば、それぞれ「一味」「七世」

はHHH・HHLとも、またLLHとも考えられるということになるのである。これでは、このような助詞「の」接続形からのアクセント型認定は無理というに等しい。したがって、ここでは「特殊低起式表記」ではないかと疑わしいものだけから、単独形のアクセント型を推定することはしなかったのであるが、しかしそのために本来のLLH型が認定されにくくなったことも否めない。

  一味の学地゛（××上上コ××） 読下山牒3-3口説
  七ツメ世の孫コ（××上上コ×） 11上願立2-2口説

4.2.4 さらに、助詞「の」接続形以外でも下記のような、「特殊低起式表記」ではないかと疑える譜記に遭遇することがある。前者は5-2類型、後者は4-2類型にあてはまるので、この譜記だけから、そのアクセント型を判定することはできない。

  旧ゥ都に着き（××上上コ×） 7上東下2-5口説
  帝都を出デテ（××上コ×××） 5下福原2-2口説

しかし、「旧都」と「帝都」は、「旧」（漢音キウ去声）や「帝」（漢音テイ去声）と「都」（ト　漢音平軽、呉音去声）から成るのであるから（LH-H＞）LLH型である可能性が高いことも一方では認めなければならないであろう。

ただし除外した19語すべてが低起式というわけのものでもない。たとえば、さきの「一味」と「七世」のごときは前後呉音形であるとすれば「入声＋平声」の組合せであろうから、単独形は（LLL＞）HHL型であったと推定したいところである。

4.2.5.1 つぎに【表9】によって、前後の漢字声調の組合せから、漢語アクセントがどれほど説明できるかをみたい。

まず「漢音＋漢音」の場合は、その多くがHLL型に収まる。HHH型をとる1語は「赤気」（入軽-去声）である。また、「栄花」（平軽-平重）、「調味」（平重-去声）が下記のようにHHL型を反映する譜記であらわれるのは、単に字音声調の組合せからでは説明できそうもない。

  栄花（上上×） 12上許文23-4素声、12下道逝19-3口説
  栄花゛といひ（上コ××─） 7上烽火8-4口説
  調味して（上上×××） 1上鱸15-3口説
  テウビ

LHL型は5語あって、前部が去声字か上声全濁字の場合がほとんどであるから、これに影響されたものであることは動かない。ただしなぜLLH型でなく

【表9】{2＋1構造}の漢語「漢音＋漢音」「呉音＋呉音」のアクセント

	HHH	HHL	HLL	HXX	LHH-LLH	LHL	合計	語数
漢-漢	1	2	13	0	1	5	22	22
平重-平軽			3				3	3
平重-上声			2				2	2
平重-上濁			2				2	2
平重-去声		1	1				2	2
平重-○			1				1	1
平軽-平重		1	1				2	2
平軽-平軽			1				1	1
平軽-上濁						1	1	1
上濁-平軽						1	1	1
去声-上濁						2	2	2
去声-平軽						1	1	1
入重-○			1				1	1
入軽-上濁					1		1	1
入軽-去声	1		1				2	2
呉-呉	6	7	15	1	0	15	44	43
平-平	4	3	1	1		2	11	11
平-去			3				3	3
去-平			2			8	10	10
去-去						1	1	1
去-○						3	3	3
入-平	1	4	2				7	6
入-去			2				2	2
入-○			1			1	2	2
○-平	1		2			1	4	4
○-○			1				1	1

LHL型をとるのかとなると説明は困難である。

　また、「階下」（平軽-上濁）がLHL型に対応する譜記であらわれるのも正節系諸本みな異同のないところとはいえ、現代京都はHLL型であり、東北大本や也有本などはHLL型を反映している。声調の組合せから考えるとHLL型であれば説明しやすいので、古譜本の譜記にしたがうべきであろう。

　　階下に（×上××）　　4下熊野12-3素声
　　〔尾早芸（同）、京D墨《上下××》、同朱《×平××》、北也（上××

×）、宮《上下××》、豊《上×××》］

　同じ低起式でもLHH-LLH型にあらわれるのは「出仕」（入軽-上濁）1語であるが、これも組合せから説明することはむずかしい。前部が入声字であることと関係があろうか。

　　出ッ仕も（××上×）　　11下西光40-3素声

4.2.5.2　つぎに「呉音＋呉音」の場合について検討する。まず、LHH-LLH型に語のないことが注目される。「去声＋去声」の場合にはその型になりそうなものであるが、実際にはHLL型はあっても、LHH-LLH型はない。さきにこの型が少ない理由を述べたが、「特殊低起式表記」を疑って除外したものの中に「去声＋去声」の組合せのものは見出せない。

　また「呉音＋呉音」の場合は、HLL型とLHL型にそれぞれ30％強の語が含まれ、HHL型とHHH型とがそれに次いで15％程度という具合に、ほとんどのアクセント型に分散する傾向が見られる。その点、「漢音＋漢音」がHLL型に約60％、LHL型に20％強という分かれ方をするのとは異なる。

　さらに「呉音＋呉音」の場合は、前後の単字声調の組合せで説明のつくものが比較的多い。たとえば「平声＋去声」は（LL-R＞LLH＞）HLL型に3語すべてが収まり、「去声＋平声」は（LH-L＞）LHL型に10語中8語まで収まる。

　また「入声＋平声」（LL-L＞HHL）、「入声＋去声」（LL-R＞LLH＞HLL）も規則的な変化を遂げたとみられるものが8語中6語にまで認められる。例外もなくはない。とくに「平声＋平声」は（LL-L＞）HHL型になることが期待されるが、それは11語中の3語でしかない。しかし、全体としてみれば、「呉音＋呉音」の漢語アクセントは、前後それぞれの単字声調の組合せで、その6割程度まで説明できる。

4.2.6.1　『正節』の譜記から推定される{2＋1 構造}の漢語アクセントと、それぞれの型に所属する語を以下に掲げる。

◎HHH型（42語）

一所＊、腰輿、外祖、貫首、巻数（クヮンジュ）、警固、国司、国母（コクモ）、相違、慙愧（ザンギ）、上下、庄司、障子、譲位、出離（シュツリ）、勝地、青侍（セイジ）、小事、赤気、節刀（セット）、太子、大弍、内裏、達者、嫡子、勅使、調子、条里、転手（テンジュ）、内供、内侍、日数（ニッスゥ）＊、女御、発起、本地（ホンヂ）、用事、老母、落居、落馬、令旨、連子（レンジ）、王子＊

◎HHL型（57語）

悪所、一事、一度、一夜、一所*、一世、栄花、冠者、願書(グゥンジョ)、験者(ゲンジャ)、権威、妻子*、在所(ザウシ)、曹司(ザフジ)、雑事、職位(シキヰ)、七夜、十四、十二、上手、浄土、宿意、宿所、食事、神祇、詮議(センジ)、前司、宣旨、先途、大事、当座、重科、長者、調味(テウビ)、得意、内外(ナイゲ)、日記、日数(ニッスウ)*、薄智(ハクチ)、末座(バツザ)、拍子、仏寺、仏事、仏所、別所、返事、本意、本所、末寺、万騎、冥加、名所、礼儀、霊夢、六字、六位、王子*

◎HLL型（108語）
一期(イチゴ)、印地(インヂ)、雲霞、恩波(オンパ)、豪家(カウケ)、孝子、学地(ガクヂ)、学侶、閑居、行歩(ギャウブ)、凶徒、皇居、皇女(クゥニョ)、還御、郡司、澆季(ゲウキ)、言語(ゲンギョ)、厚紙(コウシ)、后妃、近衛(コンエ)、在家、山野、詩歌、旨趣、七騎、七社、十九、十五、浄衣、庄務、正理、出御、証拠、勝負、触穢、臣下、神器(シンギ)、神璽(シンジ)、進止(シンジ)、尋所(ジンジョ)、人馬、神輿、神慮、節会(センカ)、仙家、先規(センギ)、前駈(センク)、践祚、賊徒、大河(ダイガ)、大師、大赦、大蛇(ダイシャ)、大地、大夫(ダイブ)、堂下(タウカ)、当家、当時、導師、当社、長子、庁務、朝家、超過、天下(テンガ)、天気、天子、田舎(デンジャ)、天地、髑髏、南都、放火、芳志、白魚、八騎、半時、白衣(ビャクエ)、便宜、夫婦、瓶子(ヘイジ)、平地(ヘイヂ)、蔑如、崩御、烽火、法衣(ホフエ)、法師、法務、法会、本社(ホンジャ)、名医、名馬、名誉、門戸、薬師、老者(ラウシャ)、落書、流矢(リウヤ)、両家(リャウケ)、領、両氏、累祖、猟師、連歌(レンガ)、恋慕、籠居、横死、遠路、遠流

◎HXX型（9語）
一樹、曠野、獄舎(シツシ)、執事、聖主、念誦(ネンジュ)、博士(ハカセ)、変化(ヘンゲ)、礼記(レイキ)

◎LHH〜LLH型（10語）
一騎、一子、一首、出家、出仕、新都、僧都、天狗、百騎、富貴(フツキ)

◎LHL型（71語）
叡慮、階下、江河(ガウガ)、経界(キャウエ)、官途(クヮンド)、官位、群集(クンジュ)、軍旅、権化、今度、今夜、罪科、最後、在位、三種(サンジュ)、三所(サンジョ)、三世(サンゼ)、三度、三部、三位(サンミ)、三里、式部、生死(シャウジ)、生者(シャウジャ)、精舎、成就、神社、神馬(シンメ)、随喜、政務、千顆、前後、前世(ゼンゼ)、先祖、千度、千里、僧会(ソンジャ)、尊者(ゾンジャ)、存知、第二、大夫(タイフ)、大輔(タイフ)、堂衆(ダウジュ)、陣外(ヂンゲ)、帝位、殿下(テンガ)、伝授、天魔、童子(ドウジ)、男子(ナンシ)、男女(ナンニョ)、人数(ニンジュ)、配所、廃壊(ハイヱ)、万機(バンキ)、万事(バンジ)、万里(バンリ)、兵具(ヒャウグ)、片時(ヘンシ)、辺土、布衣(ホウガ)、奉加、毎度、名字(ミャウジ)、名符、民部、用意、来世、輪廻、王化、王位

4.2.6.2 　上記のHHH型について、奥村（1981：265）は「一味」をここに加えるがそれはどうであろうか。同（1983）によれば「一味同心」から抽出し

たようであるが、「同心」は低起式らしく、「一味」HHHは接続型の疑いを拭いきれないこと、また「一味」（呉音入声-呉音平声）は（LLL＞）HHL型の可能性が高いことなどから、直ちにHHH型とは認定できないと考える。

　さらに『正節』には下記第二例のような「特殊低起式表記」がある。これは助詞「の」接続形HHH-Hに起きた音楽的変容であり、単独形がHHH型であってもHHL型であっても、このようにあらわれることが多い。したがって、「一味」をHHH型と特定するには、なお問題が残るように思われる。

　　　一味同〵心して（上上上××××××）　　9下大宰6-1素声（ほか口説5例）
　　　一味の学地〵（××上上コ××）　　読下山牒3-3口説

　同じく「念誦」「変化」についても、助詞「の」接続形がHHH-Hということだけから単独形をHHH型と認定したのであれば、危険性をともなうことは言うまでもない。

　HHL型については、「神祇」を奥村はLHL型とするが、これらは「神祇官・神祇館」から抽出したものか。ここでは下記の例によって一応HHL型としておく（本章 第3節2.4参照）。

　　　神〵祇の（上コ××）　　12下横田2-3口説〔早尾京A（同）〕

　また、奥村がHLL型に数える「口入」は東大本に「コウジウ」と読みが記されているのでここには含めなかった。また「仁義」については、「仁義礼智信」という徳目を並べたところから「仁義」のみを抽出すべきではないであろう。

　ところで、奥村はまた「江河」をHLL型とするが、これにはしたがうべきであったかもしれない。しかし、ここでは東大本の譜記によってLHL型と認定している。その事情は、下記の用例末尾に付された他本の譜記情報に明らかである。「江」はガウ平声（『観本名義』「禾カアウ〈平濁平平〉法上1オ7、『法華経音義』〈平濁〉）、「河」はガ去声であろうから、これは奥村の準拠した尾﨑本の方が適切な譜記であろうか。

　　　江〵河の（×上××）　　7下惟水17-1口説
　　　　　〔早（同）、京D朱《×平×》、尾（上×××）京D墨《平下××》〕

4.2.7　つぎに、これらの語が現代京都の高年層に、いかに発音されているかを調べてみると、以下の【表10】のような状態である。

　これによると、まず近世HHH型の43語のうち、27語が現代京都でもほぼ同

【表10】近世と現代における漢字二字3拍{2＋1構造}の漢語アクセントの比較

現代＼近世	HHH (43)	HHL (57)	HLL (108)	HXX (9)	LHH-LLH (10)	LHL (71)	合計 (298)
HHH	8	8	5	0	2	3	26
HHL	0	5	1	0	0	0	6
HLL	18	34	65	4	5	34	155
LLH	12	6	8	3	7	10	46
LHL	1	2	2	0	0	25	30
／	16	14	39	4	0	21	94

じ意味で使われていて、そのアクセントはHLL型とLLH型に、あるいはこれらの型にも発音されるものが多い、ということが分かる。同様に近世HHL型の57語中現代でも使用される43語は多くHLL型になっており、近世HLL型に発音されたであろう108語中69語もその多くは同じHLL型のまま発音されている。近世LHL型の71語中50語は、近世以来のLHL型を保ちつつ、一方ではHLL型にも動いている。全体としてみれば、現代ではHLL型が断然優勢である。

5. おわりに

　以上、漢字一字と二字とから成る、2拍・3拍の漢語について、『正節』の譜記に反映した京都アクセントの実態を考察した。そして、それらがどれほど漢字声調の組合せにしたがった伝統性を保持していたか、またその後現代までの間に、どのような方向に変化を遂げたかについて検討した。その結果をまとめると以下のようになる。

漢字一字2拍の漢語について
　（1）　多くの語がHL型をとり、一部HH型とLH型に属する語があった。
　（2）　これらには伝統的な漢字声調と対応するアクセント型が、漢音形・呉音形を問わず70％程度は用いられていた。
　（3）　近世においてHH型あるいはLH型であったものが、現代では一部HL型に変わってきている。

漢字二字2拍の漢語について
　（4）　漢字二字2拍の漢語は、一字2拍の漢語にもましてHL型への集中が著し

い。
(5) 前後の声調が明らかなものが少ないため、伝統的な漢字声調と対応するアクセント型がどれほど用いられていたかは分からない。
(6) 近世においてHH型あるいはLH型であったものが、現代では一部HL型に変わってきていることは、漢字一字2拍の漢語と同様である。

漢字二字3拍{1＋2構造}の漢語について

(7) HLL型が約60％を占め、HHH型とHHL型は10％台である。低起式は前部1拍のためにきわめて少ない。
(8) 漢音読み漢語（漢音＋漢音）はHLL型に集中すること著しく、前後の漢字声調の組合せからアクセント型を説明することはむずかしい。
(9) 呉音読み漢語（呉音＋呉音）は約半数の語がHLL型をとるが、そのほかにHHH型やHHL型をとる語もそれぞれ20％前後はある。
(10) 呉音読み漢語のうち約60％に、漢字声調の組合せに対応するアクセント型が認められる。
(11) 現代ではHLL型に多くの語が収まりはするが、そればかりではなくて、近世以降現代までの間にHHH型とLLH型への動きもはっきりと見てとれる。ただ、近世のHHL型だけはHLL型などに移行してしまっている。

漢字二字3拍{2＋1構造}の漢語について

(12) {1＋2構造}の漢語に比較して、HLL型がその所属語の比率を減らし、代わりに20％強の語がLHL型をとる。ほかにHHH型とHHL型とに10％〜20％の語が所属する。
(13) 《口説》ではHLL型が多いのに対して、《白声》ではHHH型が多い。
(14) 漢音読み漢語は、とくに前部が去声字あるいは上声全濁字の場合に、低起式アクセントをとる。ほかはHLL型に集中する。
(15) 呉音読み漢語のうち約60％は、漢字声調の組合せに対応するアクセント型が認められる。
(16) 近世から現代までの間に、近世HHH型の語はHLL型またはLLH型になったものが多く、HHL型はHLL型に動くものが多い。LHL型はその型を保つものもあるが、HLL型へも動いている。{1＋2構造}ほどにはHHH型やLLH型への動きは顕著ではない。

注――――――――――――
1 漢音形の連濁は非常に少ない（沼本克明 1982：786-820）と言われるが、『正節』には、たとえば「風情」「栄花」などのように、後部が明らかに漢音形でありながら連濁しているものも少なくない。
2 漢字一字1拍の漢語については第1章 第1節に述べるところがあったので、ここでは繰り返さない。
3 佐々木勇（1998：17）のいうように「院政期以降、平声軽という下降調は、二音節の方が一音節に比べて実現しやすかった」という事情はあるにしても、平声軽は院政期から鎌倉期にかけて平声重に混同した模様である（柏谷嘉弘 1965：6-8）。しかし、平重であれ、平軽であれ、近世にはともにHL型をとるので、この間の事情を『正節』の譜記からさぐることはできない。
4 これについて、奥村三雄（1964：57）は「漢音の入声は大部分が高平調、呉音の入声は大部分が低平調であった」、また「漢音における低平調の存在（少い）、呉音における高平調の存在（極めて稀）も、或程度は認められるが、日本的漢字音におけるそれらの存在は、多分に、個別的――語彙的orパロール的――事実であった」、「少くとも、日本的漢呉音においては、韻書の清音はこう濁音はこうという様な、はっきりした法則性は、必ずしもなかったろう」と述べている。また、沼本克明（1983）、佐々木勇（1995）などは、入軽と入重は院政期には混同し、その結果高平調になったものとしている。
5 「k1*」とは「金田一語類」で二拍名詞第一類ということ。ただし「平安朝の文献でまだ例証されていない語」（金田一 1974：63）とされている。
6 このほかにも、副詞として扱ってここに掲げなかったもの（「直に」）、サ変動詞の語幹としたもの（「愛す・評す」）、和語相当のものとして処理したもの（「さが（性）」）、固有名として扱い含めなかったもの（「周、六」）、複合語・連語として扱ったもの（「存の外・権の守」）などがある。
7 中井（2002）所載のもののうち、京都市内在住の高年層12名のデータを利用した。ただしデータの「M（稀に使用）」は数えたが、「X（その語を聞かない）」は除いた。また二人以上に聞かれるアクセント型のみを数えた。なお表中「/」の項の数字は、現代では用いられなくなった語、および、用いられてはいても音形または意味が異なる語の数である。
8 ほかにも奥村の認定と本節との違いはある。まず、本節では梵語音訳漢語（袈裟、娑婆、修羅）を除外した。また、和語と処理した方がよいと思われるもの「事故、刀自、余所」も除いた。さらに3拍に読むべきものも除いた。「旨趣」は、譜の位置が「旨」の右上なのでシイシュと読んだのではないか。「布衣」はホイではなくホウイであろう（奥村 1983にはホウイとある）。
9 秋永一枝（1980：503）は「二十」が古くからHLL型であることについて、「「二」

が平声であるにもかかわらず、名義抄以来HLL型である点、注目すべきことである」と述べている。
10 蒲原は「二代」も挙げるが、「特殊低起式表記」の可能性があるので、いまは考察の対象から外す。
11 それだけでなく単独形HLL型の場合も、その多くは助詞「の」接続形HLL-Lであるが、下記の「節会」はHHH-Hにあらわれる。

節ᴱチ会以下゛（上××××）　12下横田8-5口説・29-2口説
節ᴱチ会の座に（上上上上××）　2上殿上23-4白声

さらにまた、LHL型の語のなかにも下記の「三種」のように助詞「の」接続形がLLH-Hとなるものもあったらしいが、いずれも少数であろう。

三ンンン種して（×上×××）　7下猫間7-1白声〔尾京A早（同）〕
三種゛の神ᴬ器（××上上××）　4下那都4-2素声
〔尾早（同）、京C朱《×平平平平××》、同墨《×××平乙××》、北（××中上中××）、也（×××上中××）、宮《×××上乙××》、豊《×××上平××》〕

12 「同心（シ×××）」6下山幸12-1口説による。また「同」はドウ去声（法華経音義）である。

第2節
4拍の漢語アクセント

1. はじめに

　いわゆる「国語化」を経たのちの漢語アクセントの体系――とくに漢字二字4拍の漢語――を江戸期の京都という断面で捉え、それを伝統性の保持と基本型への変化という史的観点から考察する。

　江戸期の京都における漢語アクセントの体系それ自体を取り上げて論じた研究はきわめて少なく、わずかに本節とほぼ同じ資料を用いた蒲原淑子（1989）がいるにすぎない。それによると、『平家正節』所載の漢語アクセントは、「漢音と呉音とに関係なく、前部成素が高く平らな調値、もしくは低く平らな調値の場合は、高く始まるアクセントに対応し、前部成素が上昇調の調値の場合は低く始まるアクセントに対応する」ということ、また、さらに現代京都アクセントと比較対照すると、「日常談話語として頻用度の高い語は、中世末～近世期以降、アクセント変化を起こ」しておらず、「アクセント変化を起こした語は、現代において基本型（高平型もしくは高起式第一拍有核型）をとる事が多い」ということである。

　しかし、これは「前部成素」のみを漢音・呉音の区別しやすい漢字にかぎり、その伝統的な単字声調と近世における漢語アクセントとの対応関係を考察したもので、当時の漢語アクセントがどのような体系をなし、その体系を構成するそれぞれのアクセント型にどれほどの漢語が属するのか、といった点については必ずしも十分に言及されてはいない。

ここでは、『平家正節』の《口説・白声》の曲節にあらわれ、その右傍に譜記の施されている、漢字二字4拍の漢語を取り上げるが、その総数は645語である。

　ただし、譜記はあっても以下のような理由で考察の対象にしなかったものがある。その第一は、いわゆる「特殊低起式表記」かと疑われるものである。これについては第1章 第3節に述べたが、それに配慮した結果、LLHH（L0）型と認定する語が少なくなったことは否めない。

　その第二は、ここで問題とする『正節』の両曲節に助詞「の」接続形しか確認されない場合で、しかもそこに高平のアクセントと対応する譜記が施されているものである。これらについては、当該漢語の単独形アクセントがHHHH（H0）型であるか、HHHL（H3）型であるか、そこに施された譜記だけから特定することはできない。

　ここでは、上記二つの場合にかかわる語を除いたうえで、残る645語についてその読みを確定し、譜記から推定されるアクセントを明らかにする。読みの確定は、もちろん『正節』の本文および発音注記からなされるべきものであるが、必ずしもすべての場合に十分な情報が与えられるわけではないので、それ以外は、前節と同様に「日本古典文学大系」本にもとづく金田一春彦・近藤政美・清水功編『平家物語総索引』（学習研究社1973）にしたがうこととした。

2. 江戸期の京都における漢語アクセントの実態

　『正節』《口説》《白声》の譜記を解釈して得られた漢字二字4拍の漢語アクセントを、型別の語数ならびにその構成比とともに示せば【表1】のようである。一語に複数のアクセント型と対応する譜記がある場合は、それぞれのアクセント型に重複して数えたので、合計と語数とは一致しない。また《口説》と《白声》両方にあらわれる語も、それぞれの曲節に重複して数えたので、各曲節の語数の和と全体の語数は一致しないことをはじめにことわっておく。

　【表1】によると、《口説》《白声》を区別せずに、それぞれのアクセント型に属する（異なり）語数をみるならば、HLLL（H1）型とHHHL（H3）型がそれぞれ30％に迫り、HHLL（H2）型とLHLL（L2）型がそれぞれ15％程度、残る10％ほどをHHHH（H0）型とLLHH（L0）型とが分け合うという構成比である

【表1】『平家正節』所載のアクセント型別漢語数（異なり語数）

	H0	H3	H2	H1	L0	L2	L3	合計	語数
全体	55	186	103	195	23	114	3	679	645
％	8.1	27.4	15.2	28.7	3.4	16.8	0.4		
口説	21	149	83	161	18	97	2	531	522
％	4.0	28.1	15.6	30.3	3.4	18.3	0.4		
白声	49	90	46	81	18	58	1	343	332
％	14.3	26.2	13.4	23.6	5.3	16.9	0.3		

ことが分かる。L3型とした3語はLHHL型「新帝・先帝」とLLHL型「一切」（「一切衆生」より抽出）である。

次にそれぞれの曲節に分けて検討してみると、およその傾向は変わらないものの、《白声》においてH0型の比率が高くなっており、その分ほかの型（とくにH1型）が比率を下げていることに気づく。

細かくみると、同一の語でありながら曲節によって「《白声》H0型：《口説》H3型」という対立をみせる語が6語（糺問、賢王、推参、大国、対面、勅定）あり、そのような傾向をもつ語も3語（大衆、朝敵、内々）認められるが、「《白声》H0型：《口説》H1型」のような顕著な対立をみせる語はない。

　　糺問ンして（上上コ×××）　　4上信連31-1口説
　　糺問ンに（上上上上上）　　　4上信連36-5素声

3. 字音体系別の検討

つづいて、漢語を構成する前部・後部それぞれの漢字の音形が漢音・呉音いずれの字音体系に属すかを調べて、〈漢音読み漢語〉と〈呉音読み漢語〉でアクセント型のあらわれ方に差があるかどうかを検討する。

それぞれの漢字が、二字漢語を構成する場合に、いずれの字音体系に属する読み方をしたのかは、その漢語の音形から判定される。実際には歴史的仮名遣によって記された辞書記載音形をもとに定めるのであるが、漢音・呉音ともに同音形であるときはこれを決定できないので、そのような場合には「不明」（表の中では□であらわす）として処理する。

さらに漢音・呉音以外の音形があらわれる場合もある。そのようなものの多くは、いわゆる慣用音とされるものであるが、いまはこれらも呉音に含めてお

く。したがって、ここにいう呉音は「非漢音」と言ってもよい性質のものである。もっとも「呉音系字音資料」には、音形は漢音と同じでありながら声調が異なるようなものもあらわれる。これらもここでは呉音相当のものとみること、前節の処理と同じである。

ところで、「漢音読の連濁は非常に少ない」（沼本 1982：812）と言われることがある。しかし、ここに扱う二字4拍漢語の場合、明らかに漢音読みであるにもかかわらず連濁している例が少なからずある（「関白、星霜、成敗、重職」など）ので、ここでは連濁形かどうかで漢音か呉音かを決定することはしなかった。また、数字や仏教用語は呉音読みだと言われるが、ここではそのような理由で漢音と呉音の別を判定することもしなかった。

【表2】によれば、前後の漢字を呉音に読む漢語、すなわち〈呉音読み漢語〉の場合は、H3型の語が全体の40％に迫り、あとはH1型・L2型・H2型・H0型がそれぞれ20％に満たない割合で数えられる。一方〈漢音読み漢語〉はH1型が30％を越え、これにH3型・H2型・L2型が20％前後で続いている（H0型は10％ほど）。いずれもL0型は、ほかに比べてきわめて少ない。

L0型が少ない理由の一つは、平曲譜の性格によるものである。上述のように、音楽的曲節である《口説》には、いわゆる「特殊低起式表記」なるものがあらわれる。この種の譜記は、ことばの音調としては高平調である部分を、低くはじまるような旋律で唱えるという音楽的変容を反映したものとみられる。そのため、このような譜記に遭遇した場合は、まずはその語が『正節』のほかの箇所にどのような譜記をともなってあらわれるかをみなければならない。それが《口説》の箇所にあれば、「特殊低起式表記」の可能性を再び疑わなくてはならないが、《白声》という音楽性のない曲節にあらわれているのであれば、その譜記はことばの音調の直接的反映とみなしてよいであろう。

このようにして検討してもなお「特殊低起式表記」の可能性を否定できないものが、じつは32語残った。ここでの考察は、『正節』《口説》《白声》両曲節の譜記にかぎったので、これらのアクセント型について他の文献資料などを用いて推定することは差し控えたが、そのために、とくにL0型の認定基準が厳しいものになったことは認めなければならない。

それでもやはり〈漢音読み漢語〉にH1型が多く、〈呉音読み漢語〉にH3型が際立っていることは認められるであろう。そして、漢音・呉音交用読みの漢

【表2】字音体系の種別構成とアクセント型別の漢語数

	H0	H3	H2	H1	L0	L2	L3	型数	語数
漢＋漢	7	16	12	23	0	12	0	70	68
％	10.0	22.9	17.1	32.9	0.0	17.1	0.0		
漢＋呉	4	4	4	8	0	5	0	25	22
％	16.0	16.0	16.0	32.0	0.0	20.0	0.0		
漢＋□	3	11	7	24	2	7	0	54	52
％	5.6	20.4	13.0	44.4	3.7	13.0	0.0		
呉＋呉	13	44	14	21	3	19	0	114	105
％	11.4	38.6	12.3	18.4	2.6	16.7	0.0		
呉＋漢	0	6	6	12	0	4	0	28	26
％	0.0	21.4	21.4	42.9	0.0	14.3	0.0		
呉＋□	10	39	18	30	5	15	0	117	110
％	8.6	33.3	15.4	25.7	4.3	12.8	0.0		
□＋漢	3	19	11	24	1	12	2	72	68
％	4.2	26.4	15.3	33.3	1.4	16.7	2.8		
□＋呉	11	22	15	19	9	18	1	95	92
％	11.6	23.2	15.8	20.0	9.5	19.0	1.1		
□＋□	4	25	16	34	3	22	0	104	102
％	3.9	24.0	15.4	32.7	2.9	21.2	0.0		
合計	55	186	103	195	23	114	3	679	645
％	8.1	27.4	15.2	28.7	3.4	16.8	0.4		

語、すなわち【表2】における「漢＋呉、漢＋□、呉＋漢、□＋漢」の場合には、〈漢音読み漢語〉の傾向が比較的顕著に見て取れる。〈呉音読み漢語〉が伝統的なものに多いのに対して、漢音読みを含む漢語は、比較的新しい成立のものであることと関係するであろうか。

4. 単字声調の組合せと漢語アクセント

　さて、求める漢字音が漢音・呉音いずれの字音体系にもとづくものかが分かった漢語については、それぞれの単字声調を求め、ひとまずその組合せから漢語アクセントを説明できないかと考える。
　もちろん、漢音にしろ呉音にしろ、その単字一つひとつの声調として求められるものは、古い時代の声調をあらわす調類であるから、近世においてはその

音調が変化しているものもあることに注意しなければならない。しかし、もしその漢語の成立が鎌倉時代をさかのぼるものであれば、すでに古い声調の組合せとして漢語アクセントが形成され、それがのちに規則的なアクセント変化を経たのではないかと考えられる。まずはその可能性を確かめてみたい。

4.1 〈呉音読み漢語〉のアクセント

はじめに〈呉音読み漢語〉について考察する。呉音は軽重の別なく、平声・去声・入声の三声体系であったことが明らかにされ、またその調値もそれぞれ低平調・上昇調・低平調であったとされる。そこで前後の漢字の呉音声調を調べて、その組合せと近世にあらわれるアクセント型との関係を考察してみよう。

これを整理したのが【表3-1】である。求める漢字がいずれの調類に属するかを「呉音系字音資料」によって明らかにできなかったときは、「未詳」(表の中では○であらわす)として処理する。

ここに問題としているのは漢字二字4拍の漢語であるから、前後の漢字はそれぞれ2拍ずつに読まれる。したがって、古く平声・入声はLL、去声はLHと解釈できよう。そうすると、音調上は以下のような組合せが考えられ、それが一語化して南北朝期以降、いわゆる「出合」の変化を被ったと考えることができる。

〔A〕前部が平声字のとき
　《平＋平》LL-LL ⇒LLLL ＞HHHL (H3型)
　《平＋去》LL-LH ⇒LLLH ＞HHLL (H2型)
　《平＋入》LL-LL ⇒LLLL ＞HHHL (H3型)

〔B〕前部が去声字のとき
　《去＋平》LH-LL ⇒LHLL (L2型)
　《去＋去》LH-LH ⇒LHHH ＞LLHH (L0型)
　《去＋入》LH-LL ⇒LHLL (L2型)

〔C〕前部が入声字のとき
　《入＋平》LL-LL ⇒LLLL ＞HHHL (H3型)
　《入＋去》LL-LH ⇒LLLH ＞HHLL (H2型)
　《入＋入》LL-LL ⇒LLLL ＞HHHL (H3型)

上記のような変化過程があったとすれば、近世でも変化のあとを物語るアクセント型があらわれるはずであろう。そのような観点から【表3-1】をみると、前後とも単字声調を明らかにできた99の組合せについて、それによって構成された漢語アクセントが上記のような規則的変化を経たと説明できるものは53あることが確認できる（表の斜線箇所）。すなわち、〈呉音読み漢語〉の場合には、その約半分の語に平安・鎌倉期以来の流れを汲む、伝統的なアクセント型が認められるということが明らかになるのである。

　もちろん〈呉音読み漢語〉の場合には、その単字声調はLLとLHのみであり、その数たるやLLが圧倒的に多いのであるから、LL＋LL＞LLLL⇒HHHLという変化過程を想定すべき語が多くなることなど言い添えるまでもなかろう。

　また、前部が去声字のときには、近世でもその声調を反映して低起式アクセントの聞かれることが多かったようである。しかし、L0型をとるかL2型をとるかは、後部に立つ漢字の声調によるとしたいところではある。それが平声または入声ならば全体としてはL2型になり、それが去声ならばL0型になるはずだが、実際はL2型に動いているようにもみえる。

　〖平＋去〗と〖入＋去〗の場合は、近世H2型が期待されるところであるが、実際にはとくに〖入＋去〗でH1型で流れているようである。これを語例にあたってみると、数詞が全11語中の10語を占める。

　「～人」　一人、七人、十人、八人、百人、六人
　「～年」　一年、十年、百年、六年

　数詞は、数字の声調に影響されがちであるから、その数字がもと呉音入声LL型であっても、のちに変化したHL型が漢語アクセントの上にあらわれたものと考えられる。

　また〖入＋入〗の場合も、本来H3型が期待されるにもかかわらず、まとまって7語がH0型になっている。しかし、これも一々の語例について検討すると、その多くは「～月」の例（七月、十月、八月、六月）で、ほかに「七日、六百」などがある。「～月」の例は以下に示すように、単独形はH3型が本来であり、H0型にあらわれたのは、いわゆる「接続形アクセント」とみなすべきものであることが分かる。

　　七月ノムに（上上上××）　　　1上鱸7-2素声
　　七月ツメ二十八日（上上上上上×××××）　　9上医師29-3素声

【表3-1】〈呉音読み漢語〉のアクセントと漢字声調

《口説＋白声》

前部	後部	H0	H3	H2	H1	L0	L2	合計	語数
平	平	2	8	1	1		2	14	13
平	去		1	1	2			4	4
平	入	2	5		1			8	6
平	○		1				1	2	2
前部〈平〉小計		4	15	2	4	0	3	28	25
去	平				1		2	3	2
去	去	1			2	2	3	8	8
去	入						6	6	6
去	○		1				2	3	3
前部〈去〉小計		1	1	0	2	3	13	20	19
入	平		12	4				16	15
入	去		3	6	11			20	19
入	入	7	11		2			20	17
入	○	1	1	1	2			5	5
前部〈入〉小計		8	27	11	15	0	0	61	56
○	平							0	0
○	去			1				1	1
○	入		1				1	2	2
○	○						2	2	2
前部〈○〉小計		0	1	1	0	0	3	5	5
合計		13	44	14	21	3	19	114	105
％		11.4	38.6	12.3	18.4	2.6	16.7		

《口説》

前部	H0	H3	H2	H1	L0	L2	合計	語数
〈平〉	2	13	1	3		3	22	21
〈去〉		1		2	1	10	14	14
〈入〉	6	23	8	13			50	47
〈○〉		1	1			3	5	5
合計	8	38	10	18	1	16	91	87
％	8.8	41.8	11.0	19.8	1.1	17.6		

《白声》

前部	H0	H3	H2	H1	L0	L2	合計	語数
〈平〉	4	7	2	2		1	16	13
〈去〉	1			1	2	6	10	10
〈入〉	6	11	6	7			30	29
〈○〉		1				2	3	3
合計	11	19	8	10	2	9	59	55
％	18.6	32.2	13.6	17.0	3.4	15.3		

以上の検討から明らかなように、前部入声字の漢語アクセントが不規則なあらわれ方をしているのは、それぞれに事情があるのであって、〈呉音読み漢語〉アクセントの伝統性は、さきに述べた「約半分」という数字以上に保持されているとみることができよう。
　なお、これを曲節別に見ると数字の上では、H0型の比率におよそ10%の差が出ている（《口説》8.8%《白声》18.6%）が、これには特段の理由を見つけることはできないけれども、《白声》に比較的新しいアクセントが反映したということであろう。

4.2　〈漢音読み漢語〉のアクセント

　つぎに〈漢音読み漢語〉について検討する。漢音の声調は呉音の場合よりも複雑であることが知られている。これらは軽重が区別されるので、以下のような調値であったと考えられる。

　　平声重……低平調　　　　　平声軽……下降調
　　上声………高平調（ただし全濁字は上昇調）
　　去声………上昇調
　　入声重……低平調　　　　　入声軽……高平調

　このうち上声全濁字の去声化（上昇調化）は、中国において起こった変化で、「日本漢音がその移行の過程を反映している」とされる[6]。また、平声と入声における軽重の違いは、日本漢音では徐々に区別を失うということが言われており[7]、「鎌倉時代末期には、平声軽（下降調）は平声重（低平調）に、入声軽（高平調）は入声重（低平調）に唱えられる様になってしまったらしい」[8]という。さらにはまた、いずれ統合されるにしても平声軽（下降調）は二音節字には実現しやすかったという指摘もあり[9]、それぞれの単字声調がどの段階にあるときに、それを含む漢語アクセントが形成されたのか、などの点が捕捉しにくい。
　それを反映してか、『正節』にみえる〈漢音読み漢語〉のアクセントも、〈呉音読み漢語〉のように明解に説明することはできない。いま煩雑を避けて、前部成素となった漢字の声調のみによって漢語アクセントの型を整理したものを【表3-2】として掲げる。
　ここに問題としている二音節字の場合に、平声軽が下降調を残しやすかったとすれば、あるいはそこにH1型が多いかとも期待されるが、実際にはそのよ

【表3-2】〈漢音読み漢語〉のアクセントと漢字声調

《口説＋白声》

前部	H0	H3	H2	H1	L0	L2	合計	語数
〈平重〉	1	5	3	11			20	20
〈平軽〉	2	6	3	5			16	15
〈上〉			2	2			4	4
〈上濁〉			1			3	4	4
〈去〉	2	2		2		9	15	15
〈入重〉	1	1		2			4	4
〈入軽〉	1	2	3	1			7	6
合計	7	16	12	23	0	12	70	68
％	10.0	22.9	17.1	32.9	0.0	17.1		

《口説》

前部	H0	H3	H2	H1	L0	L2	合計	語数
〈平重〉	1	4	2	9			16	16
〈平軽〉	1	5	2	4			12	12
〈上〉			1	2			3	3
〈上濁〉			1			3	4	4
〈去〉	1	1		2		8	12	12
〈入重〉		1		2			3	3
〈入軽〉	1	2	3	1			7	6
合計	4	13	9	20	0	11	57	56
％	7.0	22.8	15.8	35.1	0.0	19.3		

《白声》

前部	H0	H3	H2	H1	L0	L2	合計	語数
〈平重〉	1	1	2	4			8	8
〈平軽〉	2	3	1	2			8	7
〈上〉			1				1	1
〈上濁〉						2	2	2
〈去〉	2	1				5	8	7
〈入重〉	1			1			2	2
〈入軽〉	1	1	2				4	4
合計	7	6	6	7	0	7	33	32
％	21.2	18.2	18.2	21.2	0.0	21.2		

うな傾向も見て取れない。また入声の軽重の差も、数が少ないこともあって、なかなか明確には反映していないようである。また、表からは明らかでないが、入声韻尾の違いがアクセント型に関係したような形跡もない。

しかし、L2型が前部成素去声字だけでなく、上声全濁字にも数えられるのは、おそらく日本漢音に反映した中国音のさまをここにも投影しているのであろう。そして、〈呉音読み漢語〉の場合と同様に前部成素が去声字または上声全濁字であればL2型であることが多く、逆にL2型であれば前部成素は去声字または全濁上声字であることははっきりとしている。

曲節別にみると、《白声》においてH1型がその比率を減らし、逆にH0型が多くなっていること著しい。〈呉音読み漢語〉にもその傾向がうかがえたが、比率を減らしたのは多数型のH3型であった。〈漢音読み漢語〉では、その多数型はH1型である。H0型が、のちに基本型として定着する前兆とみることもできよう。

5. 現代京都アクセントへの変化

さて、ここで明らかになった江戸期の漢語アクセントは、こののち現代にいたるまでの間にどのような変化を遂げたのであろうか。それを見るために【表4】を用意した。これは、ここに検討した645語について、現代京都でも使用する427語を取り上げ、それが高年層話者にいかなるアクセントで発音されているかをみたものである。[10]

【表4】近世と現代における漢字二字4拍の漢語アクセントの比較

近世 現代	H0 (55)	H3 (186)	H2 (103)	H1 (195)	L3-0 (23)	L2 (114)	L3/L2-3 (3)	合計 (679)
H0	29	90	53	69	4	45	2	295
H3	8	12	0	0	0	0	0	20
H2	3	19	6	2	0	1	0	31
H1	7	35	30	59	0	8	2	141
L0	3	9	6	7	16	14	1	56
L2	0	3	2	3	1	30	1	40
L3	0	1	0	0	0	3	0	4
/	16	61	38	91	5	40	1	252

近世アクセントの「L3-0」はLLHH型、「L2-3」はLHHL型を仮にあらわしたものである。

たとえば、近世H0型をとる語は『正節』に55語あるが、そのうち16語は現代に用いられない（表中／の段）ので、検討対象となるのは39語である。そして、現代京都の高年層話者は、そのうちの29語にH0型のアクセントを用い、H3型は8語に、H2型は3語に、H1型は7語に、そしてL0型は3語に聞かれる。合計が39を上回るのは、現代京都でも同じ語が複数のアクセント型に発音されるからである。

以上の検討によって、近世H0型の語は、現代でもH0型で発音されることが多い、ということが分かる。しかし、H3型やH1型として数えた数字も無視で

きないものである。そこで現代においてH3型に発音する8語をみると、これらはすべて「〜月」などという数詞の例であった。これらを『正節』でH0型としたのは、先に述べたように、その「接続形アクセント」を数えたのであるから、これらの単独形の多くは、近世でもH3型であったと考えられる。したがって、ここに〈近世H0型：現代H3型〉のようにみえる数字は、近世・現代ともにH3型としてよいものである。

また現代において、H2型・H1型、さらにはL0型となっている語の多くも、H0型と併用されることが多い。このようなことを総合してみると、近世のH0型は、その多くが現代でもそのままH0型で発音されているということが判然とする。

同様に近世H3型の語（このうち125語が現代でも使用）についてみると、およそ75％にあたる90語において、現代ではH0型が聞かれる。このほかH1型も35語に聞かれるという。

このようにして、近世のアクセント型に対応する現代のそれを数えあげて、そこにいかなる傾向があるかをさぐると以下のような傾向が見て取れる。

　　近世　　現代
　　H0型　→　多くはH0型のまま
　　H3型　→　多くはH0型、一部H1型にも（ほかに一部はH2型、H3型、L0型などにも）
　　H2型　→　多くはH0型、一部H1型にも
　　H1型　→　H0型とH1型
　　L3-0型　→　ほぼL0型のまま
　　L2型　→　H0型とL2型（ほかにL0型にも）

現代京都ではH0型とH1型とが多く、近世以来の語の多くは、蒲原淑子（1989）の指摘したように、これらの型に移行しているようである。ことにH0型には、近世におけるほとんどのアクセント型の語が流れ込んでいる模様であり、H1型には近世のH3型・H2型から変化したものも、その半分くらいある。ただし、近世H1型だったものも、現代ではその半分以上にH0型が聞かれるというのであるから、H1型よりはむしろH0型が基本型とよぶにふさわしいものであろう。

また、近世において低起式のL0型やL2型は、現代でも低起式を保ちがちである。

6.〈呉音読み漢語〉アクセントの例外について

すでに述べたように、近世における〈呉音読み漢語〉のアクセントは、前後の単字声調の組み合わされた姿から規則的に変化した型に収まるものが多く、例外となるものの多くも「接続形アクセント」をとったり、数詞であったりするものであった。

ところが、【表3-1】からもうかがえるように、前後の声調を組み合わせたのでは説明できない語がなお残る。いま〈呉音読み漢語〉の可能性のある語（すなわち【表3-1】の「呉＋呉」と「呉＋□」）について、いくつかの例外の類型を検討してみたい。

6.1　前部成素が〈平〉または〈入〉であるのに、『正節』に低起式アクセントと対応する譜記のある語

この種の漢語には、「教訓、興行、代々、面々」の4語がある。

「教訓」は、「教」（呉音ケウ平声）と「訓」（クン漢音去声、呉音平声）から成るので、LLLL＞HHHLまたはLLLH＞HHLLが想定される。ところが、『正節』には以下のようにLHLL型に対応する譜記が施されていて、なんとも説明に窮する。

　　　教訓（×上××）　　　11上妓王42-1口説、59-1口説、15上三日1-4口説

ところが「教」について『補忘』（元禄版98）をみると「教授教示ノ時ノミ教ノ字古来ヨリ去声ニ用ヘ来ルト」とある。「教授・教示」ではないが、「教訓」の場合もここにいう去声が用いられたのであろう。前部成素が去声であればLHLL型の説明は容易である。

「興行」は、「興」（呉音コウ平声）と「行」（呉音ギャウ平声または去声）から成るので、ここもLLLL＞HHHLまたはLLLH＞HHLLが想定される変化である。ところが、これにもまた『正節』は以下のようなLHLL型と対応する譜記を施している。

　　　興行（×上××）　　　間物大塔2-1口説

　　　　　　　　　　　　　〔尾（同）、也（上中××）、宮《上乙××》〕

しかし、正節系統以外の譜記（也有本と宮崎本）から考えると、「興行」はH2

型とみられ、それならば〈平＋去〉の組合せから構成されるアクセントの変化型と解釈することもできる。『正節』所載の「興行」のアクセントは、HHLL型から変化したものであろうか。

「代々」「面々」はともに〈平＋平〉の畳語であるのに、『正節』から推定されるアクセントが、現代京都アクセントと同じLHLL型であるのも解せないことである。しかし、秋永一枝（1980：409）は、和語の畳語のアクセントを説明して、古く低起式の二拍語の場合、その畳語はLHLL型になるということを教えている。漢語の場合もこれに準じて考えられるとすれば、これも例外ではなくなる。

6.2　前部成素が〈去〉であるのに、『正節』に高起式アクセントと対応する譜記のある語

　この種の例外的譜記が施されている語には、「星宿、生年、生霊、随分、山道、南北、年来、門前、怨霊」の9語が数えられる。もちろん、これらすべてに納得のいく説明を施すことはできないが、そのいくつかには以下のような事情も考えられるのではないか。

　まず、「生年」は「生」（呉音シャウ去声）と「年」（呉音ネン去声）とから成るので、（LHHH＞）LLHH型が想定されるところであるが、『正節』には以下のようにHHHH型に相当する譜記しか見えない。これは「生年…歳」という固定した表現形式に用いられることによるアクセントの変容であろう。

　　生年（上上上上）　　4下老馬25-3素声、5下二魁23-5素声、6下嗣信30-3
　　　　　　　　　　　　白声、13下法住63-5素声、15下文沙6-3素声、7-2
　　　　　　　　　　　　素声

　　生年ン（上上上上）　　3下宇治11-4白声

「生霊」は「生」（呉音シャウ去声）と「霊」（呉音リャウ去声）とから成るので、これも（LHHH＞）LLHH型が想定されるが、『正節』には以下のようにHLLL型に相当する譜記しか見えない。

　　生ゥ霊ゥなんどぞ（上××××××）　　12上許文14-1口説
　　〔尾京A早（同）、北也（中中上中××××）、宮《×下上乙××××》、
　　　豊《×上××××××》、秦《上下上下上下ヲ××》、波《××上平××
　　　××》〕

生ゥ霊ゥをも（上×××××）　　12上許文14-2口説
　　　〔尾京Ａ早（同）、北「生ヲ霊ヲモ」（××中上××）、宮《××下上乙×》、
　　　豊《×上××××》、秦《××上上下×》、波《××上上平×》、也「生キ
　　　霊をも」（××中上中×）〕

　ところが、『正節』に先行する諸本、たとえば豊川本は、この語にLHLL型と対応する譜記を与えている。これならば、少なくとも低起式は保持しているということになる。

　また也有本には、譜記が異なるばかりでなく、イキリャウと読まれた可能性も示唆する本文がある。これらを勘案するに、『正節』の譜記をもって、そのまま当時のシャウリョウのアクセントを反映するとは断定できないであろう。

　このほか「星宿」は「星」（呉音シャウ去声）と「宿」（シュク漢音入軽、呉音入声）から成るので、LHLL型または（LHHH＞）LLHH型が想定されるところである。それが『正節』には、以下のようにHLLL型を反映する譜記であらわれる。セイシュク（「星」漢音セイ平軽声）のアクセントが紛れ込んだ可能性はなかっただろうか。波多野流譜本（京大本）の譜記のみが呉音声調に一致している。

　　　星宿ヶ（上×××）　　12上許文9-1口説
　　　〔尾京Ａ早（同）、北也（上×××）、宮《上コ下××》、豊《平×××》、
　　　波《×上××》〕

　「山道」をセンダウと読んで、以下のようにHLLL型に対応する譜記を施すのも、この語が「山」（呉音セン去声）と「道」（漢音タウ上声全濁、呉音ダウ平声）とからなることを思うと理解しかねるが、これが「中仙道」の略称であることから、むしろ「仙」（セン漢音平軽声、呉音平声）にもとづくものであるとすれば、少なくとも低起式でないことについては納得がいく。

　　　山道ﾞへこそ（上××××××）　　揃物源氏26-4白声
　　　〔尾京Ａ早（同）、北也（同）、宮《下上下××××》、豊《上上上上平
　　　××》〕

　「怨霊」は「怨」（呉音ヲン去声）と「霊」（呉音リャウ去声）で、これも（LHHH＞）LLHH型が想定されるところであるが、『正節』はもちろん、古譜本・他流譜本にもHLLL型に相当する譜記しか見えない。現代京都でもHHHH型やLLLH型が多く、HLLL型は稀である。これについては、第一字の草書体が酷似する「悪霊」と混同したかとも疑われる。

怨霊とぞ（上××××）　　5下判官23-4素声
　　〔尾京A早芸（同）、北也（同）、宮《上下××××》、豊《上××××
　　×》、秦《上下××上下》、波《コ×××××》〕
　怨霊は（上××××）　　12上許文17-1素声
　　〔尾京A（同）、北也（上××××）、宮《上下×××》、豊《平×××
　　×》〕
　　　　　　　　　　12上頼豪17-4口説
　　〔尾京A早（同）、宮《上下×××》、豊《平××××》、波《上×××
　　×》〕
　怨霊を（上××××）　　12上許文17-5素声
　　〔尾京A早（同）、北也（中××××）、宮《上コ下×××》、豊《上××
　　×××》〕

7.〈漢音読み漢語〉アクセントの例外について

　〈漢音読み漢語〉の例外的譜記についても、いくつか気づいたことを記しておきたい。蒲原（1989）の言うように、近世において低起式のアクセントをとるのは、漢音でも前部成素の漢字声調が「上昇調の調値の場合」、すなわち去声字または上声全濁字のときである。
　いま【表3-2】をみると、《口説》《白声》の区別をしなければ、「計略、後栄、重職、重臣、逗留、傍輩、諒闇」7語がこの例外に数えられる。
　このうち「諒闇」は「諒」（漢音リャウ去声）と「闇」（漢音アム平軽声）から成る漢語であるから、『正節』に以下のようなHHHH型に相当する譜記があるのは理解しにくいことである。

　　諒ゥ闇ンなりければ（上上上上××上××）　　炎上清水15-5白声
　　〔尾京A早（同）、也（×中上中×××××）、宮《×下上乙×××××》、
　　豊《上×平×××××》〕
　古く『色葉』（上74ウ5）によれば、この語は〈去上〉とあり、また『名目』（喪服6・9）にも「亮闇」〈去上〉とある。「亮」は漢音リャウ去声。これらから推定するに、「諒闇・亮闇」はもとLHHH型であったのが、HHHH型にもなっていたということか。

「傍輩」も「傍」（漢音ハウ去声）と「輩」（漢音ハイ去声）とから成るのであるから、近世HLLL型であるのは解せない。しかし、もと第一字が「朋」（漢音ホウ平軽声）にもとづくものならば、少なくとも低起式でないことを問題にする必要はなくなる。

　また「重臣」にHHHL型のアクセントと対応する譜記の付くことについては、これをチョウシンと読めば、「重」（漢音チョウ去声）と「臣」（漢音シン平軽声）から成る語と認定されて説明もむずかしいが、以下のように正節系のほかの譜本は、みな「重」をヂウと読んでいる。これならば呉音平声であるから問題はなくなる。

　　重臣たりしか共゛（上上上×××上×××）　　11上願立5-3素声
　　〔尾「重臣」、京A「重臣」、早「重臣」（同）、北「重臣」（上上中×―）、宮「重臣」《平乙××》〕

ただ筑波大本・也有本は本文を「寵臣」（上上中×）とする。「寵」は漢音チョウ上声であるが、この箇所の東大本の本文・譜記は、これらの諸本を折衷したものであろうか。

　同じく「重」と「職」（漢音ショク入軽声）から成る「重職」は、正節系諸本みなチョウジョクと読ませて、本文・譜記ともに異同はない。もとは呉音ヂウであった可能性も考えられようか。HHHL型は、そう解した方が説明しやすい。

　　重職゛と（上上コ××）　　7上烽火8-5口説
　　〔北「重職゛」也「重職゛」（上上中××）、宮「重職゛」《上上乙××》、豊「てう職」《平××××》、秦「重職゛」《上下上下×》、波「重職」《××上平×》〕

8. おわりに

　以上、江戸期の京都における漢字二字4拍の漢語アクセントについて、『平家正節』の譜記から推定されるところを記してきた。その要点をまとめれば以下のようである。

（1）　アクセント型別の異なり語数（全645語）をみると、H3型とH1型とが30%程度、H2型とL2型とが15%程度であり、H0型とL0型とは多くない。
（2）　〈呉音読み漢語〉はH3型が多く、〈漢音読み漢語〉はH1型が多い。

(3) 〈呉音読み漢語〉は前後の漢字の単字声調（平・去・入）の組合せによって構成されるアクセント型（あるいはその規則的変化型）を半分以上の語がとっている。
(4) 〈漢音読み漢語〉はそのような組合せによってアクセント型を説明することはできない。しかし、前部成素が去声字または上声全濁字のときは、L2型になることが多い。
(5) 曲節別にみると、《白声》において、〈漢音読み漢語〉にH0型のアクセントをとる漢語が多い。
(6) 現代京都でも用いる語にかぎって、近世漢語アクセントと現代のそれとを比較してみると、H0型に変化しようとする傾向が見てとれる。このほかH1型にも変化しているものがある。

本節で主な検討対象とした〈呉音読み漢語〉105語と、〈漢音読み漢語〉68語とを、アクセント型別に一覧に供する。（*印の語は複数のアクセント型にあらわれるもの）

◎〈呉音読み漢語〉

HHHH（H0）型　13語
勧請（クヮンジャウ）、七月*、七日、十月*、正月*、生年、嫡々、内々*、二月*（ニングヮツ）、八月*、百挺（ヒャクチャウ）、六月、六百

HHHL（H3）型　44語
一定（イチヂャウ）、一日、一面、臆病、学文、軍監（グンケン）、教法、結願（ケウボフ）、険難、獄門*（ケチグヮン）、乞食（コツジキ）、業病（ゴフビャウ）、罪業、雑色（ザッシキ）、雑言、雑色（ザフシキ）、七月*、七歳、十歳、十月*、十七、十念、十八、十六、正月*、聖教（シャウゲウ）、装束、大願（ダイグヮン）、大名、大領（ダイリャウ）、定業（ヂャウゴフ）、内々*、日々、女院（ニョウヰン）、二月*（ニングヮツ）、八月*、仏道、分限、北面、北京、法眼（ホフゲン）、妄念、影向（ヤウガウ）、六歳*

HHLL（H2）型　14語
一門、一院、行人（ギャウニン）、獄門*、雑人（ザフニン）、正念、住人、嫡男、仏神、法皇、末代、滅罪、役人、六歳*

HLLL（H1）型　21語
一業、一劫、一人（イチニン）、一年、七郷、七人、七枚、十人、十年、生霊、順風、重病、八人、百人、百年、法名、万疋、六人、六年、院宮（ヰングウ）、怨霊

LLHH（L0）型　3語
　今生、山陰＊、人間
　　　セ ン オ ン　　　　ニ ン ゲ ン

LHLL（L2）型　19語
　兄弟、還俗、興行、今日、西京、神人、神力、神領、山陰＊、禅門、第一、
　　　　　　　コウギャウ　　　サイキャウ　ジンニン　ジンリキ　ジンリャウ　センオン
　代々、同行、難行、坊々、毎月、毎日、明日、面々

◎〈漢音読み漢語〉

HHHH（H0）型　7語
　関白、源平、勅勘、朝敵＊、逗留、白虹、諒闇
　クヮンパク

HHHL（H3）型　16語
　英雄、甲冑、弓箭、狂人、傾城、月卿＊、双眼、参籠、神明、唐船、重職、
　　　　　　　　　　　　　　　　　　　　　　　　　　　　　　　　　　　　　　チョウジョク
　重臣、庭上、朝敵＊、服膺、龍顔
　チョウシン　テイシャウ　　　　　　　　　リョウガン

HHLL（H2）型　12語
　皇帝、月卿＊、後栄、参会、唐人、勅命、朝権、昴星、莫大、良臣、龍蹄、
　　　　　　　　　　　　　　　　　　　　　　　　　　　バウセイ　　　　　　　　リョウテイ
　礼節

HLLL（H1）型　23語
　優長、永久、合力、金銀、還着、計略、口入、山荘、日月、人跡、神妙、神
　　　　　　　　カフリョク　　　クヮンチャク　　　　コウジフ　サンザウ　　　　　シンベウ
　木、星霜、成敗、堂上、長久、丁寧、亡魂、傍輩、亡霊、白髪、明月、名望
　　　セイザウ　　　　　タウシャウ

LHLL（L2）型　12語
　叡聞、向後、後悔、後代、上皇、上卿、宋朝、大饗、大元、大功、大将、奉
　　　　キャウコウ　　　コウタイ　シャウクヮウ　シャウケイ　　　　タイキャウ　タイゲン　タイコウ　タイシャウ
　公

注
1　一切衆生＊を（××上×××××）　7下惟水15-1白声
　『補忘』は「一切智智〈入平平平〉《角・徴角・角・角》」に注して「切ノ字何ノ處ニテモ平声軽也」（貞享版2）、「切ノ字何レノ處ニテモ平声ノ軽ニ用ル也」（元禄版21）とある。
2　沼本克明（1982：485-512・1986：54-57）による。
3　金田一春彦（1951）による。
4　沼本克明（1993＝1997：245-271・1997：258-269）によれば、「去＋去」の場合はLH+LH⇒LHHHとなるのが平安後期には一般的であったらしい。このころ去声一音節字に上声化が起こったが、ここでは2音節字を問題にしているので、とくにかかわ

らない。
5 「七日」は下記のように副詞的用法であって、そのために単独形H3型が変容したものと考えられる。
　　　七チ日読ッデ（上上上コ×××）　　11上願立14-2口説
6 沼本克明（1986：53）による。
7 柏谷嘉弘（1965）、佐々木勇（1995・1998）による。
8 沼本克明（1986：269）による。ただし沼本（1983＝1997：1160）には「本書〔高山寺蔵理趣経鎌倉期点〕では入声の軽重の区別が失われ入声一類に帰し、その帰した入声は……具体的には初後俱昂＝高平調入破音」という記述もある。
9 佐々木勇（1998：17）による。
10 現代京都アクセントを知るために用いた資料は、中井幸比古（2002）の高年層話者12名分のデータである。このうち1名にしか聞かれないものを除き、2名以上の話者に聞かれるアクセント型を数えた。したがって一つの語に複数のアクセント型があらわれることも多くある。

第3節
漢語アクセントの諸相

1. はじめに

　軍記物語などにあらわれる「大将」という語には、かつてその意味によって読み分けをする習慣があって、ダイショーと読むときは近衛府の長官たる「近衛の大将」を、タイショーと読むときは一軍の統率者、指揮官を指していたことなど、ここにあらためて言うまでもないであろう。しかし、この二つの読み方には清濁ばかりでなく、そのアクセントにも明確な違いがあったということは、これまであまり取り上げられることもなくうち過ぎてきた。
　『平家物語』の詞章を琵琶の伴奏によって語る平曲においては、その譜本、たとえば『平家正節』にも、〈木曽最期〉の章段において巴御前が「一方の大将に向けられ」たというところは「大将」の第二拍にあたる「大」字の右脇やや下に「小上（コジョウ）」譜が付せられ、〈烽火（之沙汰）〉の章段に重盛が清盛を諌めて「初め叙爵より今大臣の大将に至る迄」と述べるところは「大将」の「大」に濁点を付し、さらにその第一拍にあたる「大」字の右脇やや上の部分に、やはり同様な「小上」譜が記されているのである。
　平曲の譜は、その旋律を記したものに相違ないが、それがまた同時に、江戸中期の『平家正節』成立のころの、あるいはそれよりもさかのぼる時代の京都アクセントときわめてよく対応するものであることは、すでに金田一春彦(1959)、奥村三雄(1981)などの研究によって明らかにされている。すなわちその頃、「一軍の指揮官」はタイショーと清んで「イ」が高くLHLL型、朝廷の

官職たる「近衛の大将」はダイショーと濁って「ダ」が高いHLLL型であったという、少なくともそのような伝承が行われていたのである。

　もちろん江戸中期において、京都の一般の人々にこのような清濁やアクセントが使い分けられていたかとなると、それはたしかにおぼつかない。「近衛の大将」が日常的に口頭にのぼることなどなかったであろうから、後世ダイショーの方はそのアクセントとともに忘れられ、今日では意味変化して「人に親愛の情を示して呼びかけたり、戯れて言ったりする語」となったタイショーの方がよく使われ、今日の京都アクセントもそちらの伝統を受け継いでいる。

　このように『正節』所載の漢語は、すでに江戸期においても文語的なものを含んでいたから、そのすべてを近世漢語とよぶことには問題がある。しかし、とくに《口説》《白声》という音楽性の希薄、または皆無である曲節の譜記は、中世以来の伝統をひきつつも、江戸期の京都アクセントにもとづいて施譜されたと考えられるので、それをアクセントの面から考察しようとするときには、ほかにこれほどの質と量とを備えた資料が見あたらないことも考慮して、ひとまず近世の様相を知るための叩き台とすることが許されてきた。そのような立場から、本節では近世における二字漢語、とくに前部2拍のものを中心に、そのアクセントにいかなる特徴が認められるかということについて、『正節』所載の漢語とそれに施された譜記を手がかりにして述べようと思う。

2. 漢字声調との関わり ——前部成素が去声字の場合

2.1　　『正節』《口説・白声》所載の漢語アクセントは、古く行われた漢字声調によって、比較的よく説明することができる。とくに二字漢語の前部成素となる漢字が去声字（漢音の場合は上声全濁字も）である場合、その漢語は、ほとんどLHL、LHH〜LLH、またLHLL、LLHHのような低起式アクセントと対応する譜記をともなってあらわれる。

　たとえば、さきの「大将」の前部に立つ「大」は〈漢音タイ去声・呉音ダイ平声〉であって、漢音によってタイショーと読まれるときにはLHLLを反映する譜記が付けられるが、これは去声字が2拍に読まれる場合に上昇調のLHであることとよく対応している。

2.2 このように2拍に読まれる去声字は、単独であらわれる場合にも、その多くは江戸期でもLH型のアクセントであったようで、『正節』所載の、この種の〈漢音読み漢語〉6語は、いずれもLH型に対応する譜記をともなってあらわれる（興、劍、性、殿、命、例）。そして、それらを前部成素とする二字漢語もまた「殿下」LHL、「殿上」LHLLのごとく低起式のアクセントになる。
　同様に〈呉音読み漢語〉10語のうち「荘・庄、門、龍」の3語を除くほとんどの語もほぼLH型であったと推定され（経、生、城、陣、人、坊、怨）、それらを前部成素とする二字漢語も「経会、生者、陣外、人数」はLHL型に、「城郭、人形、人間」はLLHH型に、また「陣頭、坊々」のごときはLHLL型にあらわれる。

2.3 『正節』の譜記にみえる漢語アクセントとその前部成素にあたる漢字声調との規則的対応関係は、さらに次のようなことをも示唆する。すなわち、前部2拍の二字漢語が低起式アクセントであれば、その前部成素にあたる漢字の単字声調は去声（漢音ならば上声全濁も）であったと考えられるということである。
　たとえば「前後、前世」がLHL型なのは、前部成素「前」が〈呉音ゼン去声〉であることとよく対応するのであって、〈漢音セン平軽〉に読むならば「前司」のようにHHL型になる。また「名字、名符」がLHL型であるのも、前部成素「名」が〈呉音ミャウ去声〉であることによるからで、〈漢音メイ平軽〉ならば「名医、名馬、名誉」HLL型、「名所」HHL型のように高起式アクセントになるのが一般的な対応規則である。
　したがって漢音・呉音ともに同音形で区別のつきかねる場合でも、「天」〈漢音平軽・呉音去声〉は「天狗」LLH、「天上」LHLL、「天童、天皇」LLHHという場合は呉音に由来し、「天下、天気、天子、天地」HLL、「天運、天性、天孫、天命」HLLLの場合は漢音にもとづくものであろうし、「王」〈漢音平軽・呉音去声〉も「王化」LHL、「王宮」LLHH、「王法、王命」LHLLという場合、その「王」は呉音に由来し、「王子」（HHHまたはHHL）の場合は漢音によるものであろう。
　「用」〈漢音去声・呉音平声〉も「用意」LHLならば漢音声調にもとづき、「用事」HHHならば呉音声調から説明する方が容易である。「漢」〈漢音去声・呉音平声〉のごときも「漢朝」LHLLとあるのは漢音去声に由来し、「漢竹」HLLL

というときは呉音形によるものと推定される。

2.4 さらに、これを応用すると次のようなことにも問題を指摘することができる。たとえば「神」は〈漢音シン平重・呉音ジン去声〉であるから、これを呉音でジンと読む二字漢語「神社、神馬(メニン)、神人、神拝(バイ)、神力(リキ)、神領」がLHL型やLHLL型であるのは、その対応がきわめて規則的であってなんら問題はない。

また漢音によってシンと読む「神器(シンギ)、神璽(シンジ)、神輿、神慮」がHLL型であり、同じく「神国、神妙(シンベウ)、神木」のごときがHLLL型であるのも対応よくあらわれているということができる。

しかし、「神祇(ジンギ)」が下記のようにHHL型にあらわれることには注意が要る。

　　　神゜祇゜の権の大副（上コ×××上コ×××）　　12下横田2-3口説

この箇所は、正節系譜本とこれよりも古い東北大本・也有本の譜記（上中××中上中×××）に異同なく、江戸吟譜系の宮﨑本も同じアクセントを反映すると思われる譜記「神゜祇ノ」《上乙××》であり、江戸豊川系の演劇博物館蔵本（豊川勾当本）や京都大学蔵波多野流譜本では譜記のない部分であるが、ジンギと呉音に読めばLHHまたはLHLであったと推定され、対してHHLに読むのは漢音読みシンキの場合にこそ相応しいものである（「祇」漢音キ平重・呉音ギ去声[6]）。そうすると、この箇所の譜記と読みとは整合しないということになり、『正節』の譜記と本文との関係を考えるうえに興味深い問題を提起するのである。

3. 音韻との関わり ——とくに入声字の問題

3.1 中井幸比古（1998b：20）によれば、現代の近畿中央式諸方言においては、3拍に進行しているHHL→HLLの変化に準じて、4拍にもHHHL→HHLL（→HLLL）という変化がみられ、それが京都などではとくに4拍の漢語の語末特殊拍のものに顕著であるという。

4拍の漢語で語末が特殊拍にならないものは、後部成素の漢字がかつて舌内入声韻尾（-t）と喉内入声韻尾（-k）をもっていた漢語で、これらは今日それぞれ「−チ・ツ」と「−キ・ク」という独立した拍になっている。これに対し

て、ほかの漢語は語末が引き音や撥音であったり、あるいは二重母音であったりして特殊拍であることをまぬかれない。そのためにこれら多くのものはHHHL型を保持できずにHHLL型に変化したのであるが、ただ語末が特殊拍でない「－キ・ク・チ・ツ」のものだけがHHHL型に残りえた、という説明がなされている。

　江戸期においては、漢語の場合、入声韻尾の独立のいかんにかかわらず、HHHL→HHLLの変化はまだ完全には進行していなかったので、HHHL型はもう一つの多数型HLLL型とともに安定した地位を占めている。もっとも、《白声》より《口説》にやや古いアクセントが反映することから、わずかながら下記のような例に変化の兆しがうかがえなくもない。

　　　門ン外へ（上上コ××）　　9上文流12-2口説
　　　　⇔　門ン外ィへぞ（上上××××）　　11下西光17-1素声
　　　六歳にて（上上コ×）　　12下横田30-1口説
　　　　⇔　六歳（上上××）　　炎上清水18-2白声
　　　月卿ィ（上上コ×）　　15下門渡21-4口説
　　　　　　　　　　　〔早・京Ａ（同）、尾・東〈付箋〉（上上××）〕
　　　　⇔　月卿（上上××）　　10上臣流2-3口説、12上御産25-1素声

　いずれにしても江戸期の京都にHHHL型の漢語が多かったことは動かせないところで、語末が引き音であれ撥音であれ、特殊拍の直前（すなわち、それを含む音節の中）において、アクセントの下がりめがあらわれにくかったなどという形跡はない。

3.2　　舌内入声字の発音は平曲伝承によく注意されるもので、明らかに「－チ」と記されたものは別としても、「－ツ」と記される類のものは後続音によってその発音が異なる。すなわち、濁音・鼻音が後に続く場合には、いわゆる「ノム」注記が施されて口蓋帆破裂音に発音され、その他の場合には「ツメ」注記があって1拍にあたる「空白」が保たれた[7]。この「ツメ」注記が施された語末の箇所は、下記第一例のように譜のある場合もあり、また第二例のようにその部分に譜のない場合もあったが、「ノム」か「ツメ」かによってアクセントが異なるということはなく、HHHH型にみえるのは、つぎに続いていくために変容したアクセント（接続形アクセント）をとったものと考えられる。

正月ツメート日の日（上上上ココ××××）　　5上厳幸1-2口説
　　正月ツメ五日の日（上上上××××××）　　10上鹿谷2-2白声
　　正月ノムに（上上コ××）　　五句都遷27-1口説
　　正月ﾞノムの程は（××××上コ××）　　2下泊瀬10-5口説

とはいえ「空白」相当の「ツメ」とされる末尾に譜が与えられることも与えられないことも両様あったということは、高拍連続の余勢を駆って末尾が高く意識されることもあり、また音の発せられないことゆえに低く捉えられることもあったという流動性を反映するものでは、おそらくないであろう。平曲伝承の早い時期においてこそ舌内入声音のおもかげを伝える発音もされたであろうが、江戸中期にあってはもはや日常的にツ、すなわち高さを担いうる拍と捉えられる音になっていたはずで、「ツメ」にしても「ノム」にしても、その発音はすでに伝承の域に入っていたと考えられるから、《口説・白声》の施譜に参照されたアクセントはむしろ、末尾拍の独立したショーグヮツのそれであったと想像されるのである。そのときに語単独ではHHHL型が、また以下に続く場合にはHHHH型にもあらわれることがあったということであって、アクセントと「ツメ」などの注記のある末尾拍とは直接関係していないものと思われる。

3.3　3拍の二字漢語（前部2拍）の場合は、現代の近畿中央式諸方言にHHL→HLLの変化が進行しているが、これもまた近世においてはHHL型が強固に存在していて、その語数こそHLL型が多いけれども、『正節』にはHLL型への変化をうかがわせる例などまったくない。ただし、前部1拍のものになると4語ほどに変化過程を思わせる譜記（下記例参照）が見られるから、3拍の二字漢語におけるHHL→HLLの変化は、{1＋2構造}のものから先に起こったのではないかと思われる。

　　御ﾞ願は（上コ××）　　12上頼豪15-2口説
　　　⇔　御ﾞ願も（上×××）　　12上許文23-3素声
　　扈従して（上コ×××）　　15下門渡19-4口説
　　　　　（セウ）
　　　⇔　扈従して（上××××）　　12下横田27-1素声
　　　　　　　（コシャウ）

ところで2拍の前部成素をもつ3拍の二字漢語の場合、前部が入声字であるときには、その漢語アクセントに低起式はあらわれないはずである（低起式は前部去声字の場合のみ[8]）。

しかし、前部末尾が促音に発音されるものには、低起式のLLH型に7語もの漢語が数えられるのである。それは、「一騎(イッキ)、一子(イッシ)、一首(イッシュ)、出家(シュッケ)、出仕(シュッシ)、百騎(ヒャッキ)、富貴(フッキ)」である。いずれも無声子音が後続しているから「ノム」注記の施されるようなものはない。

　もともと入声字は、呉音ならば低平のLL、漢音の場合はその軽重によって調値も異なり、古く軽声は高平、重声は低平であったとされるが、日本ではこれが混同されて軽声に合流したと言われている。前部2拍で古く低拍2連続であれば、室町期以降高起式に転ずるのがアクセント史上の原則であるから、これらが近世になってもLLHに実現しているのは規則に合わない型だということになろう。同様なことは二字4拍の漢語にも指摘できて、『正節』には「北国(ホッコク)、一町(イッチャウ)」がLLHH型に、「一切(イッサイ)」がLLHL型に対応する譜記であらわれる。

　これらすべてに納得のいく説明をすることはむずかしいが、入声韻尾に対応する音が独立して1拍をなす以前に、「一騎、出家」などは2拍なみのL-H相当で発音され、そのままの姿でアクセントの「体系変化」の時期を経過したのではないかと想像する。そののち、促音として入声韻尾が独立してきたとき、3拍のアクセント型としては、すでにLHH型しかこれを迎える型はなかったであろうが、その促音が特殊拍の故をもって、はじめはLHH型の異音調としてのLLHで発音されて定着したものが、このなかの一部にあるものと考えられる。「一切」も『補忘』(貞享版2-4)に「切ノ字何ノ處ニテモ平聲ノ軽也」とあるのによって考えれば、L-HLのまま変化期を経てのちLLHLに落ち着いたものと思われる。

4. 数詞との関わり

　漢語アクセントを考える場合に、漢数字を含むものが別の傾向を示すということがよく言われるが、江戸期における漢語アクセントを推定するうえにも、そのような数詞と、すでに熟語化したものとは異なる様子をみせる場合がある。

4.1　入声の漢数字「一、七、八、百、六」を前部成素とする漢語
【二字3拍の漢語】
　　HHH型　　一所*

```
    HHL型     一事、一度、一夜、一所*、一世　／七夜　／六字、六位
    HLL型     一期　／七騎、七社／　八騎
    LLH型     一騎、一子、一首　／百騎
```

　これらの漢数字は単独の場合、いずれも呉音入声字であるから、古くLL型で室町期以降HL型になったと考えられる。そこでまずHHL型の諸語についてみると、みな後部に呉音1拍平声の漢字をしたがえているから、これらはLL-L＞HHLの変化を経たものと推定される。

　また、HLL型のうち「騎」〈漢音去声〉「社」〈漢音上濁〉に前接したものは、LL-H＞HLLの変化を経た（いま1拍の漢音去声字ならびに上声全濁字もR＞Hと変化したものとみなす）とも考えられるが、別に新しく結合してHL-H＞HLLと接合した可能性もないとは言えない。とくに数をかぞえることのできる（すなわち数字の取替えが可能な）「七騎、七社、八騎」はあらたにアクセントが形成されたとしても説明はできる。「一期」は、『色葉』（上13オ5）に「一期〈入上濁〉」とあること、またその意味するところからすれば、古く複合してLL-H＞HLLとなったものであろう。

　HHH型とHHL型と両様にあらわれる「一所」については、HHLが本来（「所」呉音平声、『正節』に9例）で、HHH（同1例、「〜でこそ」）はその変化形とみる。低起式のものは前節に述べたが、これを除けば、ほかはアクセント史の変化規則にきわめてよく対応している。

【二字4拍の漢語】
```
    HHHH型    一臈、一階、一向　／七月*、七日　／八月*　／百挺
              ／六月、六百
    HHHL型    一定、一日、一面、一天、一点、一疋、一瓶、一遍
              ／七月*、七歳、七十、七旬、七条
              ／八月*、八十、八旬、八条
              ／百両、百貫／六歳*、六十、六道、六郎
    HHLL型    一陣*、一同、一門、一類、一院、一山、一生、一旦、
              一方　／六歳*、六八
    HLLL型    一業、一劫、一入、一代、一陣*、一人、一年、一番
              ／七郷、七代、七人、七枚／八人、八間
              ／百人、百年、百番
```

　　　　　　　／六丈、六天、六人、六年、六番
　　LLHH型　　　一町
　HHHL型の漢語は、後部が呉音平声または入声のものが多い。すでに熟語となって意味的変化を遂げているものも含まれる。「七月、八月」などはHHHL型が本来で、HHHH型は「〜日」などに続く場合の「接続形アクセント」である。「六百」も同様。「一階、一向」も連体詞・副詞的用法のアクセントと考えられる。HHLL型の漢語は、後部が呉音去声のものが多く、これにも数詞から意味的に変化したものが含まれる。「六歳」はHHHL型が本来で、HHLLは変化型か。現代この種のものにHHLL型への変化が進んでいることが報告されている（中井1998bなど）。「六八」は掛け算の九九の唱えで、ロクハッと「ツメ」注記にしたがって語られたものである。これは3拍相当のロクハLL-L＞HHLの変化が先行していたのかもしれない。
　HLLL型には数をかぞえられる語も比較的多く含まれ、前部成素のアクセント型（LL＞）HLを生かした典型的な数詞もある。「人」〈呉音去声〉「年」〈呉音去声〉などを後部成素とする場合に、規則的な変化型である（LL-LH＞）HHLL型であらわれていないのは、そこに「一・七」などの新しい単独形アクセントHLが影響したからであろう。

4.2　フ入声の漢数字「十」を前部成素とする漢語
【二字3拍の漢語】
　　HHL型　　十四、十二
　　HLL型　　十九、十五
【二字4拍の漢語】
　　HHHH型　　十月*
　　HHHL型　　十月*、十七、十念、十八、十六、十戒、十歳、十篇
　　HLLL型　　十三、十代、十丈、十人、十年、十番
　後部が「二、四」（呉音平声）の場合はLL-L＞HHLの変化を経たと思われる。一方、「九、五」のような呉音去声（R＞H）の場合はLL-H＞HLLのような変化を経たのであろう。また、4拍の「十八、十六」もLL-LL＞HHHLといった古来の伝統を受け継ぐものと考えてよいと思う。ただし、「十三」はLL-LH＞HHLLとはならずHLLLであるから、「十」（LL＞）HLのアクセントにした

がったか。

　現代京都にはこのような数字を前後分離して唱える傾向があるが、それにならえば、「十」HL に「接続形アクセント」HH があらわれる場合を想定しなくてはならない。「十二、十四」は HL-R から HH-R 〜 HH-L が考えられ、「十八、十六」も HL-HL から HH-HL を想定することになろう。

　「十念、十戒」〈後部呉音平声〉のように熟語的性格の強いものは HHHL 型であらわれる。もちろんこれらは古い複合で LL-LL ＞ HHHL の変化を遂げたものであろう。「十歳、十遍」〈後部呉音平声〉も HHHL 型であらわれるが、これらも数えられるものではあっても複合は古いものとみられる。

　一方「十代、十丈、十人、十年、十番」などの HLLL 型は、おそらく新しい複合のものを含んでいよう。後部「代」〈呉音平声か〉は HHHL が、後部「丈、人、年」〈呉音去声〉は HHLL が規則的な変化型である。そうなっていないのは「十」の新しい、変化後のアクセント（LL ＞）HL 型が漢語アクセントに影響したからだと考えられる。

4.3　去声の漢数字「三、千、万(バン)」を前部成素とする漢語

【二字3拍の漢語】

　　LHL 型　　　三種(ジュ)、三所(ジョ)、三世(ゼ)、三度、三部、三位、三里
　　　　　　　／千顆、千度、千里　／万機、万事、万里

【二字4拍の漢語】

　　HHLL 型　　三后(ゴウ)、三日
　　HHHL 型　　三官*
　　LLHH 型　　三人、三年
　　LHLL 型　　三界、三経(ギャウ)、三月、三官*、三業、三歳(ザイ)、三十、三尺、三塔、
　　　　　　　三条、三男、三疋、三百、三宝(ボウ)
　　　　　　／千挺(チャウ)、千万(バン)、千疋、千両

　呉音去声の「三、千」はほとんど低起式アクセントであらわれ、それを前部成素とする二字3拍の漢語の場合は LHL 型しか『正節』の譜記には出てこない。「万」を漢音バン去声に読む場合もこれと同様だが、呉音マン〈平声〉ならば「万騎」HHL、「万疋」HLLL の例がある。

　LLHH 型の「三人、三年」は古く LH-LH ＞ LHHH と変化し、近世に LLHH

型になったとみれば説明しやすい。「三」以外の漢数字が前接する場合（一人、十人……また六年、百年……など）には、数字単独のアクセントが影響していることからすれば、「三人、三年」のアクセントにもまたそのような力がはたらいたことは疑いない。しかるに、これらがLLHH型であり続けられたのは、おそらく「三」の単独形のアクセントLHと、これらの漢語アクセントLLHHとが衝突しなかったためであろう。

　なお「三～」に高起式のものがある。「三官」は《口説》にLHLLで呉音形のアクセントと対応する譜記がみられるが、《白声》のHHHL型は漢音形によったものか、「三」の新しい京都アクセント（HH）によったものか、明らかでない。古譜本にはHHLL型もあらわれるが、どのようにしてできたか成案をえない。

　　三官（×上××）　　10上臣流24-4口説
　　　〔尾京Ａ早（同）、北也（上上××）、宮《上上下×》、豊《×上××》、波《×上××》〕
　　三官ス（上上上×）　　読下伊豆15-4白声
　　　〔尾京Ａ早（同）、北也（上上××）、宮《上乙××》、秦《上下××》〕

5. 畳語との関わり

『正節』にあらわれる二字漢語の畳語には、以下のようなものがある。
【二字2拍の漢語】
　　HL型　　所々、世々、遅々
　2拍のものは呉音平声、または「遅」〈漢音平重〉の畳語で、近世HL型なのはL-L＞HLの変化による。「世々」は「生々゛世々に（××××上××）」（11下小教23-3素声）の譜記から抽出したもの。「世々」の部分のアクセントが譜記に反映しているものとみる。『正節』の譜記からは高起式であることしか分からないので掲出しなかったが、「度々」〈呉音平声〉もこの類であろう。
　このほか「子々」〈漢音上声・呉音平声〉を下記例から抽出してみたが、本来HL型のものが接続型であらわれたのかもしれず、それならばすべてHL型にそろうので理解しやすい。
　　　子々孫々゛までも（上上上上×××××）　　8上法印25-2素声

【二字4拍の漢語】
    HHHH型   嫡々、内々*   HHHL型 嗷々、内々*、日々、散々
    HHLL型   一々、孫々(ソンゾン) HLLL型 少々   LHLL型 代々、坊々、
              面々

4拍のもので呉音平声・入声（いずれも古くLL）の畳語は、HHHLとLHLLの二つに分かれる。

「内々」〈呉音平声〉がHHHLとHHHHとの両様なのは、後者がさらに副詞的性格を強めているためと思われる。また「嗷々」は『色葉』（上106オ6）の「嗷々〈平濁平濁〉」により、LL-LLからの規則的な変化型とみることができる。これは、畳語というよりは、一般的な漢語のアクセントというべきであろう。

一方「代々」「面々」〈呉音平声〉と「坊々」〈呉音去声〉はLHLLであらわれる。一般の漢語の場合、4拍でLHLL型のものは前部成素が去声であったが、畳語の場合は、それが古く平声LLの場合にもあらわれる。

ほかに「少々」〈漢音平軽・呉音平声〉はHLLL型で、「一々」・「孫々」〈漢音平軽・呉音去声〉はHHLL型になる。

6. 対立語・並立語との関わり

【二字2拍の漢語】
    HL型   左右(サウ)   LH型   父子

上記のほかに、下記例から「父母」を抽出できるが、第二拍の高低を特定できないので、ひとまずHXとせざるをえない。
    父母(ブモ)の恩（上上コ××）   5上小松29-5口説

「左右、父母」はともに前後呉音平声によるから、L-L＞HLであるなら分かりやすい。「父子」は「父」〈漢音フ上濁〉と「子」〈シ漢音上声・呉音平〉との組合せである。低起式のLH型なのは「父」が上声全濁字で上昇調のためか。

【二字4拍の漢語】
    HHHL型   甲冑、肝胆、弓箭、出入、草木、心肝、善悪、俸禄、冥顕(ミャウケン)
    HHLL型   管弦、心身(ジン)、仏神(ジン)、皇帝、国郡
    HLLL型   印鑰、金銀、官職、卿相、日月(ジツゲツ)、主従(シュウジュウ)、春秋(シウ)、清濁、星霜(ザウ)、
              成敗、朝夕、南北、鬢髪(バン)、名望、往反、往来

LHLL型　　兄弟、糟糠、堂塔、帝王

　これらのうちには、その出自こそ対立語・並立語でも、近世にはその意識が薄れ、そのように意識されることのないものが含まれている。ここに問題とするのは、一般の漢語のアクセントが、比較的よく漢字声調の組合せによって説明できる伝統的な型を残すのに対して、ここに取り上げるものの中に前後それぞれのアクセントの並立するものがあるかどうかである。

　HHHL型に対応する譜記をともなってあらわれる語には、前後とも呉音によって読まれ、古く複合して伝統的なアクセント型を継承している「冥顕」〈平＋平〉、「善悪、草木」〈平＋入〉、「出入」〈入＋入〉などの語が含まれている。これらをとくに対立語・並立語のアクセントとみる必要はない。またHHLL型に属する「仏神」〈入＋去〉も同様であろう。これらに、前部成素「善、仏」などの新しいアクセントHL型が反映していないからである。

　LHLL型は前部去声のものが多いならば、そのアクセント型を生かしていることになるが、それは一般の漢語にも言えることで、とくに対立語・並立語の特徴とまでは言いきれない。「堂塔」〈去＋入〉には並立語の意識があったかもしれない。

　ところが、HLLL型の語には〈漢音読み漢語〉が比較的多く、「金銀」〈平軽＋平重〉「清濁」〈平軽＋入重〉のようにその語構成意識も明らかであったと推定されるものが含まれている。〈呉音読み漢語〉「主従」シュウジュウは〈平＋去〉であったと思われるが、「主」シュHLに接合したHLLL型はこの種の対立語のアクセントとよぶにふさわしい。「日月ジツゲツ、春秋シュンシウ」も同様であろう。

7. おわりに

　以上、江戸期の漢語アクセントについて、漢字声調との関係を中心にすえて、音韻（とくに入声音）との関係、数詞や畳語・対立語・並立語といった語構成との関係を述べてきた。それによれば、江戸期における漢語アクセントは、古来の伝統的な声調にもとづくアクセントをよく保存しているということが底流として捉えられるにしても、そこには入声音を含む語に見られる前代からの制約があり、また一方で、数詞や対立語・並立語といった語構成から生ずる、新しいアクセントの影響もみられた。

このほかにも、漢語サ変動詞との関係など、漢語アクセントには残された問題も多くあるが今後の課題とする。

注

1　『日本国語大辞典』第二版による。なお同書に、江戸時代の京都アクセントをHLLLとのみ記すのは不適当であった。ほかに「一軍の統率者」としてLHLLのアクセントも掲げるべきで、現代京都アクセントLHLLは、むしろこれと対応する。
2　蒲原淑子（1989）がすでにこれらのことを指摘している。
3　「門」は呉音去声であるが、『色葉』（下105ウ1）に「門々〈平平〉」とあり、また明母で鼻音韻尾をもつものは漢音でもマ行であったとされる（有坂秀世 1940）から、モンと読んでも平声重であったと推定される。そうであれば「門」が『正節』に（LL＞）HL型であらわれるのも理解できる。また、「門」を前部成素とする漢語が、それぞれ「門戸」HLL型、「門客、門外」HLLL型、「門前」HHHL型であって低起式にならないことについても一応の説明はつく。
4　「龍」は下記のように正節系諸本同譜。東北大本、也有本も同様。江戸前田流系の譜本にはこの箇所に譜記がない。波多野流京大本は、譜記はないが「レウ」と仮名を振るので、漢音平重の可能性もある。譜記はむしろそれにもとづいているのであろう。

　　　　龍ゥの鬢を撫（上××上上コ××）　　8上法印34-2口説
　　　　　　　　　　　　　　　　〔尾京A早（同）、北也（中××）、秦《上下×》〕

「龍」を前部成素とする「龍神」にはLLHH、「龍宮城」にもLLHHLLと推定される譜記がある（「龍眼、龍顔」HHHL、「龍蹄」HHLLなどは漢音による）。
5　もちろん例外もあるが、それらには、たとえば次のような説明が考えられる。「生年」HHHHは「生年～歳」などと連体詞的になったためにアクセント型が変容したか。「生霊」HLLLは譜記に疑問があることなど。いずれも前節に述べた。
6　なお「神祇官、神祇館」はLHLLLであらわれる。
7　岩淵悦太郎（1942）ほか参照。第四例は、助詞「の」接続形である。「ノム」注記のあるところに高拍に相当する譜記はないが、これはいわゆる「特殊低起式表記」であって、本来「正月の程」HHHH-H-HLという音調であるところに、音楽的要請から低起性旋律で語ることを反映した譜記である。
8　例外は「式部」LHLのみ。現代京都HLL、LHL両様（中井 2002）。
9　沼本克明（1983・1986）、佐々木勇（1998）による。

第6章 動詞のアクセントとその変遷

本章は、動詞アクセントを取り上げる。第1節と第2節は、それぞれ終止連体形3拍と4拍の動詞について、そのアクセント体系の変遷を考えようとするものである。
　ここでは、これらの変遷の根底に、アクセント型の統合があったとみる。すなわち、まずHHHLなどのH3型と、HHLLなどのH2型とが統合してH2型になり、つづいてHHLLなどのH2型とHLLL型などのH1型とが統合してH1型になるという現象である。もちろん、型の統合がつねに体系的強制に優先するとは言いがたいが、相当有力に作用したらしいことは十分想像できる。
　とくにH2型とH1型との統合は、おそらくアクセント史を画するというに足るもので、動詞アクセント体系や形容詞アクセント体系などに大きな組換えを迫ったのは、この統合であったと思われる。
　第3節と第4節では、動詞連用形にさらに動詞が連接して、いわゆる複合動詞となるものについて、その多くが近世までの長い間、接合段階にあったということを述べる。複合動詞とされるものは近世まで二語の連接にすぎないとする見解があり、それをめぐってこれまで異論も出されてきたが、ここに提案する「接合動詞」という捉え方で双方の理解が得られないかと思う。「接合」とは、二語が連接する場合に、主に前項のアクセントを生かしながら、アクセントの高い部分が二箇所にならない程度に調整された、弱い複合のことである。
　もちろん、接合よりも固く結びついて、一語の動詞とまったく同じアクセントをもつ複合動詞も古く存在したらしい。ここでは、それを江戸期のアクセントを反映する『平家正節』の譜記から推定する。なお、これらの接合動詞の多くが現在のように、一語の動詞と同じ活用形アクセント体系に収まるのは、第1節・第2節で述べる三拍動詞や四拍動詞が、終止連体形でいえばH0型とL0型との両極に編成されるのとほぼ同時期である。
　第5節は、いわゆる特殊形アクセントについて、あらたな観点から考察を加えたものである。特殊形とは、たとえば受身や使役の助動詞とされるル・ラル・ス・サスに動詞が上接するとき、古くは、その動詞が高起式ならば動詞部分が高平に、同じく低起式ならば低平になるのが一般的であるが、そのときの動詞部分のアクセントを切り出してきて名づけた名称であ

る。すでに言われているように、それはむしろルやスなどが付いた全体で一語の動詞とみなすべきものであって、そのアクセントも当然のことながら、そのときどきの動詞アクセントの類型にしたがうはずのものである。そして、その類型が変化すれば、特殊形アクセントも姿を変えるのである。そのような考え方に立った場合に、これまでのアクセント史がどのように見直されるかを論じた。

　動詞アクセント体系の変遷を追跡すれば、アクセント史上の中世（近世）と近代（現代）とを、はっきりと区分することができる。その意味で、近世アクセントの史的位置付けをもくろむ本研究にとって、本章に述べるところはその中核となる部分である。

第1節
三拍動詞アクセント体系の変遷

1. はじめに

　日本語アクセント史という場合は、京都アクセントの歴史を指すのが普通である。その京都アクセントは、上は平安時代まで文献的にさかのぼることができ、さらに奈良時代へも解明の手が及んでいる。一方、下はもちろん現代京都アクセントにいたるのであるが、その一つ前の江戸中期までの資料としては、安永年間（18世紀後半）に成立した『平家正節』を挙げることができる。しかし、その後現代との間を埋める文献資料は無い。なぜ、この期間の資料の欠如をわざわざ指摘するかといえば、じつはこの間に、三拍動詞を中心にアクセントの類推変化が起きて、その体系が一変したからであり、この変化の跡を文献上に追うことは、今のところできない状態にある。
　それならば、京都アクセントとごく近い関係にあり、その古い形を伝えると言われる高知・田辺・龍神・徳島・大阪などのアクセント[1]（以下「（近畿中央式）諸方言アクセント」とよぶ）の比較から、この間の事情を解明することはできないものか。その考察は、すでに服部四郎（1931）らが行っている。本節は、これらの説明を補足して動詞アクセント体系の変遷を跡づけ、その原理を解明することを目的とする。
　ここでは、三拍動詞（終止連体形3拍の動詞）のアクセント体系にかぎって考察する。活用形は終止形と命令形以外、普通一般に接続して用いられ、かつ諸方言間の比較に適した助詞・助動詞接続形で考えることにする。取り上げる活

用形の種類は、終止形・過去形（助動詞タ接続形）・否定形（助動詞ン（ヌ）接続形）・意志形（助動詞ウ・ヨウ接続形）・禁止形（助詞ナ接続形）・命令形の6種類とする。

また、三拍動詞を類別と活用の種類によって分け、それぞれに所属する語の代表語形とその活用形とを以下に示す。

	終止形	過去形	否定形	意志形	禁止形	命令形
3V1〈5〉	アガル（上）	アガッタ	アガラン	アガロー	アガルナ	アガレ
3V1〈1〉	アケル（開）	アケタ	アケン	アケヨー	アケルナ	アケ（ー）
3V2〈5〉	ツクル（作）	ツクッタ	ツクラン	ツクロー	ツクルナ	ツクレ
3V2〈1〉	オキル（起）	オキタ	オキン	オキヨー	オキルナ	オキ（ー）
3V3	アルク（歩）	アルイタ	アルカン	アルコー	アルクナ	アルケ

なお、諸方言アクセントについては、主に佐藤栄作編『アクセント史関係方言録音資料』(1989)によるが、徳島については一部手元の資料でこれを補うこととする。

2. 問題の所在

2.1 現代と江戸期における動詞アクセント体系の比較

現代京都の体系は【表1】のとおりである。これと江戸期の体系【表2】とを比較すると、両者間の変化の跡が著しい。

『平家正節』によって、江戸期における三拍動詞のアクセント体系を再構してみると【表2】のようになる。平家物語の本文は平曲の譜本といえども文語文であるから、もちろん今日の語形とそのままに重なる語形を見つけられな

【表1】現代京都における三拍動詞のアクセント体系

	終止形	過去形	否定形	意志形	禁止形	命令形
3V1〈5〉	HHH	HLLL	HHHH	HHHH	HHHL	HHL
3V1〈1〉	HHH	HLL	HHH	HHHH	HHHL	HL
3V2〈5〉	HHH	HLLL	HHHH	HHHH	HHHL	HHL
3V2〈1〉	LLH	LHL	LLH	LLLH	LLHL	LF
3V3	LLH	LHLL	LLLH	LLLH	LLHL	LHL

第1節 三拍動詞アクセント体系の変遷 317

【表2】江戸期の京都における三拍動詞のアクセント体系

	終止形	過去形	否定形	意志形	禁止形	命令形
3V1⟨4⟩	HHH	HHLL	HHHH	HHHH	HHLL	HHL
3V1⟨2⟩	HHH	HLL	HHH	HHH	HHLL	HL
3V2⟨4⟩	HLL	HLLL	HHLL	HHLL	HLLL	HLL
3V2⟨2⟩	HLL	LHL	HLL	HLL	HLL	LF
3V3	LHH	LHLL	LHHH	LHHH	LHLL	LHL

いこともある。たとえば、3V1⟨1⟩・3V2⟨1⟩などは二段活用であらわれるので、その場合は対応する語形（「開ける・起きる」に対する「開くる・起くる」など）の譜記から推定せざるをえない。

2.2 従来の説明の問題点

　三拍動詞の終止形の変化は、「国語アクセント類別語彙表」[4]の下に付された「京都アクセントの変遷」の欄に近世後期以降現代までの変化として示されており、それらは従来類推変化として説明されてきている[5]。

　それでは、なぜこのような類推変化が起こったのか。類推が「心理的連想による体系の強制」[6]の所産であるとすれば、いかなる体系のもとにおいて、いかなる強制の力が働いたのか。そしてそれは何時のことか。また、なぜその時でなければならなかったのか。残念ながらこのような疑問に対して、従来の説明では、十分な解答が得られたとは言いがたい。

　この問題についての説明は、服部四郎（1931）が三重県亀山方言について論じて以来、基本的には特別新しい見解が付け加わってはいない。服部は、まず「落ちる」のような3V2⟨1⟩の動詞を取り上げ（同：14）、下記のような活用形（助動詞等の付いたもの）のアクセントを示して、否定の意味の強い「オチン」HLL以外に「第一音節にアクセントの山のあるものは全くな」く、「之等の活用形のアクセントの類推により」終止形「オチル」HLL「と云ふアクセントが支持し難くなり」、LHLまたはLLH「に変化しつゝあるのではないか」と説く。

　「オチン」⟨否定形⟩LLHまたはHLL、「オチヤセン」LHLLL、
　「オチヨ」⟨「落ちよう」の転⟩LHLまたはLLH、
　「オチマス」LLLH、「オチマシタ」LLHLL、
　「オチタ」LHL、「オチテ」LLH、

「オチヨ」〈命令形〉LHL、「オチナ」〈同〉LLH

さらにつづいて同論文では、3V2〈5〉の動詞にも言及する。そこではまず、江戸初期の京都語と現代の高知とで、3V1〈5〉と3V2〈5〉との間に「アタル(当)」「オドス(威)」HHH、「アマル(余)」「オコル(起)」HLLのごとき違いがあったことを指摘し、「この両種の型の混同は、ごく近い過去に始まり、現に著しくなりつゝあるものの様である」と事態を説明したのちに、この原因を次のように述べる。すなわち、高知では以下のように各「活用形の大部分が夫々アクセントを異にしてゐる」のに、亀山では否定形以外みな同じアクセントであることを取り上げて、HHLとHLLやHHLLとHLLLなどは「かなり区別しにくいアクセントであるから、遂に混同して了つたのであらう。かくて活用形のアクセントのほとんどが区別がなくなつた為、終止形のアクセントの区別も保存され難くなつたのであらうと考へられる」と。

高知	アタラン	アタリマス	アタッタ	アタッタラ	アタルナ	アタレ
	HHHH	HHHHH	HHLL	HHLLL	HHLL	HHL
	アマラン	アマリマス	アマッタ	アマッタラ	アマルナ	アマレ
	HHLL	HHHHH	HLLL	HLLLL	HLLL	HLL
亀山	アタラン	アタリマス	アタッタ	アタッタラ	アタルナ	アタレ
	HHHH	HHHHH	HLLL	HLLLL	HLLL	HLL
	アマラン	アマリマス	アマッタ	アマッタラ	アマルナ	アマレ
	HHLL	HHHHH	HLLL	HLLLL	HLLL	HLL

ここに素朴な疑問が湧く。たしかに、混同の結果HHLとHLLやHHLLとHLLLとのアクセント型の統合が起こっているということは認められる。そうすると、この変化は3V1〈5〉(「あたる」)が3V2〈5〉(「余る」)に寄り添っていく方向にある。しかるに終止形「余る」は独自の型HLLを捨ててHHHになるという逆の方向に動こうとしている。これはなぜか。多数形への類推が働いたかとも考えられるが、数からすればむしろ3V2〈5〉の方が多くはないか。数を問題にするなら、先の3V2〈1〉の「落ちる」などが旧来のHLLを捨てて、ごく少数の3V3に類推したというのこそ解しがたい。2V2が低起式であることも、これに与ったかとも考えられるが、これらが低起式なのは遠い昔からのことで、も

第1節　三拍動詞アクセント体系の変遷　319

し2V2の低起式が3V2⟨1⟩の3V3への類推変化に決定的な役割を演じたとすれば、なぜ過去の長い間にそのような変化を惹起せずに、ことさら江戸後期以降になって動きだしたのか。その理由も説明される必要があろう。

本節は、以上のような疑問に対して動詞アクセントという体系的観点から検討を加え、さらに納得のいく説明を施そうというものである。

3. 三拍動詞第一類についての諸方言アクセントの比較

同じ京阪式アクセントでも、高知・田辺・龍神・徳島などは大阪よりもややさかのぼったアクセント体系をみせている。徳島市は現在、ここにいう類推変化の途上にあり、高年層と若年層とを比較するとその様子がほぼ分かるが、高年層のアクセントもやや変化しかかっている。

【表3】近畿中央式諸方言における動詞アクセントの比較（3V1⟨5⟩）

	終止形	過去形	否定形	意志形	禁止形	命令形
高知・田辺・龍神	HHH	HHLL	HHHH	HHH	HHLL	HHL
徳 島（高）	HHH	HHLL	HHHH	HHHH	HHLL	HHL
		HLLL			HHHL	
（若）	HHH	HLLL	HHHH	HHHH	HHHL	HHL
				HHHL		HLL
大　阪	HHH	HLLL	HHHH	HHHH	HLLL	HHL
京　都	HHH	HLLL	HHHH	HHHH	HHHL	HHL
						HLL

【表3】は3V1⟨5⟩の諸方言アクセントを一覧にしたものである。高知・田辺・龍神で意志形が3拍なのは、短呼形「アガロ」が普通であるため（田辺・龍神では、「アガロー」ならHHHH）。なお、アクセントに両形ある欄は上段が多数型である。

3V1⟨5⟩は古く京都で終止形HHL、中世以降連体形が終止形の役割を担うようになって、終止連体形 HHH となる。過去形は連用形HHLに助動詞タルの変じたタが付いたもので、タは低接するのが常であるから、[8]高知・田辺・龍

神・徳島（高）に聞かれるHHLLがこれをそのままに受け継いでいる。徳島・大阪・京都などのHLLLはHHLLからの変化型とみられる。命令形のHLLもHHLからの変化型である。ところで、禁止形はHHLLが本来の形のようで、禁止のナが終止連体形接続といっても、HHHLとなるのは徳島や京都においてである。大阪のHLLLは、他の類の動詞の場合も考え合わせると、連用形に聞かれるアクセントの影響と思われる。

次の【表4】は3V1〈1〉についてまとめたものである。高知の禁止形にはアケナHLLもある。田辺では原資料にHFLLとあるが、ここではHHLLの臨時的な実現と解釈する。高知・田辺・龍神の意志形は、短呼形のアクセントであること、前に同じ。また命令形に大阪でHLLが聞かれるのは、「アケー」のアクセントである。このほか、やはり大阪で禁止のナがHLLに低く付いているのが注目される。

【表4】近畿中央式諸方言における動詞アクセントの比較（3V1〈1〉）

	終止形	過去形	否定形	意志形	禁止形	命令形
高知・田辺	HHH	HLL	HHH	HHH	HHLL	HL
龍神	HHH	HLL	HHH	HHH	HHHL	HL
徳島（高）	HHH	HLL	HHH	HHHH	HHHL	HL
（若）	HHH	HLL	HHH	HHHL	HHHL	HL
大阪	HHH	HLL	HHH	HHLL / HHHH	HLLL	HLL
京都	HHH	HLL	HHH	HHHH	HHHL	HL

ここまでのところ、音韻変化並みの変化としてHHLとHLL、またHHLLとHLLLとのアクセント型の統合が指摘できよう。禁止形にみられるHHLLからHHHLへの動きは、禁止の助詞ナが終止連体形接続になったことから、3V1〈5〉の場合は、古い終止形の名残をとどめたHHLLと新しい終止連体形に直接続いたHHHLとが置き換わったものであろう。大阪のHLLLはHHLLからの変化とも考えられるが、同じ動きが他の地域にないので、大阪で起こった類推変化（語音の違いを越えて連用形のアクセントに引かれた変化）と考えたい。

4. 三拍動詞第二類〈五段活用〉についての諸方言アクセントの比較

3V2〈5〉については【表5】に示した。高知などの意志形は短呼形「ツクロ」。「ツクロー」ならば HHLL となる。大阪の命令形は、池田要の調査資料「近畿方言に於けるアクセント」（上野ほか 2000）に HHL・HLL 両様とある。

3V2〈5〉は、古く連体形 LLH であったのが、室町以降終止連体形 HLL に変化

【表5】 近畿中央式諸方言における動詞アクセントの比較（3V2〈5〉）

	終止形	過去形	否定形	意志形	禁止形	命令形
高知・田辺・龍神	HLL	HLLL	HHLL	HHL	HLLL	HLL
徳　島（高）	HLL	HLLL	HHLL	HHLL	HLLL	HLL
	HHH	HHLL	HLLL	HLLL	HHHL	HHL
			HHHH			
（若）	HHH	HHLL	HHHH	HHHH	HHHL	HLL
	HLL	HLLL	HHLL	HHHL	HLLL	
				HLLL		
大　阪	HHH	HLLL	HHHH	HHHH	HLLL	HLL
京　都	HHH	HLLL	HHHH	HHHH	HHHL	HHL

【表6】 近畿中央式諸方言における動詞アクセントの比較（3V2〈5〉：3V1〈5・1〉）

	終止形	過去形	否定形	意志形	禁止形	命令形
3V2〈5〉						
高知など	HLL	HLLL	HHLL	HHL	HLLL	HLL
京都・大阪	HHH	HLLL	HHHH	HHHH	HHHL	HHL
					HLLL	HLL
京都・大阪						
3V1〈5〉	HHH	HLLL	HHHH	HHHH	HHHL	HHL
					HLLL	HLL
3V1〈1〉	HHH	HLL	HHH	HHHH	HHHL	HL
					HLLL	(HLL)

した。過去形は、もし鎌倉の頃にこの語形〜タがあったならばLLHLのアクセントだったと思われる[15]。それがHLLLになっているのだから、これはLLHL＞HLLLの変化の結果とも考えられる。もちろん、終止連体形や連用中止形がHLLに変化していたことも、このかたちを支えたことであろう。徳島のHHLLは不審[16]。

　また、禁止のナは終止連体形に低接したから、禁止形も古くはLLHLであったと思われる。それが、終止連体形にLLH＞HLLの変化があって後は、あらたにHLLLというかたちになったものと解せられる。すなわち、禁止形のナは否定形や意志形などの場合と違って、動詞との結合度が緩いということになる。

　否定形と意志形とは、前者が打消しの助動詞ズの連体形ン（ヌ）の、後者が推量・意志の助動詞ン（ム）の付いた形で、高知・田辺・龍神や徳島に聞かれるHHLLは、これらが古く特殊形に高く接続したLLLHの変化型と考えられる[17]。すなわち、否定形と意志形のHHLLはLLLH＞HHLLの変化の結果であって、文節全体として南北朝頃の「体系変化」に臨んだことが分かる。

　命令形は、LLF＞HLLの変化を経た。HHLは、3V1に類推したものである。

　かくして、高知・田辺・龍神などのアクセントは成立したものと思われる。徳島でも古くは高知・田辺・龍神と同様であって、現在、それが大阪や京都のようになろうとしているものとみられる。大阪・京都の体系は、いま問題としている類推変化によって、高知などの体系から変化して成立したものである。

　【表6】から、京都・大阪の3V2〈5〉のアクセントが、3V1〈5・1〉とほぼ同じ様相を呈していることが分かる。なぜこのようなことになったのか。それを解くために、高知などの3V1〈5〉と3V2〈5〉とを比較してみる。

　高知などでは、およそ【表7】のような状態で体系的均衡が保たれている。おそらく、一時代前の京都・大阪でも同様であったろう。ところが、ここに体系の強制を越えてアクセント型の統合が起こった。すなわち、HHLとHLL、およびHHLLとHLLLとが、それぞれ型の統合を起したのである。その結果、

【表7】高知などの動詞アクセントの比較（3V1〈5〉：3V2〈5〉）

	終止形	過去形	否定形	意志形	禁止形	命令形
3V1〈5〉	HHH	HHLL	HHHH	HHHH	HHLL	HHL
3V2〈5〉	HLL	HLLL	HHLL	HHLL	HLLL	HLL

京都・大阪では、3V1⟨5⟩が【表6】のような状態になったのであろう。大阪の禁止形 HLLL は大阪特有の事情と考えてしばらく外す。
　また、3V2⟨5⟩の方も否定形と意志形とに変化があったものと考えられる。変化途中の徳島に HLLL 型が聞かれることに注意したい。以下に示すのは、類推変化直前の京都・大阪における 3V2⟨5⟩の推定アクセントである。

京都・大阪	終止形	過去形	否定形	意志形	禁止形	命令形
3V1⟨5⟩	HHH	HLLL	HHHH	HHHH	HHHL	HHL
					HLLL	HLL
3V2⟨5⟩	HLL	HLLL	*HLLL	*HLLL	HLLL	HLL

　頻出する過去形などの連用形が3V1⟨5⟩と同型に帰してみると、その他の禁止形・命令形の一致も手伝って、両者が歩み寄るのは当然のことと思われる。
　しかし、こうしてみると、3V2⟨5⟩の方が頭高の型に統一されていて、アクセント体系としての均整はとれている。なぜ、3V1⟨5⟩の方が3V2⟨5⟩に接収されなかったのか。事実はこの逆であること、すでにみたとおりである。数の点でも、3V1⟨5・1⟩と3V2⟨5⟩とはほぼ拮抗する。ここまでのところ、当初の疑問はなんら解決されていないのである。

5. 三拍動詞第二類〈一段活用〉と第三類についての諸方言アクセントの比較

　3V2⟨1⟩については【表8】に示した。意志形に短呼形があること（高知・田辺・龍神）これまでと同じである。
　3V2⟨1⟩もおよそは3V2⟨5⟩と同様で連体形は古くLLH、したがって終止連体形HLLがその直接の変化型である。過去形のLHL（〜タルならばLHLL）はずっとこの型であったろうし、否定形は、特殊形 LL にン（ヌ）H の付いたLLHからの変化型HLLが、高知などに聞かれる。意志形は、やはり特殊形にン（ム）Hが付いたLLHから変化したと考えられるが、HLLになって後、ン（ム）の変化したウがさらにヨウを派生して、HLLLになったものと考えられる。高知や龍神の HLL は、その短呼形とおぼしい。禁止形は、古くは終止連体形LLHに禁止

【表8】 近畿中央式諸方言における動詞アクセントの比較（3V2〈1〉）

		終止形	過去形	否定形	意志形	禁止形	命令形
高知		HLL	LHL	HLL	HLL	HLLL	LH
田辺		HLL	LHL	HLL	LHH	LHLL	LF
龍神		HLL	LHL	HLL	HLL	LHHL	LF
徳島	(高)	HLL	LHL	HLL	HHHH	HLLL	LF
		LLH		LLH	HHLL	LLHL	
					LLHH	LHLL	
	(若)	LLH	LHL	LLH	LLHH	HHHL	LF
		HLL		HLL	LLHL	HLLL	LH
大阪		LLH	LHL	LLH	LLLH	LHLL	LF
京都		LLH	LHL	LLH	LLLH	LLHL	LF

の助詞ナＬの接続したLLHLであったが、終止連体形がHLLに変化したので、その形に接続してHLLLとなったものと解せられる。命令形は古くからLFであろう。LHは弱い命令（勧誘的）。

　さて、ここに3V2〈1〉の類推変化を検討するまえに、3V3の状況を見ておきたい。3V3の終止連体形は京都ではLHHが古く、江戸期以降LHH＞LLHの変化を経た。否定形もLHHH＞LLHH＞LLLHの変化が考えられる。もし、この類の特殊形が古くLLLであったなら、室町以降は否定形HHLLでなければならない。しかるに、近畿中央式諸方言のどこにもこのようなアクセントは聞かれないし、また存在した形跡も看取されない。したがって、古くこの類の特殊形はLHHであったのではないかと思う。意志形も同様である（高知・田辺・龍神の短呼形）。禁止のナは古く終止形接続であったから、その名残でLHLLが変化せずに残ってきたが、終止連体形接続になるに及んで、LHHLやLLHLのごとき形が聞かれはじめる。命令形は伝統的な形を保ったものとみられる。

　さて、ここで高知などの3V2〈1〉が類推変化して3V3と合一する以前の様子と、京都・大阪のアクセントを比べてみる。

　【表9】の高知などで3V3の終止形・否定形・意志形が遅上がりに変化すれば、京都・大阪の3V2〈1〉や3V3とほとんど変わらない。また3V3で、高知などの禁止形にLHLLが聞かれるのと、大阪のそれとは性質が違っていよう。前者は、

【表9】近畿中央式諸方言における動詞アクセントの比較（3V3）

	終止形	過去形	否定形	意志形	禁止形	命令形
高知・田辺・龍神	LHH	LHLL	LHHH	LHH	LHLL	LHL
徳　島（高）	LLH	LHLL	LLHH	LLHH	LHLL	LHL
					LHHL	
					LLHL	
（若）	LLH	LHLL	LLHH	LLHH	LHLL	LHL
				LLHL		
大　阪	LLH	LHLL	LLLH	LLLH	LHLL	LHL
京　都	LLH	LHLL	LLLH	LLLH	LHLL	LHL

【表10】近畿中央式諸方言における動詞アクセントの比較（3V2⟨1⟩：3V3）

高知など	終止形	過去形	否定形	意志形	禁止形	命令形
3V2⟨1⟩	HLL	LHL	HLL	HLLL	HLLL	LF
3V3	LHH	LHLL	LHHH	LHHH	LHLL	LHL

京都・大阪	終止形	過去形	否定形	意志形	禁止形	命令形
3V2⟨1⟩	LLH	LHL	LLH	LLLH	LLHL	LF
					LHLL	
3V3	LLH	LHLL	LLLH	LLLH	LLHL	LHL
					LHLL	

　禁止形が古く終止形（LHL）接続であったことの名残であり、後者は、大阪特有の連用形アクセントに引かれた現象と解する。
　そこで、ここに類推変化が起こった事情を考察するに、たとえ、高知などのアクセントで遅上がりへの音韻変化が起こったにしても、また禁止形が、その時の終止連体形に影響されてLLHLになったとしても、この両類を近寄せる力は、【表10】からも明らかなように過去（連用）形と命令形とが低起式で一致するというところからしか生じてこない。しかし、この一致はその時にはじまったことではない。連用形・命令形の低起式はずっと以前からともに変わっていないことを想起すべきである。

なぜ江戸後期以降、それも圧倒的に数の多い3V2〈1〉の方が、自らのアクセントを捨てて、ごく少数の3V3の型へと走ったのであるか。それも終止形のアクセントが共通する3V2〈5〉と袂を分かってまで。

ここにおいても、なお問題は解決されていない。服部（1931）・奥村（1981：553）は、連用形を中心とした頻出活用形がみな低起式であることを論ずるが、たとえそのことが関与していたにしても、なぜ江戸中期までに同じ変化が起こらなかったか、となると、その説明は無力に近い。

6. 三拍動詞アクセント体系の組換えとその原理

類推変化直前における三拍動詞全体のアクセント体系を一覧すれば、【表11】のようである。#印の箇所にHHLとHLL、およびHHLLとHLLLとの型の統合が起こった結果、体系の組換え（再編）が惹起されたものと考えられる。高知などのように型の統合が起こっていないところでは、動詞アクセント体系の均衡は崩れておらず、したがって再編も始まっていない。

【表11】類推変化直前の三拍動詞アクセント体系

	終止形	過去形	否定形	意志形	禁止形	命令形
3V1〈5〉	HHH	HLLL #	HHHH	HHHH	HHHL	HLL #
3V1〈1〉	HHH	HLL	HHH	HHHH	HHHL	HL
3V2〈5〉	HLL	HLLL	HLLL #	HLLL #	HLLL	HLL
3V2〈1〉	HLL	LHL	HLL	HLLL	HLLL	LF
3V3	LLH	LHLL	LLHH	LLHH	LLHL	LHL

いわば【表11】の体系は不安定な状態であって、いまにも体系の再編が起こる寸前である。そこにはたらく「心理的連想による体系の強制」すなわち類推の力は、所属語数の多い方にはたらくのが普通で、さらに頻出する型への類推もある。また、均整のとれた活用形アクセントの方が記憶の経済という点で力があると考えられるが、3V2〈5〉のように各活用形みな頭高型に統一されているものが3V1〈5〉に類推するという、予想を覆す動きをみせるのである。数の論理が通らないことは、所属語の少ない3V3に3V2〈1〉が合流したことから

も分かる。

　奥村三雄（1981：554・1990：589）は、3V1〈5〉の連用形を中心とした活用形アクセントなどが、たとえば過去形ならHHLLからHLLLへと変化した結果、3V2〈5〉のそれと合併し、その影響で「他活用形も漸次合併して行った」とみる。しかし、この説明では、なぜ3V2〈5〉の方が動かなければならなかったのか分からない。奥村は「移ルベキ・移ラサルル」のような 3V2〈5〉の特殊形アクセントが高平型であることを引合いに出すが、このような文語的なものがどれほど心理的連想を喚起したか疑問である。

　ここではHHLLとHLLLとの「型の統合」を、とくに事情のないかぎり、ある程度一律に起こった現象と考える。それが妥当であるとすると、3V1〈5〉の過去形などにだけその変化を認め、同じアクセント型をとる3V2〈5〉の否定形や意志形には他活用形アクセントの影響を考えるのは、「一律」の変化の性格からして問題であろう。これら否定形・意志形は、禁止形とは違い、その形としてまとまって過去の「体系変化」を経てきている。この場合も変化に乗り遅れたとは思えない。

　こうしてみると、ここには従来の説明以外の、なにか別の力がはたらいていたのではないか、と想像してみる必要がありそうである。そこでまず気付くことは、服部・奥村らは、これらの変化を別々に独立したものとして論じているが、両者の関連性も見逃してはならないということである。これについて、金田一春彦（1955a=1977a：427-428）は、3V2〈1〉をHLLにいう地方は3V2〈5〉をHLLにいう地方に比較してさらに狭いと述べているし、坂本清恵（1990：168）も本節と同じ資料をもとに、3V2〈1〉がLLHになっていても3V2〈5〉がHLLを保っている場合があることを指摘しているが、これらのことは3V2〈1〉におけるHLLからLLHへの変化の方が、3V2〈5〉におけるHLLからHHHへの変化に先行するという事実を地域的な相違として述べたものである。京都アクセントの時間軸に置き換えてみるならば、3V2〈1〉が変化してのち3V2〈5〉が変化したものと解釈できよう。[19]

　つぎに、これらの変化の背景には、多くの二拍動詞の体系があることも忘れてはなるまい。二拍動詞は古来高起式と低起式との二つの型からなる体系を維持しており（いま「居る」「死ぬ」などの類は除外して考える）、南北朝期の「体系変化」の後も、この対立均衡を失うことはなかった。これに対して、三拍動詞は

もと二拍動詞と同様にほぼ高起式と低起式との対立があったが、室町期以降はそれが崩れて江戸中期までは【表2】のような体系で均衡を保ってきたのであったし、この間ずっと二拍動詞のような高起・低起両極編成にしようという力を退けてきたものと解せられる。

　しかし、人々の心理としては、三拍動詞にも高起・低起両極編成がふさわしいという潜在的な類推の力がはたらき続けていたのであろう。それが【表2】のような体系においては、表面にあらわれずに抑えられてきたものと考えられる。

　さて、以上2点を認めたうえで、もう一度【表11】を検討したい。まず、ここに起こるのが、3V2〈1〉が3V3に合流するという変化である。その契機となったのは、HHLとHLL、HHLLとHLLLとに起きたアクセント型の統合である。これらの変化がなぜ3V2〈1〉を、終止形・否定形・意志形・禁止形の3V2〈5〉との一致を越えて、3V3に合同させたのか。それは、これらの型の一致が逆に 3V2〈5〉と 3V2〈1〉とを互いに「反発」させたからと解釈するのが妥当であろう。

　3V2〈5・1〉はかつて南北朝頃にあったアクセントの「体系変化」の波を大きく被って、多くの活用形が低起式から高起式へとその姿を変えたが、3V2〈1〉の連用形と命令形のみが低起式を保ったため、この類だけがアクセントの式を異にする活用形をかかえることになった。しかし、3V2〈5〉の否定形や意志形が HHLL であるうちは、なんの変化もなかった。これらが HLLL になるに及んで、すなわち 3V2〈5〉の活用形がすべて頭高型になり、3V2〈1〉も過去（連用）形と命令形以外が同じ頭高型になるに及んではじめて、3V2〈1〉の方がまず3V3へと変化した（活用形アクセントのパターンを取り替えた）のである。連用形が低起式であることの影響を大きくみる立場もあるが、連用形が低起式なのは以前からであって、この場合の変化の時期や契機を決定するうえで力があったとは思えない。もし連用形の低起式のみが与っていたのなら、かかる変化はもっと早い時期からみられるはずであろう。もちろん、連用形の低起式アクセントがこの変化を支えたことは十分に考慮しなければなるまいが、変化の契機となり、その時期を決定した要因は別のところにあるものと考えられる。

　3V2〈5〉は各活用形がすべて頭高型という一番均整のとれた体系を一旦はとる。この時3V2〈1〉には、あらたに3V2〈5〉の否定形や意志形のアクセント型が一致したことを契機として、比喩的に言うならば、その方向に動こうとした

であろう。しかし、服部らの指摘するように3V2〈1〉で頻用される連用形は古来低起式で変わることなく、これを強いて頭高型に統一するには無理があった。むしろ 3V2〈1〉は、この動きに「反発」したとみるべきであろう。もちろん、この背景には二拍動詞のような高起・低起両極体系に再編しようという力がはたらいていたことにも注意しなければならない。

【表12】類推変化の中間的体系

	終止形	過去形	否定形	意志形	禁止形	命令形
3V1〈5〉	HHH	HLLL	HHHH	HHHH	HHHL	HLL
3V1〈1〉	HHH	HLL	HHH	HHHH	HHHL	HL
3V2〈5〉	HLL	HLLL	HLLL	HLLL	HLLL	HLL
3V2〈1〉	LLH	LHL	LLH	LLHH	LLHL	LF
3V3	LLH	LHLL	LLHH	LLHH	LLHL	LHL

　かくて【表 12】のような一時的な均衡が生ずることになる。比喩的に述べるなら、3V2〈1〉に去られてみると 3V2〈5〉は、そのまま各活用形が頭高型に統一されて均整のとれた体系に踏みとどまるか、去られた反動で3V1と合流するか、処置に窮したに相違ない。ところが、ここに3V1〈5〉の過去形や命令形が、やはり頭高型のアクセントになって、3V2〈5〉と同型になるという変化が起きていた。使用頻度の高い連用形を中心とした変化は、俄然両者の距離を縮めてもいた。そこに3V2〈1〉の3V3への類推が起こったのである。

　全体の体系内での力の均衡が崩れたうえは、またあらたな均衡状態を求めて体系の組換えが行われる。終止形がともにHLLということでまとまっていたようにみえた3V2〈5・1〉が分裂して、3V2〈1〉が完全に低起性をもつ活用形アクセントを備えてみると、対比的に3V2〈5〉にも、完全に高起性の活用形アクセントをもたせようとする体系の力がはたらいた。その結果、3V2〈5〉は3V1の方向へと変化する。なぜ 3V1の方を引き寄せられなかったか。それは、二拍動詞のアクセントからしても、高起式動詞の典型的なすがたは3V1の方であったからであろう。

　こうして、現代京都アクセントのごとき三拍動詞の体系が成立したものと解釈される。

7. おわりに

　終止連体形アクセントが同じであった3V2⟨5⟩と3V2⟨1⟩とが分離して、それぞれ3V1と3V3とへ類推した変化は、服部四郎（1931）以来の説明では、その類推の原理を十分に説明できない。その理由は以下のとおり。

〔1〕　3V1⟨5⟩と3V2⟨5⟩とに、HHLとHLL、HHLLとHLLLの間にアクセント型の統合が起こって、多くの活用形が互いに同型となり、3V2⟨5⟩が3V1の方へ類推したと説明しても、その類推の方向に問題が残る（3V2⟨5⟩の方が均整なアクセント。多数への類推というわけでもない）。

〔2〕　3V2⟨1⟩の多くの活用形が低起式であることから、終止形は高起式を支持できなくなり、3V3の方へ類推したと説明しても、京都において、その変化の時期が江戸後期以降であることの説明にはならない。また、この変化は多数への類推とは逆方向である。

　本節での三拍動詞アクセント体系という観点からの考察によると、以下のような結論に達する。

〔1〕　3V2⟨1⟩から3V3への変化の方が、3V2⟨5⟩から3V1への変化よりも早く起こっているが、これらの変化は独立したものではなく、相互に関係するところがある。

〔2〕　3V2⟨5⟩と3V2⟨1⟩とが、HHLとHLL、HHLLとHLLLに起こったアクセント型の統合により、過去形・命令形以外ほぼ同型になったが、頻出する連用形の対立（過去形ならば、3V2⟨5⟩HLLL：3V2⟨1⟩LHL）などによって「反発」する力が働いた。

〔3〕　3V2⟨5⟩と3V2⟨1⟩との間の「反発」の力は、「多数への類推」などの力に対して優勢にはたらき、まず3V2⟨1⟩が典型的な低起式の（2V2に近い）3V3と同形になった。

〔4〕　一方、3V2⟨5⟩も典型的な高起式の（2V1に近い）3V1の方に動いた。このとき、3V1と過去形や命令形が同形になっていたことは、この変化をしやすくした（この点では、服部1931、奥村1981・1990の説明は有効）。

〔5〕　ここに問題とした三拍動詞の類推変化は、HHLとHLL、HHLLとHLLLに起こったアクセント型の統合を契機とした、3V2⟨5⟩と3V2⟨1⟩との間

の「反発」による、高起・低起両極再編の変化である。この両極を支持するうえで二拍動詞の力は大きい。

以上は三拍動詞についてのみの考察であったが、これを二拍動詞にも及ぼすと、いくつかの点を指摘できる。結論のみを示せば、以下のとおり。

〔1〕 二拍動詞第二類五段活用（2V2⟨5⟩）の否定形と意志形とが、HLLからLLHへと変化したのは、3V2⟨1⟩が3V3に類推変化したことに連動したものである。

〔2〕 二拍動詞第二類一段活用（2V2⟨1⟩）の意志形が、HLLからLLHへと変化したのも、上記〔1〕と同様である。

〔3〕 二拍動詞第二類一段活用の意志形が、高知などでHLLであるのは、歴史的にみてLHHまたはLLHが本来のかたちであろうから、ここに問題とした類推変化以前に起こった類推変化と考えられる。

注

1　金田一春彦（1974：145-146, 巻末付図）、同（1977b：176-177）など参照。
2　同書所載の資料のうち、本節で利用するのは京都・大阪・徳島・田辺・龍神・高知の6地点である（被調査者はみな1989年現在60歳以上）。さらに、徳島市内の高年層と若年層のアクセントをも考察の対象に加える（調査1988-1991年、高年層は調査時現在60歳以上、若年層は同じく20歳代以下）。
3　主に奥村三雄（1981：360-361）による。3V3の禁止形はLHHLかもしれない。また、3V1・2⟨2⟩の意志形は、たとえば「アキョー（開けよう）・オキョー（起きよう）」などの語形のアクセントである。
4　国語学会編『国語学大辞典』（1980）所載の「国語アクセント類別語彙表」（金田一春彦・和田実共同作製）。
5　服部四郎（1931：14）、金田一（1980a：12下段）、奥村（1981：553-554・1990：589）、秋永一枝（1986：108）、坂本清恵（1990：170）などを参照。
6　田中春美ほか編『現代言語学辞典』（成美堂1980）の「analogy　類推」の項。
7　金田一（1974：67-71）に掲げられた類別語彙を数えてみると、以下のようである。東京や京都で対応の例外をなすもの、平安時代の文献で例証されていないもの、平安時代の文献と現代諸方言とで対応しないものなどを除いた数も( )内に示した。

　　　二拍動詞第一類〈五段活用〉73（65）語　〈一段活用〉6（6）語
　　　　　　　　第二類〈五段活用〉69（68）語　〈一段活用〉5（5）語
　　　三拍動詞第一類〈五段活用〉105（91）語　〈一段活用〉40（37）語
　　　　　　　　第二類〈五段活用〉151（125）語　〈一段活用〉57（48）語

第三類〈五段活用〉 4（4）語

8 奥村（1981：506）に近世のタリのアクセントについて記述がある。それによれば、動詞の連用形に低く接続するというから、この連体形タルの変化したタも連用形に低接すると考えてよい。

9 奥村（1981：456）、秋永（1991：171）を参照。

10 坂本（1990：168）は、近世初期大坂アクセントを反映する「近松浄瑠璃譜本」に3V1〈4〉禁止形「コロスナ（殺）」にHHLLと解釈できる譜があることを紹介している。

11 坂本（1990：167）によれば、3V2〈2〉禁止形「アツルナ（当）」にはHHLLと解釈できる胡麻章が付いているという。

12 高知の原資料には、HHML（Mは「非高非低」）とある。しばらくHHLLと解釈して論を進める。

13 坂本（1992：399）によれば、HHHLもあるという。

14 3V1〈1〉の場合、古く二段活用の頃、終止形接続の「アクナ」HLLも終止連体形接続の「アクルナ」HHHLも、ともに高知・田辺のHHLLとは異なる。音調の解釈に問題がなければ、本節で問題にしている類推変化よりも前に、3V1〈5〉の禁止形に類推した可能性もあるか。

15 鎌倉時代は、まだ東国語であった（『日本国語大辞典』第二版、助動詞タの項の語誌(1)）ようだが、室町以降は連用形の体系変化後のアクセントHLLにタが低接したと解釈できる。

16 坂本（1991：195）によれば、江戸初期の大坂では、音便形にややHHLLが多いという。

17 打消しのン（ヌ）については、奥村（1981：496-497）、秋永（1991：205-206）を参照。意志のン（ム）については、金田一（1964：471, 475, 477）、奥村（1981：514-516）、秋永（1991：215-216）を参照。

18 金田一（1964：379）では、鎌倉期におけるこの類の特殊形をLLLと推定している。奥村（1981：367）はこれに反対してLHHとする。秋永（1991：91, 112）は、奥村の引く例に問題ありとして金田一説に傾く。坂本（1992：400）は浄瑠璃譜本の検討から結論としては奥村説を支持している。筆者も諸方言アクセントの様子からして、奥村の結論には賛成する。

19 徳島は現在、これらの変化の途中にある。具体的な調査結果は上野和昭・仙波光明（1993）に詳しく報告したが、中高年層を中心に終止連体形のアクセントに、3V2〈5〉HLL：3V2〈1〉LLHという対立をみせる人が多い。

　3V2〈1〉と3V2〈5〉の変化の遅速について、中井幸比古（1998b：25）によれば、「演者が明治初年以前大阪生まれで大正末年までに録音」された落語では、3V2〈5〉の変化が3V2〈1〉に「先行して、起こったようである」という。これについて新田哲夫（2005：51）は「二つの変化が同時に起こった可能性や、服部匡（1990）で述べられているよ

うな動詞の「意味の関与」を考えるなど、別の要因を模索する必要がある」と述べている。

　落語のような師資相承の芸能においては、師匠がとくに注意したものを、弟子が受け継ぐということがあるように思う。たとえば、師匠がこの変化の渦中にあって、先に起こった3V2⟨1⟩の変化について伝統的なHLL型を注意し、弟子がそれを受け継いだ場合、その後の3V2⟨5⟩の変化に無頓着であれば、一見3V2⟨5⟩の変化が先行したような様相を呈することになる。そのような事情も、可能性としては十分考慮しなければならないであろう。

補　説

1. 新田哲夫 (2004) は、この問題について、本節に述べたところとは異なる説明を提案している。新田は、本節のもととなった旧稿(上野和昭 1993)を取り上げ、そこに用いられた「反発」という解釈に疑問を表明したうえで、「一旦統合しかけたⅡⅢ-2〔3V2⟨1⟩〕とⅢ-2〔3V2⟨5⟩〕がそれらの一致ゆえに別の型へ統合していくという説明は、従来の「音韻変化」や「類推」の概念とは異なるものである」とし、また旧稿（本節）がこれらの変化の背景として設定した「両極再編」についても「「両極編成」がなぜ3拍語までしか及ばなかったのか、別に理由を用意しない限り、この著しい分布の偏りを説明できない」という。

　「類推」という術語の用い方については、旧稿（本節）では明示的に「心理的連想による体系の強制」とした。これまで「類推」といえば「同一語彙素」内で、「変化するもの」と「参照するもの」を明示して説明されることが一般的であったが、旧稿（本節）はこれを「体系的強制」として捉え、動詞アクセントの変化を動詞活用形のアクセント体系という観点から説明しようとしているのであって、それが従来の概念とは異なるという批判については、むしろそこにこそ、旧稿(本節)の眼目があると言いたい。

　すなわち、この考え方に立てば、「変化するもの」は〔A〕3V2⟨5⟩または〔B〕3V2⟨1⟩の活用形アクセント体系であり、「参照するもの」は〔C〕3V1⟨1・5⟩または〔D〕3V3の活用形アクセント体系である。そして、〔C〕の背後に2V1を、〔D〕の背後に2V2を想定する。

　さて、活用形アクセント体系を動詞アクセント体系全体の枠組みとして捉えるということは、こうした構図のもとに類推変化を考え直すということであって、「同一語彙素内」での類推よりも、体系的強制を重視する考え方を提案したのである。

　このような考え方に立つと、たとえば終止連体形オキル（起）がHLLからLLHに変化したということは、接続連用形のオキテイクなどがLLHHH～LLLHHとなるのに引かれて、「おきる」HLLがLLHとなったと捉えるのではなく、動詞活用形のアクセント体系が、〔B〕体系から〔D〕体系に、一括して置き換わったと捉えることにな

〔C〕活用形アクセント体系	終止形	過去形	否定形	意志形	禁止形	命令形
3V1〈5〉	HHH	HLLL	HHHH	HHHH	HHHL	HLL
3V1〈1〉	HHH	HLL	HHH	HHHH	HHHL	HL

⇑

〔A〕活用形アクセント体系	終止形	過去形	否定形	意志形	禁止形	命令形
3V2〈5〉	HLL	HLLL	HLLL	HLLL	HLLL	HLL

・・・

〔B〕活用形アクセント体系	終止形	過去形	否定形	意志形	禁止形	命令形
3V2〈1〉	HLL	LHL	HLL	HLLL	HLLL	LF

⇓

〔D〕活用形アクセント体系	終止形	過去形	否定形	意志形	禁止形	命令形
3V3	LLH	LHLL	LLHH	LLHH	LLHL	LHL

る。

　もちろん実際には、同一社会、同一個人であっても、たとえばオキン（否定形）にHLLとLLHとがともに聞かれることはある。しかしそれを、オキンというある語の一活用形の問題としてではなく、活用形アクセント体系間のゆれの問題として捉え、また、〔B〕体系をとるか〔D〕体系をとるかという選択の問題として捉えようというのが本節の立場である。

　本節が、動詞アクセントの動きを、高起式の〔C〕体系と低起式の〔D〕体系との「両極再編」とみていることについて、新田は4拍以上に低起式動詞が少ないことをもって、これを疑っている。しかし、四拍動詞もまた両極に再編されたことは明らかであって、高起式〔終止連体形H0型、過去形H(-3)型〕（過去形には、型の統合が及ぶこともある）に対して、低起式〔終止連体形L0型、過去形L(-3)型〕（2拍・3拍ではL(-2)型も）という体系が想定できることは、本章 第2節【表4】を参照すれば一目瞭然であろう。

　四拍動詞の数については、前部成素が低起式動詞の複合動詞アクセントが、ここにいう変化とほとんど同じころに、終止連体形LLHHやLHLLといった接合型から一語動詞と同じ複合型LLLHへと置き換わり、所属語彙数など心配する必要はなくなる。この場合も、たとえばカキトル（書取）がLHLLからLLLHになったということは、そのような活用形アクセント体系に組み込まれたということを意味しており、カキトッタはLLHLLに、カキトランはLLLLHに、カキトローはLLLLH、カキトレはLLHLという一揃いのものとして捉えるというのが、ここでの考え方である。

2.　新田説はまた、「接続連用形」が形成されることによって、それへの類推から三拍動詞アクセントに変化が起こったとする。これは、むしろ旧稿が乗り越えようとした

考え方である。

本節では、動詞アクセント体系全体の枠組みのなかに、三拍動詞アクセント体系の組換えを位置付け、その組換えの契機と、それによって起こる体系再編の仕組みを考察した。私見によれば、「接続連用形」が形成されるのはどのような動詞にも共通することであるから、三拍動詞の3V2⟨5⟩と3V2⟨1⟩との間で、その変化に遅速の違いがあることについて、有効な説明を与えられないと考える。このことは、変化の背景または結果として捉えておくべきことではないか。

新田（2005：50-51）は、3V2⟨1⟩の変化は「式保存」であり、3V2⟨5⟩の変化は「核交替」であって、前者が前提となって後者が起きたと論じている。3V2⟨1⟩の変化が3V2⟨5⟩に先行することに理由を与えようとするところは本節と共通するが、本節が動詞活用形アクセント体系という観点から問題に迫ろうとするのに対して、新田説はあくまで「同一語彙素」内の「接続連用形」への類推という観点を貫こうとする。

「接続連用形」アクセントの形成は、動詞アクセント体系の組換えとほぼ同じ時期に、すべての動詞に同じようにあったことと思われる。したがって、3V2⟨1⟩の「接続連用形」が、その終止連体形などに及ぼした影響の大きさ、あるいは早さが、3V2⟨5⟩のそれよりも大きく、あるいは早かったことを論証しないと、この説の説得力は減ずることになる。そこで新田説では、3V2⟨1⟩の方は「式変化（式保存）」であり、3V2⟨5⟩の方は「核変化（核交替）」であることに着目した。

しかし、なぜ「式変化」（HLL→LLH）が「核変化」（HLL→HHH）に優先しなければならないのかについて、必ずしも明確な説明はない。「式変化」にそれほどの優先性があるなら、アクセント史の「中世・近世」という長い期間に、どうしてこのような不均衡（式の不一致）が保たれてきたのかについても、それなりの説明を用意する必要があろう。いま近畿中央式諸方言アクセントにおいて、現実に3V2⟨1⟩の変化が3V2⟨5⟩のそれに先行することの理由を問うているのに、「式変化」の方が「核変化」に優先すると言い換えても、これを説明しおおせたことにはならないのではないか。

3. とはいえ本節に提案した「反発」だとて、すでに釘貫亨（1994）から疑問が提出されており、動詞アクセント体系に、統一的均衡を求める「両極再編」の力を想定しないでは、うまく説明できないように思う。さらには、なぜ3V2⟨1⟩が3V2⟨5⟩の変化に先行したのかについても、「反発」説は動詞アクセント体系の変化をたどりながらいたり着いた一応の結論ではあるが、新田も言うように、たしかに「曖昧」な点もある。言語変化に同類のものが報告されないかぎりは、一説の域を出ないものと思う。

また、この提案は、服部匡（1990）のいう「意味特性」の関与など、ほかの観点からの考察を否定するものではもちろんない。それらとは、別の観点からこの問題に迫ろうとしたものである。

第2節
四拍動詞アクセント体系の変遷

1. はじめに

　動詞アクセント体系の変遷を考える場合には、体系による強制という観点ばかりでは、その説明は困難である。いわゆる音韻変化がこの力に超越してはたらき、それによって体系内部の力関係に変化が生じ、その不均衡を均すように体系が組み換えられるという過程が、ふつう一般に考えられるモデルであるが、これに加えて、あるアクセント型と、それに類似した別のアクセント型とが、型の統合を起こすことがあり、これもやはり体系の強制力以上に作用することがある。

　本節では、これを四拍動詞アクセント体系の史的変遷（主に室町期以降）に適用して、従来の説明の問題点を指摘し、これに新たな解釈を施そうとするものである。また、四拍動詞はそれだけの閉じた体系を形成するものではないので、動詞の体系全体からの考察が必要になること、言うをまたない。

　扱う地域は、歴史的に変化をたどることのできる京都アクセントについてであるが、問題の性質上、近畿中央式の現代諸方言アクセントに言及する。そのような地域として、ここでは、従来取り上げられてきた高知市・和歌山県田辺市・同日高郡龍神村・大阪市などのほか、徳島市ならびにその周辺もこれに加える。とくに徳島市の南の阿南市や羽ノ浦町近辺は徳島市よりも古いアクセントを残しているので、いまこれらをまとめて、仮に「阿波アクセント」とよぶ。

　方言資料はおもに佐藤栄作編『アクセント史関係方言録音資料』（1989）によ

るが、徳島市・阿南市・那賀郡羽ノ浦町については筆者自身の調査結果を用いる。また一部、平山輝男編『全国アクセント辞典』(1960)の京都アクセント、同じく『現代日本語方言大辞典』(1992-94)の高知・徳島・大阪・京都のアクセント、「日本語音声」(1990年度)の音声データベース「全国共通項目(1)」の京都市の録音資料などを参照した。

2. 江戸期の動詞アクセント体系とその変化

まず江戸期の京都における動詞アクセントの体系【表1】から説きはじめたい。それは室町期以降で、現代を除けばもっとも明確に体系が把握されている時期だからである。この体系は、ほぼ平曲譜本から推定されている。いま、後に比較する現代諸方言アクセントとの関わりから、終止連体形、連用形、未然特殊形、命令形のみを掲げる。この表は主として奥村三雄(1981：359-360)による。類別は古代アクセント(鎌倉期以前)からの経緯によって分けられているが、南北朝期頃とされる「体系変化」の後は必ずしもそれがそのままにあてはまるわけではない。

この表によると、江戸期の京都では動詞アクセントは大きく三つまたは二つに分類できるのであるが、その基準のとり方で様相が異なる。もし終止連体形のアクセントで分類するならば、いわゆる一類動詞と、2V2ならびに3V3・4V3とが、H0型とL0型とで対立し、そのほかに3V2・4V2のようなものがあったということになる。

これを動詞の活用形のなかでもっとも頻用される連用形のアクセントで分類するならば、2V2〈4〉と3V2〈2〉とは低起という点において3V3・4V3に類似し、3V2〈4〉や4V2はむしろ一類動詞に類似する。現在までのところ2V2〈1〉については、その去就がはっきりしない。

江戸期以降現代までの動詞アクセント体系の変化は、終止連体形より連用形アクセントの類推力が強く、ほぼこの力によって体系の組換えが行われている。すなわち連用形アクセントが高起のものと低起のものという二つの類型にまとまろうとしているのである。

そのような観点からこの間の体系の変化をみると、大きくは四つのことを指摘できる。その第一は四拍動詞の第一類(4V1)と第二類(4V2)とが第一類の方に

【表1】江戸期の京都における動詞アクセント体系

	代表語形	終止連体形	連用形	特殊形	命令形
2V1〈1〉	キル（着）	HH	F / H	H	F
2V1〈4〉	オク（置）	HH	HL	HH	HL
3V1〈2〉	スツル（捨）	HHH	HL	HH	HL
3V1〈4〉	オクル（送）	HHH	HHL	HHH	HHL
4V1〈2〉	カサヌル（重）	HHHH	HHL	HHH	HHL
4V1〈4〉	カナシム（悲）	HHHH	HHHL	HHHH	HHHL
2V2〈1〉	ミル（見）	LH	F / H	L	F
2V2〈4〉	カク（書）	LH	LF / LH	HL	LF
3V2〈2〉	ウクル（受）	HLL	LF / LH	HL	LF
3V2〈4〉	ウツル（移）	HLL	HLL	HHL	HLL
4V2〈2〉	オソルル（恐）	HHLL	HLL	HHL	HLL
4V2〈4〉	アツマル（集）	HHLL	HHLL	HHHL	HHLL
3V3〈4〉	アルク（歩）	LHH	LHL	LHH	LHL
4V3〈2〉	ササグル（捧）	LHHH	LHL	LHH	LHL

合同する変化である。第二は、三拍動詞第二類〈二段活用〉（3V2〈2〉、現代語ならば一段活用＝3V2〈1〉）の語が第三類（3V3）に類推する変化、そしてこれに連動して起こる2V2〈4・5〉の否定形（特殊形に打消しの助動詞ヌまたはンが接続した形、例「書かん」）と意志形（特殊形に意志の助動詞ウが接続した形、例「書こう」）のHLLからLLHへの変化。また、2V2〈1〉の意志形（例「見よう」）も同様な変化をするが、これが第三。さらに第四として三拍動詞第二類〈四段活用〉（3V2〈4〉、現代語ならば五段活用＝3V2〈5〉）の語が第一類（3V1）に類推してそれに統合する変化が挙げられる。このうち、ここで取り上げるのは第一の問題である。

3. 江戸期の四拍動詞アクセントの実態

四拍動詞第二類(4V2)は、その活用の違い(四段か二段か)にかかわらず、みな最終的には第一類に合同する。その結果、現代京都では、終止連体形でいえばHHHHとLLLHとの両類にまとまってしまう。後者は【表1】の4V3が遅上がりに変化したかたちでしかないが、前者は4V1が4V2を室町期以降長い時間をか

【表2】『平家正節』にみえる四拍動詞のアクセント（*は推定型）

	代表語形	終止連体形	連用形	特殊形	命令形
4V1〈2〉	カサヌル（重）	HHHH	HHL	HHH	HHL
			#2 HLL		
4V1〈4〉	カナシム（悲）	HHHH	HHHL	HHHH	HHHL
		#1 HHLL	#3 HHLL		
4V2〈2〉	オソルル（恐）	HHLL	HLL	HHL	HLL
			#4 HHL		
4V2〈4〉	アツマル（集）	HHLL	HHLL	HHHL	*HHLL
			#5 HHHL		
4V3〈2〉	ササグル（捧）	*LHHH	LHL	*LHH	LHL

　けて吸収したものである。
　じつは江戸期にも、このような動きは認められる。【表1】では理解の便を考慮して単純にしたが、ここに『平家正節』によって、古代アクセントに確証のある語を取り上げて調べてみたところ、【表2】に#印を付けたような不規則なアクセントを反映していると思われる譜記が一部にあった。これらは全体の数としては多くはないが、注意すべきものである。
　#1〜#3は第一類の語の終止連体形や連用形に第二類のアクセントがあらわれたものであるし、#4と#5は逆に第二類の語の連用形に第一類のアクセントがあらわれたものである。
　連用形に混乱が著しいことははっきりしているが、それぞれの語が個別的に変化しているというわけでもなく、同じ語であっても連用形に変化がみられるのに終止連体形は変化していない（たとえば「いとなむ躰に（上上××—）」5下逆櫓25-1口説／#5「営み候らはんとぞ（上上上×—）」11下小教24-3素声）とか、同じ語の連用形でも変化型と非変化型とが混在する場合（たとえば以下の例など。「憐む」は4V1〈4〉、「争ふ」は4V2〈4〉）がある。

　　憐んで（上上×××）　　5下判官22-2白声
　　憐み給ふ（上上コ×—）　　2上文強15-3口説
　　争ひ申さゞりける（上上コ×—）　　11下西光44-4口説
　　争ッひて（上上×××）　　揃物大衆6-2白声
　　　　　（上コ×××）　　5下千寿5-4口説

これらはまだ変化というよりは、一部に見られるわずかな「混同」または「ゆれ」という方がよいような状態であり、また後に第一類に合同するという方向すら明確とは言えない。奥村三雄（1981：361）がこの程度のアクセントのゆれを表示しなかったのも当然であろう。
　近松浄瑠璃譜本を資料として論じた坂本清恵（1990：164）によれば、近世初期の大坂アクセントにおいて、連体形に一部4V1⟨2⟩と4V2⟨2⟩との混同・ゆれの例があるようだが、とくに4V1⟨2⟩の「とどむる・うかぶる」がHHLLを示すことについて「史的アクセントからは、HHHHであったはずだが、その変容のHHHL・HHLLで実際には語っていたものか」と述べている。「変容」とは音楽的な意味での変容であろうか。坂本（1991）によると、四拍動詞二段活用の連用形は、連用中止形や複合動詞前部成素の場合にはHLLが優勢、助詞・助動詞接続形はHHLもHLLと同程度に認められるという。「胡麻の持つ意味についてはまだ不明な点もある」としているが、この場合も4V2⟨2⟩と4V1⟨2⟩との間にゆれがあったとみることができよう。

4. 室町期の四拍動詞アクセント体系と第二類四段活用（4V2⟨4⟩）連用形の問題

　しかし後世の変化との関連で捉える場合には、この問題は重要である。もう少しさかのぼった時点から事態を検討しておかなくてはならない。
　もともと4V1と4V2とは、鎌倉期以前には【表3】の左側のような体系であった。それが室町期になると右側のようになる。4V2ではLLF＞HLLやLLLH＞HHLLのような変化がほぼ一律に起こっているが、ただ一箇所4V2⟨4⟩の連用形（#印）がLLHL＞HLLLとならずに、HHLLになっている点が注意される。
　これについて金田一春彦（1964：392-394）は、二拍動詞・三拍動詞の連用形への類推から鎌倉期後期の連用形アクセントはLLLFに変化していたと推定した。そうすればLLLF＞HHLLは規則的変化になる。桜井茂治（1984）も処々にこの説を引用している。奥村三雄（1986b：350）は、現代京都でHHLL型をとるものには「平曲資料当時以降に」HLLL型から変化したものが多いとして、ここにいう4V2⟨4⟩の連用形を例に挙げている。また別のところでは、「中世半

【表3】鎌倉期から室町期にかけての四拍動詞アクセントの変化

	終止連体形	連用形	特殊形	命令形		終止連体形	連用形	特殊形	命令形
4V1〈2〉	HHHH	HHL	HHH	HHL	=	HHHH	HHL	HHH	HHL
4V1〈4〉	HHHH	HHHL	HHHH	HHHL	=	HHHH	HHHL	HHHH	HHHL
4V2〈2〉	LLLH	LLF	LLL	LLF	>	HHLL	HLL	HHL	HLL
4V2〈4〉	LLLH	#LLHL	LLLL	LLHL	>	HHLL	#HHLL	HHHL	HLLL

ば頃以降にHLLL→HHLLの規則的変化をおこした語類」（同1993：39）とも説明している。いま「平曲資料当時以降」と「中世半ば頃以降」とを同じことと考えれば、金田一と奥村の間には明らかに解釈の相違が存在するということになる。

それでは、室町・江戸期の資料で4V2〈4〉の連用形はどのようにあらわれるのであろうか。さしあたり『平家正節』を検討してみるに、これらはすべてHHLLであって、HLLLはみない。桜井（1984：794, 865）によれば、中世の資料として利用されることの多い『仮名声』と『開合名目抄』にそれぞれ1例ずつHLLL（「コトハリ《徴角角角》」仮名声54-2／「シタガ(ッ)テ《徴角角角》」開合名目抄29ウ5）があるという（《徴》の付された拍を高拍、《角》の付された拍を低拍と解釈する）。ただし「従ふ」は古く高起式の語で、それを室町期に古く低起式であった語と混同したらしい。これらを桜井（1984：240, 865）はLLHLからの変化形だと説明する。

さらに坂本清恵（1994）によれば、後水尾院の古今伝授にかかわる中院文庫本『古今和歌集聞書』『古今聞書』（ともに京都大学附属図書館蔵）に次の例があって、ここにもHLLL型が「誘ふ」の連用形にみられる。室町末期から江戸初期頃の資料とみて誤らないであろう（ほかに「いぶかり」もあるが、これはHHLL）。

　　　いざなひて〈上平濁平平〇〉（声点）　　古今和歌集聞書12オ8
　　　いざなひ《上下下下》（胡麻点）　　古今聞書1-14オ4

このように室町以降の4V2〈4〉連用形HLLLの例はきわめて少ない。ただ、桜井のいう古い連用形アクセントLLHLからの直接の変化形であるならば、その成立は変化の完了した室町期のはじめであったはずだから、多数型HHLLとともに少数型HLLLも、（後水尾院の時期まで少なくとも）200年は併存したということになる。奥村和子（1995：67）は、「動かす・悩ます・励ます」等「語構

成から考えれば三音節二類動詞特殊未然形＋助動詞「す」でLLLFになっているはずのもの」を指摘して、「文献に現れなかっただけで、LLHL型と共にLLLH型も存在していたのではないか。むしろLLLF型からLLHL型が生まれた可能性も考えられる」という。もちろん、そのような可能性は十分あろう。

一方、奥村三雄のように、鎌倉後期にLLLFを想定せずに、LLHL→HLLL→HHLLという「規則的変化」を考えるのも、それがいわゆる音韻変化並みのものとした場合、ほかの多くに室町期を通じて同様な変化が起こらない点には、なおも疑問が残る。「HLLL→HHLLの規則的変化」を想定することには問題があるのではないか。

ここに私見を述べるならば、【表1】において明らかなように、すでに室町期には次のような体系が出来上がっていたものと推定する。

　　　一類動詞　　　　　　：　終止連体形　　H0型　　　　連用形　H(−2)型
　　　3V2〈4〉/4V2〈2・4〉：　終止連体形　　H(−3)型　　連用形　H(−3)型

したがって、4V2〈4〉の連用形は（たとえ一時的にHLLLがあらわれることはあっても）HLLLよりはH(−3)型のHHLLの方が体系的に収まりがよかったはずで、そのために室町期から江戸期にかけて、この型が定着していたのだと説明できる。そこにHLLLからHHLLへの変化が想定できても、それは音韻変化ではなくて体系の均整をめざす類推変化とみるべきであろう。[3]

5. 四拍動詞アクセントのゆれから合同への跡づけ

さて、4V2〈2〉について奥村三雄（1990：589-590）は、4V1〈2〉の連用形がHHLからHLLへの変化を起こして4V2〈2〉と4V1〈2〉とが合併したために、その影響で、他活用形も漸次合併して行ったと考え、ほぼ全体としては3V1〈4〉と3V2〈4〉との合同に準ずる面が多いと述べている。

	終止連体形	連用形	特殊形	命令形
4V1〈2〉	HHHH	＃ HHL	HHH	＃＃ HHL
4V2〈2〉	＃＃ HHLL	HLL	＃＃ HHL	HLL

第2節　四拍動詞アクセント体系の変遷　　343

上に #印を付けた連用形にHHL型とHLL型の「型の統合」が起こったとすれば、##印の箇所にも同様な動きがあらわれてよいはずで、その結果として下のような状態にいったんはなったのであろう。

	終止連体形	連用形	特殊形	命令形
4V1⟨2⟩	HHHH	HLL	HHH	HLL
4V2⟨2⟩	HLLL	HLL	HLL	HLL

　このような4V2⟨2⟩のアクセントは徳島市の高年層のなかに聞くことができるし、合同の契機として #や ## の変化が指摘されることは、前節で三拍動詞の体系について述べた。しかし、これならば結果として4V2⟨2⟩の方向に類推がはたらいてもよかったはずで、所属語彙も4V2⟨2⟩の方が多そうであるし、それ自体のかたちもみなH1型で均整がとれていて、記憶の経済という点からしても有力である。それにもかかわらず、現代ではみな4V1⟨2⟩の方に動いているのはなぜであろうか。
　奥村は3V1⟨4⟩に3V2⟨4⟩が類推した変化に「準ずる面が多い」と示唆的にいうが、どのように類似し、どのように相違するかを検討してみたい。まず類似する点は、徳島市などで3V2⟨5⟩と4V2の変化が徹底するのは、1990年代後半において、ほぼ30歳代以下の人たちである。すなわち両変化はほとんど時期を同じくして終了する。[4]
　ところが、そのはじまる時期はずいぶん異なる。平曲譜本では4V1と4V2とに混同があったことすでに述べたが、3V2⟨4⟩は終止連体形HLL、連用形HLLであり、3V2⟨2⟩も同じくHLL、LFまたはLHで一定しているし、徳島市でも高年層のアクセントは平曲譜本とほぼ同様である。これに対して4V2の方は、両活用ともに高年層であっても一定しない。語によって変化の早いものと遅いものとがあり（上野和昭 1994）、それが中央語で3V2が安定していた時期に4V1・2がゆれていたことと関係しているのではないかと考えられる。
　それでは室町期や江戸初期ではどうであったのか。桜井(1984)によれば、4V1と4V2との間のゆれは、その時代にも相当あった模様である。ただ桜井は多くの場合、扱った資料が論議書であることから音楽的な問題と考えたり、語それぞれの個別的な問題、さらには一時期的なこととして処理するのであるが、

なかに4V2〈2〉の連用形にHLLと並んでHHLもみえることに関して、活用形全体が、連用形や未然形以外みなHH～のように最初の2音節が高い型になったことに連用形も類推したと説くところがある（同：858, 1059-1060, 1077-1078, 1260）。この考えならば、4V2〈2〉の側から4V1に変わっていくことについて説明できるが、実際には室町・江戸期の例には逆方向への類推もみられ、その動きが一定しない。またもし桜井の言うようなことがあったのならば、4V2〈2〉の連用形がHHLになったのを機に、終止連体形にもHHHHへの変化が一斉に起こりそうなものだが、なお事態は混沌としているのである。

　さきに引用した中院文庫本『古今和歌集聞書』および同時代のアクセント資料と考えられる『源氏清濁』でも（坂本1994）、4V2〈4・2〉の「そよめく・類ふ・側む」の終止連体形や連用形に4V1〈4・2〉のようなアクセントを表示した例があり、また一方で4V1〈4・2〉の「さへづる・始む」の終止連体形や連用形に4V2〈4・2〉のようなアクセントを表示した例がある。

　　そよめく〈上上上上〉　　源氏清濁 8ウ5上
　　たくへて〈上上濁平平〉　古今和歌集聞書 10ウ12
　　そはめたる〈上上濁平平平〉　源氏清濁 8ウ5下
　　さへつる〈上上平濁平〉春は　古今和歌集聞書 4オ10
　　はしめたり〈上平平○○〉　古今和歌集聞書 8オ14

　これらのことを要するに、室町期以降少なくとも江戸中期までは、4V1と4V2との間にゆれがあるとはいえ、まだ一斉に4V1へと類推して合同する段階にはいたっていないということである。

6. 四拍動詞アクセントのゆれと合同の原理

　それではなぜこの両者はゆれを長期間続けたのであろうか。もう一度室町期以降の四拍動詞のアクセント体系（【表3】の右側）を検討すると、① 4V1〈2〉と4V1〈4〉は終止連体形H0型、連用形H(-2)型など類似点が多く、4V2〈2〉と4V2〈4〉もこれまた終止連体形、連用形ともにH(-3)型という点から、第一類・第二類それぞれが活用の種類の違いを越えて一体の関係に近かったということが

まずいえよう。

　次に、②頻出する連用形について4V1⟨4⟩HHHLと4V2⟨4⟩HHLLとは、頭から数えればH3型とH2型という具合に紛れやすくなっていたことが指摘できる。ただ一方で、連用形H(-2)型：H(-3)型という対立もあったから、完全に混乱するにはなお時間を必要としたのであろう。

　加えて、③4V2を体系的に支えるべきものは3V2⟨4⟩くらいしかなく、当時の動詞アクセント体系内での不安定さも混乱の一因と考えられる。ただHHLとHLLと、またHHLLとHLLLとの型の統合を混同・ゆれの契機にするのであれば、それは江戸中期にはまだ起こっていなかったのであるから、それ以前には四拍動詞にゆれが起こっていようはずがない。しかし、実際はそのような時期にもゆれはあったのであり、ゆれの原因は別に求められなければならず、それが上記①〜③であると考えられる。ただ、①と③とは「ゆれ」の環境ではあっても、その契機ではない。契機とすべきは②である。

　すなわち、室町期以降、H2型HHLLとH3型HHHLとは型の統合を起こし、4V1⟨4⟩の連用形H3型は、4V2⟨4⟩の連用形H2型と区別がむずかしくなったものと推定する。もちろん、4V1⟨4⟩の連用形は動詞アクセント体系としては同時にH(-2)型でもあり、同じく4V2⟨4⟩の連用形はH(-3)型でもあったから、型統合の力と体系的強制の力とが競り合っていたものと考えられる。ここに混同・ゆれが生じる契機があったとみる。

　次に変化が完了するのはどういう事情かについて述べる。それは江戸後期以降にHHLとHLLと、またHHLLとHLLLとが統合したために、まず3V2⟨2⟩が3V3へと類推し、対する3V2⟨4⟩がこれに遅れて3V1の側へと類推して、動詞アクセント体系が高起と低起の二式に再編成されたとき、同時に4V2も4V1へと残らず動くのである。4V2が3V2のように活用によって分かれなかったのは、ひとえに連用形アクセントがほぼ一致していたことによる。その結果できあがったのが、【表4】の現代京都や一部違いはあるが大阪や徳島（若年層）の体系である。

　高起式の方は、終止連体形H0型、過去形（連用形に助動詞タが接続する形）H(-3)型となり、一方低起式の方は、同じくL0型、L2型となる。表で#1は体系の強制により「着た」をキータHLLにいうところがある（高知・阿波など）。#2は高知・田辺・龍神、それに徳島・阿南・羽ノ浦などの阿波アクセントで

【表4】現代京都における動詞アクセントの体系

	代表語形	終止連体形	過去形	否定形	意志形	禁止形	命令形
2V1⟨1⟩	キル (着)	HH	#1 HL	HH	HHH	HHL	F
2V1⟨5⟩	オク (置)	HH	HLL	HHH	HHH	HHL	HL
3V1⟨1⟩	ステル (捨)	HHH	HLL	HHH	HHHH	HHHL	HL
3V1⟨5⟩	オクル (送)	HHH	#2 HLLL	HHHH	HHHH	HHHL	HHL
3V2⟨5⟩	ウツル (移)	HHH	#3 HLLL	HHHH	HHHH	HHHL	HHL
4V1⟨1⟩	カサネル (重)	HHHH	HHLL	HHHH	HHHHH	HHHHL	HHHL
4V2⟨1⟩	オソレル (恐)	HHHH	HHLL	HHHH	HHHHH	HHHHL	HHHL
4V1⟨5⟩	カナシム (悲)	HHHH	HHHLL	HHHHH	HHHHH	HHHHL	HHHL
4V2⟨5⟩	アツマル (集)	HHHH	#4 HHHLL	HHHHH	HHHHH	HHHHL	HHHL
2V2⟨1⟩	ミル (見)	LH	#5 HL	LH	LLH #6 (HHH)	LHL	F
2V2⟨5⟩	カク (書)	LH	LLH #7 (LHL)	LLH	LLH	LHL	LF
3V2⟨1⟩	ウケル (受)	LLH	LHL	LLH	LLLH	LLHL	LF
3V3⟨5⟩	アルク (歩)	LLH	LHLL	LLLH	LLLH	LLHL	LHL
4V3⟨1⟩	ササゲル (捧)	LLLH	LHLL	LLLH	LLLLH	LLLHL	LHL

　HHLLが聞かれ、#3も阿波ではHHLLも聞かれるから、京都でもかつて一時は体系的におさまりのよいH(-3)型であったと思われる。それが今日HLLLなのは、体系的強制よりも型の統合の方が優勢にはたらいているのであろう。#4は「日本語音声」(1990)、『全国アクセント辞典』(平山輝男1960)による。大阪や徳島(若年層)でもHHHLLである。ただし『現代日本語方言大辞典』(平山1992-94)ではアツマッタHHLLLとする。

　低起式では2V2⟨1⟩の連用形が鎌倉期以前はともかく室町以後はFまたはHであって低起式にならない。ために#5は体系の例外をなす。この関係からか、高起式に類推した意志形(#6)が報告されている(佐藤1989：31)が、大阪・徳島(若)はLLH。#7は多く音便形をとるのでLLHになるが、高知などはクータ(食)LHLで、これの方が本来の形である。なお、ここにいう禁止形とは禁止の助詞ナが接続した形である。

7. 近畿中央式諸方言アクセントにみる四拍動詞アクセントの合同の過程

　高知・田辺・龍神などと同様に徳島県の東半に聞かれる高年層のアクセントは、現代京都アクセントよりもやや古い様子をみせている。さすがに高知は3V3アルクや4V3カカエルなどにLHH、LHHHのような早上がりの型をみせて古色が顕著であるが、残る地域も3拍形容詞ク活用の類別を残していたり（徳島市などではもはや失われているが、阿南市・羽ノ浦町近辺はこれを残す）、三拍動詞第二類に変化が起こっていないなどの点でアクセント史的に興味深い。ここにこれらの地域の動詞アクセント体系を、代表的なアクセントによって示せば【表5】のようになる（*印は歴史的に推定されるが聞かれなかった型）。

　ここには記さなかったが、意志形には短呼形も聞かれ、禁止形（禁止の助詞ナの接続した形）にはキルナ・ミルナなどのほかにキナ（着）・ミナ（見）HL、ウエナ（植）HLL、オキナ（起）LHL、ワスレナ（忘）HHLL、アツメナ（集）HLLL、カカエナ（抱）LHLLなどがある。またとくに龍神では二段活用語形（たとえばアクル（開）・オクル（起）など）が聞かれる。さらに徳島市ではLLHHよりはLLLHが一般的になっている。

　四拍動詞にいろいろな変化型も見られることを除けば、およそ【表1】の体系と同じである。上述のように3V2に類推変化が起こっていないし、これに連動する2V2〈1〉意志形ミヨー（見）や2V2〈5〉の否定形カカン・意志形カコー（書）などに、いまだHLLからLLHへの変化もない。これを【表1】および【表2】と、【表4】との中間に位置付けてみたい。それがアクセント史上、近世と現代との間隙を埋めることになると考えるからである。

　ここに4V1と4V2とを抜きだして、さらに諸方言に聞かれる少数型をも書き加えたものが【表6】である。田辺・龍神については4V1〈5〉・4V2〈5〉の資料を欠く。また高知は4V1〈5〉・4V2〈5〉の一部を『現代日本語方言大辞典』（平山1992-94）で補う。ほかは佐藤（1989）と筆者の調査による。略号は、高知＝高・田辺＝田・龍神＝龍・阿南＝阿・羽ノ浦＝羽・徳島＝徳。とくに地域の記載がないところは、これら諸方言に差がないということである。とくに波線部分に類推型と思われるものが見られる。被調査者はおおむね1990年代後半に60歳代以上の高年層である。ただし徳島市以外は多人数調査ではないので【表6】

【表5】 近畿中央式諸方言における動詞アクセント体系 （*は推定型）

	終止連体形	過去形	否定形	意志形	禁止形	命令形
2V1⟨1⟩	HH	HL	HH	HHH	HLL	F
2V1⟨5⟩	HH	HLL	HHH	HHH	HLL	HL
3V1⟨1⟩	HHH	HLL	HHH	HHHH	HHLL	HL
3V1⟨5⟩	HHH	HHLL	HHHH	HHHH	HHLL	HHL
4V1⟨1⟩	HHHH	HHLL	HHHH	HHHHH	HHHLL	HHL
4V1⟨5⟩	HHHH	HHHLL	HHHHH	HHHHH	HHHLL	HHHL
2V2⟨1⟩	LH	HL	LH	HLL	LHL	F
2V2⟨5⟩	LH	LHL	HLL	HLL	LHL	LF
		LLH				
3V2⟨1⟩	HLL	LHL	HLL	HLLL	HLLL	LF
3V2⟨5⟩	HLL	HLLL	HHLL	HHLL	HLLL	HLL
4V2⟨1⟩	HHLL	HLLL	HHLL	HHLLL	HHLLL	HLL
	HLLL		HLLL	HLLLL	HLLLL	
4V2⟨5⟩	HHLL	HHLLL	HHHLL	*HHHLL	HHLLL	HHLL
	HLLL	HLLLL	HHLLL	HHLLL	HLLLL	HLLL
			HLLLL	HLLLL		
3V3⟨5⟩	LHH	LHLL	LHHH	LHHH	LHLL	LHL
	LLH		LLHH	LLHH	LLHL	
4V3⟨1⟩	LHHH	LHLL	LHHH	LHHHH	LHHHL	LHL
	LLHH		LLHH	LLHHH		

は必ずしも類推変化の進行の程度を反映するものではないが、それでも以下のようなことが指摘できる。

 [1] 4V1には変化の様子がほとんどなく、4V2にのみ変化が認められる。
 [2] 4V2⟨1⟩と4V2⟨5⟩との間に変化の差は、とくに認められない。
 [3] 高知で4V1⟨1⟩の命令形に、第一類のなかでただ一つ類推型が認められる。
 [4] 高知には非類推型が多く、田辺・龍神・阿波は類推型が混じる。
 [5] 阿波にHHLLLとHLLLL、HHLLとHLLLとの統合が著しい。
 [6] 田辺・龍神は4V3に早上がりのLHHHなどが聞かれるのに（佐藤 1989：44ff）、四拍動詞の変化は比較的早そうである。阿波では遅上がりに移行していても、4V2の非類推型が頻繁に聞かれる。

【表6】近畿中央式諸方言に聞かれる四拍動詞アクセント（*は推定型）

	終止連体形	過去形	否定形	意志形	禁止形	命令形
4V1〈1〉	HHHH	HHLL	HHHH	HHHHH ワスレヨー （高田阿羽）	HHHLL ワスレルナ （田阿羽）	HHL ワスレ （田阿羽徳） ワッスェ （羽）
				HHHH ワスリョー （高龍） ワスレヨ （徳）	HHHHL ワスレルナ （高徳） ワスルンナ （龍）	HHF ワスレ （高龍）
					HHLL ワスレナ （高阿羽）	HLL ワスレ （高）
4V1〈5〉	HHHH	HHHLL	HHHHH	HHHHH （阿羽徳）	HHHLL （阿羽徳）	HHHL
					HHHHL （阿羽徳）	
4V2〈1〉	HHLL （高阿羽徳）	HLLL （高阿羽徳）	HHLL （高阿羽徳）	HHLLL （阿羽徳）	HHLLL （羽徳）	HLL （高阿羽徳）
	HLLL （阿羽徳）	<u>HHLL</u> （田龍阿羽徳）	HLLL （徳）	HHLL ハナリョー （高）	HLLLL （阿羽徳）	<u>HHL</u> （高田龍阿羽徳）
	<u>HHHH</u> （田龍阿羽徳）		<u>HHHH</u> （田龍阿羽徳）	HLLLL （羽徳）	HLLL ハナレナ （高羽）	
				<u>HHHHH</u> （阿羽徳）	<u>HHHLL</u> （田阿徳）	
					<u>HHHHL</u>（龍羽）	
					<u>HHHL</u>ハナレナ（阿）	
					<u>HHL</u>ハナレナ（羽）	
4V2〈5〉	HHLL （高阿羽徳）	HHLLL （高阿羽徳）	HHHLL （高）	*HHHLL	HHLLL （阿羽徳）	HHLL （阿羽徳）
	HLLL （徳）	HLLLL （徳）	HHLLL （阿羽徳）	HHLLL （阿羽徳）	HLLLL （徳）	HLLL （徳）
	<u>HHHH</u> （阿徳）	<u>HHHLL</u> （徳）	HLLLL （徳）	HLLLL （徳）	<u>HHHLL</u> （徳）	<u>HHHL</u> （徳）
			<u>HHHHH</u> （阿羽徳）	<u>HHHHH</u> （徳）	<u>HHHHL</u> （徳）	

[1]は、かつて近世中期以前に四拍動詞がゆれていたことと、上記の近畿中央式諸方言に4V1が安定している様子とがうまくつながらないが、4V2は不安定のまま残ったらしい。[2]については、徳島市内の多人数調査から、4V2〈5〉と4V2〈1〉とは一緒に変化しているらしいことがうかがえる[6]。[3]は、ただ1例であるから慎重になるべきであろうが、かつて4V1もゆれていた痕跡を高知アクセントが今日に伝えているものかもしれない。[4]のことからしても、その可能性はあるか。[5]は阿波アクセントに顕著な特徴といえそうであるが、歴史的変化の跡を反映しているものと考える。[6]は調査語彙の問題、あるいは被調査者の問題かもしれない。

8. おわりに

　以上四拍動詞アクセント体系の変遷の様子を、文献資料をもとに跡付け、さらに近畿中央式諸方言アクセントによってこれを補ってみた。それによれば、江戸期以前にゆれを見せていた四拍動詞は、その後まず4V1が安定して、その結果として4V2が不安定のまま残り、さらに現代にいたる間に4V2が4V1へと類推し合同した、という経緯が明確になってきた。最後の類の合同を徹底したのは、動詞アクセントの両極再編（終止連体形でいえば、H0型とL0型という両極に編成し直される）という動きであった、ということになる。
　室町期以降、京都の動詞アクセント体系は終止連体形と連用形との間に不調和な部分をもち、とくに四拍動詞については江戸中期まで第一類と第二類との間で混同・ゆれがあった。これは、H3型とH2型とが統合したことや、終止連体形の下降型アクセントの動詞が、動詞アクセント体系内において不安定であったことによるものと思われる。
　こののち、H2型とH1型との統合を契機として、動詞アクセント体系の再編が起こるのであるが、四拍動詞第二類が第一類と合同するのもこのときである。江戸中期までの文献に確認される「ゆれ・混同」と現代京都方言との間に、諸方言アクセントに聞かれる、四拍動詞第一類の安定した時期を想定してよいと思うが、ゆれたり混同したりしていたものが、どうして一方の第一類のみ安定した状態になるのか。また、ゆれをみせる平曲譜本の状態は文語アクセントを反映したのではないか、などという疑いもあるが、平曲以外の資料にもこの様

子は看取される。

　江戸中期以前の資料に見られる「ゆれ」または「混同」は、さほど大きなものではなかったので、いわゆる「類別」を大きく混乱させはしなかったと考えられる。そののち江戸後期以後に第一類の安定する時期を経て、4V1と4V2はようやく一つにまとまるのである。なお、平曲譜本における具体的な用例については、奥村和子（1995）に詳しい。

注
1　それぞれ例を示せば以下のとおり。すでに凡例(4)にも述べたように、四拍動詞四段活用のものは「早稲田語類」に認定されていないが、ここでは古く高起式に由来するものを「第一類」、同じく低起式に由来するものを「第二類」とよぶ。

　　#1：4V1⟨4⟩　連なる（上上××）　　2上殿上23-5白声
　　#2：4V1⟨2⟩　唱へ給ふ（上××―）　7下惟水22-1口説
　　#3：4V1⟨4⟩　重ッて（上コ×××）　4上都還 9-2口説
　　#4：4V2⟨2⟩　愁レへたる（上上×××）　炎上清水 2-1口説
　　#5：4V2⟨4⟩　営み給ふぞ（上上コ×―）　7下重斬39-2口説

2　これに対して、4V2⟨2⟩の連用形はLLF＞HLLとなっていて問題ない。秋永一枝（1991：503）に紹介された、『堯恵本古今集聞書（延五記）』や『古今私秘聞』にみえる「深めて⟨上平上平⟩」の例は、この変化の中間段階のものであろう。

3　徳島市などに聞かれる「アラワシ」（表）HLLLなどは、のちにHHLLとHLLLとの統合が進んだ際の変化型と考えられる。HHLLとHLLLとの型の統合は、江戸後期以降のものである。

4　徳島市における3V2⟨1・5⟩の変化については、上野和昭・仙波光明（1993）を、また4V2⟨1・5⟩については上野和昭（1994）を参照されたい。

5　この点については、服部四郎（1931：16-17）の指摘が早い。

6　一方の極となる4V3については、とくに述べることがなかったが、その所属語数はきわめて少ない。しかしこの再編の時期には、2V2⟨5⟩ばかりでなく3V2⟨1⟩に加えて、低起式動詞を前部成素とする多くの接合動詞が残らず、終止連体形L0型になるので、その数においても十分なものとなる。

第3節
複合動詞・接合動詞のアクセント　その1

1. はじめに

　いわゆる複合動詞（動詞＋動詞）が、古代語においては単なる二語の連接にすぎず、人々もこれを二語と意識していたであろうことは、吉澤典男 (1952)・金田一春彦 (1953)・桜井茂治 (1960) によって論じられてきたところである。しかし一方では文法・語彙研究の立場からの疑問や反論が、たとえば大野晋 (1956)、関一雄 (1977)、同 (1987) などによって提出されているし、また小松英雄 (1975) は、語調の調整などの外形は「意味の癒着」に後れるものであることを確認し、同 (1977) では『類聚名義抄』の語調標示に複合動詞への過渡的段階を反映したものがあることを指摘した。さらに山口佳紀 (1982) は、上代文献に見られる複合動詞の連濁の例とともに、『図書寮本類聚名義抄』で「あきだる（飽足）」に差された声点が一語のアクセントを反映していることを紹介し、[1]「これから見ると、複合動詞が二語として意識されていたとは、必ずしも言えないことになる」（同：46）と述べている。

　以上が、古代語において複合動詞が二語であったか否かについての、主としてアクセントの面からの研究経緯の概略であるが、この時代のアクセント資料から判断するかぎり、少数の例外が確かにありはするものの、その多くの例についてアクセントの面で複合が完全に進んでいたとは到底考えられないように思われる。

　ところで、本節では江戸期における複合動詞のアクセントを取り上げるので

あるが、これは一語に複合したかとされる近世語において、そのアクセントがどのようであったかを明らかにし、さらにその結果から古代語の問題をもう一度考えてみようとする試みである。金田一（1976=2001：345）は「複合動詞が現在のように一語として扱われるようになったのは江戸時代以後のこと」と述べたが、そうであるならば、ここに取り上げようとする近世のアクセント資料、主として江戸中期以前の京都アクセントを反映するとされる平曲譜本において、「体系変化」以後のアクセントによって複合した、新しい複合動詞のアクセントが見られるはずである。そしてまた、もし「体系変化」以前の古代語において、すでに複合していた語があったとすれば、それらと新しい複合動詞との間になんらかの差異が見られるかもしれない。その結果によっては、古代語の複合動詞の実態に言及できるのではないか。そのような期待がもたれるのである。

2. 検討の対象

　複合動詞を扱う場合には、意味の面から吟味して、その複合の段階によって分類したりする方法も考えられよう。しかし、ここでは平曲の譜記から判断して、明らかに二語のアクセントを反映すると思われるものを除き、そのほかの例を集めて考察する。二語のアクセントとは、一連の複合動詞のうちに二箇所高い部分をもつもので、たとえば次のごときがそれである。

　　　いひ置ヵばや（上×上上××）　　15上内女36-3白声
　　　走り出ける中ヵに（上×××上コ×―）　9上文流4-2口説
　　　紛ヶれ入りたりけん（上××上×××××）　7上法遷11-5白声

　これらに、高い部分が一箇所にまとまっているアクセントを反映する譜記が施されている場合もある。次がその例で、本節では、この類を検討対象にする。

　　　云ィ置て（上××××）　　10下篠原8-2口説
　　　はしり出て（上×××××）　　15上内女29-1口説
　　　まきれ入って（コ×××××）　　5下二魁4-1口説

　また連用形の拍数が2拍の動詞を中心に、①｜2(拍)＋2(拍)構造｜　②｜2＋3構造｜　③｜3＋2構造｜の三つの場合を考察するが、実際にあらわれる複合動詞・接合動詞のほとんどが連用形であるので、ここでの考察も主として連用形のアクセントとする。またここでは、いわば広義の複合動詞を、《口説》《白声》の

曲節にあらわれるところから抽出したが、一部《指声》の曲節からも例を補ったことを付言しておく。

3. {2＋2構造}の接合動詞

①{2＋2構造}の場合、いまそれを一語とみるか否かはともかくとして、その連用形（後項の動詞が連用形）の譜記から考えられるアクセントは3種類である。すなわち、A）HLLL、B）LHHL～LLHL、C）LHLLがそれである。次にそれぞれに属す語を掲げる。

A) HLLL
a 荒れ行き　言ひ入れ　言ひ置き　入れ替へ　押し開け　押し上げ
　　押し当て　押し張り　押し寄せ　追ひ上げ　追ひ入れ　消え入り
　　消え失せ　消え遣り　聞き知り　汲み入れ　捨て置き　据ゑ置き
　　突き当て　突き入り　飛び越え　飛び去り　飛び乗り　乗り替へ
　　乗り越え　乗り連れ　引き開け　引き上げ　引き入れ　引き替へ
　　引っ据ゑ　引っ張り　踏み抜き　振り上げ　焼き上げ　遣り入れ　（36語）
b 言ひ合ひ　言ひ掛け　言ひ付け　押し掛け　押し籠め　押し付け
　　押し成り　押し分け　追っ掛け　追っ籠め　追っ立て　追っ付き
　　聞き付け　聞き成し　聞き馴れ　聞き分き　捨て果て　据ゑ兼ね
　　突い立ち　突き出で　泣き飽き　泣き合ひ　抜き持ち　引き具し
　　引き立て　引き付け　引き詰め　引っ掛け　引っ組み　引っ裂き
　　引っ提げ　引っ立て　行き会ひ　呼び取り　寄り合ひ　寄り付き　（36語）

Aの類は、前項の動詞が高起式のものである。いま仮に後項の動詞の高起・低起の式によって、a［HL＋HL］とb［HL＋LF（LH）］とに分けたが、その連接した全体のアクセントはなんら変わらない。前項のアクセントを生かし、後項は低く平らに付いてHLLLとなる。もっとも、aの「引っ据ゑ　引っ張り」とbの「追っ掛け　追っ籠め　追っ立て　追っ付き　引っ掛け　引っ組み　引っ裂き　引っ提げ　引っ立て」には、HHLLとみられる譜記が付いているが、これは第二拍が促音のための変容と考えられる。

B) (1)LHHL～(2)LLHL

相ひ知り	相ひ添ひ	相ひ続ぎ	出で入り	打ち明け	打ち上げ
打ち入り	打ち入れ	打ち着せ	打ち越え	打ち添ひ	打ち乗せ
打ち乗り	打ち振り	打ち負け	打ち寄り	落ち入り	落ち失せ
落ち行き	書き置き	掻き暮れ	掻き載せ	掻き寄せ	駆け入り
漕ぎ寄せ	差し上げ	差し入り	差し置き	差し添へ	攻め入り
絶え入り	立ち入り	立ち聞き	立ち囲み	立ち添ひ	立ち寄り
取り上げ	取り入れ	取り添へ	取り乗り	取り寄せ	投げ上げ
投げ入れ	投げ捨て	逃げ入り	逃げ去り	脱ぎ捨て	馳せ入り
馳せ散り	馳せ寄せ	跳ね入り	更け行き	干し上げ	見え初め
召し置き	召し寄せ	漏れ聞き	彫り入れ		(58語)

　Bの類は、前項の動詞が低起式で、後項が高起式のものである。これらは、平曲ではまず間違いなく (1)LHHL または (2)LLHL のかたちで連接する。

　(1)LHHLは、前項後項それぞれのアクセントをそのままに反映して連接しているだけだとみれば、先にこのほかの場合を除外したのにならって、ここでも除くべきかもしれない。ただアクセントの高い部分が一箇所にまとまっているという理由で、ここに残しておいたのであるが、いま一つの理由は (2)LLHL と連続的に重なりあっているらしい様子が看取されることにもよる。

　まず《口説》《白声》よりも古いアクセントを反映するとされる《指声》では(1)のかたちしかなく、促音便の場合でも、《口説》《白声》ならば例外なくLLHHとなるのに、《指声》ではLHHHとなる。ところが《口説》では、(1)LHHLは22語、(2)LLHLは15語となり、この外に「打ち入れ・落ち行き・駆け入り・立ち寄り」の4語では両方のアクセントに対応する譜記が見られる。さらに《白声》ともなれば、「打ち負け・馳せ寄せ」のみ例外的に (1)LHHLとなるが、大勢は (2)LLHLである (31語)。(1)LHHLよりは (2)LLHLの方が変化の進んだかたちとみられるから、江戸中期には、LHHLからLLHLへの変化が完了しようとしていたと考えることも可能であろう。

　Cの類は、前項後項ともに低起式の場合で、これらはおおむねLHLLのかたちになる。

C)　LHLL

飽き満ち	相ひ具し	相ひ待ち	出で立ち	受け取り	打ち会ひ	
打ち出で	打ち掛け	打ち勝ち	打ち切り	打ち具し	打ち過ぎ	
打ち立て	打ち解き	打ち伏し	打ち折り	落ち合ひ	落ち着き	
負ひ為し	掻い繰り	掻き負ひ	掻き切り	書き付け	掻き撫で	
掻き分け	駆け出で	食ひ切り	請ひ受け	語り取り	差し出で	
差し過ぎ	差し詰め	強ひ伏せ	締め付け	責め伏せ	絶え果て	
出し立て	立ち出で	裁ち縫ひ	取り敢へ	取り出で	取り掛け	
取り組み	取り籠め	取り付き	取り延べ	取り分き	投げ掛け	
成し給び	逃げ出で	換ぢ切り	練り出で	飲み酔ひ	剥ぎ取り	
馳せ着き	這ひ出で	吹き掛け	待ち受け	待ち掛け	満ち満ち	
召し具し	召し掠り	持て成し				(63語)

以上が①{2＋2構造}のアクセントと語例である。以下にこれを整理して示す。

a［HL＋HL］ b［HL＋LF（LH）］ → A）HLLL
［LF（LH）＋HL］ → B）(1) LHHL 〜 (2) LLHL
［LF（LH）＋LF（LH）］ → C）LHLL

ところで、上に挙げたもののほかに、いくつか問題のあるものもある。まず「昇き据ゑ」にCのアクセントを、また「もて酔ひ」にBのアクセントを反映する譜記が付けられているのは、それぞれを構成する動詞のアクセントからして不都合である。しかしこれらは、尾﨑本・京大本のごとき同じ正節譜を伝える諸本では、「昇き据ゑ」にBと、また「もて酔ひ」にCと判断できる譜記が付いており、ここは東大本の誤記かと思われる。

　　昇居ヘ奉ッテ（×上××―）　　11下座流51-1口説
　　　　　　　　　　　　　　　　　〔尾京A早（××コ×―）〕
　　もてゑひて（×上コ××）　　10上鹿谷28-3口説
　　　　　　　　　　　　　　　　　〔尾京A早（×上×××）〕

次に「住み馴れ」(4例)にB、「打ち連れ」(6例中1例)と「打ち笑み」(1例)の両語にCを思わせる譜記があるのは、正節系譜本みなこのとおりであって誤記の可能性は少ない。「馴る」は低起式、「連る」と「笑む」は高起式であるか

第3節　複合動詞・接合動詞のアクセント　その1　　357

ら、逆になってほしいところである。[4]

　　　住馴し所を（×上コ××―）　　12上行隆3-4口説
　　　　　　　　　　　　　　　　〔尾（同）、京A早（上×コ××―）〕
　　　住馴し都をば（×上コ××―）　10下六乞68-1口説〔尾京A早（同）〕
　　　住馴し都をば（×上コア×―）　灌頂六道18-2シロ〔尾京A（同）〕
　　　住なれて（×上コ××）　7下猫間3-3口説〔尾京A早（同）〕
　　　打連レ奉つたり（×コ××―）　13上北国7-1口説〔尾京A早（同）〕
　　　打ゑみたまひて（×上××―）　5下千寿40-2素声
　　　　　　　　　　　　　　　　〔尾早芸（同）、京B《×平××―》〕

　また次の例も規則に合わない。「堪（耐）ふ」は低起式であろうから、Cのアクセントが期待されるが（「打ち絶え」と解釈しても同様）、実際はB（1）となる。正節系諸本また同様で、にわかに誤記とも考えがたい。

　　　打チ堪へ申す事をば（×上コ×―）　15下文沙3-1口説〔尾京A早（同）〕

　さて、ABC三種類以外のものが少数ながらある事にも注意しなければならない。

　　　飽足ヾヲで（上上上コ×）　6上殿下2-4口説
　　　〔尾京A早（同）、筑北也（×中上中×）、宮《上乙上乙×》、豊《上上上平×》、秦《上下上下×》、波《上上上平×》〕

「飽き足り」は引用例の「足」の右肩に濁点があり、複合の進んでいることは平曲譜本からも知られ、山口（1982）の指摘するように古くから複合していた模様である。とくに古譜本、他流譜本を調べても「飽きだらで」HHHHLと解釈するのにとくに支障はない。とすれば、古く低起式の一語の動詞は終止形LLHL型であるから、近世は、この終止連体形LLLH型から変化したHHLL型になっていたはずで、その未然形もHHLLではないかと思うが、平曲譜本にあるようなHHHHは説明がむずかしい。あるいはもと高起式動詞の未然形と混同したか。[5]

　　　討ツメとり、（上中上××）　4上信連39-1口説
　　　討ッ取ッて（上上×××）　6上五節10-2素声
　　　打ッ立チけり（上コ×××）　13下法住4-1口説
　　　打ッ立ッて（上上×××）　5上小松13-1素声
　　　　　　　（上中上×××）　炎上奈良17-5口説

358　第6章　動詞のアクセントとその変遷

打ッ立ｪたらば（上コ××××）　　読上願書2-3口説

「討っ取り・打っ立ち・打っ立て」も、近世に複合したのであればCとなるべきで、これもやはり古く複合していたのではないかと思う。

　　踏ン張〟、（上上××）　3下宇治18-2口説
　〔尾早芸（同）、曲（同）、北（中中××）、京D《平乙××》朱《平平下×》、宮《×乙××》、秦《上上上下》怒下、波《上上ア平》コ下〕

「踏ん張り」（引用例「張」右肩に濁点）は、前項後項ともに高起式であるから、A）HLLLとなるべきで、HHLLを反映した譜記のあるのは第二拍の音便のためかとも考えられる。しかし、撥音はこのような場合の促音のように前拍のアクセントの高さを保つことはない。してみると、これも古く複合していたものかということになるが、それならば、この場合は高起式動詞のHHHL型であってよいはずで、連用形がHHLLというのは、それと符合しない。しかし、『正節』にみえる四拍動詞のアクセントを調べると、高起式であっても連用形がHHLLであるものもあり（「欺く」「重なる」「連なる」「貫く」など）、古く複合していたという推定を必ずしも妨げない。

4. ｛2＋3構造｝の接合動詞

　②｛2＋3構造｝の連接の場合は、次の3種類のアクセントがあらわれる。すなわち、D）HLLLL、E）LHHHL〜LLHHL、F）LHHLL〜LLHLLがそれである。その所属する語を挙げれば、次のようになる。

D）　HLLLL
c	言ひ送り	言ひ散し	植え並べ	押し浮べ	押し殺し	押し止め
	押し並べ	押し握り	押し回し	押し渡り	聞き伝へ	汲み下し
	突き並べ	告げ知し	引き違へ	引き外し	引き結び	踏み鳴し
	遣り損じ	遣り止め	行き向ひ	呼び上せ	沸き上り	（23語）
d	押し移り	押し下し	押し流し	押し拭ひ	推し量り	押し破り
	追ひ出し	追ひ下し	追っ掛り	追っ返し	追っ放ち	聞き出し
	突き落し	突き倒し	抜き出し	乗り走り	引き出し	引き落し
	引き隠し	引き被き	引き求め	引っ返し	踏み含み	舞ひ奏で

焼き払ひ　痩せ黒み　行き通り　呼び出し　呼び返し　寄り掛り
　　割り合せ
　　　　　　　　　　　　　　　　　　　　　　　　　　　　（31語）
　Dの類は、cが前項HLに後項HHLが連接した場合、dが前項HLに後項HLLが連接した場合の語を集めてある。いずれも①Aと同様に、前項のアクセントを生かして、後項は低く平らに付いている。d「引き隠し」の後項「隠す」は古くLHL型であろうが、のち第二類動詞と合流するようであるから、いまdに含めておく。

E）(1) LHHHL ～ (2) LLHHL

　　相ひ当り　出で浮び　出で向ひ　打ち上(あが)り　打ち送り　打ち囲み
　　打ち続き　打ち止め　打ち鳴し　打ち並べ　打ち上(のぼ)し　打ち上(あが)り
　　打ち清め　打ち回り　打ち迎へ　打ち向ひ　落ち下(くだ)り　下(お)り降り
　　掻き鳴し　掛け並べ　切り回し　漕ぎ来り　差し当り　刺し殺し
　　刺し違へ　差し上(のぼ)し　住み荒し　攻め下り　攻め上(のぼ)り　立ち上り
　　立ち来り　立ち並び　堪へ忍び　付け並べ　照り渡り　取り伝へ
　　取り止め　取り忘れ　成し下(くだ)し　成り上(あが)り　馴れ遊び　逃げ上(のぼ)り
　　馳せ後れ　馳せ来り　馳せ下り　馳せ並べ　馳せ上(のぼ)り　馳せ回り
　　這ひ回り　伏し転(まろ)び　待ち明し　召し使ひ　洩れ聞え　攀(よ)ぢ上り　（54語）

　Eの類は、前項LHに後項HHLが連接した場合である。①Bと同様に (1) LHHHL、(2) LLHHLの両様がみられるはずであるが、(1) の方は「出で向ひ・立ち来り」の2語しかない。

　　出向ッてこそ（中上上上上中中中）　　8上少乞16-3指声
　　立来ッて（×上上上上×）　　2上鵄7-3白声
　　〔早（同）、尾芸（××上上上×）、京B《××平平平×》朱第二拍「《平
　　都》」〕

　それ以外はみな《口説》も《白声》も(2)のアクセントをとる。ただ上記の《白声》の例は、古いかたちが新しいアクセントを反映するとされる《白声》の曲節にあらわれていて、いささか問題である。そこで尾﨑本・芸大本を調べてみると、これらには(2)にあたる譜記が施されていた。ただし、京大本の書入れに「都本」として東大本のような譜記が指示されており、早大本も同様であった。もし東大本などの譜記を訂正すべきものとすれば、(1)のアクセント

は《指声》の1例だけとなって、『正節』の《口説》《白声》には(2)ばかりと言ってもよいことになる。

　このことは、①Bにおいて(1)から(2)への変化が江戸時代中期に完了しようとしていたと推定したのに比較して、②Eの方が、いくらか早く進行したのではないかという印象を与える。

F)　(1) LHHLL ～ (2) LLHLL

　　相ひ構へ　生き返り　生き残り　打ち落し　打ち被き　打ち砕き
　　打ち静め　打ち叩き　打ち通り　打ち嘆き　打ち払ひ　打ち粉れ
　　討ち洩し　打ち破り　打ち別れ　掻き合せ　掻き出し　掻き口説き
　　掻き曇り　書き流し　駆け破り　刈り収め　漕ぎ出し　漕ぎ通り
　　差し出し　差し集ひ　さしほだり　剃り下し　立ち返り　取り集め
　　取り出し　取り落し　取り覆ひ　取り返し　取り直し　投げ返し
　　成し設け　逃げ籠り　掃き拭ひ　馳せ参じ　這ひ掛り　吹き覆ひ
　　吹き迷ひ　伏し拝み　掘り起し　召し集め　召し出し　召し返し　(48語)

　Fの類は、前項LHと後項HLLの連接した場合で、やはり(1)・(2)の両様のアクセントがあらわれるが、ここでは(1)は《口説》に、(2)は《白声》にのみあらわれ、はっきりと対立している。《指声》には「差し集ひ・伏し拝み」の2語が見られるが、もちろん(1)のアクセントを反映する譜記が施されている。

　ここで、さきに述べた①Bや②Eと比べてみると、②Fはさらに(1)から(2)への変化の進行が遅かったと考えることができる。

　また、②｛2＋3構造｝の複合動詞にはDEFのほかに、次のようなアクセントもあったろうと想像される。それはG) LHLLLである。これは、前項LHに低起式(LHL)の後項が連接した場合にあらわれると考えられるが、たしかな例を見つけられなかった。しかし、あればGのようなアクセント型をとったろう。

　以上に述べた②｛2＋3構造｝のアクセントの様子を整理して示せば以下のようである。

　　c ［HL＋HHL］　d ［HL＋HLL／LHL］　→　D) HLLLL
　　　［LF (LH) ＋HHL］　　　　　　　　　　→　E) (1) LHHHL ～
　　　　　　　　　　　　　　　　　　　　　　　　　(2) LLHHL

第3節　複合動詞・接合動詞のアクセント　その1　　361

　　　　[LF（LH）＋ HLL]　　　　　　→　F）(1) LHHLL 〜
　　　　　　　　　　　　　　　　　　　　　　　(2) LLHLL
　　　　[LF（LH）＋ LHL]　　　　　　→　G) LHLLL

　ところで、②でありながらD〜Gに属さないものが一語ある。「立て籠り」
がそれで、次のように出てくる。どちらの例も「籠・篭」の右肩に濁点があり、
連濁している。
　　　立テ籠゛り、（上上コ××）　　5上小松　6-3口説
　　　楯篭゛って（上上上××）　　　4下郡都　6-1素声
　この語が近世において複合したのなら、[LF（LH）＋ HLL] によってF(1)
LHHLL または(2)LLHLLのアクセントになりそうなものであるが、そうは
なっていない。おそらくこれも「飽き足り・討っ取り」などと同様に、古代語
の段階で複合していたものと思われる。とすれば、前項が低起式であるから、
低起式五拍動詞の一般型LLLHL（連用形）から、アクセントの「体系変化」に
よってHHLLL型となり、さらに連用形はH(-3)型という動詞アクセント体系
の強制によってHHHLL型へと変化したものと考えられる（第2節参照）。ある
いは、複合動詞は一般に連濁しないことを考えると、語の形成過程が異なるの
かもしれない。

5. ｛3＋2構造｝の接合動詞

　最後に、③｛3＋2構造｝の場合をまとめてみる。ここにあらわれるアクセン
トは、H) HHLLL、I) HLLLL、J) LHLLLの三種類である。説明は省略して、
まず語例と、それぞれのアクセントの構成のみを掲げる。
H) HHLLL
　　e　替り行き　転び入り　止め置き　名乗り捨て　上り越え　　　　　（5語）
　　f　送り付け　聞し召し　下り着き　転び合ひ　転び出で　進み出で
　　　 上り着き　磨き立て　迎へ取り　　　　　　　　　　　　　　　　（9語）
I) HLLLL
　　g　預け置き　抱き上げ　痛め問ひ　移し遣り　落し据ゑ　思ひ置き
　　　 思ひ知り　下し置き　帰り入り　帰り去り　尋ね問ひ　尋ね行き

	作り替へ	憎み初め	残し置き	走り散り	走り寄り	申し上げ	
	申し入れ	申し置き	申し替へ	紛れ入り	迷ひ行き	乱れ入り	(24語)
h	奪ひ取り	起り合ひ	生し立て	思ひ出で	思ひ切り	思ひ立ち	
	思ひ成し	思ひ成り	思ひ分き	泳ぎ着き	隠し兼ね	搦め捕り	
	騒ぎ合ひ	縛り着け	尋ね兼ね	頼み切り	倒れ伏し	摑み合ひ	
	摑み付き	疲れ果て	嘆き合ひ	走り出で	申し受け	紛れ出で	
	乱れ合ひ	求め兼ね	窶れ果て	別れ果て			(28語)

J）LHLLL

 i 罷り入り   （1語）

 j 思し召し 罷り出で 罷り過ぎ 罷り立ち 罷り成り 参り会ひ

  参り着き   （7語）

 e［HHL＋HL］ f［HHL＋LF（LH）］ → H）HHLLL
 g［HLL＋HL］ h［HLL＋LF（LH）］ → I）HLLLL
 i［LHL＋HL］ j［LHL＋LF（LH）］ → J）LHLLL

　ここに問題となるのは「作り籠め」にHHLLLのような譜記があることである。「作る」は近世HLLであろうから、当然Ｉ）HLLLLとなってしかるべきである。しかしこれも、ほかの正節系譜本をみると、東大本の誤記と考えてよさそうである。

  作りこめて（上上××××） 2上鵐24-2白声
      〔芸（同）、尾早（上×××××）、京B《平×××××》〕

ほかには、「返し入れ」にLLLHL（《口説》《白声》とも）を思わせる譜記が付けられているのが例外となる。しかし、これは下記の例のように、「都へ返し、入れさせ」と切れる譜記が施されているもので、これを「返し入れ」のかたちで抽出してはいけなかった。

  都へ返し入れさせ……（上上上××××上上コ×―） 読上請文11-5口説

6. 室町期以前の複合動詞・接合動詞のアクセント

　江戸期における複合動詞・接合動詞のアクセントは、以上にみたとおりであ

る。それでは室町期はどうであったろうか。そこで室町初期のアクセントを反映する（馬淵和夫1958）とされる『補忘記』についてみると、次のようである。
　① ｛2＋2構造｝
　　「差し置く」《角徴徴徴》、連用形はLHHLとなろうから、近世のB(1)と同じになり、前後項のアクセント構成も一致する。
　② ｛2＋3構造｝
　　「請ひ願ふ」「差し隠す」《角徴徴角角》は近世のF(1)に構成上も一致する。「隠す」は『補忘記』では《角徴徴》、すなわちLHH（終止連体形）のアクセントであるが、平曲譜本では第二類HLLと合流しているので、ここでも「隠す」にHLL型もあったとみる。
　③ ｛3＋2構造｝
　　「拾ひ取る」《徴徴角角角》、「思ひ遣る」《徴角角角角》は、それぞれ近世のH・Iに、構成上も一致する。
　複合動詞・接合動詞の例を、この時代のアクセント資料から多く集めることはできないが、およそは近世の状況と変わらないであろう。
　そうしてみると、アクセントの「体系変化」後に二語の動詞が複合の方向に向かう場合には、ここにみたようなA〜Jのパターンにしたがったのではないかと考えられる。とくに強い複合意識が生ずれば、一足飛びに終止連体形HHHH（HHHHH）やHHLL（HHHLL）のような一語動詞のアクセント型にならないことはないであろうが、『正節』においてこれだけ多くの語がA〜Jのパターンに属し、例外となるものが少ないことからしても、この推定は成り立つと思う。
　また一部狭義の複合動詞になっていると思われるもの（「飽き足る・討っ取る・打っ立つ〈四段・下二〉・踏ん張る・立て籠る」）も、平曲の詞章の一部であるわけだから、語形そのものは古代語においても存在していたであろうし、強い複合に相応しい外形（連濁・音便など）をもち、また構成成素の一方が補助的であったり接辞的であったりするものもあり、「体系変化」以前からの複合動詞であったと言えるのではないか。そうであるとすれば、「体系変化」以前の平安・鎌倉期における狭義の複合動詞の例を、ここにわずかながら増補できたことになる。
　ところで、平曲譜本のA〜Jのアクセントは、はたして一語のアクセントと

みなしてよいものであろうか。狭義の複合であるならば、一語動詞のそれと同じになるはずであるが、そのような例は、江戸時代においてさえきわめて少ない。このA〜Jは、前項と後項とが連接して、弱く複合したもの（前項後項それぞれのアクセントを生かしながら、アクセントの高い部分が二箇所にならない程度に調整されたもの、「接合」）とみるのが妥当であろう。

　たとえば、古く「が・に・を」などの一般の助詞は卓立型から従属型に変化したが、従属型になったからといって、前接の語とあわせて一語になったとは言わない。これもそれと同様で、一語というには複合が弱く、完全に二語とみるのもためらわれる。あえて言うならば一文節ということになろうか。このような弱い複合が、「体系変化」以後に頻繁にあらわれていたことは、本節にみてきたところから明らかである。それは、前項後項のそれぞれの動詞が単独でも使われるという複合動詞の性格上、ときには解体可能な臨時的複合であったものと思われる。そして、このような事情は「体系変化」以前、少なくとも鎌倉時代でも同じではなかったかと考える。この時代のアクセント資料に、そのような形跡が見えないのは、それが臨時的なものであったからで、規範性の強い資料にはあらわれなかったものであろう。

　ここに古代語の複合動詞を一語とみるか否かの問題も、自ずと解けてくるのであって、完全な複合をもってはじめて一語とするのであれば、古代語の複合動詞の多くを二語とみる立場も支持しうるものであるし、規範意識としてはおそらく二語であったのであろう。また、関一雄（1977：91）のいわゆる「真の複合動詞」に、完全に複合したアクセント（一語動詞と同じアクセント）が形成されていたかとなると、否定的にならざるをえない。思うに、「意味の癒着」を問題にするかぎりでは、ここにいう弱い複合アクセント、すなわち「接合アクセント」で十分なのであろう。

　ここに思い合わされるのは、小松英雄（1977）が注意した以下の例である。
　　擲倒　カヘリウツ〈平平平平上〉　　観本名義　仏下本30ウ1
　　省　　カヘリミル〈平平平平上〉　　高本名義　88オ2
　小松は、これについて「（アクセントが）再調整されるまでの過渡的段階を表わしていると見るべきかもしれない」と慎重に述べたが、もし再調整されるのであれば、これらの語はLLLHLという低起式の一般型に落ち着くことになったであろうし、体系変化後はHHLLのようなかたちになるはずである。

ところがこの語は、『平家正節』に次のような譜記をともなってあらわれる。
　顧みて（コ××××）　　10下六乞68-2口説
　かへりみず（コ××××）　　11上妓王1-4口説
結局「かえりみる」は古く一語に複合する道をたどらずに、臨時的な、弱い複合のままで「アクセントの体系変化」をむかえたのであろう。そして、前項後項二つの動詞はそれぞれに変化して、また新しいかたちで連接し、弱い複合を形成することになった。それが上記の例だと考えられるのである。
　また、金田一（1964：396-397）が鎌倉期に終止形LHLL（「もてなす」）や同じくLHHL（「差し置く・生け捕る」）のかたちを認め、秋永（1989=1991：98）が後者に「掻き鳴す」の例を加えたのも、ここにいう弱い複合の例であると思う。
　このように、古代語においても、近世と同様な様相を想定することは可能であるが、いかんせん用例に乏しく、いまだ憶測の域を出ない。

注
1　「未（足）イマタアキタラス〈平平平濁上○〉」図本名義102-3。
2　前後それぞれの動詞のアクセントが譜記にあらわれている例も少なくない。たとえば「思し召し」では、二語のアクセントを反映しているとみられるものが47例（《口説》29《白声》18）、「弱い複合（接合）」とみられるものが71例（《口説》55《白声》16）ある。同様に「聞し召し」では、それぞれ6例（《口説》3《白声》3）、21例（《口説》12《白声》9）となる。
3　B（1）LHHLは単なる二語の連接か、それとも「弱い複合（接合）」か、という問題がある。もし前者であれば、［LF（LH）＋HL］の場合のみ「弱い複合」をする時期が遅かったことになり、ACの場合に比べて不揃いの印象をぬぐえない。B（1）はたしかに前後項のアクセントをそのまま連接したかたちではあるが、高い部分が一つにまとまっていることから、そのままでも「弱い複合」になりえたものと解する。ただしBEFにおいて（1）から（2）に変化したからといって、複合の度合は進んでも「弱い複合」の域を出なかったものと考える。
4　「住み馴れ」については、3例中2例までが過去の助動詞キの連体形シに続くものであるが、奥村（1981：383）によれば、「二拍二段式動詞第二類」は、奥村のいわゆるⒻ形HLがシに続くから、この場合は例外でなくなるとみてよいようである。このような弱く複合している「接合動詞」の場合は、あとにヌ（打消）・ム（推量・意志）などが続くと、後部成素となっている動詞はむしろそちらとの関係を優先して、いわゆる特殊形アクセントになる。
5　筑波大本などに見られる《×中上中×》はLLHHLの可能性を残す。しかし、宮﨑

本や『秦音曲鈔』の譜記を見るかぎり、筑波大本の譜記は「特殊低起式表記」とみるのが穏当であろう。
6 奥村（1981：376-378）に掲げられた撥音便の例などを勘案すると、「踏ん張る」がその第二拍撥音のためにHHLLになるとは言えないようである。
7 古譜本や他流譜本との違いをみると、波多野流ではこの箇所を「怒下げ」とするが、『秦音曲鈔』はHHHLを反映しているらしい。
8 金田一（1964：375）、奥村（1981：271）、桜井茂治（1984：217,660,854,1054,1254）、秋永一枝（1989=1991：95-96）などを参照した。
9 動詞と動詞とから成る複合動詞は連濁しないのが原則であるが、「飽き足り」「立て籠り」「踏ん張り」のような連濁する語例があがってきた。このことから「名詞形先行」などの事情を想定する立場もあってよいわけだが、いまはその可能性を指摘するにとどめる。

付　記
　このような接合段階の動詞が、完全に一語のアクセントをとるようになるのは、アクセント史上の近代に入るころで、さして遠いことではない。近畿中央式方言の一つ徳島市において調査した結果は、上野和昭（1997）に掲載した。

第4節
複合動詞・接合動詞のアクセント　その2

1. はじめに

　アクセント史の教えるところによれば、いわゆる複合動詞（動詞＋動詞）は、古く二語の単なる連接に過ぎず、これが一語として扱われるようになったのは江戸時代以後のことという（前節参照）。もちろん平曲譜本においても、二語の動詞が連接して、それぞれのアクセントを反映する譜記が付けられている場合は、あくまでも二語として扱うべきものであるが、そうでない場合をここに取り上げようと思う（ただし、動詞にいわゆる「補助動詞」が接続したものは除く）。二語の動詞が複合して完全に一語の動詞になれば、そのアクセントも複合後の拍数と同じ拍数の一語動詞のアクセントと一致するはずで、アクセントを考えるうえでは、こうなった場合にはじめて「真の複合動詞」とよんでよい。
　しかし、『平家正節』において、このような複合動詞が少ないことは、前節にも述べたとおりである。そこでは、主に前項のアクセントを生かしながら、高い部分が二箇所にならない程度に調整された、弱い複合(接合)のものが多くみられる。ここでは、それらをとくに「接合動詞」とよび、前節で扱った{2＋2構造}{2＋3構造}{3＋2構造}以外のものについて、その連用形にあたるかたちを拍数別に検討する。

2. ｛1＋2構造｝｛2＋1構造｝の接合動詞

まず、3拍の接合動詞または複合動詞について検討する。これらは①｛1＋2構造｝と②｛2＋1構造｝に分けられる。連用形が1拍の動詞連用形のアクセントは近世においてF(H)であるし、同じく2拍の動詞の場合は、高起式ならばHL、低起式ならばLF(LH)であるから、その組合せは次のようになる。

① ｛1＋2構造｝ a[F (H) ＋HL] b[F (H) ＋LF (LH)]
② ｛2＋1構造｝ a[HL＋F (H)] b[LF (LH) ＋F (H)]

〔語例〕
①a　射入れ　為置き　見明け　見上げ　見入れ　見置き　見知り　見捨て
　　　見初め　見継ぎ
①b　射掛け　射切り　着為し　為立て　似合ひ　見合ひ　見付け　見慣れ
②a　問ひ来　並み居　乗り居　寄り来
②b　出で来　待ち居

これらが接合したときのアクセントは、①aがHHL、①b・②aがHLL、②bが(1)LHF (LHH)〜(2)LLF (LLH)、または(3)LHLとなる。①bはFLLかもしれないが、平曲の譜記では、これら下降拍をそれと確定しがたい（奥村三雄1981：371）。

ところで、①b「射立て」にHHLを思わせる譜記が施されていて例外となる。東大本以外の正節系譜本もみな同様で、誤記とはみなしにくいが、前田流古譜本の東北大本と也有本にHLL (FLL) を思わせる譜記があり、アクセントのうえでは、こちらの方が「接合」とよぶにふさわしい。

　　　射立て（上上×）　　15下遠矢8-1素声
　　　　　　　　　　　　　　　　〔尾京A早（同）、北也（中×××）〕

連用形1拍で、終止形1拍または2拍の、低起式動詞の連用形は、院政から鎌倉初期頃まで上昇拍であったとされる（金田一春彦1964：362、秋永一枝1989：61-64）から、「来・経・見」などが前項となる3拍の複合動詞があったとした場合、鎌倉初期以前の複合ならば、終止連体形LLH＞HLLの流れに乗り、鎌

倉中期以降南北朝期以前の複合ならば、すでに上昇拍は高拍になっていたから、複合すれば3拍一類動詞並みの終止連体形HHH（連用形はHHL）型のまま近世にいたったであろう。

そこで、語例のなかから関係する語を挙げれば、①a（HHL）に「見明け・見上げ・見入れ・見置き・見知り・見捨て・見初め・見継ぎ」、同じくb（FLL・HLL）に「見合ひ・見付け・見慣れ」がある。可能性の問題としてみると、bの3語は鎌倉初期以前に複合していたかもしれず、aの8語は鎌倉中期以降に複合したかもしれないということになる。逆に言えば、aの8語については、鎌倉初期以前における複合の可能性はないということである。

また、前項が一類動詞の方は、南北朝期以前に複合したとすればHHLとなったはずであるから、①a「射入れ・為置き」の2語にはその可能性も認めなければならない。一方、同じく前項が一類動詞でありながら、近世HLLであるb「射掛け・射切り・着為し・為立て・似合ひ」の5語には、南北朝期以前の複合を考える必要はない、ということになろう。

ところでHHL型については、①aの場合、二語の動詞の単なる連接ではないかという疑いも禁じえない。たしかに、その可能性もないとは言えないと思う。しかし、①bの場合にHLLを接合または複合とみなすのならば、①aのHHLも同様に考えてよいはずである。

さて、②a（HLL）は二拍動詞第一類の連用形に一拍動詞が続いて、前項のアクセントの型を生かしたものである。いずれも前項が高起式の語ばかりであるから、古く複合していたものではない。古く複合していれば、高起式動詞の一般型であるHHLになるはずだからである。

ところが、②bの方は単純にはいかない。すなわち、「出で来」には、次のように（1）LHH、（2）LLH、（3）LHL三様のアクセントを反映する譜記が見られる。

　　出来させたまひけり（×上コ××—）　　4上小督52-4口説
　　出来させ給はず（××上××—）　　12上許文7-2素声
　　　イデキ
　　出来参らつさせ給ひけり（×上×—）　　6下山幸27-3白声

ただし、はじめの2例は尊敬の助動詞サスに続くのであって、このような場合はキサスを一語相当のものとみなす方がよい。すなわち、ここは［LF（LH）+ HLL］の接合を考えなければならない。したがって、「出で来」のアクセン

トとしては（3）LHLを考えればよいことになる。

　この(3)がLHLであれば、三拍動詞「歩く」類と同型であるから、一語化していた可能性も高い。その場合、複合時期の推定はむずかしいが、古くから複合していたとするならば、なぜ低起式三拍動詞の多数型と同じくLLF＞HLLの流れに乗らなかったのであろうか。それは、「来」は古く上昇拍であり、LLFの最終拍とはあまりに印象が違っていたためかとも考えられるが、もしそうであるとすれば、この語の複合は院政期以前ということになる。

　鎌倉中期以降の複合とすれば、「来」はFとなっているわけで、前項最終拍の下降が生かされて、後項の高起式アクセントまでが低平になるというのは、前項が一拍動詞の場合にはあっても、二拍動詞ではここだけになる。前節の④d［LF＋LF］ではたしかにLHLLとなるが、これは後項低起式の場合である。後項が高起式ならば、④C(1)LHHLないし(2)LLHLのようになるのが原則で、これにならえば、ここも同様にLHFとでもなってほしいところである。

　こう考えてくると、(3)LHLは、新しい接合としては変則的だということになり、むしろ鎌倉初期以前の複合を想定する方が説明しやすいであろう。ただし「出来させ」の譜記は「接合アクセント」を反映しているようである。

　なお、もう一語あがっている「待ち居」は、下記のように（1)LHF（LHH）であらわれる。

　　　待居たれば（×上コ×××）　　5下二魁3-5口説

3. ｛3＋1構造｝｛1＋3構造｝の接合動詞

　つぎに4拍のものについて検討する。これらは、③｛1＋3構造｝、④｛2＋2構造｝、⑤｛3＋1構造｝に分けられる。このうち、④については前節で語例もあげて検討を加えたので、ここでは省略する。三拍動詞連用形は、江戸期にHHL、HLL、LHLの三種が想定できる。

　③｛1＋3構造｝　a［F（H）＋HHL］　b［F（H）＋HLL］　c［F（H）＋LHL］
　⑤｛3＋1構造｝　a［HHL＋F（H）］　b［HLL＋F（H）］　c［LHL＋F（H）］
〔語例〕
③a　射渡し　干上がり　経上がり　見送り　見交はし　／　射違へ

③b 射通し　射残し　蹴纏ひ　為出だし　為果せ　見出だし　見返り
　　　見合はし　居直り　／射倒し　為果せ
⑤a　浮び来
⑤b　帰り来　返り見（顧）　詣で来
⑤c　伏せり居

　まず、③aは接合してHHHL、③bは同じくHHLLとなる。いずれも四拍動詞の一般型なので、すでに複合していたとも考えられる。鎌倉初期以前からの複合を問題にするなら、「射渡し」と「見出だし・見返り・見合はし」については、その可能性もないとは言えない。
　「蹴纏ひ」の後項「纏ひ」は古くから一類動詞で、むしろ③aに所属させるべきであるが、正節譜みなHHLLを反映する譜記を付けている。しかし、「まとふ（纏）」は現代東京アクセントで二類型にも対応するし（秋永一枝2001）、「近松世話物浄瑠璃」の胡麻章にもHLLと解釈できるものがある（坂本清恵1988）。平曲では1例ながら、次の例があるので躊躇されるが、ここは「纏ひ」にHLLも認めることにする。

　　　　身に纏ひ、（上上上上×）　　灌頂六道27-1白声

　つぎに、③a「射違へ」、③b「射倒し・為果せ」にFLLL（HLLL）と考えられる譜記が付けられていることにも注意しなければならない。

　　　　射倒す（コ×××）　　15下遠矢14-2口説
　　　　射違ふる矢は（上××××―）　　14下坂落2-3口説

　上記はそれぞれ終止形と連体形とであるが、この例からして、連用形も同様の場合があったと推定する。また、「為果せ」には二様の譜記が見られるので、両様認めることとする。

　　　　仕あふせたらば（上××××××）　　9下太宰9-2素声
　　　　　〔尾早（同）、京C《平乙×××××》を消して朱《平××××××》〕
　　　　しほふせつる程ならば（上上××××―）　　間物鵜川4-2白声〔尾（同）〕

　⑤a「浮び来」はHHLL、⑤b「帰り来・返り見（顧）・詣で来」はHLLL、⑤C「伏せり居」はLHLLとなって、いずれも前項のアクセントを生かす。「詣で」は古くLHLながら、近世HLLになっていたものらしい（奥村三雄1981：368）。

ただ「返り見（顧）」については、やや複雑な様相がみられる。この語は HLLLが5例（未然形2、連用形3）のほかに、LLLF（LLLH）と思われる譜記が 3例（みな連用形）ある。

　　（後ロを）かへり見たりければ（×××コ××××）　　2下敦盛9-5口説
　　　〔尾早芸（同）、北（×××中×××××）、京D《平平平平ㄱ下×××
　　　×》朱第1〜3譜を消す、宮《平平平上下××××》、豊《×××平××
　　　×××》、秦《×××上上下×××》、波《上××コ×××××》〕
　　（後ロを）かへりみ給へは（×××コ×××）　　13上門落22-2口説
　　　〔尾早（同）、北也（×××中××××）、京C《下下下コ×××××》朱
　　　第1〜3譜を消す、宮《×××上ㄱ下×××》、秦《×××上下×××》、
　　　波《上××コ××××》〕
　　（後ロを）顧み給へば（×××コ××××）　　14下盛最3-5口説
　　　〔尾京A早（同）、北也（×××中××××）、宮《平平平上下×××》、
　　　豊《×××平××××》、秦《上下コト××上下××》、波《上××コ×
　　　×××》〕

　江戸期には、このような低起式はないはずであるから不審というほかないが、諸本を比較すると、いくつかの類型のあることが分かる。まず、波多野流譜本（京大本）は「返り」と「見る」とを別に施譜していて分かりやすい。『秦音曲鈔』は二語に分けた施譜と「見たりければ」「見給へば」に施譜したものと両様ある。一方、江戸前田流の吟譜（京大本『平曲正節』C・Dと宮崎本吟譜）は、「見給へば」に施譜したものと、「顧る」を一まとまりにしたらしいものと両様あって疑問も残る。東北大本や也有本、それに江戸前田流の豊川本には「見る」に施譜したものが多い。この点では『正節』も同様である。

　これらをみると、『正節』の譜記は「後ろを返り、見給へば」という句切り方をしていることに気付く。したがって、この譜記から「かへりみる（顧）」のアクセントを考えてはいけないことになる。江戸の吟譜系譜本だけが「顧る」を終止連体形HHHHH型として譜記に反映させようとしていたのかもしれない（前節6参照）。『正節』などは、一見して、いわゆる「特殊低起式表記」かと考えたくもなるが、特殊表記は一つの拍だけが高くなるようなことはない（第1章 第3節参照）。

4. {1+4構造}{2+4構造}{3+3構造}{4+2構造}の接合動詞

5拍のものは、⑥{1+4構造}、⑦{2+3構造}、⑧{3+2構造}の3種に分類できる。ただし、⑦⑧については、前節で扱ったので省略する。

⑥　a[F (H) + HHHL]　　b[F (H) + HHLL]

⑥aは接合するとHHHHLになり（「見窺ひ」）、⑥bは同じくHHHLLとなるところだが、「鋳顕はし」に付けられた譜記はFLLLLを反映すると思われ、第一拍のアクセントを生かした接合型である。

　　　鋳顕ハし給へる（上××××―）　9上医師18-5口説

つぎに6拍のものを検討する。ここには、⑨{2+4構造}、⑩{3+3構造}、それに、⑪{4+2構造}の3種が見られた。それぞれのアクセントの組合せを示す。

⑨　a [HL + HHHL]　　　b [HL + HHLL]
　　c [LF (LH) + HHHL] d [LF (LH) + HHLL]
⑩　a [HHL + HHL]　　　b [HHL + HLL]　　　c [HHL + LHL]
　　d [HLL + HHL]　　　e [HLL + HLL]　　　f [HLL + LHL]
　　g [LHL + HHL]　　　h [LHL + HLL]　　　i [LHL + LHL]
⑪　a [HHHL + HL]　　　b [HHHL + LF (LH)]
　　c [HHLL + HL]　　　d [HHLL + LF (LH)]

〔語例〕
⑨a　泣き悲しみ　焼き滅ぼし
　b　乗り傾け　引き退き
　c　相従ひ　相伴ひ　打ち従ひ　打ち滅ぼし　落ち重なり　落ち止まり
　　　降り煩ひ　攻め滅ぼし　立ち止まり　執り行ひ　成し遣はし
　　　もて扱ひ　淘り失ひ
　d　相労はり　相計らひ　打ち驚き　打ち睡み（まどろ）　老い衰へ　漕ぎ退き
　　　差し表れ　攻め戦ひ　立ち交はり　立ち安らひ　逃げ免れ
　　　馳せ集まり　吹き靡かし　触れ訴へ　触れ催し

⑩a　明かし暮し　送り向ひ　昇り上り　踊り上り　喚き叫び
　b　語り申し　括り合せ　運び隠し　渡り掛り
　d　歩み向ひ　案じ続け　奪ひ止め　仰せ下し　思ひ続け　帰り来り
　　　帰り上り　競ひ登り　壊ち下し　尋ね下し　尋ね廻し　嘆き沈み
　　　走り上り　走り続き　走り廻り　申し送り　申し勧め　迷ひ来り
　e　出し合せ　襲ひ掛り　仰せ合し　思ひ定め　思ひ直し　思ひ隔て
　　　返し合せ　助け起し　尋ね出し　作り出し　流れ掛り　挟み下し
　　　申し出し
　f　泳ぎ歩き　帰り参り
　g　罷り下り　罷り上り　罷り向ひ　参り通ひ　参り始め　参り向ひ
⑪a　拵へ置き
　b　固まり合ひ　ざざめき合ひ　従ひ付き　滅ぼし果て　横だへ差し
　c　賜り次ぎ　ご覧じ入れ
　d　永らへ果て　時めき合ひ　戦ひ成り　ご覧じ果て　犇き合ひ

　⑨a, bは前項のアクセントを生かしてHLLLLLとなる。⑨cは（1）LHHHL
〜（2）LLHHLとなるのであろうが、『正節』には（2）ばかりがあらわれる。
⑨dも（1）LHHHLL〜（2）LLHHLLとなるが、《口説》《白声》には（2）の
アクセントを反映する譜記だけしかない。
　⑩は、c, h, iに所属する語はない。a, bはHHLLLL、d, e, fはHLLLLL、gは
LHLLLLとなり、それぞれ前項のアクセントを生かして接合する。「襲ひ掛り」
がeに所属するのは、「襲ひ」が古くから一類動詞であるので問題がある。と
ころが、東大本には下記のようにあらわれ、他の正節系譜本もみなこれと同じ
であるので、にわかに誤記ともみなしがたい。ところが古譜本や他流譜本を調
べてみると、東北大本と波多野流古譜本の『秦音曲鈔』にHHLLLLに相当す
る譜記があり、さらに江戸前田流も同様であることが分かる。平曲伝承のある
時点で譜記が改められたのであろう。
　　襲ひかゝれば（コ××××××）　　6上宮最13-5口説
　　〔尾京B早芸（同）、北（上中××××）、也（中××××××）、宮
　　《上下×××××》、豊《上平×××××》、秦《上上下××××》、波
　　《コ×××××》〕

ところで、「帰り上り・帰り参り」に低く始まる譜記があることにも注意する必要がある。d「帰り上り」は連用形（促音便も含む）9例中6例がそれである。f「帰り参り」も同じく6例中1例がそれである。

　　　帰り参りたり（××××コ×××）　　　11上妓王17-3口説

　上の譜記は明らかに後項「参り」のアクセントを反映したもので、単なる語頭低下などとは考えがたい。じつは、この直前には「召れて（上×××）」とあり、前項「帰り」は、むしろこれと一緒になってアクセント上のまとまりを構成していると解せられる。すなわち「召されて帰り／参りたり」という具合に分けるべきだったのである。同様に「帰り上（のぼ）り」も、《口説》5例は直前に「都へ（上上コ×）」が、また《白声》の下記1例も、前に「衆徒（上×）」があって「帰り上り」の接合を疑わせる。

　　　衆徒帰り上ぼりにしかば（上××××上上×××××）　　　炎上清水8-3白声

　ところで、この問題を考えるについては、前項LF（LH）の場合に(2)LLF（LLH）・LLHLなどのかたちを接合型とみなすこと（②b(2)、④c(2) など）との整合性についても述べておかなくてはならない。なるほど、②b(2)LLFなどは前項が低平になっていて、一見してこれら「帰り上り、帰り参り」と同様に論じられそうだからである。しかし、その(2)LLFやLLHLのアクセントは(1)LHFやLHHLから変化してできたものであろうこと、前節に詳述した。すなわち、その前項は、後項との間に区切れを考える必要のないものであり、さらに一歩進んだ段階のアクセントとみなせるのであって、このように前後が分断されるものと異なることは明白であろう。

　⑪も前項のアクセントを生かすように、a, bはHHHLLL、c, dはHHLLLLのかたちで接合する。

　上の語例以外には、「かなぐり捨て」に次のような譜記が見られる。「近松世話物浄瑠璃」にはHHLLLLを思わせる胡麻章があり、ここは二型をそのまま認めることにする。

　　　かなぐり捨、（上上××××）　　　14上一魁30-2素声
　　　かなぐりすて、（上上コ×××）　　　8下能登23-4口説、13上門落2-1口説

5. 接合動詞アクセントのまとめ

　以上、主に接合動詞について、『正節』にみえるところを拍数別に検討してきたが、前項後項それぞれのアクセントの構成を一覧にしたのが次の表である。（表中＊は『正節』に語例なく、推定したもの。／は語例が存在しないか、今回考察の対象としなかったところ）。

　これによって接合動詞の実態が明らかになったが、まず指摘できることは、つぎの3点である。

Ⅰ　前項にアクセントの下がりめがあればこれを生かす。（前項が2拍HL型および3拍以上の場合）

Ⅱ　前項にアクセントの下がりめがなく（LH）、後項が高起式ならば、後項のアクセントの下がりめを生かす。（前項が2拍LF（LH）型、すなわち②b（1・2）、④c、⑦de、⑨cdの場合）

Ⅲ　前項にアクセントの下がりめがなく（LH）、後項が低起式ならば、後項のはじめから低くなる。（前項の末尾拍が高くなるともいえる。④dおよび⑦fの場合）

　上記は前項2拍〜4拍の場合を対象としたが、これらを前項1拍の場合に適用すると、次のようになる。

Ⅱ　①a、③a(1)、③b(1)、⑥a、⑥b(1)

Ⅲ　①b、③c

　Ⅱの場合は、前項にアクセントの下がりめがなければ、2拍ならばLHであるが、1拍ならばHと考えざるをえない。Ⅲは、ひとまず〔H＋LF〕〔H＋LHL〕と考えて（この場合も前項をFとはしない）、それぞれHLL、HLLLの型になったとみておく。

　残った③a(2)、③b(2)、⑥b(2)については、Ⅰで説明するのがもっとも合理的で、前項にアクセントの下がりめを認めなければならない。すなわち、これらはそれぞれ、③a(2)FLLL、③b(2)FLLLLL、⑥b(2)FLLLLということになる。

　それでは、①bHLLや③cHLLLは、それぞれFLLやFLLLではないのであるか。これに答えるには、まず前項2拍の場合から考えると分かりよい。す

江戸期の京都における接合動詞のアクセント

前項\後項	F (H)	HL	LF (LH)	HHL	HLL	LHL	HHHL	HHLL
F (H)	／	①a HHL	①b HLL (FLL)	③a (1)HHHL (2)FLLL (HLLL)	③b (1)HHLL (2)FLLL (HLLL)	③c HLLL (FLLL)	⑥a HHHHL	⑥b (1)HHHLL* (2)FLLLL (HLLLL)
HL	②a HLL	④a HLLL	④b HLLL	⑦a HLLLL	⑦b HLLLL	⑦c HLLLL*	⑨a HLLLLL	⑨b HLLLLL
LF (LH)	②b (1)LHF (LHH) (2)LLF (LLH) (3)LHL	④c (1)LHHL (2)LLHL	④d LHLL	⑦d (1)LHHHL* (2)LLHHL	⑦e (1)LHHLL (2)LLHLL	⑦f LHLLL	⑨c (1)LHHHHL* (2)LLHHHL	⑨d (1)LHHHLL* (2)LLHHLL
HHL	⑤a HHLL	⑧a HHLLL	⑧b HHLLL	⑩a HHLLLL	⑩b HHLLLL	⑩c HHLLLL	／	／
HLL	⑤b HLLL	⑧c HLLLL	⑧d HLLLL	⑩d HLLLLL	⑩e HLLLLL	⑩f HLLLLL	／	／
LHL	⑤c LHLL	⑧e LHLLL	⑧f LHLLL	⑩g LHLLLL	⑩h LHLLLL*	⑩i LHLLLL*	／	／
HHHL	／	⑪a HHHLLL	⑪b HHHLLL	／	／	／	／	／
HHLL	／	⑪c HHLLLL	⑪d HHLLLL	／	／	／	／	／

わち、④dや⑦fの場合は、それぞれLFLLやLFLLLの可能性はないのか、という問題と同工である。もしここで前項にLFを認めるなら、②b(1)、④c(1)、⑦d(1)などにもLFを認めなくてはならなくなる。そうすれば当然、②b(1)にLFL、④c(1)にLFLL、また⑦d(1)にLFLLLなどのかたちが出て来るはずであろう。しかるに平曲諸本には、そのようなかたちはまったくみえない。したがって、低起式の二拍動詞を前項とする接合動詞はLFLLやLFLLLなどではなく、LHLLやLHLLLなどのようである、と結論できる。

　前項1拍の場合も、これと同様に考えられる。しかし、ここで事情が異なるのは、③a(2)、③b(2)、⑥b(2)にみられるように、たとえ後項が高起式であっても、第一拍のみに高いと考えられる譜記のあるかたちが存在することである。これはⅠを適用して、前項にアクセントの下がりめがあると解釈するしかなく、③a(2)はFLLL、③b(2)はFLLL、⑥b(2)はFLLLLとみるべきであろう。そうなると、①bはHLLともFLLとも、また③cはHLLLともFLLLとも解釈できるということになろうか。

　このように考えてくると、①a、③a(1)、③b(1)、⑥a、⑥b(1)のごときは、そのじつは二語ではないかという疑いが生ずる。既述のように、平曲譜本

では高拍と下降拍との区別に限界があるので、その譜記を見ているだけでは解決がつかない。しかし、②b(1)LH-Fや④c(1)LH-HLなどのごとく下降拍が高拍になって接合している場合もあり（その証拠にそれぞれ(2)LLF・LLHLへと連続的に移行すると解釈しうる）、①aなどの第一拍がFではなくHである可能性も高い。すなわち、接合動詞の前項に立つ場合には、一拍動詞はHにもFにもなりえたと考えられる。これに対して、低起式の二拍動詞はLF…ではなくLH…であったということになるわけである。

　ところで、アクセント史資料としての平曲譜本の信頼性についても、見解を述べておきたい。ここに扱った「接合アクセント」の問題を考えるうえで必要なことのみを申し添える。それは、ここにいう「接合アクセント」のうち、とくに多拍に及んで前項のアクセントのみが生かされている場合に、これを後項の譜記の省略とみなす立場についてである。もちろん表記の経済という観点をまったく無視することはできないにしても、平曲のような伝承芸能の世界で、それも京都以外の人々に京都のアクセントを反映する語り方を伝えようという場合に、このような省略は危険にすぎるのではないかと考える。ことに《口説》では、無譜の箇所にもそれなりの語り方があり、あたかもそこに譜記があるように語るというのは混乱すること疑いない。したがって、ここではこのような場合でも、一部音楽的変容のあるものを除いて、譜記をそのままアクセントを反映するものとして扱った。

　また、同様な場合に、前項にプロミネンスがありはしないか、という疑問も生じよう。しかし、それならば当然前項の動詞の意味が強調されるべき文脈でなければならない。しかし、語例からも明らかなとおり、わざわざプロミネンスで説明しなければならないものはないと思われる。ここはむしろ、接合アクセントの規則性の方を重視すべきであろう。

　最後に、接合型と複合型とが同型の場合についても触れておきたい。たとえば三拍動詞の一般型は、近世においてはHHL、HLL、LHLであるから、①ab、②ab(3)については、アクセントの上から接合とも複合とも言いうる。これと同様なことは、③a(1)、b(1)、⑤aにも、また⑥ab(1)にもあてはまる。結局、連用形の「接合アクセント」だけを見ていたのではいずれの可能性もあるということになって、これ以上この問題に踏み込むことはできない。

第5節
特殊形アクセントの問題点

1. はじめに

　動詞アクセントの活用形に、はじめて特殊形なるものを設定して説明したのは金田一春彦（1961=1964）である。一般に行われている未然形以下の六つの活用形のほかに、「次のａｂｃのものはこれを一括して特別のものとして立てるのが便宜であるから、これを集めて「特殊形」と呼ぶことにする」として、
　ａ　未然形のうち、助動詞「す」「ぬ」「む」「る」がつく形、「ぬ」は「ず」
　　　の連体形と言われているものである。
　ｂ　連用形のうち、過去の助動詞「き」の連体形「し」がつく形。
　ｃ　終止形のうち、助動詞「べし」のつく形。
の3項を挙げられた。動詞の活用形にアクセントの面からさらに区別すべきものがあることは、早く築島裕（1951）によって指摘されていたが、築島は「特殊形」という用語を用いず、ただに未然・連用・終止各形に二つまたは四つの区別を施し、全活用形にわたって11列の枠を設けて説明した。上記の金田一の考えは、築島のそれを発展させたものであり、今日のアクセント史研究においても基本的に継承されている。

　金田一のあと桜井茂治（1963・1984）、秋永一枝（1991）は、それぞれに語例を補いながら、ほぼ「特殊形」という用語にしたがってきた。また奥村三雄（1981）は、扱った資料が近世に下ることもあって、用言の活用形アクセントをＡ形からＬ形までの12形に細分し、その中に特殊形相当のものをも含めてい

る（BCFGKLの諸形）。

　しかし、金田一以後の研究においては実例の記述分析に重点が置かれたために、特殊形そのものの意味を問うことが少なく、せっかく金田一が三つの活用形にわたるものを一括して「特殊形」とよんだにもかかわらず、それが（それぞれの活用形の特殊形）と受け取られて分析されてきたことについては、見落とされた点も少なくない。

　とはいえ、特殊形の本質について、金田一（1964）は必ずしも明示的なことを述べてはいないが、個別的な事象の説明に、この問題に対する考えがうかがえる部分もある。たとえば、次のような記述がそれにあたる。

〔特殊形〕というものを動詞の一つの活用形と見るということは、既成文法にひきずられた見方で、われわれはアクセントの性質から見て、これは複合語の一部をとくに切りはなした形の抑揚の姿を見ているのだとも言える。
（金田一 1964：399）

〔特殊形は、終止形や連用形などがいかにも一語というアクセントであるのに対して〕形が悪く、次に来る助詞・助動詞の類といっしょになって一語としてのまとまりを作っていると言える。（中略）助詞・助動詞をそえた全体を一語と見、動詞の派生形の一つと見る方が適当だと言える。（同：404）

　これによると、特殊形とは、それに接続する部分とともに全体で一語になる場合の、アクセント型の一部を切り出した、という一面をもつものである。それが古くは、語音としては未然・連用・終止形それぞれの形を採りながら、アクセントは高平または低平であったから、これらを一括した名称として「特殊形」という名を与えたものと思われる。

2. 動詞アクセント体系と特殊形アクセント

　はじめに使役・尊敬の助動詞とされるス・サスおよび受身・自発などの助動詞ル・ラルについて検討する。これらは、いわゆる特殊形接続の助動詞であって、アクセントの上からも接尾辞として扱ってなんら支障はない。しかるに、このようなものについてすらも、従来の諸研究では、全体を必ずしも一語として扱ってきてはいない、という問題がある。それは、奥村（1981）が述べるように「付属語であれ接尾辞であれ《その形式のアクセントを、なるべく詳細に

捉える》ということの重要さに変わりはな」（同：481）く、さらには「これらの語形の分析を避けようとするならば、（中略）学問的態度としての怠慢」（同：400）とみなされることによるのであろう。しかし、付属語として扱うことによって、実例に対する不合理な理解が生まれては、捉え方そのものに問題があるのではないかという疑問も出てこよう。

　ところで、これらの助動詞を接尾辞として扱うについて、まったく躊躇がないかとなると、ここに解決しておくべき問題が一つある。それは、ほかならぬ金田一が提出しているもので、われわれはこれに答えるところから出発しなければならない。

　金田一（1964：399）は、図書寮本『類聚名義抄』（306-4）において受動態の動詞の終止形「縛らる」に〈平平濁平上〉という声点が差されていることなどを取り上げて、「これを一つの動詞と見れば、こゝにLLLF型の動詞が存在することになる」としたうえで、次のように指摘する。

　　　これは、動詞プラス助動詞と見るのが、現在国文法学界の一般の趨勢
　　であある。その考えで通すならば、LLF型三拍動詞の（特殊形）はLLLで
　　あるから、「る」をFと考え、LLLF型という形は動詞プラス助動詞と認
　　めてもいいことになる。この時代に、低くはじまる一般の四拍の動詞は
　　LLHL型なのであるから、この「る」がついた形は二語だと見ることには
　　一つの根拠がある。

　金田一は最終的に「全体を二語と見ることも一語と見ることもできる」と結論するのであるが、ここの部分の記述には、簡単には見過ごせないものが含まれていると思う。なぜならば、ルを接尾辞と考えるかぎりは、その接続した全体のアクセントが、当時一般の動詞のそれと一致していなければならないことを教えているからである。そうでなければ、全体の姿そのものを一語の動詞とみなす根拠が揺らぎ、ルを接尾辞とよぶこともできなくなろう。

　ここに、当時の動詞アクセント体系を確認しておく必要があろう。下表は、院政期頃の動詞連用形アクセントの体系を整理したものであるが、現在ふつうに知られているものとは様子が違っている。一般には、4拍以上の第二類に、ここでいう第三類の型が位置付けられる。

動詞の連用形のアクセント体系[1]

拍　数	1	2	3	4	5
第一類	F	HL	HHL	HHHL	HHHHL
第二類	(*)	LF	LLF	(LLLF)	(LLLLF)
第三類	(*)	(**)	LHL	LLHL	LLLHL

　秋永（1991：90-96）によれば、文献から知られる院政・鎌倉期の様相は、3拍では第二類型、4拍以上では、ここでいう第三類型がそれぞれ低起式動詞の主流であるが、3拍の第三類型も無視できない数を指摘することができ、それらが語により活用形によって遅速の差はあれ、徐々に第二類型に移行したとされる。こののち、いずれは4拍も5拍も第二類型に整えられることになるのであろうが、実際にはそれを待たずに、室町期以降の新しい体系に組み換わったらしい。しかし、ここに院政期以前の様子を考えるならば、3拍の場合には第三類型LHLが勢力をもって第一類型と拮抗し、4拍以上でも第三類型が不動の位置を占めていたことであろう。

　してみると、低起式動詞の終止形や連用形の多数型が、第三類型LHL・LLHLなどから第二類型LLLF・LLFなどに移行する時代に、ちょうど院政・鎌倉期はあたるわけであるから、文献において、4拍以上で第三類型が優勢であっても、背景となる社会の実態はむしろ第二類型に、より一層移行していたとみてよく、多くはすでに第二類型になりつつあったものと考えてよいと思う。逆に時代をさかのぼれば、一時代前の多数型は第三類型であっただろうから、そのような時代に接尾辞を付けた動詞は当然古い型、すなわち第三類型で定着したことは説明するまでもない。したがって、金田一が懸念した『図本名義』の例も、すでに低起式動詞の一般的な型が第二類型に移行していたために、口頭に上りやすい、そのような型に類推したものと解釈できるのではあるまいか[2]。そのアクセントの成立が古ければ、全体として第三類型を採用したであろうし、新しければ第二類型に類推したであろう。

　むしろ問題は、接尾辞であるならば、いわゆる特殊形LLLに続くのは新しい成立のもので、古くはいわゆる未然一般形LLHに続くと考えられる、ということではなかろうか。これは、特殊形の定義にもかかわる重要な問題である。接尾辞の付いた動詞のアクセントを問題にするときには、このことはもっと注

意されてよいように思われる[3]。

3. ス・サス・ル・ラル接続形について

　さて、一語のアクセントというからには、ス・サス・ル・ラルの接続した語形も、ほかの一語の動詞と同じく振る舞い、南北朝期にあったとされるアクセントの「体系変化」にも、そのままの姿で臨んだはずである。そして、その後も語基と接尾辞とが原則として分離することはなく、室町期以後は、一語動詞と同じように類の合同や型の統合もあった、と考えるのが順当であろう。
　ところで「体系変化」の結果は、いわゆる特殊形アクセントの部分だけを取り出して分析する場合に、さまざまな問題をもたらすことになった。すなわち、第一に、特殊形のアクセントが古く低平の場合、後接する接尾辞が連用形レのように1拍であれば、特殊形はH…HLと末尾から数えて第2拍のあとに下がりめのある型になり、連用形ラレ、終止連体形ルル・ラルルのように2拍以上であれば、同じくH…Hと全高型になるという具合に、特殊形そのもののアクセントが分裂したのである。奥村は、この前者をK形、後者をL形と名づけている。
　しかし、複雑化したのはこれだけではない。接尾辞部分のアクセントにも問題が出てきた。すなわち、前接する動詞が一類動詞の場合は、
　　　連用形　　　～セ・レ　　　H…HL　　　～サセ・ラレ　　H…HL
　　　終止連体形　～スル・ルル　H…HH　　　～サスル・ラルル　H…HHH
であるのに、二類動詞の場合は、
　　　連用形　　　～セ・レ　　　H…HLL　　　～サセ・ラレ　　H…HLL
　　　終止連体形　～スル・ルル　H…HLL　　　～サスル・ラルル　H…HLL
といった複雑きわまりない様相を呈するようになった。もちろん対応法則は明確である。けれども、事態をこのように説明せざるをえなくしたのは、特殊形という考え方をなおも適用し続けたためである。
　さらに事態を悪くしたのは、やはり「体系変化」後に、多拍動詞のアクセント体系が、その類別に混同を来たし、ゆれをみせたことであった。ス・サス・ル・ラルが接続して一語相当になった動詞も、その混乱に同調したからである（本章　第2節参照）。

江戸期における四拍動詞アクセントの基本体系[4]

		語　例	終止連体形	連用形	未然特殊形	命令形
第一類	二段活用	「重ぬる」	HHHH	HHL	HHH	HHL
第一類	四段活用	「悲しむ」	HHHH	HHHL	HHHH	HHHL
第二類	二段活用	「恐るる」	HHLL	HLL	HHL	HLL
第二類	四段活用	「表はす」	HHLL	HHLL	HHHL	HHLL
第三類	二段活用	「捧ぐる」	LHHH	LHL	LHH	LHL

　終止連体形4拍の動詞アクセントについて、江戸期の体系を示せば、次のようである。この体系は江戸期のものではあるが、およそ「体系変化」の後、室町期から江戸中期までは、このような状態であったとみて誤らないであろう。だが、けっして文献資料にあらわれる実態そのままというわけではない。ここにみるような体系としての強制がはたらく一方で、H4型はH3型と、さらにH3型はH2型と「型の統合」を起こし、そのために第一類と第二類との間に類の混同やゆれが生じていた。「体系変化」以降において、4拍以上の動詞のアクセント体系を考える場合には、このことを忘れてはならない。ス・サス・ヤル・ラルが接続して、さらに多拍化した動詞も、この波をかぶることになる。拍数が5拍、6拍と多くなれば、さらにアクセント型はゆれ、類別は混乱した。

　『平家正節』にあらわれる次のような例は、そのようなことを背景に理解すべきものと考える。

　　寄せさせ給へ（上上××―）　　9下三草5-5口説
　　忘れさせたまふべき（上上コ××―）　　8上法印23-5口説

　これらは第一類動詞であるから、「寄せさせ」「忘れさせ」という部分の、後ろから数えて第二拍のあとに、下がりめのあるH(-2)型に実現してよいものである。もちろん、そのような例も多く指摘できる。しかし上記の例は、次に掲げる第二類動詞の場合と同じH(-3)型を反映している。これは、体系的強制を越えて、H3型HHHLとH2型HHLL、H4型HHHHLとH3型HHHLLとがアクセント型の統合を起こしていたために現れたもので、当時の実態がそのまま反映したものと考えられる。

　いま比較のために第二類動詞の例を挙げれば、以下のようである。

　　延びさせ給ひて（上上××―）　　10上鹿谷1-2口説
　　助けさせおはします（上上上××―）　　4上二后18-2素声

第5節　特殊形アクセントの問題点

これについて奥村（1981：484）は、サスという接尾辞がスに比較して「二語的性格が著しい」ためと説明する。そのような事情は、もちろん考慮しなければなるまい。しかし、動詞アクセント体系全般を見渡す必要もあろう。たしかに、接尾辞スの接続したものには、このような不規則な例を、サスの場合に比べて見出しにくい。しかし次のような例も、まま挙げることができる。
　　　切らせ給ひたりとも（上上×―）　　13上聖幸8-4口説
　　　誓はせおはしませ（上上コ×―）　　3下先帝16-2口説
　ここは奥村が同時に指摘する「音節数の違い」を重視すべきであろう。それも、接尾辞の拍数ではなく、動詞相当の全体としての拍数である。拍数の多い方が、型の統合を起こしやすいし、類の合同も早い[5]。そして事態がこれほどに一律的な説明を拒むのは、体系的強制と、型の統合という二つの力が交差してはたらいているからである。
　同様なことはル・ラルについても言うことができる。
　　　討たれぬ（上上××）　　13下法住20-5素声
　　　破られて（上上上××）　　15上頸渡17-5白声
　　　刎られたらんを（上上上×××××）　　7上蜂火15-5白声
　　　定められける（上上上コ×××）　　11下座流10-2口説
　上記は第二類動詞の例であるが、接尾辞が付いた全体としては、むしろ第一類動詞と同じアクセントを反映する譜記が施されている。
　以上から明らかなように、とくに「体系変化」以後、特殊形を立てて説明するのは、全体として一語の動詞であるものを解体して把握することになるために、動詞アクセント体系からの理解を妨げるという弊害を生む。

4. ズ接続形について

　いわゆる特殊形によってもたらされたもう一つの問題点は、それが語源や語構成の考察にまで利用されたことであろう。もちろん、扱う内容によっては、結果として奏効する場合もあるかもしれない。しかし、特殊形接続か一般形接続かということで語源的に同じものかどうかを決めようとするのは、場合によりけりであって、いつも有効であるとはかぎらないのではないか。
　ス・サス・ル・ラルにしても、低起式動詞に接続する場合を考えれば、動詞

アクセントそのものが第三類型から第二類型に移行したのであるから、四拍動詞によって例示すると、第三類型ならばLLHL、第二類型ならばLLLFとなり、もとの動詞部分もLLHからLLLへと移行したわけで、いわゆる未然形一般から未然形特殊へと接続が変わったということになる。が、このような場合に、これらを接続の違いから二つに分けて、語源的に別物だなどとは、誰も結論しないだろう。

　しかし「動詞の未然形に付くか特殊形に付くかという差は、相当重視すべきもの」（奥村 1981：497）とするのがアクセント史研究の、いわば常識であって、たとえば打消しの助動詞ズにおけるザ行系列の活用形ズ（未然形一般に接続）とナ行系列の活用形ヌ・ネ（未然形特殊に接続）とは、その接続の相違から別起源とされることが多い。もちろん音形が異なるものについては、そのような議論も成り立ちはするが、接続の違いを根拠とするのにはしたがいかねる。

　桜井茂治（1963=1976：362-330）は、このズについて「自身は、常に低くL型に実現する」としながら、「独自のアクセントをもたず、常に付属語的である」とする点、ほかと趣が違っている。さらに桜井はズを、ム・シム・マシ・ベシ・キとともに「独自のアクセントをもたず、先行語と一緒になって、語の一部分をなす（付属形式）もの」（同：358）として並べている。

　そもそもズの接続する未然形は、それ自体独立して用いられることがなく、必ず他の形式と結合しているから、未然形接続のズがこのように分類されることに不思議はない。ところが、そのアクセント上での接続は、未然形一般（第二類型ならば古くLH・LLHなど）であって、特殊形（同じくLL・LLLなど）とは異なる。一方また、第一類動詞に接続する場合には、特殊形と一般形の区別はないからどちらとも言えるのである（未然形一般・未然形特殊ともにHH・HHHなど）。

　ところがここに、特殊形は後続の形式と一緒になって全体で一語並みになるアクセントだという考え方が結びつくと、反対に未然形一般に接続したズは、動詞部分との間に断絶をもつかのように理解されることになろう。付属形式であるかぎりは、それだけを切り離して、アクセントを論ずるのには注意が要る。

　いわゆる未然形一般に接続していても、そしてズのアクセントがいつもLであっても、それは全体としてHHL・HHHLとか、LHL・LLHLなどという、全体として用言の終止形や連用形相当のアクセントになっているからなのである。ズの部分は常にLでありはするが、それは全体としての姿の一部なのだか

ら、ズ自身のアクセントの反映と考える根拠にはならない。まして、特殊形接続であるかどうかは、この場合問題にはなるまい。

5. ザリ活用について

　ズ はまた アリと融合して、いわゆるザリ活用を行い、奥村（1981：498-499）も指摘するように、「体系変化」の時期に、たとえば「送らざらむ」HHH-LLH＞HHHHLL（独立式）、「移らざらむ」LLH-LLH＞HLLLLL（接合式）というように変化すると想定できるので、「「ザラム」の形が上接自立語と関係なく、それぞれに（中略）変化を起こした」と説明されている。
　しかし、奥村のいう「否定辞「ザリ」の自立語的性格」ということを言い換えれば、もともとは アリの自立語としての性格であって、「送らざらむ」について言えば、〔オクラズ＋アラム〕という構成であったものが、〔オクラ＋ザラム〕と分析されるようになってきた、というのが実際のところであろう。
　平曲諸本に、いわゆるザリ活用の用例を求めると、およそザリ・ザルの部分は、前接する動詞に低く続いている。次の例は、「入れず」HHL、あるいは「満たず」LHLに、アリが続いて、後部のアクセントが卓立しなかったもので、このかぎりでは、ズを前後どちらに付けて解釈しても問題は起こらない。

　　　入れざりけり（上上××××）　　3上葵前8-3口説
　　　満ｧざるに（×コ×××）　　5下緒環13-1口説

　いわゆる特殊形接続のシ・シカが続いて「〜ざりし・ざりしか」となる場合も同様に「接合式」の譜記が見られる。これは「ありし」はLLF＞HLL、「ありしか」はLLHL＞HLLLと変化したのだから、もし〔〜＋ザリシ・ザリシカ〕と分析できるならば、すなわち、ザリ活用が独立していたとみなせるならば、「見えざりし」も「寄らざりしか」も、それぞれにLHHLL・HHHLLLとなったはずであろう。しかるに、次の例はみな、ザリの部分が低く接続している。このことは、やはり「見えず」LHL、あるいは「寄らず」HHLに、「ありし・ありしか」が続いたと解釈するしかない。このようなザリ活用形の続き方を「接合式」と呼ぶ。

　　　見えざりしに（×コ×××××）　　14下坂落4-2口説
　　　寄ｧざりしかとて（上コ××××××）　　五句都遷2-1口説

ところが、後に続く部分が〜ザルベシとなると、一見不可解な譜記に出会う。
　　知らせざるべき（上上上上コ××）　　2下横笛11-2口説
　　立ｅざるべき（上上上上××）　　3上新都6-3白声

　第一例は第一類動詞に接続したものだから、ひとまずHHH（「知らせ」未然形一般）＋HHLLと分析できて、それがそのままに続いたと解釈できる。しかし、第二例を同様に処理しようとすると、「立つ」は第二類動詞であるからLH（「立て」未然形一般）＋HHLLとなって、アクセントは「立てざるべき」LH-HHLLとならなければならない。このようなザリ活用形の続き方を、仮に「独立式」とよんでおく。しかし、これは上に掲げた譜記に反映しているアクセントではない。

　ここは「立てざる」という一語の動詞並みのものを想定して、それにベシが付き、全体として形容詞相当のものに、古くからなっていたと理解するしかないであろう（LLLLLF＞HHHLL）。そうであれば、「知らせざる」の方も同様に考え直すべきだろうか。こちらは第一類動詞だから、本来ならば「知らせざるべき」H(-2)型（HHHHHL）という形容詞の連体形相当のものだが、実際の譜記は上記のようにHHHHLLというアクセントを反映する。H6型とH5型とが「型の統合」を起こし、第二類型形容詞並みのアクセントをとったと言えようか（第7章 第2節 参照）。

　次の例も同様に解釈する以外に考えようがないであろう[8]。このようなザリ活用形の続き方を、いま「動詞式」とよぶ。
　　　過ぎざるべき（上上上コ××）　　9下惟出5-5口説

　さて、つづいて後続部分が〜ザラムの場合について検討するが、これについては複雑で一律に説明するのは困難である。
　まず、第二類動詞に接続した例を見よう。
　　　あらざらんものは（上上コ××―）　　8上禿童4-3口説
　　　攻落さゞらん（××上上コ×××）　　5下逆櫓3-3口説
　　　延びざらんものゆゑに（上上×××―）　　9上阿古11-2口説

　第一例は、やはり「有らざる」という動詞並みのものを想定して、LLLLH＞HHLLの変化を経たとみれば分かりやすい（動詞式）。第二例は、接合動詞の例ではあるが、「落とさざらん」を抽出して問題ないから、ここも「落とさざる」という動詞並みのものを想定すれば同様に理解できよう（動詞式）。ただ

し、それならば「落とさざらん」はLLLLLH＞HHHHLLというアクセントを反映した譜記が施されてよいはずであるが、ここはH4型とH3型とが、型の統合を起こしたものと解釈する。それ以外に、「落さ」の部分のHHHを説明するすべはない。第三例も、やはり型の統合を起こしているようである（LLLLH＞HHHLLと変化したあと、H3型とH2型との型の統合）。もし「接合式」なら「延びず」LHL＋「あらん」HLL→LHLLL、「独立式」なら「延び」LH＋「ざらん」HLL（さらにLL-HLL）となるはずである。また「動詞式」なら「延びざらむ（ん）」LLLL＋「む（ん）」H＞HHHLLが想定され、「延び」の部分の高く始まることは説明できるが、同時にアクセント型（H3型とH2型）の統合を想定しなければならないであろう。

　また、第一類動詞に続く次の例は、「独立式」で説明することが可能である。すなわち「続か・酬は」HHHに「ざらん」（LLH＞）HLLが付いたとみられるのである。

　　　続かざらんに（上上上コ×××）　　5下二魁18-1口説
　　　酬ゞはざらんや（上上上コ×××）　　5下福原4-4口説

　このように検討してくると、外見上、動詞未然形にザラムが接続した形は、〔動詞未然形ザラ＋ム〕という動詞相当の形を考えるべき場合と、〔動詞未然形＋ザラム〕という構成をなす場合とがあるということになる。後者は、『正節』において一類動詞が前接する場合にあらわれ、前者は二類動詞が前接する場合に有効な解釈である。前者は、さらに形容詞的接尾辞ベシを後接する場合にも適用できるが、その一方で〔動詞未然形・ズ＋アリ〕と分析すべきものが多くあることにも注意しなければならない。[9]

　『平家正節』の譜記から知られるザリ活用の実態は以上のようであるが、中世後期以降のほかの資料はどうであろうか。必ずしも例数は多くないが、後部卓立式のほかに接合式〔動詞未然形ズ＋アリ〕もある中に、『仮名声』に見える以下のような例は、それぞれに次のように解釈する。[10]

　　　タヘザルカ《徴徴角徴徴》　不堪　29-2

とあるのは、「堪ふ」が第二類動詞〔wV2か〕であろうから、「堪へざる」という一語動詞並みのものが形成される過程（LLLF＞HHLF＞HHLL）を反映したと解釈したい（「堪えず」はLHL）。

　　　ヨラザレ《徴徴徴角》　不由　27-3

も全体で一類動詞並みのものができているとみる。また、

　　ナサザラン《角徴徴角角》　不為　39-2

については、「為す」が第二類動詞であるから、これは〔ナサ＋ザラン〕としか分析できない。

　『開合名目抄』の次の例は、ともに全体として一語の動詞相当になっていると解釈されようか。

　　アラザル也《徴徴角角角》　有　5オ5
　　トヾマラザルニ《徴徴徴徴徴角角》　留　3ウ4

　金田一（1964：474）が「室町時代以後のアクセント」かと考えるザルのHL型は、後世あまり例を見ないが、あるいは全体として〜ザルという一語化したアクセントの反映かもしれない。[11]

　また、中井幸比古（1997）によれば、高知市方言の打消しの過去形〜ザッタのアクセントは、たとえば「買わざった」H2型が、「書かざった」L2型と、動詞の類別によって対立する。しかし動詞部分が3拍になると、「荒らさざった」「騒がざった」など区別なくH3型である。高知は、動詞単独ではまだ「荒らす」H0型、「騒ぐ」H1型の対立があって、これらが合同しているわけではない。

6. おわりに

　動詞が接尾辞と解釈されるものを後に付けた場合、その動詞部分のアクセントが特殊形であるか一般形であるかは、接尾辞を接続させた一語相当のものが、どのような、動詞としてのアクセントを採るか、ということによる。したがって、特殊形接続か一般形接続かを問題にするよりは、むしろ全体の姿が、その時代の動詞として一般的なものであったことに注意をはらう必要がある。

　その意味では、打消しの助動詞ズも、従来前接する動詞と切り離して考えられがちであったが、これと一まとめにして考えた方がよい場合もある。また、いわゆるザリ活用が独立性をもちはじめるのは、それらがすでに日常性を失いつつあったからであろうか。[12] さらにザリ活用形全体で動詞並みになっていた様子もうかがえる。

注――――――――

1 表中（＊）印の箇所は、「得・来」などの古い姿として上昇拍を想定すべきか。ここでは第二類と第三類との区別が中和される。また2拍の（＊＊）もRLなどの古型を考えたい（添田建治郎 1996：10-11）が、いまはLFを第二類・第三類の区別が中和された型とみる（上野和昭 1998：53ffも参照）。なお、屋名池誠（2004：50）に、この考え方について言及するところがある。

　　また、類別ということを厳密に考えれば、「早稲田語類」や「金田一語類」に入っていない4拍・5拍の動詞にまで、これを及ぼすのは問題かもしれないが、古く高起式の動詞を第一類と、また古く低起式の動詞を第二類・第三類と称した（以下同様）。

2 奥村三雄（1981：481ff）は、院政・鎌倉期における低起式動詞の一般的な型を、ここでいう第二類型に置き換えるべきだとする。この主張は、以上の説明からも明らかなように一応は理解できる見解であるが、ここにいうような通時的観点からみる方が、文献にあらわれる資料の解釈には有効であろう。

3 たとえば、同じ接尾辞とされるユ・ラユのアクセント上の接続を、ル・ラルへの類推だけから、いわゆる特殊形に続くと考えることがあれば、その着想には再考の余地があるように思われる。また、〈特殊形接続ならば接尾辞、一般形接続ならば付属語〉と簡単に割りきることもできなくなろう。

4 この表の未然特殊形とは、助動詞ム・ヌに接続するアクセント型のみを指す。第三類二段活用の終止連体形や未然特殊形は、遅上がりのLLHに変化しつつあった。これによれば、終止連体形は第一類H0型：第二類H(-3)型、連用形は第一類H(-2)型：第二類H(-3)型という対立があったと解釈できる。命令形は連用形に準ずる。未然特殊形については、仮にそのような術語を用いるが、本節の立場はこのような扱いに反省を求めようとするものである。

5 中井幸比古（1997：226-228）によれば、高知市でも多拍になると、類の合同が起こりつつある模様。

6 この場合、桜井茂治（1963=1976：365-366）が、基本アクセントとの関係を指摘するのは、きわめて示唆的である。

7 ～シ・シカについては、近世において「文語的性格が型の伝統性を薄れさせた」（奥村 1981：511）という面もあるが、『正節』には「有りし・有りしか」の場合、伝統的なHLL、HLLLというアクセントを反映するもの以外出てこない。

8 ～ザルという全体を一語相当とみることで、奥村（1981：397）の挙げた例外はすべて説明できる。なお、そこで例外とされた「過ぎざるに（上××××）」（尾崎本118－2白声）は、（×上×××）の誤りであろう。東大本でも2上文強11-4白声に（上××××）とあるのは例外的。別の箇所（13上門落5－2口説）では同じ詞章に（×コ×××）とある。

9 奥村（1983：124）に「アラザラン者ハ（×中×××―）」（筑波大本、禿童）の例

が挙げられている。これは「接合式」である。
10　桜井（1984）による。
11　秋永一枝（1991：204-205）が疑問とする「顕昭本の「ざらめ」に〈上平上〉がみられること」については（逢はざらめやも〈平上上平上上平〉顕天平568˚）、これをこのままに受け取れば、早い時期からズがアリと複合して動詞部分とは分離していたということになる（独立式）。「誤って移声したもの」か。
12　門前正彦（1960：47-48）によれば、「融合形は韻文の調子を整えるために発生し、韻文においては早く融合する傾向にあったことが「ざり」に関してもいえそうである。要するに散文系では平安初期でも未融合形がふつうである」という。金田一（1964：474）は、この門前説を引きながら「鎌倉時代のはじめまで「ざり」には「ずあり」の意識があったものであろう」と述べる。

付　記

　なお、奥村三雄氏に「「特殊形アクセント」について」（『筑紫語学論叢　奥村三雄博士追悼記念論文集』2001）という遺稿のあることを申し添える。

第7章 形容詞のアクセントとその変遷

本章は、「第1節　形容詞アクセントとその変遷」と「第2節　形容詞アクセントをめぐる問題」から成る。
　室町期以降の京都における形容詞アクセント体系は変動著しいが、第1節ではこれを、アクセント型の統合とアクセント体系からの強制（類推）という、二つの観点から統一的に説明しようとする。室町期から江戸中期ころまでの形容詞アクセントにおける類の混同は、H2型とH3型（H4型なども）とのアクセント型の統合を契機として起こったことであるが、混同することがあってもなお一つにまとまらないのは、H1型とH2型とが統合していなかったからである。この統合は江戸後期以降に起こるが、それによって形容詞アクセント体系は、現代京都に聞かれるようなかたちに収束していく。
　この過程で、活用形別にあらたな体系的強制がはたらき、一見して統合されてなくなるはずの型が残るような場合もある。しかし、それらは末尾から数えて何拍めのあとに下がりめがくるかという、体系的強制によって定まるアクセント型である。
　第2節では、形容詞アクセントをめぐる周辺的な問題について論ずる。
　まず〔名詞＋形容詞〕という構成の複合形容詞を取り上げるが、その中には一語の形容詞アクセントとして説明することを許さないものがある。すなわち、複合形容詞と思われる語に施された譜記から推定されるアクセントは、古代アクセントと対応のよいアクセント型ばかりとは言えないのである。
　また形容詞型活用の助動詞ベシは、日常的な話しことばの支えを失い、形容詞的接尾辞としての性格を徐々になくしていき、あらたに文語としての類型を形成したらしい。とくにベシ・ベキ・ベクの接続した形は、前接する動詞アクセントにかかわらず、全体としてH(-3)型になろうとしていたことなどについて説明する。
　さらに、これまで形容詞語幹に接尾辞サ・ゲなどの付いたものから形容詞語幹形のアクセントを抽出することが行なわれてきたことを取り上げるが、このような場合には、なんらかの共通する語幹形アクセントを取り出せるものではないようである。接尾辞ゲ接続形の語幹部分には「複合変化」があったという説明もなされてきたが、ここではそのような考え方について疑問を提出する。

第1節
形容詞アクセント体系の変遷

1. はじめに

　室町期以降、京都における形容詞のアクセントはゆれ動くこと著しく、現代語で終止連体形4拍の形容詞（たとえば「悲しい・嬉しい・危ない・賢い」など）は、現代京都でこそHHLL型に収まっているようではあるが、この間の経緯をみると、ほかの活用形をも含めて必ずしも安定しておらず、また同じく3拍のク活用形形容詞の両類（「赤い」と「高い」など）も現代のように一つにまとまったのは江戸後期以降の、さして遠くない過去のことである。

　このような形容詞アクセント体系の変遷については、いまだ統一的な解釈がなされていないが、本節は、これに、アクセント型の統合と、体系の強制すなわち類推という、二つの観点から説明を与えようとするものである。

　はじめに各類に所属する代表的な語を、古代語の終止形の形で掲げておく。拍数は終止形で数える。

　　2A2〈k〉　無し、良し　　　　　2A2〈s〉　惜し
　　3A1〈k〉　赤し、浅し、厚し、重し　　3A2〈k〉　痛し、白し、高し、早し
　　3A1〈s〉　卑し、悲し、空し、優し　　3A2〈s〉　怪し、嬉し、苦し、恋し
　　4A1〈k〉　危し、尊し、拙し　　　　　4A2〈k〉　賢し、汚し、少なし、小さし

2. 院政・鎌倉期から室町期にかけての形容詞アクセント体系の変遷

アクセント史の上で、その体系に決定的な変化が起こった時期は、南北朝のころとされる。それ以前の院政・鎌倉期における形容詞アクセントの体系は、金田一春彦（1964）・秋永一枝（1991）によれば、【表1】のようなものであったとされる。なぜ、はじめに院政・鎌倉期の体系を問題にするかというと、それは「前代の体系」と「変化の規則性」を念頭において、室町期はじめの基本的な体系を推定する必要があるからである。

【表1】院政・鎌倉期の形容詞アクセント体系[1]

	語例	終止形	連体形	連用形	已然形	カリ活用形
3A1⟨k⟩	赤し	HHF	HHF	HHL	HHHL	HHLL
3A1⟨s⟩	優し	HHF	HHHF	HHHL	HHHHL	HHHLL
4A1⟨k⟩	尊し	HHHF	HHHF	HHHL	HHHHL	HHHLL
2A2⟨k⟩	良し	LF	LF	RL＞HL	LHL	RLF＞HLF＞HLL
2A2⟨s⟩	惜し	LF	LLF	LHL	LLHL	LHLL
3A2⟨k⟩	白し	LLF	LLF	LHL	LLHL	LHLL
3A2⟨s⟩	嬉し	LLF	LLLF	LLHL	LLLHL	LLHLL
4A2⟨k⟩	少なし	LLLF	LLLF	LLHL	LLLHL	LLHLL

これによれば、院政期から鎌倉期にかけての形容詞アクセントの体系は、拍数の違いを越えて、まず大きく高起式（第一類）と低起式（第二類）とに別れる。さらに終止形と連体形とはいずれも最終拍が下降拍で、そこにいたるまでは、高起式は高平、低起式は低平である。連用形と已然形も、高起式・低起式という点では、終止形・連体形と同じであるが、これらは末尾から2拍めの後ろに下がりめがある。カリ活用形は連用形に動詞アリが付いて融合したものであるから、拍数が連用形よりも一つ多く、全体としてみれば下がりめの位置が連用形より一つ前へずれている。このように、この時代の形容詞アクセント体系は、高起・低起それぞれに、きわめて均整のとれた体系であったことが知られる。

ところが、14世紀になると低起式のアクセント型に、それまでの高拍（または下降拍）の位置よりも2拍前までが、語頭から高くなるという一律の変化が起こる。ただし、いかに低起式で高拍（または下降拍）があろうとも、拍数が2拍

前を数えるに足りなければ、このような変化は起こらなかったから、せっかく均整のとれた体系をもっていた形容詞アクセント体系も、一転して不揃いな様相を呈することになった。

その段階のアクセント体系は【表2】のようであったと思われる。なお室町期以降、形容詞の終止形・連体形末尾の下降拍は、高起式の場合は低拍に、低起式の場合は高拍になったと考えられるので、ここでもそのように表示してある。[2]

【表2】室町前期の形容詞アクセント体系

	語例	終止形	連体形	連用形	已然形	カリ活用形
3A1⟨k⟩	赤し	HHL	HHL	HHL	HHHL	HHLL
3A1⟨s⟩	優し	HHL	HHL	HHHL	HHHHL	HHHLL
4A1⟨k⟩	尊し	HHHL	HHHL	HHHL	HHHHL	HHHLL
2A2⟨k⟩	良し	LH	LH	HL	LHL	HLL
2A2⟨s⟩	惜し	LH	HLL	LHL	HLLL	LHLL
3A2⟨k⟩	白し	HLL	HLL	LHL	HLLL	LHLL
3A2⟨s⟩	嬉し	HLL	HHLL	HLLL	HHLLL	HLLLL
4A2⟨k⟩	少なし	HHLL	HHLL	HLLL	HHLLL	HLLLL

南北朝期における一律の変化は、【表2】の波線部分に及んだ。しかし、この体系をそのまま忠実に反映する文献資料は、いまのところ発見されていない。ただ、「前代の体系」と、そこに惹起された「変化の規則性」を勘案すれば、このような体系があったものと想定され、残された資料に反映したアクセントも、この体系がわずかに変化した姿として解釈できるのであるから、【表2】の体系を出発点として室町期以降の状況を考えることは許されるであろう。そこで、これを「室町前期の形容詞アクセント体系」として位置付けることにする。

室町前期の体系を院政・鎌倉期のそれと比較してみると、高起式の第一類はほぼそのままであるが、低起式の第二類の過半に変化が起こり、それらはH2型またはH1型になっている。さらに、その変化は類ごとにまとまって起こらず、たとえば2A2⟨s⟩ならば連体形と已然形とに、また3A2⟨k⟩ならば終止・連体・已然の三つの活用形に起こった。したがって、それ以外の連用形やカリ活

用形などは、旧来の低起式のまま取り残されるという不揃いな体系になってしまったのである。それでも終止形をみると、第一類の方はH(-2)型、第二類の方はL0型またはH(-3)型という関係が生じているし、連体形では、2A2⟨k⟩を除いて、第一類H(-2)型に対して第二類H(-3)型、また已然形も、2A2⟨k⟩を除いて、第一類H(-2)型に対して第二類H(-4)型という対立すらうかがえるのである。その一方、連用形やカリ活用形では、その下がりめにだけ注目するならば、それぞれ(-2)型や(-3)型へと再編されてもいいような状勢である。総じて「前代の体系」に比較すれば不揃いではあるが、それなりの安定性と不安定性とを併せもった体系であるということができよう。

3. 室町期から江戸中期のアクセント資料の実態

室町から江戸前期にかけてのアクセントを反映する資料に、新義真言宗の論議書と後水尾院周辺の古今伝授関係の書とがある。これらにあらわれた節博士や声点から知られる形容詞のアクセントを検討すると、2Aや3A⟨k⟩については【表2】のようなかたちに安定しているが、3A⟨s⟩や4Aには不規則なアクセント型が多くみられる。

新義真言宗の論議書については、桜井茂治（1984）によって『仮名声談義』『開合名目抄』『補忘記』などの節博士注記例を、また後水尾院周辺の資料については、坂本清恵（1994）によって京都大学中院文庫蔵『古今和歌集聞書』『古今聞書』『源氏清濁』の声点および胡麻章注記例を検討したが、いずれも類別に確証のあるものを取り上げ、後続する助動詞などの影響でいわゆる「特殊形」となっているものについては除外して考えた。

これらの資料にあらわれる諸例を、整理すると【表3】のようになる。波線部分は【表2】にあるアクセント型、*印が付いているのは、そのアクセント型の例がこれらの資料に見られないということである。全体に数が少ないので、例数の多寡を問題にすることはしない。

つづいて江戸中期ころまでのアクセント資料とされる『平家正節』について、同様に【表4】を作成した。江戸中期ころになってもまだ3A1⟨k⟩と3A2⟨k⟩との間に合同の兆しがみえないので、三拍形容詞シク活用(3A⟨s⟩)と四拍形容詞(4A)についてだけ検討する。『正節』に反映した形容詞のアクセントにつ

【表3】 室町～江戸前期の形容詞アクセントの実態（3A〈s〉・4A）

	語例	終止形	連体形	連用形	已然形	かり活用形
3A1〈s〉	優し	HHL HHH HLL	HHHL HHLL	HHHL HHLL HLLL HHHH	*HHHHL HHLLL	HHHLL HHHHH
4A1〈k〉	尊し	*HHHL	*HHHL HHHH	HHHL HHLL HLLL	*HHHHL	*HHHLL
4A1〈s〉	芳ばし	*HHHL	*HHHL	*HHHL HHHLL	*HHHHL	*HHHLL
3A2〈s〉	嬉し	HLL HHH	HHL HHHL HHHH HLLL	HHHL HHLL	*HHLLL HLLLL	HLLLL HHHLL
4A2〈k〉	少なし	HHLL HHHL HLLL	HHLL	HHHL HHHL	HHLL HHLL HLLLL	*HLLLL HHLLL
4A2〈s〉	新し	HHLL HHHH	HHHLL HHHHL	*HHLLL	*HHHLLL	HHLLLL

【表4】 『平家正節』にみえる形容詞アクセントの実態

	語例	終止形	連体形	連用形	已然形	かり活用形
3A1〈s〉	優し	*HHL (HLL)	HHHL	HHHL (HLLL)	*HHHHL	HHHLL (HHLLL)
4A1〈k〉	尊し	HHHL	HHHL (HHLL)	HHHL (HLLL)	*HHHHL	HHHLL
4A1〈s〉	芳ばし	*HHHL	*HHHL	HHLLL	*HHHHHL	HHHLL
3A2〈s〉	嬉し	*HLL	HHHL HHHL (HLLL)	HLLL HHLL (HHLL)	HLLLL	HLLLL
4A2〈k〉	少なし	HHLL HLLL	HHLL (HLLL)	HLLL (HHLL)	HLLLL	HLLLL (HHHLL)
4A2〈s〉	新し	HHLL	HHHLL HHLLL	HHLLL	HHLLLL (HHHHHL)	HHLLLL

いては、奥村三雄（1981：405-427）に詳しい記述があるし、同（1990：590・597-599・644）にも、ここにいう3A1・2〈s〉の合同についての説明があるが、本節ではさらに4Aにも視野を広げ、主に《口説》《白声》の曲節にあらわれる譜記から推定されるアクセント型を、形容詞アクセントの類別に確証のあるものを中

心にしてまとめてみた。なお、表のなかで( )に括ったものは少数型をあらわす。＊印は、【表2】にあるアクセント型でありながら、『正節』の譜記にそれを反映する例が見られないということである。

ここまで、室町期から江戸中期ころまでの3A〈s〉と4Aについてみてきたわけであるが、【表3】【表4】から明らかなように、ほぼ【表2】の体系が基本にあるとみられるから、このようにさまざまなアクセント型があらわれるのは、いわば類の混同ともゆれともいうべきものであろう。しかし、具体的にそのアクセント型を検討してみると、第一類は第二類に類推し、また第二類は第一類に類推したアクセント型をとることがあり、さらにそれらのいずれでもない型もみられるという、きわめて複雑な様相を呈しているのである。

4. 形容詞アクセント体系の変化とその解釈

室町後期以降江戸中期ころまでの形容詞アクセント体系にみられる、3A〈s〉と4Aの類の混同やアクセント型のゆれと、3A1〈k〉と3A2〈k〉との間にまだ類の合同がみられないことについて、これを統一的に説明することはできないであろうか。私見によれば、それは二度にわたるアクセント型の統合を想定することと、形容詞アクセント体系の強制(類推)の原理によって、ほぼ解釈できるのである。

その二度にわたる型の統合とは、①H2型とH3型(H4型なども)との統合(H2型に統合)と、②H1型とH2型との統合(H1型に統合)とである。①が起こったのは、室町期から江戸中期ころまでのことと考えられ、これが3A〈s〉や4Aの類の混同やゆれを引き起こした。そして②は、江戸期も後期以降に起こったもので、近畿中央式諸方言には①はすでに起こっていても、②はまだ完全には済んでいないところがある。②の統合は、動詞のアクセント体系にも影響を与えたが、形容詞アクセント体系においては、3A〈s〉と4Aとの混同・ゆれに決着を与え、さらに3A1〈k〉と3A2〈k〉とが合同する契機となったとみられる。

4.1 H2型とH3型（H4型なども）との統合による類の混同

さて、3A〈s〉や4Aに所属する語が、室町期から江戸中期ころまでの間、その類を混同したり、ゆれたりした様子を諸資料に見せるのは、どのような理由

によるものであろうか。それについては、まずその前提として、南北朝期のアクセント変化によって、それまで低起式として安定していた部分（第二類）に不安定な要素を含むようになったということが指摘されなければならない。不安定な要素とは、同じ語の活用形であっても、高起式と低起式とが混じっているということであり、さらには語幹部分にアクセントの下がりめがあるような、それまでには体系内に存在しなかったアクセント型があらわれ、それらが変化のなかった高起式の体系と比較的近いかたちになったということである。

　しかし、それぞれのアクセント型どうしの区別が明確であれば、類の混同など起こりようがなかったはずで、実際3A2〈k〉や2A2〈s〉は現代でも高起・低起両式の活用形が混在している。形容詞アクセント体系が変化したのは、上記のような不安定な背景があったというだけでは説明できない、なんらかの要因が存在したのである。それが契機となって、不安定な体系が安定を求めて動き出すという事情を考えなくてはならない。

　それでは、その契機となった要因とはなにか。それは、H2型と、H3型やH4型などがアクセント型の統合（①）を起こしたということである。4拍でいえば、HHLL（H2）型とHHHL（H3）型とが、特別な事情のないかぎり、型の統合を起こして区別を失うようになった。以下には関係部分のみを示したが、♯印のところの◎の拍が高低いずれとも決しがたくなれば、その結果として、連体形を中心に両類が合同する方向に進もうとすることは容易に理解できよう。そのために、それぞれの活用形において互いに他の類に類推したアクセント型をとることもあったものと思われる。

	語例	終止形	連体形	連用形	已然形	カリ活用形
3A1〈s〉	優し	HHL	♯HH◎L	♯HH◎L	♯HH◎L	♯HH◎LL
4A1〈k〉	尊し	♯HH◎L	♯HH◎L	♯HH◎L	♯HH◎L	♯HH◎LL
4A1〈s〉	芳ばし	♯HH◎L	♯HH◎◎L	♯HH◎◎L	♯HH◎◎◎L	♯HH◎◎LL
3A2〈s〉	嬉し	HLL	HHLL	HLLL	HLLLL	HLLLL
4A2〈k〉	少なし	HHLL	HHLL	HLLLL	HHLLL	HLLLLL
4A2〈s〉	新し	HHLL	♯HH◎LL	HHLLL	♯HH◎LLL	HHLLLL

　いま、【表3・4】の3A〈s〉の1・2類を比較してみる。互いに他の類の同じ活用形に類推したものには†印を付した。3A2〈s〉終止形のHHH、連体形のHHHHも、これに準じてよかろうから††印を付ける。

第1節　形容詞アクセント体系の変遷

	語例	終止形	連体形	連用形	已然形	カリ活用形
3A1〈s〉	優し	HHL	HHHL	HHHL	HHHHL	HHHLL
		HHH	†HHLL	1) HHLL	†HHLLL	HHHHH
		†HLL		†HLLL		2) HHLLL
				HHHH		
3A2〈s〉	嬉し	HLL	HHLL	HLLL	HHLLL	HLLLL
		††HHH	†HHLL	†HHHL	5) HLLLL	†HHHLL
			††HHHH	4) HHLL		
			3) HLLL			

　残るもので不審な型は、3A1〈s〉では1) 連用形のHHLL、2) カリ活用形のHHLLL、3A2〈s〉では3) 連体形のHLLLと4) 連用形のHHLL、それに5) 已然形のHLLLLである。いま試みに、このような型どおりにはあらわれないものに説明を加えるならば、以下のようになろうか。

　形容詞の場合は、動詞よりも終止形や連体形の影響力が強いとみられるので、連体形が一致するようになれば、連用形なども引きずられることがあったとみられる。その結果として、互いに他の類と混同するようなアクセント（†印や††印）を反映する資料が残ったのであろう。

　その他のものについても試みに解釈するならば、1) 2) は本来のH3型がH2型と紛れるようになって生じたアクセント型である。それでは3) 5) はどうか。H1型がH2型と統合するのは江戸後期以降であるから、ここは「型の統合」によるものではなく、同じ3A2〈s〉の連用形H1型への類推とみる。4) は同じ3A2〈s〉の連体形HHLL型に類推したとも、また3A1〈s〉の連用形HHHLと紛らわしくなったHHLLへの類推とも、二様の可能性が考えられる。奥村（1981：414）は、3A2〈s〉の連体形にHLLLがあり、連用形にHHLLがあることについて、「連体・連用両形の拍数が同一だった為、アクセントが相互に影響し合った現象」と説明する。

　だが、ここに確認しておきたいのは、連用形のH1型がなお多数型として存在し続けたから、両類は江戸中期ころまで、一部に混同はあっても合同するにまではいたらなかった、ということである。これらが合同するのは、H1型とH2型とが統合する江戸後期以降のことである。

　つぎに四拍形容詞（4A）をまとめて検討する。3A〈s〉と同様に【表3・4】か

ら抜き出してくると、以下のようである。

	語例	終止形	連体形	連用形	已然形	カリ活用形
4A1⟨k⟩	尊し	HHHL	*HHHL	HHHL	*HHHHL	HHHLL
			HHHH	1) HHLL		
			†HHLL	†HLLL		
4A2⟨k⟩	少なし	HHLL	HHLL	HHLL	HHLLL	HLLLL
		†HHHL	3) HLLL	†HHLL	5) HHHLL	7) HHLLL
		2) HLLL		4) HHLL	6) HLLLL	†HHHLL
4A1⟨s⟩	芳ばし	*HHHL	*HHHHL	*HHHHL	*HHHHHL	HHHHL
				8) HHHLL		
				†HHLLL		
4A2⟨s⟩	新し	HHLL	HHHLL	HHLLL	*HHHLLL	HHLLLL
		††HHHH	†HHHHL		†HHHHHL	
			9) HHLLL		10) HHLLLL	

　ここで問題となるのは、4A1⟨k⟩では1)連用形のHHLL、4A2⟨k⟩では2)終止形のHLLL、3)連体形のHLLL、4)連用形のHHLL、5)已然形のHHHLLと6)同じくHLLLL、7)カリ活用形のHHLLL、4A1⟨s⟩では8)連用形のHHHLL、4A2⟨s⟩では9)連体形のHHLLLと、10)已然形のHHLLLLである。試みにこれらについて解釈してみると、1) 8) 9) 10) については、それぞれの本来のアクセント型から、H2型とH3型、H3型とH4型とが紛れたことによって生じたものと解釈できる。もちろん、連体形や連用形の影響も考えられるが、ひとまずアクセント型の統合の影響を優先させて説明しておく。2) 3) 6)は連用形の影響を被ったものか。4)は、連体形への類推とも、4A1⟨k⟩の連用形HHHLと紛れるようになったHHLLへの類推とも考えられよう。7)も同様。5)は（文献にはあらわれてこないが）4A1⟨k⟩の已然形HHHHLと紛れるようになったHHHLLへの類推と解釈することも可能であろう。

　ここでも4A2⟨k⟩連用形の多数型がH1型であって、まだH2型と紛れることがないので、両類が合同する段階にまではいたっていない。4A⟨s⟩ともなると、所属語数も少なく、活用形それぞれの確例を欠くところもあるが、カリ活用形の様子などからすれば、基本的な区別はまだあったとみられる（残る9) 10)は

ともに連用形への類推か）。

　以上で、室町期から江戸中期ころまでの間、3A〈s〉などに類の混同があったことについて、それが、H2とH3、H3とH4との「型の統合」によって引き起こされたものと解釈できること（もちろん連用形や連体形への類推もあるが）の説明を終える。江戸後期以降にならなければ類の合同にいたらない理由も、H1型とH2型との統合が済んでいないことによるものである。

　ただ、ここにいう①の統合が、形容詞アクセント体系の変遷を説明する場合にのみ有効であるとすれば、それは説得力に欠けるものである。「型の統合」というかぎりは、名詞や動詞のアクセントにも有効であることが期待される。たとえば四拍名詞の場合などは、その構成が単純ではなく、秋永（1986：109）は「法則的な音韻変化のみでは律しきれない」と述べるが、そのような場合は、それぞれの構成要素の影響など、様々な要因が絡んで、「型の統合」よりも優勢に作用することがあったのであろう。

　しかし、たとえば4拍の名乗などのアクセントについては、HHHL型とHHLL型との統合を『正節』の譜記に見て取ることができるし[8]、また、動詞アクセントについても、現代語で終止形4拍の動詞が「類の合同」を起こす経緯を説明する際にも、この①の統合を想定することは有効である[9]。

4.2　近畿中央式諸方言に聞かれる形容詞アクセントの体系

　すでに述べたように、H3型とH4型、H2型とH3型とが統合して後、H1型とH2型とが統合する以前の段階の形容詞アクセント体系は、現在近畿中央式諸方言（高知、和歌山県田辺・龍神、徳島県阿南・羽ノ浦など）に聞かれる。いま、これを仮に「A体系」とよぶ。A体系は、3A1〈k〉・3A2〈k〉の合同がまだ起こっていない体系であるが、もちろんこれらの諸方言がA体系で固まっているわけではない。一つの理想的体系としてここに示すのである。

　これに対して、H2型とH3型との統合も、H1型とH2型との統合も、ともに終了している体系を「B体系」とよぶ。この体系は、徳島や大阪、それに京都などに聞かれるもので、すでに3A1〈k〉が3A2〈k〉と合同しているものである。これらA・B両体系は【表5】のようである。

【表5】近畿中央式諸方言に聞かれる形容詞アクセントの体系

	A体系			B体系		
	終止連体形	連用形	カリ活用形	終止連体形	連用形	カリ活用形
2A2〈k〉	LH	HL	HLL	LH	HL	HLL
2A2〈s〉	HLL	LHL	LHLL	HLL	LHL	LHLL
3A2〈k〉	HLL	LHL	LHLL	HLL	LHL	LHLL
3A1〈k〉	HHL	HHL	HHLL	HLL	LHL	LHLL
3A1・2〈s〉	HHHL	HHHL	HHHLL	HHLL	HHHL	HHHLL
4A1・2〈k〉	HHHL	HHHL	HHHLL	HHLL	HHHL	HHHLL

　A体系の地域でも、3A1・2〈s〉や4A1・2〈k〉の終止連体形には、ときにHHLL型が聞かれる。たとえば高知など、平山輝男ほか（1992-94）は3A1〈s〉「悲しい」、4A2〈k〉「汚い」はHHLLとするし、佐藤栄作（1989：65）でも「汚い」HHLLと3A2〈s〉「嬉しい」HHHLについて「高高低低と高高高低でゆれる」と注記する。このようにH2型が聞かれるのは、H3型との間に型の統合を起こしたためと解釈できる。この場合は「型の統合」の力が、体系として比較的落ち着きのよいH(-2)型を維持しようとする力に優ったものと考えられる。

　しかし、H1型とH2型とが統合する以前の典型的な体系は、A体系のごときものであったろう。これは終止連体形アクセントが三つの類型から成り、3A1〈k〉では終止連体形などにまだHHL型を保っていて、体系的にはH(-2)型として3A〈s〉や4A〈k〉とともに、その存在を主張していることに特徴がある。連用形・カリ活用形も、全体的にそれぞれH(-2)型、H(-3)型として安定しているようにみえる（波線部に注意）。

　これに対して、H1型とH2型との統合が進んだ段階のB体系では、3A〈s〉や4A〈k〉の終止連体形がHHLLになっている。これは、H1型とH2型との統合が進んで3A1〈k〉と3A2〈k〉とが合同したからには、もはやH(-2)型を堅持する必要がなくなったためである。もちろんH2型はH1型へと統合していくのであるが、B体系にあっては「終止連体形H(-3)型」というのが安定的であるから、多くの場合その強制力の方が、「型の統合」の力に優っていると解釈できよう。

　B体系も、A体系と同様に、諸方言に例外的なアクセントが聞かれないわけではない。佐藤（1989）では、大阪の3A〈s〉「優しい・嬉しい」の終止連体形をHHHLで報告する。平山ほか（1992-94）も末尾拍を短縮した「優し・悲し」を

HHLとする一方で、京都の「優しい」をHHHLと報告する。いずれもA体系であったころの名残であろう。また、これらの連用形にHHLLが聞かれることもあるようだが、これは終止連体形への類推とみてよさそうである。

　A体系4Aの終止連体形と連用形、ならびにB体系4Aの連用形がHHHL型をとっていて、本来ならばすでにH3型はH2型と統合し（B体系ではさらにH1型と統合し）ていてもよいはずであるのに、なおその姿をとどめているのには理由がある。それは、これらの活用形の場合はH(-2)型が安定的であるからである。すなわち体系による強制（類推）の力が、「型の統合」の力に優って作用していると解する。

　このことは、次のようにも言うことができる。すなわち、これらは外見上HHHL型であるが、すでにH3型ではなくしてH(-2)型なのだと。純粋にアクセント型としてあるのではなく、形容詞アクセント体系の強制によって、HHHLという姿にあらわれているということなのである。

　ただここに問題とすべきは、①の統合によって、体系に混同をみせていた室町から江戸中期ころまでの（文献によって知られる）様相と、近畿中央式諸方言に想定されるA体系との間にみられる不連続な相違である。

　しかし、それも文献資料にあらわれたところは①の統合の過程における形容詞アクセントの実態を反映したものであり、A体系は①の統合後の安定した形容詞アクセント体系を想定したものであることを思えば、とくに問題はないであろう。

5. おわりに

　以上をまとめると、室町期以降の形容詞アクセント体系にみられる変化は、アクセント型の統合と、体系による強制（類推）とによって説明されるということである。

　ところで、このような考え方をとると、すでに示された説とは相容れないところが出てくる。たとえば、桜井（1984：691, 877）は3A1⟨s⟩の連体形にあるHHLL型を古終止形HHLへの類推などと説明するが、これは①H3型とH2型との統合を背景にして、3A2⟨s⟩に類推したものと考えれば済む。

　また同じく連用形のHHLLも、①H3型とH2型との統合の結果生じたもの

と考えれば、3A1〈k〉のH2型を引合いに出す（同：1277）ことはないかもしれない。もし3A1〈k〉への類推をいうなら、【表2】から明らかなように、むしろH(-2)型として安定すべきであって、ここにいうHHLL型の説明にはならないように思う。

　また、奥村（1990：590）は、やはり3A1・2〈s〉の合同について、その「引き金」を連体形におけるHHHLからHHLLへの「語末下降調回避傾向」とするが、本節に述べたところと現象の捉え方は近いものの、「語末下降調回避傾向」としたのでは、ここに示した多くの型の統合を説明しづらいし、HHL型とHLL型との統合は説明できても、（語末の問題ではないので）HHLL型とHLLL型との場合は同一のレベルで説明できないという憾みを残す。

　さらに奥村（同：644）は、3A2〈s〉の連用形が古くLLHLからHLLLに変化し、現代京都でHHLLになっていることについて、これを「HLLL→HHLLの規則的変化」として捉え、四拍動詞などの例をも援用するが、本節で主張するところは、これらは音韻変化なみの規則的変化ではなくて、それらの動詞や形容詞の体系から強制されたり、あるいは他の活用形に類推したのであって、それぞれの個別事情を越えて他に及ぼすべきものではないということである。すなわち、3A2〈s〉連用形のHHLL型は、その連体形、または「型の統合」の結果あらわれた3A1〈s〉の連用形HHLLに類推したものと解すべきであると思う。

注────────

1　この表は、おもに秋永一枝（1991：38）によって作成した。なお「古未然形」と「ゴトシ」の類とは省略した。また「早稲田語類」「金田一語類」も4拍のク活用形容詞にまで類別を施してはいないが、私見により、第一類に古く高起式のものを、第二類に古く低起式のものを割りあててみた。【表2】【表3】も同様。

2　この表は、おもに奥村三雄（1981：413）によって作成した。

3　桜井茂治（1984）から関係する例を抽出すると、以下のようである。なお『開合名目抄』については一部、金井英雄氏の御教示によって補ったところがある。略号は、仮＝仮名声、大＝大疏談義、開＝開合名目抄、補（貞・元）＝補忘記 貞享版・元禄版。

3A1〈s〉
　　いやし　　終止形《徴徴徴》補（貞）、《徴角角》同（元）
　　むなし　　終止形《徴角角》補（貞・元）
　　　　　　　連体形《徴徴徴角》仮
　　　　　　　連用形《徴徴徴角》仮、《徴角角角》同（朱）

第1節　形容詞アクセント体系の変遷　　409

	カリ活用形《徴徴徴角角》仮、《徴徴徴徴徴》同
よろし	連体形《徴徴角角》大・開・補（貞・元）
	連用形《徴徴角角》仮・開、《徴徴徴角》仮、《徴角角角》同（朱）、《徴徴角角》補（貞・元）

3A2⟨s⟩

おなじ	終止形《徴角角》仮、《徴徴徴》大
	「おなし」とも。終止形の大疏談義の例は、連体用法であるかどうか不明。
	連体形《徴徴徴角》仮、《徴徴角角》同、《徴角角角》同
	連用形《徴角角角》大
	已然形《徴角角角角》仮
おぼし	連用形《徴角角角》大・開・補（貞・元）
きびし	連用形《徴角角角》補（貞・元）
くはし	連用形《徴角角角》仮・補（貞・元）、《徴角徴角》同、《徴角角角》補（貞）
くるし	連体形《徴徴徴角》仮
けはし	連体形《徴角角角》仮、《徴角徴角》同
ただし	終止形《徴角角》仮
	連体形《徴角角角》大
	連用形《徴角角角》大
とぼし	連用形《徴角角角》仮
	カリ活用形《徴徴徴角角》仮
	ほかに「とぼしからん」《角徴徴徴徴徴》仮、《徴徴徴徴徴徴》《徴徴角徴〜》同（朱）も。
ひさし	終止形《徴角角》補（貞・元）
	連用形《徴角〜》仮
	カリ活用形《徴角角〜》仮
ひとし	終止形《徴角角》仮・補（貞・元）
	連体形《徴徴徴徴》仮、《徴角〜》同（朱）
	連用形《徴角角角》開
	カリ活用形《徴角角角角》開
	ほかに「ひとしからんと」《徴徴徴角角角》仮、《徴徴徴徴角徴〜》同（朱）も。
まさし	連用形《徴角角角》仮・補（貞・元）

4A1⟨k⟩

たやすし	連用形《徴徴徴角》仮、《徴徴角角》同・補（貞・元）、《徴角角角》仮（朱）

4A2⟨k⟩

あまねし　終止形《徴徴角徴》仮、《徴角〜》同（朱）
　　　かしこし　已然形《徴徴角徴角》仮
　　　すくなし　連用形《徴角〜》仮、《徴徴角徴》同（朱）
　　　　　　　　已然形《徴徴徴角角》仮（朱）、《徴角〜》同、《角徴徴角》同
　　　みじかし　終止形《徴徴徴角》仮
　　4A2⟨s⟩
　　　いぶかし　終止形《徴徴角角》補（元）
　　　さわがし　終止形《徴徴徴徴》補（貞・元）
4　坂本清恵（1994）によれば、『古今和歌集聞書』と『源氏清濁』は声点、『古今聞書』は主に胡麻章によるアクセント注記である。略号は、和聞＝古今和歌集聞書、古聞＝古今聞書、源氏＝源氏清濁とした。
　　3A1⟨s⟩
　　　かなし　　終止形〈上上平〉〈上上上〉和聞、《上上下》《上上上》古聞
　　　　　　　　連体形〈上上上平〉〈上上平平〉和聞、《平平平下》《××下下》古聞
　　　　　　　　已然形〈上上平平平〉和聞　《平平下××》古聞
　　3A2⟨s⟩
　　　あやし　　終止形〈上平平〉和聞、《上下下》古聞
　　　　　　　　連用形〈上上平平〉和聞、《上上下下》古聞、〈上上上〇〉源氏
　　　うれし　　連用形〈上平平平〉源氏
　　　くるし　　連体形〈上上上上〉和聞、《上上上上》古聞
　　　こひし　　連体形〈上上〇〇〉和聞、《上上（平？）××》古聞
　　　さかし　　終止形〈上上上〉和聞、《上上上》古聞、〈上平平〉源氏
　　　まさし　　カリ活用形〈上上上平平〉和聞、《上上上下下》古聞
　　4A1⟨k⟩
　　　たやすし　連体形〈上上上上〉和聞、《上上上上》古聞
　　4A2⟨k⟩
　　　ものうし　連用形〈〇〇上平〉源氏
　　　　この例は「物うく〈〇上平〉」とあるので、「憂く」のアクセントを注記したものかもしれないので、表には載せていない。
　　　　　　　　カリ活用形〈上上平平平〉和聞
　　　のどけし　連体形〈上上濁平平〉源氏
　　4A1⟨s⟩
　　　かうばし　連用形〈上上上平平〉源氏
　　4A2⟨s⟩
　　　あたらし　連体形〈上上上平平〉和聞、《上上上下下》古聞
　　　うれはし　連体形〈上上上平平〉和聞、《上上上上下》古聞

すさまし　カリ活用形〈上上平平平平〉和聞、《上上下下下下》古聞
5　3A1⟨s⟩については、語数4語（賤し、悲し、空し、優し）。奥村（1981：407-408）は終止形について、HHLの実例がないことをもって、語幹形の影響を受けたHHHをそのアクセントとしているが、ここでは一応体系的観点から*HHLとしておく。ほかには3A2⟨s⟩に類推したHLL型が1例（「優し」6上実盛3-4口説）あるのみ。

連用形はウ音便形をとる3語（賤しう・悲しう・空しう）17例中、「空しう」にのみ3例HLLL型がある。ほかの「空しう」8例はHHHL型。カリ活用形では2語（悲しかり・優しかり）6例中、「悲しかり」に1例HHLLL型を反映した譜記がある。

3A2⟨s⟩については、語数19語（怪し、おぼし、親し、正し、激し、ゆゆし　など）。終止形については奥村（同：409）も指摘するように、「激しし」が調査した曲節の範囲では1例（炎上奈良19-2口説）あったが、ここには載せない。連体形は圧倒的にHHHL型が多いが、「怪しき・ただしき」はHHHL型だけ（それぞれ2例と1例）。「親しき」（イ音便も含む）はHHHL型3例、HHLL型2例。さらに「嬉しき・ゆゆしき」にはHLLL型がみられる。連用形は多くがHLLL型であるが、第一類（3V1⟨s⟩）に類推したHHHL型が「親しう」に7例ある（HLLL型は1例）ほか、「おぼしく」にHHLL型のみ9例がある。已然形は「嬉しけれ」にHLLLL型が3例あるのみ。

ところで、2A2⟨s⟩・3A2⟨s⟩・4A2⟨s⟩の已然形のアクセントは、鎌倉以前LLHL・LLLHL・LLLLHLであったろうと推定されている（金田一 1964、秋永 1991 など）。しかし室町期以降の資料には、これらの直接の変化型が見られない。2A2⟨s⟩については、「惜しけれは」〈上上平平平濁〉和聞、《上上下下下下》古聞、「惜しけれと」〈去上平平平〉源氏　の例があるばかりである。

4A1⟨k⟩については、語数5語（危し、甲斐なし、尊し、拙し、わりなし）。終止形はHHHL型（危し）。連体形は、HHHL型が2語（危ふき・尊き）2例、HHLL型が2語（甲斐なき・わりなき）11例であるが、後者は語構成上別に考えるべきものかもしれない。連用形は3語（危ふう・尊く・つたなう）6例ともHHHL型であるが、「つたなう」のみHLLL型をとる。已然形の例はない。カリ活用形はHHHLL型（尊かり1例）である。

4A2⟨k⟩については、語数12語（あまねし、賢し、さがなし、少なし、詮無し、たやすし、小さし、はかなし、めでたし、物憂し　など）。終止形は「小さし」HLLL型1例と「詮なし」HHLL型1例のみ。連体形はHHLL型が断然多いが、HLLL型も2語（「さがなき・はかなき」）6例ある。連用形はHLLL型が多いが、HHLL型も4語（「あまねく・賢う・少なう・物憂く」）5例ある。已然形は「めでたけれ」HLLLL型3例のみ。カリ活用形もHLLLL型のほかにHHHLL型が「少なし・たやすし」に3例ある。

4A1⟨s⟩については、語数3語（芳ばし、慕はし、睦まじ）。終止形は実例が《口説》《白声》の範囲にはないが、体系性の観点からHHHL型としておく。連用形は「慕はしう・睦まじう」にHHLLL型が各1例。カリ活用形も「香ばしかり」にHHHHLL型

が1例あるのみ。連体形と已然形には例がない。

　4A2⟨s⟩については、語数12語（新し、美し、恨めし、麗し、恐ろし、逞し、頼もし、懐かし、珍し　など）。終止形の確例は「なつかしとて（上コ××××）」（8下六斬8-1口説）のみ。連体形はHHHLL型が3語（新しき・美しき・珍しき）14例、HHLLL型が5語（「麗しき・恐ろしき・逞しき・頼もしき・懐かしき」）17例である。連用形は全例みなHHLLL型。已然形はHHLLLL型が2語（「恐ろしけれ・頼もしけれ」）9例。ほかに「恨めしけれども〈××上上コ×××〉」（2下横笛15-5口説／4上小督8-5口説）という譜記が見えるが、これは奥村のいう「特殊低起式表記」（第1章第3節）にあたるもので、アクセントとしてはHHHHHLLLをあらわすものとみられるから、第一類にならったかたちということになる。カリ活用形はHHLLLL型のみ。

6　第6章 第1節 を参照。
7　桜井（1984：692, 1211）に同趣旨の指摘がある。
8　秋永（1980：337）、奥村（1986b：360-363・1990：665-668・1993：38）などに詳しい。第4章 第2節 を参照。
9　第6章 第2節 を参照。

第2節
形容詞アクセントをめぐる問題

1. はじめに

　前節でみたように、室町期以降の京都における形容詞アクセントの体系は、形容詞それぞれが拍数の違いを越えて一定の類型に収束する方向に変遷してきたが、いわゆる複合形容詞とされるものの中には、形容詞アクセント体系という枠組みに抵抗して独自の語構成に寄りかかり、一律に説明することを許さないものがある。また形容詞型活用の助動詞ベシは、日常的な話しことばの支えを失い、形容詞的接尾辞としての性格を脱して独立的傾向をみせ、あらたに文語的な類型を形成しているように思われる。さらに、形容詞語幹に接尾辞サ・ゲなどの付いたものから推定される、形容詞語幹のアクセントは、語幹形アクセントとして一定したアクセント型をとってはいないように見受けられる。
　このように、形容詞アクセントの周辺には体系的な規則では律しきれない事象があらわれる。それらにはそれぞれに、そのアクセント型を選ぶ理由があるようで、それにしたがって、形容詞一般のアクセント体系とはまた別の類型を構築しているように思われる。本節は、主に『平家正節』から用例をとり、上記の三つの点に注目して考察を加えようとするものである。

2. 複合形容詞のアクセント

2.1　まず、いわゆる複合形容詞のアクセントについて検討する。複合形容

詞にも語構成上に種類があるが、ここで取り上げるのは〔名詞＋形容詞〕の場合にかぎることとする。これらが、鎌倉期以前から一語としてまとまり、全体としてアクセント史にいわゆる「体系変化」を経て室町・江戸期にいたっているのならば、平曲の譜記には古いアクセントと規則的に対応するものがあらわれるはずである。ところが実際には、期待される型とは幾分違った譜記も施されている。もちろん江戸期の形容詞アクセントは多拍になればなるほど、類や型の混乱が進んでいて、一語化した形容詞でも、必ずしも一定のアクセントであらわれるというわけではない。

　さらに、江戸期においては一般的な形容詞終止形は2拍ク活用以外ほとんど低起式ではないのに、ただ複合形容詞のみ、前部成素によっては低起式をとることがある。その場合は典型的な形容詞アクセントとの比較はできないから、一語化しているかどうかの判断は容易でない。

　たとえば、次の例にある「是非無く」のアクセントは、複合形容詞のそれとみなしてよいであろうか。

　　　是非なく御坪の内へ破り入り（××コ×一）　　読上文勧5-4口説

この譜記が反映しているアクセントは、「是非」が当時LHであるから、それが「無く」HLと接合して「是非無く」LHHLとなり、さらにLLHLとなったものと解せられる。それでは終止形「是非無し」あるいは連体形「是非無き」はどのようなアクセント型を考えればよいか。これは用例がなくて推定するばかりであるが、おそらくは現代京都と同様LHLLであろう[2]。後部要素「無し」・「無き」LHと「無く」HLの違いによって、全体のアクセントが左右されることに注意したい。このような接合的段階のものは、体言と形容詞とに分離して解釈することもまた可能である。

　また、高起式の名詞に形容詞が付く場合でも、これと同様なことが言える。たとえば「甲斐なし」は古く、次のように声点がある。懸詞であることなど問題もあるが、これを一語の形容詞「甲斐なし」の連用形と解釈して、高起式の第一類形容詞に相当するものとみれば、終止形「甲斐なし」は当然HHHFまたはHHHLというアクセントをとるものと考えなければならない[3]。

　　　かひなく〈上上上平〉（「峡無く」と「甲斐なく」の懸詞）

　　　　　　　　　　　　　　　　　　　　　　　古今（高貞・毘）1057

　一方、まだこれは接合段階であって、終止形はHHLLではないかと疑うこ

とも可能である。次の『正節』の譜記は、その考えを支持するように見える。

　　甲斐なき命を（上上××―）　　13下瀬尾6-4口説

　こうしてみると、いわゆる複合形容詞とされるものの中には、完全に一語化した形容詞かどうか疑わしいものが混在しているように思われる。

2.2　　つぎに、同じく複合形容詞の〔「心」＋形容詞〕の例を検討してみたい。『正節』にあらわれるものから、この類の例を抽出するならば、次のような語が得られる。

　　心憂し、心苦し、心狭（せば）し、心猛し、心強し、心無し、心憎し、心深し、
　　心細し、心安し、心良し、心弱し、心幼し

　「心憂し、心無し、心良し」は2拍の第二類ク活用形容詞が後部要素となったものである。もしこれらが院政・鎌倉期から複合していたならば、第二類形容詞は古く終止形・連体形LLLLF、連用形LLLHL、已然形LLLLHLであったから、室町期以降は、下に示すような体系をなしたものと考えられる。

終止形5拍のク活用形容詞のアクセント体系

	終止形	連体形	連用形	已然形	カリ活用形
第一類	HHHHL	HHHHL	HHHHL	HHHHHL	HHHHLL
第二類	HHHLL	HHHLL	HHLLL	HHHLLL	HHLLLL

　このうち「心無し」には終止形と連体形に譜記があって以下に示すごとくであるが、この例からすると、この語を江戸期において完全に一語化した形容詞として認めることはできないように思われる。「心」は三拍名詞第五類に属し、鎌倉から室町のころにLLH＞HLLという変化を遂げた語であるから、「心無し」に施された譜記は、変化後の「心」HLLが、「無し」LHを従属的にしたがえただけの、いわば接合アクセントを反映している。

　　心なしとて（コ××××××）　　3上少還25-1口説
　　心ロなき奴（ヤッコ）までも（コ××××―）　　2下青山2-3口説

　もし、古く複合していたのであれば、（古く「心」はLLHであり、前部低起式の形容詞終止形はLLLLF＞）HHHLLとなろうが、この時期に起きていたアクセント型の統合のことを思うと、たとえ連用形が（LLLHL＞）HHLLLとなっていて

も、なかなか確証とはしがたいという事情がある。

　ところが「心良し（快し）」は古くから一語化していたらしい。古くLLLLFを反映する声点や節博士がある。『正節』にはカリ活用形があらわれ、規則的な変化型であるHHLLLLが期待されるところであるが、そうはならず、以下のような譜記が施されている。本節ではこの譜記を、「心良し」という語がさらに「心良かる」という、高起式の動詞相当のものになっている、と理解したい（いわゆる未然形一般のアクセントにあたる）。

　　　　心よからざりけるが（上上上上上上××××× ）　　14上六度18-5素声

　「心憂し」はさらにむずかしい。以下の譜記から推定されるアクセントは、終止形・連体形HHHLL、連用形HHHLL、已然形HHHHHLである。終止形・連体形の譜記は、それぞれ古く複合していたとも言えるものではある。しかし、連用形のそれは期待されるHHLLL型を反映しているとは言えない。そして已然形のアクセントは、むしろ第一類形容詞のそれと同型になっている。このようなことは、すでに前節で述べたように、一般の多拍形容詞にもまま認められるところである。

　　　　心うしとて（上上コ××××）　　11上妓王47-5口説
　　　　心うき境なれば（上上コ××―）　　3下先帝16-3口説
　　　　心憂っこそ（上上コ××××）　　10下北方6-3口説
　　　　心憂ければ（上上上上上××）　　五句高野5-1素声

2.3　つづいて、同じく「心」に3拍のク活用形容詞の後接した語について検討する。後接する形容詞は「狭し・強し・憎し・深し・細し・安し・弱し」の7語で、いずれも第二類に属する。これらは、古く一語化していれば、終止形・連体形はLLLLLF＞HHHHLLという変化を経たはずで、連用形ならばLLLLHL＞HHHLLLの変化を想定してよかろう。もちろん型の統合もあったわけだが、ここに連用形のアクセントを期待通りに反映した譜記がある。連濁することからしても古く複合していた可能性が高い。

　　　　心強ふ宣へ共（上上コ×××―）　　3下平流16-1口説
　　　　心深うねらう方々もや（上上コ×××―）　　炎上清水1-3口説

　3拍のシク活用形容詞の後接した唯一の例である「心苦し」も次のようにあって、このかぎりでは伝統的なアクセントを受け継いだもののようにみえる。

心苦しき折節なり（上上上上上××―）　　読下伊豆15-5口説
　　　心苦しうおもひまゐらせ（上上上コ×××―）　　8上少乞14-4口説
　しかしまた、その一方で以下のような接合型もあらわれる。これらは、二語が連接しただけのものとも受け取ることができよう。
　　　こゝろたけき大将軍なれども（上×××××―）　　15下臣誅8-2口説
　　　心弱ふ思召べからず（コ×××××―）　　7下惟水16-2口説
　ところが「心弱し」には、さらに次のような譜記もある。
　　　心弱ふては（上×××コ×××）　　7下惟水10-1口説
　　　〔尾早芸（同）、京D《上上乙×××××》朱《平×××コ×××》、也（上×××中×××）、宮《上下×下上コ　下××》、豊《上上平××××》、秦《上上下×××××》、波《上上平×××××》〕
　　　こゝろ弱ヮふやなりぬへし（上上上×上××―）　　2下横笛15-1口説
　　　〔尾也曲（同）、京B《平平平×平××―》、北（上上中××××―）、宮《上上乙××××―》、豊《上上平××××―》〕
　上記第一例の正節譜は、「心」と「弱う」それぞれのアクセントが譜記に反映したものである。第二例は、あたかも複合の途中の段階が譜記に反映したようにもみえる。「心」は近世HLLであって動かないし、「弱く」のウ音便形もLHLである。それらが接合すれば、前部要素のアクセントが生かされてHLLLLLとなるのであるから、第二例の譜記に接合アクセントを認めることはできない。
　第一例については、波多野流譜本や京大本・豊川本に一語の形容詞連用形アクセントHHHLLLを思わせる譜記がある。また第二例についても、東北大本や江戸吟譜系の宮﨑本、それに江戸当道系の豊川本は、やはり一語の形容詞連用形アクセントを反映している。『正節』ほかの譜記に対応するHHHLHLという音調は変則的なもので、高い部分が二箇所に分断されているうえに、「心」の部分がHHHであらわれていることなど、問題を含むものである。もちろん「心」にあらわれたHHHを「接続型」などと説明することもできないわけではない。
　『平家正節』は江戸中期に編纂されたもので、《口説》や《白声》には主としてその頃ないしそれ以前のアクセントを反映する譜記が付けられているとされる。しかし詞章は古くからのものであるから、すべてに、その当時の自然な話

しことばが反映しているとは言いがたい。「心弱し」に二種ないし三種のアクセントを反映する譜記があらわれることについて、一つにはそのような背景も考えなければならないであろう。

　また、平曲譜の無譜は、「引き句」の場合には旋律の一部を担うものであって、けっして自由な語りを許すわけではない。したがって「引き句」に属する《口説》の曲節で、譜のある部分がアクセントを反映するとすれば、無譜の部分にもそれが反映していると考えてみなければなるまい。だからここに接合と解釈したものについて、後部要素に譜が省略されているなどとは考えない。あるとすれば、それは誤脱であって、省略ではない。

　唯一の「語り句」である《白声》も、そこに譜が施された事情を思えば、京都アクセントに馴染まない者もこれを語ったのであるから、みだりに譜を省略するわけにはいかなかったはずである。ある部分を強調する関係で、ほかの部分が低平化することは平曲にもままある。しかし、それも省略ではない。また、二語のアクセントが反映した譜記について、聞く者の理解を助けるために前後それぞれのアクセントを反映する譜を施したという解釈もできようが、それを積極的にそうだと主張する根拠はないであろう。

　ここに、両例の文脈を参照すると、第一例は、維盛が入水するに臨んで妻子のことを思う心を懺悔したのに対して、滝口入道も哀れをもよおしたが、「我さへ心弱ふては叶はじ」と思い直し、どうということもない様子をして維盛を諭すという、その場面にあらわれる。主として名古屋前田流の平曲家は、これを「心が、弱くては」という語り方をしたのであろう。一方、江戸前田流や波多野流では、「心弱し」という形容詞として語ったということではなかったか。

　同様に第二例も、尋ねてきた横笛をのぞいて見た滝口入道の心中を表現して「いかなる道心者も心弱ふやなりぬべし」とあるところで、東北大本や江戸前田流譜本では、はっきりと形容詞として語ったが、主として京都・名古屋系の前田流では、不完全な二語的旋律による語り方をした、ということか。それが譜本に記され、伝承に残ったということであろう。

　さてつぎに「心細し」という形容詞について述べれば、この形容詞は連濁の具合からしても一語化が完了していたものとみられる。

　　心細゛ふこそ（上上コ××××）　　7上烽火9-5口説
　しかしまた、京都大学附属図書館中院文庫にある『古今和歌集聞書』の声点

や、同じく『古今聞書』の胡麻章には、「心細く」にHHHHLLというアクセントのうかがわれる例があるという。これは江戸期初期の京都アクセントを知る手掛かりになるものとされているが、規則的な一語のアクセントとも言えないし、もちろん接合アクセントでもない。古く複合していれば（LLLLHL＞）HHHLLLであってよさそうなものだが、それとは異なり、終止形・連体形のHHHHLLにならった姿である。この場合、「細く」LHLという後部要素のアクセント型を捨ててしまっていることに注目したい。その点、先に引いた「心憂う」と同様、複合の進行を示唆しているように思われる。
　〔「心」＋形容詞〕ではないが、次の「物憂し」の例も参考になる。

　　　もの憂かる（ねに）〈平平上平上—〉　　古今（家・訓）15
　　　　　　　　　　〈平平上平平〉　　古今（寂）15
　　　　　　　　　　〈○○上平平〉　　古今（毘）15
　　　　　　　　　　〈上上平平平〉　　古今和歌集聞書15
　　　憮く思召て（上コ××—）　　12上許文2-4口説
                モノウ

「物憂し」は古今集の声点から推定して、古くはまだ〔二拍名詞＋二拍形容詞〕と理解されていたようで、「物憂かる」には（LL＋RLH→）LL＋HLHと解釈できる差声例がある（秋永1991：27）。その後、「もの憂かる」LLHLLになって、はじめて一語形容詞「ものうし」のアクセント（終止形・連体形LLLF、連用形LLHL）とも解せられるようになる。しかし、この連用形アクセントの後世の変化型は「もの憂く」HLLLになるはずだが、そうはならずにHHLLであらわれる。これなどは終止形・連体形のアクセントに類推したとみてよいであろう。『古今和歌集聞書』の声点も同様に考えられる。
　以上、複合形容詞のアクセントをどう解釈するかについて、問題となることがらを論じてみた。

3. 形容詞型活用の助動詞ベシについて

　いわゆる形容詞型活用の助動詞ベシが動詞の終止形（ラ変は連体形）に続く場合にも、そのアクセントにはいくつかの問題がある。これについては、はやく金田一春彦（1964：480）が、ベシは「一つの付属形式」にすぎず、「それが付いた全体が形容詞のようなアクセントをもつ」ものだと述べている。「一つの付

属形式にすぎない」というところには、その独立性を指摘する奥村三雄（1981：488-489）の見解が注目される。とくに室町期以降、ベシが文語的性格を帯びてくると、そのアクセントは伝統性を失い、独立的性格を強くすることがあったと考えられる。

　さて、江戸期のアクセントを反映するとされる『平家正節』の譜記によって、助動詞ベシの付いた形のアクセントを調べると、一つの「謎」に逢着する。すなわち、形容詞的接尾辞であるはずのベシが、「上接動詞の如何をとわず、終止・連体・連用の諸形は常にLL型をとり、補助形はすべてHLL型をとる」というのである（奥村三雄1981：365、奥村和子1996）。これはどういうことかというと、第一類動詞、たとえば「寄る」にベシが付いても、第二類動詞、たとえば「有り」にベシが付いても、いずれも同じように前接した動詞部分は高平で、それにベシが低く接続し（補助活用形はHLL）、動詞の類別による差があらわれない、ということである。

　2拍の第一類動詞である「寄る」にベシが付けば、全体で四拍形容詞第一類相当になるので、アクセントはHHHLとなるはずである。それにもかかわらず、『正節』にはHHLLを反映する譜記をともなってあらわれ、ゆれたりする様子をほとんど見せない。

　また第二類形容詞相当の「有るべし」は、終止形ならば問題なくHHLLであらわれるが、「有るべく」となると（期待されるアクセントはLLHL＞HLLLであるのに）これもまた終止形と同様にHHLLとなるという、きわめて不思議なことが、江戸期に起こっていたと推定される。

　　寄べしと（上コ×××）　　12上頼豪3-1口説
　　あるべし（上コ××）　　炎上清水12-2口説
　　有べくは（上コ×××）　　2上殿上27-1口説

　問題はこれにとどまらない。ベシの連用形ベクに動詞のアリが接続して成立した補助活用形についても、ヨルベク・アルベクHHLLなどのベクが常にLLであるのに対して、ベカリは常にHLL型をとっているのである。それも、ベカラ・ベカリ・ベカルと形が変わっても同様で、前接動詞が第一類であろうと第二類であろうと、なんら関わりなくHLLのかたちに実現する。そして、動詞部分はといえば、それも高平になっていて例外は少ない。

　たとえば、第一類の「知る」に付いて「知るべからず」となった場合には

HHHLLL、第二類の「捨つ」に付いて「捨つべかりつる（物を）」となった場合にはHHHLLLLと解釈できる譜記が見られる。この場合、前者はよいとしても、後者はLLHLLLL＞HLLLLLLが期待されるところである（奥村1981：365）。そして、このような時に、なぜ第二類動詞の部分までが高平になるのか。そのことについて、これまで十分に説明されてはこなかった。

　　　知るべからず（上上コ×××）　　　揃物大衆10-5口説
　　　捨ッべかりつる物をと（上上コ××××―）　　7上法薀6-4口説

　このような現象について、はじめて説明を与えたのは奥村三雄（1981）である。奥村は、ベシのアクセントがこのような様相を呈する理由として、その「文語的性格」や「一語的独立性」を指摘する。ただし、『正節』の譜記にベシの独立性が明らかなのは、以下の例のように補助活用形の場合だけである。

　　　おぼし召すべからずとて（×上×××コ×××××）　　15下臣誅25-3口説
　　　即かせ給ふべかりし人（上×××××上×××―）　　揃物源氏7-3白声
　　　忍ばせ給ふべかんなるぞ（上上コ××××コ×××××）
　　　　　　　　　　　　　　　　　　　　　　　　10上若宮9-4口説

江戸期における〔動詞＋ベシ〕の活用とアクセント

上接動詞	～ベシ・ベキ	～ベク	～ベケレ	～ベカラ・ベカリ・ベカル
第一類	*H…HHL	H…HHL	*H…HHL	*H…HHL
	H…HLL	H…HLL	H…HLL	H…HLL
第二類	H…HLL	*H…HLLL	H…HLLL	*H…HLLLL
		H…HHLL		H…HHHLL
		H…HHLL		

（*印は『正節』の譜記にあらわれないアクセント）

　しかし、これらも上記のような例以外は、前接する動詞の類別に関わりなく、下記のようにH…HHLLとなる。これらの動詞部分は高平であるから、動詞部分とベカラズとは、分離しているとは言いにくい。とくに前接する動詞が2拍の第二類動詞の場合、LH-HLLLとはなっていないのであるから、ただちにベカラズの独立性をいうことはむずかしいであろう。[6]

　　　引ヶべからず（上上コ×××）　　　揃物大衆8-5口説
　　　召すべからずとて（上上上×××××）　　15下文沙6-1素声

連用形ベク（音便形ベウ）の場合、前接する動詞が、第一類であれ第二類であれ、動詞部分が高平で、ベク（ベウ）がHLとなる譜記もあらわれないことはない。そして、そのような譜記は《口説》にある。

　　たまるべうも（上上上コ××）　　12上僧死3-1口説
　　然るべう候（上上上コ××××）　14上一魁2-4口説

　たしかに、このようなアクセント型は、第一類動詞の場合には特段問題とすることはない。ベウの付いた全体が、一語の形容詞に相当するアクセントともみられるからである（上記第一例）。それに対して、第二類動詞にベク（ベウ）が付いた場合は、古く形容詞相当のものになっていればH…HLLLとなるのが規則的変化型である。にもかかわらず、上記第二例には、第一類動詞に後接したのと同じアクセントを反映する譜記が認められる。

　ただし、『正節』では以下のように、動詞の類別にかかわらず、動詞部分が高平であり、かつベク（ベウ）がLLとなることの方が多い。

　　射させらるべうもや（上上上上上××××）　　1下那須5-4白声
　　出さるべうもや（上上上コ××××）　　15下文沙4-2口説

　同様なことは、終止形ベシにも、連体形ベキにも言えることであって、すでに〔～ベシ・ベキ・ベク〕にはH(-3)型というアクセントの類型が成立していたということができよう。しかし、これだけでは、ベシの独立性まで言うことはできない。下記第二例のように、第二類動詞がその本来のアクセント（オコスHLL）を主張しないからである。

　　当るべし（上上コ××）　　13下法住10-3口説
　　起すべき（上上コ××）　　読下伊豆10-3口説

　このようなあらたな類型ができるについては、奥村のいうベシの「文語的性格」を考えるよりほかはないであろう。とくに第二類動詞の例にみられるように、伝統性を完全には断ち切らないまでも、古代語とは規則的に対応しないアクセントが実現していたということについては、ベシがすでに日常の話しことばから縁遠くなっていたためだという見解にしたがいたい。ベカラズ・ベカンナリなどが独立的な様子をみせるのも、同様に説明できるであろう。

4. 形容詞語幹形のアクセント

4.1　江戸期における形容詞語幹形のアクセントについても、奥村（1981：419-427）が詳しく述べている。それによると、第一類形容詞の語幹形はHH、HHHなどの型、第二類形容詞はLH、（LLH＞）HLLであったと推定されるという。

　接尾辞サの続く場合も、語幹部分はこの姿であらわれる。たしかに「うたてさ」などの第一類形容詞に接尾辞サが接続した形は、HHH-Hのように語幹部分はHHH型になり、「恋しさ」などの第二類形容詞の場合は、HLL-Lのように語幹部分がHLL型になる。これは、多少の例外はあるとはいえ、古く高起式か低起式かという類別によって、〔形容詞語幹＋サ〕のアクセントが決定するという点で興味深い。

　しかし、同じ接尾辞接続形でも〔形容詞語幹＋ゲ〕の場合には、これをそのまま適用することはできない。たとえば「うらめし」の語幹形にそれぞれ接尾辞サ・ゲの付いた次の例を比較すれば一目瞭然である。「うらめしげ」は古くLLLL-L型であったところから規則的に変化したとみれば理解しやすい。こうしてみると、古く低起式の形容詞語幹形には二種のアクセント型があったとい

〔形容詞語幹＋サ〕に付けられた譜記から推定されるアクセントと語例一覧

（平曲譜本には〔シク活用形容詞語幹形＋サ〕の場合、「〜しさ」の部分は〜ッサと発音するよう注記がある）

拍	型	語例					
4拍	HHHH	うたてさ					
	HHHL	かなしさ					
	HLLL	いぶせさ	うれしさ	くるしさ	こひしさ	はかなさ	めでたさ
	HHLL	ものうさ					
5拍	HHLLL	あさましさ	いたはしさ	いとほしさ	うらめしさ	おそろしさ	なつかしさ
	HHHLL	あぢきなさ					
	LHLLL	たよりなさ					
6拍	HHHLLL	こころにくさ					
	HHHHLL	おぼつかなさ					
7拍	HHHHLLL	こころぐるしさ	ものさはがしさ				

うことになろうか。

　　恨めしさよ（上コ××××）　　11上妓王59-5口説
　　うらめし気にて（上上上コ×××）　　10下六乞28-2口説
「うたてさ・かなしさ」は古く高起式の形容詞にもとづくもので、たとえば「悲しさ」には次のようにHHHL型を反映する譜記があるが、一方には宮﨑本などのように、特殊表記ながらHHHH型を思わせる譜記もある。「うたてさ」はHHHH型であったとみられる。

　　悲しツメさにも（上上コ×××）　　14下小宰25-4口説
　　〔尾早芸（同）、京D墨《×××平乙×》朱《平平乙×××》、也（×中上中××）、宮《×××上乙×》、豊《上上平×××》〕
　　うたてさよと（上上上コ××）　　13上門落5-3口説
　　〔尾早（同）、京C墨「薄情さぞと」《平乙平乙××》朱「（薄情さ）よ」《平平平コ××》、北（上中上中××）、也（中中上中××）、宮「薄情サゾト」《上乙上乙××》、豊朱《上上平×××》、秦《上下上下××》、波《上上上平×××》〕

また、例外的なアクセント型であらわれる「ものうさ・あぢきなさ・たよりなさ」などは複合形容詞からの例である。ほかはみな第二類形容詞に付いたもので、LLHH＞HLLL、LLLHH＞HHLLLの変化を想定できるものが多い。「こころにくさ・こころぐるしさ」は複合形容詞にもとづくが、規則どおりである。「浅ましさ」は語源的にはともかく、平曲では「浅まし」はむしろ第二類形容詞のようなあらわれ方をする。

〔形容詞語幹＋ゲ〕は、ほとんどが後ろから第二拍のあとに下がりめのあるH(-2)型である。なかには複合形容詞も含まれるが例外は少ない。例外となるのは、以下に掲げるように「すげなげ」と「こころぐるしげ」である。前者にはHHHL型を反映する譜記が正節系譜本以外に見られる（波多野流譜本は「ヒロイ（拾）」の曲節）し、後者にも諸譜本に異同がある。

　　すげなげに（上××××）　　14上一魁18-3口説
　　〔尾京早芸（同）、北（上上×××）、也（上上中××）、宮《上平下××》、豊朱《上上平××》、秦《上上下××》、波《上上平ア××》〕
　　心苦しげなる（上上上上×××××）　　3上少還33-1素声
　　〔芸（同）、尾京B早（上上上上上上上××）下2譜に京朱「野本无、都

〔形容詞語幹＋ゲ〕に付けられた譜記から推定されるアクセントと語例一覧

3拍	HHL	きよげ　をしげ
4拍	HHHL	あやしげ　うれしげ　くるしげ　けだかげ　ゆゆしげ
	HLLL	すげなげ
5拍	HHHHL	いまはしげ　うらめしげ　おそろしげ　おもしろげ　しどけなげ　たのもしげ　なつかしげ
6拍	HHHHHL	いそがはしげ　こころほそげ　なごりをしげ
7拍	HHHHHLL	こころぐるしげ

ナシ」、北（上上中××××××）、也（中中上中×××××）、宮《×××上乙××××》、豊朱《上上上上平××××》墨《上上上上上上上××》、秦《×××上上下×××》〕

　このほかに「こともなげ」があるが、アクセントは規則どおりであるから、ここに含めるべきであったかもしれない。

　　　事もなげにぞ（上上上上×××）　　11下西光13-4素声

　それぞれの形容詞が古く高起式であったか低起式であったかにかかわらず、と言いたいところだが、高起式形容詞の確例がない。古く低起式の〔形容詞語幹＋ゲ〕がL…LL＞H…HLの変化を経たのだとすれば、高起式の形容詞の場合も、おそらくH…HL型であったろう。

4.2　しかし、形容詞語幹形のアクセントを問題にするかぎりは、それに接尾辞サの接続した形とゲの接続した形とで、語幹部分のアクセントが異なるというのは、一見して理解しにくいところではある。この点について奥村（1981: 425）は以下のように説明する。

　すなわち、かつて〔形容詞語幹＋ゲ〕の場合も〔形容詞語幹＋サ〕と同様に、語幹形HH、HHHやLH、LLHなどに接続していた。それが、～サよりも～ゲの方が強く複合していたために、～ゲの語幹部分にLH→LL、LLH→LLLのような「複合変化」が起きた。「その複合語的アクセントから規則的に変化したもの」が平曲資料の姿だ、というのである。この奥村説を、3拍・4拍を例として図示すれば以下のようになるであろう。

　奥村の言う「複合変化」とはどういうものであろうか。語幹部分と接尾辞

〜サ	（サは高接したものとして推定）		
	第一類形容詞	HHH	HHHH
	第二類形容詞	LHH	LLHH＞HLLL
〜ゲ	（ゲは低接したものとして推定）		
	第一類形容詞	HHL	HHHL
	第二類形容詞	LHL→LLL＞HHL	LLHL→LLLL＞HHHL

とが複合して、一まとまりになることによって引き起こされる変化ということであろう。そのような場合にかぎって、たとえば語幹部分にLH→LL、LLH→LLLといった変化が起こったと想定しているのである。

しかし、接尾辞ゲが「ケ（気）」に由来するものであるとすれば早稲田語類〔w3#〕であるから、古くはLであって低接するであろう。したがって、このような想定をするかぎりは、むしろLHLやLLHLのままである方が自然ではないか。

それよりも、第二類形容詞の語幹に接尾辞サの接続した形は、古くLH-H、LLH-Hなどの型をとり、接尾辞ゲの接続した形は同じくLL-L、LLL-Lなどの型をとったと考えてよいのではないか。接尾辞と合して一語として機能しているものから語幹部分だけを抽出し、そのアクセント型が別の派生形の語幹部分と合致しないからというので「複合変化」を想定するのには、いま少し慎重でありたい。もしどうしても語幹形アクセントをいう必要があるならば、むしろ接尾辞サは形容詞連用形の語幹に接し、接尾辞ゲは同じく終止形や連体形の語幹に接したと理解しておきたい。

さて、もう一つの接尾辞ミが付いたものは、平曲にその例が少ない。奥村（1981：420-421）が挙げるもののうち「悔しみ」は動詞連用形と考える。また「惜しみ」も動詞からの転成名詞とするならば、《口説》と《白声》の曲節では「広み」くらいしか見あたらない。「広み」はHHLで、もとLLLからの変化型とおぼしく、〜ゲの場合と同様に、いわば終止形語幹に接続したとみられる。

　　　広みに出デて（上上××―）　　8上富士1-5口説

奥村が〜ゲと〜ミとを一緒に扱い、3拍ならばLH-LからLL-Lへと変化したように考えたのには、〜ミが古く両形の間でゆれたと見たからにほかならない。しかし、秋永（1991：30-36）も言うように、「…を〜み」のような、以下に副詞

的に続く〜ミ形は、三拍形容詞第一類からならばHH-L、同じく第二類からならばLH-Lという連用形相当の型をとったのであって、〜ゲの場合とは事情が異なるかもしれない。したがって、語幹部分にLH→LLなどという「複合変化」を想定しなくてもよいように思う。

5. おわりに

本節では、形容詞アクセントの周辺に存在する問題を三つ取り上げて考察してみた。

第一の複合形容詞については、いわゆる接合アクセントでないかぎりは、前部成素となっている名詞のアクセントの変容していることが多く、複合の方向に進んだものと理解することを妨げない。ただし、その場合も、連用形アクセントが古代アクセントと規則的には対応しないことが多く、それに一律的な解釈を与えることはむずかしい。

第二は、形容詞型活用をする助動詞ベシが接続したものを取り上げた。ベシは、江戸期にはすでに話しことばの支えを失い、文語の域に入っていたもので、そのアクセントにも伝統性はうかがえない。とくにベカラズ・ベカンナリのような補助活用形は、独立性を強くしていた様子が見てとれる。また、ベシ・ベキ・ベクの接続した形は、前接する動詞アクセントにかかわらず、全体としてH(-3)型になろうとしていた。これらは奥村のいう「文語的性格」や「一語的独立性」のしからしむるところであるが、2拍二類動詞までもが高平化してあらわれるのは、古く一語形容詞相当になったあとに、ベシの分離がはじまったと解すべきであろう。

第三の形容詞語幹形アクセントは、接尾辞サの付いた形と接尾辞ゲの付いた形とで、その語幹形アクセントに違いがみられることについて論じた。奥村は、後者の複合の強さを指摘して、そこに「複合変化」を想定した。しかし、本節では、語幹形アクセントを一定したアクセントをもつものとして抽出することには懐疑的で、もしどうしても語幹形アクセントを想定するならば、たとえば〜サの場合は形容詞連用形の語幹部分のアクセント、〜ゲの場合は形容詞終止形・連体形の語幹部分のアクセントを考えてはどうかと提案した。

ここに取り上げた形容詞アクセントをめぐる二三の問題は、複合の程度や

「文語的性格」などがかかわって、統一的に説明することのできないものばかりである。アクセントの体系的変遷を明らかにするだけでは、必ずしも形容詞アクセントの実態は分からない。個別的な問題もそれぞれに検討しておかなくてはならないということであろう。

注————
1 坂本清恵（1987）および秋永一枝ほか（1997）による。
2 現代京都アクセントは、ここでは『日本国語大辞典』第二版（京ア）の項によった。
3 秋永ほか（1997）の認定による。秋永（1991：313）では連語としている。
4 たとえば「コ、ロヨシ〈平平平平東〉」図本名義239-2、「ココロヨキカナ《十十十十斗十十》」四座、大慈院本涅槃講式17-9など。桜井茂治（1984）に『仮名声』の例として「コ、ロヨシ《徴徴徴角角》」「コ、ロヨク《徴徴角徴角》」54-4などが挙がっている。古くから一語化していて、それが「体系変化」によって規則的に変化した様子が見てとれる。
5 坂本（1994）による。
6 同様に、連用形ベク（音便形ベウ）の場合も、下記の例にベウの伝統性を見てとることはできない。孤例のうえに「特殊低起式表記」の可能性もある。
　　　　成ぬへうこそ（××上コア××）　　五句城南3-4　シロ
　　　　　　　　　　　　　　〔尾京B（同）、京B（野）早芸（××上××××）〕
7 「タカサ〈平上上〉」観本名義　法下23オ2、「ヒロサ〈平上上〉」同　僧中48オ7、「すべなさ　〈平平上上〉」古今（高貞・毘）656など。
8 接尾辞サが接続した形のアクセント変化については、秋永（1980：449-452）にも詳しい考察がある。

第8章 平曲ならびに平曲伝書とアクセント史

本章は、「第1節　特殊表記からみた平曲古譜本」「第2節『言語国訛』覚え書」「第3節　アクセント史からみた『平曲問答書』」の三つの節から成る。これらは、アクセント史を記述し、その変遷を考察するのではなく、むしろその成果をもって平曲ならびに平曲伝書について論及するものである。

　本章第1節は、第1章　第3節で詳述した「特殊低起式表記」について、京都・名古屋系前田流譜本、江戸前田流譜本、波多野流譜本にどのようにあらわれるかを比較検討する。取り上げる章段は、『平家物語』巻一所収の《口説》に相当する部分でしかないが、ことばの音調として高拍連続となるところに、どのような譜記が施されているかを考えるなかで、これを上下に揺するようにして語る古態旋律のあったことを指摘し、それがのちに、はじめを低く抑えるような旋律に変わったのではないかと推定する。

　そして、このような古態旋律を反映する譜記が江戸前田流の吟譜系譜本にも認められるのに、同じ江戸前田流の当道系譜本である豊川（勾当）本にはないことなど、平曲の伝承や『正節』の成立過程を考えるうえに重要なことがらを提起したい。

　第2節は、近世京都アクセント辞典とも評価される『言語国訛』を取り上げ、つぎの二つのことを論じてみたい。一つは、本書を書写した「松園主人」に、その原本をもたらしたという「羽鳥の翁」が、尾張藩の羽鳥松逌であったということであり、いま一つは、とくに字音語に注記された四声について、韻書の記載との関係などを考慮して解釈する必要があるのではないかということを述べる。

　すでに言われているように、本書の四声解釈は伊勢貞丈のそれと同じで、「平声」は平進調、「上声」は上昇調、「去声」は下降調と理解されていた。だが、このような四声観では字音語アクセントの説明に無理の生ずることが予想される。韻書に「平声」とあっても、近世の京都アクセントはなかなか平進調にはならず、また呉音声調も韻書と一致しない場合が多い。さらには複合して字音声調のくずれることも考慮しなければならない。このような観点から、本書に記されたアクセントについての記述に、合理的な解釈を与えようとするのが第2節である。

　第3節では、幕臣岡正武によってなされた平曲譜の校定作業を取り上げる。とくに、岡が不審の箇所を京都の星野検校に文書によって問い合わせ、

星野がそれに答えた記録『平曲問答書』（文政三年〔1820〕に回答依頼）の記載に、音韻史・アクセント史の観点から考察を加える。

　平曲の詞章は、全体としてみれば、江戸中期にあってはすでに口頭語ではなかったから、古典的な言い回しの句に伝統的なアクセントを反映する譜記の施されることは困難な場合もあったと推定される。そのようなものをアクセント史の資料として扱う危うさを、この書の記述に読み取り、あらためて認識しようとするのが第3節の意図するところである。

第1節
特殊表記からみた平曲古譜本

1. はじめに

　平曲の譜記をアクセント史の資料として用いる場合に、たとえそれが音楽性の希薄な《口説》の曲節に含まれるものであっても、いわゆる「特殊低起式表記」の存在がその解釈に少なからぬ妨げとなることは、早くから奥村三雄(1981)、石川幸子(1991)によって注意されてきた。そもそも「特殊低起式表記」とは、ことばの音調としては高平調であるところを、音楽的要請から低起性旋律で語ることを指示する譜記のことである。したがって、これを知らずに、そこに施された譜記を、アクセントがそのままに反映したものと解釈すれば、本来高起式のものも低起式の語と誤解される場合が出てくるのであって、事実そのように解釈された例も少なからず指摘できる。

　ただし、このような低起性旋律がいかなる経緯で生じたのかについては、必ずしも明確な見解が示されてきたわけではない。これまで、平曲の「位語」に由来するとみる説が有力ではあるが[1]、実際の語りについて報告された現行平曲の旋律と『平家正節』の譜記との間には合致しないところもいくつかある[2]。また、たとえ「位語」であるにしても、なぜ譜記にあらわれるもの（特殊低起式表記）と、譜記にあらわれずに低起性旋律になるもの（位語）とがあるのか、などの疑問も残る。したがって、にわかに両者の関係を論断することはできない。

　しかし、『正節』成立（安永五年〔1775〕）以前の譜本、あるいはその流れを汲む譜本（ここではそれらを「平曲古譜本」とよぶ）において、このような特殊表記が

あったかどうか、またあったとすればそれらはどのような形態をとるのかという問題を探ることは、アクセント史のみならず、特殊表記そのものの原型やその後の変遷、あるいは譜本相互の関係を考察するうえに資するところ少なくないものと思われる。

　ここで取り上げる平曲古譜本は以下の8種である。京都・名古屋系の前田流譜本としては筑波大学蔵『平家物語』（筑波大本）、東北大学蔵『平家物語かたり本』（東北大本）と横井家蔵『平語』（也有本）、江戸前田流譜本としては、吟譜系譜本の宮﨑文庫記念館蔵本（宮﨑本）と上越市立高田図書館蔵『琵琶平家物語』（高田本。一部、米沢市立図書館蔵『平志吟譜』＝米沢本とも照合）を取り上げる。また同じく江戸前田流の豊川勾当本系譜本から早稲田大学演劇博物館蔵『平家物語』（豊川本）も検討する。さらに、奥村三雄（1981：31-48）、同（1986a）によって波多野流の古譜本として紹介された山口県立図書館蔵『秦音曲鈔』も対照資料に加えることとする。

　ただし、渥美かをる（1953：37）が「前田検校以前の一方流のものではないか」と推定した筑波大本は、巻一の12章段（「願立」は施譜が途中まで）に施譜されるのみであるから、各本を対照する場合もひとまずこの範囲にかぎって考えたい。

　さらに、ここでは《口説（詢）》《口説・白声》および《白声》の曲節のみに

【表1】筑波大本の施譜された章段をもととした諸本対照表
（○印はその章段が収録され、かつ施譜されていることをあらわす）

巻一章段名	筑波大本	東北大本	也有本原譜	宮﨑本	高田本	米沢本	演博本	秦音曲鈔
殿上闇討	○			○			○	○
鱸	○			○				○
禿童	○	○	○	○	○	○	○	○
我身栄華	○		○	○		○	○	○
二代后	○	○		○			○	○
額打論	○		○	○			○	○
清水炎上	○		○	○			○	○
妓王	○		○	○	○		○	○
殿下乗合	○			○			○	○
鹿谷	○			○			○	○
鵜川合戦	○			○			○	○
願立	○	○	○	○			○	○

あらわれる譜記を対象とする。検討の中心は譜記の異同であって、詞章の面はしばらく先行研究にしたがう。また本文の引用は、たとえ諸譜本の譜記を論じる場合であっても、原則として『正節』の譜記（東大本による）を示したのちに、対応する他譜本のそれを譜記異同欄（用例末尾の〔　〕内）に記載する。

2. 筑波大本の譜記とアクセント

2.1　はじめに筑波大本の譜記とアクセントとの関係を一見しておきたい。これについては、すでに奥村三雄（1981：55-60）が概略的な解説をして、以下のようなことを述べている。

(1) 筑波大本には《白声》にあたる曲節がなく、他本のそれにあたる箇所はすべて《口説（詢）》になっている。

(2) 《口説》の譜記においては文字式ハカセの|上||中|が用いられ、『正節』の|上||コ|に似ているが詳しくみると違いがある。
　　アクセント資料としての|中|の性格は複雑であって、たとえば（上中）・（中×）・（×中）がそれぞれHH・HL・LH型を反映するのに対し、（中上）はLH型の反映とみなされる。　　　　　　（同：56、一部符号を改変）

(3) 『正節』に比較してアクセント史上古い姿を反映している場合が多い。
　　　　　　　（以下のロ～ニは一括して記されているのを、適宜分けて示す）

　イ．低起式アクセントに対応する譜記に「早上がり型表記」（LHH）が多いこと。

　ロ．2拍の第三類名詞の助詞「の」接続形アクセントにHHL型が認められること。

　ハ．3拍の第二・第四類名詞相当のものにHHL型が認められること。

　ニ．その他、「内侍」筑波大本（上上×）：正節（××上）、「飽き足らで」筑波大本（×中上中×）：正節（上上上コ×）などの対応が認められること。

(4) 譜記は本文より後筆であり、詞章も「徳川前期より古い本とは見なし難い面があ」り、前田流の特徴を示す例が多い。

2.2　上記の奥村の指摘をうけ、奥村和子（1991a）もイ・ロに加えて4拍の人

名の譜記を『正節』のそれと対応させて検討している。それによれば、筑波大本の反映するアクセントは、『正節』のそれよりも古いということである。

一方、金田一春彦（1971：941）は2拍の第四類名詞に一般の助詞が接続した場合には「補忘記時代まではLH-H型であったが、教大平家時代以後、現代と同じLL-H型に変化している」と述べ、また3拍第六類（「兎」類）名詞の箇所でも「補忘記時代までLHH型であるが、教大平家時代・平家正節時代は現代と同じくLLH型になっている」と同様な説明を繰り返している（教大平家はここにいう筑波大本のこと。以下の東京教育大本も同様）。

これに関連したことでは、同じく金田一が次のように記しているのも注目されよう。

　　従来江戸時代に入ってもLHH型だったと考えたのは『補忘記』の表記によったものであるが、『補忘記』のアクセントは、はじめにちょっと触れたように、むしろ室町時代のものを写すと見た方がよいらしく、江戸時代のアクセント資料としては、むしろ平曲の譜本を見るべきであると思われる。その一番古い本とされる東京教育大本『平家物語』の譜を見ると、これはLLH型のアクセントを示している。この教育大本『平家物語』はいつの成立かはっきり分からないのが残念であるが、渥美かをる氏はこれを江戸時代のごく初期であろうと見られた。私もこれに異存はない。とすると、江戸時代に入るか入らないかのころ、この類はLLH型になっていたと見られる。（金田一1960：41）

また同じ論文には次のような記述も見られる。

　　『東京教育大本平家物語』に次のような例が見え、この類の語に助詞のついた形が当時LLH-H型であったことをうかがわせる。
　　　　常盤ガ腹ニ　　　□□中上中□□　　「我身の栄花」の章
　　　　内裏ニ　　　　　□□中上　　　　　「清水炎上」の章
　　　　妓王ヲコソ　　　□□中上中□　　　「妓王」の章
　　江戸中期の『平家正節』となればいっそう例が豊富である。（同：43）

ここにみられる金田一の把握のしかたと先の奥村三雄・奥村和子のそれとは食い違うところがある。つぎにそれを検討して問題の所在を明らかにしたい。

2.3　まず、奥村三雄は筑波大本の《口説》に見られる|上||中|について、

その処理を|上|の前後で区別し、|上|の前に位置する|中|の付けられた拍を低拍とみなし、後に位置する|中|の付けられた拍を高拍とみなした。一見矛盾するようだが、すでに推定されている江戸期の京都アクセントとの対応関係を考えるならば、その処理は妥当なものとしなければならない。なお|中|が単独であらわれる場合は、前後の無譜部分（低拍）に対して高拍をあらわす。

たとえば「殿上闇討」から例を挙げれば以下のようである。これらの例を見るかぎりは、|上|の前の|中|が低拍と対応することは明らかであろう。

　　　然ルヲ　　　筑波大本（中×××）：正節本（コ×××）
　　　折り節　　　筑　（×中××）：正　（×コ××）
　　　下サレケル　筑　（上上中×××）：正　（上上コ×××）
　　　餘リニ　　　筑　（上中××）：正　（上コ××）
　　　用意ヲ　　　筑　（中上××）：正　（×上××）
　　　殿上　　　　筑　（中上××）：正　（×上××）

そうであると、金田一の例示した「常盤ガ腹ニ」「内裏ニ」「妓王ヲコソ」の例は、LLH-Hではなく、LLL-Hと解すべきものであることになろうか。それならば、金田一が言うよりもさらに遅上がりは進行していたことになりはしないか。

しかし金田一の挙げた例は、そのすべてについて、この場合は適切でなかった。それは、いずれもLHH＞LLHと変化する3拍の第六類相当の語ではないと考えられるからである。

まず人名「常盤」には、単独の施譜例ではないが、『正節』に下記のような例があり、少なくとも平曲譜本の反映するアクセントが行われた時代に高起式であることだけは動かないようである。

　　　常盤殿ﾞに（上上上コ××）　　　13上門落10-1口説

とすれば、金田一の挙げた筑波大本の例と同じ箇所の、『正節』の譜記（下記）はいわゆる「特殊低起式表記」であって、第1章 第3節にいう「5-2類型」にあてはまるものと考えられる。この推定が正しいとすれば、筑波大本の譜記もこのような低起性旋律を反映した譜記であると考えてよいのではないか。

　　　常盤が腹に（××上上コ××）　　7上栄花16-3口説
　　　　　　　　　　　　　　　　　　〔筑（××中上中××）〕

同様なことは「内裏」にも言えるようで、ここにも低起式名詞のLHH＞

LLHの変化をうかがうことはできそうもない。すなわち、下記第一例は『正節』の《素声》の譜記で、江戸中期の京都アクセントにおいて、「内裏」という語がHHH型であったことを反映している。しかるに、同じく『正節』《口説》には第二例（金田一の挙げた例と同じ箇所）のように「特殊低起式表記」と見られる譜記も施されており、これと筑波大本とを対照してみれば、筑波大本のそれも低起性旋律を反映したものであることが判然としよう。

　　　内裏へ（上上上×）　　12上頼豪4-4素声
　　　内裏に参ンじて（××上上コ×××）　炎上清水4-2口説
　　　　　　　　　　　　　　　　　〔筑（××中上中×××）〕

　さらに「妓王」には『正節』に《白声》の例なく、その音形が呉音形ならばそれぞれ単字の声調は〈平声＋去声〉と想定されはするが、江戸期においても同様に低起式を保ったとは思われない。この「妓王」という語は、筑波大本のほかのところには、「妓王ガ有ヲ（上上上中×××）」「妓王ガ許へ（上上上中×××）」のような譜記をともなってあらわれるので、金田一の引く箇所（下記例）も、じつは低起式アクセントを反映した譜記ではなく、ことばの音調としては高平調であるところに、音楽的要請から低起性旋律があらわれたものと解せられる。

　　　妓王をこそ（×××上コ×）　　11上妓王24-5口説
　　　　　　　　　　　　　　　　　〔筑北（××中上中×）〕

　以上のことからして、｜上｜の直前にある｜中｜を高いとみなす金田一の挙例は、いずれもLLH型と対応するものとは言えないのである。

2.4　つぎに、奥村三雄（1981：57）が提示した、筑波大本の《口説》における早上がり型表記が、『正節』の遅上がり型に対応している例について検討する。もっとも奥村の挙げた「禿（かぶろ）」と「二代」は、筑波大本（×中上）に対して『正節』（××上）であるから、筑波大本の｜上｜の前の｜中｜を低拍とみるならば、ここでの問題とはならないのかもしれないが、無譜のあとの｜中｜を高拍と考えるならば、奥村のいうように早上がりの譜記とみられよう。

　　　禿とだに（××上コ××）　　8上禿童10-1口説〔筑也（×中上×××）〕
　　　二代の后キに（××上コ××××）　4上二代13-2口説
　　　　　　　　　　　　　　　　　〔筑北（×中上中××××）〕

さらに早上がりの確定的な例としては、2拍・3拍の語についてみるかぎり、以下のようなものがある。
　　　尼に（××上）　　11上妓王88-1口説〔筑北（中上上）、也（×中上）〕
　　　何国共（××上××）　11上妓王79-4口説〔筑北也（中上中××）〕
　　　何地へも（××上××）　11上妓王84-4素声〔筑北也（中上中××）〕
　　　御前ゞ近ふ（×上コ×××）　炎上清水14-2口説
　　　　　　　　　　　　　〔尾早京A（××上×××）、筑也（中上中×××）〕
　上記の低起式アクセントの名詞は筑波大本で早上がり、すなわちLH-HまたはLHHと対応する譜記が施されており、それらの箇所では正節本で遅上がりになること、奥村の言うごとくである（「御前」の東大本の譜記は尾崎本などと異なり早上がりであらわれる）。ただし『正節』《口説》で譜記の付いた語を調べると、そこにも早上がり型に対応する譜記は施されている（第2章 第1節参照）。
　さて、上述のように金田一は筑波大本の譜記は、2拍の第四類名詞の従属式助辞接続形や3拍の第六類名詞単独形について、『正節』と同じくLL-H型またはLLH型を反映していると認定した。これは、その点において必ずしも早上がりという古色を認めているのではない。一方、奥村和子（1991a：25-26）の対照表によれば二拍名詞では「尼に」（上掲）と「父を」に筑波大本と正節本との差があらわれ、さらに三拍名詞でもいくつかの語に同種の差異が認められるという。二拍名詞の「父を」の例は下記のように筑波大本の譜記は助詞の部分が無譜である点やや疑わしい。東北大本のように訂正されるべきか。
　　　父を（××上）　　11上願立2-4口説〔筑（中上×）、北也（×中上）〕

2.5　奥村和子（1991a：21-22,26-27）はまた4拍の名乗のアクセントについても筑波大本（也有本）HLLL：正節本HHLLという対立、また同じくHHHL：HHLLという対立が顕著だとして、名乗アクセントの変化の方向から筑波大本の正節本に対する古態性を主張する。たしかにHHHLからHHLLに型の統合を起こすのは『正節』にも認められるところで、筑波大本に「宗盛」のほか「資盛」にもHHHL型があらわれるのは注目される[6]。
　　　資盛の卿（上コ×××××）　　6上殿下6-5口説
　　　　　　　　　　　　　　　　　　〔筑北也（上上中××××）〕
　しかし、『正節』にHHLL型であらわれるのに対して、筑波大本ではHLLL

型であらわれる名乗のアクセントを、筑波大本に古態があらわれているとして高く評価するのは、対照された『正節』の例がほとんど《白声》である点に注意すべきであろう。同じ『正節』であっても《白声》と《口説》とでは型のあらわれ方に違いがあり、《口説》では両型ほぼ拮抗するのに対して、《白声》ではHHLL型に集中する。したがって、筑波大本の《口説》の譜記と『正節』の《白声》の譜記とを比較してHLLL：HHLLの対立が見られるとしても、それは筑波大本と正節本の違いを見ているのではなく、《口説》と《白声》の違いを見ているのではないかという疑いも残る[7]。

　以上、アクセント史上の筑波大本の位置付けについて、金田一春彦・奥村三雄・奥村和子の研究を検討しながら考察を進めてみた。総じて筑波大本に見える《口説》の譜記に対応するアクセントは、『正節』の《口説》の譜記よりもわずかに古態性をもつかと思われる。

2.6　しかし、筑波大本の特色は、むしろ下記のように（上中上中）のような連続した譜記があらわれるところに顕著である。このような譜記は、ことばの音調としてはHHHHのような高拍連続に対応するものが多く、同じところを也有本では（中中上中）（×中上中）（××上中）のごとき譜記をもって記している。奥村和子（1991a：20-21）は、これらを「一種の省略表記」と捉え、低起式アクセントをあらわす一般用法のほかに、このような省略表記があると指摘する。

　いま正節本と筑波大本・也有本との譜記の対応を掲げれば以下のようになる。
　　五十一にて（<u>上上上コ</u>×××）　　8上禿童1-3口説
　　　　　　　　　　　　　　　〔筑北（<u>上中上中</u>×××）、也（中中上中×××）〕
　　謀ことに（<u>上上上上</u>××）　　8上禿童7-3素声
　　　　　　　　　　　　　　　〔筑北（<u>上中上中</u>××）、也（×中上中××）〕
　　受禅゛有しかば（<u>上上上コ</u>××××）　　3上額打3-2口説
　　　　　　　　　　　　　　　〔筑北（<u>上中上中</u>××××）、也（××上中××××）〕

ことばの音調からすれば高平調であるところに、筑波大本や東北大本が（上中上中）などという墨譜を付けるのは、旋律を複雑化しようとする音楽的要請にもとづくものであろう（也有本については後述）。

2.7 　ところで、さきに筑波大本の│中│は│上│の前では低拍、その後ろでは高拍と対応する、とした。同時に、この│中│は前後に譜がない場合には高拍と対応することも動かし難い事実である。また前後に譜のない（中中）も同様、『正節』では（上中上）（上上）（上コ）に対応して、高拍二連続（第二拍は特殊拍）と解釈できる。

　　　申されつる様ゥに（上中上××ー）　　11上願立9-1口説
　　　　　　　　　　　　　　　　　　　　　　〔筑北也（中中××××ー）〕
　　　宣旨を（上上××）　10上鹿谷14-4口説〔筑北也（中中××）〕
　　　仕出て（上コ×××）　3上額打7-5口説〔筑北也（中中×××）〕
　しかし、│上│の前の│中│はすべての場合に低拍と対応するのであろうか。たしかに語頭から（中上中××）などという譜記がある場合は、下記例のようにすべてLHHLLと解釈してよさそうである。

　　　御ンこゝろにて（×上コ××××）　　4上二代9-5口説
　　　　　　　　　　　　　　　　　　　　　　〔筑北（中上中××××）〕
　　　参られけるが（×上上××××）　　1上鱸13-4白声
　　　　　　　　　　　　　　　　　　　　　　〔筑（中上中××××）〕
　ほかに、語頭から（中中上中××）と続く場合がある。これらは、第一・第二拍が一つの音節（すなわち第二拍が特殊拍）になるときにのみあらわれるが、LLHHL～と解釈できる場合と、HHHHL～と解釈できる場合と両様である。

　　　御ン兄にて（××上コ×××）　　炎上清水22-4口説
　　　　　　　　　　　　　　　　　　　　　　〔筑也（中中上中×××）〕
　　　三ン年ンと（××上上×）　　11上妓王9-1素声〔筑北也（中中上中×）〕
　　　内大臣の（上上上上×××）　　間物鵜川5-4白声
　　　　　　　　　　　　　　　　　　　　　　〔筑北也（中中上中×××）〕
　　　上北面より（上上上上××××）　　間物鵜川9-4白声
　　　　　　　　　　　　　　　　　　　　　　〔筑北也（中中上中××××）〕

　語頭は無譜で、途中から│中│譜があらわれる場合、たとえば（×中上…）（×中中上…）などの│中│譜も、その前の無譜部分を含めて高拍連続と考えられる場合と、無譜部分は低拍である場合と、これにも両様ある。後者はさらに│中│譜が高拍かどうかが問題になるのであって、無譜に対すればせっかく│中│譜を施しているのであるから高拍かとも思われるが、語頭ならば│中│譜は後続

の高拍に対して低拍をあらわすこと上述のとおりであるから、いまにわかにその拍の高低を決めかねる。

　　大政大臣に（上上上上上上×××）　　間物鵜川5-1口説
　　　　　　　　　　　　　　　　　　　　〔筑北也（××中中上中×××）〕

　　何事ﾞか有ﾙ（××上上×××）　　11上妓王36-1素声
　　　　　　　　　　　　　　　　　　　　〔筑北也（×中上中×××）〕

とくに上記第二例のごときは、それが「何事」LHHHであるか、LLHHであるかはアクセント史上重要なところであるだけに慎重でなければならない。[9]

これについて、下記第一例は筑波大本・也有本が「蒙らせ〜」HHHHL〜、正節本がHHHLL〜をそれぞれ反映する譜記であると考えられ、いずれにしても筑波大本・也有本の（中中）は高平調である。第二例は「老い衰へたる」LLHHLLLLと推定されるから、その（中中）は低平調である。このように｜上｜譜の前の｜中｜譜に対応する拍は、一概に高拍とも低拍とも言い難い。

　　蒙ﾑらせ給ふ（上上上××－）　　炎上清水17-2白声
　　　　　　　　　　　　　　　　　　　　〔筑也「蒙フラセ」（中中上中×－）〕

　　老ｲ衰ﾛへたる母ｯ（××上コ××××）　　11上妓王60-2口説
　　　　　　　　　　　　　　　　　　　　〔筑北也（中中上中××××－）〕

3. 也有本の譜記と特殊表記

3.1　也有本の書誌は複製本の解題（渥美かをる 1977）に詳しいが、その譜記とアクセントとの関係については、まずは奥村三雄（1981：71-80）にしたがうべきであろう。奥村は、也有本の《口説》に見られる文字式ハカセなどから、これを京都前田流譜本と位置付け、筑波大本・也有本から『正節』にいたる流れを想定する。とくに｜中｜の用いられ方について注目し、その「複雑な用法の点まで含めて概ね教育大〔筑波大〕本と一致する」と述べて、筑波大本と也有本とに（中上×××）（中中上×××）と施譜されて一致する例を挙げている。これらによれば、筑波大本と同様、也有本も｜上｜の前の｜中｜は低拍と対応するようだが、下記のように、そうならない箇所までもこの二本の譜記は同じだというのである。

　　御出ﾉﾑなる（上上コ××）　　6上殿下9-5口説〔筑北也（中上中××）〕

第1節　特殊表記からみた平曲古譜本　　443

しかし、この例は波多野流譜本（京大蔵）には線条譜で《×上平××》とあって筑波大本・也有本に対応がよく、一方『秦音曲鈔』や豊川本には、それぞれ線条譜で《上上下××》《上上平××》とあって正節本の譜記との関係を示唆する。それぞれ別のアクセントを意図した譜記とみるべきかもしれない。
　ところで、奥村三雄が『正節』などの（上上）と対応する（中上）の例として挙げるものの中でも、下記第一例は筑波大本・東北大本・也有本ともに特殊表記かと疑われる。第二例も尾﨑本ほかの譜記は「北の」・「政所に」のアクセントをそれぞれに反映したもので、「政所」の第二拍が特殊拍であることから、筑波大本・也有本はこの箇所に（中中）と施譜して音楽的変容をあらわしたものであろう。たしかに、これらの |中| 譜は |上| の前における高拍と対応するものとはいえるが、いずれも低起性旋律を指示したものと考えられる。第三例も同様であろう。

　　　御〻不予の御ン事と（上上上コ×××××）　3上額打1-3口説
　　　　　　　　　　　　　　　　　　　　　　　〔筑北也（×中上中×××××）〕
　　　　　　　　マン
　　　御臺政所に（上××××上上××）　7上栄花13-5素声
　　　〔早尾京A「北の政所に」（上××上上上コ××）、筑也（中××中中上中××）〕
　　　近ン習〻者達チの（上上上コ×××）　炎上清水13-2口説
　　　　　　　　　　　　　　　　　　　〔筑也（中中上中×××）〕

3.2　筑波大本・東北大本と也有本との近似性は、これまでに例示した諸例からも認められるが、しかしまったく同じというわけではない。すでに筑波大本のところでも触れたように、筑波大本・東北大本（上中上中）：也有本（中中上中）（×中上中）（××上中）のような対応例が処々に見られる。それらはことばの音調としてはHHHHである。したがって、筑波大本・東北大本の（上中上中）のごとき譜記は、そこに音楽的な装飾を加えたものと理解できる。そのような音楽的変容は、当然也有本が伝えた語りにもあったであろう。それを也有本は（中中上中）（×中上中）（××上中）のような譜記によってあらわした。筑波大本・東北大本の意図した旋律と也有本のそれとは違っていたのかもしれないが、ときに也有本にも筑波大本・東北大本と同様（上中上中）のような譜記も見られるし、また筑波大本・東北大本にも也有本と同様（中中上中）

のごとき譜記も見られる。

　筑波大本などにおける（中中上中）、また（中中上上中）に記される譜記は、同じ筑波大本で（上中上中）などと施譜される場合とどこが異なるか。それは、はじめの（中中）に対応する2拍が、いわゆる特殊拍を含む一音節である場合にあらわれるということである。これに対して、（上中上中）のはじめの（上中）はそれ以外の（特殊拍を含まない）場合に施される。したがって筑波大本の（中中上中）なる譜記は、（上中上中）の、特定の条件のもとにおける変容した旋律をあらわしたものと考えられる。

　それでは也有本にあらわれる（上中上中）の譜記はどうか。たしかに也有本には、このような筑波大本紛いの譜記が一部にある。しかしそれは、今回比較した9章段（也有本が原譜を残す章段）中、主として「鹿谷」「願立」の両章段に集中してあらわれるのであって、それらの章段は、このかぎりにおいて、筑波大本などに近い関係にあるものと考えられる。

　されば也有本において（中中上中）の譜記が付く語で、とくにその（中中）の譜記が付く箇所は、筑波大本のように特殊拍を含むものであろうか。もちろん、そのような場合もあるが、実際には、筑波大本に認められる制約を也有本では継承していない。すなわち、下記の例のように（中中）の箇所に特殊拍を含まない場合もある、ということである。

　　聞えさせたまふ（上上コ××―）　3上額打1-3口説[10]
　　　　　　　　　　　　〔筑北（上中上中×―）、也（中中上中×―）〕

　　午の刻斗り（上上上上コ×××）　炎上清水2-5口説[11]
　　　　　　　　　　　　〔筑（上中上中××××）、也（中中上上中×××）〕

3.3　つぎに、筑波大本などで（上中上中）であるのに対して、也有本が（×中上中）と施譜された例を挙げれば、以下のようである。数はさほど多くはないが、ことばの音調との対応からすれば、也有本の第一拍の無譜部分も高拍であることが分かる。第三例の東北大本の譜記には誤脱があるのかもしれない。

　　謀ことに（上上上上××）　8上禿童7-3素声
　　　　　　　　　　　　〔筑北（上中上中××）、也（×中上中××）〕

　　御出ノムの有に（上上上コ×××）　6上殿下10-4口説
　　　　　　　　　　　　〔筑北（上中上中×××）、也（×中上中×××）〕

寺ゞ僧どもは（上上上コ××）　　5上鵜川9-3口説
　　　　　　〔筑（上中上中××）、北（上中上×××）、也（×中上中××）〕
　もう一つ、筑波大本などの（上中上中）は也有本の（××上中）とも対応する。この例はすでに「受禅なりしかば」の例を挙げた(2.6)が、ほかにもわずかながら下記のような例がある。

　　　然ルベからね（上上上コ×××）　　6上殿下5-2口説
　　　　　　〔筑北（上中上中×××）、也（××上中×××）〕
　　　あたへられける事こそ（上上上コ×××―）　　6上殿下14-5口説
　　　　　　〔筑北（上中上中×××―）、也（××上中×××―）〕

　これら、筑波大本・東北大本の（上中上中）に対する也有本の（中中上中）（×中上中）（××上中）という譜記を並べてみると、そこに連続的な関係を考えることも見当違いではなさそうに思える。筑波大本の（上中上中）の譜記にあらわれる旋律から、特殊な場合に（中中上中）なる譜記のあらわす旋律があらわれ、それが也有本では一般化して、さらに頭を低く唱える方向に旋律の変容を遂げた。それが（×中上中）（××上中）という譜記に反映したのではなかろうか。

　ことばの音調としては高平調であるから、その観点からみれば「一種の省略表記」ではあろうが、その伝えるところは旋律の変容であったのであろう。すなわち、筑波大本の伝えた平曲では、これを上下に揺するような旋律で語ったのではないか。それが、さらに頭の高まりを抑えた旋律に移行して、也有本の伝えた平曲の旋律ができたと考えられよう。しかし『正節』の場合は、その譜記から判断するかぎりは、筑波大本・東北大本から也有本へと展開する旋律変容の流れを完全には受け継いでいないように思える。むしろ、もとのことばの音調と直接対応する形に戻すように施譜されたようなところもある。少なくとも高拍4連続の場合に、『正節』においては、低起性旋律を反映した譜記を受け継ぐことを、必ずしも要請されてはいなかったものとみられる。[12]

4.『正節』の「特殊低起式表記」と筑波大本・也有本などの譜記

4.1　『正節』には「特殊低起式表記」なるものがあって、とくにことばの音調としては高平調であるところに、高くはじまる箇所を後退させるような譜

が施されている。その箇所を筑波大本・也有本などではどのように施譜しているのであろうか。

　下記の例は、『正節』に「特殊低起式表記」の確例がある場合を取り上げたものである。その典型的なものは、〈正節本（××上上コ）：筑波大本など（××中上中）〉という対応をなすもので、筆者はこのような『正節』の譜記を「5-2類型」と呼んできた（第1章 第3節 参照）。この場合、筑波大本・東北大本と也有本の￤上￤の前の￤中￤譜は、正節本の￤上￤に対応する。

　　聞えし程に（××上上コ××）　　3上額打2-5口説
　　　　　　　　　　　　　　　　　　　　〔筑北也（××中上中××）〕
　　内裡に参ンじて（××上上コ×××）　炎上清水4-2口説
　　　　　　　　　　　　　　　　　　　　〔筑也（××中上中×××）〕
　　不思議の事（××上上コ×）　炎上清水13-3口説
　　　　　　　　　　　　　　　　　　　　〔筑也（××中上中×）〕
　　嘲リをも（××上上コ×）　11上妓王1-4口説〔筑北也（××中上中×）〕
　　ゆかりの者共゛ぞ（××上上コ××××）　11上妓王33-1口説
　　　　　　　　　　　　　　　　　　　　〔筑北也（××中上中××××）〕
　　摂政殿（××上上コ×）　10上鹿谷1-5口説〔筑北也（××中上中×）〕
　　越られさせ給ひけり（××上上コ×－）　10上鹿谷18-3口説
　　　　　　　　　　　　　　　　　　　　〔筑北也（××中上中×－）〕
　　関白殿゛を（××上上コ××）　11上願立14-2口説
　　　　　　　　　　　　　　　　　　　　〔筑北也（××中上中××）〕

　つづいて、正節本と筑波大本・東北大本とに上記のごとき対応が著しいのに、也有本のみ（×××上中）となるものを取り上げる。「特殊低起式表記」はもともとことばの音調としては高平調のところを音楽的要請から低起性旋律で唱えることにもとづくのであるから、也有本の譜記があらわす旋律は筑波大本などよりも変容がさらに進んでいるものと理解されよう。その点だけを取り上げれば、『正節』の譜記はむしろ筑波大本の方に近いといえる。

　　常盤が腹に（××上上コ××）　　7上栄花17-3口説
　　　　　　　　　　　　　　　〔筑（××中上中××）、也（×××上中××）〕
　　娘の腹に（××上上コ××）　　3上額打2-2口説
　　　　　　　　　　　　　　〔筑北（××中上中××）、也（×××上中××）〕

振舞事こそ（××上上コ×××）　　6上殿下5-2口説
　　　　　　〔筑北（××中上中×××）、也（×××上中×××）〕
　　侍ども（××上上コ×）　　6上殿下18-1口説
　　　　　　〔筑北（××中上中×）、也（×××上中×）〕
　　御ン定めの為に（××××上上コ××）　　6上殿下21-5口説
　　　　　　〔筑北（××××中上中××）、也（×××××上中××）〕
下記の例もこれに準ずるものであろうが、也有本の本文が他と異なる。
　　奉らる事も（××××上上コ××）　　6上殿下6-2口説
　　　　　　〔筑北（××××中上中××）、也「奉る事も」（××××上中××）〕
これら以外に、『正節』で「特殊低起式表記」が確認できる箇所に、三本が低起性旋律と対応する譜記をもつ例は以下のとおりである。まず筆者のいう「5-3類型」「6-4類型」に対応する譜記が、三本それぞれにおいて指摘できる。いずれも少数ながら、これは『正節』の方が三本よりもさらに上昇が後れているものである。そして『正節』に少数見られる「5-3類型」もその元の姿は「5-2類型」（三本の譜記）であったのではないかと考えさせる。
　　妓王をこそ（×××上コ×）　　11上妓王24-5口説
　　　　　　〔筑北也（××中上中×）〕
　　日吉の神ン輿を（×××上コ×××）　　11上願立9-1口説
　　　　　　〔筑北也（××中上中×××）〕
そのことから類推して下記の例をながめれば、いわゆる「6-4類型」の元の姿は「6-2類型」であったかと考えられ、その中間に「6-3類型」ともいうべき譜記と対応する旋律があったのではないか、などと想像されもする。
　　八ッ歳の年（××××上コ×）　　7上栄花9-1口説
　　　　　　〔筑（××中中上中×）、也（×××中上中×）〕
　　御ゞ内の日にも（××××上コ××）　　4上二代20-2口説
　　　　　　〔筑（××中中上中××）〕
　　執ツメ権ンの臣とぞ（××××上コ×××）　　炎上清水23-1口説
　　　　　　〔筑也（××中中上中×××）〕
　　侍らはんずらめと（××××上コ×××）　　11上妓王16-3口説
　　　　　　〔筑北（××上中上中×××）、也（××中中上中×××）〕
　　推参ンの者にて（××××上コ×××）　　11上妓王23-3口説

〔筑北（××上中上中×××）、也（××中中上中×××）〕
候らはぬ事こそ（××××上コ×××）　　6上殿下17-4口説
〔筑北也（××中上中×××）〕

以下は「7-4類型」の譜記を比較したものである。
　　西八ッノム條殿゛より（××××上上コ×××）　　11上妓王33-3口説
〔筑北也（××××中上中×××）〕

4.2　以上から、筑波大本・東北大本・也有本の（××中上中）（×××上中）、また（××中中上中）（×××中上中）の中に「特殊低起式表記」相当のものあることが確認できたと思う。そのような場合に｜上｜譜の前の｜中｜譜、また無譜部分は、ことばの音調としては高拍であると解釈できよう。

　ところで、『正節』が「特殊低起式表記」でなく高平調の譜記をとるのに対して、筑波大本などで低起性旋律に対応する譜記をとる場合はあるのであろうか。また逆に、筑波大本などでは高平調の譜記をとるのに対して、『正節』において「特殊低起式表記」であらわれるということがあるのであろうか。

　前者、すなわち〈『正節』高平の譜記：筑波大本・東北大本・也有本「特殊低起式表記」〉という例には、次のようなものが挙げられる。
　　かやうの事なし（上上上上上×××）　　6上殿下4-2素声
〔筑北（××中上中×××）、也（×××上中×××）〕
　　御ン定めの為に（××上上上上××）　　6上殿下20-2素声
〔筑北（××××中上中××）、也（×××××上中×××）〕
　　候らはんずらめと（上上上上上×××）　　10上鹿谷26-2白声
〔筑北也（××上中上中×××）〕
　　西八ッノム条殿゛へ（上上上上上上××）　　11上妓王10-5素声
〔筑北也（××××中上中××）〕
　　三年セが間（上上上上上×）　　11上妓王44-1素声
〔筑（×××中上中×）、北（××上中上中×）、也（××中中上中×）〕
　　念佛ツメ申シて（上上上上上×××）　　11上妓王85-2素声
〔筑北也（××中上中×××）〕
　　関白゛殿（上上上上上×）　　11上願立11-3素声
〔筑北（××中上××）、也（××中上中×）〕

防かㇲせらるゝに（上上上上上×××）　　11上願立11-5素声
　　　　　　　　　　　　　　　　　　　　〔筑北也（××中上中×××)〕
　　　奏聞の為に（上上上上上上××）　　　11上願立12-5素声
　　　　　　　　　　　　　　　　　　　　〔筑北也（××中中上中××)〕
　　　大政大臣に（上上上上上上×××）　　間物鵜川5-1白声
　　　　　　　　　　　　　　　　　　　　〔筑北也（××中中上中×××)〕
　いずれも『正節』の例は《白声》である。筑波大本などには、完全な《白声》はない。少なくともその譜記上に《白声》らしい様子はあらわれていない。[13]『正節』の場合、いわゆる「特殊低起式表記」は音楽的曲節のみに見られるものであるから、当然のことながら、『正節』において音楽性のない《白声》の譜記が施された箇所には、「特殊低起式表記」はあらわれようはずのないものである。
　下記の例は必ずしも原則どおりではないが、『正節』と筑波大本などとの間で施譜された箇所に違いがあり、高拍連続の長さが異なっている。第二例が『正節』の《口説》の例であるのも、既述のように『正節』では高拍4連続に低起性旋律が必ずしもあらわれなかったことによるものである。対する筑波大本などではこの箇所を高拍5連続に扱い、低起性旋律を与えたものと思われる。
　　　御ン慎には（××上上上上××）　　10上鹿谷9-1白声
　　　　　　　　　　　　　　　　　　　　〔筑也（××××上中上中)〕
　　　召置ヵれんだにも（××上上上コ×××）　11上妓王25-2口説
　　　　　　　　　　　　　　　　　　　　〔筑北也（××××中上中××)〕
　それでは〈『正節』「特殊低起式表記」：筑波大本・東北大本・也有本 高平の譜記〉という場合はどうであろうか。これは例が少なくて以下の2例しか拾うことができなかった。
　　　妓王が（××上コ）　　11上妓王24-4口説〔筑北也（上上上中)〕
　　　六波羅やふとだに（××上上コ××××）　8上禿童5-3口説
　　　　　　　　　　　　　　　　　　　　〔筑北也（上上上上中××××)〕
　しかし『正節』における「4-2類型」の「特殊低起式表記」の場合は、筑波大本などにおいて（上中上中）（中中上中）の対応することが多い。これら筑波大本などの譜記も、ことばの音調としては高平調に対応するものとして扱うならば、以下のような例がさらに挙げられよう。

しどけなげに（××上コ××）　　2上殿上5-5口説〔筑（上中上中××）〕
　　妓王御前ン（××上コ××）　　11上妓王38-2口説
　　　　　　　　　　　　　　　〔筑北（上中上中××）、也（中中上中××）〕
　　妓王御前ンの（××上コ×××）　　11上妓王6-4口説、23-5口説
　　　　　　　　　　　　　　　〔筑北（上中上中×××）、也（中中上中×××）〕
　　妓王御前ンこそ（××上コ×××）　　11上妓王33-3口説
　　　　　　　　　　　　　　　〔筑北（×中上中××××）、也（中中上中××××）〕

「4-2類型」以外のものになると（上中上中）あるいは（中中上中）という4拍相当の範囲に収まらないために、筑波大本などの譜記もはっきりと低起性旋律をあらわすようになってしまう。要するに、筑波大本などに見られる（上中上中）（中中上中）（×中上中）などの譜記も、じつは特殊表記の一種であった、ということではなかろうか。もちろん（上中上中）の段階で旋律上の低起性を指示していたかどうかは疑わしい。

　おそらくは高拍連続の単調さに対して、江戸前期の平曲では音楽的な装飾を加えて高低変動するような旋律で語ったのであろう。そして、それが特殊拍を含む音節を先頭に据えた場合には、（中中上中）のようになっていたのが筑波大本や東北大本の伝える平曲の曲調であったと推定する。これはすでに低起性旋律と言えるものだったかもしれない。それが也有本では、さらに（×中上中）（××上中）へと譜記上の変容をみせる。低起性が進行した結果であろう。『正節』の譜記は、その流れのなかの、ある段階を採用したものとみられる。

4.3　かくてわれわれは『正節』の「特殊低起式表記」のあらわす旋律と同種のものが筑波大本・東北大本・也有本にも認められることを確認した。もとのことばの音調が高拍5連続と6連続の場合について、各本の「特殊低起式表記」のあらわれ方を示したのが【表2】である。

　ただし高拍4連続についてまとめた【表3】は事情がやや異なる。すなわち『正節』譜に「特殊低起式表記」があらわれない場合も多いからである。しかし筑波大本・東北大本・也有本には低起性旋律に対応する譜記が見られる。筑波大本などの譜記が古態性をもつとするならば、（上中上中）→（中中上中）→（×中上中）→（××上中）のような譜記の変化に対応する旋律の変容があったものと推定されよう。『正節』の場合は、高拍5連続以上の場合に旋律

【表2】高拍5連続または6連続に対する諸本の「特殊表記」の比較

	HHHHH（高拍5連続）		HHHHHH（高拍6連続）	
筑波大本 東北大本	（非特殊表記） 上上上上中	（上中上上中） ××中上中	（非特殊表記） 上上上上上中	××上中上中／ ××中中上中
也有本	（非特殊表記） 上上上上中	××中上中／×××上中	（非特殊表記） 上上上上上中	××中中上中／ ×××中上中
正節本	（非特殊表記） 上上上上コ	(5-2類型)　××上上コ (5-3類型)　×××上コ	（非特殊表記） 上上上上上コ	(6-4類型) ××××上コ

【表3】高拍4連続に対する諸本の「特殊表記」の比較

	HHHH（高拍4連続）	
筑波大本 東北大本	（非特殊表記） 上上上中	上中上中／中中上中
也有本	（非特殊表記） 上上上中	中中上中／×中上中／××上中
正節本	（非特殊表記） 上上上上／上上上コ	(4-2類型) ××上コ

を変えようとしたが、4連続くらいでは、もとの音調を守ろうとする傾向も一方では見受けられた。少なくとも譜記上においては、『正節』は高拍4連続をいとわない場合も多かった。

4.4　『正節』についてさらに言いたいことは、筑波大本などに施譜されていない箇所にも、『正節』には独自の譜記がまま見られることである。先述のように筑波大本などは《白声》の曲節をもたないし、それらしい痕跡を残すとはいえ、その箇所の譜記はなんら《口説》と変わらない状態であるが、『正節』においては《白声》の章段があり、また《白声》固有の譜記があらわれる。《白声》は音楽性が皆無であるから、上述の「特殊低起式表記」のごとき、旋律に起因する類型的譜記はあらわれない。そこでは、すべて高平調とそのままに対応する譜記が施されることになる。この点をとっただけでも『正節』の《白声》の譜記と、筑波大本などの譜記とは異質なものであるといえる。したがって、同じ『正節』であっても、筑波大本などの譜記の流れを受け継ぐとこ

ろの《口説》の譜記と、これとは縁の薄い《白声》の譜記とは、はっきりと区別されるべきだと考える。

なお、筑波大本・東北大本・也有本の流れを汲むと思われる『正節』《口説》の譜記においても、細かにみればこれらと相違する箇所があり、荻野検校とその周辺において『正節』作成時に改訂されたと推定されるところも少なからず指摘できる。

5. 吟譜系譜本にあらわれる特殊表記

5.1　上越市立高田図書館（修道館文庫）蔵『琵琶平家物語』上下2冊は米沢市立図書館（興譲館文庫）蔵『平志吟譜』（B本）1冊とともに、吟譜系譜本として『平家物語』巻一のいくつかの章段を筑波大本ほかと比較できる貴重な文献であった。これをいち早く紹介した鈴木孝庸（1995）も記すように、高田本には巻一所収の章段のうち「禿童」「我身栄華」「妓王」（米沢本は「禿童」のみ）[14]の三つの章段が吟譜系譜本として施譜されている。また同書には《口説（詢）》のほかに、「詢」と「白」とがそれぞれ同じ行頭の右左に記されたところがあるが、譜記は《口説》と異なるところはないようであり、ここに問題とする特殊表記も見ることができる。

さらに最近、村上光徳・鈴木孝庸によって影印刊行された宮﨑文庫記念館蔵『平家物語』（瑞木書房2007）は、「全句揃い」の吟譜であって、ここでは高田本・米沢本とともに宮﨑本も引用する。本来なら、宮﨑本を中心に検討すべきであろうが、ここでは吟譜系の三つの本に共通する「禿童」の章段を比較する。

5.2　いま「禿童」の章段で筑波大本・東北大本・也有本が「特殊低起式表記」に相当する譜記を付けている箇所を掲げ、吟譜系譜本ではこれと同じ箇所にどのような譜記が施されているかを検討する。例によって『正節』の譜記をもとにして諸本の異同を示せば以下のようである。ただし、吟譜は右上がり（ときに平らにも）と右下がりそれぞれの線条譜と、「乙」という漢字に似た形（終画を長く引く）をなす譜があらわれるので、これをいま仮に《上》《下》《乙》と記すことにする。

原則として、吟譜系譜本の線条譜《上》と《乙》とは、それぞれ筑波大本の

|上|と|中|とに対応し、《乙》譜はしたがって『正節』の|コ|にあたる。ただし筑波大本の|中|のうち単独であらわれるもの（前後が無譜）は、吟譜では《コ》という文字譜に対応する。筑波大本で(中上×××)のごとき譜記にあらわれる、|上|の前の、語頭の|中|は吟譜系譜本の場合には線条譜《下》が付けられることが多く、また高拍の直後の低拍にも、ときに線条譜《下》が施されることがある。

　　清盛（上コ××）　　8上禿童1-2口説
　　　　　　　　　　　　　〔筑北也（上中××）、高米宮《上乙××》〕
　　存命の為にとて（×上×××コ××××）　　8上禿童1-4口説
　　〔筑北也（中上×××中××××）、高米《下上下××コ××××》、宮《下上下××上ｺ下×××》〕
　　付たまへ（×上コ××）　　8上禿童2-1口説
　　　　　　　　　　　　　〔筑也（中上中××）、高米宮《下上乙××》〕

　また下記2例は、『正節』が高拍4連続をそのまま譜記に反映した様子を見せるのに対して、筑波大本（上中上中）、也有本（中中上中）または（×中上中）という型どおりの対応を見せるのであるが、これと同じ部分に施された高田本と米沢本の譜記は、明らかに筑波大本の方とよく対応している。すなわち筑波大本の|上|は高田本・米沢本の右上り線条譜《上》と、同じく筑波大本の|中|は高田本・米沢本の《乙》と対応すること著しい。このことからすれば、江戸前期、江戸に行われた吟譜系譜本は、前田検校が江戸に平曲をもたらしたときの語りを比較的よく伝えていたために、京都前田流の譜本と目される筑波大本と近い関係を譜記上に保ったものと想像される。

　一方、宮﨑本の譜記は、也有本のそれとの対応がよいことにも注意したい。吟譜系とはいっても、すべてが同じものとは言えないようであり、ここの譜記は、高田本・米沢本に対して宮﨑本の新しさをうかがわせる。

　　五十一にて（上上上コ×××）　　8上禿童1-3口説
　　〔筑北（上中上中×××）、也（中中上中×××）、高米《上乙上乙×××》、宮《下下上乙×××》〕
　　謀ことに（上上上上××）　　8上禿童7-3素声
　　〔筑北（上中上中××）詢、也（×中上中××）口、高米《上乙上乙××》詢白、宮《下下上乙××》口〕

しかし下記のごとく、高田本の本行左側の譜記は筑波大本と対応するものの、右側の譜記と米沢本・宮﨑本とが一致し、その譜記の様相は也有本と似ているものもある。

　　道を過(スグ)る馬車も（上上上コ××－）　　8上禿童10-2口説
　　　〔筑北（上中上中××―）、也（×中上中××―）、高右米《下下上乙××―》、高左《上乙上乙××―》、宮《下下上乙××―》〕

　その一方で次の例（《口説》に下接する《下ゲ》の例）は、筑波大本でははじめの2拍に特殊拍を含まず、したがって（中中）とする理由のないところであるが、高田本の譜記（上乙上乙）は、筑波大本ならば（上中上中）と対応するものであって、この場合は筑波大本を高田本によって校訂することも可能であろう。宮﨑本は、ことばの音調をそのまま反映した譜記である。

　　改められしより（上上上コア××××）　　7上栄花3-5下ゲ
　　　〔筑（中中上中×××××）、也（－中上中×××××）、高《上乙上乙×××××》、宮《上上上乙×××××》〕

5.3　　下記の例は正節系諸本に譜記のない箇所であるが、高拍6連続は珍しく、高田本や米沢本から推定される（上中上上上中××）という譜記が古いものだったかと考えられるところである。『正節』は低起性旋律で語るのに躊躇したものか、このあたりに譜を付けていない。宮﨑本は第三譜と第四譜がやや形を異にしていて一概に《下平》とも言いがたいが、低起性旋律を反映したものであることは確かである。

　　結(ムスボ)ふれんとぞ　　8上禿童4-5口説
　　　〔筑北也（上上上上上中××）、高米《上乙上上上乙××》、宮《下下下平上乙××》〕

　あるいはまた下記の正節譜は筑波大本ほかの譜記からも明らかなように「特殊低起式表記」と考えられるが、『正節』が「5-2類型」であるのに対して、吟譜系譜本では「5-3類型」あるいは「6-4類型」ともみられる譜記を付けている。

　　六波羅やふとだに（××上上コ××××）　　8上禿童5-3口説
　　　〔筑北也（上上上上中×××）、高左《上上上上乙××××》、高右米《××下上乙××××》、宮《××下下上乙×××》〕

5.4　以下「我身栄華」「妓王」にも例を求めて、むしろ筑波大本との対応の例外をなす譜記を指摘すれば、以下のようなものが挙げられる。第一・第二例は筑波大本よりも也有本との対応がよい。第三例は、高田本の譜記からすれば、筑波大本は（上中上中××）とあるべきところであり、ここは筑波大本の譜記の方が低起性旋律のために変容していることになるが、筑波大本が高拍4連続の場合にこのような特殊表記を施すことは珍しい。高田本と同じ吟譜系の宮﨑本にも低起性旋律を反映する譜記がある。第四例は、ことばの音調が低くはじまる場合にあらわれる譜記である。第五例は、筑波大本などと、高田本・宮﨑本とがまったく違った譜記をみせる場合である。

　　御母代とて（××上上上上××）　7上栄花14-2素声
　　〔筑（××上中上中××）、也（×××上中×××）、高《××下上乙×××》、宮《譜なし》〕
　　女御の様ゥでぞ（××上上コ×××）　7上栄花16-1口説
　　〔筑（××中×中×××）、也（×××上中×××）、高宮《×××上乙×××》〕
　　兄弟有ﾘ（××上コ××）　11上妓王2-2口説
　　〔筑北也（×中上中××）、高《上乙上乙××》、宮《下下上乙××》〕
　　いか様ﾏにも（××上上コ×）　11上妓王7-1口説
　　〔筑北也（××中上中×）、高《上乙上乙××》、宮《上下上上乙×》〕
　　頓て出合（上上コ××××）　11妓王17-4口説
　　〔筑北也（上上中××××）、高《×××下上コ××》、宮《××××コ××》〕

また次の例は、高田本と宮﨑本とが旋律的変容をみせているものである。特殊表記としてみれば高田本の方が宮﨑本よりも古態をみせているように思う。

　　つれづれ気に（上上上上上上）　11上妓王36-2素声
　　〔筑北也（上上上中××）、高《上乙上乙××》、宮《下下平乙××》〕

このように対応の例外をなすものも指摘はできるが、総じて筑波大本と吟譜系譜本との、譜記上の対応は著しい。

5.5　吟譜系の譜本については、館山漸之進（1910）、岩淵悦太郎（1952）、渥美かをる（1953）、奥村三雄（1981）、薦田治子（2003）などに紹介や研究がある

が、その譜記とアクセントとの関係については、奥村三雄（同：65-71）に詳しい。奥村は、とくに故岩淵悦太郎蔵『平曲吟譜』の譜記について検討を加えた。それによれば、同書を岡村玄川『平家吟譜』（元文二年〔1737〕撰）の稿本と位置付け、「その譜記はかなり異色があるが、詞章自体は前田流本の伝統を厳しく守ったものの様であ」（同：66）り、また「吟譜の本文詞章が前田流の師伝に忠実だったのに対し、その譜記は特異性が著しい」として、「江戸前田流の豊川本が吟譜に似ていないのはやや意外だが、つまりは吟譜が江戸前田流の検校達にうけ入れられなかったのだろう」（同：67）という。たしかに記譜法などは特異性が強いが、その譜記の対応は、少なくとも同書の《詢》あるいは《詢・白》の曲節にあらわれる譜記に関するかぎり、筑波大本・東北大本とよく対応している。筑波大本などに近い譜本、あるいはそのような語りを、異なる記譜法で記載したものと考えられる。それが前田検校にさかのぼるものであるかどうかはともかくとしても、京都前田流との相違は、譜の形から感じられるほどには、大きくなかったのではないか。

6. 早稲田大学演劇博物館蔵『平家物語』（豊川勾当本）の譜記

6.1　本書の書誌などは鈴木孝庸・上野和昭（1985）に詳しい。また渥美かをる（1980）は、詞章の面から、『正節』編纂時に江戸系前田流譜本を重要参考本としており、それがこの「豊川本」であると述べている。ここでは、譜記の面から、それも、とくに「特殊低起式表記」との対応という観点に絞って、豊川（勾当）本の一部を検討してみたい。いま前田流古譜本、また江戸前田流との関係もあろうかと、筑波大本・東北大本とも高田本・宮﨑本とも比較できる「妓王」の章段に例を拾うと、豊川本の特徴がいくつか浮き彫りになってくる。

6.2　豊川本には《白声》の曲節はあるが、そこに施された譜は線条譜であって、右上がりのものは『正節』の╎上╎に、また横に平らなものは同じく╎コ╎に相当する。╎コ╎は『正節』の場合には《口説》にはあっても《白声》にはあらわれないことから、豊川本の《白声》は《口説》と変わらない譜記をもつことが分かる。

そこで、「特殊低起式表記」は音楽性のある曲節にしかあらわれないもので

あることを念頭において豊川本を調べると、下記のように《白声》部分にも音楽性（低起性旋律の譜記）が認められるということを、まず確認しておきたい（豊川本の場合は、右上り線条譜を《上》、平らの線条譜を《平》と表記する）。

　　都の外ヵへそ（上上上上××××）　　1下妓王44-5素声
　　　〔筑北也（上上上中××××）、高《上乙上乙××××》、宮《上下上乙××××》、豊《×××上平×××》〕

　　親の命ィを（上上上×××）　　1下妓王47-1素声
　　　〔筑北也（上上中×××）、高宮《上上乙×××》、豊《××上平××》〕

　第二に、ことばの音調としては高平調であるところに、筑波大本・東北大本・也有本のような京都前田流古譜本において音楽的変容のうかがえる譜記があり、また江戸前田流の吟譜系譜本（高田本・宮崎本）にも、譜形こそ違え筑波大本ほかに対応する譜記がある場合に、豊川本にはそのまま高平調と直接対応する譜記が施されている例を取り上げる。そのうち『正節』が《口説》においても、豊川本系譜本の譜記を採用している箇所は以下のようなところである。

　　憚らず（上上上コ×）　　11上妓王1-4口説
　　　〔筑北（上中上中×）、也（中中上中×）、高《上乙上乙×》、宮《下下上乙×》、豊《上上上平×》〕

　　とゞめられて（上上上コ××）　　11上妓王32-5口説
　　　〔筑北（上中上中××）、也（中中上中××）、高宮《下下上乙××》、豊《上上上平××》〕

　一方、『正節』が豊川本の譜記を採用しなかったところは以下のようである。もっとも《白声》の場合は、『正節』では「特殊低起式表記」はあらわれないので、その点注意が必要であるが、それにしてもこの類はいろいろと問題がある。

　下記第一例は『正節』に譜記がない。第二例は、筑波大本・也有本・豊川本など、ことばの音調としてはHHHHLと認定しているのかもしれないが、このような複合動詞は一般にLH-HH-L＞LL-HH-Lとなるのが普通である。高田本が前者、宮崎本・正節本が後者の音調を反映する。第三例のみ豊川本の譜記にことばの音調が残るようだが、《上》譜が一つ足りないか。

　　左侍ゞはゞ　　11妓王63-3口説
　　　〔筑北（上中上上中×）、也（中中上上中×）、高《×下上上乙×》、宮

《譜なし》、豊《上上上上平×》〕
　取乗ッて（××上コ×）　　11上妓王48-2口説
　　〔筑北（上中上中×）、也（中中上中×）、高（下上上乙×）、宮《下下平乙×》、豊《上上上平×》〕
　妓王をこそ（×××上コ×）　　11上妓王24-5口説
　　〔筑北也（××中上中×）、高《×××上乙×》、宮《譜なし》、豊《上上上平××》〕

　つぎに豊川本の譜記にも「特殊低起式表記」が見られる場合を検討する。第一例は『正節』が「5-2類型」の特殊表記であるのに対して、豊川本はむしろ「5-3類型」で施譜する。第二例はともに「6-4類型」で同じ。第三・第四例は『正節』の譜記は特殊表記とはいえないが、ほかの諸本はみなそれらしい譜記を付けているものである。とくに第四例は、東北大本において|中|譜が一つ足らず、宮﨑本は『正節』の譜記とよく対応している。

　不思議の事をのみ（××上上コ××××）　　11上妓王1-5口説
　　〔筑北也（××中上中××××）、高宮《×××上乙××××》、豊《×××上平××××》〕
　推参シの者にて（××××上コ×××）　　11上妓王23-3口説
　　〔筑北（××上中上中×××）、也（××中中上中×××）、高《×××乙上乙×××》、宮《××下下上乙×××》、豊《××××上平×××》〕
　（死期も）来ラらぬ親に（～××××コ××）　　11上妓王60-5口説
　　〔筑北也（××中上中××）、高宮《×××上乙××》、豊《×××上平××》〕
　顔に押当テて（×××コ××××）　　11上妓王62-3口説
　　〔筑（上中上中××××）、北（上中上×××××）、也（中中上中××××）、高《××上乙×××××》、宮《×××上下×××》、豊《××上平××××》〕

　こうして豊川本の「特殊低起式表記」を見ていくと、豊川本独自のものがまま目につく。たとえば下記第一例は諸本みな「持て成す～」連体形LHLLにしたがって施譜したようであるが（也有本はHHLLと理解していたか）、豊川本はHHHHまたはLHHHと捉えていた可能性が高い。第二例も同様に「羨む」の連体形を、HHLLではなくHHHHと把握していたのではないか。

第1節　特殊表記からみた平曲古譜本　　459

もてなす事（×上××—）　　11上妓王3-1口説
　　〔筑北（中上××—）、也（上上××—）、高《×コ××—》、宮《下上コ
　　下×—》、豊《×××上平×》〕
　　羨む者も（上上××コ××）　　11妓王6-2口説
　　〔筑北也（上上××中××）、高《上上××コ××》、宮《上上下下コ×
　　×》、豊《<u>×××上平××</u>》〕
　また以下の第一例などは『正節』はじめ諸本が「もの」にしか譜を付けない
のに対して、豊川本は特殊表記で明確に記している。第二例など『正節』は
「痛く」にしか施譜しないが、豊川本は「片腹痛く」をHHHHHLLと捉えてい
たであろう。
　　失ふものならば（××××コ××××）　　11上妓王73-1口説
　　〔筑北也（××××中××××）、高《××××コ××××》、宮《××
　　××上ᴺ下×××》、豊《<u>×××上平××××</u>》〕
　　片腹いたく（×××××コ×）　　11上妓王77-4口説
　　　ヲ
　　〔筑北也（上上上中×中×）、高《上上上コ×××》、宮《上上上乙××
　　×》、豊《<u>×××上平××</u>》〕

7. 山口県立図書館蔵『秦音曲鈔』の特殊表記

7.1　『秦音曲鈔』の譜記とアクセントとの関係については、奥村和子（1991b）
が詳細な考察をしているが、同書の特殊表記と目される線条譜《上下上下》に
ついては「音楽的なものにかかわっていると思われる」と述べるにとどまって
いる。『秦音曲鈔』は、《白声》が確立していて《口説》と区別され、さらに
《白声》には譜記が稀である（奥村三雄 1986a：14）から、ここに比較の対象とな
るのは《口説》と記された部分の譜記である。同書の譜は、本行の右に右上が
りの《上》譜と同じく右下がりの《下》譜があるばかりでなく、文字譜「コ
ト」「ヲ」「イ」などが組み合わせられて複雑な様相を呈する。しかし、高拍連
続に対応する箇所には《上下上下》のごとき譜記が施されることが多く、これ
が筑波大本などの（上中上中）、高田本などの《上乙上乙》に相当するもので
あることが知られる。なお、波多野流譜本（京大本）では、線条譜《上平上平》
がこれに相応するものであろう。

ただ『秦音曲鈔』の特殊表記には、ほかの諸譜本に比べて独自のものが多く、さらには本来の低起式アクセントの箇所にもそれらしい譜記が比較的多く認められる点において注意される。

7.2 まず、筑波大本などいずれかの譜本が特殊表記されている箇所に『秦音曲鈔』もそれを施しているところを例示する。

節会の夜（<u>上上上コ×</u>）　2上殿上3-5口説
〔筑（<u>上中上中×</u>）、宮《<u>上上上乙×</u>》、豊《<u>上上上平×</u>》、秦《<u>上下上下×</u>》〕

五十一にて（<u>上上上コ×××</u>）　8上禿童1-3口説
〔筑北（<u>上中上中×××</u>）、也（<u>中中上中×××</u>）、高《<u>上乙上乙×××</u>》、宮《<u>下下上乙×××</u>》、豊《<u>上上上平×××</u>》、秦《<u>上下上下×××</u>》〕

召置ヵれんだにも（<u>××上上上コ×××</u>）　11上妓王25-2口説
〔筑北也（<u>×××中上中××</u>）、高宮《<u>××××下上乙××</u>》、豊《<u>××上平×××××</u>》、秦《<u>××上下上下×××</u>》〕

先例ィに任ヵせて（<u>××××上コ×××</u>）　5上鵜川8-1口説
〔筑北也（<u>××中中上中×××</u>）、宮《<u>××下平上乙×××</u>》、豊《<u>××××上平×××</u>》、秦《<u>××上下上下×××</u>》〕

上記第一・第二例は高拍4連続に対して『正節』と豊川本がことばの音調のままに施譜しているのに対して、『秦音曲鈔』をはじめとして、筑波大本などが特殊表記である（第一例の宮﨑本は特殊表記ではない）。第三例の「召し置く」は低起式アクセントで、第三拍から高拍連続になるため、特殊表記もそこから考える必要があるが、やはり『秦音曲鈔』の譜記に古態性が残っている。[16]第四例も同様である。

高拍連続がさらに長い場合、『秦音曲鈔』の特殊表記は以下のようである。

逃れがたし（<u>上上上上上×</u>）　2上殿上24-2ハヅミ
〔筑（<u>上中上中××</u>）、宮《<u>上上乙×××</u>》、豊《<u>上上上平××</u>》、秦《<u>下下上上下×</u>》〕

娘の腹に（<u>××上上コ××</u>）　3上額打2-2口説
〔筑北（<u>××中上中××</u>）、也（<u>×××上中××</u>）、宮《<u>×××上乙××</u>》、豊《<u>×××上平××</u>》秦《<u>上下上上下××</u>》〕

結ふれんとぞ　　　8上禿童4-5口説
　　〔筑北也（上上上上上中××）、高《上乙上上上乙××》、宮《下下下平上乙××》、豊《上上上平××××》、秦《××上下上下××》〕
　第一例は高拍5連続の場合であるが、筑波大本・豊川本は4連続で施譜している。第二例はいずれも特殊低起式表記であるが、ただ『秦音曲鈔』のみ古態の特殊表記であらわれる。第三例は高拍6連続の場合であるが、筑波大本・東北大本・也有本とも特殊表記をとらない。豊川本は4連続に扱っている。『正節』には譜記がない。宮﨑本と高田本が特殊表記であるが、高田本に古態をみせる。『秦音曲鈔』もその一種と思われる。

7.3　　注意すべきは、『秦音曲鈔』には低起式アクセントの語にまで、ことばの音調としては語頭から高平調であるような、特殊表記を施した例が少なからず認められるということである。たとえば以下のようなものがその例である。
　　とりわすれて（××上上××）　　1上鱸4-2口説
　　〔筑（×中上上××）、宮《上下上乙××》、豊《××上上××》、秦《上下上下××》〕
　　御ン兄にて（××上コ×××）　　炎上清水22-4口説
　　〔筑（中中上中×××）、宮《××上下×××》、豊《××上平×××》、秦《上下上下×××》〕
　　今ン生゛ゥをも（××上上××）　　11上妓王86-4素声
　　〔筑北也（××中上中×）、高《××下上乙×》、宮《下下上上乙×》、秦「今生も」（上下上下×）〕
　このような譜記は本節で取り上げた他の譜本にも存在する（たとえば第一例の宮﨑本の譜記）が、『秦音曲鈔』には多いように思われる。こうなると、これらを一概に特殊表記と認定し、高拍連続を回避するために高低変動する旋律で語ったとばかりは言えないことになる。あるいは低起式アクセントがLLHH…のような場合に、《上下上下》という譜記に相当する旋律が積極的に要請されていた可能性も考えられる。

7.4　　以上『秦音曲鈔』の特殊表記について検討したが、そこには《上下上下》のような特殊表記が見られた。それらは多く、ことばの音調としては高拍

連続に対応するところにあらわれるので、他本の特殊表記と同様な面をもつものである。ただし同書には、他本で特殊表記をとらない箇所にもそのような施譜がなされる場合も多く、さらには低起式アクセントの語句にも付けられることがあった。それは、低拍2連続になる場合にも、平曲家がその低拍連続を嫌ったためかとも思われる。そのような形跡が『秦音曲鈔』に顕著にあらわれている。同書は、《白声》が確立しており新しい様相も呈しているが、特殊表記の多様性の点では他の譜本より古態をとどめているようにもみえる。

8. おわりに

本節で述べようとしたところをまとめれば、大略以下のとおりである。
(1) 「特殊低起式表記」の反映する旋律は、そのもとは上下に揺するような旋律だったのではないかと推定する。そのような古態旋律を反映した譜記が、筑波大本・東北大本や吟譜系譜本、また『秦音曲鈔』に見られる。
(2) 筑波大本・東北大本と也有本との譜記の対応から考えて、古態旋律がそのはじめの部分を、低く抑えるような旋律に変容したのではないかと推定する。その延長線上のいずれかの段階に、『正節』の「特殊低起式表記」を捉えることができる。
(3) この点で豊川勾当本は、同じ江戸前田流譜本でありながら吟譜系譜本とは異なり、「特殊低起式表記」は見られるものの、特殊表記の古態をとどめてはいない。

特殊表記と低起式表記とが同様な譜記を共有することは、すでに奥村和子(1991a)によって指摘されたとおりである。本節は、そのうちの《口説》に見られる特殊表記について、古譜本などを比較して考察したものである。ただし、現時点では筑波大本に施譜された章段の範囲にとどまる。また金田一春彦蔵『平家書』など、古譜本としてすでに紹介されている譜本でありながら、ここに比較できなかったものがいくつかある。これらの点は他日を期したい。

注―――――――――

1 奥村三雄（1981：258）は、このほかに江戸や名古屋のアクセントの影響も考えている。
2 「位語」の旋律は、館山漸之進（1910=1974：814）、金田一春彦（1952＝高木ほか1977：216-7）、同（1957：80）、同（1997：130）、佐竹悦子・長谷川健三郎（1973）などに詳細な記載がある。
3 現代京都（中井 2002）「内裏」は０型（HHH）が大勢をしめる。
4 現代京都ではHLLが大勢であるが、以前はLHLまたはLLHであったか（中井2002）。ただし、少なくとも筑波大本においては、これをHHHとしていた可能性が高い。
5 第4章 第2節 参照。
6 しかしHHHL型として掲げる「実定」は字音読みシッテイが普通であるから別に扱うべきであろう。
7 奥村三雄（1981：41-43）も言うように「前田流における白声と口説の区別は余り古いものではなく、平家正節の撰者荻野検校が寺尾勾当に学んだ京都前田流でも、その区別は必ずしもはっきりしなかったらしい」ことはそのとおりであろう。『正節』の《白声》は、編纂時にあらたに施譜されたものと考えることもできよう。
8 ここに（上中上）とあるのはいわゆる「ジョーチュージョー」の譜記。石川幸子（1992：29-30）は『正節』の（上中上）の譜について、「〔『正節』の〕成立になんらかの影響をあたえたであろうとされる」也有本では、（中中）（上上）の譜しかなく（上中上）が見えないことから、この（上中上）譜は『正節』で新作されたものと推定している。
9 特殊表記とみる場合には、筑波大本の（×中上中）のかたちは例外的なものである。むしろ特殊表記として一般的な（上中上中）または（中中上中）でないことをもって、低起式アクセントを反映していると考えるべきかもしれない。ただし3.1項の「御不予の御事と」の譜記は、むしろ特殊表記とみた方が矛盾が少ない。
10 「聞こえさせ～」は伝統的音調はHHHHLであったから、『正節』の譜記は高平調が１拍分短くなっている。『正節』の場合、高拍3連続では「特殊低起式表記」の対象にはならない。筑波大本や也有本の譜記の方が本来であろう。
11 「午の刻ばかり」は『正節』と也有本の譜記の反映する高拍連続数は同じ。筑波大本だけが１拍短い。
12 高拍4連続に対する『正節』の特殊表記は、「4-2類型」であるが、特殊表記をとらない場合も多く見られる。
13 奥村和子（1999）は、筑波大本にも《白声》で唱えられた箇所があったことを指摘しているが、具体的な譜記にまで、ほかと異なる違いがあるわけではないようである。
14 米沢本には、「我身栄華」のごく一部も載っているが、曲節が《口説》以外である

ため比較の対象とはしない。
15　奥村和子（1991a）も言うように、特殊表記と低起表記とは同様の譜記を共有することがある。その点では、筑波大本・高田本のように特殊表記としては古態を残してはいても事情は変わらない。これについては『秦音曲鈔』の項にも述べる。
16　ただし、高拍の連続する数や位置が諸本間で異なる。また豊川本は第三例の場合、別のアクセントを反映したものと思われる。

第2節
『言語国訛』覚え書

1. はじめに

　『言語国訛』は本文わずかに10丁ほどの写本である。そのうち、はじめの2丁は序文(「戊寅ノ孟ノ夏」に記したとある)であり、末尾の3丁半は平曲の語り方や平曲譜についての解説である。残る4丁には、四百足らずの項目に声譜(主に線条譜)が付けられたり、四声注記がなされたりしている。それによって、江戸中期以前における、京都アクセントの一端がうかがえるのである。ここをもってこの書を「近世京都アクセント辞典」とよぶことも許されるのではないかと考える。[1]

　この書は、佐佐木信綱旧蔵書のうちの一冊で『竹柏園蔵書志』(1939)に掲載されているが、アクセント史の資料としては金田一春彦(1974)によって紹介されたのが早く、つづいて秋永一枝(1983)が解題を付して影印と声譜索引を刊行した。書誌などの詳細はその解題に詳しいので、ここでもとくに「解題」という場合はそれを指すことにする。

　本節は「解題」に記されたところを吟味し、二つのことを付け加えようとするものである。一つは、この書を書写した「松園主人」に、その原本をもたらしたという「羽鳥の翁」が、『平家正節』を編纂した荻野知一検校から直接平曲を学んだという、尾張藩の羽鳥松逧であったということである。これについては、かつて『日本語アクセント史総合資料』研究篇(1998：26)に「羽鳥(松逧か)」と記したことがある。[2] そのときは未だ憶測の域を出なかったが、この

たびは確証が得られたので、それについて報告する。
　いま一つは、字音語に注記された四声について、韻書の記載との関係を考慮して解釈する必要があるのではないかということを述べる。この書には、四声を和語にも注記して「今日　上平ノ間ヘ響」(4ウ1)だとか、「音《上》　去声　音ヲ《上下》ノミゾナク」(5オ2)などと記されている。「けふ(今日)」は江戸中期以前にも単独でLH、一般の助詞があとに続けばLL-Hのような音調であったことが推定されているから、「上平ノ間ヘ響」とあるのは、このような音調実態の反映とみるのがよいであろう。「ね(音)」が「去声」だというのも、この語は近世までは単独でF、一般の助詞が接続するとH-Lであったと推定されるから、この書の著者は下降調を「去声」と捉えていたことが知られる。それに符合する記述が序文にもあって、「平声」は「上下タイラカナル声」で平進調、「上声」は「下カラアガル声」で上昇調、「去声」は「上カラ去ル声」で下降調であるという。
　「解題」によれば、このような四声解釈は伊勢貞丈のそれに同じだという。だが、この四声解釈では字音語アクセントの説明に無理の生ずることが予想される。それを、この書ではどのように扱っているのかという点について述べてみたい。

2. 『言語国訛』奥書の「羽鳥翁」について

2.1　この書の書写奥書(天保八年〔1837〕)には、ある日「羽鳥の翁」がこの書の原本を持ってきて貸してくれたので、「松園主人」は自分でそれを写したということが記されている。印記は「牧氏蔵書之記」「□□舎」の二顆あるのみで(後者は「朱色薄く鮮明でない」と「解題」にある)、ほかに表紙右下には「枀園文庫」と墨書されている。
　しかし、この書は孤本であって、内容の類似するものもほかに報告されておらず、成立の経緯や伝来の過程は、ここに記された以外にまったく知ることができない。平曲の伝来をつぶさに記した館山漸之進『平家音楽史』にもなんら触れるところがないのは、これが書写されたときにはすでに著者未詳になっていて、それ以降はほとんど顧みられることもなくうち過ぎたことによるのであろう。

2.2　ところで、筑波大学附属図書館蔵『平家正節』（カ-700-24）は、正節系譜本20冊（4帙）から成るものである。『平家正節』全巻を揃えているわけではないが、現在第二帙には「平家詞曲記」「琵琶略撥替撥之譜」それぞれ1冊を、また第四帙には「平家正節序節附琵琶譜目録」1冊を収めてあり、すべて譜本と同じ函架番号のもとにまとめられている。

　このうち譜本は、薄茶色の表紙（縦24cm、横17cm）の右上に、収録した章段名を直接墨書し、左端に「平家正節　一上」などと外題を記す。内題は、たとえば「平家正節　一之巻上」などとある。

　巻一上には数種の印記があり、表紙右下には「晩翔舎」「棊園文庫」の朱印（陽文）、第一丁表には「牧氏蔵書之記」「東京高等師範学校図書之印」、そして再び「晩翔舎」の朱印（陽文）を捺す。ほかに「昭和二年三月廿九日編入」とも記されている。また、章段の見出しに「二翠舎」の朱印（陽文）を料紙の折り目にかけて捺しているが、以下の諸冊にはない。

2.3　第四帙に含まれる「平家正節序節附琵琶譜目録」は薄茶色の表紙（縦24cm、横17cm）にて、四つ目綴全50丁である。表紙には右下に「晩翔舎」の朱印（陽文）と「□□館蔵」という朱印（陰文、第一・第二字印影不鮮明により判読できず）を捺す。外題は表紙左側に墨書されている。

　印記はほかに第一丁右上に「東京高等師範学校図書之印」のほか、右下に「牧氏蔵書之記」「二翠舎」の朱印（陽文）あり。とくに巻一上以来なかった「二翠舎」の朱印（陽文）が、あたかも見出しのしおりのように袋綴の折り目にかけて捺されている。

　この書の内容は、「平家正節序」（安永丙申春、松平秀雲）、「平家正節序」（安永丙申秋九月、丹羽敬中）、「平家正節跋」（安永丙申秋、千邨諸成）、「節名目」（口説～素声）、「（象）」（上～半濁）、「琵琶譜」（口説～素声）、「（正節巻別章段名）」（一上～灌頂巻）ただし四上下、五上下欠落、「平家物語目録」、「萬年寺　碑之銘」（享和二年壬戌夏六月）、「秦野流声節小目」、「十二調子」が順次記述されたもので、末尾には語りの伝書らしく「のはつるゝとは行違ふかななれは所によりて定りもなし」以下六首の和歌紛いのものが書き付けられている（50ウ）が、この筆跡はまさしく「松園主人」のそれにほかならない。「平家物語目録」「秦野流声節小目」以外も、あるいは同筆かと思われる。

2.4　第二帙に含まれる「琵琶署撥替撥譜」も、その筆跡から「松園主人」の筆とみてよいであろう。表紙は本文と共紙の四つ目綴（縦23.1cm、横16.4cm）1冊にて、外題は表紙左端に墨書して「琵琶署撥替撥之譜」と記す。内題は第一丁表に「琵琶署撥替撥譜」とある。表紙右下および内題の下に朱印（陽文）あり。印影必ずしも鮮明ではないが「晩翔舎」と読めるようである。東京高師ほかの印記は先に同じ。「牧氏蔵書之記」も同様に、第一丁右下に捺されている。本文は4丁に過ぎず、その第四丁裏に「松園主人」の奥書がある。

　　　此署撥替撥の譜はもとよりしるし
　　　置たるものもなきに只口つからの傳の
　　　みにては終には本をも失ふへければ
　　　こゝにしるしとめぬ是も亦荻野□
　　　口傳を羽鳥の翁か口授したるになん
　　　有ける
　　　　　　天保九丙のはる
　　　　　　　　　松園主人（花押）

「松園主人」が荻野検校直伝の羽鳥翁から口授されたようである。天保九年は『言語国訛』を書写した翌年のことであるが、荻野門下の「羽鳥」ならば、「松迺」であることはほぼ間違いない。そのことはさらに、次に記す『平家詞曲記』において明確になる。

2.5　『平家詞曲記』は、表紙が茶色の横長本（縦13.5cm、横20.4cm）で四つ目綴全5丁の短いものであるが、末尾1丁は破損著しく、現在ではわずかに奥書の一部をとどめるのみである。表紙左端に外題「平家詞曲記」と墨書、同右下には「桧苑文庫」と墨書する。内題は「平家詞曲記」（1オ）とあり、末尾（4ウ）には「天明戊申十月甲午　亀田安道謹記」とある。亀田安道および『平家詞曲記』については『平家音楽史』（館山 1910：288-289）に記載があり、『平家物語研究事典』（1978）にも解説があるから、内容については説明を要しないであろう。[7]その第五丁は、いま述べたように破損甚だしく、書写奥書も大方は読めないが、わずかに

　　　□保□□の冬のはしめ
　　　羽鳥松迺翁のもとよりかり

えて写　　　　（花押）

とあり、その筆跡ならびに花押は「松園主人」のものに相違ない。これまで「羽鳥の翁」とばかり出てきて、その名前が必ずしも明らかではなかったが、ここに羽鳥松逖であることが明確になった。羽鳥松逖は、『平家音楽史』に「荻野検校名古屋ノ門人」の一人として掲げられ、そこでは東大本（青洲文庫本、天保六年書写）に記された大木弁庵の識語が紹介されている。この『平家詞曲記』の印記は、「東京高等師範学校図書之印」などのほか、例の「牧氏蔵書之記」の朱印（陽文）がある。

2.6　「松園主人」ならびに牧氏については未詳ながら、『言語国訛』と同じ「牧氏蔵書之記」なる蔵書印をもつ写本が数種確認され、またそこには「松園主人」を名乗る人の書写奥書があった。その一つに「羽鳥松逖翁」と記したものがあり、また別に「羽鳥の翁」という箇所もあるので、『言語国訛』の書写奥書にいう「羽鳥の翁」は羽鳥松逖であることが確定した。

3. 『言語国訛』における四声注記について

3.1　この書の編集目的は、その序文冒頭に「此書ハ畢竟平家ノ聲ヲサシ申ス為ニ自ラ記シ侍ル也」（1オ1）と述べているところから明らかである。さらに「平家ハ昔ノ面影アリテ中興高山ト云法師ノ遺音ヲ傳テ小寺前田ノ流モ聊残リケラシ」（1ウ1～2）と記し、高山、小寺、前田という流れのみを言うところをみれば前田流を汲む伝書とみてよいであろう。続いて「去レドモ盲ヨリ盲ノ口ニ傳ヌレハ和語ノテニヲハヲ云誤リ文字ノ音ヲ聞タガヒタルモナキニ非ズ」（同3～4）とある。ここからは、平曲に誤った伝えがあるので、それをしかるべき言葉、しかるべき発音に直そうという趣旨が読み取れる。そしてまず、字音について論じて、

　　　總ジテ文字ノ開合ハ韻書ニモトツヒテ其スボム字ヒラク字ト云事ヲ知ベシ……文字ノ聲ノアゲサゲハ平上去入ノ四聲ニ分テ上下タイラカナル聲下カラアガル聲上カラ去ル聲ツメテ入ル聲ナラデハナキ物ナル共次清清濁ノ品アリテ少ヅヽノ響ハ違ル事トゾ（1ウ4～10）

という。すでに述べたように、この書の著者は「平上去」の調値を、それぞれ

平進調、上昇調、下降調と捉えていた。また「入」については「ツメテ入ル声」とあるのみで、その声調についての言及はない。「次清清濁ノ品アリテ少ヅヽノ響ハ違ル事」というのも、とくに頭子音と声調との関係について明確に論じたものではない。

「文字ノ開合」は韻書にもとづくべきであるとし、その声調を上記のように理解していたとすると、字音語のアクセントを説明する場合に、行き詰るところも多く出てきそうであるが、この書ではさらに続けて、「文字ノ四聲ニ合（アハ）ザル所モ畧（ホボ）見ヘタリ是ハ唱習テ改カタキ物ナリ」（同11〜12）という。これによれば、漢字の音調は韻書にしたがうべきだが、韻書によらないものもあって改めがたい、と言っていることになる。

3.2 たとえば漢字の「二」には《〜》のような特殊な声譜を施して、「上声ノ唱」と記す（6オ7）。ここにいう「上声」とは上昇調である（以下、著者の四声解釈にもとづくときは、すべて鉤括弧にくくる）。韻書を調べれば去声とあったはずであるから、この書の著者はこれを、わが国で「唱習テ改カタキ物」と考えたに相違ない。ただし漢音のジは念頭になかったようである。この書には、これに続いて以下のように述べられている。

　　元来二ノ字支ノ韻ノ去声ナレトモ下ヨリ上ヘ響クヤウニ《〜》ト上声ノ
　　如ク唱ヘルガ和朝ノ口クセ　二字ヲ二人《下平平》ト唱ヘ　又二十《平下
　　下》ト申ス時ハカシラカラ當リテ響ヲサゲ去声ニナル

この趣旨は「二」の字は韻書にしたがえば去声であるが、わが国では口癖として「上声」、すなわち上昇調に言っているということであって、そのような一拍の上昇調をあらわすのに《〜》のような声譜を用いたのである。

「二」をニと読むのは呉音であるから、古く日本では呉音声調（平声）にしたがって低平調に読んでいた。これが室町期以降京都では、和語の一拍名詞第三類とともに上昇調に読まれて今日にいたっている。それをこの書の著者は「上声」と解した。著者も言うように、韻書には去声とある。

一方、この書の声譜や『平家正節』の譜記から当時（江戸中期以前）「二人」LHH、「二十」HLLという音調が認められるとなると、『言語国訛』の著者が「二人《下平平》二十《上下下》カヤウナル所ニテ連声ニ因テ（「二」単独の場合とは）唱ノ替ルコトヲ知ヘシ」と述べる事情も理解できよう。

3.3　「解題」(：69) によれば、1拍の上昇調をあらわす《〜》の声譜は、ほかに「異」と「畫」に付けられているという。「異　上—」(5オ10) とあるのは、この書の著者のいわゆる「上声」を指すものであろう。韻書には去声とあって一致しないので、「上声」は「和朝ノ口クセ」ということになる。実際の音調は呉音声調(平声)によるために、江戸期には上昇調(『国訛』の著者のいわゆる「上声」の音調)であった。

　　　畫《〜》　平上　畫繪《平下下》…畫師《下上》　　　(5ウ4)
　また、上記の「絵」は「早稲田語類」では一拍名詞第三類に属するもので、LからRという変化を経たと考えられる。呉音声調は平声であろう。したがってヱカキはL-LF＞HLL (《平下下》の声譜に合致) という変化を経たかたちであろうし、「師」は呉音去声で、去声拍はのちに高拍になるから、「絵師」は《下上》の声譜が示すようにLHで説明がつく。しかし「畫《〜》」の次に記された「平上」とは何を意味するのであろうか。

　「絵」を「平上」としたのは、それなりの理由があるように思われる。すなわち「絵」を韻書で調べれば去声である。しかるに、実際に発音すると上昇調になる。これは著者の範疇では「上声」である。とすれば、「平上」とは、一般の助詞を付けてL-Hなどとなる場合のLを「平声」と捉え、単独の場合の「上声」Rとあわせ、「平上ノ間ニ響」とでもいうべきを略して「平上」と記したものではないか。

3.4　このほかにも、この書の著者の記述には注意すべきところが少なくない。
　　　天《平下》　天ノ字平声ニ唱ベキ事ナレ共大暑去声ニ唱来レリ (4オ6〜7)
　上記の「天」のアクセントの説明には、次のような事情を想定できよう。すなわち、「天」は韻書に平声とあって、この書の著者にしたがえば「平声ニ唱ベキ」である。しかるに、実際には平声LLの変化したHLで発音されていた。著者にしてみれば、韻書に平声とあるかぎりは、自己の解釈によってHH (またはLL) であるはずと考えたであろう。しかし当時、実際にはHLで実現していたのだから、これは「和朝ノ口クセ」ということになる。そこでHLの音調は、著者にとっては「去声」であるのだから、「大暑去声ニ唱来レリ」と言わなければならなくなるのである。

3.5　このように『言語国訛』の著者は、字音語のアクセントを説明するに際して、韻書の記載と実際の音調とを比較していることは明らかであるが、四声注記のしかたにいくつかの類型のあることが、「解題」に指摘されている。

　はじめに「平声・平声ノ唱・平」などとあるものを取り上げてみる。これには「平(声)ニ響」とあるものも含めてよいであろう。これらは、さきにも述べたように平進調をあらわす。たとえば、次のごときがそれにあたる。

　　気《平》平ノ唱　（4オ1）

　　非《平》平ノ唱　非ヲ《平平》知（同上）

　「気」は漢音キ（去声）であるが、実際にはその去声が高平化してＨに発音されていたらしい（現代京阪もＨ0型[8]）。それが著者の「平ノ唱」である。韻書に去声とあるのだから、それも注記されてよいはずであるのに、ここには記されていない。「非」は韻書には平声とある。それとの対応関係からすれば、一拍名詞第三類相当とみてよいであろう。しかるに『平家正節』には以下のように出てくる。これは、呉音（去声、のち高平化）によっているものと考えられる。現代京阪のＨ0型もその流れを汲むものであろう。「平ノ唱」というのは、韻書の声調とも実際の音調とも、いずれにも理解できる。

　　非を以て（上上×××）　　11上願立8-3口説

3.6　次に「上声・上ノ唱」とあるものを検討するが、「二」に「上声ノ唱」とあることはすでに述べた。このほかには次のようなものがある。

　　越中《平平平平》上ヘ響（3オ5）　備中《平平平平》上ヘ響（3オ9）

　『平家正節』の譜記例をみると、下記のように、いずれも助詞「の」接続形で《白声》の例ながらLLH…と対応する譜記がある。このような上昇調を「上ヘ響」と言ったものと思われる。「解題」（：72）では現代京都でともにLLHL型であることを述べて、「「中」で一度上昇するところから「上ヘ響」とするか？」とする。声譜（線条譜）は高平調をあらわすが、誤写の可能性もあろうか。

　　越中の前司（××上上上×××）　　7下熮合13-5白声

　　備中の守（××上上上××）　　9下惟出24-4素声

　おそらく次の「燈籠」もこれに似た事情が考えられよう。

　　燈籠《平平平平》平声ノ唱ニテ上声ニカヽツテ入ナリ（4ウ6）

「解題」(：74)が指摘するように、この語は現代京都でLLLHであり、「上声ニカヽル」とは一旦上昇することだろうと思われる。「入ナリ」とは、末尾の引き音を縮めたトーロLLHを意図したものか。

「去声・去ノ唱」はあまり字音語に注記されないようであるが、和語に注記されたところから推定するに、下降調をあらわしていることは間違いない。

3.7　ここでは「ＡＢヲ兼」とか「ＡニＢヲ兼」、また単に「Ｂヲ兼」などとある場合を問題にする。

　　　淫《上上》平ヲ兼　　院《上下》平ヲ兼　　院《平平》宣　　　　　(6ウ4)

「淫」は韻書に平声とあるのが「平ヲ兼」と記された所以であろうが、なぜ声譜は《上上》なのか分からない。声譜には誤写の可能性もあろうか。また「院」は韻書に去声とある。実際にはHLと発音されていたことは、『平家正節』の以下の例などから知ることができる。この書の著者はこのような音調を「去声」と理解していた。よって、ここは「去ノ唱」とでも記せば済むところであった。

　　院に（上××）　　13下法住65-2口説
　　院より（上×××）　　4上二后5-1素声

ところが「院」を含む複合語の中では、「院」の部分がHLに実現するものばかりではない。その代表例が「院宣」である。下記のように「院方」などもこの類に属す。わざわざ「院宣」を取り上げて声譜を記しているところをみると、「解題」(：72)のいうごとく「院宣」の場合には「院」の部分がHHだから「平ヲ兼」と記したのであろう。

　　院宣（上上上×）　　2下征夷15-4白声
　　院方へ（上上上上×）　　13下法住20-3素声

さらにはまた、「韓《平平》上ヲ兼　漢　同上　間《平下》　林間《平平平下》ニ酒ヲ煖テ」(6ウ11)とあるのを、いかに解したらよいのであろうか。

「漢」は韻書においては去声、呉音は平声である。次の『平家正節』の用例は助詞「の」接続形で高平化しているが、漢音声調からこのようなアクセントを考えることはできないので、江戸期においては呉音平声の変化型であるHLが一般的であったと解せられる（現代京阪でもH1型）。したがって、これは著者の四声解釈に従えば「去声」ということになって、たまたま韻書と一致するが、

『言語国訛』が「韓《平平》上ヲ兼」とある「韓」に同じと注するのは、漢音声調（去声）にもとづいた「漢朝」LHLLなどのアクセントを念頭においたのであろう。

漢のたゝかひ（上上上上上××）　2上蘇武13-4白声

「間」は漢音カン（平軽声）であるから、近世には声譜《平下》のとおりHLで対応する。「林間」は、《折声》の例ながら、下記のようであるから、HHHLとみるのに支障はないようである。

林ン間ンに（上上上中上）　1上紅葉10-1折声

3.8　また、この書には紛らわしくも「上平ヲ兼」、「上ニ平ヲ兼」、「上平」などという記述もある。

新《平平》　上ニ平ヲ兼　真　同　　（6ウ10）

「新」は漢音平軽声、呉音去声であって当時「新大納言」「新三位」などみな呉音でLH…に発音された。これは著者にとっては「上声」である。しかし韻書には平声とある。それで「上ニ平ヲ兼」と記さざるをえなかったのではないか。「真」の場合も同様である。同じところに列挙された「心《平平》上ヲ兼」も、声譜はHH、すなわち著者のいわゆる「平声」であり、韻書でも平声とされている。しかし呉音で読む場合はLH（去声）で唱えられた。そのような音調は著者にとっては「上声」であるから「（平ニ）上ヲ兼」と記したのではあるまいか。

縁《平平》　平上ヲ兼　居所縁ノ時ハエント唱　（4ウ4）

「縁」は因縁・縁故・仏縁などの意味の「縁」であって、これは漢音平軽声、呉音去声であるが、著者は韻書で平声であることを確認し、それに対して呉音にもとづく去声LH（著者の「上声」）の音調も注記したのだと解せられる。それが「平上ヲ兼」ということであろう。あるいは、LHが次に高さを送ったときのLL…を「平」ととらえたか。

3.9　つぎに「去声」が注記された箇所はいかに解釈すればよいのであろうか。

殿《上下》　殿ハ去声ト平声ヲ兼タル物也（4オ6）

「殿」は、漢音テン（去声）、呉音デン（平声）である。『言語国訛』の本文は

「天・点」と対比しているのであるから、漢音テンを意図したものであることは動くまい。ともあれ韻書の去声は記さなければならない。しかし、著者は去声を下降調と理解していた。それが声譜の意図したものであろう。呉音デンならば近世にはその音調でよいし、現代京都もH1型である。あるいは、これと混同したか。

　それでは「平声ヲ兼」とはどういうことか。いま『平家正節』に「…殿」という語を拾うと以下のように「殿」の部分が平らな音調になることが多い。「平声ヲ兼」は、これを意図した記述ではなかったか。

　　阿ス房ス殿ン（上上コ××）　　5上感陽26-4口説

　　御殿ンに（上×××）　　2下青山1-4口説

　ところで当時（江戸中期以前）単独で「殿（テン）」という場合は、はたしてHLだったのであろうか。『平家正節』には一例ながら以下のような譜記例があって、漢音去声LHと一致する。

　　殿ンスあり（×コ××）　　5上感陽27-1口説

　この書の著者ならば「上声」というところであろうが、これを採ると「上声」と「去声」を兼ねることになる。さすがに、正反対の音調（上昇調と下降調と）がともにあると注記することには、著者にも抵抗があったかもしれない。

　　関《平平》関東ナトノ類上ニアル関ハ去声ニ響函谷関ナトノ類下ニアル関
　　ハ平声ニ響クナリ　　　　　　　　　　　　　　　　　　　　　　（4ウ9）

　この場合「関」は漢音クヮン（平軽声）HLであるから、著者のいわゆる「去声」であった。もちろん下記例のように「関東」は当時HLLLであったと推定できる。

　　関東（コ×××）　　15下副将2-1口説

　　関東へ（上××××）　　13下法住62-4素声

　しかしすべて「上ニアル関ハ去声」と言えるかとなると疑問であって、たとえば「関白」は次の例のごとく「関」の部分はHHであるから「去声」とは言えないが、著者にはこのことは念頭になかったらしい。

　　関白（上上上上）　　3上葵前6-1素声

　ところで、「関」は上にあれば「去声」すなわちHLであり、下にあれば「平声」LLに響くというが、声譜は「関《平平》」である。これは、下につく場合をわざわざ記したのではないであろう。韻書の平声に属するということを著者

自身の解釈で平進調と捉えて書き込んだものと推定する。本来なら「去ニ平ヲ兼」ねるとでも言わなければならなかったか。

3.10 これに対して「平上ノ間ヘ響」とか「平上ノ間ニ唱フ」というのは、「上昇の調子が緩い」(「解題」：74)あるいは「あまり上昇がはげしくない」(同：75)ということかもしれない。しかし一方で「蘭　平上ノ間」(4ウ2)も韻書では平声であるのに対して、実際には伝統的な呉音声調(去声＝著者のいわゆる「上声」)で発音された。その場合、「蘭」は単独ではLH、一般の助詞が付けばLL-Hとなる。それを著者は「平上ノ間」と記したという可能性も否定できない。

また、「性　平上ノ間ニ唱フ　生モ同」(4オ2)は、このあとに「勢」のセイが記されているから漢音セイと読むことが念頭におかれているとみて誤るまい。韻書を調べれば、「性」は去声である。そして実際には、セイは当時LH(著者のいわゆる「上声」)と発音され、『平家正節』にも以下のようにあらわれる。このようにLL-Hとなることを「平」と捉えたのであろう。これまでの記述のしかたからすれば、「平上ヲ兼」とでもあらわすべきだったか。

　　性を（××上）　　1上紅葉3-1口説

もっとも、このような解釈は、この書の四声注記の一面を説明するにすぎないが、当時の四声解釈が混乱していたことをそのままに伝えているのではないかと思い、ここに取り上げてみた。

4. おわりに

以上『言語国訛』の「解題」に蛇足を加えただけに終始したが、この書については明らかにされていないところが多く残っている。第一に『言語国訛』という書名からして、この書に似つかわしいとは言えない。内容は、京都を中心とした地方のアクセントにもとづいて、韻書などを参照しながら、掲出語と同音の語や、それを一部とする複合語などのアクセントを記したものであるから、「国訛」とはなんとも異様である。あるいは、本文のはじめに、声譜を付した旧国名を列挙するところから誤解されたのであろうか。

また、本節に扱うところのあった、声譜と四声注記との関係なども、声譜は必ずしも当代の音調をあらわしたわけでもなく、といって韻書の声調に対応す

るものばかりでもなかった。また、声譜には「まぎらわしいものが多く、これは松園の主人の書写に原因がありそうだ」とは「解題」のことばであるが、誤写の可能性を考えたくなる箇所も少なくない。

　さらに序文の「戊寅」がいつのことなのかも、元禄十一年（1698）であるか宝暦八年（1758）であるか確定してはいない。また、著者も書写者も誰であるか、未だに分からないままである。著者は、「情ニ適スル所」があって平曲の譜に「暇アル日ハ午窓ノ睡ニ代ユルマテ」（1オ2）執心したようである。この表現は、よほど著者の気に入っていたらしく「午窓ノ睡ニカヘテ聊會シヌ」（7ウ7）「例ノヒルネノ目サマシニテ候」（8オ11〜12）などとも出てくる。このような表現は、いずれ著者を特定するときの決め手にもなるかもしれない。

　　注
　1　金田一春彦（1974）が掲載した写真の解説には「平曲に心得のある人の著した標準語アクセント語彙集」とある。
　2　「解題」には「天保十四年に『武術流祖録』を刊行した羽鳥耀清と関係があろうか」（：69）とある。
　3　この書ではアクセントを記すのに、文字の右傍に三種の線条譜が用いられる。ここでは、凡例にも記したように、右上がりの譜を《上》、平らな譜を《平》、右下がりの譜を《下》と記す。線条譜というわけではないが、ほかに《〜》の形に似た譜もある。
　4　「解題」には「なぜ上声とせぬか疑問。あまり上昇がはげしくないと解したか」（：75）とある。
　5　「早稲田語類」の〔2△〕、すなわち一拍名詞第二類ながら現代京都で対応の例外をなすもの。
　6　奥書の冒頭に「此一冊者何人の随筆なるか名もあらはさゝれはしることかたし」と記されている。
　7　「平家詞曲記」は筑波大学蔵本のほかは『平家音楽史』所載の村田直景による跋文を付したものしか伝わっていない（『平家物語研究事典』山下宏明執筆）という。また『国書総目録』に「教大（天明八年写、平家正節の付）」とあるのは、この書が天明八年の書写であるように受け取られかねないが、亀田の著したのが天明八年であり、それを松園主人が天保年間に書写したものである。
　8　現代京阪アクセントは、主に杉藤美代子（1995）と中井幸比古（2002）による。
　9　奥村三雄（1981：263）がこれを第一類相当に数えるのは、助詞「の」接続形を重視しすぎたためであろうか。同（1983）には《口説・白声》以外の曲節からの例も挙がっているが、これらはLHと解すべきか。それならばこの書の「上ヲ兼」は説明できる。

第3節

アクセント史からみた『平曲問答書』

1. はじめに

　江戸後期、幕臣にして『和名類聚抄捷見』などの著書のある岡正武[1]が、荻野検校の『平家正節』編纂後においてもなお平曲譜の校定作業に従事し、不審の箇所を荻野の弟子である星野検校に、文書によって問い合わせていたことが知られている[2]。その記録が、東京国立博物館ならびに広島大学附属中央図書館に蔵されている『平曲問答書』（文政三年〔1820〕十二月星野検校に回答依頼）である[3]。

　館山漸之進（1910＝1974：125）は岡正武について、「星野検校に対し、平曲数十の章句中、譜記の誤謬、又は疑義に付、文章を以て之れを質し、検校之れに答ふるの一書あり、之れを平曲問答と題す」と記している。この「平曲問答」が『平家物語研究事典』（1978 山下宏明執筆）の言うように、上記の『平曲問答書』とみられる。館山はさらに「其の詳細なる、偶然の問答にあらず、実に平家正節、譜記考証の一宝典と言ふべきものなり。此れに因て此れを見れば、星野検校は、一大宗匠にして岡も亦、一大家と言はざるを得ざるなり」と称えた。

　岡正武は、筑波大学附属図書館蔵『八坂流平家物語訪月之巻』に記された識語（天保十三年〔1842〕[4]）に「六十九老人螢澤齋岡正武」とあることなどから、その生年は安永二、三年（1773〜74）ころとおぼしく、没年は、加藤諄（1964）によって嘉永七年（1854）であることが明らかにされている（享年八十一歳）。

　本節は、『平曲問答書』所載の、主として《口説》《白声》の譜記にかかわる両者のやり取りについて、アクセント史の立場から考察を加えようとするもの

である。以下、引用は広島大本による。

2.『平曲問答書』と星野検校

2.1　岡正武の平曲の師承関係と『平曲問答書』成立の経緯を略述すれば、次のようである。すなわち、正武ははじめ江戸で三島自寛から平曲を習い、自寛の没後（文化九年〔1812〕）は鴨田検校に師事した。文化十年（1813）に大番役となって上京し、そこで星野検校の教えを受けた。江戸に戻ったのち、ちょうど正節導入期で江戸平曲も混乱していたので、平曲譜本の校定を思い立ち、その吟味作業の過程で解決できなかった疑問の点を、文政三年（1820）に文書によって京都の星野検校に質した。

　その記録を一書にまとめたものが『平曲問答書』である。正武は、星野検校への依頼状と質問内容、それに検校からの回答を、まず手控えの一書としてしたため（東博本）、さらにそれを浄書した（広島大本）ようである。

　正武の質問の範囲は『平家正節』の巻一から巻十七までであるが、末尾の順序は五句物・炎上物・揃物・読物の順となる。灌頂巻や大小の秘事が収載されないのは、いずれも「口伝を重んじたから」という指摘（薦田治子 1990：45）にしたがうべきであろう。

　また、とくに後半になると星野の回答が定かでないところが続き、たとえ星野から回答があっても「口伝にて教可申候」（88ウ　木曽願書）、「面談之上委しく伝申へし」（89ウ　腰越）などというものであって、文書では明らかにできないところもあったことが確認できる。

2.2　ところで、星野検校という人は、荻野検校の門人で岡正武の平曲の師であることはすでに述べたとおりであるが、それ以外には生没年すらよく分からない。言われるように、静嘉堂文庫蔵『語平家伝書』所載「前田流一部之琵琶」（文政二年六月　勝）の末尾にある正武の奥書には「星野検校も荻野門人にて平曲に秀たりとて検校なりの費を諸盲出銀して検校になしたる人なり」とある。薦田（2003：57-65）によれば、国立国会図書館蔵の『表控』に、星野は享和元年（1801）の登官という記録がある由である。

2.3　鈴木孝庸（1994 = 2007：94）によれば、『平曲問答書』に取り上げられた句の総数は163句、質問箇所は1281箇所になるという。それを曲節別にみると《白声》が289箇所、《口説》も287箇所であって、それぞれ全体の約22％にあたり、両曲節をあわせると44％で、全体の半分近くにも及ぶとのことである。これについて鈴木は、以下のように、その意味するところを指摘している。

　　　この分布で注目すべきは、〈白声〉と〈口説〉の占める割合の大きさであろう。共に譜記が簡素（アクセント符号のみと言ってよい）であるという近い性格を有し、「コトバ」に関わる部分が多く、〈語り〉の根幹に直接的に関わる曲節同士と言ってよい。
　　　　　　　　　　　　　　　　　　　　　　　　　　　　　（鈴木 2007：94）
　　　曲節の分布を概して言えば、質問は「ことば」に関するものと「歌い方」に関するものとで半々となっている。細かな節回しを質問するのは平家の〈音楽〉を教わろうとするからには当然のことだが、これにわたりあう量で「ことば」そのものに対する質問があったのは、〈平曲〉の伝授の根幹に関わる大きな意味をもっていたと考えられる。
　　　　　　　　　　　　　　　　　　　　　　　　　　　　　　　　（同：95）

「ことば」そのものに関することとは、具体的に言えば、テキストの異同や読み方、また、ことばのアクセントをあらわす譜記の異同に関することの三点である。もちろん《口説》《白声》以外の音楽性の豊かな曲節についても、その節づけのありようを問題とするところは多くあり、またテキストの異同や読み方は《口説》《白声》に限って質されたわけではないが、岡正武が詞章の読み方や、アクセントを反映する譜記のつけ方に細心の注意を払ったことは鈴木の指摘するとおりである。

3. 詞章の読み方とアクセント

3.1　本節は、岡正武が質問し、星野検校が回答したところの譜記をアクセント史的に考察しようとするものであるけれども、詞章の読み方にかかわる部分についても、簡単に触れておきたい。正武が詞章の読み方について細心の注意を払っていたことは、鈴木の指摘するように、この書のいたるところに認められる。そのいくつかを紹介しよう。

　正武は、「妓王御前」「仏御前」の「御前」をゴゼンと読むのかゴンゼンと読むのかについて、「妓王」の章段から《口説》《白声》《中音》にわたって17箇

所の「御前」を書き出して「右の如く此句の中に妓王御前といふ事六つ仏御前といふ事十一ありいつれをゴゼンいつれをゴンゼンとかたる事ぞ委く教給へ」(52ウ)と記し、さらに「六代御前」「姫御前」「伯母御前」の例も他章段に求めて、その読み方を質している。それに対して、星野もまた、17箇所の一つひとつにゴゼン、ゴンゼンの別を丁寧に回答する。

あるいはまた正武は、「朱雀」「朱雀院」の読み方を、詞章にあらわれる度ごとに数回(22オ、26ウ、27オ、56ウ)にわたって尋ねている。これに対して星野の回答は一貫しており、朱雀は「シユシヤカとすむへし すへておなし事也 朱雀院ばかりシユシヤクとかたる也」(27オ)としている。

さらに「しやっつら」「しやつばら」の「しや」についても、正武はこの書中に3回(20ウ、56オ、56ウ)尋ねて、「ワラズにかたる也」(20ウ)という回答を得ているし、「八箇国」という場合の舌内入声音も、都合5回(9オ、28オ、47オ、64ウ、69ウ)尋ねるが、星野はその都度ハチカコクよりもハッカコクと促音に読む方を採ると答えている。

3.2 読み方を問題にするかぎり、清濁にかかわることが数多く取り上げられるのは当然であろう。簡単にその内容を記すならば、「落人」(おちうと 40オ、67オ)、「知人」(しりうと 39ウ)のトの清濁を問えば、星野は必ず清音と答えているが、『(平家)正節』は「落人」に濁音形を指示するところもある。星野はまた「著し」(いちしるし 64オ)、「築垣」(ついかき 68ウ)、「潮干潟」(しほひかた 43オ)、「紺掻」(こんかき 43オ)に清音形を指示している。漢語では「侍従」(じしゅう 14オ)、「按察」(あせぢ 17ウ)の読みが回答されるが、『正節』の発音注記にはないものである。「平地」(へいぢ 16ウ)は古くそのような読みもあったことが知られており、『正節』もそう注記するが、正武が質問するということは、少なくともヘイチという読みを指示する譜本がある場合、そして正武自身疑念を払拭できない場合であり、この箇所については、京大本『平曲正節』の当該箇所に清音に読めという朱の書き入れがある(五23オ)。

これらがどのように尋ねられ、また答えられていたかということであるが、『平曲問答書』にはたとえば次のように記されている。

まず正武から以下の(1)のように質問があり、星野の回答は、「御追号」の「号」に「濁るへし」、「贈官」の「官」に「スム」と記される。すなわち星野

はゴツイゴー、ゾークゥンという読み方を指示しているわけである。

(1) 口説　御追号あつて云々　贈官
　　　　　右号の字例のスム欤　官の字濁るか　　　　（61ウ、行隆沙汰）

同様に、以下のような問いかけには、質問文中の「濁りて」から線を引いて「此方」と答えている。ここは「散在す」というサ変動詞に連濁が起こっているというものである。事実、京大本に「散在ず」とした本文がある。

(2) 拾　虚空にさんさいず
　　　　　右のスの字濁りて教え玉ひぬる様に覚ゆ　さてよろしきか
　　　　　　　　　　　　　　　　　　　　　　　　　（61オ、旋風）

正武の質問は、館山漸之進も言うように「偶然の問答」ではなく、諸本校合作業の過程で生じた疑問を質しているのであって、その多くはいずれかの譜本に記されているものを取り上げている。その諸本異同の記録が京大本『平曲正節』であるとする薦田（1990）の推定は正鵠を射ているものとみられる。ただし、星野の回答するところは師から受け継いだ確かなものだったろうが、そのことばの性格については、伝承の経緯を含めて、さらに検討する余地はあるものと思われる。

3.3　ところで、いま一つ読み方のうえで問題となるものに、ある漢字の読みとして複数の語が考えられる場合にいずれを選ぶかということがある。それらが音読みと訓読みいずれかという場合もあり、これにはアクセントとの関係も絡んでくる。しかし総じていえば、音読みしても訓読みしてもアクセントが同じときに、正武から疑問を投げかけていることが多いようである。

「一夜」をイチヤと音読みするか、ヒトヨと訓読みするかは、両者がいずれもHHL型で、助詞「の」接続形もHHH-Hの形をとるところから両様の読みが譜本間に行われ、そこに正武が疑問をもったものとみられる（57ウ、小教訓）。以下に示す二つの例もまた、音訓ともに同アクセントなるがゆえに諸本間に異同が生じたものとみることができよう。

3.3.1　「門」をモンと音に読むか、カドと訓に読むかは、『平曲問答書』の中では、下記のように4回尋ねられている（以下、星野検校の回答は「　」内に記す）。

(3) 拾　大田の太郎 我門の前を

　　　　　　右田の字スムㇷ゚ニゴルか 又門はカドかモンか「かと也 田は濁る
　　　　　　也」
　　　　　　　　　　　　　　　　　　　　　　　　　　　　　　　　（21オ、判官都落）
　　（4）拾　　門いつるとて
　　　　　　右モンかカドか「（カドから線を引いて）此方」　　　（29オ、猫間）
　　（5）三重下り　そのおんこゑ 門のほかまて
　　　　　　右モンㇷ゚カドㇷ゚「（カドから線を引いて）此方」　　（32ウ、重衡被斬）
　　（6）白゜　門をあけさせてそ入られける
　　　　　　右カトかモンか　　「（モンから線を引いて）此方」　（68ウ、河原合戦）

　（3）は《拾》の例ながら、『平家正節』（東大本・尾崎本）には「門（上×）の
前を」と譜記があり、「かど（門）」〔w2×〕と読む場合は、助詞「の」接続形で
あれば「門の」HL-L の方が一般的であったと思われる。京大本のこの箇所（五
65ウ5）には、墨筆本文が「門ト」とあり、そこに朱筆で「カト」と振り仮名が
ある。
　（4）も《拾》の例であるが、京大本のこの箇所（七50ウ4）には、墨筆本文が
「門出ッる」とあり、「門」に朱筆で「カト」と振り仮名がある。譜記は（上×
コア×）で、「門」の右、やや下に無譜を示す朱点も認められる。『平家正節』
も読み・譜記ともに同様。
　（5）は《三重下り》の箇所で、やはり『平家正節』は本文「門トの（外まで）」
に（ウア×）と譜記がある。京大本も同様（七74ウ6）。
　（6）は《白声》の例で、ここのみ星野はモンと読むよう指示する。京大本
（十四6オ5）には本文「門を（上××）開させてぞ」とあり、「門」に朱「カト」
と振り仮名を施す。『正節』は、「門ンを（上××）開けさせてぞ」とあって、
同譜記ながら読みは星野と同じくモンである。
　そもそも「かど（門）」は古来 HL 型の語で、従属式助辞接続形 HL-L、助詞
「の」接続形 HL-L となるのが一般的であるから、これら4例はいずれもカドと
読んだとて、譜記とアクセントとの関係上は問題のないものである。
　一方モンと音に読む場合は、呉音系字音資料（『法華経単字』保延二年本42-3-2、
『法華経音』九条本89-4、『法華経音義』永正十七年本14ウ7[10]）に徴するに、この単字声
調は去声とおぼしいが、現代京阪はもちろん、中世の『謡曲』にも HL 型を思
わせる節博士があるという。さらには、「門」[11]が鼻音韻尾をもつ明母の字であ
ることを思えば、ますます漢音声調（平声重）にもとづくと説明した方が理解

しやすいであろう（有坂秀世 1940）。

　『平家正節』において「門」をモンと読むよう指示のある箇所を集めてみると、語単独ではHL、従属式助辞接続形HL-L、低接式助辞接続形HL-L、助詞「の」接続形HH-Hと解釈できる譜記が施されている。これは、一般的には二拍名詞第三類相当のあらわれ方である。金田一春彦（1980b）は、「もん（門）」をかつてLL型であったものと同じ類（b′類）に収めているが、そのように古くLL型であれば説明に都合がよい。『色葉字類抄』三巻本（モの部、105ウ1）に「門々（平平）」とあるところからしても、そう考えてよいように思われる。

　これについて『平曲問答書』には下記（7）のようなやり取りが載せられている。これは、本文が仮名書きであるから明らかにモンの譜記であるが、助詞「の」接続形としてはHH-HもHH-Lも、ともに古くLL型の語にはありうるアクセントである。星野は「門の」にHHHを採用した。『正節』も同様である。（以下『平曲問答書』の譜記からアクセントを問題にする場合、譜記そのものを示さずに、それらから推定されるアクセントを記号であらわし、星野検校の採用した方に◎を、そうでないものに×印を付ける）

　　　（7）白　土佐坊かもんのまへに切ふせられて
　　　　　　　　　　　　　　　　◎HHH　×HHL（4ウ、土佐坊被斬）

以上のことをまとめるならば、「かど（門）」は古くからHL型で、助詞「の」接続形ではHL-Lが一般的であったろうし、「もん（門）」は古くはLL型であった可能性が高く、室町以降HL型になったものと思われるが、助詞「の」接続形はHH-Hになるのが通例であったとみられる。

　してみると、（3）（5）の場合は助詞「の」接続形にHL-Lを反映する譜記があるから、この箇所はカドと読む方がふさわしいと言えよう。したがって星野の教示もまた理にかなったものである。しかし（4）（6）について、アクセントの方面からは「門」の読み方を決定することはできない。

3.3.2　つぎに「朝夕」を「てうせき」と音読みするか、「あさゆふ」と訓読みするかについて、『平曲問答書』の以下の記述に注目したい。

　　　（8）口説　人の死する跡には朝夕（上×××）に
　　　　　　　　　右アサユフか又ふしはいか　　「テウセキ也」（63ウ、経の島）

京大本（十二43ウ5）には本文「あさゆふに（上×××）」の右脇に「てうせき　野」と校合書き入れがある。『平家正節』尾﨑本は本文「朝夕に」とある

のみであるが、東大本には「朝タₖに」とあって、星野のように音読みしたことが分かる。譜記はいずれも同じで、HLLLを反映することは動かない。
　そこでもし音読みした場合、「せき(夕)」は漢音入声重であるから、そのアクセントは古くLLで、のちにはHL型になっていたかと推定される。「てふ(朝)」は漢呉音ともに同じ読み方であるが、漢音は平声軽で古来HL型と思われる。したがって対立語で漢音読みの「てうせき(朝夕)」のアクセントは、近世では(HL + HL→) HLLLとなっていて問題ないであろう[12]。
　しかしまた、もし訓読みしていたとすれば、近世「あさ(朝)」は第五類相当のLF型であったとおぼしく、「ゆふ(夕)」が高起式であったとしても、対立語として緩やかに複合してLHLLとでもなるのが一般的であったろう(現代京阪もL2[13]型)。したがって、ここは星野の指示するとおりテウセキと読む方が理にかなう読み方ということになろう。
　ただ『平家正節』(東大本)には、以下の(9)のようにアサユフと読むよう指示した箇所もあり、とくに下記(9)の第三例は、上記テウセキのすぐあとに出てくるもので、明らかに同じアクセントでありながら、両者を読み分けていた様子もうかがうことができる。そうすると「あさゆふ(朝夕)」には近世にHLLLのアクセントもあったということになるが、なお検討を要するところである。

　　(9) 朝ᵢ夕の (上××××)　　15上内女40-5白声
　　　　朝ᵢ夕は (上××××)　　5下千寿41-4素声、15下内女17-4素声
　　　　朝ᵢ夕ᵤは (コ××××)　 12下経島9-4口説

4. 譜記の異同とアクセント

4.1 動詞活用の「特殊形アクセント」にかかわる問題
4.1.1　終止連体形や連用形が3拍から成る四段活用動詞(「上がる・余る・歩く」など)のうち、所属語の少ない「第三類」と称されるものの近世京都アクセントは、およそ以下のようなものであったろうと推定されている。
　　第三類(「歩く・罷る・参る」など、「参る」の活用形アクセントで示す)
　　　　未然形　まゐら-ず　LLH-L
　　　　連用形　まゐり　LHL　/　まゐつて　LHH-L

終止連体形 まゐる LLH

　　　命令形 まゐれ LHL

また、いわゆる「特殊形アクセント」も次のようであったろう。

　　　まゐる-べし・べき LLH-LL

　　　まゐら-す・る LLH-H（〜せ・れ LLH-L）

　　　まゐら-む・ぬ LLH-H

これから検討しようとする「参らす」という動詞は、上記「参る」の特殊形に使役の助動詞「す」が付いた形に由来するものであるから、終止連体形「参らす」はLLHH、連用形「参らせ」LLHLとなり、「参る」を1拍分多くした相似的な活用形アクセントをとるものと思われる。

4.1.2 『平曲問答書』においては、「参らす」の特殊形について、次のような記述が見られる。

　　（10）白　まゐらせらるゝそと

　　　　　　◎LLHLLLLL　×LLHHHLLL　×LLHHHHLL（42ウ、大坂越）

「参らせらるゝ」は、「らる」も特殊形接続の助動詞であるから（第6章 第5節参照）、全体として一語並みのアクセントになっており、連体形であることも考慮すればLLHHHHとみるのが、これまでの考察に適うものであろう。しかるに『正節』はLLHHHLに相当する譜記を採用している。さらに星野の回答たるやLLHLLLL（連用形「参らせ」のアクセントを反映）を指示している。これらが伝統的な京都アクセントであるかどうかは、はなはだ疑わしいと言わざるをえない。

　　（11）白　まゐらつさせ給ひて

　　　　　　　　　　　◎LLHHHL　×LLHHLL（49オ、壇浦合戦）

「参らつさせ給ひて」の「参らつさせ」は全体として連用形相当の形で、「参らせさせ」に由来する。もちろん「させ（さす）」は「せ（す）」同様に使役の助動詞であるから、特殊形接続であること言うまでもない。したがってLLHHLがその伝統的アクセントであって、譜記はこれを反映するものであることが期待されるし、星野の選択も『正節』の譜記と同様、それに違うことはなかった。

　さて、つぎに「参らせられし」については『正節』（東大本）には下記（12）のようにある。しかし、正節系諸本の譜記に異同があることにも注意しなけれ

ばならない。とくに岡正武の校定本とみられる早大本には、この箇所に譜記そ
のものがない。『平曲問答書』におけるやり取りを経てもなお、正武の疑問は
解けなかったことを意味するのであろう。

　　（12）　参らせられし其例とぞ（××上上上××―）　　12上御産10-4素声
　　　〔尾京Ａ墨（××上上×××―）、京Ａ朱「野」（××××上××―）、
　　　早（譜なし）〕

　これについての『平曲問答書』のやり取りは以下のとおりである。星野は
『正節』（尾﨑本）の譜記と同じものを採った。

　　（13）　白　参らせられしその例とそ
　　　　　　　　　　　　　　　　　◎LLHHLLL　　×LLLLHLL（59オ、御産巻）

　思うに、「せ・られ・し」と三種の助動詞に特殊形を強いられた場合、すで
に口頭語にはあらわれなくなった語法において、古いアクセントの保持はむず
かしかったものと想像される。その場合、「参らせられ」までを一まとまりと
してLLHHHLという連用形相当のアクセントを与えたのが東大本であり、そ
の下がりめを強調したのが京大本で「野」とされる朱譜である。その譜記は
『平曲問答書』では星野の採用するところとはならなかった。

　しかし、星野の指示した譜記（尾﨑本と同じ）が間違いでなければ、当時の京
都アクセントではそのように読まれていたのであろう。そうであったとしても、
それはすでに日常的な口頭語に裏づけられたものではなかったと思われる。

　4.1.3　つぎに、これに関連して特殊形接続の助動詞が、第三類以外の動詞
に付いた場合を検討する。なお、本文の理解のために、濁点を補ったところが
ある。

　　（14）　白　たゞよはせ給ふ　　◎HHHHL　×HHHLL（24ウ、山門御幸）
　　（15）　白　せんせられけるに　　◎HHHHLLLL　×HHHLLLLL（6ウ、鵺）
　　（16）　白　洗はれず　　◎HHHHL　×HHHLL（1ウ、卒都婆流）
　　（17）　白　鎖さゝれなんず　　◎HHHLLLLL　×HHLLLLLL（11オ、小督）
　　（18）　白　めしかへさるゝ　　◎LLHHHL　×LLHHLLL（6オ、足摺）
　　（19）　白　酒をすゝめらる　　◎HHHHH　×HHHLL（7オ、征夷将軍院宣）
　　（20）　白　それほどならんには
　　　　　　　　　　　　　　　　◎HHHHLLLL　×HHHHLLLLL（6ウ、文覚）
　　（21）　白　きかうと（聞かうと）　　◎HHHL　×HHLL（7オ、敦盛最期）

以上のように、特殊形接続の助動詞があらわれても、星野の答えるこれらのアクセントは規則どおりのものである。
　しかし「べし」の接続する場合は、すでに『正節』の譜記において伝統性を失っているところがある（第7章 第2節 参照）。下記の（22）の例に見られる「たまふ」は古く低起式の第二類動詞であり、「べく（べう）」HLは、その特殊形アクセントに接続したことが知られているから、「たまふべう」は古くLLLHLであり、伝統性を保持していたなら、近世ではHHLLLとなっていたものと推定されるが、すでにそのようなアクセントを反映する譜記は検討の対象にもなっていない。

　（22）白　たばせたまふべうもや
　　　　　　　　　　　◎HHHHLLL　×HHHLLLL（33ウ、少将乞受）

　次の「たてまつるべし」も「まつる」の部分が第一類動詞に由来するとすれば、LLHHHHLとなるのがよいと思うが、これも近世では伝統性を失っているのであって、星野はこれを伝えていないことが分かる。星野の指示するところが当時一般の京都アクセントにもとづくものか、あるいは然るべき伝承時代のそれによるものかは、なお検討を要するであろう。

　（23）白　うらみたてまつるへし
　　　　　　　　　　　◎LLHHHLL　×LLHHLLL（34オ、法印問答）

4.2　名乗のアクセントにかかわる問題

　さて、つぎに漢字二字で書かれる4拍の名乗について、『平曲問答書』での扱いを見てみよう。『正節』を調べてみると、「維盛」という名乗は《口説》HHHL《白声》HHLLという対立の明確なものである。また名乗にあらわれるHHHL型は《口説》にしかなく、《白声》にはあらわれない（第4章 第2節 参照）。その点では、下記の星野の指示するところは的確である。

　（24）口説　これもりが後生を　　◎HHHLL　×HHLLL（42オ、維盛出家）

　また「知盛」が《白声》でHHHL型をとるような譜記があるのも例外というべきものである。これについては『正節』諸本に譜記の異同があるが、東大本や京大本の墨譜は尾﨑本によって訂正されるべきで、『問答書』の星野の回答はしたがうべきものである。名乗のような日常口頭にのぼるようなものについては、音楽性のない《白声》であれば、その当時の京都アクセントを反映す

る語り方がなされたか。

　ただし、正武の校定本である早大本が、《白声》であるにもかかわらず、そこになおHHHL型（星野が不適とした方）を反映する譜記があるのは不審というほかない。

　　（25）白　ともももりの卿　　◎HHLLL　×HHHLL（49オ、壇浦合戦）
　　（26）知盛の（上上上××）　　10下壇浦7-1白声
　　　　　〔早（同）、京Ａ（同）ただし第三譜に朱「野无」墨「非」、尾（上上×××）〕

4.3　低起式の早上がり・遅上がりにかかわる問題

　低起式の語が何拍めから高くなるかについて、たとえばLHHH＞LLHH＞LLLHのように、その上がる箇所が時代が下るにつれて後退していくことが言われている。「参らせん」も、古くはLHHHHであったのが、時間とともにLLHHHを経てLLLHHへと変化したものと思われる。

　それについて、近世中期ころの京都アクセントはどの段階であったかを知るうえに、以下の星野の選択は貴重である。それによれば、はじめから数えて第三拍から上がる、すなわち最初の2拍を低く語るアクセントを採っている。

　　（27）白　参らせんとて　　◎LLHHLL　×LLLHLL（11ウ、名虎）

次の例も上がる位置が第三拍以降に後退しないことを指示しているようだが、いずれも《口説》の例であるから、音楽的事情が関係しているかもしれない。

　　（28）口説　二人のもの共
　　　　　　　　　　　　　　◎LLHHHLL　×LLLHHLL（42オ、維盛出家）

なお、これについて（29）『正節』尾﨑本などの譜記は、星野の伝えるところとは一致しないもので、ここは東大本や芸大本にしたがうべきか。

　　（29）二人のものども（××上上コ×××）　　8下惟落22-4口説[15]
　　　　　　　　　　　〔芸（同）、早尾（×××上コ×××）〕

次の二つの例は、ともに低起式動詞（連用形2拍）を前項とする複合動詞の例であるが、後部が高起式動詞である場合は、LH-H…となるかLL-H…となるかが上記と同様な問題となる。複合動詞といっても結合の緩い、いわゆる「接合動詞」の場合は、このようなとき第四拍以降に高さをおくることはないが、星野の回答は第二拍から上がる型をはっきりと退けているのである。これらは当

時の京都アクセントを反映しているものと思われる。

 (30)　白　たちきたつて　　　◎LLHHHL　×LHHHHL（6ウ、鵯）
 (31)　白　はせよせて　　　　◎LLHLL　×LHHLL（31オ、弓流）

4.4　「特殊低起式表記」にかかわる問題

 平曲の音楽的曲節には高拍4連続以上を回避して、そのはじめの部分を低く語ることがあり、それが譜記に記される場合に、「特殊低起式表記」（略して「特殊表記」）とよぶことがある。ここでは《口説》の譜記にかかわるところを見てみよう。

 特殊表記には類型があって、(1) 高拍5連続のはじめの2拍を低く語るもの（5-2類型）、(2) 高拍6連続のはじめの4拍を低く語るもの（6-4類型）、(3) 高拍4連続のはじめの2拍を低く語るもの（4-2類型）などが主なものである（第1章第3節参照）。

 いま『平曲問答書』に関係する例を求めると、下記（32）「あらたむべからず」の右譜が特殊表記（5-2類型）にあたるが、星野は『正節』の譜記どおりに、ことばのアクセントにしたがって語る方を採った。

 しかし、（33）「かたじけなくも」については「二通りに」語るとはしながらも、星野は特殊表記の方を採用している（下降位置の問題かもしれない。当該の語は古く高起式なので、その点からも左の方が伝統的）。この箇所、『正節』諸本は（34）に示すように特殊表記を採らないが、ただ京大本で校合に用いられた「都」本は星野の「よし」とする譜記（5-2類型）である。

 (32)　口説　あらたむべからず
    ◎【左譜】（上上上上コ×××）　×【右譜】（××上上コ×××）
                （38ウ、医師問答）

 (33)　口説　かたじけなくも
    【右譜】（上上上コ×××）[16]　【左譜】（××上上コ×××）
    「二通りにかたれ共左の方よし」（42オ、維盛出家）

 (34)　恭も（上上上コ×××）　　9下惟出10-3口説
 〔早尾（同）、京B《平平平コ×××》、同朱「野同」、同朱「都」（××上上コ××）〕

 次の「西八條殿」は高拍7連続の場合で、『正節』に類例は少ないが、この

ような場合にははじめの4拍を低く語るということが、ただ譜本にあるからということではなく、星野という演奏家の回答として確認できる。

　（35）口説　西八條殿
　　　　　◎【左譜】（××××上上コ×）　×【右譜】（××上上上上コ×）
（63オ、経の島）

5. おわりに

　以上『平曲問答書』における岡正武と星野検校との質疑応答について、主としてアクセント史の立場から検討を加えてみた。平曲の詞章は、全体としてみれば、江戸中期にあってはすでに口頭語ではなかったから（音楽的曲節ならば旋律とともに伝承されて、そのアクセントも伝えられることがあったであろうが）、《白声》のような語る部分になると、古典的な言い回しの句に伝統的なアクセントを反映する譜記の施されることは困難な場合もあったであろう。

　ここでは、そのような平曲伝承の一面をさぐってみたいと思い、活用語の特殊形アクセントとそれに接続する助動詞とを取り上げ、それを平曲家がどのように語ったかを確認した。それによると、『正節』のような譜本の譜記と同様、おおむね伝統性を保つとはいえ、期待されるアクセントとは異なるところも星野の回答のなかに看取された。それを、当時一般の日常的アクセントであったとみるべきか、それとも古典読誦用のアクセントなのかは慎重に考えなければならない。とくに古典的な助動詞が接続した動詞句のアクセントは、その扱いに注意が必要であろう。

　その一方で、星野検校は回答に躊躇する様子が見られない。低起式の上がり方の原則、また特殊低起式表記の類型などは確固とした伝承があったものと思われる。[17] これについて、鈴木孝庸（2007：99）は次のように述べている。

　　……特に注意したいのは、岡正武の質問に対する星野検校の答えの確固たる様子である。それはまことに美事なもので、単に京都言葉のみに止まらず、平曲のネイティヴ・スピーカーとしての自信にみちあふれているものとして、私には印象深かった。これこそ、平曲伝承のゆるぎない「型」の賜物と呼ぶべきであろう。

　『平曲問答書』からうかがうに、岡正武は諸本校合作業にもとづき、疑問と

される箇所を星野検校に問い、星野はまた伝承にもとづき、できるかぎり明確に回答したようである。たしかに、ゆるぎない伝承の力が感じられる。しかしその一方で、そこに江戸中期の音韻・アクセントがそのままに反映しているのではない場合もあることは、あらためて確認しておかなければならないと思う。

注────────
1　丸山季夫（1953）に詳しい紹介がある。
2　この箇所、多くを薦田治子（1990：48）による。
3　東京国立博物館蔵『平曲問答書』
　　袋綴一冊、写本全95丁、縦24.5cm　横17.0cm　表紙　青色、外題「平曲問答書」（題簽に墨書）印記「徳川宗敬氏寄贈」函架番号〈035 と 5329〉
　広島大学附属中央図書館蔵『平曲問答書』
　　袋綴一冊、写本全95丁、縦23.9cm　横16.5cm　表紙　渋引横刷毛目文様、外題「平曲問答書」（題簽に墨書、子持ち枠）印記「広島文理科大学図書之印」函架番号〈大国-909〉
　両書は、星野あて書状を東博本でははじめに記し、広島大本は末尾におくという違いはあるものの、各丁の内容はほぼ同じように書写されている。ただし東博本の墨減箇所は、広島大本にはない。また、ともに僅かながら朱書されたところがある。
4　早く高橋貞一（1943：55-56）に紹介がある。
5　ここも薦田（1990）による。
6　前半にも「口伝也ふしのつけやうなし」（17ウ）というところがある。
7　静嘉堂文庫蔵『語平家伝書』
　　袋綴一冊、写本全44丁、縦23.0cm　横16.3cm　表紙薄藍色の地に菊花を押す。外題「語平家伝書」（題簽に墨書）。内容は「八坂訪月」（「右八坂流訪月巻於大坂旅館自星野検校口授于時文政三年庚辰十月五日也　岡　正武」8オ）、「右八坂流訪月巻一巻老師岡先生所秘蔵也天保八丁酉歳十月二十六日写之　鑢　重時」「この巻の伝授はうしもことのほかおしみ玉ひつるなれと余りこゝろさしのねもころなるにめてゝ玉ひつるものなれはゆめよの人に見すへきものにあらすかし」8ウ）「鳴門琵琶記」（「寛文辛亥孟夏弘文院学士叟記」「丁酉十二月朔日重時」10ウ）「正武覚書」「覚一本奥書」「久一本奥書」「平家物語巻五厳島御願文」ほかの本文（「天保八丁酉十二月廿三日写　重時」33ウ）「前田流一部之琵琶」（「文政二卯年六月勝」「右は御細工頭勝与八郎　尾張殿御家来丹波武六より弾法ヲ授れりとて予に伝授せり　予か師京都住居星野検校云　武六は荻野検校門人中琵琶も平曲も第一ノ上手なりといへり　星野検校も荻野門人にて平曲に秀たり検校なりの費を諸盲出銀して検校になしたる人なり」「丁酉十二月朔日　重時」35ウ）「八坂流平家物語十貳

巻目之末　備前守行家被誅事」「右大将上洛之事」「法勝寺合戦之事」(「文政八年乙酉春正月以検校保己一本写　岡 正武」「門人重時写」44ウ）印記「静嘉堂蔵書」「松井蔵書」函架番号〈515函15架21568号〉

8　前掲の丸山（1953）にすでに紹介されている。
9　「白」は《白声》のこと。以下同様。
10　それぞれ次の影印本による。『法華経単字』古辞書叢刊別巻（雄松堂書店 1973）、『法華経音』（古典保存会 1936）、『法華経音義』永正十七年本 古辞書音義集成（汲古書院 1980）。「凡例」を参照されたい。
11　秋永一枝ほか（1997）による。
12　しかし『色葉』三巻本（テの部、下21ウ7）には「朝夕（去入）」とある。
13　杉藤美代子（1995）、中井幸比古（2002）による。
14　薦田（1990：58）は、早大本を岡正武による校定浄書本であろうと推定している。
15　これについて小編『平家正節声譜付語彙索引』の「ふたり（二人）」の項には「ににん（二人）」と解釈すべきものが混入している。正誤表に加えて訂正した。
16　「かたじけなし」は高起式の形容詞であるから、連用形「かたじけなく」HHHHLが伝統的なアクセント型であろう。
17　とはいえ、アクセント史研究の面から星野の回答に疑問がないわけではない。たとえば「おんかた（御方）」（白声65ウ、一門都落）について、正武がLHLLとLLHLと、いずれを反映する譜記がよいかと質したところ、星野はLHLLの方を指示した。これはアクセント史の知見からすれば、LLHLの方を採るべきであったろう。しかし、正武も星野の教示に納得はしなかったらしく、早大本のこの箇所には（×上上×）、すなわちLHHLのアクセントを反映する譜記を施している。

終　章　アクセント史における「近世」

1. はじめに

　終章では、これまでに述べきたったことを再構成して、アクセント史における「近世」とはどのような時代であったのかという問題を、アクセント体系の変遷、アクセントの変化という観点から検討しようと思う。それはすなわち、いわゆる「体系変化」以後、現代につらなるアクセント史の流れの中に、「近世」を位置付けることにつながる。

　大づかみにいえば、アクセント史における「近世」は「中世」に包摂される。いま鎌倉期以前を「古代アクセント」とよぶならば、室町期から江戸期までを「中世アクセント」として括っても許されるであろう。このように「近世」を包摂するものとして「中世」をいう場合、これをとくに《広義の「中世」》とよぶ。

　「古代」と「中世」とを分かつアクセント史上のできごとは、アクセント型の体系に起こった大変化である。その変化とは、たとえば二拍語についていえば（少数型は省略）、古代はHH・HL・LL・LH・LFの五つのアクセント型からなる体系であったのに、室町期以降はHH・HL・LH・LFという四つの型からなる体系に変わり、三拍語についていえば、七つの型（HHH・HHL・HLL・LLL・LLH・LHH・LHL）が五つの型（HHH・HHL・HLL・LHH・LHL）に統合された変化のことである。その結果できあがったアクセント体系を保持する言語史的な時代が、《広義の「中世」》とよばれるべき時代である[1]。

　いわゆる「体系変化」からおよそ五百年して、HHL型とHLL型とがHLL型の方に、またHHLL型とHLLL型とがHLLL型の方に統合することによって、それぞれの拍数の語にあらたな体系が成立する。そのような、H2型とH1型とがH1型の方に統合する「型の統合」をもって、アクセント史は、《広義の「中世」》から「近代（現代）」に入るものとみられる。これに先立って、アクセント型にLHH＞LLHという変化が起こった。この変化によってアクセント型の形相に違いが生じはしたが、しかし「型の体系」にはとくに影響はなかった。

　いま日本語（京都）アクセント史を大略以上のように時代区分するならば、いわゆる江戸期のアクセントは《広義の「中世」》の中に包摂されよう。それではアクセント史に「近世」という区分を設ける必要はないのか。

本書では、《広義の「中世」》の下位区分として、その後半をとくに「近世」とよぶのが適切であると考える。それならば、「中世」の前半、すなわち《狭義の「中世」》と、その後半すなわち「近世」とを、言語史的に区分するものはなにか。それはH4型とH3型とがH3型に統合し、H3型とH2型とがH2型に統合するという「型の統合」であったとしたい。
　「中世」のアクセント体系は、古代アクセントと「体系変化」の規則性とをもとに、理論的に求められる体系を出発点とする。その体系を「中世」に措定し、そのあとのH4型とH3型、またH3型とH2型との「型の統合」によってアクセント体系がゆれ動き、そしてある程度の均衡にたどり着いた時代を、とくに「近世」とよぶのがよいであろう。

2. アクセント体系とその「体系的強制」

　前項では、「型の体系」の変遷をもとにアクセント史における「近世」を定義してみたが、「アクセント体系」というものは「型の体系」だけを指すわけではない。語性や品詞、拍数を分けて、より具体的に体系を論ずる場合もある。たとえば「動詞アクセント体系」などというときは、動詞の活用形アクセントの類型とその種類、また類型相互の関係が問題にされる。このような場合にも、「型の体系」の変遷に連動して、それぞれのアクセント体系の変動する様子が看取される。ここでは体言と用言に大別していくつかの体系を提示し、体言については、普通名詞と固有名詞の違い、和語と漢語の違いを問題にする。用言については、動詞・形容詞の活用形アクセント体系を取り上げ、「体系的強制」という観点から考察を加えてみたい。

2.1 体言のアクセント体系にみられる違い
2.1.1 二拍・三拍名詞のアクセント体系 と 姓・地名のアクセント
　アクセントの、いわゆる「体系変化」以降「近世」までの間は、二拍・三拍名詞のアクセント体系に大きな変動はない。変わるところがあれば、それは、語それぞれの個別的な問題である。いま、第2章に記した二拍名詞と三拍名詞について、『平家正節』においてアクセント型の認定にたえるだけの語を、その型別に数えれば以下のようである。

二拍名詞　〔第一類相当（単独形HH型）66語、第二・第三類相当（同HL型）117語、第四類相当（同LH型）20語、第五類相当（同LF型）11語〕

三拍名詞　〔第一類相当（単独形HHH型）22語、第二・第四類相当（同HHL型）31語、第三・第五類相当（同HLL型）23語、第六類相当（同LLH型）5語、第七類相当（同LHL型）8語〕

　これらの名詞は、アクセント史における《広義の「中世」》を前半と後半とに分かつに有効なH4型とH3型を体系内にもたないから、これらを分析したからといってアクセント史の「近世」を主張できるものではない。「体系変化」のあとの様相を呈するとはいえ、およそは「早稲田語類」の類別と規則的に対応するものである。

　たとえば、そこで「二拍名詞第一類相当」として認定した語は以下の66語であるが、ほとんどの語が〔w1〕であることは、『平家正節』の譜記から推定される近世アクセントが、古代アクセントとも現代京都アクセントとも対応よくHH型であることを物語っている。

　あし（芦 w1△×）、あだ（仇）、あね（姉 w1）、あり（蟻 w1）、いそ（磯 w1）、いた（板 w4）、えだ（枝 w1）、かぜ（風 w1）、かね（金・鉄 w1）、かね（鉄漿）、かね（鐘 w1）、かひ（効・甲斐 k1*）、かほ（顔 w1）、かま（釜 w1）、きず（疵 w1）、きみ（君 w1）、きり（霧 w1）、くち（口 w1）、くに（国 w1）、くび（首 w1）、けた（桁 w4△×）、こけ（苔 w3）、こし（腰 w1）、さき（先 w1）、さぎ（鷺 w1）、さけ（酒 w1）、さと（里 w1）、さま（様 w1△）、した（下 w2△×）、しな（品 w1）、すそ（裾 w1）、すゑ（末 w1）、そこ（底 w1）、そで（袖 w1）、ちり（塵 w1）、とり（鳥 w1）、にし（西 w1）、には（庭 w1）、ぬえ（鵺）、ぬの（布 w1）、はこ（箱 w1）、はし（端 w1）、はじ（櫨）、はな（鼻 w1）、ひげ（鬚 w1）、ひざ（膝 w1）、ひし（菱 w1）、ひま（隙 w1）、ふえ（笛 w1）、ふた（蓋 w1）、ふだ（札 w1）、ふで（筆 w1）、ほら（洞 w1#）、まと（的 w1）、まれ（稀 w1）、みち（道 w1）、みづ（水 w1）、みね（峰 w1）、みや（宮 w1）、むね（旨）、むね（宗）、よし（由 w1△×）、よね（米 w1#）、よひ（宵 w1）、をぢ（伯父・叔父 w1）、をひ（甥 w1）

語類に△印が付されたものは、現代京都までの間に個別的な変化を遂げたもので、たとえば〔w1△〕とある「あし(芦)、さま(様)、よし(由)」は少なくとも『正節』の譜記が反映するアクセントの時代以降に、別のアクセント型に移行したのであり、それ以外の「けた(桁 w4△)」は、「近世」にはすでに第四類相当の型からHH型に移行が完了していたものである。このほかにも問題のある語はわずかにあるが、それらもそれぞれの個別的な事情を考えるべきものである。[2]

　このように2拍の普通(単純)名詞について体系と所属語数が明らかになったところで、同じ2拍の固有名詞(姓・地名)のアクセント体系と比較してみる(第4章 第1節参照)。すると、これら2拍の固有名詞には、HL型とLF型のほかHH型に対応する譜記があらわれるが、全体としてはHL型の語数が多いとはいえ、普通名詞に比すればLF型の比率が相対的に高いことが分かる。明らかにLF型に偏っている様子があることは、固有名詞アクセントの著しい特徴である。これはLH型の可能性もなしとしないが、確かな譜記のあるものはLF型であるから、LFと認定してよいものであろう。

　3拍の普通(単純)名詞についてみても、「第一類相当」とした下記の22語にさして出入りが多いわけではないが、すでにある程度まとまって動いていたものを挙げれば、まず「第四類相当」の「あらし(嵐 w4×)、いとま(暇 w4△)、たから(宝 w4)」がある。これらは、順当な変化をすれば「近世」の京都アクセントにおいてLLL＞HHL(＞HLL)のような変化が期待されるところ、『正節』あるいはそれ以前の時代において、すでにHHH型に移行することのあった語である。また、「かぶら(鏑 w1△)、みなみ(南 w1△)」の2語は、『正節』の時代から現代までの間にHHH型からほかのアクセント型に移行したものとみられる。一方、『正節』の時代に「第二・第四類相当」はHHL型であるが、現代までにHHH型に転じた、あるいは転ずることもあった語に「あした(朝)、あひだ(間)」など8語があげられている(第2章 第2節 3.2)。しかし、これらはいずれも個別的な変化で、体系的な変動をもたらすほどのものではなかった。

　　あさり(浅)、あらし(嵐 w4×)、いとま(暇 w4△)、うるし(漆 w1)、おのれ(己 w1か)、かたち(形 w1)、かばね(屍 w1)、かぶら(鏑 w1△)、くらゐ(位 w1)、くるま(車 w1)、ここち(心地)、ころも(衣 w1)、しうと(舅 w1)、

たから（宝 w4）、ついで（序 w1）、つつが（恙）、ところ（所 w1 か）、ひたひ（額 w1）、みなみ（南 w1△）、みやこ（都 w1）、むかし（昔 w1）、をつと（夫 w1）

　さてつぎに、「近世」以降HHL型からLHL型に変化したものを検討する。いま述べたようにHHH型になったものは早くからその例があるので、あるいはLLL＞HHLと変化するときに、これと時を同じくして個別的に移行した可能性も考えなければならないが、LHL型は、明らかにHHL型からの変化型であるから、いわゆる「体系変化」から「近世」の間に起きた変化であることは間違いない。『正節』にHHL型であらわれ、それ以後現代までにLHLになった、あるいはLHLも聞かれるという語が「おろか（愚）、いくさ（戦）、みどり（緑）」など5語ある。『正節』においてすでにLHL型であらわれるものもある（「うしろ（後 w4△×）、とねり（舎人 w4#）」）。これらの中には、室町期にすでに移行していたものもあろう。
　3拍の普通（単純）名詞にあっては、第四類相当の語において「中世」以降(LLL＞) HHLからHLLへというアクセント変化の主流があった。それとは別にHHHになる動きがあり、またHHLからLHLへという傍流もあって、こちらの流れに乗る語もある程度はあったことが分かっている。LHL型は明らかにHHL型から語頭を低くするという変化を経ているから、HHL型の存在する間に成立したに違いない。これなどは、「式一致」よりも「下降位置の保持」を優先した好個の例であろう。しかし、これもまたアクセントの「型の体系」を崩すほどの動きにはならなかった。
　ところで、『正節』所載の3拍からなる固有名詞（姓・地名）は、HHH型やLLH型もあるとはいえ、同じ3拍の普通名詞に比較してHLL型とLHL型への集中が著しい。このことは、2拍の固有名詞がHH型もあるとはいえ、HL型とLF型になる傾向のあることと相似している。

2.1.2　複合名詞のアクセント体系 と 名乗のアクセント
　アクセント史の「近世」を考えるときに、その基本となることは「伝統性」である。古代アクセントとの対応のよいアクセント体系を保持するなかで、「型の統合」などの、いわば「近世」的な変化が進行する、という構図を描いてみると分かりよい。

それを和語からなる{2＋2構造}の複合名詞に確認してみたい。以下は、その高起式アクセント型の構成比（所属語数による）である。
　　4拍{2＋2構造}の複合名詞
　　　　　　　　　口説〔H0型：H3型：H2型：H1型＝1：3：4：1〕
　　　　　　　　　白声〔H0型：H3型：H2型：H1型＝3：2：3：1〕
　全体的にみれば、古代アクセントからの規則的変化（「体系変化」）を経た型をもとに、この種の複合名詞の多数型であるH3型とH2型を保持しつつも、その一方でH3型とH2型との「型の統合」が認められ、またHHLLからLHLLへという変化もあるし、H0型への動きもあったらしい（第3章 第1節）。
　これを固有名詞（名乗）の型別構成比と比較してみる。同じ構造であるのに類型化の進んだ固有名詞は、《口説》にみられたH3型は《白声》では姿を消し、《口説》《白声》両曲節の間で多数型への類推が交錯する（第4章 第2節）。しかし普通名詞と比較してみれば、そのアクセント型別構成比は著しく異なる。
　　4拍{2＋2構造}固有名詞（名乗）
　　　　　　　　　口説〔H0型：H3型：H2型：H1型＝2：1：10：10〕
　　　　　　　　　白声〔H0型：H3型：H2型：H1型＝1：0：10： 3〕
　同じく{2＋3構造}の複合名詞は、とくに曲節による違いは目立たなかったが、古代アクセントとの対応のよいH4型とH2型とが『正節』所載語に顕著に認められた（第3章 第2節）。これは、平曲の伝承によって古いアクセントがあらわれたという面もあるが、取り上げた語が「伝統的複合語」であったということともかかわるであろう。とくに後部3拍の複合語は「複合アクセント規則」が古来はっきりとしており、その伝統を継承するアクセント型があらわれたということである。そこには「式一致」や「後部成素関与」といった同時代的要素はほとんどうかがえなかった。
　そこで17世紀末葉の大坂アクセントを反映する『近松（浄瑠璃譜本）』について同様な調査をしてみたところ、そのアクセントにはH2型への集中傾向が認められた。『正節』に古代アクセントとの対応のよいH4型とH2型とが認められ、『近松』にそれらがH2型に集中していく様子があるとなると、とくに『正節』の譜記が反映するアクセントの時代をどう位置付けるかが問題になろう。従来、『近松』が江戸前期の大坂における日常的なことばのアクセントを反映するとされるのに対して、『正節』は、曲節による違いがあるとはいえ、江戸

中期以前の京都アクセントとされてきた。現代では、大阪アクセントは京都のそれよりもやや変化が後れているとみなされることが多いから、近世でも『近松』の方が古いアクセントを反映するかと思われたが、この場合は『正節』の方を古いとみなさざるをえない。もちろん『正節』には「伝統的複合語」が、『近松』には「同時代的複合語」があらわれているということにも注意をはらわなければならないだろう。

　ところで、これをH4型とH2型とが、「近世」においてH2型にまとまろうとしていたと解釈したとて、これを「型の統合」とは言わない。HHHHL型にしてもLLLHL型にしても、|2＋3構造|の複合名詞という制約のもとにおいて、互いにある程度均衡した体系性を有していたのであるが、「体系変化」によって再びその二型対立的な体系──HHHHL型と（LLLHL＞）HHLLL型──が成立してみると、所属語数の点から徐々に多数型への類推がはたらき、『近松』にみられるようなH2型への集中傾向があらわれてきたものと考える。同時代的要素が表面化してくるのは、そのあとのことであろう。

　ここにいう「型の統合」とは、たとえばHH◎Lの◎にあたる拍が、文法的・語構成的制約から解放されているような場合に、その高拍であるという定まった伝統を保持できなくなり、ついにHHLL型に統合することをいう。|2＋3構造|の複合名詞におけるH4型は、むしろH(-2)型ともいうべきであろうから、「近世」にあっても「型の統合」を免れていたものと思われる。

2.1.3　漢語のアクセント体系と和語のアクセント体系

　つぎに漢語のアクセント体系と和語のそれとを比較してみたい。漢語でも、とくに《呉音読み漢語》においては、近世アクセントに伝統的な字音声調と規則的に対応する傾向のあることはすでに述べたところである（第5章）。したがって、このような漢語は、伝統的な字音声調の制約をうけているといえるが、和語の場合も古代アクセントの伝統を継承しているのであるから、その意味では同等である。

　そこで、漢字一字2拍の近世漢語アクセントを和語の二拍名詞アクセントと比較してみたい。

　　漢字一字2拍の漢語
　　〔第一類相当（単独形HH型）12語、第二・第三類相当（同HL型）73語、第四類相当（同LH型）20語〕

まず、はっきりしていることは、和語はHH・HL・LH・LFという四つの型が対立する体系であるのに、漢語はLF型を欠くということである。さらに所属語数によって構成比をみると、和語がおよそ〔HH：HL：LH/LF ＝ 2：4：1〕であるのに対して、漢語は〔HH：HL：LH ＝ 1：7：2〕であって、LF型がないことのほかに、HL型とLH型の比率が和語に比して高いこと、HH型が和語に比して低いことなど、2拍の和語と漢語とでは、そのアクセント体系と型別構成比に大きな違いがみられる。

　しかし、漢語にHL型が多いからといって、多数型であるHL型に、そうなるはずのないものまでが、移行しているかとなると、そのような漢語の少ないことは明らかである。すなわち一字2拍の漢語には、古く低平調のものが多いという事情を考慮する必要がある（LL＞HL）。したがって、「近世」において一字2拍の漢語アクセントに、HL型を基本型として位置付けることは、時期尚早としなければならない。

2.2　用言のアクセント体系とその「体系的強制」
2.2.1　動詞アクセント体系とアクセント変化

　用言の場合は、活用形アクセントを比較することができるので、その体系性を把握することが容易である。そこでまず、古代アクセントと「体系変化」の規則性から推定される中世的な動詞活用形アクセントの体系を以下に示す。このあとに、これまで「類推変化」といわれてきた体系の組み換えが起きることになる。

　つぎの【表1】を見れば、動詞活用形のアクセントに体系性がないなどということはできないであろう。また、上の方に位置する「第一類」と下の方に位置する「第三類」を中心とするところには、それぞれ活用形アクセント体系としての均質性が認められる。いま前者を仮に「A類型」、後者を「B類型」とよぼう。このあとに、中央に位置する中間的な活用形アクセントをもつ（「第二類」を中心とする）動詞は、それぞれに「A類型」または「B類型」へと類推する。

　たとえば、3V2〈4〉「移る」、4V2〈2〉「恐るる」また4V2〈4〉「表す」は「A類型」に置き換わるし、3V2〈2〉「受くる」は「B類型」に置き換わる。活用形アクセント体系として置き換わるのであるから、「受くる」はHLLがLLHに置き換わり、否定形「受けん」意志形「受けう／受けよう」もLLHまたはLLHH

【表1】中世的な動詞活用形アクセント体系

	代表語形	終止連体形	過去形	否定形	意志形	命令形
2V1〈1〉	着る	HH	FL/HL	HH	HH	F
2V1〈4〉	置く	HH	HLL	HHH	HHH	HL
3V1〈2〉	植うる	HHH	HLL	HHH	HHH	HL
3V1〈4〉	送る	HHH	HHLL	HHHH	HHHH	HHL
4V1〈2〉	重ぬる	HHHH	HHLL	HHHH	HHHH	HHL
4V1〈4〉	悲しむ	HHHH	HHHLL	HHHHH	HHHHH	HHHL
4V2〈2〉	恐るる	HHLL	HLLL	HHLL	HHLL	HLL
4V2〈4〉	表す	HHLL	HHLLL	HHHLL	HHHLL	HHLL
3V2〈4〉	移る	HLL	HLLL	HHLL	HHLL	HLL
3V2〈2〉	受くる	HLL	LHL	HLL	HLL	LF
2V2〈1〉	見る	LH	(RL/) HL	LH	HLL	F
2V2〈4〉	書く	LH	LHL	HLL	HLL	LF
3V3〈4〉	歩く	LLH	LHLL	LLH	LLHH	LHL
4V3〈2〉	捧ぐる	LLHH	LHLL	LLHH	LLHH	LHL

（表の見方などは第6章 第1節・第2節を参照）

に置き換わる。すなわち、3V3〈4〉「歩く」や4V3〈2〉「捧ぐる」と同じ活用形アクセント体系に置き換わったのである。

　これを、たとえば否定形「受けん」をHLL型のままに置こうとしても、「同一語彙素」内の力がはたらくだけでなく、動詞活用形アクセント体系全体からの「体系的強制」がはたらいて、とうてい抵抗することはできなかった。「体系的強制」とはそのようなものをいう。

　いま2V2〈1〉「見る」の意志形「見う」に注目してみよう。これは古く「見む」から転じた「見う」であり、ミュー・ミョーなどの語形が方言にも聞かれる。しかし、文献から知られる「見む」の古代アクセントはLHである。したがってミューもミョーもかつてLH型であったことが推定される。この型そのものは、いわゆる「体系変化」にかかわらないので、アクセント史の「中世」においてもLHであってよかったはずである。ミョーがさらにミヨーの語形を並存させるようになっても、そのアクセントはLHHまたはLLHのような低起式であったに違いない。

　さて、【表1】に戻ってみると、2V2〈1〉の意志形「見よう」はHLL（近畿中央式諸方言アクセントに聞かれる型）とあって、LLHとはなっていない。これをどう

説明すべきだろうか。

　また3V2⟨4⟩「書かん」「書かう（書こう）」は、いずれも「中世」以来HLL型であって、「近代」になるときの「類推変化」でLLHという座りのよいアクセント型になって落ち着く。しかし、それまでの長い《広義の「中世」》の間、HLL型を保ってきたらしい。なぜ「同一語彙素」内（図表では横）への類推を拒絶できたか。それは中間に位置する動詞群の存在があったからだ、としか説明できないであろう。これは、中間的な動詞アクセント体系がそれなりの力を保っていたからであり、それを背景に「見よう」も「書かん」「書かう」もHLL型を保持しえたのである。これを「体系的強制」とよぶことに問題があるだろうか。また、そのような動詞活用形アクセント体系の全体にはたらく力があったことも認めなければならないのではないか。

　ところで「見う」はかつてLHであったと推定され、その「見う」が「見よう」となっても、そのはじめはLHH〜LLHであったろうことはすでに述べた。それなのに、なぜ近畿中央式の諸方言には「見よう」HLLが聞かれるのか。これを説明するには、「体系的強制」が過去においてもはたらいていたと解釈しなければならないだろう。すなわち中間的な動詞活用形アクセント体系では、その意志形はH(-3)型になろうとする力がはたらいていたとみるのである。したがって「見よう」は、中世から現代にいたる間にLLHからHLLとなり、ふたたびまたLLHとなったと推定される。

　それでは、それほどに強固であった中間的な体系が「近代」を迎えるにあたってなぜ組み換わるのか。それは、動詞アクセント体系に対して超越的に「型の統合」（H2型とH1型とがH1型に統合）が起こったからだと考える。

　さらに、もう一言付け加えるならば、4V2⟨4⟩「表す」などの連用形について、古代アクセントから型通りに変化したならば、「あらはし」はLLHL＞HLLLの変化を被ったはずであるのに、「近世」にHHLL型であるのをどう説明するかという問題がある。

　これについては、古い連用形はLLHLではなく、すでにLLLFに転じていたのではないか、などという説明もなされているが、ここは動詞の活用形アクセント体系という観点からの説明が有効であろう。すなわち、4V2⟨4⟩「表す」などを含む中間的なアクセント体系では、上記【表1】に明らかなように、連用形はH(-3)型である。「あらはし」であればHHLL型になるのは、その当時の

「体系的強制」にしたがったからである。そのような観点に立てば、古く連用形がLLHL型であったかLLLF型であったかは問題でなくなる。むしろ、このことから古い連用形のアクセント型を推定することには慎重であるべきだということになろう。まして、アクセント型そのものの変化としてHLLL型からHHLL型への変化があったとする立場には賛成できない。なぜなら、これは「体系的強制」によるアクセント型の置き換わりなのであって、音韻変化のような広範に及ぶ一律的変化ではないからである。

2.2.2 形容詞のアクセント体系とアクセント変化

形容詞の場合も、「中世」以降のアクセント体系の基本になるのは、【表2】に示したような、古代アクセントに、いわゆる「体系変化」が規則的に起こったものとして推定される体系である。それらが、動詞の場合と同様に、上の方に位置する「A類型」と下方に位置する「B類型」とに分かれており、さらに中間的な体系がある。しかし、ののちに組み換わる形容詞アクセントの体系は、動詞の場合とは一見して異なる展開をする。

H3型とH2型とがH2型に統合する「型の統合」などによって、上の方に位置する「A類型」と中間類型とが一類にまとまったのが、第7章 第1節（4.2）に提示した「A体系」である。この段階では、下の方に位置する「B類型」を活用形に含む2A2⟨s⟩と3A2⟨k⟩、ならびに「B類型」の典型的形相をみせる2A2⟨k⟩とが、それぞれに活用形アクセントの一方の類型を主張しているようにみえる。ここまでがアクセント史における「近世」的様相である。

【表2】中世的な形容詞活用形アクセント体系

	代表語形	終止連体形	連用形	已然形	カリ活用形
3A1⟨k⟩	赤き	HHL	HHL	HHHL	HHLL
3A1⟨s⟩	優しき	HHHL	HHHL	HHHHL	HHHLL
4A1⟨k⟩	尊き	HHHL	HHHL	HHHHL	HHHLL
4A1⟨s⟩	芳しき	HHHHL	HHHHL	HHHHHL	HHHHLL
3A2⟨s⟩	嬉しき	HHLL	HLLL	HHLLL	HLLLL
4A2⟨k⟩	少なき	HHLL	HLLL	HHLLL	HLLLL
4A2⟨s⟩	新しき	HHHLL	HHLLL	HHHLLL	HHLLLL
2A2⟨s⟩	惜しき	HLL	LHL	HLLL	LHLL
3A2⟨k⟩	白き	HLL	LHL	HLLL	LHLL
2A2⟨k⟩	無き	LH	HL	LHL	HLL

続く「近代（現代）」にはH2型とH1型とが統合してH1型にまとまる。それによって「B体系」があらわれるのである。

なお、【表2】で4A2〈s〉「新しき」の終止連体形にHHHLLがあって（すでにH3型はH2型と統合しているはずだから）「型の統合」の例外になっているが、これは中間類型の「体系的強制」によってH(-3)型になっていると解釈すべきものであろう。

3. アクセント型の統合とその影響

本書においては、アクセント史の「近世」を特徴づけるものを、アクセントの「型の統合」とみる。すでに述べたように、アクセントの「型の統合」とは、高起式の下降型アクセントにおいて、そのアクセント型がそれよりも下降位置を一つ前の拍におくアクセント型に統合する現象をいう。たとえば、もとHHL型の第二拍（H◎Lの◎にあたる拍）が、文法的・語構成的制約から解放されているような場合に、その高拍であるという伝統が曖昧になり、ついにHLL型との間に「型の統合」を起こして、下降位置が一つ前のHLL型になることをいう。別のアクセント観に立つときには、「昇核現象」とよぶこともある。[3]

このような「型の統合」は、活用形アクセントの「体系的強制」や複合アクセント規則などによって制約をうけることがあるし、ときにはそれらに対して優勢にはたらく場合もある。

たとえば、2V1〈5〉「おく（置）」の禁止形オクナは現代京都でHHLである。近畿中央式諸方言にはHLLというアクセントも聞かれる。「型の統合」という観点からすれば、現代HHLのようなH2型はH1型に統合されていてよいはずであるのに、なぜHLL型にならないのか。むしろHLL型からHHL型に変わったようにみえるのはなぜか、という問題がある。

これは、〜ナという禁止形式の構成上の制約が、「型の統合」に対して優勢にはたらいて、それを抑えている例とみられる。すなわち、禁止形〜ナは〔終止形＋ナ〕という構成である。かつて「置く」の終止形がHLであったときに禁止形が構成されればHLLとなる。それが近畿中央式諸方言に残った。しかし、終止形はいずれ連体形と合流する。そうなると終止連体形「置く」HHが、これまでの終止形HLと置き換わることになる。そこにあらわれる禁止形アクセ

ントがHHLである。これはH2型ではあるが、〔終止連体形＋ナ〕という構成上の制約が「型の統合」を抑えたものと解釈できる。

　ところが、現代京都において3V1〈5〉「あがる(上)」の過去形がアガッタHLLLと発音されることについては、別の説明が必要である。現代京都の動詞活用形アクセント体系からすれば、このような第一類動詞の過去形はH(-3)型という「体系的強制」がはたらいているものと解釈される。それであればアガッタはHHLLにならなければならない。それなのに、これらがHLLLに聞かれるということは、「型の統合」が「体系的強制」に対して優勢にはたらいているとみることができよう。

　このように「型の統合」という現象は、さまざまな制約をかかえながらも、その制約との力関係によって優勢にも劣勢にもあらわれるものとみなければならない。

3.1　H3型とH2型の統合とその影響

　HHHL（H3）型とHHLL（H2）型との統合が明確にあらわれるのは、体言では、固有名詞である名乗のアクセントに、「宗盛、知盛」など少数のものが〔《口説》HHHL型：《白声》HHLL型〕という対立をみせることである。HHHL型の名乗は、これらのほかにないうえに《口説》にしかあらわれず、それらがみな《白声》ではHHLL型になっているというのであるから、これを「型の統合」とみるのに支障はないであろう（第4章　第2節 3.）。|2＋2構造|の複合名詞においても、「おちうど（落人）、そらごと（虚言）」などには同種の動きを認めることができる（第3章　第2章 2.2）。いずれの場合にも、H3型とH2型との統合が《口説》においてすでに進行している様子が見て取れる。

　さらに「中世」以降の活用形アクセントを問題にするとなると、H4型とH3型とがH3型に統合し、さらにH3型とH2型とがH2型に統合する動きを想定しないと、文献資料にあらわれるさまざまなアクセント型を解釈することがむずかしくなる。

　「近世」の形容詞アクセント（第7章　第1節 4.1）では、たとえば3A1〈s〉「優しく」や4A1〈k〉「尊く」HHHLは、第三拍が高拍であるという伝統性が希薄になり、HHLL型との区別が曖昧になる。この過程で、文献上にはHHLL型などの変化型を反映するものがあらわれる。このとき、この類の形容詞連用形にH

(-2)型という類型（A体系）ができあがる。これによって外見上HHHL型は保たれたかにみえるけれども、その実、これはH3型ではなくてH(-2)型という「体系的強制」に支えられた型なのである。「型の統合」が形容詞アクセントの「類の合同」を促し、また相互間の類推もあって、類別が混乱することもあったが、あらたな「A体系」が成立し、その「体系的強制」がはたらいてくるのである。

同様な事情は、四拍動詞連用形にも見て取ることができる。4V1〈4〉「かなしむ（悲）」の連用形はHHHLであり、4V2〈4〉「あらはす（表）」の連用形はHHLLであって、「中世」にあってはもともと区別があった。これらにゆれや混同が起こるのは、「型の統合」の所産とみてよいであろう。しかし、四拍動詞の連用形に〔A類型H(-2)型：中間類型H(-3)型〕というようなあらたな体系が成立することになって、この段階では両者の合同は進行しなかったのである。

H3型とH2型との「型の統合」は、多くの場合「体系的強制」に強く制約される。これは次に述べるH2型とH1型の統合に比すれば歴然としていよう。H3型とH2型との統合は、「中世的体系」全体を組み換えるにはいたらなかったのである。

3.2 H2型とH1型の統合とその影響

そのあとをうけてH2型とH1型とが「型の統合」を起こす。これによって、H2型は原則として姿を消し、その代わりにH1型が置き換わることになる。この統合はきわめて影響力の大きなもので、アクセント史の「近世」と「近代（現代）」とを分けるうえに重要な役割を演じた。当然、このような動きがみられるのは『正節』の時代以後、現代京都にいたるまでのことであるから、その中間に位置付けられる近畿中央式諸方言にその経緯を追うことのできる場合がある。

「近世」から「近代（現代）」にいたる間に、三拍名詞の「第二・第四類相当」HHL型が、「第三・第五類相当」HLL型へと「型の統合」を起こすが、これがH2型とH1型の統合の、もっとも典型的な例である。このとき、LHL型やHHH型になろうとする別の動きもなかったわけではないが、大勢はHLL型に動いた。もちろん文法的・語構成的制約のはたらく場合、たとえば「庭も」

HH-Lなどに、このような統合が抑えられることは言うまでもない。固有名詞の場合は、HLL型に統合されるもののほかに、LHL型になるものも多かったらしい。これは、姓・地名における一方の基本型であったからであろう。

　さらに、4拍の固有名詞（名乗）アクセントでは、《白声》のHHLL型が現代ではHLLL型になっている様子がみえるが、これは必ずしも「型の統合」というだけではなく、HLLL型が現代において漢字二字4拍の名乗の基本型であるという事情を考慮しなければならない。漢字二字4拍の漢語（第5章 第2節）について、現代京都で必ずしもH1型にまとまる様子がみえないのは、語種や構成によるところもあろうが、一方で現代においてこの種のものの基本型がH0型であるという事情も考慮する必要がある。

　しかし、動詞や形容詞アクセント体系の変遷を考える場合に、H2型とH1型との「型の統合」は重要である。すでに述べたように（第6章 第1節・第2節）、動詞アクセント体系が高起・低起の両極に再編される契機は、この「型の統合」であったと考えられる。とくに3V2〈5〉「うごく（動）」は、〔ウゴク HLL、ウゴイタ HLLL、ウゴカン HHLL、ウゴコー HHLL、ウゴクナ HLLL、ウゴケ HLL〕という活用形アクセント体系をもっていたところに、HHLLがHLLLへと統合する事態になって、同様に形相を変えていた3V2〈1〉「おきる（起）」〔オキル HLL、オキタ LHL、オキン HLL、オキョー HLL、オキルナ HLLL、オキ LF〕との距離を縮めていた。そこに3V2〈1〉の「反発」する契機があったとみたい。

　また形容詞では（第7章 第1節）、「A類型」が「中間的類型」を吸収したのちに、この「型の統合」が起こる。それによって「A体系」そのものが、さらに活用形アクセントを整えて、「B体系」を構成する。たとえば、3A1〈k〉「赤い」HHL型が3A2〈k〉「白い」と同じHLL型になるわけであるが、そのときに連用形アカク HHL、過去形アカカッタ HHLLLは、それぞれH1型へ「型の統合」はせず、むしろ3A2〈k〉「白い」の連用形シロク LHL、過去形シロカッタ LHLLLにならった。これは3A2〈k〉の活用形アクセントに、その類型を取り換えたのである。終止連体形はHHL型とHLL型とが「型の統合」によってHLL型にまとまった。それを契機にして連用形その他の活用形アクセントは3A2〈k〉の類型に置き換わったとみるべきであろう。

　かくてH2型とH1型とがH1型に統合したことは、さきにも述べたように

「体系的強制」をも跳ね返して3V1〈5〉「あがった(上)」HHLLをHLLLにすることがあった。それはまた、動詞・形容詞の活用形アクセント体系を組み換えただけでなく、単純名詞にも影響して「型の体系」を改変せしめ、アクセント史における「近代(現代)」をもたらしたと評価できよう。

4. アクセント史における「伝統性」と「同時代性」

　アクセント史における「近世」は、アクセント体系による「体系的強制」などの制約と、それと同時に進行する「型の統合」とのせめぎあいという一面をもつことは、ここまでの記述で了解されると思う。しかし、その一方でまた、「近世」アクセントには古代との規則的対応をもつ中世的アクセントの伝統に、当代的(同時代的)要素、たとえば複合語の「式一致」や後部成素アクセントの関与などが、徐々に表面化してくるという面もある。また、同時代的なアクセントの動きとしては、「類推」ということにも注意する必要がある。語種・語性別にその時代の多数型に類推するということは、それまでの伝統を捨てて、あらたなアクセント型に乗り移ることである。ここでは、このような「伝統性」と「同時代性」との観点から、これまでに述べたことを整理してみたい。

　ここに述べることは、結論としてみると、奥村三雄(1981:522ff.)による「《中世語的性格の残存ともいうべき保守性と、近代京都語的な新しさとがおりまざって認められる》」という指摘に重なるように聞こえるが、奥村が『補忘記』と比較して古い例と新しい例とを数えあげて論じているのに対して、本書にいう「伝統性」とは古代アクセントと対応のよい中世的体系にもとづくアクセントの性質であり、「同時代性」とは『正節』の受け継いだ伝承の期間(成立期を含む)と同時代のアクセントの性質という意味である。

4.1　アクセント史における「伝統性」

　アクセント史に「伝統性」をいう場合、そこでは古代アクセントとの規則的対応を保っているかどうかが問題になる。そして、「中世」や「近世」には、そのような伝統的アクセントがよく聞かれたものと推定される。

　たとえば二拍語の「第二・第三類相当」がHL型であることも、三拍語の「第二・第四類相当」がHHL型であり、同じく「第三・第五類相当」がHLL

型であることも、これらはアクセントの「体系変化」がもたらした「類の合同」によって、それぞれの類を区別する道は原則として閉ざされているけれども、その規則的変化の過程をたどれるという点では、古代アクセントから直接的に変化したものと考えられるので、その「伝統性」を評価することもできるであろう。

　また、たとえば|2＋3構造|の複合名詞が、『正節』において古代アクセントとの対応が顕著なHHHHL型と（LLLHL＞）HHLLL型とに実現していることも、動詞や形容詞に古代アクセントとの規則的対応を根拠に「中世的体系」が想定され、それが「近世」のアクセントを説明するうえに有益であることも、「伝統性」を論ずる材料になるであろう。

　漢字二字4拍の名乗のアクセントにおいて、『正節』のHLLL型と、現代京都方言のHLLL型とは、その質において異なるということも、この「伝統性」との関わりにおいて想起する必要がある。前者は、古くLLHL型など低起式の型を継承し、それらが「体系変化」によって規則的に変化したすがたとしてのH1型である。対して後者は、現代京都における名乗アクセントの基本型としてのH1型である。その意味で、前者に「伝統性」を認めることに支障はないものと思われるが、後者はまったく伝統的とはいえない。

　また、第5章に取り上げた漢語アクセントについても、その近世アクセントが字音声調から直接説明できるものであれば、それを伝統的アクセントと考えてよいであろう。

4.2　アクセント史における「同時代性」

　「同時代性」は、複合語のアクセントにみられる「式一致」や「後部成素関与」のところで強調した。とくに|2＋3構造|の複合名詞については、古代アクセントとの対応のよい二型対立（H4型とH2型）から、江戸前期にはH2型一型に集中する傾向があった。このうち中世的なH2型と近世的なH2型との間には質の違いがあって、前者は古くLLLHL型であったものからの規則的変化型であると理解できるが、後者は古代からの流れに、中世的なH4型から、多数型への類推によって合流したものも含むという点において「伝統性」は希薄になっている。

　また、古代における「同時代性」の顕著にあらわれたものが、その「式一致

（保存）」という現象であった。複合語アクセントの式と、その前部成素の同時代におけるアクセントの式とが一致するということは、その「同時代性」をよくあらわしているといえよう。

　しかし、中世から近世前期には、そのような「同時代性」を複合語アクセントに認めることはできない。少なくとも前部低起式の複合語について、わずかな語にしか「式一致」は確認されない。『正節』所載語のアクセントについては、その詞章の成立や伝承の経緯からして、中世的アクセントの反映と考える余地もあるが、『近松』所載語には、近世前期の「同時代的複合語」が多くあるから、そこに「式一致」があまりあらわれていないということは重大な意味をもつ。

　少なくとも近世の文献資料によるかぎりは、たとえ「同時代的複合語」であっても、前部低起式の場合の「式一致」を全体に認めることはできない。ただしその一部に、それらしい例外はある。それらが古代からLH…型のまま中世に受け継がれたものでないかぎりは、その例外を「同時代性」のあらわれとみることは可能であろう。

　「後部成素関与」についても、『正節』所載語においては、上述のように古来前部成素高起式のものはH4型、古く前部成素低起式のものはH2型という規則的対応があった。そして、その例外となったものの譜記を平曲古譜本や他流譜本を参照して検討してみたところ、平曲伝承をさかのぼると規則的対応をなすアクセント型を反映する譜記がそれらの譜本にいくつか認められた。『正節』の譜記の成立過程は必ずしも明らかではないが、その途中においてなんらかの事情で譜記が改変された疑いがある。そして、あらたに改変された譜記（正節譜）には、「後部成素関与」で説明のつくものがいくつかあった（第3章 第2節）ということなのである。ここでは、それらも「同時代性」のあらわれと解釈する。すなわち、複合語に「同時代性」としての「後部関与」があらわれるようになるのは、『正節』編纂期を含む江戸中期ころをあまりさかのぼらないものと推定する。

　もちろん、「伝統性」と「同時代性」という対立的構図が、すべての場合に有効であるとは思わない。ただ、そのような捉え方をすることで理解しやすくなる言語現象があるというにすぎない。

4.3 「同時代性」のあらわれとしての類推

「同時代性」ということであれば、類推によるアクセント変化もその一つに数えてよいであろう。たとえば、『正節』にあらわれる4V1〈4〉「かなしむ(悲)」の類と4V2〈4〉「あらはす(表)」の類、それぞれにみえる活用形アクセントを並べて示せば以下のようである（第6章 第2節）。

	終止・連体形	連用形	未然特殊形	命令形
4V1〈4〉	HHHH	HHHL	HHHH	HHHL
	# HHLL	# HHLL		
4V2〈4〉	HHLL	HHLL	HHHL	———
		# HHHL		

たまたま4V2〈4〉の命令形は例がなかったが、ほかはあらわれる譜記から推定されるアクセントをすべて記した。すると#のアクセントは互いに他の同じ活用形アクセントに類推していることが分かる。その数は必ずしも多くなく、いまだ両類が合同したとはいえないが、類を混同している様子がうかがえる。このような近世の様相に、その「同時代性」を認めることはむずかしくないであろう。この場合の類推は、相互に混同して互いに他のアクセント型を採用したものである。

4V1・2〈4〉にみられるような類推がなぜ起きるのかといえば、H3型とH2型とに「型の統合」が起こりつつあったことによると解釈できる。とくに連用形どうしはときどき混同することがあったであろう。その一方で、動詞アクセント体系は、いわゆる「A類型」に連用形H(-2)型という「体系的強制」を強いた。それが強くはたらけば、「A類型」は整然とした体系にまとまる。近畿中央式諸方言にみえる体系がそれである。

ところで、類推の典型的なものは、多数への類推である。たとえば漢字二字4拍の名乗のアクセントが《口説》においてH2型とH1型とが拮抗し、《白声》においてH2型に集中する傾向をみせるのは、一見するとH2型とH1型との統合に逆行していて、アクセント史の流れに逆らうもののようであるが、《口説》の反映するアクセントの時代から《白声》の反映するアクセントの時代にかけてのころ、H2型が多数型となって、H1型などからの「多数への類推」が行われた結果であろうと解釈する。

{2＋3構造}の複合名詞がH4型とH2型との二型対立から、H2型だけの一型集中へと進むのも、「体系変化」以後はH2型の方が所属語数という点で優勢であったから、本来のH4型から流れてくる語があったのであろう。すなわち、この種の複合語であれば、原則としてH2型に発音すれば、それらしく聞こえたということがあったと思われる。このようなときに「基本型」という言い方が許されよう。

4.4 「同時代性」のあらわれとしての「基本型」

アクセント史における「近世」と「近代（現代）」とを分かつものに、H2型とH1型との「型の統合」を挙げたが、さらに、伝統的アクセントでは説明のつかない、ある一つのアクセント型に多くの語がまとまる傾向が、とくに「近代（現代）」では著しい。それを本書では「基本型」とよんでいる。「基本型」とは、そのように発音すればそれらしく聞こえるという性質をもつアクセント型であって、早く和田実（1951）の指摘した「基本アクセント型」に相当するものであろう。

たとえば、京都アクセントの「近代（現代）」では、2拍や3拍の姓・地名は、高起式ならばH1（HL・HLL）型、低起式ならばL2（LF・LHL）型にまとまる傾向が著しい。「近世」までは「体系変化」にしたがってアクセント型を変化させた程度であったものが、「近代（現代）」になると、ほかの謂れなき語（規則的変化などでは説明できない語）までが、これら二つの型に移行している。これを「基本型化」とよべば、その「基本型化」によってアクセント史の伝統性がどれほど失われたかしれない。

ほかに、漢字二字4拍の名乗についても、もちろん「近世」までに「型の統合」や「類推」によって、その伝統性は希薄になってはいたが、それでも、その当時のH1型は古く低起式アクセントであったものが占めていた。しかし「近代（現代）」のH1型は「基本型」としてのそれであって、漢字二字4拍の名乗はH1型に発音しさえすれば（一部にH0型の名乗があるとはいえ）、およそ間違いなくそれらしく聞こえるという状況になった。すでにH1型がそこまで力をもつにいたれば、伝統性などの介在する余地はない。

漢字二字4拍の漢語アクセントも、「近代（現代）」になってH0型とH1型への集中が著しい。とくにH0型の力が大きいらしく、「近世」には、それぞれの

伝統性のうえに独自の型で発音されていたものが、「近代（現代）」では、とくにH0型になろうとしている様子がうかがえる。これもまた伝統性の喪失の一つに数えられる。

　そのように考えるならば、動詞アクセントが、終止連体形でいえば高起式H0型と低起式L0型の両極にまとまったのも、「近世」に温存されていた、伝統的な、いわゆる「中間的」な体系のものが再編成されたと考えられるから、「基本型化」の一つに数えることもできよう。形容詞アクセント体系の場合も同様である。

5. おわりに ——アクセント史における「近世」

　アクセント史における「近世」は、「伝統性」と「同時代性」とが交錯する時代である。「伝統性」を支えたのは中世的なアクセント体系（古代アクセントと、「体系変化」の規則性とから推定されるアクセント体系）であるが、「近世」はその大枠を保った時代といえる。

　もちろん、H4型とH3型、H3型とH2型との「型の統合」が進んでいたので、近世アクセントの「伝統性」は徐々に失われ、動詞・形容詞の活用形アクセント体系などにも変動はあった。しかし、アクセント史における「近世」は、内部に矛盾をかかえながらも、なお大枠としては「伝統性」を保った時代であったということができる。

　「中世」と「近世」、また「近世」と「近代（現代）」とを分かつアクセント変化は「型の統合」である。

　古代アクセントとの対応のよい中世的アクセント体系に、第一次の「型の統合」（H4型とH3型、H3型とH2型）がはじまって、アクセント史の「近世」の幕が開き、第二次の「型の統合」（H2型とH1型）によって「近代（現代）」へと進む。アクセント史における「近世」と「近代（現代）」との間で大きく異なるのは、第二次の「型の統合」によって惹起された三拍名詞HHL型の消滅であり、動詞アクセント体系と形容詞アクセント体系の再編である。

　また、|2＋3構造|の複合名詞アクセントも、H2型を基本として「式一致」や「後部関与」が表面化してくる時代が「近世」であるとすれば、H3型やL3型を基本として「後部関与」の解消した時代が「近代（現代）」ということがで

きよう。さらに、語種や語性別にそれぞれの基本型にまとまろうとする傾向も「近代（現代）」の特徴である。

　こうして「近世」は、「近代（現代）」と明確に区別できるのであるが、「中世」との境界を明確にすることはできない。その意味でも、アクセント史の「近世」は《広義の「中世」》に包摂される。

注────────
1　ここでは「型の体系」を説明するのに、拍数別にアクセント型の種類（および数）を問題にしたが、拍数を越えたアクセント型の形相そのものの体系も考えられる。たとえば、下降する型の系列、上昇して下らない型の系列……などと（上野和昭 2000 参照）。
2　総じて「第二・第三類相当」以下には△印が少ない。
3　楳垣実（1963：23）は、アカイ（赤）・アタマ（頭）のアクセントが京都市でHLL・HLL、大阪市でHLL・HHL、和歌山市でHHL・HHLであることを示して「この変化は近世初期以後に、まず京都で起こり、現在ではほぼ完全に変化し終わったとみられ、大阪ではその変化がよほど進んではいるが、まだ多少残っているものと考えられ、和歌山では変化がこれから始まろうとしている段階だとみられる。これは高起式有核型の語で、高い拍がひとつだけになってしまう現象なのである。だから、この現象を、「昇核現象」と仮りに呼ぶことにしよう」と述べている。この術語はここにはじまるか。本書では、このような統合だけでなく、H3型とH2型とがH2型に統合するようなものまでを含むので、とくに「型の統合」とよんでいる。中井幸比古（2000：23）では「昇核現象」について「中央式諸方言では、3拍H2→H1に準じて、4拍ではH3→H2（→H1）に変化が生じたことが明らかになっている」と説明するが、ここにいう「準じて」に「と同時に、相前後して」という含意があるなら、本書の考え方とは異なる。
4　このほかにも「書いた」がLHLからLLHのようになることなどをはじめとする、接続形アクセントを取り上げることもある（中井幸比古 1998b：17、新田哲夫 2004、加藤望 2008など）が、本書ではこれらについて考察が行き届かなかった。
5　本書における、《アクセント史における「近世」》は、序章に引用した奥村三雄（1981：557）のそれに近いところがある。しかし、アクセント体系の変遷やアクセント変化の捉え方には異なるところが多い。

参考文献

秋永一枝（1958）編『明解日本語アクセント辞典』三省堂　⇒第2版（1981）、『新明解日本語アクセント辞典』（2001）

秋永一枝（1972・74・80・91）『古今和歌集声点本の研究』資料篇・索引篇・研究篇上・下　校倉書房

秋永一枝（1979）「古今集声点本における「名」のアクセント」『国文学研究』67

秋永一枝（1981）「書評・紹介　平家正節刊行会編『平家正節　上巻・下巻』（影印本）　渥美かをる・奥村三雄編著『平家正節の研究』」『国語学』126

秋永一枝（1983）『言語国訛　竹柏園旧蔵本影印ならびに声譜索引』アクセント史資料研究会

秋永一枝（1986）「アクセント概説」『講座方言学1 方言概説』国書刊行会　→秋永（2009）

秋永一枝（1989）「古今集声点本における多拍語動詞のアクセント―古今集動詞のアクセント　承前―」『国文学研究』98　→秋永（1991）

秋永一枝（1992）『成簣堂本顕昭拾遺抄注 声点注記資料　顕昭拾遺抄注・浄弁本拾遺和歌集声点付語彙索引』アクセント史資料索引11　アクセント史資料研究会

秋永一枝（1996）「東京弁における「気」のアクセント」『日本語学』15-7

秋永一枝（1998）『楳垣京都アクセント基本語資料―東京弁アクセント付き―』アクセント史資料研究会

秋永一枝（2009）『日本語音韻史・アクセント史論』笠間書院

秋永一枝・上野和昭・坂本清恵・佐藤栄作・鈴木　豊（1997・98）編『日本語アクセント史総合資料　索引篇・研究篇』東京堂出版

秋永一枝・梶原正昭（1984-85）編『前田流譜本 平家物語』一～四　早稲田大学蔵資料影印叢書3～6　早稲田大学出版部

渥美かをる（1953）「語り物の研究」『文学』21-2　岩波書店

渥美かをる（1962）『平家物語の基礎的研究』三省堂

渥美かをる（1974）「解題」平家正節刊行会編『平家正節』大学堂書店

渥美かをる（1977）「横井也有自筆　平語」解題　角川書店

渥美かをる（1980）「『尾崎家本平家正節』の研究」『平家正節の研究』大学堂書店

有坂秀世（1940）「メイ（明）ネイ（寧）の類は果たして漢音ならざるか」『音声学協会会報』60・61→有坂（1957）

有坂秀世（1957）『国語音韻史の研究　増補新版』三省堂

石川幸子（1989）「『平家正節』とアクセント―中音の「オサエ」について―」『上智大学国文学論集』22

石川幸子（1991）「音韻資料としての平曲譜本」『国語学会平成三年春季大会要旨』　国語学会

石川幸子（1992）「『平家正節』の墨譜について」『武蔵野女子大学紀要』27

石川幸子（1995a）「平曲譜本―イントネーションから解釈へ―」『国語国文』64-4

石川幸子（1995b）「平家正節とアクセント」『国語学』183
石川幸子（1997）「平家正節の解釈について―墨譜を手がかりに―」『国語国文』66-12
石川幸子（2007）「平曲譜本『貞享四年写本』とアクセント―平家正節との比較から見えてくるもの」『国語国文』76-8
石川幸子（2009）「平曲の折声に反映したアクセント」『国語国文』78-7
岩淵悦太郎（1942）「平曲における入声ツの取扱い方」『皇国文学』4　→岩淵（1977）
岩淵悦太郎（1952）「平曲の語り本」『日本文学研究』31　→岩淵（1977）
岩淵悦太郎（1977）『国語史論集』筑摩書房
上野和昭（1986）「平曲の譜記とアクセント―〈下ゲ〉にあらわれる譜記の検討―」『国文学研究』89
上野和昭（1988）「平曲譜本にみえる漢字二字四拍の「名」のアクセントについて」『徳島大学総合科学部紀要』第1巻（人文・芸術研究篇）
上野和昭（1993）「京都方言アクセントの遡行―近世後期以降の3拍動詞類推変化についての考察」『国語学』172
上野和昭（1994）「徳島市における4拍動詞アクセントの変化の実態」『徳島大学国語国文学』7
上野和昭（1997）「接合アクセントから結合アクセントへ」『島田治還暦記念論文集―言葉と文化―』同論文集刊行会
上野和昭（1998）「早稲田語類の外周―動詞の類別とその問題点を中心に―」『日本語アクセント史総合資料　索引篇・研究篇』→秋永ほか（1998）
上野和昭（2000）「アクセント史研究の要点」『日本語学』19-11
上野和昭（2000・2001）編『平家正節　声譜付語彙索引』上・下　アクセント史資料研究会
上野和昭（2003）「日本語アクセント史研究とアクセント観」『音声研究』7-1
上野和昭・秋永一枝・坂本清恵・佐藤栄作・鈴木豊（2000）編『池田要 京都・大阪アクセント資料　五十音順索引』アクセント史資料研究会
上野和昭・仙波光明（1993）「徳島市における3拍動詞アクセントの変化の実態」『徳島大学国語国文学』6
上野善道（1984）「類の統合と式保存―隠岐の複合名詞アクセント―」『国語研究』47
上野善道（1997）「複合名詞から見た日本語諸方言のアクセント」『日本語音声[2]　アクセント・イントネーション・リズムとポーズ』三省堂
楳垣　実（1946）『京言葉』京都叢書5　高桐書院
楳垣　実（1963）「音調差異とその法則―京都市方言を例として―」『国語研究』15
大野　晋（1956）「基本語彙に関する二三の研究―日本古典文学作品に於ける―」『国語学』24
奥村和子（1991a）「前田流平曲の史的変遷――国語史資料としての観点から――」『語文研究』71
奥村和子（1991b）「秦音曲鈔の譜記に関する一考察」『純真紀要』32
奥村和子（1995）「平曲資料に反映した四音節動詞のアクセント―中世前期以前における低起式動詞の体系に関して―」『女子大文学（国文篇）』46
奥村和子（1996）「動詞アクセントに関する一考察―いわゆる特殊形をめぐって―」『女子大

文学（国文篇）』47
奥村和子（1999）「前田流平曲古譜本における白声の存在について」『女子大文学』国文篇50
奥村三雄（1964）「漢語アクセントの一性格」『国語国文』33-2
奥村三雄（1972）「古代の音韻」『講座国語史2 音韻史・文字史』大修館書店
奥村三雄（1974）「諸方言アクセント分派の時期―漢語アクセントの研究―」『方言研究叢書（広島方言研究所紀要）』第3巻　三祢井書店
奥村三雄（1981）『平曲譜本の研究』桜楓社
奥村三雄（1983）編『平家正節語彙索引―節ハカセ付き語彙集成―』大学堂書店
奥村三雄（1986a）『波多野流平曲譜本の研究　付秦音曲鈔影印本』勉誠社
奥村三雄（1986b）「アクセントの変化―アクセント型式と所属語彙の問題―」『論集日本語研究』（二）歴史編　明治書院
奥村三雄（1990）『方言国語史研究』東京堂出版
奥村三雄（1993）「平曲のことばと旋律―音楽性から語音形へ―」『平家琵琶―語りと音楽―』ひつじ書房
奥村三雄（2001）「「特殊形アクセント」について」『筑紫語学論叢　奥村三雄博士追悼記念論文集』風間書房
尾﨑正忠（1976）『荻野検校』愛知県郷土資料刊行会
柏谷嘉弘（1965）「図書寮本文鏡秘府論の字音声点」『国語学』61
加藤　諄（1964）「岡正武と岡村菊宋叟」『早稲田大学図書館紀要』6
加藤大鶴（2009）「『尾張国郡司百姓等解文』における二字漢語の声点」『論集』Ⅴ　アクセント史資料研究会
加藤　望（2008）「平家正節における接続テ形と1拍連用形のアクセント」『方言・音声研究』1
門前正彦（1960）「漢文訓読史上の一問題（三）―助動詞「ざり」について―」『訓点語と訓点資料』13
金沢裕之（1998）『初期落語SPレコードの大阪アクセント―資料と分析―』科学研究費補助金　基盤研究（C）「明治時代の上方語におけるテンス・アスペクト型式」研究成果報告書
川上　蓁（2003）「アクセント観のいろいろ」『国語研究』67
蒲原淑子（1989）「漢語アクセントの一性格―『平家正節』を資料として―」『活水日文』19
木田章義（1979）「連濁とアクセント」『国語国文』48-3
木部暢子（1978）「形態アクセント論的一考察―複合語アクセントと語構成・連濁をめぐって―」『語文研究』46
京都大学文学部国語学国文学研究室（1971）編『平曲正節』一〜三　臨川書店
金田一春彦（1937）「現代諸方言の比較から観た平安朝アクセント―特に二音節名詞に就て―」『方言』7-6
金田一春彦（1943）「契沖の仮名遺書所載の国語アクセント」『国語と国文学』20-4　→金田一（2001）
金田一春彦（1951）「日本四声古義」『国語アクセント論叢』東京：法政大学出版局　→金田一（2001）

金田一春彦（1952）「前田流平曲のメロディーについて」『日本文学研究』（平曲の綜合的研究）31　→高木市之助ほか編（1960、増補1977：209-221）
金田一春彦（1953）「国語アクセント史の研究が何に役立つか」『金田一博士古稀記念言語民俗論叢』三省堂書店　→金田一（2001）
金田一春彦（1955a）「近畿中央部のアクセント覚え書き」『近畿方言双書』1　→金田一（1977a）
金田一春彦（1955b）「古代アクセントから近代アクセントへ」『国語学』22　→金田一（2001）
金田一春彦（1957）「平曲の曲調（一）―仙台のものを中心として―」『平家物語講座』2 高木市之助・佐々木八郎・冨倉徳次郎 監修『平家物語講座』第二巻　創元社
金田一春彦（1959）「平曲の音声　上・下」『音声学会会報』99・101　→金田一（2001）
金田一春彦（1960）「国語のアクセントの時代的変遷」『国語と国文学』37-10　→金田一（2001）
金田一春彦（1961・1964）『四座講式の研究』三省堂（1961は私家版）
金田一春彦（1963）「私のアクセント非段階観」『国語研究』17　→金田一（1967）
金田一春彦（1967）『日本語音韻の研究』東京堂出版
金田一春彦（1971）「音韻変化からアクセント変化へ」『金田一博士米寿記念論集』三省堂　→金田一（1989）
金田一春彦（1972）『平安朝日本語復元による朗読　紫式部『源氏物語』』コロムビアレコード
金田一春彦（1974）『国語アクセントの史的研究　原理と方法』塙書房
金田一春彦（1976）「連濁の解」（『Sophia Linguistica』Ⅱ）　→金田一（2001）
金田一春彦（1977a）『日本語方言の研究』東京堂出版
金田一春彦（1977b）「アクセントの分布と変遷」『岩波講座日本語11 方言』岩波書店
金田一春彦（1980a）「アクセント変化」『国語学大辞典』東京堂出版
金田一春彦（1980b）「味噌よりは新しく茶よりは古い―アクセントから見た日本祖語と字音語」『言語』9-4
金田一春彦（1982）「〔書評〕奥村三雄著『平曲譜本の研究』」『国語学』131
金田一春彦（1986）『朗読　源氏物語―平安朝日本語復元による試み―』〔解説書〕　大修館書店
金田一春彦（1989）『増補 日本の方言　アクセントの変遷とその実相』教育出版
金田一春彦（1997）『平曲考』三省堂
金田一春彦（1998）編『青洲文庫本平家正節』三省堂
金田一春彦（2001）『日本語音韻音調史の研究』吉川弘文館
金田一春彦・近藤政美・清水功（1973）編『平家物語総索引』学習研究社
釘貫　亨（1994）「音韻（史的研究）」『国語学』177（展望号）
宮内庁書陵部・築島裕（1976）『図書寮本類聚名義抄　本文編・解説索引編』勉誠社
国語学会（1980）編『国語学大辞典』東京堂出版
小林芳規（1967）『平安鎌倉時代における漢籍訓読の国語史的研究』東京大学出版会
小松英雄〈こまつひでお〉（1975）「音便機能考」『国語学』101
小松英雄（1977）「アクセントの変遷」『岩波講座日本語5　音韻』岩波書店

薦田治子（1982）「邦楽調査掛平曲五線譜の成立をめぐって」『東洋音楽研究』47（1）
薦田治子（1984）「平曲における素語と位語」『金田一春彦博士古稀記念論文集』第三巻　三省堂
薦田治子（1990）「京都大学蔵「平曲正節」―その成立事情と出典注記について」『東洋音楽研究』55
薦田治子（2003）『平家の音楽　当道の伝統』第一書房
薦田治子（2004）「『貞享四年写本』平家譜本　影印紹介」『お茶の水音楽論集』6
近藤正尚・中村正巳（2009）『『日葡辞書』に基づく名古屋平曲とその復元　巻一』その一～三　私家版
斎藤　文（1999）「『毘沙門堂本古今集注』声点付漢語索引」『国文学（関西大学）』78
坂本清恵（1987・88）『近松世話物浄瑠璃　胡麻章付語彙索引』体言篇・用言篇　アクセント史資料研究会
坂本清恵（1990）「丸本を資料とするアクセント研究の問題点」『国文学研究』100　→坂本（2000）
坂本清恵（1991）「近世における動詞多数形のアクセント　―近松世話物浄瑠璃本を資料にして―」『埼玉女子短期大学紀要』2　→坂本（2000）
坂本清恵（1992）「動詞未然形のアクセントと付属語の接続について―近松浄瑠璃譜本を資料にして―」『辻村敏樹教授古稀記念　日本語史の諸問題』明治書院　→坂本（2000）
坂本清恵（1994）『近世上方アクセント資料索引』アクセント史資料研究会
坂本清恵（2000）『中近世声調史の研究』笠間書院
坂本清恵（2002）「胡麻章の変容―声譜から句切り点へ―」『国語学 研究と資料』25
坂本清恵・秋永一枝・上野和昭・佐藤栄作・鈴木豊（1998）編『「早稲田語類」「金田一語類」対照資料』アクセント史資料研究会
桜井茂治（1958a）「平安・院政時代における複合名詞のアクセント法則―五音節語を資料として―」『国語学』33　→桜井（1975）
桜井茂治（1958b）「助詞「の」のアクセント」『国学院雑誌』59-9→桜井（1976）
桜井茂治（1960）「平安・院政時代における「複合動詞」―関一雄氏の論文を読んで―」『国語と国文学』37－10　→桜井（1994）
桜井茂治（1963）「アクセントから見た助動詞の分類」『国語国文』32-2　→桜井（1976）
桜井茂治（1966）「二音節名詞アクセントの類別について」『文学語学』40　→桜井（1975）
桜井茂治（1975）『古代国語アクセント史論考』桜楓社
桜井茂治（1976）『中世国語アクセント史論考』桜楓社
桜井茂治（1984）『中世京都アクセントの史的研究』桜楓社
桜井茂治（1994）『日本語音韻・アクセント史論』おうふう
桜井茂治（2000）『日本語の音・考―歴史とその周辺―』おうふう
佐々木勇（1995）「日本漢音の軽声減少について―漢音の国語化の一側面―」『国語国文』64-10
佐々木勇（1998）「日本漢音における軽声の消滅について―漢籍を資料として―」『鎌倉時代語研究』21
佐竹悦子・長谷川健三郎（1973）「平曲　正口説の素語と位語について」『お茶の水女子大学

音楽研究』2
佐藤栄作（1989）編『アクセント史関係方言録音資料』アクセント史資料研究会
佐藤栄作（1998）「語構造とアクセント型」『日本語アクセント史総合資料　研究篇』　→秋永一枝ほか編（1998）
佐藤栄作（2000）『高松宮本・林羅山書入本和名類聚抄　声点付語彙索引』アクセント史資料研究会
杉藤美代子（1995）編『大阪・東京アクセント音声辞典』CD-ROM版　丸善
鈴木孝庸（1994）「平曲・譜本と語り」『平家語り　伝統と形態』有精堂　→鈴木（2007）
鈴木孝庸（1995）「『琵琶平家物語』上（上越市立高田図書館蔵）」『新潟大学人文科学研究』87
鈴木孝庸（2002）『平曲伝承資料の基礎的研究』科学研究費補助金　基盤研究（C）研究成果報告書
鈴木孝庸（2007）『平曲と平家物語』知泉書館
鈴木孝庸・上野和昭（1985）「解題」秋永一枝・梶原正昭編『前田流譜本　平家物語』一〜四　早稲田大学蔵資料影印叢書3〜6　早稲田大学出版部
関　一雄（1977）『国語複合動詞の研究』笠間書院
関　一雄（1987）「複合動詞——平安仮名文学用語として——」『国文法講座2　古典解釈と文法——活用語』明治書院
添田建治郎（1996）『日本語アクセント史の諸問題』武蔵野書院
高木市之助・永積安明・市古貞次・渥美かをる編（1960,増補1977）『増補　国語国文学研究史大成9　平家物語』　三省堂
高橋貞一（1943）『平家物語諸本の研究』冨山房
館山漸之進（1910）『平家音楽史』木村安重刊　復刻（1974）藝林舎
築島　裕（1951）「浄弁本拾遺和歌集所載のアクセントに就いて」『国語アクセント論叢』法政大学出版局
築島　裕（1970）「金沢文庫蔵解脱文義聴集記所載の国語アクセントについて」『金沢文庫研究』16-9
天理図書館善本叢書和書之部編集委員会（1976）『類聚名義抄　観智院本』仏・法・僧　八木書店
冨倉徳次郎（1964）『平家物語研究』角川書店
中井幸比古（1987）「現代京都方言のアクセント資料（2）」『アジア・アフリカ文法研究』16
中井幸比古（1996）「京都アクセントにおける式保存について」『日本語研究諸領域の視点』下　明治書院
中井幸比古（1997）編『高知市方言アクセント小辞典』科学研究費補助金　基盤研究（C）研究成果報告書
中井幸比古（1998a）「中央式諸方言における複合名詞のアクセントについて」『神戸外大論叢』49-3
中井幸比古（1998b）「初期落語SPレコードの大阪アクセント——中央式諸アクセント・大阪アクセントの変遷における位置付け——」　→金沢裕之（1998）
中井幸比古（1999）「〔書評〕秋永一枝ほか編『日本語アクセント史総合資料　研究篇』」『国

語学』199

中井幸比古（2000）編『大阪アクセントの史的変遷』科学研究費補助金 基盤研究（C）研究成果報告書

中井幸比古（2001）編『京都市方言アクセント小辞典 付.京都府中川・滋賀県野洲方言アクセント』科学研究費補助金基盤研究（C）研究成果報告書

中井幸比古（2002）『京阪系アクセント辞典』CD-ROM版　勉誠出版

中井幸比古（2007）「『大阪ことば事典』のアクセント」『神戸外大論叢』58-2

中井幸比古。高田豊輝・大和シゲミ（1999）編『徳島市方言アクセント小辞典』科学研究費補助金 基盤研究（C）研究成果報告書

中井幸比古・冨田大同・井上守・橘幸男・藤原多賀子（2001）編『兵庫県南部方言アクセント小辞典 付.和歌山県江住方言アクセント』科学研究費補助金 基盤研究（C）研究成果報告書

中村萬里（1986）「平曲譜本にみえる「名」のアクセント―白声・口説を中心に―」筑紫国語学談話会発表資料

新田哲夫（2004）「京阪式アクセントにおける動詞の類推変化について」『国語学』55-1

新田哲夫（2005）「動詞アクセントの類推変化と式保存」『日本語の研究』1-2

沼本克明（1982）『平安鎌倉時代に於る日本漢字音に就ての研究』武蔵野書院

沼本克明（1983）「高山寺蔵理趣経鎌倉期点解説並びに影印」『鎌倉時代語研究』6　→沼本（1997）

沼本克明（1986）『日本漢字音の歴史』（「国語学叢書」10）東京堂出版

沼本克明（1993）「鎌倉時代の二字漢語アクセントの構造―妙一記念館本仮名書き法華経による―」『訓点語と訓点資料』90　→沼本（1997）

沼本克明（1997）『日本漢字音の歴史的研究』汲古書院

服部四郎（1931）「国語諸方言アクセント概観（三）」『方言』1-4

服部　匡（1990）「動詞アクセント変化における意味特性の関与について」『国語学』162

兵藤裕己（2000）『平家物語の歴史と芸能』吉川弘文館

平山輝男（1960）編『全国アクセント辞典』東京堂出版

平山輝男ほか（1992-94）編『現代日本語方言大辞典』明治書院

藤井制心（1966）『採譜本 平曲』名古屋市教育委員会・平曲保存会

平家正節刊行会（1974）編『平家正節』上・下　大学堂書店

前田　勇（1953）「大阪アクセントの複合法則」『近畿方言』19（近畿方言学会）

前田富祺（1962）「契沖のアクセント観」『文芸研究』40

牧村史陽（1955）編『大阪ことば事典』杉本書店（1979講談社、1984講談社学術文庫、2004講談社新版）

馬淵和夫（1958）「国語の音韻の変遷」『国語教育のための国語講座2　音声の理論と教育』朝倉書店

丸山季夫（1953）「岡正武について」『典籍』6

宮澤俊雅（2007）「類聚名義抄の声点型とアクセント類の対応の検定」第96回訓点語学会（京大会館）

村上光徳・鈴木孝庸（2007）『平家吟譜 ―宮﨑文庫記念館蔵 平家物語―』瑞木書房

村中淑子（1999）「類別語彙2拍名詞が後部要素となった場合の複合名詞アクセントについて―和田論文と前田論文を杉藤CD-ROM辞典で検討する―」『徳島大学国語国文学』12
屋名池誠（2004）「平安時代京都方言のアクセント活用」『音声研究』8-2
山口佳紀（1982）「語形・語構成」『講座日本語の語彙1　語彙原論』　明治書院
山口佳紀（1986）「語源とアクセント―いわゆる金田一法則の例外をめぐって―」『松村明教授古稀記念国語研究論集』明治書院
山下宏明（1978）「平家詞曲記」「平曲問答」『平家物語研究辞典』明治書院
山下宏明（1984）「平曲」『日本古典文学大辞典』第五巻　岩波書店
山田俊雄（1960）「真字熱田本平家物語の漢字に附けられた声点の価値」『成城文芸』22
吉澤典男（1952）「複合動詞について」『日本文学論究』10
和田　実（1942）「近畿アクセントに於ける名詞の複合形態」『音声学協会会報』71
和田　実（1943）「複合語アクセントの後部成素として見た二音節名詞」『方言研究』7
和田　実（1951）「赤とんぼ―いわゆる「基本アクセント型」におちいる語の処置など―」『国語アクセント論叢』法政大学出版局
和田　実（1969）「アクセントについて」『国文学解釈と鑑賞』34-8

本書と既発表論文との関係

序　章　アクセント史研究と平曲譜本（書き下ろし）
第1章　『平家正節』の譜記によるアクセント型の認定
　第1節　アクセント型認定の方法
　　「『平家正節』の譜記によるアクセント型の認定について―1拍名詞を素材にして―」（『国文学研究』141、2003.10：89-99）
　第2節　助詞「の」接続形のアクセント　――二拍名詞を例に――
　　「『平家正節』所載の二拍名詞における助詞「の」接続形アクセント」（『早稲田大学大学院文学研究科紀要』49-3、2004.2：5-18）
　第3節　いわゆる「特殊低起式表記」について
　　「『平家正節』に見られる、いわゆる「特殊低起式表記」について」（『国語国文』73-10、2004.10：32-48）
第2章　単純名詞・転成名詞のアクセント型認定
　第1節　2拍の単純名詞のアクセント（書き下ろし）
　第2節　3拍の単純名詞のアクセント（書き下ろし）
　第3節　転成名詞のアクセント（書き下ろし）
第3章　複合名詞のアクセントとその変遷
　第1節　|2＋2構造|の複合名詞アクセント
　　「和語から成る複合名詞アクセントの史的考察　―近世京都における|2＋2構造|の複合名詞について―」（『(アクセント史資料研究会)論集』Ⅲ、2007.9：53-80）
　第2節　|2＋3構造|の複合名詞アクセント
　　「近世京都における複合名詞アクセントの史的変遷―和語から成る|2＋3構造|の複合名詞について―」（『日本語の研究』5-4、2009.10：16-29）
　第3節　|3＋2構造|の複合名詞アクセント
　　「和語から成る複合名詞アクセントの史的考察　その2 ―近世京都における|3＋2構造|の複合名詞について―」（『(アクセント史資料研究会)論集』Ⅴ、2009.9：53 -68）
第4章　固有名詞のアクセントとその変遷
　第1節　姓・地名のアクセント
　　「平曲譜本にみえる姓・地名のアクセント」（『徳島大学総合科学部創立記念論文集』1987.3：21-36）
　第2節　漢字二字4拍の名乗のアクセント
　　「『平家正節』所載の名乗のアクセント再論」（『早稲田大学大学院文学研究科紀要』50-3、2005.2：5-20）
第5章　漢語のアクセントとその変遷
　第1節　2拍・3拍の漢語アクセント
　　「近世漢語アクセントの実態と史的位置付け―2拍・3拍の漢語を対象にして―」（『(アクセント史資料研究会)論集』Ⅱ、2006.9：85-114）

第2節　4拍の漢語アクセント
「近世漢語アクセントの史的考察―漢字二字4拍の漢語について―」(『音声研究』10-2、2006.8：19-32)
第3節　漢語アクセントの諸相
「近世漢語アクセントの諸相」(『日本語論叢』特別号　岩淵匡先生退職記念、2007.3：1-12)

第6章　動詞のアクセントとその変遷
第1節　三拍動詞アクセント体系の変遷
「京都方言アクセントの遡行―近世後期以降の3拍動詞類推変化についての考察―」(『国語学』172、1993.3：14-27)
第2節　四拍動詞アクセント体系の変遷
「中世後期以降の四拍動詞アクセント体系についての史的考察」(『早稲田大学大学院文学研究科紀要』43-3、1998.2：3-16)
第3節　複合動詞・接合動詞のアクセント　その1
「近世における複合動詞のアクセント」(『国語学研究と資料』13、1989.12：35-46)
第4節　複合動詞・接合動詞のアクセント　その2
「平曲譜本にみえる動詞の接合アクセントについて」(『徳島大学国語国文学』3、1990.3：21-32)
第5節　特殊形アクセントの問題点
「特殊形アクセントの問題点」(『国文学研究』128、2000.6：1-11)

第7章　形容詞のアクセントとその変遷
第1節　形容詞アクセント体系の変遷
「統合と類推　―中世後期以降の京都における形容詞アクセント体系についての一考察」(『早稲田日本語研究』3、1995.3：1-13)
第2節　形容詞アクセントをめぐる問題
「近世京都における形容詞アクセントの周辺」(『国文学研究』130、2001.3：123-133)

第8章　平曲ならびに平曲伝書とアクセント史
第1節　特殊表記からみた平曲古譜本
「特殊表記からみた平曲古譜本―日本語アクセント史からの考察―」(『(アクセント史資料研究会)論集』Ⅰ、2005.9：105-131)
第2節　『言語国誂』覚え書
「『言語国誂』覚え書」(倉島節尚編『日本語辞書学の構築』おうふう 2006.5：474-490)
第3節　アクセント史からみた『平曲問答書』
「アクセント史から見た『平曲問答書』」(『(アクセント史資料研究会)論集』Ⅳ、2008.9：81-94)

終　章　アクセント史における「近世」(書き下ろし)

あとがき

　平曲譜本をはじめて手にしたのは、金田一春彦博士が早稲田大学大学院に非常勤講師としてお見えになった1976年のことである。その年、博士は東大本『平家正節』を取り上げて講義をなさったが、そのときは学部生として聴講させていただいただけで、後年この資料を扱うことになるとは夢にも思わなかった。その後、大学院の修士課程に進んでからは、早稲田大学演劇博物館蔵の『平家物語』（豊川勾当本）を調べて、指導教授でいらっしゃった辻村敏樹先生に、同書の音韻史的研究と題する修士論文を提出した。また、秋永一枝先生と梶原正昭先生によって同書が影印刊行された際には（早稲田大学蔵資料影印叢書『前田流譜本平家物語』1984-85）校勘記を任され、解題の一部を書かせていただいたが、そのときもまだアクセント史を中心テーマに据えてはおらず、もっぱら音韻にかかわることだけを問題にしていた。

　平曲譜をアクセント史研究の資料として用いるようになったのは、秋永先生のお口添えをいただいて、再び金田一博士にお教えいただくようになってからである。博士のご教示をもとにして最初に書いた論文は、「平曲の譜記とアクセント―〈下ゲ〉にあらわれる譜記の検討―」（『国文学研究』89,1986.6）であった。それ以来、音楽性の豊かなところは、旋律の類型と譜記との関係、さらにそれらとアクセントとの関係を把握しなければならないという考えを強くもつようになったが、残念なことに音楽には馴染めないまま今にいたり、本書でも、もっぱら《白声》《口説》という音楽性の皆無、または希薄な曲節のみを対象とするにとどまっている。

　これより先、奥村三雄博士の『平曲譜本の研究』（1981）が刊行された。この書は、私にとってまことに良い手引き書となった。もちろん奥村博士の幅広く奥深い識見には及ぶべくもないが、同書の記述を確認し、扱われていないことや見解を異にするところを一つひとつ論文に書いてきたことが、そのまま本書につながったように思う。

　アクセント史資料として平曲譜本と取り組むことになって大いに役立ったのは、金田一博士のおすすめで『平家正節 声譜付語彙索引』（2000・01）を作成したことである。また、秋永先生のご指導のもとに「アクセント史資料研究会」が組織され、その一員として『日本語アクセント史総合資料』索引篇・研究篇

(1997・98)などの編集に携わったことも非常に勉強になった。その作業のなかで、秋永先生にはアクセント史資料の扱い方からアクセント史研究の考え方をつぶさにお教えいただいた。さらにまた、佐藤栄作氏、坂本清恵氏、鈴木豊氏とともに研究できたことは、私にとって得がたい経験であった。

　文献によるアクセント史の研究には、金田一春彦、秋永一枝、桜井茂治、奥村三雄ほか諸先達の業績がつらなり、また現代京阪アクセントについても池田要、楳垣実、平山輝男、杉藤美代子ほかの方々の調査データが公開されている。なかでも中井幸比古氏の『京阪系アクセント辞典』(2002)は、その質量ともにすぐれたもので、本書でも比較資料として大いに利用させていただいた。

　本書の内容は、2009年に早稲田大学大学院文学研究科に提出した学位請求論文に手を加えたものである。これにつき、秋永先生をはじめ、高梨信博氏、古屋昭弘氏のご審査を仰いだ。また、とくに「近松浄瑠璃譜本」の胡麻章については坂本清恵氏の、漢字音関係の部分については加藤大鶴氏のご教示をえた。さらには、インディアナ大学大学院生 吉田健二氏、早稲田大学文化構想学部学生 平田彩奈惠氏に助けていただくことがあった。以上の方々に厚く御礼申し上げたい。

　また、本書に引用したものだけにかぎっても、貴重な平曲譜本や平曲伝書を利用できたのは、その閲覧を快くお許しくださった所蔵者の方々のご厚情によるものである。なかには影印本だけから引用させていただいた文献もある。つぎにそのご芳名をかかげて感謝のしるしとさせていただく。

　愛知県立大学附属図書館、尾﨑正忠氏、京都大学文学部国語学国文学研究室、
　国立国語研究所、上越市立高田図書館、静嘉堂文庫、高橋貞一氏、
　筑波大学附属図書館、東京国立博物館、東京大学文学部国語研究室、
　東京芸術大学附属図書館、東北大学附属図書館、広島大学附属中央図書館、
　宮﨑文庫記念館、山口県立山口図書館、横井緑時氏、米沢市立図書館、
　早稲田大学坪内逍遥博士記念演劇博物館

　最後に、本書が「早稲田大学学術叢書」の一冊として刊行されるについては、早稲田大学文化推進部ならびに出版企画委員会のご高配によるところが大きく、また早稲田大学出版部の伊東晋氏と武田文彦氏、また加門久征氏にも多大なご尽力をいただいた。関係の方々に心から御礼を申し上げる。

　　2011年3月

　　　　　　　　　　　　　　　　　　　　　　　　　　　上野 和昭

事項(人名)索引・資料名索引

◆あ行

明石検校(覚一) 11, 19
アクセント型 3, 22, 25-27, 78, 142, 497
アクセント体系 315, 497, 514
麻岡長歳一 15
『熱田本(平家物語)』 50, 53, 72
阿波アクセント 335, 346
池田 要 322
伊勢貞丈 432, 467
一拍動詞(1V) 370, 371, 379
一拍名詞 33
一般形〔未然〕 387
　──接続 386, 391, 392
出合 283
『色葉〔色葉字類抄 三巻本〕』 48, 50, 203, 249, 293, 305, 309, 311, 485, 494
『韻鏡』 244
江戸改訂本 15, 16
江戸平曲 480
江戸前田流 12, 14, 16, 374, 375, 419, 432, 435, 457, 458
　──譜本 419, 432, 435
『神名〔延喜式神名帳 吉田家本〕』 202, 204-209, 214
大木弁庵 15, 470
岡 正武 16, 45, 68, 89, 432, 479-481, 492, 493
岡村玄川 12, 457
荻野検校(荻野知一) 13, 14, 17, 20, 24, 68, 453, 466, 479, 480
尾﨑本 9, 15, 16, 44, 45, 66, 90, 91, 100, 104, 119, 141, 265, 360, 392, 440, 444, 485, 488-490
遅上がり(遅上がり型) 325, 326, 349, 392, 439, 490
折声 11, 19, 20
『尾張国郡司百姓等解文』 255
音韻変化 326, 328, 334, 337, 341, 343
音楽的変容 444
音便 359

◆か行

『開合名目抄』 88, 342, 391, 400, 409
核交替 336
核変化 336
下降位置の保持 500
下降拍 22
型移行 167
　第一次── 170
　第二次── 170
型の体系 496, 497, 500, 511, 517
型の統合(型統合) 8, 9, 18, 134, 138, 139, 144, 149, 198, 222, 223, 232, 234-236, 323, 327-329, 331, 335, 337, 344, 346, 385, 389, 396, 402-407, 496, 497, 500, 502, 505-511, 514-517
『語平家伝書』 480, 493
活用形アクセント 328, 330, 507
　──体系 334, 497, 503, 510
『金沢文庫本 春秋』鎌倉期点 38
『仮名声』 84, 88, 342, 390, 400, 409, 429
亀田安道 469
鴨田検校 480
カリ活用形 407, 417
河瀬検校 15
漢音 245-248, 250, 253, 267, 278, 280, 282, 304, 312
漢音形 244, 274, 308
漢音声調 249, 484
漢音読み漢語 242, 275, 280-282, 286, 293-296, 310
漢語
　漢字一字1拍の── 276
　漢字一字2拍の── 48, 242, 245, 248, 250, 274, 502
　漢字二字2拍の── 51, 242, 253, 256, 274
　漢字二字3拍の── 258
　漢字二字3拍¦1+2構造¦の── 242, 258, 266, 275
　漢字二字3拍¦2+1構造¦の── 242, 267, 271, 274
　漢字二字4拍の── 242, 278, 288, 510, 515
漢語アクセント 19, 242, 244, 268, 278, 298, 299, 304, 310, 512
漢字声調 242, 259, 269, 274, 275, 299, 310
漢数字 304, 306, 307
慣用音 245, 280
基本アクセント型 515

| 基本型 | 170, 198, 219, 237, 503, 510, 512, 513
| 基本型化 | 198, 199, 223, 515, 516
《狭義の「中世」》　497
京大本　16, 44, 55, 66, 85, 175, 265, 360, 373, 418, 482, 483, 485, 488, 489, 491
京都・名古屋系前田流譜本　430
京都前田流　14, 454, 457
　　——古譜本　458
　　——譜本　432, 443
曲譜本　12
去声　247-249, 253, 263, 271, 283, 284, 286, 307, 309, 432
去声化　286
去声字　242, 267, 269, 275, 284, 287, 293, 295, 299
去声拍　4
近畿中央式諸方言　10, 27, 80, 83, 91, 93, 118, 120, 178, 300, 303, 316, 325, 336, 348, 351, 402, 406-408, 504, 507, 509, 514
「近世」　8, 9, 496, 497, 500, 503, 505-509, 511, 512, 515-517
近世アクセント　10, 13, 14, 315, 498, 502, 511, 512
「近代（現代）」「近代」　8, 496, 505, 507, 509, 511, 515, 516
近代アクセント　8
金田一語類　5, 17, 40, 42, 45, 94, 120, 276, 392, 409
吟譜　175
　　——系譜本　14, 17, 83, 373, 432, 435, 453-456, 458, 463
『九条本 文選』保延点　104
口説　13, 14, 16-18, 20, 25
位語　68, 69, 70, 74, 434
芸大本　16, 44, 89, 93, 122, 174, 238, 360, 490
形容詞アクセント　414, 428, 506, 508
　　——体系　314, 396-399, 403, 406-408, 414, 516
形容詞活用形アクセント体系　504
形容詞語幹　396, 414, 424-426
　　——形　424, 426, 428
形容詞的接尾辞　390, 414, 421
『解脱〔解脱文義聴集記〕』　19, 157, 158, 211
『乾私〔乾元本日本書紀所引日本紀私記〕』　208
『国訛〔言語国訛〕』　45, 50, 91, 92, 116, 201-203, 205-212, 214-217, 432, 466, 469-473, 475, 477
『源氏清濁』　345, 400, 411

『顕後〔顕昭 後拾遺抄注〕』　209, 214
『顕拾〔顕昭 拾遺抄注〕』　209
『広韻』　244
口蓋帆破裂音　302
高起・低起両極再編　332
高起・低起両極体系　330
高起・低起両極編成　327
《広義の「中世」》　496-498, 505, 517
喉内入声韻尾　301
後部成素関与（後部関与）　168-171, 501, 512, 513, 516
呉音　201, 245, 247, 248, 250, 251, 253, 255, 267, 278, 280, 282, 304-311
呉音形　244, 247, 248, 250, 274
呉音系字音資料　244, 245, 281, 283, 484
呉音声調　34, 36, 249, 252, 432, 472, 477
呉音読み漢語　242, 275, 280-284, 286-288, 290, 294, 310, 502
『古今和歌集』
『古今（梅）〔梅沢家本古今和歌集〕』　174, 194, 205, 207
『古今（顕大）〔片仮名本顕昭古今集注 大東急本〕』　207, 208, 214-216
『古今（顕天片）〔片仮名本顕昭古今集注 天理本〕』　194, 208, 214, 216
『古今（家）〔家隆本古今和歌集〕』　209, 420
『堯恵本古今集聞書（延五記）』　352
『古今（顕府）〔顕昭 古今集序注〕』　194, 206, 210, 215
『古今（訓）〔古今訓点抄〕』　118, 194, 202, 204-210, 212, 214, 420
『古今私秘聞』　352
『古今（京秘）〔古今秘注抄〕』　194, 209
『古今（寂）〔寂恵本古今和歌集加注〕』　194, 203, 204, 210, 214, 420
『尊経閣蔵堯恵本古今集声句相伝聞書』　48
『古今（高貞）〔高松宮家貞応本古今和歌集〕』　194, 205, 210, 415, 429
『天理図書館蔵堯恵本古今集聞書』　48, 352
『古今（毘）〔毘沙門堂本古今集註〕』　108, 118, 120, 174, 194, 201-205, 208, 210, 214, 216, 415, 420, 429
『古今（顕天平）〔平仮名本顕昭 古今集註〕』　174, 194, 205, 209, 214, 393
『古今（伏片）〔伏見宮家本古今和歌集〕』　174, 203, 206, 209, 210, 214
『古今聞書』　342, 400, 411, 420
『古今和歌集聞書』　342, 345, 400, 411, 419,

420
古今和歌集声点本（古今集声点本）　84, 174, 180, 200, 221, 231, 232
「国語アクセント類別語彙表」　318, 332
『国書総目録』　478
『古語〔古語拾遺〕　208, 210, 215
「古代」　496
古代アクセント　8, 11, 143, 144, 338, 396, 428, 496-498, 501-505, 511, 512
古態旋律　432, 463
語頭低下　38
　　——傾向　61
語末特殊拍　301
後水尾院　342, 400
固有名詞　47, 200, 499, 501, 510
　　——アクセント　199, 499
『金光〔金光明最勝王経音義〕』　108

◆さ行

『索引篇〔日本語アクセント史総合資料　索引篇〕』　42, 47, 48, 50, 51, 82, 84, 85, 99, 104, 105, 107, 112, 114, 116, 125, 157
佐佐木信綱　466
指声　14, 20
ザリ活用　388, 390, 391
三拍形容詞（3A）
　　——第一類ク活用（3A1⟨k⟩）　397-399, 402, 406-408, 510
　　——第一類シク活用（3A1⟨s⟩）　397-399, 404, 408, 412, 508
　　——第二類ク活用（3A2⟨k⟩）　397-399, 403, 406, 407, 506, 510
　　——第二類シク活用（3A2⟨s⟩）　397-399, 404, 407, 408, 412
　　——シク活用（3A⟨s⟩）　400, 402, 407
三拍動詞（3V）　316, 317, 328-332, 341, 344, 371, 382
　　——第一類（3V1）　323, 330, 331
　　——第一類一段活用（3V1⟨1⟩）　317, 318
　　——第一類二段活用（3V1⟨2⟩）　332, 339
　　——第一類四段活用（3V1⟨4⟩）　333, 338, 344
　　——第一類五段活用（3V1⟨5⟩）　317, 319, 320, 323, 324, 327, 328, 330, 331, 508, 511
　　——第二類（3V2）　338, 344
　　——第二類一段活用（3V2⟨1⟩）　317-319, 324, 325, 328-332, 334-336, 339, 352, 510
　　——第二類二段活用（3V2⟨2⟩）　332, 333, 338, 339, 503
　　——第二類四段活用（3V2⟨4⟩）　338, 339, 343, 344, 346, 503, 505
　　——第二類五段活用（3V2⟨5⟩）　317, 319, 322-324, 327-331, 334, 336, 339, 344, 352, 510
　　——第三類（3V3）　317, 319, 325, 327, 329-332, 334, 338, 339
　　——第三類四段活用（3V3⟨4⟩）　338, 504
　　——アクセント　335
　　——アクセント体系　316, 327, 331, 336
三拍名詞　102, 497, 498, 509
字音声調　34, 246, 432
字音体系　244-246, 248, 280
式一致（式保存）　128-130, 149, 160, 164, 168-171, 176, 183, 336, 500, 501, 511-513, 516
式変化　336
式保存の法則　160
『字鏡〔字鏡　世尊寺本〕』　194, 203
『四座〔四座講式〕』　90, 108, 116, 429
四声解釈　467, 477
四声観　432
四声注記　466, 473, 477
『釈論三重』　88
従属式助辞接続形　3, 22, 25, 27, 31, 78, 80, 88, 93, 96, 99, 101, 102, 112, 116, 212, 440, 484, 485
『袖中〔袖中抄〕』　47, 99, 112, 118, 206
準アクセント　4, 26
昇核現象　507, 517
貞享本　19
畳語　243, 291, 308
上声　249, 286, 432
上声全濁字（上声全濁）　242, 255, 267, 269, 275, 286, 287, 293, 295, 299, 305, 309
上昇拍　22, 369, 371
声譜　466, 472, 473
『浄拾〔浄弁本拾遺和歌集〕』　116, 118, 125, 204, 210, 213
助辞接続形　3, 27, 440
助詞「の」接続形　22, 25, 28, 31, 36, 37, 39, 40, 45-47, 50, 51, 53-55, 71, 73, 78, 80, 81, 87, 89, 96, 98, 100, 102, 105, 108, 112, 115, 117, 121, 123, 125, 202, 204, 206, 207, 209-213, 218, 245, 247, 251, 256, 258, 265, 268, 273, 277, 279, 311, 436, 474, 478, 483-485
白声（素声）　13, 14, 16-18, 20, 25
『秦音曲鈔』　12, 175, 184, 367, 373, 375, 435, 444, 460-463, 465

数詞　194, 243, 284, 304, 306
素語　68, 69
姓・地名　198, 204, 497, 499, 510
　──のアクセント　200, 218, 219
清濁　482
声調　244, 248, 251, 259, 275, 282, 283
声拍　3
　──観　3
接合　314, 366, 369, 419
接合アクセント　365, 371, 379, 428
接合型　335, 379
「接合式」〔ザリ活用〕　388, 390
接合段階　367, 415
接合動詞　125, 314, 352-354, 362, 366, 368, 377-379, 389, 490
　｜1＋2構造｜の──　369
　｜1＋3構造｜の──　371
　｜1＋4構造｜の──　374
　｜2＋1構造｜の──　369
　｜2＋2構造｜の──　355
　｜2＋3構造｜の──　359
　｜2＋4構造｜の──　374
　｜3＋1構造｜の──　371
　｜3＋2構造｜の──　362
　｜3＋3構造｜の──　374
　｜4＋2構造｜の──　374
　──アクセント　377
接辞接続形　3, 22, 25
接続型　66, 105, 228, 273, 308, 418
接続形アクセント　261, 284, 289, 290, 306, 307
接続連用形　334-336
接頭辞「おん（御）」前接形　22, 29, 31, 80, 82, 87, 90, 96, 97, 102, 104, 119, 123
舌内入声韻尾　301
舌内入声音　303, 482
舌内入声字　243, 302
接尾辞　382-384, 386, 391, 392, 396, 424, 426
接尾辞「ども」後接形　22, 31, 81, 102, 105
前高低平形　22, 27, 32, 34-36, 79, 92, 98, 99, 113, 251, 257, 265
早大本　16, 44, 66, 85, 265, 360, 488, 490, 494
促音　304, 359

◆た行

第一類形容詞　417, 424, 427
第一類相当の語（2拍単純名詞）　81
第一類相当の語（2拍転成名詞）　116
第一類相当の語（3拍単純名詞）　103

第一類相当の語（3拍転成名詞）　119
第一類動詞（一類動詞）　118, 120, 122, 123, 187, 338, 343, 370, 372, 375, 382, 385, 387, 389, 390, 421, 423, 489
体系的強制　314, 323, 334, 346, 386, 396, 497, 503-509, 511, 514
体系的均衡　323, 334
体系の組換え（再編）　9, 327
「体系変化」　3, 8, 10, 19, 34, 128, 131, 134, 139, 142, 160, 164, 170, 198-201, 206, 209, 219, 232, 238, 304, 323, 328, 329, 338, 354, 362, 364, 365, 384-386, 415, 429, 496-498, 500-504, 506, 512, 515, 516
第五類相当の語（2拍単純名詞）　97
第三・第五類相当（3拍単純名詞）　109
第三類相当の語（2拍単純名詞）　42
第三類相当の語（2拍転成名詞）　117
『大疏談義』　86, 87, 400, 409
第七類相当の語（3拍単純名詞）　112
第二・第三類相当の語（2拍単純動詞）　50, 86
第二・第四類相当の語（3拍単純名詞）　105
第二類形容詞　424, 425, 427
第二類相当の語（2拍単純名詞）　40, 51
第二類動詞（二類動詞）　46, 117, 119, 120, 122, 123, 187, 360, 384-386, 389-391, 421-423, 489
第四類相当の語（2拍単純名詞）　92
第四類相当の語（3拍転成名詞）　120
対立語　243, 309, 310
第六類相当の語（3拍単純名詞）　110
高田本　435, 453-458, 460, 462, 465
高橋貞一　11
館山甲午　68, 70
館山漸之進　68, 70, 74, 467, 483
単純名詞　78, 499
　2拍の──　80
　3拍の──　102, 500
単独形（単語単独形）　3, 22, 25, 26, 31, 80, 81, 87, 90, 94, 102, 105, 112, 202-206, 209, 211-213, 216, 217, 245, 250, 251, 253, 268, 269, 273, 279, 289, 440
『近松〔近松（世話物）浄瑠璃譜本〕』　34, 51, 89, 93, 107, 108, 112, 164, 165, 167-169, 171, 175, 176, 205, 206, 208, 211, 212, 214, 249, 259, 333, 341, 501, 502, 513
近松世話物浄瑠璃　372, 376
『竹柏園蔵書志』　466
「中世」　496, 497, 500, 504, 506, 508, 509, 511, 516

索引　533

中世アクセント　496
津軽系平曲　69
筑波大本（教育大本）　12, 17-19, 100, 294, 366, 392, 435-441, 443-447, 449-451, 453-458, 460-463, 465
「ツメ」注記　302
低起式動詞　386, 392
低起性旋律　62, 63, 65, 69, 70, 73, 119, 218, 311, 434, 438, 439, 444, 446-451, 455, 456, 458
低接式助詞　210, 218
低接式助辞接続形　22, 25, 27, 31, 33, 36, 80, 81, 96, 102, 111, 118, 204, 206, 212, 218, 485
低平後高形　22, 31, 32, 78, 110, 251, 257, 265
寺尾勾当　15
転成名詞　78, 79, 115, 116
　2拍の──　115, 116
　3拍の──　119
　4拍・5拍の──　122
伝統性　17, 428, 500, 508, 511, 512, 515, 516
伝統的複合語　17, 128, 129, 159, 164, 165, 170, 171, 177, 178, 501, 502
動詞アクセント　314, 351, 516
──体系　6, 314-317, 327, 334, 336-338, 346, 348, 351, 362, 382, 386, 497, 503, 505, 514, 516
動詞活用形アクセント　503
──体系　336, 505
「動詞式」〔ザリ活用〕　389, 390
同時代性　511-516
同時代的複合語　128, 159, 164, 165, 170, 177, 502, 513
東大本（青洲文庫本）　15, 16, 44, 45, 72, 73, 89, 93, 101, 104, 117, 122, 133, 141, 157, 265, 273, 294, 360, 363, 375, 392, 436, 440, 470, 486, 487, 489, 490
東北大本　9, 12, 17, 19, 30, 36, 42, 83, 174, 175, 185, 270, 301, 311, 373, 375, 416, 418, 419, 435, 441, 444-447, 449-453, 457-459, 462, 463
特殊形　314, 323, 324, 380-384, 386, 387, 391, 487
特殊形アクセント　314, 328, 384, 486, 487, 489
特殊形接続　381, 386, 387, 391, 392, 487-489
特殊低起式表記（特殊表記）　11, 20, 23, 38, 40, 45, 50, 57-61, 64-73, 78, 85, 88, 91, 94, 96-98, 103, 108, 110, 113, 114, 119, 123, 141, 185, 203, 210-212, 216-218, 228, 256, 265, 267-269, 271, 273, 277, 279, 281, 311, 367, 373, 413, 425, 429, 432, 434, 435, 438, 439, 444, 446, 447, 449-453,

455-464, 491, 492
特殊拍　302, 304, 444, 445, 451
「独立式」〔ザリ活用〕　389, 390, 392
豊川勾当本（豊川本）　16, 17, 19, 82, 83, 174, 183, 185, 238, 239, 292, 301, 373, 418, 432, 435, 457-463, 465
豊川（勾当）本系　12
──譜本　435, 458

◆な行
名古屋前田流　419
名乗　134, 198, 221, 222, 224, 226, 228-230, 232, 235, 236, 440, 489, 501, 508, 510, 512, 514, 515
『西万〔西本願寺本万葉集〕』　204, 206
二重母音　302
入声　246, 247, 283, 284, 286, 304, 306, 309
入声韻尾　287, 301, 304
入声字　286, 301, 305
入声軽　246, 249, 276, 286
入声重　276, 286, 488
二拍形容詞
──第二類ク活用（2A2〈k〉）　397-399, 506
──第二類シク活用（2A2〈s〉）　397-399, 403, 412, 506
二拍動詞（2V）　328-330, 332, 341, 370, 371, 378, 379
──第一類（2V1）　331
──第一類一段活用（2V1〈1〉）　339
──第一類四段活用（2V1〈4〉）　339
──第一類五段活用（2V1〈5〉）　507
──第二類（2V2）　319, 331, 334, 338
──第二類一段活用（2V2〈1〉）　332, 338, 339, 504
──第二類四段活用（2V2〈4〉）　338, 339
──第二類五段活用（2V2〈5〉）　332, 339, 352
二拍名詞　18, 81, 497, 498
「日本語音声」　338, 347
『日国〔日本国語大辞典 第二版〕』　35, 42, 46, 48, 50, 51, 74, 82, 84, 85, 89, 90, 99, 100, 104, 105, 107, 108, 110, 112, 114, 116, 125, 311, 333, 429
『日本書紀』
『鴨脚本神代紀』　187
『岩崎皇極紀〔岩崎本皇極紀〕』　215
『岩本推古紀〔岩崎本推古紀〕』　206, 214
『北野本斉明紀』　106
『図本継体紀〔図書寮本継体紀〕』　204, 214

『図本武烈紀〔図書寮本武烈紀〕』　206
『図本雄略紀〔図書寮本雄略紀〕』　46, 203-205, 215
『前本継体紀〔前田本継体紀〕』　203, 204, 214
『前本仁徳紀〔前田本仁徳紀〕』　122, 187, 206-208, 212, 214, 215
『前本雄略紀〔前田本雄略紀〕』　194, 203-205, 215
『日本書紀』古写本　174, 179
丹羽敬中　15
「ノム」注記　302, 304, 311

◆は行

波多野流　11, 12, 15, 367
波多野流譜本　12, 30, 418, 432
　——（京大本）　33, 174, 292, 301, 311, 373, 444, 460
撥音　302, 359
羽鳥松逎　15, 432, 466, 470
早上がり（早上がり型）　349, 439, 440, 490
早上がり型表記　436, 439
「反発」　329-332, 334, 336, 510
引き音　302
平声　247, 255, 283, 284, 286, 306, 309, 310, 432
平声字　201
平声軽　246, 276, 286, 486
平声重　245, 247, 276, 286, 311
複合アクセント規則（複合規則）　128, 159, 160, 165, 174, 177, 501
複合型　379
複合形容詞　396, 414-416, 420, 425, 428
複合語アクセント　137, 151, 160, 168, 169, 177, 179-181, 188, 189, 191, 192, 513
複合動詞　314, 353, 354, 361, 364, 365, 367-369
　——アクセント　335
複合動詞・接合動詞のアクセント　363
複合名詞　128, 130, 136, 142, 144, 156, 159, 162, 163, 165, 169, 180, 500-502
　｜2＋2構造｜の——　17, 130, 131, 154, 198, 498, 501, 508
　｜2＋3構造｜の——　8, 17, 19, 159, 170, 171, 501, 502, 512, 515
　｜3＋2構造｜の——　177, 192, 193
　｜3＋3構造｜の——　174
　——アクセント　128, 133, 146, 160-165, 167-171, 177, 179, 181
フ入声　306
『補忘〔補忘記〕』　84, 88, 89, 103, 116, 187, 290, 296, 304, 364, 400, 409, 437
文法的・語構成的制約　507, 509
平曲　10, 11, 17, 19
『平曲吟譜』　457
『平曲五線譜』　13, 69, 74
平曲古譜本　434
『平曲問答書』　68, 433, 479-483, 485, 487-489, 491-493
『平家音楽史』　69, 70, 74, 467, 469, 470, 478
『平家吟譜』　12, 457
『平家詞曲記』　468-470, 478
『平家書』　12, 463
『平家物語研究事典』　469, 478, 479
並立語　243, 309, 310
墨譜群　13, 24, 38
『法華経音』　484, 494
『法華経音義』　249, 273, 277, 484, 494
『法華経音訓』　249
『法華経単字』　48, 484, 494
星野検校（星野）　432, 479-481, 483, 485, 487-492, 494

◆ま行

前田検校　11, 14, 17, 454, 457
前田流　11, 12, 15, 457, 470
　——古譜本　17
　——譜本　12, 435
　——平曲　14, 223
松園主人　467-469
正節系諸本　44, 66, 132, 133, 141, 157, 183, 294, 311, 487
正節系譜本　82, 83, 122, 301, 363, 375, 425
正節　440, 441, 447, 458
『巫私〔御巫本日本書紀私記〕』　116, 118, 187
三島自寛　480
未然形一般　387
未然形特殊　387
未然特殊形　338, 392
宮﨑本　12, 42, 82, 185, 249, 290, 301, 366, 373, 418, 425, 435, 453-459, 461, 462
『名目〔名目抄〕』　261, 293
無声子音　304
「名詞形先行」　367

◆や行

『八坂流平家物語訪月之巻』　479
也有本　12, 17, 19, 174, 175, 185, 270, 290, 292, 294, 301, 311, 373, 435, 440, 441, 443-454, 458,

索引　535

462, 464
『謡曲〔能本・謡本〕』　108, 157, 212, 484
米沢本　　435, 453-455, 464
「弱い複合」　366, 368
四拍形容詞（4A）　400, 401, 402, 404, 408, 421
　　──第一類ク活用（4A1⟨k⟩）　397-399, 405,
　　　412, 508
　　──第一類シク活用（4A1⟨s⟩）　405, 412
　　──第二類ク活用（4A2⟨k⟩）　397-399, 405,
　　　407, 412
　　──第二類シク活用（4A2⟨s⟩）　405, 412,
　　　507
四拍動詞（4V）　335, 337-339, 341, 345, 346, 348,
　　349, 352, 359, 372, 387, 409, 509
　　──第一類（4V1）　338, 341, 344, 349, 351
　　──第一類一段活用（4V1⟨1⟩）　349
　　──第一類二段活用（4V1⟨2⟩）　339, 341,
　　　343
　　──第一類四段活用（4V1⟨4⟩）　339, 509,
　　　514
　　──第二類（4V2）　338, 339, 341, 344, 346,
　　　351
　　──第二類一段活用（4V2⟨1⟩）　349, 351,
　　　352
　　──第二類二段活用（4V2⟨2⟩）　339, 341,
　　　343-345, 503
　　──第二類四段活用（4V2⟨4⟩）　339, 341,
　　　343, 503, 505, 509, 514
　　──第二類五段活用（4V2⟨5⟩）　349, 351,
　　　352
　　──第三類（4V3）　338, 349, 352
　　──第三類二段活用（4V3⟨2⟩）　339, 504
四拍動詞アクセント体系　337, 341, 351

　◆ら行

両極再編　334, 336, 351
『類聚名義抄』
　『観本名義〔観智院本類聚名義抄〕』　50, 56,
　　90, 106, 110, 120, 136, 141, 150, 157, 158,
　　180, 186, 187, 194, 201, 203, 205, 208, 209,
　　238, 255, 261, 273, 365, 429
　『高本名義〔高山寺本三寶類字集〕』　105,
　　201, 365
　『図本名義〔図書寮本類聚名義抄〕』　34, 51,
　　53, 106, 124, 150, 157, 158, 174, 180, 194,
　　203, 353, 382, 383, 429
　『鎮本名義〔鎮国守国神社本三寶類聚名義抄〕』
　　201, 205, 209

類推　138, 140, 232, 234, 236, 238, 318, 319, 323,
　　327, 329-331, 334, 335, 341, 344, 345, 347, 383,
　　396, 402, 403, 405, 406, 408, 409, 511, 514, 515
類推型　348, 349
類推変化　9, 316, 318-321, 324-327, 331-334,
　　343, 348, 349, 503, 505
類の合同（合同）　345, 386, 406, 509, 512
類別　352
類別語彙　5
連声　250
連濁　245, 276, 281, 367
論議書　344, 400

　◆わ行

『正濫〔和字正濫抄〕』　205, 208
『正通〔和字正濫通妨抄〕』　35, 103, 206, 213
『大観〔和字大観鈔〕』　93, 103
早稲田語類　4-6, 35, 40, 42, 48, 50, 71, 82, 94,
　　97, 103, 104, 112, 125, 162, 174, 188, 224, 225,
　　352, 392, 409, 472, 478, 498
　　──相当　5
和田仮説　178, 181, 188, 191
『和名類聚抄』
　『伊十本和名〔伊勢十巻本和名類聚抄〕』
　　109, 208
　『伊廿本和名〔伊勢二十巻本和名類聚抄〕』
　　157, 208
　『高本和名〔高山寺本和名類聚抄〕』　82
　『京本和名〔東京大学本和名類聚抄〕』
　　51, 141, 205, 208
　『前本和名〔前田本和名類聚抄〕』　82, 110,
　　157, 201

参考文献索引

書名・論文名などは「参考文献」（pp.518-525）を参照。

◆あ行

秋永一枝（1958）　156
―――（1974）　249
―――（1979）　220
―――（1980）　30, 34, 55, 83, 84, 87, 101, 103, 104, 107, 108, 118, 121, 125, 136, 142, 144, 150, 157, 160, 174, 180, 200, 201, 203, 205-207, 209, 212, 214, 221, 225, 226, 231, 237-239, 276, 291, 413, 429
―――（1981）　75
―――（1983）　45, 50, 91, 466
―――（1986）　9, 18, 220, 332, 406, 460
―――（1989）　366, 367, 369
―――（1991）　333, 352, 380, 383, 393, 398, 409, 412, 420, 427, 429
―――（1996）　55
―――（1998）　75
―――（2001）　74, 372
秋永一枝ほか（1997）　212, 429, 494
―――（1998）　18, 174
渥美かをる（1953）　435, 456
―――（1962）　10
―――（1974）　15
―――（1977）　443
―――（1980）　12, 457
有坂秀世（1940）　247
石川幸子（1989）　13
―――（1991）　38, 60, 68, 69, 74, 434
―――（1992）　464
―――（1995a）　25
―――（1995b）　13, 24, 38
―――（1997）　32
―――（2007）　11
―――（2009）　19
岩淵悦太郎（1942）　311
―――（1952）　456
上野和昭（1986）　13
―――（1988）　221, 238
―――（1993）　126, 334
―――（1994）　344, 352
―――（1997）　367
―――（1998）　6, 392

―――（2000）　517
―――（2003）　18
上野和昭・仙波光明（1993）　333, 352
上野和昭ほか（2000）　322
楳垣　実（1946）　221
―――（1963）　18, 517
上野善道（1984）　131, 159
―――（1997）　176
大野　晋（1956）　353
奥村和子（1991a）　436, 440, 441, 463, 465
―――（1991b）　20
―――（1995）　342, 352
―――（1996）　421
―――（1999）　464
奥村三雄（1964）　276
―――（1972）　55
―――（1974）　56
―――（1981）　7, 10, 13, 19, 20, 24, 27, 36-38, 55, 57, 59, 61, 66, 68, 69, 74, 82, 86, 87, 92, 104, 110, 113, 208, 250, 251, 255, 256, 265, 272, 327, 328, 331-333, 341, 366, 367, 369, 372, 380, 381, 386, 387, 389, 392, 401, 409, 412, 421, 422, 424, 426, 434-436, 439, 443, 456, 464, 511, 517
―――（1983）　19, 37, 92, 100, 113, 251, 272, 276, 392, 478
―――（1986a）　12, 222, 435, 460
―――（1986b）　341, 413
―――（1990）　19, 223, 328, 331, 332, 343, 401, 409, 413
―――（1993）　37, 47, 54, 222, 223, 237, 342, 413
尾﨑正忠（1976）　15

◆か行

柏谷嘉弘（1965）　276, 297
加藤　諄（1964）　479
加藤大鶴（2009）　255
加藤　望（2008）　517
門前正彦（1960）　393
川上　蓁（2003）　18
蒲原淑子（1989）　262, 278, 289, 293, 311
木田章義（1979）　143, 150, 158
木部暢子（1978）　136, 146, 158, 174, 194

索引　537

金田一春彦（1937）　158, 160
―――（1943）　220
―――（1951）　296
―――（1952）　68, 74, 464
―――（1953）　353
―――（1955a）　328
―――（1955b）　7
―――（1957）　68, 464
―――（1959）　13, 19, 20, 24
―――（1960）　7, 437
―――（1963）　54
―――（1964）　91, 100, 104, 108, 333, 341, 366, 367, 369, 380-382, 391, 393, 399, 412, 420
―――（1971）　39, 437
―――（1972）　220
―――（1974）　5, 9, 13, 18, 20, 276, 332, 466, 478
―――（1976）　354
―――（1977b）　9, 332
―――（1980a）　332
―――（1980b）　34, 48, 485
―――（1982）　26, 38
―――（1986）　58, 210
―――（1997）　20, 68, 464
金田一春彦ほか（1973）　244, 379
釘貫　亨（1994）　336
国語学会（1980）　4, 332
小林芳規（1967）　38, 104
小松英雄（1975）　353
―――（1977）　353, 365
薦田治子（1982）　74
―――（1984）　68
―――（1990）　480, 483, 493, 494
―――（2003）　11, 15, 19, 74, 456, 480
―――（2004）　11
近藤正尚・中村正巳（2009）　13

◆さ行

斎藤　文（1999）　249
坂本清恵（1987）　89, 165, 429
―――（1988）　372
―――（1990）　328, 332, 334
―――（1991）　333, 341
―――（1992）　333
―――（1994）　35, 342, 400, 411, 429
―――（2000）　156, 158, 175
―――（2002）　165
坂本清恵ほか（1998）　18

桜井茂治（1958a）　160, 179
―――（1958b）　39
―――（1960）　353
―――（1963）　380, 387, 392
―――（1966）　18
―――（1984）　38, 84, 88, 100, 341, 342, 344, 367, 378, 393, 400, 408, 409, 413, 429
―――（2000）　38
佐々木　勇（1995）　276, 297
―――（1998）　276, 296, 297, 311
佐竹悦子・長谷川健三郎（1973）　69, 73, 464
佐藤栄作（1989）　9, 317, 337, 347-349, 406, 407
―――（1998）　157, 174
―――（2000）　157
杉藤美代子（1995・「杉藤」も含む）　19, 74, 84, 88, 99, 100, 108, 110, 113, 114, 116, 125, 149, 157, 191, 478, 494
鈴木孝庸（1994）　481
―――（1995）　453
―――（2002）　10
―――（2007）　492
鈴木孝庸・上野和昭（1985）　457
関　一雄（1977）　353, 365
―――（1987）　353
添田建治郎（1996）　392

◆た行

高橋貞一（1943）　493
館山漸之進（1910）　10, 68, 74, 456, 464, 479
築島　裕（1951）　380
―――（1970）　19
冨倉徳次郎（1964）　10

◆な行

中井幸比古（1987）　176
―――（1996）　171, 176
―――（1997）　391, 392
―――（1998a）　168, 169, 176, 190
―――（1998b）　301, 306, 333, 517
―――（1999）　6
―――（2000）　18, 515
―――（2001）　125, 221
―――（2002・「中井」も含む）　10, 42, 47, 48, 50, 51, 74, 80, 82, 84, 85, 89, 99, 100, 103, 105, 107, 108, 112-114, 116, 125, 126, 135, 157, 158, 176, 194, 203, 205, 210, 238, 239, 246, 252, 256, 276, 297, 311, 464, 478, 494
―――（2007）　18

中村萬里（1986）　　　222
新田哲夫（2004）　　　334, 517
　――――（2005）　　　333, 336
沼本克明（1982）　　　276, 281, 296
　――――（1983）　　　276, 296, 311
　――――（1986）　　　297, 311
　――――（1993）　　　296

　◆は行

服部四郎（1931）　　　316, 318, 327, 331, 332, 352
服部　匡（1990）　　　333, 336
兵藤裕己（2000）　　　11
平山輝男（1960）　　　45, 74, 100, 338, 347
平山輝男ほか（1992-94）　　　347, 348, 407
藤井制心（1966）　　　13, 69

　◆ま行

前田　勇（1953）　　　149
前田富祺（1962）　　　220
牧村史陽（1955・1984）　　　18, 212
馬淵和夫（1958）　　　364
丸山季夫（1953）　　　493
宮澤俊雅（2007）　　　18
村上光徳・鈴木孝庸（2007）　　　12, 453
村中淑子（1999）　　　149, 191

　◆や行

屋名池　誠（2004）　　　392
山口佳紀（1982）　　　353, 358
　――――（1986）　　　220
山下宏明（1978）　　　479
　――――（1984）　　　19
山田俊雄（1960）　　　48, 72
吉澤典男（1952）　　　353

　◆わ行

和田　実（1942）　　　160, 169, 178, 180
　――――（1943）　　　179, 180, 190
　――――（1951）　　　515
　――――（1969）　　　5

索　引　539

語彙索引

歴史的仮名遣、五十音順。用言は古代語の終止形で掲出。

◆あ行

あかし（赤）［形］ 398, 399, 510
あかはた（赤旗） 144
あがる（上）［動四］ 317, 508, 510
あき（安藝）［国名］ 202
あきだる（飽足）［動四］ 353, 358
あく（開）［動下二］ 317
あさ（麻） 42, 99
あさがほ（朝顔） 141
あさゆふ（朝夕） 485, 486
あし（芦） 499
あした（朝） 499
あしだち（足立） 147
あそこ（彼処） 71
あそびもの（遊者） 186
あた・あだ（仇） 83
あだ（徒） 83
あたらし（新）［形］ 405, 507
あたる（当）［動四］ 319
あづかり（預） 125
あっそん（朝臣） 107
あつた（熱田） 211
あつまる（集）［動四］ 339
あとかた（跡形） 137
あは（阿波）［国名］ 208
あはひ（間） 121
あはぢ（淡路）［国名］ 214
あはれむ（憐）［動四］ 340
あひだ（間） 499
あふみ（近江）［国名］ 214
あべ（安部）［姓地名］ 202
あまる（余）［動四］ 319
あまをぶね（海士小船） 175
あらし（嵐） 103, 499
あらそふ（争）［動四］ 340
あらはす（表）［動四］ 9, 352, 503, 505, 509, 514
ありさま（有様） 143
あるく（歩）［動四］ 317, 339, 504
あん（案） 50
いあらはす（鋳顕）［動四］ 374
いが（伊賀）［国名］ 208

いき（壱岐）［国名］ 203
いきどほり（憤） 125
いくさ（戦） 500
いさかひ（諍） 124
いさご（砂） 71, 113
いせ（伊勢）［国名］ 205
いた（板） 83
いたつ（射立）［動下二］ 369
いち（一） 49, 304
いちご（一期） 305
いちみ（一味） 272
いちめがさ（市女笠） 188
いづ（伊豆）［国名］ 203
いっかい（一階） 306
いっかう（一向） 306
いっき（一騎） 304
いっさい（一切） 304
いっし（一子） 304
いっしゅ（一首） 304
いっしょ（一所） 305
いっちゃう（一町） 304
いつつぎぬ（五衣） 188
いで（出） 117
いでく（出来）［動カ変］ 370
いでむかふ（出向）［動四］ 360
いとなむ（営）［動四］ 340, 352
いとま（暇） 103, 499
いは（岩） 40
いひおく（言置）［動四］ 354
いま（今） 95
いまゐ（今井）［姓地名］ 211
いもうと（妹） 140
いよ（伊予）［国名］ 207
う［助動（意志・推量）］ 324
うかがひ（伺） 123
うきくさ（浮草） 143
うく（受）［動下二］ 8, 339, 503
うごかす（動）［動四］ 342
うごく（動）［動四］ 510
うしかひ（牛飼） 147
うしろ（後） 108, 500
うたてさ 425
うち（内） 40

540

うぢ（宇治）［姓地名］　207
うちがたな（内刀）　161
うちつる（打連）［動下二］　357
うちゑむ（打笑）［動四］　357
うったつ（打立）［動四］　359
うったつ（打立）［動下二］　359
うっとる（討取）［動四］　359
うつほぶね（空舟）　188
うつる（移）［動四］　339, 503
うてな（台）　108
うは（上）　46, 87
うへ（上）　42, 82, 88
うらめしげ（恨〜）　425
うるし（漆）　104
うれし（嬉）［形］　398, 399, 404, 407
うれふ（愁）［動下二］　352
えき（益）　246
えびす（夷）　112
えん（縁）　475
おつ（落）［動上二］　319
おちうと・おちうど（落人）　132, 144, 508
おき（隠岐）［国名］　203
おく（奥）　99
おく（置）［動四］　339, 507
おく（起）［動上二］　317, 334, 510
おくる（送）［動四］　339
おくればせ（後馳）　190
おたぎ（愛宕）［姓地名］　211
おこる（起）［動四］　319
おそひかかる（襲掛）［動四］　375
おそる（恐）［動下二］　339, 503
おとしあな（落穴）　186, 188
おどす（威）［動四］　319
おとづれ（訪）　123
おとな（大人）　59
おひ（笈）　46
おほいどの（大殿）　184
おぼしめす（思召）［動四］　366
おほせ（仰）　120
おほひ（覆）　121
おほや（大矢）　25
おもむき（趣）　124
おろか（愚）　500
おん（恩）　251
おん（御）［接頭］　29, 38
おんかた（御方）　494
おんもと（御許）　90

◆か行

か（鹿）　36
か（助）　27, 246
が（助）　27
かう（行）　246
がうが（江河）　273
がうがう（嗷々）　309
かうばし（芳）［形］　405
かうべ（頭）　111
かが（加賀）［国名］　205
かがみぐら（鏡鞍）　184, 189
かきすう（昇据）［動下二］　357
かきとる（書取）［動四］　333
かく（書）［動四］　339, 505
がく（楽）　249
かくれ（隠）　120
かさじるし（笠印）　175
かさぬ（重）［動下二］　339
かざり（飾）　119
かず（数）　95
かすが（春日）［姓地名］　214
かたじけなし（忝）［形］　494
かたち（形）　104
かたびら（帷子）　9, 140
かち（褐）　50
かちだち（徒立）　146
かづさ（上総）［国名］　211
かど（門）　484, 485
かどたがへ（門違）　174
かなぐりすつ（〜捨）［動下二］　376
かなし（悲）［形］　407
かなしさ（悲）　425
かなしみ（悲）　123
かなしむ（悲）［動四］　9, 339, 509, 514
かはち（河内）［国名］　210
かはら（瓦）　108
かはら（川原）　113
かひ（甲斐）［国名］　203
かひなし（甲斐無）［形］　415
かぶら（鏑）　499
かへりこと（返事）　186-188
かへりみる（顧）［動上一］　365, 366, 373
かみ（守・頭）　91, 201
かも（加茂）［姓地名］　208
から（唐）　99
からかさ（唐傘）　140
からす（烏）　110

索引　541

かり（狩）　116
かりば（狩場）　59
かん（漢）　250, 251, 300, 474
かんちく（漢竹）　300
かんてう（漢朝）　300
かんどり（楫取）　135, 148, 158
き（気）　473
き（紀）　201
き［助動（過去）］　380
ぎ（妓）　36
きうもん（糺問）　280
きこしめす（聞召）［動四］　366
きそ（木曽）［姓地名］　205
きたなし（汚）［形］　407
きない（畿内）　265
きび（吉備）［姓地名］　208
きゃう（京）　48, 261
きゃう（卿）　50
きゃうゑ（経会）　300
きる（着）［動上一］　339
ぎわう（妓王）　439
きんぎん（金銀）　310
く（九）　306
くし（櫛）　87
くだん（件）　125
くちなは（蛇）　142, 158
くちびる（唇）　140
くづまき（沓巻）　148
くびす（踵）　107
くまの（熊野）［姓地名］　212
くもゐ（雲居）　59
くらやみ（暗闇）　144
くるまよせ（車寄）　186
くろがね（鉄）　134, 158
くゎたく（火宅）　265
くゎん（関）　476
け（毛）　33
げ［接尾］　396, 414, 424-428
けうくん（教訓）　290
けた（桁）　82, 499
げっけい（月卿）　302
けひ（気比）［姓地名］　205
けん（劔）　71
げんじ（源氏）　268
ご（五）　306
ご（期）　36
こうぎゃう（興行）　290
こきゃう（故郷）　259

ごぐゎん（御願）　261, 303
こけ（苔）　54
こころうし（心憂）［形］　417
こころえ（心得）　122
こころぐるし（心苦）［形］　417
こころぐるしげ（心苦〜）　425
こころざし（志）　125
こころづよし（心強）［形］　417
こころなし（心無）［形］　416
こころばせ（心馳）　186
こころぶかし（心深）［形］　417
こころほそし（心細）［形］　419
こころよし（快）［形］　417
こころよわし（心弱）［形］　418
こしばがき（小柴垣）　189
こじま（小嶋）　210
こしょう（扈従）　259, 303
ごぜん・ごんぜん（御前）　263, 481
こそ［助］　101
こと（事）　42
ことわる（断）［動四］　342
ごなう（御悩）　261
ごめん（御免）　263
ごりゃう（御領）　261
ころもがへ（衣替）　186

◆さ行

さ［接尾］　396, 414, 424, 426-429
さいづかひ（先使）　174
さいはひ（幸）　122
さう（左右）　309
さうもく（草木）　310
さが（嵯峨）［姓地名］　206
さがみ（相模）［国名］　210
さき（先・前）　84
ささき（佐々木）［姓地名］　58, 210
ささぐ（捧）［動下二］　339, 504
さす［助動（使役・尊敬）］　370, 381, 487
さそふ（誘）［動四］　342
さつま（薩摩）［国名］　216
さど（佐渡）［国名］　206
さぬき（讃岐）［国名］　216
さねもと（実基）［名乗］　229, 231
さへづる（囀）［動四］　345
さま（様）　499
さん（三）　307, 308
さんくゎん（三官）　308
さんじゅ（三種）　277

さんにん（三人）　308
さんねん（三年）　308
し（四）　306
し［助動（過去き）］　388, 392
しおほす（為果）［動下二］　372
しか［助動（過去き）］　388, 392
しきぶ（式部）　311
しきょ（死去）　257
しし（子々）　308
しじふ（四十）　261
じじゅう（侍従）　72
した（下）　83
しだ（信太）［姓地名］　208
したがふ（従）［動四］　342
しち（七）　304
しちき（七騎）　305
しちぐゎつ（七月）　306
しちしゃ（七社）　305
じっかい（十戒）　307
じつげつ（日月）　310
じっさい（十歳）　307
じっぺん（十遍）　307
しど（志渡）［姓地名］　206
しとみ（蔀）　108
しなの（信濃）［国名］　212
じひ（慈悲）　253
じふ（十）　306
じふさん（十三）　306
じふし（十四）　307
じふだい（十代）　307
じふぢゃう（十丈）　307
じふに（十二）　307
じふにん（十人）　307
じふねん（十年）　307
じふねん（十念）　307
じふはち（十八）　306
じふばん（十番）　307
じふろく（十六）　306
じょう（城）　247
じょうくゎく（城郭）　300
しょうぐゎつ（正月）　303
しょうじゃ（生者）　300
しょうしゅく（星宿）　292
しょうねん（生年）　291, 311
しょうりゃう（生霊）　291, 311
しゅうじゅう（主従）　310
じゅじゃう（従上）　72, 264
しゅっけ（出家）　304

しゅっし（出仕）　271, 304
しゅつにふ（出入）　310
しゅんしう（春秋）　310
しらつゑ（白杖）　145
しらはた（白旗）　145
しろ（城）　247
しろし（白）［形］　398, 399, 510
しん（新）　475
しん（真）　475
しん・じん（神）　301
しんぎ（神器）　301
じんぎ（神祇）　273, 301
じんぎくゎん（神祇官）　311
じんぎくゎん（神祇館）　311
しんこく（神国）　301
しんし（神璽）　301
じんじゃ（神社）　301
じんにん（神人）　301
じんばい（神拝）　301
しんべう（神妙）　301
しんぼく（神木）　301
じんめ（神馬）　301
しんよ（神輿）　301
じんりき（神力）　301
じんりゃう（神領）　301
しんりょ（神慮）　301
す［助動（使役・尊敬）］　343, 380, 384, 386, 487
ず［助動（打消）］　323, 387, 391
すくなし（少）［形］　398, 399, 405
すけ（亮・佐・典侍）　117
すげなげ　425
すけもり（資盛）［名乗］　440
すつ（捨）［動下二］　339
すはう（周防）［国名］　214
すみぞめ（墨染）　141, 147
すみなる（住慣）［動下二］　357
するが（駿河）［国名］　212
すゑなか（季仲）［名乗］　239
せ（瀬）　33
せい（背）　87
せいだく（清濁）　310
せうせう（少々）　309
せうそく（消息）　19
せき（関）　45
せぜ（世々）　308
せちゑ（節会）　277
せつ（節）　250

索引　543

ぜひなし（是非無）［形］　415
せみ（蟬）　40, 97
せん（千）　307
せん（詮）　249
せん・ぜん（前）　300
ぜんあく（善悪）　310
せんぎ（僉議）　66
ぜんご（前後）　300
せんじ（宣旨）　268
せんじ（前司）　300
ぜんぜ（前世）　300
せんだう（山道）　292
ぞ［助］　27
そば（側）　93
そばむ（側）［動下二］　345
そぶ（祖父）　257
そよめく［動四］　345
そら（空）　96
そらごと（虚言）　9, 132, 508

◆た行

た［助動（過去・完了）］　320
だい（代）　307
たいしゃう（大将）　298
たいしゃう（大将）　298
だいだい（代々）　309
たいまつ（松明）　144
だいり（内裏）　438
だうたふ（堂塔）　310
たかひも（高紐）　144
たから（宝）　103, 499
たぐふ（類）［動下二］　345
だけ（嶽）　46
たすけぶね（助舟）　187, 188
ただいま（只今）　137
たたうがみ（畳紙）　187, 189
たたかひ（戦）　124
たちきたる（立来）［動四］　360
たづね（尋）　119
たて（楯）　208
たてごもる（立籠）［動四］　362
たぬき（狸）　109
たのしみ（楽）　124
たふとし（尊）［形］　398, 399, 405, 508
ためふさ（為房）［名乗］　239
ち（地）　34
ちかごろ（近頃）　146
ちち（父）　93

ちち（遅々）　308
ぢゃう（丈）　307
ぢゃう（錠）　50, 248
ちょうじょく（重職）　294
ちょうしん（重臣）　294
ぢん（陣）　48, 247
ぢんげ（陣外）　300
ぢんどう（陣頭）　300
つ（津）　201
つかばしら（束柱）　175
つぎ（次）　117
つきがしら（月頭）　175
つくりこむ（作籠）［動下二］　363
つくりみち（作道）　187, 189
つくる（作）［動四］　317
つげ（告）　117
つしま（対馬）［国名］　217
つづみ（鼓）　112
つて（伝）　118
つばさ（翼）　71, 108
つはもの（兵）　137
つらなる（連）　352
つゑ（杖）　97
て（手）　35
てい（亭）　245
てい（邸）　245
てうせき（朝夕）　485
では（出羽）［国名］　206
てん（天）　48, 300, 472
てん・でん（殿）　475
てんうん（天運）　300
てんか（天下）　300
てんが（殿下）　300
てんき（天気）　300
てんぐ（天狗）　300
てんし（天子）　300
てんじゃう（天上）　300
てんじゃう（殿上）　300
てんぜい（天性）　300
てんそん（天孫）　300
てんち（天地）　300
てんどう（天童）　300
てんめい（天命）　300
てんわう（天皇）　300
と［助］（並列）　208
と［助］（引用）］　27
どうしん（同心）　277
とが（咎）　96

とき（関）　46
ときは（常盤）［人名］　438
ところ（所）　104
とさ（土佐）［国名］　206
とさん（土産）　259
とぜん（徒然）　259
どど（度々）　308
となふ（唱）　352
とねり（舎人）　108, 500
ども［接尾］　30
とも（供）　42
ともがら（輩）　141
ともづな（纜）　134
とももり（知盛）［名乗］　8, 228, 508

◆な行
な［助（禁止）］　321, 323, 325, 347
ないない（内々）　309
なかづかさ（中務）　175
ながと（長門）［国名］　218
なかより（仲頼）［名乗］　231
なぐさみ（慰）　123
なげき（嘆）　120
なげきじに（嘆く死）　184
なごや（奈古屋）［姓地名］　216
なち（那智）［姓地名］　206
なのめ（斜）　105
なみ（波）　44
なやます（悩）［動四］　342
なら（奈良）［姓地名］　206
なりだ（成田）［姓地名］　217
なんば（難波）［姓地名］　212
に（二）　260-263, 306, 471
に［助］　27
にかは［助］　101
にきゃう（二京）　261
にこそ［助］　101
にじふ（二十）　261
にぞ［助］　101
にぢゃう（二丈）　262, 263
ににん（二人）　262, 263
には［助］　101
にはかごと（俄事）　184
にほん（二品）　261
にまん（二万）　260
にも［助］　101
にん（人）　306, 307
にんぎゃう（人形）　300

にんげん（人間）　300
にんじゅ（人数）　300
ぬ・ん［助動（打消ず）］　323, 333, 380, 392
ねん（年）　306, 307
ねんじゅ（念誦）　273
のこり（残）　119
のと（能登）［国名］　209
のみ［助］　101

◆は行
は［助］　27
はうき（伯耆）［国名］　216
はうばい（傍輩）　294
ばうばう（坊々）　300, 309
はかりごと（謀）　186-188
はげます（励）［動四］　342
はじむ（始）［動下二］　345
はしりいづ（走出）［動下二］　354
はせ（長谷）［姓地名］　204
はたほこ（幢）　141
はち（八）　304
はちぐゎつ（八月）　306
はっき（八騎）　305
はと（鳩）　45
はは（母）　89
ははとじ（母刀自）　137
はらだ（原田）［姓地名］　218
はりま（播磨）［国名］　214
はるかぜ（春風）　140
ばん（万）　307
ひ（非）　473
ひき（比企）［姓地名］　209
ひきでもの（引出物）　182, 187
ひだ（飛騨）［国名］　204
ひたかぶと（直兜）　19, 175
ひたさわぎ（直騒）　175
ひたち（常陸）［国名］　214
ひだん（左）　111
びは（琵琶）　51
ひゃく（百）　304
ひゃっき（百騎）　304
ぶいん（無音）　259
ぶえん（無塩）　265
ぶけ（武家）　257
ふし（父子）　309
ふち（淵）　93
ふぢばかま（藤袴）　167
ふっき（富貴）　304

索引　545

ぶっしん（仏神）　310
ふなづき（船着）　147
ぶも（父母）　257, 309
ふもと（麓）　106
ふんばる（踏張）［動四］　359
へ［助］　27
べかり［助動］　421
べし［助動］　380, 390, 396, 414, 420, 421, 423, 428
へん（辺）　249
へんげ（変化）　273
ほっこく（北国）　304
ほど（程）　82, 89
ほとり（辺）　113
ほのほもと（炎元）　184
ほふ（法）　249

◆ま行

まうけ（設）　119
まうしごと（申事）　186, 188
まうしぶみ（申文）　186, 189
まぎれいる（紛入）［動四］　354
まくらがみ（枕上）　188
まご（孫）　45
まこと（誠）　111
まちゐる（待居）［動下一］　371
まつりごと（政）　182, 187
まで［助］　27, 210
まとふ（纏）［動四］　372
まね（真似）　92
まはり（廻）　119
まへ（前）　97
まへだれ（前垂）　146
まゐらす（参）［動下二］　487
まゐりうど（参人）　184, 186, 189
まん（万）　307
まんき（万騎）　307
まんびき（万疋）　307
み［接尾］　427
みかさ（御笠・三笠）　216
みかは（三河）［国名］　216
みづうみ（湖）　140
みづつき（承鞾）　147
みどり（緑）　500
みなみ（南）　499
みの（美濃）［国名］　204
みみ（耳）　45
みみづく（木莬）　137

みゃうけん（冥顕）　310
みゃうじ（名字）　300
みゃうぶ（名符）　300
みる（見）［動上一］　339, 504, 505
む（無）　34
む・ん［助動（意志・推量）］　323, 324, 333, 380, 392
むかひかぜ（向風）　187, 189
むくろ（軀）　109
むさし（武蔵）［国名］　217
むず［助動］　66
むね（旨）　84
むねもり（宗盛）［名乗］　8, 508
めいい（名医）　300
めいしょ（名所）　300
めいば（名馬）　300
めいよ（名誉）　300
めのわらは（女童）　34
めんめん（面々）　309
も［助］　27
もてゑふ（酔）［動四］　357
もと（元・本）　90
もと（許）　90
もとどり（髻）　140
ものうし（物憂）［形］　420
ものがたり（物語）　8, 161, 175
もみぢ（紅葉）　120
もも（百）　45
もよほし（催）　125
もりさだ（盛定）［名乗］　239
もん（門）　247, 311, 483-485
もんかく（門客）　311
もんぐゎい（門外）　302, 311
もんこ（門戸）　311
もんぜん（門前）　311

◆や行

や（屋）　35
やさし（優）［形］　398, 399, 404, 508
やまと（大和）［国名］　215
やまひ（病）　121
ゆ［助動（受身・自発）］　392
ゆかり（縁）　59, 110
ゆきげた（行桁）　144
ゆふき（結城）［姓地名］　218
ゆみやとり（弓矢取）　190
ゆるされ（被許）　122
ゆるしぶみ（許文）　186, 189

よう［助動（意志・推量）］　324
ようい（用意）　300
ようじ（用事）　300
よし（由）　85, 499
よし（良）［形］　398, 399
よしの（吉野）［姓地名］　215
よど（淀）［姓地名］　209
より［助］　27, 218
よろひづき（鎧突）　186

◆ら行

らゆ［助動（受身・自発）］　392
らる［助動（受身・自発）］　381, 384, 392, 487
りう（龍）　311
りうがん（龍眼）　311
りうぐうじゃう（龍宮城）　311
りうじん（龍神）　311
りゃうあん（諒闇）　293
りょうがん（龍顔）　311
りょうてい（龍蹄）　311
りん（輪）　251
る［助動（受身・自発）］　380, 381, 384, 392
れう（寮）　251
ろく（六）　304
ろくさい（六歳）　302, 306

◆わ行

わう（王）　300
わうぐう（王宮）　300
わうくゎ（王化）　300
わうじ（王子）　300
わうぽふ（王法）　300
わうめい（王命）　300
わかさ（若狭）［国名］　217
わき（分）　118
ゐん（院）　50, 474
ゑ（絵）　472
ゑみ（笑）　116
を［助］　27
をこそ［助］　101
をし（惜）［形］　398, 399
をとどし（一昨年）　140
をば［助］　101
をはり（尾張）［国名］　213
をひ（甥）　82
をも［助］　101
をり（折）　118
をりふし（折節）　137, 158

をんりゃう（怨霊）　292

索引　547

A Historical Study of Pitch Accent in Early-Modern Kyoto Japanese Using Scores to *Heikyoku*

Kazuaki UENO

The goal of this monograph is to investigate the pitch accent (henceforth, "accent") system of Kyoto Japanese in the Edo period (circa 17th to early 19th centuries) and to place it in the context of the history of Japanese accent. Specifically, it is an attempt to uncover the synchronic accent system of this period and examine the ongoing changes in the accent system reflected therein, with the goal of obtaining a bird's-eye-view to the history of Kyoto Japanese accent since the Muromachi period (circa 15th to 16th centuries). It is for this reason that this book is described as a "historical study" in the title.

The primary sources of information on the pitch accent system of early-modern Kyoto Japanese are the musical scores to *Heikyoku* (the sung oral narratives of The Tale of the *Heike*), in particular the score titled *Heike Mabushi* (Chiichi Ogino,ed.,1776). Chapter 1 focuses on the parts of *Heike Mabushi* with little musical element (*Kudoki*) or with none at all (*Shiragoe*) and examines the relationship between the annotations of the story texts and the accent patterns reflected therein.

Based on the findings from the first chapter, Chapter 2 discusses how the accent patterns of simple and derived nouns should be reconstructed. The following three chapters investigate what sorts of systematic changes have led to the modern accent system, specifically with regard to compound nouns (Chapter 3), proper nouns (Chapter 4) and Sino-Japanese words (Chapter 5).

Chapter 6 and 7 trace the history of the accent system for verbs and adjectives. In the case of these word classes, the primary sources of information are dialects with 'Central Kinki'-type accent systems. For these word classes it is necessary to look beyond the musical scores because a systematic accent shift took place after the time of the accent system reflected in the *Heikyoku*. In particular, the conjugation forms of verbs and adjectives underwent a major change in their accent systems, and as a consequence, modern Kyoto Japanese has a much simpler system for these word classes. Chapters 6 and 7 illustrate the process of the change in the verb and adjective accent systems by comparing and contrasting the various dialects with 'Central Kinki'-type accent systems, and discusses what kinds of "forces" demanded the change. In Chapter 8, from the standpoint of the historical study of accent developed in the previous chapters, the author makes several proposals regarding the study of *Heikyoku*, in particular on the interpretation of musical scores and other texts related to the performance of *Heikyoku*.

Through this series of inquiries, this book attempts to place the accent system of Kyoto Japanese in the Edo period within the context of the larger history of Japanese accent, specifically in the latter half of the Medieval Era. It is generally accepted that a major change in Japanese accent system took place in the Nanbokuchō period (circa 14th century), thus marking the beginning of the Medieval Era. The accent system in this era still inherited traditional elements from ancient Japanese, and this 'hybridism' was carried over into the Edo period. This does not mean, however, that the medieval Japanese system was static in nature. Rather, various signs of the transition toward the accent system in the Modern Era and the present day can be recognized. Among these signs are the merger of several accent patterns, the innovation of basic accent forms, and the change of the accent system, each of which is discussed in Chapters 3 through 7. The final chapter concludes the entire inquiry and highlights the specific aspects of the early-modern Japanese accent system in the history of Japanese accent.

著者紹介

上野 和昭（うえの かずあき）

　1953年新潟県上越市（旧高田市）で生まれる。新潟県立高田高等学校から早稲田大学第一文学部に進み、1986年早稲田大学大学院文学研究科博士後期課程を満期退学。早稲田大学助手、徳島大学助教授などを経て、現在早稲田大学文学学術院教授、博士（文学）。

［主な編著書］『日本語アクセント史総合資料』索引篇・研究篇（共編　東京堂出版）、『御巫本日本書紀私記 声点付和訓索引』『名目鈔 声点付語彙索引』『平家正節 声譜付語彙索引』（以上、アクセント史資料研究会）、『日本のことばシリーズ36　徳島県のことば』（責任編集　明治書院）など。

早稲田大学学術叢書　15

平曲譜本による近世京都アクセントの史的研究

2011年3月30日　初版第1刷発行

著　者	上野 和昭
発行者	島田 陽一
発行所	株式会社 早稲田大学出版部
	169-0051 東京都新宿区西早稲田1-9-12-402
	電話 03-3203-1551　http://www.waseda-up.co.jp/
装　丁	笠井 亞子
印　刷	理想社
製　本	ブロケード

Ⓒ2011, Kazuaki Ueno, Printed in Japan　ISBN978-4-657-11707-6
無断転載を禁じます。落丁・乱丁本はお取替えいたします。

刊行のことば

　早稲田大学は、2007年、創立125周年を迎えた。創立者である大隈重信が唱えた「人生125歳」の節目に当たるこの年をもって、早稲田大学は「早稲田第2世紀」、すなわち次の125年に向けて新たなスタートを切ったのである。それは、研究・教育いずれの面においても、日本の「早稲田」から世界の「WASEDA」への強い志向を持つものである。特に「研究の早稲田」を発信するために、出版活動の重要性に改めて注目することとなった。

　出版とは人間の叡智と情操の結実を世界に広め、また後世に残す事業である。大学は、研究活動とその教授を通して社会に寄与することを使命としてきた。したがって、大学の行う出版事業とは大学の存在意義の表出であるといっても過言ではない。そこで早稲田大学では、「早稲田大学モノグラフ」、「早稲田大学学術叢書」の2種類の学術研究書シリーズを刊行し、研究の成果を広く世に問うこととした。

　このうち、「早稲田大学学術叢書」は、研究成果の公開を目的としながらも、学術研究書としての質の高さを担保するために厳しい審査を行い、採択されたもののみを刊行するものである。

　近年の学問の進歩はその速度を速め、専門領域が狭く囲い込まれる傾向にある。専門性の深化に意義があることは言うまでもないが、一方で、時代を画するような研究成果が出現するのは、複数の学問領域の研究成果や手法が横断的にかつ有機的に手を組んだときであろう。こうした意味においても質の高い学術研究書を世に送り出すことは、総合大学である早稲田大学に課せられた大きな使命である。

　「早稲田大学学術叢書」が、わが国のみならず、世界においても学問の発展に大きく貢献するものとなることを願ってやまない。

2008年10月

早稲田大学

早稲田大学学術叢書シリーズ

　2007年に創立125周年を迎えた早稲田大学が「早稲田第2世紀」のスタートにあたり，大学が擁する幅広い学問領域から日々生み出される優れた研究成果をシリーズ化。学術研究書としての質の高さを保つために，大学での厳しい審査を経て採択されたもののみを刊行する。

中国古代の社会と黄河
　　　　　　　　　　　　　　　　　濱川　栄 著（¥5,775　978-4-657-09402-5）
　中国の象徴とも言える黄河。幾多の災害をもたらす一方，その泥砂で華北に大平原を形成してきたこの大河は，中国古代の歴史といかなる関わりをもったかを検証。

東京専門学校の研究 ―「学問の独立」の具体相と「早稲田憲法草案」―
　　　　　　　　　　　　　　　　　真辺 将之 著（¥5,670　978-4-657-10101-3）
　早稲田の前身・東京専門学校の学風を，講師・学生たちの活動より描き出した書。近代日本の政治史・思想史・教育史上の東京専門学校の社会的役割を浮き彫りに。

命題的推論の理論 ―論理的推論の一般理論に向けて―
　　　　　　　　　　　　　　　　　中垣　啓 著（¥7,140　978-4-657-10207-2）
　命題的推論（条件文や選言文に関する推論）に関する新しい理論（MO理論）を提出し，命題的推論に関する心理学的諸事実をその理論によって説明したものである。

一亡命者の記録 ―池明観のこと―
　　　　　　　　　　　　　　　　　堀 真清 著（¥4,830　978-4-657-10208-9）
　現代韓国の生んだ最大の知識人，『韓国からの通信』の著者として知られる池明観の知的評伝。韓国併合から百年，あらためて日本の隣国とかかわりかたを問う。

ジョン・デューイの経験主義哲学における思考論 ―知性的な思考の構造的解明―
　　　　　　　　　　　　　　　　　藤井 千春 著（¥6,090　978-4-657-10209-6）
　長く正当な評価を受けてこなかったデューイの経験主義哲学における，西欧近代哲学とは根本的に異なった知性観とそれに基づく思考論を描き出した。

霞ヶ浦の環境と水辺の暮らし ―パートナーシップ的発展論の可能性―
　　　　　　　　　　　　　　　　　鳥越 皓之 編著（¥6,825　978-4-657-10210-2）
　霞ヶ浦を対象にした社会科学分野でのはじめての本格的な研究書。湖をめぐって人間はいかなるルールを作り，技術を開発し，暮らしを営んできたか，に分析の焦点をあてた。

朝河貫一論 ―その学問形成と実践―
　　　　　　　　　　　　　　　　　山内 晴子 著（¥9,345　978-4-657-10211-9）
　イェール大学歴史学教授朝河貫一の戦後構想は，これまで知られている以上に占領軍に影響があったのではないか。学問的基礎の形成から確立，その実践への歩みを描く。

源氏物語の言葉と異国
　　　　　　　　　　　　　　　　　金 孝淑 著（¥5,145　978-4-657-10212-6）
　『源氏物語』において言葉としてあらわれる「異国」を中心に，その描かれ方を検討し，その異国の描かれ方がどのような機能を果たしているのかを分析する。

―2011年春季刊行の8冊―

経営変革と組織ダイナミズム ―組織アライメントの研究―
　　　　　　　　　　　　　　　　　鈴木 勘一郎 著（¥5,775　978-4-657-11701-4）
　パナソニックや日産自動車などにおける変革プロセスの調査・分析をもとに，新しい時代の企業経営のために「組織アライメント・モデル」を提示する。

帝政期のウラジオストク ―市街地形成の歴史的研究―   佐藤 洋一 著（￥9,765　978-4-657-11702-1）   国際都市ウラジオストクの生成・発展期における内部事象の特質を研究。これからの日露両国の交流や相互理解を進める上での必読書。
民主化と市民社会の新地平 ―フィリピン政治のダイナミズム―   五十嵐 誠一 著（￥9,030　978-4-657-11703-8）   「ピープルパワー革命」の原動力となった市民社会レベルの運動に焦点をあて，フィリピンにおける民主主義の定着過程および今後の展望を明らかにする。
石が語るアンコール遺跡 ―岩石学からみた世界遺産―   内田 悦生 著　下田 一太（コラム執筆）（￥6,405　978-4-657-11704-5）   アンコール遺跡の文化財科学による最新の調査・研究成果をわかりやすく解説するほか，建築学の視点からみた遺跡にまつわる多数のコラムによって世界遺産を堪能。
モンゴル近現代史研究：1921〜1924年 ―外モンゴルとソヴィエト，コミンテルン―   青木 雅浩 著（￥8,610　978-4-657-11705-2）   1921〜1924年に外モンゴルで発生した政治事件の発生および経緯を，「外モンゴルとソヴィエト，コミンテルンの関係」という視点から，明らかにした力作。
金元時代の華北社会と科挙制度 ―もう一つの「士人層」―   飯山 知保 著（￥9,345　978-4-657-11706-9）   女真とモンゴルの支配下にあった「金元時代」の中国華北地方において，科挙制度の果たした社会的役割，特に在来士人層＝知識人たちの反応を解説。
平曲譜本による近世京都アクセントの史的研究   上野 和昭 著（￥10,290　978-4-657-11707-6）   江戸期における京都アクセントの体系を，室町期以降のアクセントの変遷もふまえながら，平曲譜本を中心とした豊富な資料をもとに緻密に考察する。
Pageant Fever: Local History and Consumerism in Edwardian England   YOSHINO, Ayako 著（￥6,825　978-4-657-11709-0）   The first-book length study of English historical pageantry looks at the vogue for pageants that began when dramatist Louis Napoleon Parker organised the Sherborne Pageant in 1905.

―2011年度中に刊行予定―（書名は仮題）

全契約社員の正社員化 ―広島電鉄労働組合・混沌から再生へ（1993年〜2009年）―	河西　宏祐
対話のことばの科学 ―話すと同時に消えるにもかかわらずなぜ対話は円滑に進むのか―	市川　熹
チベット仏教世界から見た清王朝の研究	石濱　裕美子

書籍のご購入・お問い合わせ
当出版部の書籍は，全国の書店・生協でご購入できます。書店等に在庫がない場合は，書店等にご注文ください。
また，インターネット書店でもご購入できます。

早稲田大学出版部
http://www.waseda-up.co.jp/